기출이 답이다

9급 공무원

7개년 기출문제집

시대에듀

9급 공무원 채용 필수체크

❖ 아래 내용은 2024년 국가직 공무원 공개경쟁채용시험 계획 공고를 기준으로 작성되었습니다. 2025년부터 변경되는 세부 사항은 반드시 시행처의 최신 공고를 확인하시기 바랍니다.

🖊 시험방법

- 제1·2차 시험(병합실시): 선택형 필기
- 제3차 시험: 면접

※ 교정직 6급 이하 채용시험의 경우, 필기시험 합격자를 대상으로 실기시험(체력검사)을 실시하고 실기시험 합격자에 한하여 면접시험을 실시함

🖊 응시자격

구분	내용
응시연령	• 교정 · 보호직 제외: 18세 이상 • 교정 · 보호직: 20세 이상
학력 및 경력	• 제한 없음

🖊 시험일정(국가직)

원서접수
1월 말

필기시험
3월 말

실기시험
(체력검사)
5월 초 ~ 중순

면접시험
5월 말 ~ 6월 초

최종합격자
발표
6월 말

가산점 적용

구분	가산비율	비고
취업지원대상자	과목별 만점의 10% 또는 5%	• 취업지원대상자 가점과 의사상자 등 가점은 1개만 적용 • 취업지원대상자/의사상자 등 가점과 자격증 가산점은 각각 적용
의사상자 등 (의사자 유족, 의상자 본인 및 가족)	과목별 만점의 5% 또는 3%	
직렬별 가산대상 자격증 소지자	과목별 만점의 3~5% (1개의 자격증만 인정)	

2025년부터 달라지는 제도

■ 9급 공무원 국어, 영어 과목 출제 기조 전환

지식암기 위주 **현장 직무 중심**

■ 출제 방향

국어	• 기본적인 국어 능력과 이해, 추론, 비판력 등 사고력 검증 • 배경지식이 없더라도 지문 속 정보를 활용해 문제를 풀 수 있도록 출제
영어	• 실제 업무수행에 필요한 실용적인 영어능력 검증 • 실제 활용도가 높은 어휘와 전자메일, 안내문 등 업무현장에서 접할 수 있는 소재와 형식을 활용한 문제 출제

2024년 한국사 출제경향

국가직

작년보다 비교적 쉽게 출제되었다. 전체적으로 매우 평이한 난도였으며, 작년과 유사한 수준으로 근현대사 영역 출제 비중이 높았고 사료에 대한 학습이 필수적이었다. 쉬운 문제에서 실수하지 않도록 꾸준하게 학습했다면 좋은 결과가 있었을 것이라 예상된다.

- **출제율 순위**

  일제 강점기 > 중세 > 고대 = 근대 > 근세 > 근대 태동기 = 현대 = 시대 통합

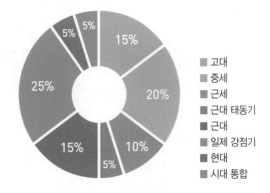

- 고대
- 중세
- 근세
- 근대 태동기
- 근대
- 일제 강점기
- 현대
- 시대 통합

지방직

작년과 유사하게 쉬운 난도로 출제되었다. 국가직 시험과 마찬가지로 근현대사의 출제 비중이 높았으며, 사료 제시형 문제 중심으로 출제되었다. 기본 개념과 기출문제만 충실히 학습했다면 충분히 고득점이 가능한 시험이었다.

- **출제율 순위**

  중세 = 근대 태동기 = 근대 = 일제 강점기 = 시대 통합 > 선사 시대와 국가의 형성 = 고대 > 현대

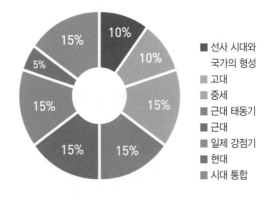

- 선사 시대와 국가의 형성
- 고대
- 중세
- 근대 태동기
- 근대
- 일제 강점기
- 현대
- 시대 통합

국가직

■ 출제율 순위

일제 강점기 > 고대 = 중세 = 근대 > 근세 = 시대 통합 > 근대 태동기 > 선사 시대와 국가의 형성

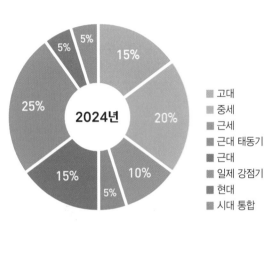

지방직

■ 출제율 순위

중세 > 고대 = 근대 = 일제 강점기 > 근세 = 현대 > 시대 통합 > 근대 태동기 > 선사 시대와 국가의 형성

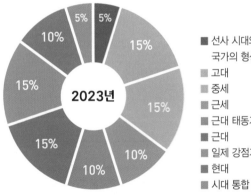
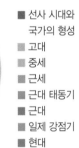

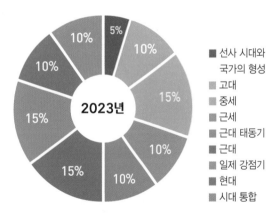

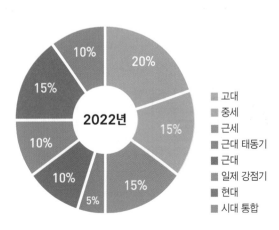

이 책의 구성과 특징

문제편

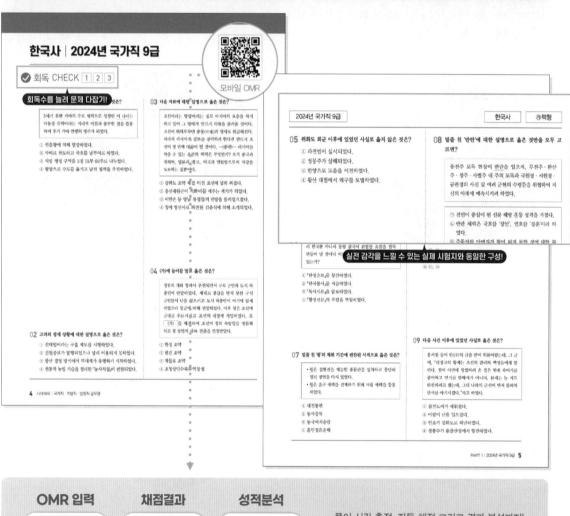

실전 감각을 느낄 수 있는 실제 시험지와 동일한 구성!

OMR 입력 **채점결과** **성적분석**

풀이 시간 측정, 자동 채점 그리고 결과 분석까지!

모바일 OMR 답안분석 서비스

문제편에 수록된 기출문제에 대한 객관적인 결과(점수, 순위)를 종합적으로 분석

❶ 스마트폰을 활용하여 QR코드 접속
❷ 시험 시간에 맞춰 풀고, 모바일 OMR로 답안 입력 (3회까지 가능)
❸ 종합적 결과 분석으로 현재 나의 합격 가능성 예측

QR코드 찍기 ▶ 로그인 ▶ 시작하기 ▶ 응시하기 ▶ 모바일 OMR 카드에 답안 입력 ▶ 채점결과&성적분석 ▶ 내 실력 확인하기

해설편

한국사 | 2024년 국가직 9급

한눈에 훑어보기

✓ 영역 분석

고대 01 08 12
3문항, 15%

중세 02 05 16 19
4문항, 20%

근대 태동기 09
1문항, 5%

근대 03 04 06
3문항, 15%

일제 강점기 14 15 17 18 20
5문항, 25%

현대 11
1문항, 5%

시대 통합 10
1문항, 5%

✓ 빠른 정답

01	02	03	04	05	06	07	08	09	10
①	②	③	③	④	②	③	①	③	②
11	12	13	14	15	16	17	18	19	20
③	①	③	④	①	②	①	②	②	④

✓ 점수 체크

구분	1회독	2회독	3회독
맞힌 문항 수	/ 20	/ 20	/ 20
나의 점수	점	점	점

---

01 난도 ★☆☆ 정답 ①

고대 > 정치사

자료해설

밑줄 친 '이 나라'는 대가야이다. 경상북도 고령 지역의 대가야는 전기 가야 연맹의 중심지였던 금관가야가 고구려 광개토 대왕의 진출로 쇠퇴하자 낙동강 유역이라는 지리적 이점과 풍부한 철을 활용하여 5세기 이후 후기 가야 연맹의 중심지가 되었다.

정답의 이유

① 대가야는 진흥왕에 의해 신라에 복속되었고, 이로 인해 후기 가야 연맹이 해체되었다.

오답의 이유

② 현재 사망에서 확인하였다.

③ 고구려 장수왕은 수도를 국내성에서 평양성으로 옮기고 남진 정책을 추진하였다.

---

02 난도 ★☆☆ 정답 ②

중세 > 경제사

정답의 이유

② 고려 성종 때 우리나라 최초의 화폐이자 철전인 건원중보를 주조해 전국적으로 사용하게 하려고

오답의 이유

① 고구려 고국천왕은 국상인 을파소 추천 불에 곡식을 빌려주고 추수 대법을 실시하였다.

③ 조선 후기에 광산 개발이 활성화 받아 전문적으로 광산을 경영하여 영 방식인 덕대제가 유행하였다.

④ 조선 세종 때 정초, 변효문 등이 소개한 '농사직설'을 간행하였다.

---

03 난도 ★★☆ 정답 ③

근대 > 정치사

자료해설

고종 때 제2차 수신사로 일본에 파견되었던 김홍집은 당시 청국 주일 공사관 참찬관이 지은 『조선책략』을 국내에 소개하였다(1880). 『조선책략』은 러시아의 남하 정책에 대비해 청·미·일과 친하게 지내야 한다는 내용으로, 조미 수호 통상 조약 체결의 배경이 되었다.

정답의 이유

③ 김홍집이 『조선책략』을 들여와 이후 미국과 외교 관계류 맺어야 한다는 이론이 형성되자 이만손을 중심으로 한 영남 유생들이 만인소를 올려 이를 반대하였다.

오답의 이유

① 강화도 조약은 1876년에 체결된 우리나라 최초의 근대적 조약이자 일본인에 대한 치외 법권과 해안 측량권을 포함한 불평등 조약으로, 일본의 요구에 따라 부산, 원산, 인천을 개항하였다.

② 병인양요(1866)와 신미양요(1871)를 극복한 흥선대원군이 외세의 침입을 경계하고 서양과의 통상 수교 반대 의지를 알리기 위해 종로와 전국 각지에 척화비를 건립하였다.

④ 1881년 김윤식을 중심으로 청에 파견된 영선사는 톈진에서 근대 무기 제조 기술과 군사 훈련법을 배워 돌아왔다.

더 알아보기

개항 이후 사절단

구분	내용
수신사 (일본)	• 강화도 조약 체결 후 근대 문물 시찰(1차 수신사) • 김홍집이 『조선책략』 유입(2차 수신사)
조사 시찰단 (일본)	• 국내 위정척사파의 반대로 암행어사로 위장해 일본에 파견 • 근대 시설 시찰
영선사 (청)	• 김윤식을 중심으로 청 톈진 일대에서 무기 공장 시찰 및 견습 • 임오군란과 풍토병으로 1년 만에 조기 귀국 • 근대식 무기 제조 공장인 기기창 설립
보빙사 (미국)	• 조미 수호 통상 조약 체결 • 미국 공사 부임에 답하여 민영익, 서광범, 홍영식 등 파견

---

04 난도 ★★☆ 정답 ③

근대 > 정치사

자료해설

'정부의 개화 정책이 추진되면서 구식 군인과 도시 하층민이 반발', '구식 군인들이 난을 일으키고 도시 하층민이 이기에 합세하였으나' 청군에 의해 진압' 등으로 보아 제시된 자료는 임오군란에 대한 내용이다. 조선 고종 때 신식 군대인 별기군과 차별 대우를 받던 구식 군대가 선혜청과 일본 공사관을 습격해면서 임오군란이 발생하였고(1882), 이 사태를 수습하기 위해 흥선대원군이 다시 집권하였다. 반면, 조정의 민씨 세력들은 청에 군대 파견을 요청하였는데, 청의 군대는 군란을 진압하고 사건의 책임을 물어 흥선대원군을 본국으로 납치해 갔다. 이후 청의 내정 간섭이 심화되었고, 조선과 청은 조선이 청의 속방임을 명문화하고 청 상인의 내륙 진출을 인정하는 내용을 포함한 조청상민수륙무역장정을 체결하였다.

③ 임오군란 진압 이후 청의 내정 간섭이 심화되었고, 청은 조청상민수륙무역장정을 체결하여 치외 법권과 함께 양화진의 점포 개설권, 내륙 통상권, 연안 무역권을 인정받았다(1882).

오답의 이유

① 한성 조약은 일본의 갑신정변 때 사망한 일본인에 대한 배상금과 일본 공사관 신축 부지 및 비용을 조선에 요구하여 체결하였다(1884).

④ 갑신정변 이후 청과 일본은 조선에 군대를 파견할 때 상대국에 알리고 한쪽이나 조선에 군대를 파견하면 다른 한쪽도 군대를 파견할 수 있도록 규정한 조약이다(1885).

② 일본이 임오군란 직후 군란으로 인한 일본 공사관 피해 및 교관 피살에 대한 사죄 사절단 파견, 주모자 처벌, 공사관 경비병 주둔 등을 조선에 요구하여 체결하였다(1882).

---

05 정답 ④

... 원에서 관리한 철령 이북의 땅을 반환하라고 ... 요동 정벌을 추진하게 되었다. 이성계는 ... 반대하였으나 왕명에 따라 출정하게 되었고, ... 에서 받을 돌려 개경으로 회군(1388)하였다. 이 ... 이후 신진 사대부 세력과 결탁하여 실권을 장악 ...

... 은 고려 말 도순찰사였던 이성계가 황산에서 왜 ... 를 무찌른 전투로, 위화도 회군 이전의 일이다.

... 배 신진 사대부 조준 등의 건의로 실시된 토지 제 ... 은 지급 대상 토지를 원칙적으로 경기 지역에 한정하였다(1391).

해설편 구성 안내

1 한눈에 훑어보기

어떤 영역에서 출제되었는지 또는 주로 출제되는 영역은 어디인지 한 눈에 확인할 수 있어요!

2 정답의 이유/오답의 이유

각 문제마다 정답의 이유와 오답의 이유를 수록하여 혼자서도 학습이 가능해요!

3 난도와 영역 분석

난도와 문항별 세분화된 출제 영역 분석을 통해 부족한 영역을 확인하고 보충할 수 있어요!

4 더 알아보기

이해도를 높일 수 있도록 문제와 관련된 핵심 이론과 개념을 알기 쉽게 정리했어요!

이 책의 목차

한국사

문제편

PART 1

국가직

출제경향

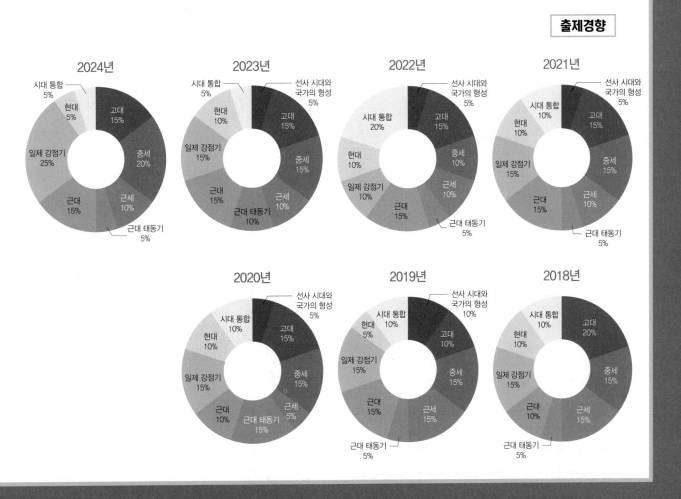

✅ 회독 CHECK ☐ ☐ ☐

01 밑줄 친 '이 나라'에 대한 설명으로 옳은 것은?

> 5세기 후반 가야의 주도 세력으로 성장한 이 나라는 낙동강 유역이라는 지리적 이점과 풍부한 철을 활용하여 후기 가야 연맹의 맹주가 되었다.

① 진흥왕에 의해 멸망하였다.
② 사비로 천도하고 국호를 남부여로 하였다.
③ 지방 행정 구역을 5경 15부 62주로 나누었다.
④ 평양으로 수도를 옮기고 남진 정책을 추진하였다.

02 고려의 경제 상황에 대한 설명으로 옳은 것은?

① 진대법이라는 구휼 제도를 시행하였다.
② 건원중보가 발행되었으나 널리 이용되지 못하였다.
③ 광산 경영 방식에서 덕대제가 유행하기 시작하였다.
④ 전통적 농업 기술을 정리한 『농사직설』이 편찬되었다.

03 다음 자료에 대한 설명으로 옳은 것은?

> 조선이라는 땅덩어리는 실로 아시아의 요충을 차지하고 있어 그 형세가 반드시 다툼을 불러올 것이다. 조선이 위태로우면 중동(中東)의 형세도 위급해진다. 따라서 러시아가 강토를 공략하려 한다면 반드시 조선이 첫 번째 대상이 될 것이다. …(중략)… 러시아를 막을 수 있는 조선의 책략은 무엇인가? 오직 중국과 친하며, 일본과 맺고, 미국과 연합함으로써 자강을 도모하는 길뿐이다.

① 강화도 조약 체결 이전 조선에 널리 퍼졌다.
② 흥선대원군이 척화비를 세우는 계기가 되었다.
③ 이만손 등 영남 유생들의 반발을 불러일으켰다.
④ 청에 영선사로 파견된 김윤식에 의해 소개되었다.

04 (가)에 들어갈 말로 옳은 것은?

> 정부의 개화 정책이 추진되면서 구식 군인과 도시 하층민이 반발하였다. 제대로 봉급을 받지 못한 구식 군인들이 난을 일으키고 도시 하층민이 여기에 합세하였으나 청군에 의해 진압되었다. 이후 청은 조선에 군대를 주둔시키고 조선의 내정에 개입하였다. 또 (가) 을 체결하여 조선이 청의 속방임을 명문화하고 청 상인의 내륙 진출을 인정받았다.

① 한성 조약
② 톈진 조약
③ 제물포 조약
④ 조청상민수륙무역장정

05 위화도 회군 이후에 있었던 사실로 옳지 않은 것은?

① 과전법이 실시되었다.

② 정몽주가 살해되었다.

③ 한양으로 도읍을 이전하였다.

④ 황산 대첩에서 왜구를 토벌하였다.

06 다음의 논설을 작성한 인물에 대한 설명으로 옳은 것은?

> 이 날을 목 놓아 우노라[是日也放聲大哭]. …(중략)…
> 천하만사가 예측하기 어려운 것도 많지만, 천만 뜻밖
> 에 5개조가 어떻게 제출되었는가. 이 조건은 비단 우
> 리 한국뿐 아니라 동양 삼국이 분열할 조짐을 점차
> 만들어 낼 것이니 이토[伊藤] 후작의 본의는 어디에
> 있는가?

① 『한성순보』를 창간하였다.

② 『한국통사』를 저술하였다.

③ 「독사신론」을 발표하였다.

④ 『황성신문』의 주필을 역임하였다.

07 밑줄 친 '왕'의 재위 기간에 편찬된 서적으로 옳은 것은?

> • 왕은 집현전을 계승한 홍문관을 설치하고 중단되
>   었던 경연을 다시 열었다.
> • 왕은 훈구 세력을 견제하기 위해 사림 세력을 등용
>   하였다.

① 대전통편

② 동사강목

③ 동국여지승람

④ 훈민정음운해

08 밑줄 친 '반란'에 대한 설명으로 옳은 것만을 모두 고르면?

> 웅천주 도독 헌창이 반란을 일으켜, 무진주·완산
> 주·청주·사벌주 네 주의 도독과 국원경·서원경·
> 금관경의 사신 및 여러 군현의 수령들을 위협하여 자
> 신의 아래에 예속시키려 하였다.

> ㉠ 천민이 중심이 된 신분 해방 운동 성격을 가졌다.
> ㉡ 반란 세력은 국호를 '장안', 연호를 '경운'이라 하
>   였다.
> ㉢ 주동자의 아버지가 왕이 되지 못한 것에 대한 불
>   만으로 일어났다.
> ㉣ 무열왕 직계가 단절되고 내물왕계가 다시 왕위를
>   차지하는 결과를 가져왔다.

① ㉠, ㉡

② ㉠, ㉣

③ ㉡, ㉢

④ ㉢, ㉣

09 다음 사건 이후에 있었던 사실로 옳은 것은?

> 홍서봉 등이 한(汗)의 글을 받아 되돌아왔는데, 그 글
> 에, "대청국의 황제는 조선의 관리와 백성들에게 알
> 린다. 짐이 이번에 정벌하러 온 것은 원래 죽이기를
> 좋아하고 얻기를 탐해서가 아니다. 본래는 늘 서로
> 화친하려고 했는데, 그대 나라의 군신이 먼저 불화의
> 단서를 야기시켰다."라고 하였다.

① 삼전도비가 세워졌다.

② 이괄이 난을 일으켰다.

③ 인조가 강화도로 피난하였다.

④ 정봉수가 용골산성에서 항전하였다.

10 (가)~(라)를 시기순으로 바르게 나열한 것은?

> (가) 13도 창의군이 결성되었다.
> (나) 지방군은 10정으로 조직하였다.
> (다) 친위 부대인 장용영을 설치하였다.
> (라) 중앙군은 2군 6위제로 운영하였다.

① (나) → (라) → (가) → (다)
② (나) → (라) → (다) → (가)
③ (라) → (나) → (가) → (다)
④ (라) → (나) → (다) → (가)

11 밑줄 친 '이 회의' 이후에 있었던 사실로 옳지 않은 것은?

> 미국, 영국, 소련 3국의 외무 장관이 모인 이 회의에서는 한국의 민주주의적 임시 정부 수립과 이를 위한 미·소공동위원회의 설치, 최대 5년간의 신탁통치 방안 등이 결정되었다.

① 5·10 총선거가 실시되었다.
② 좌우 합작 7원칙이 발표되었다.
③ 조선 건국 준비 위원회가 결성되었다.
④ 반민족 행위 특별 조사위원회가 구성되었다.

12 밑줄 친 '가람'에 대한 설명으로 옳은 것은?

> 우리 왕후께서는 좌평 사택적덕의 따님으로 지극히 오랜 세월에 선인(善因)을 심어 이번 생에 뛰어난 과보를 받아 만민을 어루만져 기르시고 삼보(三寶)의 동량(棟梁)이 되셨기에 능히 가람을 세우시고, 기해년 정월 29일에 사리를 받들어 맞이하셨다. 원하옵나니, 영원토록 공양하고 다함이 없이 이 선(善)의 근원을 배양하여, 대왕 폐하의 수명은 산악과 같이 견고하고 치세는 천지와 함께 영구하며, 위로는 정법을 넓히고 아래로는 창생을 교화하게 하소서.

① 목탑의 양식을 간직한 석탑이 있다.
② 대리석으로 만든 10층 석탑이 있다.
③ 성주산문을 개창한 낭혜 화상의 탑비가 있다.
④ 돌을 벽돌 모양으로 만들어 쌓은 모전석탑이 있다.

13 조선 세조 대에 있었던 사실로 옳은 것만을 모두 고르면?

> ㉠ 사병을 혁파하였다.
> ㉡ 집현전을 폐지하였다.
> ㉢ 『경국대전』을 완성하였다.
> ㉣ 6조 직계제를 시행하였다.

① ㉠, ㉢
② ㉠, ㉣
③ ㉡, ㉢
④ ㉡, ㉣

14 (가)~(라)는 대한민국 임시정부와 관련한 사실이다. 이를 시기순으로 바르게 나열한 것은?

> (가) 한인애국단 창설
> (나) 한국광복군 창설
> (다) 국민대표회의 개최
> (라) 주석·부주석제로 개헌

① (가) → (다) → (나) → (라)
② (가) → (라) → (다) → (나)
③ (다) → (가) → (나) → (라)
④ (다) → (나) → (가) → (라)

15 (가) 시기에 있었던 사실로 옳은 것은?

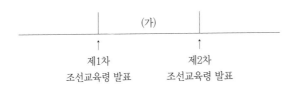

제1차
조선교육령 발표

(가)

제2차
조선교육령 발표

① 경성제국대학이 설립되었다.
② 근대 교육기관인 육영공원이 설립되었다.
③ 일본에서 2·8 독립선언서가 발표되었다.
④ 보안회의 주도로 일본의 황무지 개간권 반대 운동이 일어났다.

16 (가)의 재위 기간에 있었던 사실로 옳은 것은?

> 강조의 군사들이 궁문으로 마구 들어오자, 목종이 모면할 수 없음을 깨닫고 태후와 함께 목 놓아 울며 법왕사로 옮겼다. 잠시 후 황보유의 등이 ▢(가)▢ 을/를 받들어 왕위에 올렸다. 강조가 목종을 폐위하여 양국공으로 삼고, 군사를 보내 김치양 부자와 유행간 등 7인을 죽였다.

① 윤관이 별무반 편성을 건의하였다.
② 외적이 침입하여 국왕이 복주(안동)로 피난하였다.
③ 서희의 외교 담판으로 강동 6주 지역을 획득하였다.
④ 불교 경전을 집대성한 초조대장경 조판이 시작되었다.

17 (가)와 (나) 사이의 시기에 있었던 사실로 옳은 것은?

> (가) 순종의 인산일을 기하여 '동양 척식 주식회사를 철폐하라!', '일본인 지주에게 소작료를 바치지 말자!' 등의 격문을 내건 운동이 일어났다.
> (나) 광주에서 한국인 학생과 일본인 학생 사이에 일어난 충돌을 계기로 학생들이 총궐기하는 운동이 일어났다.

① 신간회가 창설되었다.
② 진단학회가 설립되었다.
③ 진주에서 조선 형평사가 창립되었다.
④ 대구에서 국채보상운동이 시작되었다.

18 1930년대에 있었던 사실로 옳은 것은?

① 비밀결사인 조선건국동맹이 결성되었다.
② 중국 관내에서 조선의용대가 창설되었다.
③ 연해주 지역에 대한광복군 정부가 설립되었다.
④ 서일을 총재로 하는 대한독립군단이 조직되었다.

19 밑줄 친 '이 나라'의 문화유산으로 옳지 않은 것은?

> 송나라 사신 서긍은 그의 저술에서 이 나라 자기의 빛깔과 모양에 대해, "도자기의 빛깔이 푸른 것을 사람들은 비색이라고 부른다. 근래에 와서 만드는 솜씨가 교묘하고 빛깔도 더욱 예뻐졌다. 술그릇의 모양은 오이와 같은데, 위에 작은 뚜껑이 있고 연꽃이나 엎드린 오리 모양을 하고 있다. 또, 주발, 접시, 사발, 꽃병 등도 있었다."라고 하였다.

① 안동 봉정사 극락전
② 구례 화엄사 각황전
③ 예산 수덕사 대웅전
④ 영주 부석사 무량수전

20 다음에서 설명하는 단체는?

> • '가갸날'을 제정하였다.
> • 기관지인 『한글』을 창간하였다.

① 국문연구소
② 조선광문회
③ 대한자강회
④ 조선어연구회

✔ 회독 CHECK 1 2 3

01 다음 유물이 사용된 시대에 대한 설명으로 옳은 것은?

> 미송리식 토기, 팽이형 토기, 붉은 간 토기

① 비파형 동검이 사용되었다.
② 오수전 등의 화폐가 사용되었다.
③ 아슐리안형 주먹도끼가 사용되었다.
④ 철이 많이 생산되어 낙랑과 왜에 수출되었다.

02 밑줄 친 '왕'에 대한 설명으로 옳은 것은?

> 16년 겨울 10월, 왕이 질양(質陽)으로 사냥을 갔다가 길에 앉아 우는 자를 보았다. 왕이 말하기를 "아! 내가 백성의 부모가 되어 백성들이 이 지경에 이르게 하였으니 나의 죄로다." …(중략)… 그리고 관리들에게 명하여 매년 봄 3월부터 가을 7월까지 관청의 곡식을 내어 백성들의 식구 수에 따라 차등 있게 빌려주었다가, 10월에 이르러 상환하게 하는 것을 법규로 정하였다.
>
> – 『삼국사기』 –

① 낙랑군을 축출하였다.
② 진대법을 시행하였다.
③ 백제의 침입으로 전사하였다.
④ 영락이라는 독자적인 연호를 사용하였다.

03 (가)에 대한 설명으로 옳은 것은?

> 신돈이 ___(가)___ 을/를 설치하자고 요청하자, …(중략)… 이제 도감이 설치되었다. …(중략)… 명령이 나가자 권세가 중에 전민을 빼앗은 자들이 그 주인에게 많이 돌려주었으며, 전국에서 기뻐하였다.
>
> – 『고려사』 –

① 시전의 물가를 감독하는 임무를 담당하였다.
② 국가재정의 출납과 회계 업무를 총괄하였다.
③ 불법적으로 점유된 토지와 노비를 조사하였다.
④ 부족한 녹봉을 보충하고자 관료에게 녹과전을 지급하였다.

04 다음과 같이 말한 인물에 대한 설명으로 옳은 것은?

> 우리나라가 곧 고구려의 옛 땅이다. 그리고 압록강 안팎 또한 우리의 지역인데 지금 여진이 그 사이에 몰래 점거하여 저항하고 교활하게 대처하고 있어서 …(중략)… 만일 여진을 내쫓고 우리 옛 땅을 되찾아서 성보(城堡)를 쌓고 도로를 통하도록 하면 우리가 어찌 사신을 보내지 않겠는가?
>
> – 『고려사』 –

① 목종을 폐위하였다.
② 귀주에서 거란군을 물리쳤다.
③ 여진을 몰아내고 동북 9성을 쌓았다.
④ 소손녕과 담판하여 강동 6주를 획득하였다.

05 밑줄 친 '이곳'에 대한 설명으로 옳은 것은?

> • 장수왕은 남진정책의 일환으로 수도를 이곳으로 천도하였다.
> • 묘청은 이곳으로 수도를 옮길 것을 주장하였다.

① 쌍성총관부가 설치되었다.
② 망이·망소이가 반란을 일으켰다.
③ 제너럴 셔먼호 사건이 발생하였다.
④ 1923년 조선 형평사가 결성되었다.

06 다음 전투 이후에 일어난 사건으로 옳은 것만을 모두 고르면?

> 이근행이 군사 20만 명의 대군을 이끌고 매소성(買肖城)에 머물렀다. 우리 군사가 공격하여 달아나게 하고 전마 30,380필을 얻었는데, 남겨놓은 병장기도 그 정도 되었다.
>
> — 『삼국사기』 —

> ㉠ 웅진도독부가 설치되었다.
> ㉡ 김흠돌이 반란을 일으켰다.
> ㉢ 교육 기관인 국학이 설립되었다.
> ㉣ 복신과 도침이 부여풍과 함께 백제 부흥 운동을 일으켰다.

① ㉠, ㉡   ② ㉠, ㉣
③ ㉡, ㉢   ④ ㉢, ㉣

07 다음 사건을 시기순으로 바르게 나열한 것은?

> (가) 신라의 우산국 복속
> (나) 고구려의 서안평 점령
> (다) 백제의 대야성 점령
> (라) 신라의 금관가야 병합

① (가) → (나) → (다) → (라)
② (가) → (라) → (나) → (다)
③ (나) → (가) → (라) → (다)
④ (나) → (다) → (가) → (라)

08 고려 시대 문화유산에 대한 설명으로 옳지 않은 것은? 〈변형〉

① 황해도 사리원 성불사 응진전은 다포 양식의 건물이다.
② 월정사 팔각 9층 석탑은 원의 석탑을 모방하여 제작하였다.
③ 여주 고달사지 승탑은 통일 신라의 팔각원당형 양식을 계승하였다.
④ 『직지심체요절』은 세계기록유산으로 등재된 현존하는 가장 오래된 금속활자본이다.

09 조선 시대 지도와 천문도에 대한 설명으로 옳지 않은 것은?

① 대동여지도는 거리를 알 수 있도록 10리마다 눈금을 표시하였다.

② 혼일강리역대국도지도는 중국에서 들여온 곤여만국전도를 참고하였다.

③ 천상열차분야지도는 하늘을 여러 구역으로 나누고 별자리를 표시한 그림이다.

④ 동국지도는 정상기가 실제 거리 100리를 1척으로 줄인 백리척을 적용하여 제작하였다.

10 (가)에 대한 설명으로 옳지 않은 것은?

> 임진왜란 이후에 우의정 유성룡도 역시 미곡을 거두는 것이 편리하다고 주장하였으나, 일이 성취되지 못하였다. 1608년에 이르러 좌의정 이원익의 건의로 [(가)]을/를 비로소 시행하여, 민결(民結)에서 미곡을 거두어 서울로 옮기게 하였다.
>
> — 『만기요람』 —

① 장시의 확대에 기여하였다.

② 지주에게 결작을 부과하였다.

③ 공납의 폐단을 막기 위해 실시하였다.

④ 공인에게 비용을 지급하고 필요 물품을 조달하였다.

11 (가) 인물이 추진한 정책으로 옳지 않은 것은?

> 선비들 수만 명이 대궐 앞에 모여 만동묘와 서원을 다시 설립할 것을 청하니, [(가)]이/가 크게 노하여 한성부의 조례(皂隷)와 병졸로 하여금 한강 밖으로 몰아내게 하고 드디어 천여 곳의 서원을 철폐하고 그 토지를 몰수하여 관에 속하게 하였다.
>
> — 『대한계년사』 —

① 사창제를 실시하였다.

② 『대전회통』을 편찬하였다.

③ 비변사의 기능을 강화하였다.

④ 통상 수교 거부 정책을 추진하였다.

12 다음과 같은 선포문을 발표하면서 성립한 정부의 정책으로 옳지 않은 것은?

> 제1조 대한민국은 민주공화제로 함
> …(중략)…
> 민국 원년 3월 1일 우리 대한민족이 독립을 선언한 뒤 …(중략)… 이제 본 정부가 전 국민의 위임을 받아 조직되었으니 전 국민과 더불어 전심(專心)으로 힘을 모아 국토 광복의 대사명을 이룰 것을 선서한다.

① 독립 공채를 발행하였다.

② 기관지로 독립신문을 발간하였다.

③ 비밀 행정 조직인 연통부를 설치하였다.

④ 재정 확보를 위하여 전환국을 설립하였다.

13 밑줄 친 '나'가 집권하여 추진한 사실로 옳은 것은?

> 나는 우리 국민이 선천적으로 타고난 재질을 최대한으로 활용하여 다각적인 생산 활동을 더욱 활발하게 하고, …(중략)… 공산품 수출을 진흥시키는 데 가일층 노력할 것을 요망합니다. 끝으로 나는 오늘 제1회 「수출의 날」 기념식에 즈음하여 …(중략)… 이 뜻깊은 날이 자립경제를 앞당기는 또 하나의 계기가 될 것을 기원합니다.

① 대통령 직선제 개헌을 추진하였다.
② 3·1 민주 구국 선언을 발표하였다.
③ 반민족 행위 특별 조사 위원회를 구성하였다.
④ 베트남 파병에 필요한 조건을 명시한 브라운 각서를 체결하였다.

14 다음과 같이 상소한 인물이 속한 붕당에 대한 설명으로 옳은 것만을 모두 고르면?

> 상소하여 아뢰기를, "신이 좌참찬 송준길이 올린 차자를 보았는데, 상복(喪服) 절차에 대하여 논한 것이 신과는 큰 차이가 있었습니다. 장자를 위하여 3년을 입는 까닭은 위로 '정체(正體)'가 되기 때문이고 또 전중(傳重: 조상의 제사나 가문의 법통을 전함)하기 때문입니다. …(중략)… 무엇보다 중요한 것은 할아버지와 아버지의 뒤를 이은 '정체'이지, 꼭 첫째이기 때문에 참최 3년복을 입는 것은 아닙니다."라고 하였다.
> – 『현종실록』 –

> ㉠ 기사환국으로 정권을 장악하였다.
> ㉡ 인조반정을 주도하여 집권세력이 되었다.
> ㉢ 정조 시기에 탕평정치의 한 축을 이루었다.
> ㉣ 이이와 성혼의 문인을 중심으로 형성되었다.

① ㉠, ㉡
② ㉠, ㉢
③ ㉡, ㉣
④ ㉢, ㉣

15 (나) 시기에 일어난 사실로 옳은 것은?

> (가) 삼포왜란이 발발하였다.
> ↓
> (나)
> ↓
> (다) 임진왜란이 발발하였다.

① 을사사화가 일어났다.
② 『경국대전』이 반포되었다.
③ 『향약집성방』이 편찬되었다.
④ 금속활자인 갑인자가 주조되었다.

16 다음 법령이 시행된 시기에 있었던 사실로 옳은 것은?

> 제1조 회사의 설립은 조선 총독의 허가를 받아야 한다.
> 제5조 회사가 본령이나 본령에 따라 나오는 명령과 허가 조건을 위반하거나 공공질서와 선량한 풍속에 반하는 행위를 할 때 조선 총독은 사업의 정지, 지점의 폐쇄, 또는 회사의 해산을 명할 수 있다.

① 산미 증식 계획이 폐지되었다.
② 국가 총동원법이 제정되었다.
③ 원료 확보를 위한 남면북양 정책이 추진되었다.
④ 보통학교 수업 연한을 4년으로 정한 조선 교육령이 공포되었다.

17 다음과 같은 결의문에 근거하여 시행된 조치로 옳은 것은?

> 소총회는 …(중략)… 한국 인민의 대표가 국회를 구성하여 중앙정부를 수립할 수 있도록 선거를 시행함이 긴요하다고 여기며, 총회의 의결에 따라 국제연합 한국 임시위원단이 접근할 수 있는 지역에서 결의문 제2호에 기술된 계획을 시행함이 동 위원단에 부과된 임무임을 결의한다.

① 미 군정청이 설치되었다.
② 5 · 10 총선거가 실시되었다.
③ 좌우 합작 위원회가 구성되었다.
④ 미 · 소 공동 위원회가 개최되었다.

18 (가), (나) 조약 사이의 시기에 있었던 사실로 옳은 것은?

> (가) 제10관 일본국 인민이 조선국 지정의 각 항구에 머무는 동안에 죄를 범한 것이 조선국 인민에 관계되는 사건일 때에는 일본국 관원이 재판한다.
> (나) 제4관 중국 상인이 조선의 양화진 및 한성에 영업소를 개설할 경우를 제외하고, 각종 화물을 내륙으로 운반하여 상점을 차리고 파는 것을 허가하지 않는다. 단, 내륙행상이 필요한 경우 지방관의 허가서를 받아야 한다.

① 개항장에서는 일본 화폐가 통용되었다.
② 러시아가 압록강 유역의 산림 채벌권을 획득하였다.
③ 황국 중앙 총상회가 조직되어 상권 수호 운동을 전개하였다.
④ 함경도의 방곡령에 불복하여 일본 상인이 손해 배상을 요구하였다.

19 밑줄 친 '14개 조목'에 해당하는 것만을 모두 고르면?

> 이제부터는 다른 나라를 의지하지 않으며 융성하도록 나라의 발걸음을 넓히고 백성의 복리를 증진하여 자주독립의 터전을 공고하게 할 것입니다. …(중략)… 이에 저 소자는 14개 조목의 홍범(洪範)을 하늘에 계신 우리 조종의 신령 앞에 맹세하노니, 우리러 조종이 남긴 업적을 잘 이어서 감히 어기지 않을 것입니다.

> ㉠ 탁지아문에서 조세 부과
> ㉡ 왕실과 국정 사무의 분리
> ㉢ 지계 발급을 위한 지계아문 설치
> ㉣ 대한 천일 은행 등 금융기관 설립

① ㉠, ㉡
② ㉠, ㉣
③ ㉡, ㉢
④ ㉢, ㉣

20 (가) 시기에 볼 수 있었던 모습으로 옳지 않은 것은?

```
                    (가)
─────────┼──────────────┼─────────
      만주사변 발생    태평양 전쟁 발발
```

① 소학교에 등교하는 조선인 학생
② 황국 신민 서사를 암송하는 청년
③ 제국신문 기사를 작성하는 기자
④ 쌍성보에서 항전하는 한국독립당 군인

모바일 OMR

01 다음 풍습이 있었던 나라에 대한 설명으로 옳은 것은?

> • 가족이 죽으면 시체를 가매장하였다가 나중에 그 뼈를 추려서 가족 공동 무덤인 커다란 목곽에 안치하였다.
> • 목곽 입구에는 죽은 자가 먹을 양식으로 쌀을 담은 항아리를 매달아 놓기도 하였다.
>
> – 『삼국지』 위서 동이전 –

① 민며느리제라는 혼인 풍습이 있었다.
② 제가가 별도로 사출도를 다스렸다.
③ 소도라는 신성 구역이 존재하였다.
④ 무천이라는 제천 행사를 열었다.

02 우리나라 유네스코 세계 유산에 대한 설명으로 옳지 않은 것은?

① 미륵사지에는 목탑 양식의 석탑이 있다.
② 정림사지에는 백제의 5층 석탑이 남아 있다.
③ 능산리 고분군에는 계단식 돌무지 무덤이 있다.
④ 무령왕릉에는 무덤 주인공을 알려주는 지석이 있었다.

03 조선 시대의 관청에 대한 설명으로 옳은 것은?

① 사간원 – 교지를 작성하였다.
② 한성부 – 시정기를 편찬하였다.
③ 춘추관 – 외교 문서를 작성하였다.
④ 승정원 – 국왕의 명령을 출납하였다.

04 (가)에 대한 설명으로 옳은 것은?

> 3·1 운동 직후에 만들어진 ⎡(가)⎤은/는 연통제라는 비밀 행정 조직을 만들었으며, 국내 인사와의 연락과 이동을 위해 교통국을 두었다. 또 외교 선전물을 간행하여 일제 침략의 부당성을 널리 알리고자 하였다. 그러나 이러한 활동은 뚜렷한 성과를 내지 못하였다. 그러한 가운데 ⎡(가)⎤의 활동 방향을 두고 외교 운동 노선과 무장 투쟁 노선 사이에서 갈등이 빚어지기도 하였다.

① 외교 운동을 위해 미국에 구미 위원부를 설치하였다.
② 비밀 결사 운동을 추진하고자 독립 의군부를 만들었다.
③ 이인영, 허위 등을 중심으로 서울 진공 작전을 추진하였다.
④ 영국인 베델을 발행인으로 한 대한매일신보를 창간하였다.

05 다음 (가), (나) 승려에 대한 설명으로 옳은 것은?

> (가) 중국 유학에서 돌아와 부석사를 비롯한 여러 사원을 건립하였으며, 문무왕이 경주에 성곽을 쌓으려 할 때 만류한 일화로 유명하다.
> (나) 진골 귀족 출신으로 대국통을 역임하였으며, 선덕 여왕에게 황룡사 9층탑의 건립을 건의하였다.

① (가)는 모든 것이 한마음에서 나온다는 일심사상을 제시하였다.
② (가)는 「화엄일승법계도」를 만들었다.
③ (나)는 『왕오천축국전』이라는 여행기를 남겼다.
④ (나)는 이론과 실천을 같이 강조하는 교관겸수를 제시하였다.

06 (가) 왕에 대한 설명으로 옳은 것은?

> 당 현종 개원 7년에 대조영이 죽으니, 그 나라에서 사사로이 시호를 올려 고왕(高王)이라 하였다. 아들 [(가)]이/가 뒤이어 왕위에 올라 영토를 크게 개척하니, 동북의 모든 오랑캐가 겁을 먹고 그를 섬겼으며, 또 연호를 인안(仁安)으로 고쳤다.
>
> — 『신당서』 —

① 수도를 상경성으로 옮겼다.
② '해동성국'이라고 불릴 만큼 전성기를 이루었다.
③ 장문휴를 시켜 당의 등주(산둥성)를 공격하였다.
④ 고구려 유민과 말갈족을 이끌고 동모산에 도읍을 정하였다.

07 (가)~(라) 국왕 대에 있었던 사실로 옳지 않은 것은?

> 조선 시대 국가를 운영하는 핵심 법전인 『경국대전』은 세조 대에 그 편찬이 시작되어 [(가)] 대에 완성되었다. 이후 여러 차례의 전쟁으로 혼란에 빠진 국가 체제를 수습하고 새로운 정치·사회적 변화에 대응하기 위해 법전 정비가 필요하게 되었다. 이에 따라 [(나)] 대에 『속대전』을 편찬하였으며, [(다)] 대에 『대전통편』을, 그리고 [(라)] 대에는 『대전회통』을 편찬하였다.

① (가) – 홍문관을 두어 집현전을 계승하였다.
② (나) – 서원을 붕당의 근거지로 인식하여 대폭 정리하였다.
③ (다) – 사도 세자의 무덤을 옮기고 화성을 축조하였다.
④ (라) – 삼정의 문란을 바로잡기 위해 삼정이정청을 설치하였다.

08 밑줄 친 '사건'의 명칭은?

> 중종에 의해 등용된 조광조는 현량과를 통해 사림을 대거 등용하였다. 그는 3사의 언관직을 통해 개혁을 추진해 나갔고, 위훈 삭제를 주장하기도 하였다. 이러한 움직임은 반발을 불러일으켰으며, 중종도 급진적인 개혁 조치에 부담을 느껴 조광조 등을 제거하였다. 이 사건으로 사림은 큰 피해를 입었다.

① 갑자사화   ② 기묘사화
③ 무오사화   ④ 을사사화

09 (가), (나)에 대한 설명으로 옳은 것은?

> [(가)] 역사서의 저자는 다음과 같은 글을 지어 왕에게 바쳤다. "성상 전하께서 옛 사서를 널리 열람하시고, '지금의 학사 대부는 모두 오경과 제자의 책과 진한(秦漢) 역대의 사서에는 널리 통하여 상세히 말하는 이는 있으나, 도리어 우리나라의 사실에 대하여서는 망연하고 그 시말(始末)을 알지 못하니 심히 통탄할 일이다. 하물며 신라·고구려·백제가 나라를 세우고 정립하여 능히 예의로써 중국과 통교한 까닭으로 범엽의 『한서』나 송기의 『당서』에는 모두 열전이 있으나 국내는 상세하고 국외는 소략하게 써서 자세히 실리지 않았다. …(중략)… 일관된 역사를 완성하고 만대에 물려주어 해와 별처럼 빛나게 해야 하겠다.'라고 하셨다."
>
> [(나)] 역사서에는 다음과 같은 서문이 실려 있다. "부여씨와 고씨가 망한 다음에 김씨의 신라가 남에 있고, 대씨의 발해가 북에 있으니 이것이 남북국이다. 여기에는 마땅히 남북국사가 있어야 할 터인데, 고려가 그것을 편찬하지 않은 것은 잘못이다."

① (가)는 동명왕의 업적을 칭송한 영웅 서사시이다.
② (가)는 불교를 중심으로 고대 설화를 수록하였다.
③ (나)는 만주 지역까지 우리 역사의 범위를 확장하였다.
④ (나)는 고조선부터 고려에 이르는 역사를 체계적으로 정리하였다.

10 다음 주장을 한 실학자가 쓴 책은?

> 토지를 겸병하는 자라고 해서 어찌 진정으로 빈민을 못살게 굴고 나라의 정치를 해치려고 했겠습니까? 근본을 다스리고자 하는 자라면 역시 부호를 심하게 책망할 것이 아니라 관련 법제가 세워지지 않은 것을 걱정해야 할 것입니다. …(중략)… 진실로 토지의 소유를 제한하는 법령을 세워, "어느 해 어느 달 이후로는 제한된 면적을 초과해 소유한 자는 더는 토지를 점하지 못한다. 이 법령이 시행되기 이전부터 소유한 것에 대해서는 아무리 광대한 면적이라 해도 불문에 부친다. 자손에게 분급해 주는 것은 허락한다. 만약에 사실대로 고하지 않고 숨기거나 법령을 공포한 이후에 제한을 넘어 더 점한 자는 백성이 적발하면 백성에게 주고, 관(官)에서 적발하면 몰수한다."라고 하면, 수십 년이 못 가서 전국의 토지 소유는 균등하게 될 것입니다.

① 반계수록　　　　② 성호사설
③ 열하일기　　　　④ 목민심서

11 (가) 시기에 있었던 사실로 옳은 것은?

> 한국을 식민지로 삼은 일제는 헌병에게 경찰 업무를 부여한 헌병 경찰제를 시행했다. 헌병 경찰은 정식 재판 없이 한국인에게 벌금 등의 처벌을 가하거나 태형에 처할 수도 있었다. 한국인은 이처럼 강압적인 지배에 저항해 3·1 운동을 일으켰으며, 일제는 이를 계기로 지배 정책을 전환했다. 일제가 한국을 병합한 직후부터 3·1 운동이 벌어진 때까지를 　(가)　 시기라고 부른다.

① 토지 조사령이 공포되었다.
② 창씨 개명 조치가 시행되었다.
③ 초등 교육 기관의 명칭이 국민학교로 변경되었다.
④ 전쟁 물자 동원을 내용으로 한 국가 총동원법이 적용되었다.

12 밑줄 친 '그'에 대한 설명으로 옳은 것은?

> 한국 국민당을 이끌던 그는 독립운동 세력을 통합하고자 한국 독립당을 결성해 항일 운동을 주도하였다. 광복 직후 귀국한 그는 정부 수립을 위한 활동을 이어나갔으며, 남한 단독 선거가 결정되자 김규식과 더불어 남북 협상을 위해 평양을 방문하기도 하였다.

① 좌우 합작 위원회를 구성해 좌우 합작 7원칙을 발표하였다.
② 광복 직후 안재홍 등과 함께 조선 건국 준비 위원회를 만들었다.
③ 무장 항일 투쟁을 위해 하와이로 건너가 대조선 국민 군단을 결성하였다.
④ 모스크바 3국 외상 회의의 결정 사항이 알려지자 신탁 통치 반대 운동을 펼쳤다.

13 제헌 국회에 대한 설명으로 옳은 것은?

① 반민족 행위 특별 조사 위원회를 구성하였다.
② 한·일 기본 조약 체결에 반대하는 성명을 내놓았다.
③ 통일 3대 원칙이 언급된 7·4 남북 공동 성명을 발표하였다.
④ 통일 주체 국민 회의에서 대통령을 뽑는다는 내용의 개헌안을 통과시켰다.

한국사 ㉮책형

14 밑줄 친 '그'에 대한 설명으로 옳은 것은?

> 고종이 즉위한 직후에 실권을 장악한 그는 러시아를 견제하기 위해 천주교 선교사를 통해 프랑스와 교섭하려 했다. 하지만 천주교를 금지해야 한다는 유생의 주장이 높아지자 다수의 천주교도와 선교사를 잡아들여 처형한 병인박해를 일으켰다. 이후 고종의 친정이 시작됨에 따라 물러난 그는 임오군란이 일어났을 때 잠시 권력을 장악했지만, 청군의 개입으로 곧 물러났다.

① 미국에 보빙사라는 사절단을 파견하였다.
② 전국 여러 곳에 척화비를 세우도록 했다.
③ 국경을 획정하고자 백두산정계비를 세웠다.
④ 통리기무아문을 설치하고 그 아래에 12사를 두었다.

15 밑줄 친 '이 왕'에 대한 설명으로 옳은 것은?

> 백제 개로왕은 장기와 바둑을 좋아하였는데, 도림이 고하기를 "제가 젊어서부터 바둑을 배워 꽤 묘한 수를 알게 되었으니 개로왕께 알려드리기를 원합니다." 라고 하였다. …(중략)… 개로왕이 (도림의 말을 듣고) 나라 사람을 징발하여 흙을 쪄서 성(城)을 쌓고 그 안에는 궁실, 누각, 정자를 지으니 모두가 웅장하고 화려하였다. 이로 말미암아 창고가 비고 백성이 곤궁하니, 나라의 위태로움이 알을 쌓아 놓은 것보다 더 심하게 되었다. 그제야 도림이 도망을 쳐 와서 그 실정을 고하니 이 왕이 기뻐하여 백제를 치려고 장수에게 군사를 나누어 주었다.
>
> — 『삼국사기』 —

① 평양으로 도읍을 천도하였다.
② 진대법을 처음으로 시행하였다.
③ 낙랑군을 점령하고 한 군현 세력을 몰아내었다.
④ 신라에 침입한 왜군을 낙동강 유역에서 물리쳤다.

16 다음 설명에 해당하는 문화 유산은?

> 이 건물은 주심포 양식에 맞배지붕 건물로 기둥은 배흘림 양식이다. 1972년 보수 공사 중에 공민왕 때 중창하였다는 상량문이 나와 우리나라에서 가장 오래된 목조 건물로 보고 있다.

① 서울 흥인지문
② 안동 봉정사 극락전
③ 영주 부석사 무량수전
④ 합천 해인사 장경판전

17 (가) 단체에 대한 설명으로 옳은 것은?

> 아관파천 이후 러시아의 영향력이 강화되고 열강의 이권 침탈이 가속화되었다. 이러한 가운데 서재필 등은 (가) 을/를 만들었다. (가) 은/는 고종에게 자주 독립을 굳건히 하고 내정 개혁을 단행하라는 내용이 담긴 상소문을 제출하였으며, 만민 공동회를 개최하여 외국의 간섭과 일부 관리의 부정부패를 비판하였다.

① 교육 입국 조서를 작성해 공포하였다.
② 영은문이 있던 자리 부근에 독립문을 세웠다.
③ 개혁의 기본 강령인 홍범 14조를 발표하였다.
④ 일본에 진 빚을 갚자는 국채 보상 운동을 일으켰다.

18 (가) 시기의 사실로 옳지 않은 것은?

① 만권당이 만들어졌다.
② 정동행성이 설치되었다.
③ 쌍성총관부가 수복되었다.
④ 『제왕운기』가 저술되었다.

19 밑줄 친 '이 나라'의 경제 상황에 대한 설명으로 옳지 않은 것은?

> 이 나라에는 관리에게 정해진 면적의 토지에서 조세를 거둘 수 있는 권리를 나누어주는 전시과라는 제도가 있었다. 농민은 소를 이용해 깊이갈이를 하기도 했으며, 시비법의 발달로 휴경지가 점차 줄어들었다. 밭농사는 2년 3작의 윤작법이 점차 보급되었다. 이 나라의 말기에는 직파법 대신 이앙법이 남부 지방 일부에 보급될 정도로 논농사에 변화가 나타났다. 또한 이암에 의해 중국 농서인『농상집요』도 소개되었다.

① 재정을 운영하는 관청으로 삼사를 두었다.
② 공물 부과 기준이 가호에서 토지로 바뀌었다.
③ 생산량의 10분의 1에 해당하는 조세를 거두었다.
④ '소'라는 행정구역의 주민이 국가에서 필요로 하는 물품을 생산하였다.

20 (가) 시기에 있었던 일로 옳은 것은?

① 을사늑약 체결
② 정미의병 발생
③ 오페르트 도굴 미수 사건
④ 조 · 미 수호 통상 조약 체결

모바일 OMR

✔ 회독 CHECK 1 2 3

01 다음 시가를 지은 왕의 재위 기간에 있었던 사실은?

> 펄펄 나는 저 꾀꼬리
> 암수 서로 정답구나
> 외로울사 이 내 몸은
> 뉘와 더불어 돌아가랴

① 진대법을 시행하였다.
② 낙랑군을 축출하였다.
③ 졸본에서 국내성으로 천도하였다.
④ 율령을 반포하여 중앙 집권 체제를 강화하였다.

02 밑줄 친 '유학자'에 대한 설명으로 옳은 것은?

> 풍기군수 주세붕은 고려 시대 유학자의 고향인 경상
> 도 순흥면 백운동에 회헌사(晦軒祠)를 세우고, 1543
> 년에 교육 시설을 더해서 백운동 서원을 건립하였다.

① 해주향약을 보급하였다.
② 원 간섭기에 성리학을 국내로 소개하였다.
③『성학십도』를 저술하여 경연에서 강의하였다.
④ 일본의 동정을 담은『해동제국기』를 저술하였다.

03 밑줄 친 '왕'에 대한 설명으로 옳은 것은?

> 1919년 3월 1일 탑골 공원에서 민족 대표 33인이 서
> 명한 독립 선언서가 낭독되었다. 이 공원에 있는 탑은
> 왕이 세운 것으로 경천사 10층 석탑의 영향을 받았다.

① 우리나라 전쟁사를 정리한『동국병감』을 편찬하였다.
② 우리나라 역대 문장의 정수를 모은『동문선』을 편찬
하였다.
③ 6조 직계제를 실시하여 국왕 중심의 정치 체제를 구
축하였다.
④ 한양으로 다시 천도하면서 이궁인 창덕궁을 창건하
였다.

04 (가) 인물에 대한 설명으로 옳은 것은?

> [가] 이/가 올립니다. "지방의 경우에는 관찰사
> 와 수령, 서울의 경우에는 홍문관과 육경(六卿), 그리
> 고 대간(臺諫)들이 모두 능력 있는 사람을 천거하게
> 하십시오. 그 후 대궐에 모아 놓고 친히 여러 정책과
> 관련된 대책 시험을 치르게 한다면 인물을 많이 얻을
> 수 있을 것입니다. 이는 역대 선왕께서 하지 않으셨
> 던 일이요, 한나라의 현량과와 방정과의 뜻을 이은
> 것입니다. 덕행은 여러 사람이 천거하는 바이므로 반
> 드시 헛되거나 그릇되는 일이 없을 것입니다."

① 기묘사화로 탄압받았다.
② 조의제문을 사초에 실었다.
③ 문정왕후의 수렴청정을 지지하였다.
④ 연산군의 생모 윤씨를 폐비하는 데 동조하였다.

05 신석기 시대 유적과 유물을 바르게 연결한 것만을 모두 고르면?

> ㉠ 양양 오산리 유적 – 덧무늬 토기
> ㉡ 서울 암사동 유적 – 빗살무늬 토기
> ㉢ 공주 석장리 유적 – 미송리식 토기
> ㉣ 부산 동삼동 유적 – 아슐리안형 주먹도끼

① ㉠, ㉡
② ㉠, ㉣
③ ㉡, ㉢
④ ㉢, ㉣

06 (가) 시기에 신라에서 있었던 사실은?

> 고구려의 침입으로 한성이 함락되자,
> 수도를 웅진으로 옮겼다.
>
> ↓
>
> (가)
>
> ↓
>
> 성왕은 사비로 도읍을 옮겼다.

① 대가야를 정복하였다.
② 황초령 순수비를 세웠다.
③ 거칠부가 『국사』를 편찬하였다.
④ 이차돈의 순교를 계기로 불교가 공인되었다.

07 시기별 대외 교류에 관한 설명으로 옳지 않은 것은?

① 백제: 노리사치계가 일본에 불경과 불상을 전하였다.
② 통일 신라: 장보고가 청해진을 설치하여 해상권을 장악하였다.
③ 고려: 예성강 하구의 벽란도가 국제항으로 번성하였다.
④ 조선: 명과의 교류에서 중강 개시와 책문 후시가 전개되었다.

08 우리나라 세계 유산과 세계 기록 유산에 대한 설명으로 옳은 것만을 모두 고르면?

> ㉠ 공주 송산리 고분군에는 전축분인 6호분과 무령왕릉이 있다.
> ㉡ 양산 통도사는 금강 계단 불사리탑이 있는 삼보 사찰이다.
> ㉢ 남한산성은 병자호란 때 인조가 피난했던 산성이다.
> ㉣ 『승정원 일기』는 역대 왕의 훌륭한 언행을 『실록』에서 뽑아 만든 사서이다.

① ㉠, ㉡
② ㉡, ㉢
③ ㉠, ㉡, ㉢
④ ㉠, ㉢, ㉣

09 다음은 발해 수도에 대한 답사 계획이다. 각 수도에 소재하는 유적에 대한 탐구 내용으로 옳은 것만을 모두 고르면?

발해 유적
답사 계획서

📅 일시	출발 ○○○○년 ○월 ○○일 귀국 ○○○○년 ○월 ○○일
👥 인원	○○명
📍 장소	

(지도: 하얼빈, 길림, 영안 ⓒ, 돈화 ㉠, 심양, 훈춘, 화룡, 집안, 백두산 / → 수도 이동 및 답사 경로)

| 📖 탐구 내용 | ㉠ 정효공주 무덤을 찾아 벽화에 그려진 인물들의 복식을 탐구한다.
ⓒ 용두산 고분군을 찾아 벽돌 무덤의 특징을 탐구한다.
ⓒ 오봉루 성문터를 찾아 성의 구조를 당의 장안성과 비교해 본다.
ⓐ 정혜공주 무덤을 찾아 고구려 무덤과의 계승성을 탐구한다. |

① ㉠, ⓒ
② ㉠, ⓐ
③ ⓒ, ⓒ
④ ⓒ, ⓐ

10 다음 상소문을 올린 왕대에 있었던 사실은?

석교(釋教)를 행하는 것은 수신(修身)의 근본이요, 유교를 행하는 것은 이국(理國)의 근원입니다. 수신은 내생의 자(資)요, 이국은 금일의 요무(要務)로서, 금일은 지극히 가깝고 내생은 지극히 먼 것인데도 가까움을 버리고 먼 것을 구함은 또한 잘못이 아니겠습니까.

① 양경과 12목에 상평창을 설치하였다.
② 균여를 귀법사 주지로 삼아 불교를 정비하였다.
③ 국자감에 7재를 두어 관학을 부흥하고자 하였다.
④ 전지(田地)와 시지(柴地)를 지급하는 경정 전시과를 실시하였다.

11 이승만 정부의 경제 정책으로 옳지 않은 것은?

① 한·미 원조 협정을 체결하였다.
② 농지 개혁에 따른 지가 증권을 발행하였다.
③ 제분, 제당, 면방직 등 삼백 산업을 적극 지원하였다.
④ 제1차 경제 개발 5개년 계획을 추진하였다.

12 중·일 전쟁 이후 조선 총독부가 시행한 민족 말살 정책이 아닌 것은?

① 아침마다 궁성요배를 강요하였다.
② 일본에 충성하자는 황국 신민 서사를 암송하게 하였다.
③ 공업 자원의 확보를 위하여 남면북양 정책을 시행하였다.
④ 황국 신민 의식을 강화하고자 소학교를 국민학교로 개칭하였다.

13 밑줄 친 '조약'에 대한 설명으로 옳지 않은 것은?

> 1905년 8월 4일 오후 3시, 우리가 앉아 있는 곳은 새거모어 힐의 대기실, 루스벨트의 저택이다. 새거모어 힐은 루스벨트의 여름용 대통령 관저로 3층짜리 저택이다. …(중략)… 대통령과 마주하자 나는 말했다. "감사합니다. 각하. 저는 대한제국 황제의 친필 밀서를 품고 지난 2월에 헤이 장관을 만난 사람입니다. 그 밀서에서 우리 황제는 1882년에 맺은 <u>조약</u>의 거중 조정 조항에 따른 귀국의 지원을 간곡히 부탁했습니다."

① 영사재판권이 인정되었다.
② 임오군란을 계기로 체결되었다.
③ 최혜국 대우 조항이 포함되었다.
④ 『조선책략』의 영향을 받았다.

14 고려 시대 향리에 대한 설명으로 옳은 것만을 모두 고르면?

> ㉠ 부호장 이하의 향리는 사심관의 감독을 받았다.
> ㉡ 상층 향리는 과거로 중앙 관직에 진출할 수 있었다.
> ㉢ 일부 향리의 자제들은 기인으로 선발되어 개경으로 보내졌다.
> ㉣ 속현의 행정 실무는 향리가 담당하였다.

① ㉠
② ㉠, ㉡
③ ㉡, ㉢, ㉣
④ ㉠, ㉡, ㉢, ㉣

15 밑줄 친 '이 농법'에 대한 설명으로 옳은 것만을 모두 고르면?

> 대개 <u>이 농법</u>을 귀중하게 여기는 이유는 다음과 같다. 두 땅의 힘으로 하나의 모를 서로 기르는 것이고, …(중략)… 옛 흙을 떠나 새 흙으로 가서 고갱이를 씻어 내어 더러운 것을 제거하는 것이다. 무릇 벼를 심는 논에는 물을 끌어들일 수 있는 하천이나 물을 댈 수 있는 저수지가 꼭 필요하다. 이러한 것이 없다면 볏논이 아니다.
>
> － 『임원경제지』 －

> ㉠ 세종 때 편찬된 『농사직설』에도 등장한다.
> ㉡ 고랑에 작물을 심도록 하였다.
> ㉢ 『경국대전』의 수령칠사 항목에서도 강조되었다.
> ㉣ 직파법보다 풀 뽑는 노동력을 절약할 수 있었다.

① ㉠, ㉡
② ㉠, ㉣
③ ㉡, ㉢
④ ㉢, ㉣

16 밑줄 친 '헌법'이 시행 중인 시기에 일어난 사건은?

> 이 <u>헌법</u>은 한 사람의 집권자가 긴급 조치라는 형식적인 법 절차와 권력 남용으로 양보할 수 없는 국민의 기본 인권과 존엄성을 억압하였다. 그리고 이러한 권력 남용에 형식적인 합법성을 부여하고자 …(중략)… 입법, 사법, 행정 3권을 한 사람의 집권자에게 집중시키고 있다.

① 부·마 민주 항쟁이 일어났다.
② 국민 교육 헌장을 선포하였다.
③ 7·4 남북 공동 성명이 발표되었다.
④ 한·일 협정 체결을 반대하는 6·3 시위가 있었다.

17 밑줄 친 '회의'에서 있었던 사실은?

> 본 회의는 2천만 민중의 공정한 뜻에 바탕을 둔 국민적 대화합으로 최고의 권위를 가지고 국민의 완전한 통일을 공고하게 하며, 광복 대업의 근본 방침을 수립하여 우리 민족의 자유를 만회하며 독립을 완성하기를 기도하고 이에 선언하노라. …(중략)… 본 대표 등은 국민이 위탁한 사명을 받들어 국민적 대단결에 힘쓰며 독립운동이 나아갈 방향을 확립하여 통일적 기관 아래에서 대업을 완성하고자 하노라.

① 대한민국 건국 강령이 상정되었다.
② 박은식이 임시 대통령으로 선출되었다.
③ 민족 유일당 운동 차원에서 조선 혁명당이 참가하였다.
④ 임시 정부를 대체할 새로운 조직을 만들자는 주장이 나왔다.

18 다음 법령에 따라 시행된 사업에 대한 설명으로 옳은 것은?

> 제1조 토지의 조사 및 측량은 본령에 따른다.
> 제4조 토지 소유자는 조선 총독이 정한 기간 내에 주소, 성명 또는 명칭 및 소유지의 소재, 지목, 자 번호, 사표, 등급, 지적, 결수를 임시토지조사국장에게 신고해야 한다. 단, 국유지는 보관 관청이 임시토지조사국장에게 통지해야 한다.

① 농상공부를 주무 기관으로 하였다.
② 역둔토, 궁장토를 총독부 소유로 만들었다.
③ 토지 약탈을 위해 동양 척식 회사를 설립하였다.
④ 춘궁 퇴치, 농가 부채 근절을 목표로 내세웠다.

19 개항기 무역에 대한 설명으로 옳지 않은 것은?

① 개항장에서 조선인 객주가 중개 활동을 하였다.
② 조 · 청 무역 장정으로 청국에서의 수입액이 일본을 앞질렀다.
③ 일본 상인은 면제품을 팔고, 쇠가죽 · 쌀 · 콩 등을 구입하였다.
④ 조 · 일 통상 장정의 개정으로 곡물 수출이 금지되기도 하였다.

20 밑줄 친 '그'에 대한 설명으로 옳은 것은?

> 군역에 뽑힌 장정에게 군포를 거두었는데, 그 폐단이 많아서 백성들이 뼈를 깎는 원한을 가졌다. 그런데 사족들은 한평생 한가하게 놀며 신역(身役)이 없었다. …(중략)… 그러나 유속(流俗)에 끌려 이행되지 못하였으나 갑자년 초에 그가 강력히 나서서 귀천이 동일하게 장정 한 사람마다 세납전(歲納錢) 2민(緡)을 바치게 하니, 이를 동포전(洞布錢)이라고 하였다.
> – 『매천야록』 –

① 만동묘 건립을 주도하였다.
② 군국기무처 총재를 역임하였다.
③ 통리기무아문을 폐지하고 5군영을 부활하였다.
④ 탕평 정치를 정리한 『만기요람』을 편찬하였다.

모바일 OMR

01 (가) 시기의 생활상에 대한 설명으로 옳은 것은?

> 1935년 두만강 가의 함경북도 종성군 동관진에서 한 반도 최초로 (가) 시대 유물인 석기와 골각기 등 이 발견되었다. 발견 당시 일본에서는 (가) 시대 유물이 출토되지 않은 상황이었다.

① 반달 돌칼을 이용하여 벼를 수확하였다.
② 넓적한 돌 갈판에 옥수수를 갈아서 먹었다.
③ 사냥이나 물고기잡이 등을 통해 식량을 얻었다.
④ 영혼 숭배 사상이 있어 사람이 죽으면 흙 그릇 안에 매장하였다.

02 (가) 인물에 대한 설명으로 옳은 것은?

> 신종 원년 사노비 만적 등이 북산에서 땔나무를 하다 가 공사의 노비들을 모아 모의하기를, "우리가 성 안 에서 봉기하여 먼저 (가) 등을 죽인다. 이어서 각각 자신의 주인을 죽이고 천적(賤籍)을 불태워 삼 한에서 천민을 없게 하자. 그러면 공경장상이라도 우 리가 모두 할 수 있을 것이다."라고 하였다.

① 정방을 설치하여 인사권을 장악하였다.
② 치안 유지를 위해 야별초를 설립하였다.
③ 이의방을 제거하고 권력을 장악하였다.
④ 봉사 10조를 올려 사회 개혁안을 제시하였다.

03 조선 전기 문화에 대한 설명으로 옳은 것은?

① 『어우야담』을 비롯한 야담 · 잡기류가 성행하였다.
② 유서(類書)로 불리는 백과사전이 널리 편찬되었다.
③ 『동문선』이 편찬되어 우리 문학의 독자성을 강조하 였다.
④ 중인층을 중심으로 시사가 결성되어 문학 활동을 벌 였다.

04 다음 자료에 나타난 사상에 대한 설명으로 옳은 것은?

> 군신, 부자, 부부, 붕우, 장유의 윤리는 인간의 본성 에 부여된 것으로서 천지를 통하는 만고불변의 이치 이고, 위에 존재하는 것으로서 도(道)가 됩니다. 이에 대해 배, 수레, 군사, 농사, 기계가 국민에게 편리하고 나라에 이롭게 하는 것은 외형적인 것으로서 기(器)가 됩니다. 신이 변혁을 꾀하고자 하는 것은 기(器)이지 도(道)가 아닙니다.

① 왜양일체론(倭洋一體論)을 주장하였다.
② 근대 문물 수용의 사상적 기반이 되었다.
③ 갑신정변 주도 세력의 견해를 대변하였다.
④ 우등한 사회가 열등한 사회를 지배하는 것이 당연하 다고 보았다.

05 (가)에 들어갈 기관으로 옳은 것은?

> 5월에 조서를 내리기를 "개경 내의 사람들이 역질에 걸렸으니 마땅히 (가) 을/를 설치하여 이들을 치료하고, 또한 시신과 유골은 거두어 묻어서 비바람에 드러나지 않게 할 것이며, 신하를 보내어 동북도와 서남도의 굶주린 백성을 진휼하라."라고 하였다.
>
> — 「고려사」 —

① 의창
② 제위보
③ 혜민국
④ 구제도감

06 밑줄 친 '이 지역'에 대한 설명으로 옳은 것은?

> 장수왕은 군사 3만을 거느리고 백제를 침공하여 왕도인 이 지역을 함락시켜, 개로왕을 살해하고 남녀 8천 명을 사로잡아 갔다.

① 망이, 망소이가 반란을 일으켰다.
② 고려 문종 대에 남경이 설치되었다.
③ 보조국사 지눌이 수선사 결사를 주도하였다.
④ 고려 태조가 북진 정책의 전진 기지로 삼았다.

07 다음 사건이 일어난 왕의 재위 기간에 있었던 사실로 옳은 것은?

> 그들 조선군은 비상한 용기를 가지고 응전하면서 성벽에 올라 미군에게 돌을 던졌다. 창칼로 상대하는데 창칼이 없는 병사들은 맨손으로 흙을 쥐어 적군 눈에 뿌렸다. 모든 것을 각오하고 한 걸음 한 걸음 다가드는 적군에게 죽기로 싸우다 마침내 총에 맞아 죽거나 물에 빠져 죽었다.

① 군포에 대한 양반들의 면세 특권이 폐지되었다.
② 금난전권을 제한하려는 통공 정책이 시작되었다.
③ 결작세가 신설되면서 지주들의 부담이 증가하였다.
④ 영정법이 제정되어 복잡한 전세 방식이 일원화되었다.

08 (가)~(라)에 해당하는 사실로 옳지 않은 것은?

(가)	(나)	(다)	(라)
낙랑군 축출	광개토대왕릉비 건립	살수 대첩 승리	안시성 전투 승리	고구려 멸망

① (가) - 백제 침류왕이 불교를 받아들였다.
② (나) - 고구려 영양왕이 요서 지방을 선제 공격하였다.
③ (다) - 백제가 신라 대야성을 공격하여 함락시켰다.
④ (라) - 신라가 매소성에서 당군을 격파하였다.

09 밑줄 친 '이 책'에 대한 설명으로 옳은 것은?

> 신(臣)이 이 책을 편수하여 바치는 것은 …(중략)… 중국은 반고부터 금국에 이르기까지, 동국은 단군으로부터 본조(本朝)에 이르기까지 처음 일어나게 된 근원을 간책에서 다 찾아보아 같고 다른 것을 비교하여 요점을 취하고 읊조림에 따라 장을 이루었습니다.

① 성리학적 유교 사관이 반영되어 대의명분을 강조하였다.

② 국왕, 훈신, 사림이 서로 합의하여 통사 체계를 구성하였다.

③ 원 간섭기에 중국과 구별되는 우리 역사의 독자성을 강조하였다.

④ 왕명으로 단군 조선에서 고려 말까지의 역사를 노래 형식으로 정리하였다.

10 다음 그래프에 표시된 시기에 일어난 사회 현상으로 옳지 않은 것은?

(물가 지수)

(서울 신문 1946. 2. 6.)

① 해외로부터 귀환인이 급증하여 식량이 부족했다.

② 38도선 분할 점령 이후 식료품 부문의 생산이 크게 위축되었다.

③ 미군정이 재정 적자를 메우기 위해 화폐를 과도하게 발행했다.

④ 미곡 수집제 폐지, 토지 개혁 실시를 주장하는 대규모 시위가 일어났다.

11 밑줄 친 '왕'의 재위 기간에 있었던 사실로 옳은 것은?

> 나라 안의 여러 군현에서 공부(貢賦)를 바치지 않으니 창고가 비어 버리고 나라의 쓰임이 궁핍해졌다. 왕이 사신을 보내어 독촉하자, 이로 말미암아 곳곳에서 도적이 벌떼처럼 일어났다. 이때 원종과 애노 등이 사벌주에 웅거하여 반란을 일으켰다.

① 발해가 멸망하였다.

② 국학을 설치하였다.

③ 최치원이 시무책 10여 조를 건의하였다.

④ 장보고의 건의에 따라 청해진이 설치되었다.

12 독도가 대한민국의 영토임을 알 수 있는 자료로 옳은 것만을 모두 고르면?

> ㉠ 일본의 『은주시청합기』(1667년)
> ㉡ 일본의 「삼국접양지도」(1785년)
> ㉢ 일본의 태정관 지령문(1877년)
> ㉣ 일본의 시마네현 고시(1905년)

① ㉠, ㉡, ㉢

② ㉠, ㉡, ㉣

③ ㉠, ㉢, ㉣

④ ㉡, ㉢, ㉣

13 (가)에 대한 설명으로 옳은 것은?

> 문화 통치의 일환으로 한글 신문의 발행이 허용되었다. 이에 따라 (가) 이/가 창간되었다. (가) 은/는 자치 운동을 모색하던 이광수의 「민족적 경륜」을 실어 비판받기도 하였으나, '일장기 말소 사건'으로 일제로부터 정간 처분을 받기도 하였다.

① 한글 보급 운동에 앞장서 『한글원본』을 만들었다.
② 브나로드 운동이라는 농촌 계몽 운동을 전개하였다.
③ 『개벽』, 『신여성』, 『어린이』 등의 잡지를 발행하였다.
④ 신간회가 결성되자 신간회 본부와 같은 역할을 하게 되었다.

14 (가) 인물에 대한 설명으로 옳은 것은?

> 김춘추가 당나라에 들어가 군사 20만을 요청해 얻고 돌아와서 (가) 을/를 보며 말하기를, "죽고 사는 것이 하늘의 뜻에 달렸는데, 살아 돌아와 다시 공과 만나게 되니 얼마나 다행한 일입니까?"라고 하였다. 이에 (가) 이/가 대답하기를, "저는 나라의 위엄과 신령함에 의지하여 두 차례 백제와 크게 싸워 20성을 빼앗고 3만여 명을 죽이거나 사로잡았습니다. 그리고 품석 부부의 유골이 고향으로 되돌아왔으니 천행입니다."라고 하였다.
>
> － 『삼국사기』 －

① 황산벌에서 백제군을 물리쳤다.
② 화랑이 지켜야 할 세속오계를 제시하였다.
③ 진덕 여왕의 뒤를 이어 신라왕으로 즉위하였다.
④ 당에서 숙위 활동을 하다가 부대총관이 되어 신라로 돌아왔다.

15 (가), (나) 신분층에 대한 설명으로 옳지 않은 것은?

> 오래도록 막혀 있으면 반드시 터놓아야 하고, 원한은 쌓이면 반드시 풀어야 하는 것이 하늘의 이치다. (가) 와/과 (나) 에게 벼슬길이 막히게 된 것은 우리나라의 편벽된 일로 이제 몇백 년이 되었다. (가) 은/는 다행히 조정의 큰 성덕을 입어 문관은 승문원, 무관은 선전관에 임명되고 있다. 그런데도 우리들 (나) 은/는 홀로 이 은혜를 함께 입지 못하니 어찌 탄식조차 없겠는가?

① (가)의 신분 상승 운동은 (나)에게 자극을 주었다.
② (가)는 수차례에 걸친 집단 상소를 통해 관직 진출의 제한을 없애 줄 것을 요구하였다.
③ (나)에 해당하는 인물로는 정조 때 규장각 검서관으로 등용된 유득공, 박제가, 이덕무 등이 있다.
④ (나)는 주로 기술직에 종사하며 축적한 재산과 탄탄한 실무 경력을 바탕으로 신분 상승을 추구하였다.

16 다음 자료에 나타난 사상에 대한 설명으로 옳은 것은?

> 사람이 곧 하늘이라. 그러므로 사람은 평등하며 차별이 없나니, 사람이 마음대로 귀천을 나눔은 하늘을 거스르는 것이다. 우리 도인은 차별을 없애고 선사의 뜻을 받들어 생활하기를 바라노라.

① 이 사상에 대해 순조 즉위 이후 대탄압이 가해졌다.
② 이 사상을 바탕으로 『동경대전』과 『용담유사』가 편찬되었다.
③ 이 사상을 근거로 몰락한 양반의 지휘 아래 평안도에서 난이 일어났다.
④ 이 사상을 근거로 단성에서 시작된 농민 봉기는 진주로 이어졌다.

17 다음은 우리나라 경제 성장 과정을 시간순으로 나열한 것이다. (가)에 들어갈 내용으로 옳은 것은?

> 수출액 100억 달러를 돌파하다.
> ↓
> 제2차 석유 파동으로 경제가 침체에 빠지다.
> ↓
> (가)
> ↓
> 경제 협력 개발 기구에 가입하다.

① 제3차 경제 개발 5개년 계획이 실시되다.
② 저금리, 저유가, 저달러의 3저 호황을 경험하다.
③ 베트남 파병을 시작하고 브라운 각서를 체결하다.
④ 일본과 대일 청구권 문제에 합의하고 한·일 기본 조약을 체결하다.

18 다음 법령이 실시된 기간에 있었던 사실로 옳은 것은?

> 제1조 국체를 변혁 또는 사유 재산제를 부인할 목적으로 결사를 조직하거나 그 정을 알고 이에 가입하는 자는 10년 이하의 징역 또는 금고에 처함
> 제2조 전조의 제1항의 목적으로 그 목적한 사항의 실행에 관하여 협의한 자는 7년 이하의 징역 또는 금고에 처함

① 조선 태형령이 공포되었다.
② 경성 제국 대학이 설립되었다.
③ 물산 장려 운동이 시작되었다.
④ 학도 지원병 제도가 실시되었다.

19 다음 사실이 있었던 시기의 향촌 사회에 대한 설명으로 옳지 않은 것은?

> 황해도 봉산 사람 이극천이 향전(鄕戰) 때문에 투서하여 그와 알력이 있는 사람들을 무고하였는데, 내용이 감히 말할 수 없는 문제에 저촉되었다.

① 향전의 전개 속에서 수령의 권한이 강화되었다.
② 신향층은 수령과 그를 보좌하는 향리층과 결탁하였다.
③ 수령은 경재소와 유향소를 연결하여 지방 통치를 강화하였다.
④ 재지사족은 동계와 동약을 통해 향촌 사회에 대한 영향력을 유지하려 하였다.

20 다음 자료가 발표된 이후의 사실에 해당하지 않는 것은?

> 우리는 3천만 한국 인민과 정부를 대표하여 삼가 중·영·미·소·캐나다 기타 제국의 대일 선전이 일본을 격패케 하고 동아를 재건하는 가장 유효한 수단이 됨을 축하하여 이에 특히 다음과 같이 성명한다.
> 1. 한국 전 인민은 현재 이미 반침략 전선에 참가하였으니 한 개의 전투 단위로서 추축국에 선전한다.
> 2. 1910년의 합방 조약과 일체의 불평등 조약의 무효를 거듭 선포하며 아울러 반(反) 침략 국가인 한국에 있어서의 합리적 기득권익을 존중한다.
> …(중략)…
> 5. 루스벨트·처어칠 선언의 각조를 견결히 주장하며 한국 독립을 실현키 위하여 이것을 적용하여 민주 진영의 최후 승리를 축원한다.

① 한국 광복군은 김원봉이 이끌던 조선 의용대의 병력을 통합하였다.
② 영국군의 요청에 따라 인도, 미얀마 전선에 한국 광복군이 파견되었다.
③ 조선 독립 동맹은 조선 의용대 화북지대를 기반으로 조선 의용군을 조직하였다.
④ 대한민국 임시 정부는 김구를 주석으로 하는 단일 지도 체제를 만들고 대한민국 건국 강령을 제정하였다.

✔ 회독 CHECK 1 2 3

국가직 9급

한국사

01 청동기 시대의 유적과 유물에 대한 설명으로 옳은 것은?

① 연천 전곡리에서는 사냥 도구인 주먹도끼가 출토되었다.

② 창원 다호리에서는 문자를 적는 붓이 출토되었다.

③ 강화 부근리에서는 탁자식 고인돌이 발견되었다.

④ 서울 암사동에서는 곡물을 담는 빗살무늬토기가 나왔다.

02 (가), (나)의 나라에 대한 설명으로 옳은 것은?

> (가) 음력 12월에 지내는 제천행사가 있는데, 이를 영고라고 한다. 이때에는 형옥을 중단하고 죄수를 풀어 주었다.
>
> (나) 해마다 10월 하늘에 제사를 지내는데, 밤낮으로 술마시며 노래부르고 춤추니 이를 무천이라고 한다.
>
> — 『삼국지』 —

① (가) - 5부가 있었으며, 계루부에서 왕위를 차지하였다.

② (가) - 정치적 지배자로 신지, 읍차 등이 있었다.

③ (나) - 죄를 지은 사람이 소도에 들어가면 잡아가지 못하였다.

④ (나) - 다른 부족의 영역을 침범하면 책화라 하여 노비나 소, 말로 변상하였다.

03 (가) 왕의 시기에 일어난 사실로 옳은 것은?

> 이자겸, 척준경이 말하기를 "금이 예전에는 작은 나라여서 요와 우리나라를 섬겼으나, 지금은 갑자기 흥성하여 요와 송을 멸망시켰다. …(중략)… 작은 나라로서 큰 나라를 섬기는 것은 선왕의 도이니, 마땅히 우선 사절을 보내야 합니다."라고 하니 (가) 이/가 그 의견을 따랐다.
>
> — 『고려사』 —

① 도평의사사를 중심으로 정치를 주도하였다.

② 성리학을 수용하면서 『주자가례』를 보급하였다.

③ 서경에 대화궁을 짓게 하고 칭제건원을 주장하였다.

④ 몽골의 침략에 대응하기 위해 강화도로 도읍을 옮겼다.

04 밑줄 친 ㉠ 이후에 일어난 사실로 옳지 않은 것은?

> 상쾌한 아침의 나라라는 뜻을 지닌 조선은 일본의 총칼 아래 민족정신을 무참하게 유린당했다. …(중략)… 조선민족은 독립항쟁을 줄기차게 계속하였다. 그 중에서도 중요한 것은 ㉠ 1919년의 독립만세운동이었다.
>
> — 네루, 『세계사 편력』 —

① '암태도 소작쟁의'가 일어났다.

② '정우회 선언'이 발표되었다.

③ 임병찬이 독립의군부를 조직하였다.

④ 조선 민립대학 기성회가 창립되었다.

05 밑줄 친 '성상(聖上)'대에 편찬된 서적에 대한 설명으로 옳은 것은?

> 세조가 신하들에게 말씀하시기를, "법의 과목(科目)이 너무 번잡하고 앞뒤가 맞지 않았기 때문에 상세히 살펴 다듬어 자손만대의 성법(成法)을 만들고자 한다."라고 하셨다. 「형전(刑典)」과 「호전(戶典)」은 이미 반포되어 시행하고 있으나 나머지 네 법전은 미처 교정을 마치지 못했다. 이에 성상(聖上)께서 세조의 뜻을 받들어 여섯 권의 법전을 완성하게 하여 중외에 반포하셨다.

① 『동국병감』은 고조선에서 고려 말까지의 전쟁을 정리한 병서이다.
② 『동몽선습』은 중국과 우리나라의 역사를 담은 아동 교육서이다.
③ 『삼강행실도』는 모범적인 효자·충신·열녀를 다룬 윤리서이다.
④ 『국조오례의』는 국가의 여러 행사에 필요한 의례를 정비한 의례서이다.

06 (가) 토지제도에 대한 설명으로 옳은 것은?

> 비로소 직관(職官)·산관(散官) 각 품(品)의 [(가)]을/를 제정하였는데, 관품의 높고 낮은 것은 논하지 않고 다만 인품만 가지고 그 등급을 결정하였다.
> － 「고려사」 －

① 4색 공복을 기준으로 문반, 무반, 잡업으로 나누어 지급 결수를 정하였다.
② 산관이 지급 대상에서 제외되었으며 무반의 차별 대우가 개선되었다.
③ 전임 관료와 현임 관료를 대상으로 경기지방에 한하여 지급하였다.
④ 고려의 건국과정에서 충성도와 공로에 따라 차등 지급되었다.

07 (가), (나) 시기에 있었던 사실로 옳은 것은?

① (가) - 시전상인을 중심으로 황국중앙총상회가 조직되었다.
② (가) - 신민회는 일제가 날조한 105인 사건으로 와해되었다.
③ (나) - 함경도 관찰사 조병식이 곡물 수출을 막는 방곡령을 내렸다.
④ (나) - 일제의 황무지 개간권 요구를 반대하기 위해 보안회가 창설되었다.

08 (가) 왕대의 사실에 대한 설명으로 옳은 것은?

> [(가)]은/는 흑수말갈이 당과 통하려고 하자 군사를 동원하여 흑수말갈을 치게 하였다. 또한 일본에 사신 고제덕 등을 보내 "여러 나라를 관장하고 여러 번(蕃)을 거느리며, 고구려의 옛 땅을 회복하고 부여의 옛 습속을 지니고 있다."라고 하여 강국임을 자부하였다.

① 국호를 진국에서 발해로 바꾸었다.
② 신라는 급찬 숭정을 발해에 사신으로 보냈다.
③ 대흥이라는 독자적인 연호를 사용하였다.
④ 장문휴가 당의 등주를 공격하였다.

09 다음 전투를 이끈 한국인 부대에 대한 설명으로 옳은 것은?

> 아군은 사도하자에 주둔 병력을 증강시키면서 훈련에 여념이 없었다. 새벽에 적군은 황가둔에서 이도하 방면을 거쳐 사도하로 진격하여 왔다. 그런데 적군은 아군이 세운 작전대로 함정에 들어왔고, 이에 일제히 포문을 열어 급습함으로써 적군은 응전할 사이도 없이 격파되었다.

① 양세봉이 총사령관이었다.
② 미쓰야 협정이 체결되기 직전까지 활약하였다.
③ 한국독립당의 산하 부대로 동경성 전투도 수행하였다.
④ 조선민족전선연맹이 중국 국민당의 지원을 받아 창설하였다.

10 밑줄 친 ㉠~㉣과 관련된 임란 이후 경제에 대한 설명으로 옳지 않은 것은?

> • ㉠ 서울 안팎과 번화한 큰 도시에 파·마늘·배추·오이밭 따위는 10묘의 땅에서 얻은 수확이 돈 수만을 헤아리게 된다. 서도 지방의 ㉡ 담배밭, 북도 지방의 삼밭, 한산의 모시밭, 전주의 생강밭, 강진의 ㉢ 고구마밭, 황주의 지황밭에서의 수확은 모두 상상등전(上上等田)의 논에서 나는 수확보다 그 이익이 10배에 이른다.
> • 작은 보습으로 이랑에다 고랑을 내는데, 너비 1척, 깊이 1척이다. 이렇게 한 이랑, 즉 1묘마다 고랑 3개와 두둑 3개를 만들면, 두둑의 높이와 너비는 고랑의 깊이와 너비와 같아진다. 그 뒤 ㉣ 고랑에 거름 재를 두껍게 펴고, 구멍 뚫린 박에 조를 담고서 파종한다.

① ㉠ - 신해통공을 반포하여 육의전의 금난전권을 폐지하였다.
② ㉡ - 인삼과 더불어 대표적인 상업 작물로 재배되었다.
③ ㉢ - 『감저보』, 『감저신보』에서 재배법을 기술하였다.
④ ㉣ - 밭농사에서 농업 생산력의 발전을 가져온 농법이었다.

11 단군에 대한 인식을 설명한 것으로 옳지 않은 것은?

① 이승휴의 『제왕운기』에서는 우리 역사를 단군부터 서술하였다.
② 홍만종의 『동국역대총목』은 단군 정통론의 입장에서 기술하였다.
③ 이규보의 『동명왕편』은 단군의 건국 과정을 다루고 있다.
④ 「기미독립 선언서」에는 '조선 건국 4252년'으로 연도를 표기하였다.

12 다음 내용이 실린 사서에 대한 설명으로 옳은 것은?

> 제왕이 장차 일어날 때는 하늘의 명령과 상서로운 기운을 받아서 반드시 보통 사람과는 다른 점이 있으니, 그런 뒤에야 능히 큰 변화를 타서 제왕의 지위를 얻고 대업을 이루었다. …(중략)… 삼국의 시조들이 모두 신이(神異)한 일로 탄생했음이 어찌 괴이하겠는가. 이것이 책 첫머리에 「기이(紀異)」편이 실린 까닭이며, 그 의도도 여기에 있는 것이다.

① 불교 승려의 전기를 수록한 고승전이다.
② 불교 중심의 고대 민간 설화를 수록하였다.
③ 고조선부터 고려 말까지의 역사를 정리하였다.
④ 유교적 사관에 기초하여 기전체로 서술하였다.

13 (가)의 체결 이후에 일어난 사실로 옳은 것은?

> 청군과 일본군의 개입으로 사태가 악화되자 농민군은 폐정 개혁을 제시하며 정부와 ⃞(가)⃞ 을/를 맺었다. 이에 따라 농민군은 해산하였다.

① 농민군이 황토현에서 감영군을 격파하였다.
② 고부군수 조병갑이 만석보를 쌓아 수세를 강제로 거두었다.
③ 안핵사 이용태가 농민을 동학도로 몰아 처벌하였다.
④ 남접군과 북접군이 논산에서 합류하여 연합군을 형성하였다.

14 (가) 시기의 경제 상황에 대한 설명으로 옳은 것은?

| 국호 '신라' 확정 | 9주 5소경 설치 | 대공의 난 발발 | 독서삼품과 실시 |

① 백성에게 정전을 처음으로 지급하였다.
② 시장을 감독하는 관청인 동시전을 신설하였다.
③ 백성의 구휼을 위하여 진대법을 제정하였다.
④ 청주(菁州)의 거로현을 국학생의 녹읍으로 삼았다.

15 우리나라 문화유산에 대한 설명으로 옳지 않은 것은?

① 개성 경천사지 10층 석탑은 원의 석탑을 본떠 만들어졌다.
② 영주 부석사 무량수전은 주심포식 목조 건물이다.
③ 부여 정림사지 5층 석탑에서는 백제 무왕의 왕후가 넣은 사리기가 발견되었다.
④ 김제 금산사 미륵전은 다층 건물이나 내부가 하나로 통한다.

16 (가) 교육 기관에 대한 설명으로 옳은 것은?

> 주세붕이 비로소 ⃞(가)⃞ 을/를 창건할 적에 세상에서 자못 의심했으나, 그의 뜻은 더욱 독실해져 무리들의 비웃음을 무릅쓰고 비방을 극복하여 전례 없던 장한 일을 이루었습니다. …(중략)… 최충, 우탁, 정몽주, 길재, 김종직, 김굉필 같은 이가 살던 곳에 ⃞(가)⃞ 을/를 건립하게 될 것입니다.
>
> － 『퇴계집』 －

① 지방의 군현에 있던 유일한 관학이다.
② 선비와 평민의 자제에게 『천자문』 등을 가르쳤다.
③ 성적 우수자는 문과의 초시를 면제해 주었다.
④ 학문 연구와 선현의 제사를 위해 설립된 사설 교육 기관이다.

17 (가), (나)가 설명하는 조약을 옳게 짝 지은 것은?

> (가) 강화도 조약에 이어 몇 달 뒤 체결되었다. 양곡의 무제한 유출을 가능하게 한 규정과 일본 정부에 소속된 선박은 항세를 납부하지 않는다는 규정이 들어 있었다.
>
> (나) 김홍집이 일본에서 황준헌의 『조선책략』을 가져오면서 그 내용의 영향으로 체결되었으며, 청의 적극적인 알선이 있었다. 거중조정 조항과 최혜국 대우의 규정이 포함되어 있었다.

	(가)	(나)
①	조 · 일무역 규칙	조 · 미수호통상조약
②	조 · 일무역 규칙	조 · 러수호통상조약
③	조 · 일수호조규부록	조 · 미수호통상조약
④	조 · 일수호조규부록	조 · 러수호통상조약

18 다음은 어떤 인물에 대한 연보이다. 밑줄 친 ㉠~㉣의 설명으로 옳은 것은?

> 1566년(31세) ㉠ 사간원 정언에 제수되다.
> 1568년(33세) ㉡ 이조좌랑이 되었으나 외할머니 이씨의 병환 소식을 듣고 사퇴하다.
> 1569년(34세) 동호독서당에 머물면서 『동호문답』을 찬진하다.
> 1574년(39세) ㉢ 승정원 우부승지에 제수되어 「만언봉사」를 올리다.
> 1575년(40세) ㉣ 홍문관 부제학에서 사퇴하고 『성학집요』를 편찬하다.

① ㉠ – 왕명을 출납하면서 왕의 비서 기관의 업무를 하였다.
② ㉡ – 삼사의 관리를 추천하는 권한이 있었다.
③ ㉢ – 왕의 정책을 간쟁하고 관원의 비행을 감찰하였다.
④ ㉣ – 서적 출판 및 간행의 업무를 전담하였다.

19 다음 글의 저자에 대한 설명으로 옳은 것은?

> 무릇 동양의 수천 년 교화계(敎化界)에서 바르고 순수하며 광대 정밀하여 많은 성현들이 전해주고 밝혀 준 유교가 끝내 인도의 불교와 서양의 기독교와 같이 세계에 큰 발전을 하지 못함은 어째서이며 …(중략)… 유교계에 3대 문제가 있는지라. 그 3대 문제에 대하여 개량하고 구신(求新)을 하지 않으면 우리 유교는 흥왕할 수가 없을 것이다.

① '조선얼'을 강조하며 '조선학 운동'을 펼쳤다.
② '나라는 형(形)이고 역사는 신(神)'이라고 주장하였다.
③ 주석 · 부주석 체제하의 대한민국 임시정부에서 주석을 역임하였다.
④ 「독사신론」에서 민족을 역사서술의 주체로 설정하고 사대주의를 비판하였다.

20 (가)~(라)를 시기순으로 바르게 나열한 것은?

> (가) 좌우 합작 7원칙이 발표되었다.
> (나) 조선 건국 준비 위원회가 결성되었다.
> (다) 모스크바 3국 외상 회의가 개최되었다.
> (라) 김구와 김규식이 남북협상을 제의하였다.

① (나) → (가) → (라) → (다)
② (나) → (다) → (가) → (라)
③ (다) → (가) → (나) → (라)
④ (다) → (나) → (가) → (라)

✔ 회독 CHECK 1 2 3

01 시대별 지방 행정 제도에 대한 설명으로 옳은 것은?

① 통일 신라 – 촌의 행정은 촌주가 담당하였다.
② 발해 – 전국 330여 개의 모든 군현에 수령을 파견하였다.
③ 고려 – 촌락 지배 방식으로 면리제가 확립되었다.
④ 조선 – 향리 통제를 위하여 사심관을 파견하였다.

02 다음 (갑)과 (을)의 담판 이후에 있었던 (을)의 활동으로 옳은 것은?

> (갑) 그대 나라는 신라 땅에서 일어났고 고구려 땅은 우리의 소유인데 그대들이 침범했다.
> (을) 아니다. 우리야말로 고구려를 이은 나라이다. 그래서 나라 이름도 고려라 했고, 평양에 도읍하였다. 만일 땅의 경계로 논한다면 그대 나라 동경도 모두 우리 강역에 들어 있는 것인데 어찌 침범이라 하겠는가.

① 9성 설치
② 귀주 대첩
③ 강동 6주 경략
④ 천리장성 축조

03 밑줄 친 ㉠의 결과에 해당하는 사실로 옳은 것은?

> (영락) 6년 병신(丙申)에 왕이 직접 수군을 이끌고 백제를 토벌하였다. (백제왕이) 우리 왕에게 항복하면서 "지금 이후로는 영원히 노객(奴客)이 되겠습니다."라고 맹세하였다. …(중략)… ㉠ 10년 경자(庚子)에 왕이 보병과 기병 5만 명을 보내어 신라를 구원하게 하였다.

① 고구려가 신라 내정간섭을 강화하였다.
② 백제가 고구려의 평양성을 공격하였다.
③ 신라가 관산성 전투에서 백제 성왕을 살해하였다.
④ 금관가야가 가야 지역의 중심 세력으로 대두하였다.

04 (가)와 (나)를 주장한 각 인물에 대한 설명으로 옳은 것은?

> (가) 우리는 남방만이라도 임시 정부 혹은 위원회 같은 것을 조직하여 38도선 이북에서 소련이 철퇴하도록 세계 공론에 호소해야 할 것이다.
> (나) 나는 통일된 조국을 달성하려다 38도선을 베고 쓰러질지언정 일신의 구차한 안일을 위하여 단독 정부를 세우는 데는 협력하지 아니하겠다.

① (가) – 5 · 10 총선거에 불참하였다.
② (가) – 좌우 합작 7원칙을 지지하였다.
③ (나) – 탁치 반대 국민 총동원 위원회를 조직하였다.
④ (나) – 남조선 과도 입법 의원의 의장을 역임하였다.

05 다음 (가)에 대한 설명으로 옳지 않은 것은?

> 예전에 성종이 (가) 시행에 따르는 잡기가 정도 (正道)에 어긋나는데다가 번거롭고 요란스럽다 하여 이를 모두 폐지하였다. …(중략)… 이것을 폐지한 지가 거의 30년이나 되었는데, 이때에 와서 정당문학 최항이 청하여 이를 부활시켰다.

① 국제 교류의 장이었다.
② 정월 보름에 개최되었다.
③ 토속 신에게 제사를 지냈다.
④ 훈요 10조에서 시행할 것을 강조하였다.

06 다음과 같이 주장한 인물에 대한 설명으로 옳은 것은?

> 달은 하나이나 냇물의 갈래는 만 개가 된다. …(중략)… 나는 그 냇물이 세상 사람들이라는 것을 안다. 빛을 받아 비추어서 드러나는 것은 사람들의 상이다. 달이라는 것은 태극이요, 태극은 나이다.

① 『해동농서』를 편찬하도록 하였다.
② 갑인예송에서 왕권을 강조하며 기년복을 주장하였다.
③ 이순신에게 현충이라는 시호를 내리고 강감찬 사당을 건립하였다.
④ 민간의 광산개발 참여를 허용하는 설점수세제를 처음 실시하였다.

07 밑줄 친 '국왕'의 재위 기간에 있었던 일로 옳은 것은?

> 지금 국왕께서 풍속을 바꾸려는 데에 뜻이 있으므로 신은 지극하신 뜻을 받들어 완악한 풍속을 고치고자 합니다. …(중략)… 『이륜행실(二倫行實)』로 말하면 신이 전에 승지가 되었을 때에 간행할 것을 청했습니다. 삼강이 중한 것은 아무리 어리석은 부부라도 모두 알고 있으나, 붕우·형제의 이륜에 이르러서는 평범한 사람들이 제대로 모르는 경우가 있습니다.

① 주세붕이 백운동 서원을 세웠다.
② 김시습이 『금오신화』를 저술하였다.
③ 『국조오례의』가 편찬되고 『동국여지승람』이 만들어졌다.
④ 문화와 제도를 유교식으로 갖추기 위해 집현전을 창설하였다.

08 다음의 법률에 근거하여 실시된 식민지 정책으로 옳지 않은 것은?

> 제4조 정부는 전시에 국가총동원상 필요하다고 인정될 때에는 칙령이 정하는 바에 따라서 제국 신민을 징용하여 총동원 업무에 종사하도록 할 수 있다.
> 제7조 정부는 칙령이 정하는 바에 따라 노동 쟁의의 예방 혹은 해결에 관한 명령, 작업소 폐쇄, 작업 혹은 노무의 중지 …(중략)… 등을 명할 수 있다.

① 물자통제령을 공포하여 배급제를 확대하였다.
② 육군특별지원병령을 제정하여 지원병을 선발하였다.
③ 금속류회수령을 제정하여 주요 군수 물자를 공출하였다.
④ 국민징용령을 공포하여 강제적인 노무 동원을 실시하였다.

09 (가) 시기에 해당되는 사실로 옳은 것은?

> 방금 안핵사 이용태의 보고에 따르면 "죄인들이 대다수 도망치는 바람에 조사하지 못하였다."라고 하였다.
>
> — 『승정원 일기』 —
>
> ↓
>
> [(가)]
>
> ↓
>
> 전봉준은 금구 원평에 앉아 (전라) 우도에 호령하였으며, 김개남은 남원성에 앉아 좌도를 통솔하였다.
>
> — 『갑오약력』 —

① 논산에서 남·북접의 동학군이 집결하였다.
② 우금치 전투에서 동학군이 일본군과 격전을 벌였다.
③ 동학교도가 궁궐 앞에서 교조 신원을 주장하는 집회를 열었다.
④ 백산에서 전봉준이 보국안민을 위해 궐기하라는 통문을 보냈다.

10 (가) 기구가 존속한 시기의 사람들이 볼 수 있었던 사실로 적절한 것은?

> 지주는 조선 총독이 정하는 기간 내에 [(가)] 혹은 그것의 출장소 직원에게 신고해야 한다. 만약 제출을 태만히 하거나 신고서를 제출하지 않을 시에는 당국에서 해당 토지에 대해 소유권의 유무 등을 조사하다가 소유자를 알지 못하는 경우에 지주가 없는 것으로 간주하여 국유지로 편입할 수 있다.

① 조선청년연합회에 출입하는 일본인 고문
② 신문에 연재 중인 소설 무정을 읽는 학생
③ 연초 전매 제도에 따라 조합에 수매되는 담배
④ 의열단에 가입하는 신흥 무관 학교 출신 청년

11 밑줄 친 '이 지도'에 대한 설명으로 옳지 않은 것은?

> 1402년 제작된 <u>이 지도</u>는 조선 학자들에 의해 제작된 세계 지도이다. 권근의 글에 의하면 중국에서 수입한 '성교광피도'와 '혼일강리도'를 기초로 하고, 우리나라와 일본의 지도를 합해서 제작하였다고 한다.

① 유럽과 아프리카 대륙까지 묘사하였다.
② 중국이 세계의 중심이라는 중화사상이 반영되었다.
③ 이 지도의 작성에는 이슬람 지도학의 영향이 있었다.
④ 우리나라에 해당하는 부분은 백리척을 사용하여 과학화에 기여하였다.

12 다음 왕의 재위 기간에 있었던 사실로 옳은 것은?

> • 왕 원년: 소판 김흠돌, 파진찬 흥원, 대아찬 진공 등이 반역을 도모하다가 사형을 당하였다.
> • 왕 9년: 달구벌로 서울을 옮기려다 실현하지 못하였다.
>
> — 『삼국사기』 —

① 사방에 우역을 설치하였다.
② 수도에 서시와 남시를 설치하였다.
③ 국학을 설치하여 유학을 교육하였다.
④ 관료에게 지급하는 녹읍을 부활하였다.

13 다음은 발해사에 대한 중국과 러시아 입장이다. 한국사의 입장에서 이를 반박하는 증거로 적절한 것은?

> • 중국: 소수 민족 지역의 분리 독립 의식을 약화시키려고, 국가라기보다는 당 왕조에 예속된 지방 민족 정권 차원에서 본다.
> • 러시아: 중국 문화보다는 중앙 아시아나 남부 시베리아의 영향을 강조하여 러시아의 역사에 편입시키려 한다.

① 신라와의 교통로
② 상경성 출토 온돌 장치
③ 유학 교육 기관인 주자감
④ 3성 6부의 중앙 행정 조직

14 신라 문무왕의 유언이다. 밑줄 친 ㉠~㉣의 내용과 부합하지 않는 것은?

> 과인은 운수가 어지럽고 전쟁을 하여야 하는 때를 만나서 ㉠ 서쪽을 정벌하고 ㉡ 북쪽을 토벌하여 영토를 안정시켰고, ㉢ 배반하는 무리를 토벌하고 ㉣ 협조하는 무리를 불러들여 멀고 가까운 곳을 모두 안정시켰다.
> － 『삼국사기』 －

① ㉠ － 태자로서 참전하여 백제를 멸망시켰다.
② ㉡ － 당나라 군대와 함께 고구려를 멸망시켰다.
③ ㉢ － 백제 부흥 운동을 주도한 복신을 공격하였다.
④ ㉣ － 임존성에서 저항하던 지수신의 투항을 받아주었다.

15 다음은 대한제국 시기에 설립된 어느 회사에 관한 내용이다. 밑줄 친 '이 회사'에 대한 설명으로 옳은 것은?

> • 이 회사의 고금(股金, 주권)은 액면 50원씩이고, 총 1천만 원을 발행하고, 주당 불입금은 5년간 총 10회 5원씩 나눠서 낸다.
> • 이 회사는 국내 진황지 개간, 관개 사무와 산림천택(山林川澤), 식양채벌(殖養採伐) 등의 사무 이외에 금·은·동·철·석유 등의 각종 채굴 사무에 종사한다.

① 종로의 백목전 상인이 주도가 된 직조 회사였다.
② 역둔토나 국유 미간지를 약탈하려는 국책 회사였다.
③ 황무지 개간권 요구에 대응하여 설립된 특허 회사였다.
④ 외국 상인과의 상권 경쟁을 위해 시전 상인이 만든 척식 회사였다.

16 조선 성리학의 학설이나 동향을 시기순으로 바르게 나열한 것은?

> ㉠ 현실세계를 구성하는 기를 중시하여 경장(更張)을 주장하였다.
> ㉡ 우주를 무한하고 영원한 기로 보는 '태허(太虛)설'을 제기하였다.
> ㉢ 정지운의 『천명도』 해석을 둘러싸고 사단 칠정 논쟁이 시작되었다.
> ㉣ 향약 보급 운동과 함께 일상에서의 실천 윤리가 담긴 『소학』을 중시하였다.

① ㉡ → ㉠ → ㉣ → ㉢
② ㉡ → ㉣ → ㉠ → ㉢
③ ㉣ → ㉡ → ㉢ → ㉠
④ ㉣ → ㉢ → ㉡ → ㉠

17 일제 강점기 조선인의 생활 모습으로 옳지 않은 것은?

① 도시 외곽의 토막촌에는 빈민이 살았다.

② 번화가에서 최신 유행의 모던 걸과 모던 보이가 활동하였다.

③ 몸뻬를 입은 여성들이 근로보국대에서 강제 노동을 하였다.

④ 상류층이 한식 주택을 2층으로 개량한 영단 주택에 모여 살았다.

18 (가)와 (나)는 외국과 맺은 각서이다. 두 각서 사이에 있었던 사실로 옳은 것은?

> (가) 일본 측은 한국 측에 무상원조 3억 달러, 유상원조(해외경제협력기금) 2억 달러, 그리고 수출입은행 차관 1억 달러 이상을 제공한다.
> (나) 미국 정부가 한국과 약속했던 1억 5천만 달러 규모의 차관 공여와 더불어 …(중략)… 한국의 경제 발전을 돕기 위한 추가 AID차관을 제공한다.

① 경부 고속 국도가 개통되었다.

② 마산에 수출 자유 지역이 건설되었다.

③ 국가 기간 산업인 울산 정유 공장이 가동되었다.

④ 유엔의 지원으로 충주에 비료 공장을 설립하였다.

19 다음은 고려시대 진화의 시이다. 이 시인과 교류를 통해 자부심을 공유한 인물의 작품은?

> 서쪽 송나라는 이미 기울고 북쪽 오랑캐는 아직 잠자고 있네.
> 앉아서 문명의 아침을 기다려라, 하늘의 동쪽에서 태양이 떠오르네.

① 삼국사기

② 동명왕편

③ 제왕운기

④ 삼국유사

20 다음 해외 견문 기록을 시기순으로 바르게 나열한 것은?

> ㉠『표해록』
> ㉡『열하일기』
> ㉢『서유견문』
> ㉣『해동제국기』

① ㉠ → ㉡ → ㉣ → ㉢

② ㉠ → ㉣ → ㉢ → ㉡

③ ㉣ → ㉠ → ㉡ → ㉢

④ ㉣ → ㉢ → ㉠ → ㉡

인생의 실패는 성공이 얼마나 가까이 있는지도 모르고 포기했을 때 생긴다.

– 토마스 에디슨 –

PART 2

지방직

출제경향

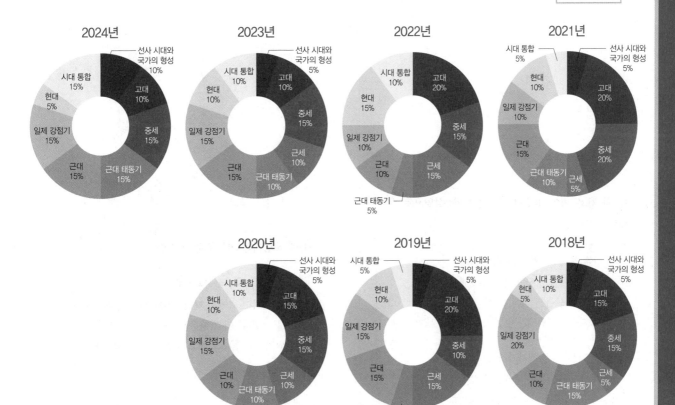

모바일 OMR

01 신석기 시대에 대한 설명으로 옳지 않은 것은?

① 가락바퀴와 뼈바늘로 옷이나 그물을 만들었다.

② 군장이 죽으면 그의 권력을 상징하는 고인돌을 만들었다.

③ 동물 뼈나 조개껍데기로 된 목걸이나 팔찌를 만들어 착용하였다.

④ 일부 지역에서는 농경이 시작되어 조, 피, 수수 등을 재배하였다.

02 다음과 같은 법이 있었던 국가에 대한 설명으로 옳지 않은 것은?

> • 사람을 죽이면 즉시 사형에 처한다.
> • 남에게 상처를 입히면 곡식으로 배상한다.
> • 남의 물건을 훔친 자는 그 집의 노비로 삼는데, 스스로 죄를 면제받고자 하는 자는 50만을 내야 한다.

① 동맹이라는 제천 행사가 있었다.

② 상, 대부, 장군 등의 관직을 두었다.

③ 위만이 준왕을 몰아내고 왕이 되었다.

④ 중국의 한과 한반도 남부 사이에서 중계무역을 하였다.

03 (가) 국가에 대한 설명으로 옳은 것은?

> (가) 의 호암사에는 정사암이란 바위가 있다. 나라에서 장차 재상을 의논할 때에 뽑을 후보 서너 명의 이름을 써서 상자에 넣고 봉해서 바위 위에 두었다. 얼마 후에 열어 보고 이름 위에 도장이 찍힌 자국이 있는 사람을 재상으로 삼았다. 이런 까닭에 정사암이라 했다.
>
> — 『삼국유사』 —

① 6좌평과 16관등제를 마련하였다.

② 태학이라는 교육기관을 설립하였다.

③ 인안이라는 독자적인 연호를 사용하였다.

④ 골품에 따라 관등이나 관직 승진에 제한이 있었다.

04 (가)에 해당하는 인물로 옳은 것은?

> (가) 은/는 중앙아시아와 인도지역의 다섯 천축국을 순례하고 각국의 지리, 풍속, 산물 등에 관한 기행문을 남겼다. 이 기행문은 중국의 둔황 막고굴에서 발견되었으며 현재 프랑스 국립도서관에 있다.

① 원광

② 원효

③ 의상

④ 혜초

05 (가)에 해당하는 기구로 옳은 것은?

> 비로소 (가) 을 설치했다. 판사 최무선의 말을 따른 것이다. 이때에 원나라의 염초 장인 이원이 최무선과 같은 동네 사람이었다. 최무선이 몰래 그 기술을 물어서 집의 하인들에게 은밀하게 배워서 시험하게 하고 조정에 건의했다.
>
> – 『고려사절요』 –

① 교정도감
② 대장도감
③ 식목도감
④ 화통도감

06 (가) 문화유산에 대한 설명으로 옳은 것은?

> (가) 은/는 1377년 청주 흥덕사에서 인쇄한 것이다. 독일 구텐베르크가 인쇄한 책보다 70여 년 앞서 간행된 것으로 밝혀졌다. 현재 유네스코 세계 기록 유산으로 등재되어 있다.

① 최윤의 등이 지은 의례서를 인쇄한 것이다.
② 몽골의 침략을 물리치려는 염원을 담고 있다.
③ 현존하는 금속활자본 중에서 가장 오래된 것이다.
④ 우리나라 풍토에 맞는 처방과 약재 등이 기록되어 있다.

07 병인양요에 대한 설명으로 옳지 않은 것은?

① 프랑스 함대가 강화부를 점령하였다.
② 외규장각이 소실되었고 의궤 등을 약탈당했다.
③ 어재연이 강화도 광성보 전투에서 전사하였다.
④ 프랑스 선교사와 천주교도가 처형당한 것이 원인이 되었다.

08 밑줄 친 '이 의거'를 일으킨 단체에 대한 설명으로 옳은 것은?

> 김구는 상하이 각 신문사에 편지를 보내 자신이 이 의거의 주모자임을 스스로 밝혔다. 이 편지에서 김구는 윤봉길이 휴대한 폭탄 두 개는 자신이 특수 제작하여 직접 건넨 것이며, 일본 민간인을 포함하여 다른 나라 사람이 무고한 피해를 입지 않도록 신중을 기하라고 당부하였음을 강조하였다.

① 이봉창이 단원으로 활동하였다.
② 고종의 밀명을 받아 결성되었다.
③ 「조선 혁명 선언」을 활동 지침으로 삼았다.
④ 일제가 날조한 105인 사건으로 와해되었다.

09 다음 주장을 내세운 민족 운동은?

> 1. 오늘날 우리의 이 행동은 정의와 인도 그리고 생존과 존엄함을 지키기 위한 민족적 요구에서 나온 것이니, 오직 자유로운 정신을 발휘할 것이며 결코 배타적 감정으로 치닫지 말라.
> 1. 마지막 한 사람까지 마지막 한순간까지 민족의 정당한 의사를 마음껏 발표하라.
> 1. 일체의 행동은 무엇보다 질서를 존중하며, 우리의 주장과 태도를 어디까지나 떳떳하고 정당하게 하라.

① 3 · 1운동
② 6 · 10 만세 운동
③ 물산 장려 운동
④ 민립 대학 설립 운동

10 다음 결의 사항을 실현하기 위해 일어난 사건에 대한 설명으로 옳은 것은?

> 1. 고부성을 격파하고 군수 조병갑의 목을 베어 매달 것
> 1. 군기창과 화약고를 점령할 것
> 1. 군수에게 아첨하여 백성을 침탈한 탐욕스러운 아전을 쳐서 징벌할 것
> 1. 전주 감영을 함락하고 서울로 곧바로 향할 것

① 혜상공국 폐지 등의 정강을 발표하였다.
② 집강소를 설치하고 폐정개혁을 시도하였다.
③ 별기군에 비해 차별을 받던 구식 군인들이 일으켰다.
④ 13도 창의군을 조직하고 서울 진공 작전을 추진하였다.

11 다음 상소문이 올라간 국왕 대에 있었던 사실로 옳은 것은?

> 불교는 몸을 닦는 근본이며 유교는 나라를 다스리는 근원입니다. 몸을 닦는 것은 내생을 위한 것이며 나라를 다스리는 일은 곧 오늘의 할 일입니다. 오늘은 극히 가깝고 내생은 지극히 먼 것이니, 가까운 것을 버리고 먼 것을 구하는 일이 그릇된 일이 아니겠습니까.

① 개경에 나성을 쌓았다.
② 전시과 제도를 처음 실시하였다.
③ 전국의 주요 지역에 12목을 설치하였다.
④ 「노비안검법」을 실시하여 호족 세력을 약화시켰다.

12 밑줄 친 '왕'의 재위 기간에 있었던 사실로 옳은 것은?

> 당초에 강홍립 등이 압록강을 건너게 된 것은 왕이 명 조정의 지원군 요청을 거부하기 어려워 출사시킨 것이었다. 우리나라는 애초부터 그들을 원수로 대하지 않아 싸울 뜻이 없었다. 그래서 왕이 강홍립에게 비밀리에 명령을 내려 오랑캐와 몰래 통하게 하였던 것이다.

① 전국에 「대동법」을 실시하였다.
② 허준이 『동의보감』을 편찬하였다.
③ 자의 대비의 복상 문제로 예송이 일어났다.
④ 청과 국경을 정하기 위해 백두산정계비를 세웠다.

13 (가), (나)에 해당하는 건축물을 옳게 짝지은 것은?

> ___(가)___ 은 고려시대 건축물이며 배흘림기둥과 주심포양식으로 단아하면서도 세련된 아름다움을 담고 있다.
> ___(나)___ 은 우리나라에 남아 있는 조선 시대 건축물 중 유일한 5층 목탑이다.

	(가)	(나)
①	영주 부석사 무량수전	김제 금산사 미륵전
②	영주 부석사 무량수전	보은 법주사 팔상전
③	합천 해인사 장경판전	김제 금산사 미륵전
④	합천 해인사 장경판전	보은 법주사 팔상전

14 (가)~(라)를 시기 순으로 바르게 나열한 것은?

> (가) 지주에게 결작이라 하여 토지 1결당 미곡 2두씩을 부담시켰다.
> (나) 전세를 풍흉에 관계없이 토지 1결당 미곡 4~6두로 고정시켰다.
> (다) 조세는 토지 1결당 수확량 300두의 10분의 1 수취를 원칙으로 삼았다.
> (라) 조세를 토지 비옥도와 풍흉의 정도에 따라 1결당 최고 20두에서 최하 4두로 하였다.

① (다) → (라) → (가) → (나)
② (다) → (라) → (나) → (가)
③ (라) → (다) → (가) → (나)
④ (라) → (다) → (나) → (가)

15 다음과 같이 주장한 인물에 대한 설명으로 옳은 것은?

> 이용할 줄 모르니 생산할 줄 모르고, 생산할 줄 모르니 백성은 나날이 궁핍해지는 것이다. 비유하건대, 대체로 재물은 우물과 같다. 퍼내면 가득 차고, 버려 두면 말라 버린다. 그러므로 비단을 입지 않아서 나라에 비단 짜는 사람이 없게 되면, 여공이 쇠퇴한다. 쭈그러진 그릇을 싫어하지 않고 기교를 숭상하지 않아서 공장이 숙련되지 못하면 기예가 망하게 된다.

① 청과의 통상과 수레의 이용을 주장하였다.
② 양명학을 연구하여 강화학파를 형성하였다.
③ 토지의 매매를 제한하는 한전론을 주장하였다.
④ 지전설을 주장하여 중국 중심의 세계관을 비판하였다.

16 다음 창립 취지문을 발표한 단체에 대한 설명으로 옳은 것은?

> 우리 사회에서도 여성운동이 제기된 것은 또한 이미 오래되었다. 그러나 회고하여 보면 여성운동은 거의 분산되어 있었다. 그것에는 통일된 조직이 없었고 통일된 목표와 정신도 없었다. …(중략)… 우리가 실제로 우리 자체를 위해, 우리 사회를 위해 분투하려면 우선 조선 자매 전체의 역량을 공고히 단결하여 운동을 전반적으로 전개하지 않으면 아니 된다.

① 호주제 폐지 운동을 전개하였다.
② 여학교 설립을 주장하는 「여권통문」을 발표하였다.
③ 어린이날을 제정하고 잡지 『어린이』를 창간하였다.
④ 봉건적 인습 타파, 여성 노동자의 임금 차별 철폐 등을 주장했다.

17 다음 법령이 반포된 시기는?

> 제1조 대한국은 세계 만국에 공인된 자주 독립한 제국이다.
> 제2조 대한 제국의 정치는 이전으로부터 500년이 내려왔고 이후로도 만세에 걸쳐 변치 않을 전제 정치이다.
> 제3조 대한국 대황제는 무한한 군권을 향유하니 공법에서 말한바 자립 정체이다.
> 제4조 대한국 신민이 대황제가 향유하는 군권을 침해할 행위가 있으면 신민의 도리를 잃은 자로 인정할 것이다.

	(가)		(나)		(다)		(라)	
↑		↑		↑		↑		↑
갑신정변 발생		갑오개혁 실기		독립협회 해산		러·일전쟁 발발		을사늑약 체결

① (가)   ② (나)
③ (다)   ④ (라)

18 (가)~(라)의 사건을 시기 순으로 바르게 나열한 것은?

> (가) 남쪽 지방에서 반란군이 봉기하였다. 가장 심한 자들은 운문을 거점으로 한 김사미와 초전의 효심이었다. 이들은 유랑민을 불러 모아 주현을 습격하여 노략질하였다.
>
> (나) 진주의 난민들이 소동을 일으킨 것은 오로지 전 우병사 백낙신이 탐욕을 부려 수탈하였기 때문입니다. …(중략)… 이에 민심이 들끓고 노여움이 일제히 폭발해서 전에 듣지 못하던 변란으로 나타난 것입니다.
>
> (다) 여러 주·군에서 공물과 조세를 보내지 않아 나라의 씀씀이가 궁핍하게 되었으므로 왕이 사자를 보내 독촉하였다. 이로 인해 도적들이 곳곳에서 벌떼처럼 일어났다. 원종과 애노 등이 사벌주를 근거지로 반란을 일으켰다.
>
> (라) 평서 대원수는 급히 격문을 띄우노라. …(중략)… 조정에서는 서쪽 땅을 더러운 흙처럼 버렸다. 심지어 권세 있는 집의 노비들도 서쪽 사람을 보면 반드시 평안도 놈이라 일컫는다. 서쪽 땅에 있는 자로서 어찌 억울하고 원통하지 않겠는가.

① (가) → (다) → (나) → (라)
② (가) → (다) → (라) → (나)
③ (다) → (가) → (나) → (라)
④ (다) → (가) → (라) → (나)

19 (가), (나) 사이에 있었던 사실로 옳지 않은 것은?

> (가) 조선은 오랫동안 제후국으로서 중국에 대해 정해진 전례가 있다는 것은 다시 의논할 여지가 없다. …(중략)… 이번에 제정한 수륙 무역 장정은 중국이 속방을 우대하는 뜻이니만큼, 다른 조약 체결국들이 모두 똑같은 이익을 균점하도록 하는 데 있지 않다.
>
> (나) 제1조 청국은 조선국이 완전무결한 독립 자주국임을 확인한다. 아울러 조선의 청에 대한 공물 헌납 등은 장래에 완전히 폐지한다.
> 제4조 청국은 군비 배상금으로 은 2억 냥을 일본국에 지불할 것을 약정한다.

① 영국이 거문도를 점령하였다.
② 한·청 통상조약이 체결되었다.
③ 김옥균 등이 갑신정변을 일으켰다.
④ 청과 일본 사이에 전쟁이 발발하였다.

20 다음 법령에 의해 실시된 정책에 대한 설명으로 옳은 것은?

> 제1조 본법은 헌법에 의거하여 농지를 농민에게 적정히 분배함으로써 …(중략)… 농민 생활의 향상 내지 국민 경제의 균형과 발전을 기함을 목적으로 한다.
> 제12조 농지의 분배는 농지의 종목, 등급 및 농가의 능력 기타에 기준한 점수제에 의거하되 1가당 총경영면적 3정보를 초과하지 못한다.

① 한국민주당과 지주층의 반발로 중단되었다.
② 주택 개량, 도로 및 전기 확충 등도 추진하였다.
③ 유상 매수, 유상 분배의 방식으로 시행되었다.
④ 자작농이 감소하고 소작농이 증가하는 결과를 낳았다.

✔ 회독 CHECK 1 2 3

01 밑줄 친 '주먹도끼'가 사용된 시대에 대한 설명으로 옳은 것은?

> 이 유적은 경기도 연천군 한탄강 언저리에 넓게 위치하고 있다. 이곳에서 아슐리안 계통의 주먹도끼가 다량으로 출토되어 더욱 많은 관심이 집중되었다. 이곳에서 발견된 주먹도끼는 그 존재 유무로 유럽과 동아시아 문화가 나뉘어진다고 한 모비우스의 학설을 무너뜨리는 결정적 증거가 되었다.

① 동굴이나 바위 그늘, 강가의 막집 등에서 살았다.
② 내부에 화덕이 있는 움집이 일반적인 주거 형태였다.
③ 토기를 만들어 음식을 조리하거나 식량을 저장하였다.
④ 구릉에 마을을 형성하고 그 주변에 도랑을 파고 목책을 둘렀다.

02 (가) 군사 조직에 대한 설명으로 옳은 것은?

> 고려 정부는 몽골과 강화를 맺고 개경으로 환도하였다. 대몽항전에 적극적이었던 (가) 은/는 개경 환도를 반대하고 반란을 일으켰다. 이어 진도로 근거지를 옮기면서 항쟁을 전개하였다.

① 포수, 사수, 살수의 삼수병으로 편제되었다.
② 윤관의 건의로 편성된 기병 중심의 부대였다.
③ 도적을 잡기 위해 설치한 야별초에서 시작되었다.
④ 양계 지방에서 국경 지역 방어를 맡았던 상비적인 전투부대였다.

03 다음과 같은 주장을 한 인물은?

> 일단 강화를 맺고 나면 저 적들의 욕심은 물화를 교역하는 데 있습니다. …(중략)… 저들이 비록 왜인이라고 하나 실은 양적(洋賊)입니다. 강화의 일이 한번 이루어지면 사학(邪學)의 서적과 천주의 상(像)이 교역하는 가운데 섞여 들어갈 것입니다.

① 박규수   ② 최익현
③ 김홍집   ④ 김윤식

04 다음에서 설명하는 신문은?

> • 서재필이 정부 지원을 받아 창간하였다.
> • 한글판을 발행하여 서양의 문물과 제도를 소개하였다.
> • 영문판을 발행하여 국내 사정을 외국인에게도 전달하였다.

① 제국신문   ② 독립신문
③ 한성순보   ④ 황성신문

05 (가), (나)에 들어갈 왕의 업적으로 옳은 것은?

삼국의 역사서로는 고구려에 『유기』가 있었는데, 영양왕 때 이문진이 이를 간추려 『신집』 5권을 편찬하였다. 백제에서는 (가) 시기에 고흥이 『서기』를, 신라에서는 (나) 시기에 거칠부가 『국사』를 편찬하였다.

① (가) - 국호를 남부여로 바꾸었다.
② (가) - 동진으로부터 불교를 받아들여 공인하였다.
③ (나) - 화랑도를 국가적 조직으로 개편하였다.
④ (나) - 병부를 처음으로 설치하여 군권을 장악하였다.

06 다음 문화재와 이를 통해 알 수 있는 내용의 연결이 옳지 않은 것은?

① 사택지적비 - 백제가 영산강 유역까지 영역을 확장하였다.
② 임신서기석 - 신라에서 청년들이 유교 경전을 공부하였다.
③ 충주 고구려비 - 고구려가 5세기에 남한강 유역까지 진출하였다.
④ 호우명 그릇 - 5세기 초 고구려와 신라가 밀접한 관계를 맺고 있었다.

07 밑줄 친 '곽재우'에 대한 설명으로 옳지 않은 것은?

여러 도에서 의병이 일어났다. …(중략)… 도내의 거족(巨族)으로 명망 있는 사람과 유생 등이 조정의 명을 받들어 의(義)를 부르짖고 일어나니 소문을 들은 자들은 격동하여 원근에서 이에 응모하였다. …(중략)… 호남의 고경명·김천일, 영남의 곽재우·정인홍, 호서의 조헌이 가장 먼저 일어났다.
－『선조수정실록』－

① 홍의장군이라 칭하였다.
② 의령을 거점으로 봉기하였다.
③ 행주산성에서 일본군을 크게 무찔렀다.
④ 익숙한 지리를 활용한 기습 작전으로 일본군에 타격을 주었다.

08 다음과 같은 취지로 전개된 운동에 대한 설명으로 옳은 것은?

지금 우리들은 정신을 새로이 하고 충의를 떨칠 때이니, 국채 1,300만 원은 우리 대한 제국의 존망에 직결된 것입니다. 이것을 갚으면 나라가 보존되고 이것을 갚지 못하면 나라가 망할 것은 필연적인 사실이나, 지금 국고에서는 도저히 갚을 능력이 없으며, 만일 나라에서 갚지 못한다면 그때는 이미 삼천리 강토는 내 나라 내 민족의 소유가 못 될 것입니다.
－『대한매일신보』－

① 조선 형평사를 조직하였다.
② 조선 물산 장려회를 조직하였다.
③ 신사 참배 거부 운동을 전개하였다.
④ 1907년 대구에서 시작되어 전국으로 확산되었다.

09 (가), (나)에 들어갈 말을 바르게 연결한 것은?

> 조선 시대 과거 제도에는 문과·무과·잡과가 있었는데, 이 가운데 문과를 가장 중시하였다. 『경국대전』에 따르면 문과 시험 업무는 　(가)　에서 주관하고, 정기 시험인 식년시는 　(나)　마다 실시하는 것이 원칙이었다.

	(가)	(나)
①	이조	2년
②	이조	3년
③	예조	2년
④	예조	3년

10 다음 원칙이 발표된 이후에 있었던 사실로 옳지 않은 것은?

> • 조선의 민주 독립을 보장한 삼상 회의 결정에 의하여 남북을 통한 좌우 합작으로 민주주의 임시 정부를 수립할 것
> • 토지 개혁에 있어서 몰수, 유조건 몰수, 체감매상 등으로 토지를 농민에게 무상으로 나누어 주며, …(중략)… 민주주의 건국 과업 완수에 매진할 것
> • 입법 기구에 있어서는 일체 그 권능과 구성 방법 운영에 관한 대안을 본 합작 위원회에서 작성하여 적극적으로 실행을 기도할 것

① 3·15 부정선거에 대항하여 4·19 혁명이 일어났다.
② 친일파를 청산하기 위한 「반민족행위처벌법」이 공포되었다.
③ 제헌 국회에서 대통령에 이승만, 부통령에 이시영을 선출하였다.
④ 임시 민주 정부 수립을 논의하기 위해 제1차 미·소 공동 위원회가 개최되었다.

11 밑줄 친 '그'에 대한 설명으로 옳은 것은?

> 그는 화엄종을 중심으로 교종을 통합하고 해동 천태종을 창시하여 선종까지 포섭하려 하였다. 그러나 그의 사후에 교단은 다시 분열되었고, 권력층과 밀착되어 타락하는 양상까지 나타났다.

① 이론적인 교리 공부와 실천적인 수행을 아우를 것을 주장하였다.
② 참선과 독경은 물론 노동에도 힘을 쓰자고 하면서 결사를 제창하였다.
③ 삼국 시대 이래 고승들의 전기를 정리하여 『해동고승전』을 편찬하였다.
④ 백련사를 결성하여 극락왕생을 기원하는 참회와 염불 수행을 강조하였다.

12 (가) 시기에 있었던 사실로 옳지 않은 것은?

① 인조반정이 발생하였다.
② 영창 대군이 사망하였다.
③ 강홍립이 후금에 항복하였다.
④ 청에 인질로 끌려갔던 봉림 대군이 귀국하였다.

13 여름 휴가를 맞아 강화도로 답사 여행을 떠나고자 한다. 다음 중 유적(지)과 주제의 연결이 옳지 않은 것은?

	유적(지)	주제
①	외규장각	동학 농민 운동
②	고려궁지	대몽 항쟁
③	고인돌	청동기 문화
④	광성보	신미양요

14 조선 시대 붕당의 상황에 대한 설명으로 옳지 않은 것은?

① 선조 대 – 사림이 동인과 서인으로 분열하였다.

② 광해군 대 – 북인이 집권하였다.

③ 인조 대 – 남인이 정권을 독점하였다.

④ 숙종 대 – 서인이 노론과 소론으로 갈라졌다.

15 조선 세종 대에 있었던 사실로 옳지 않은 것은?

① 갑인자를 주조하였다.

② 화통도감을 설치하였다.

③ 역법서인 『칠정산』을 편찬하였다.

④ 간의를 만들어 천체를 관측하였다.

16 다음과 같은 강령을 발표한 단체의 활동으로 옳은 것은?

> 一. 우리는 정치적, 경제적 각성을 촉진함
> 一. 우리는 단결을 공고히 함
> 一. 우리는 기회주의를 일체 부인함

① 조선 민립 대학 기성회를 창립하였다.

② 파리 강화 회의에 대표를 파견하였다.

③ 6 · 10 만세 운동을 사전에 계획하였다.

④ 광주 학생 항일 운동이 일어나자 조사단을 파견하였다.

17 다음 글을 쓴 인물에 대한 설명으로 옳은 것은?

> 세상에서 동명왕의 신이(神異)한 일을 많이 말한다. …(중략)… 지난 계축년 4월에 『구삼국사』를 얻어 「동명왕 본기」를 보니 그 신기한 사적이 세상에서 얘기하는 것보다 더하였다. 그러나 처음에는 믿지 못하고 귀신이나 환상이라고만 생각하였는데, 두세 번 반복하여 읽어서 점점 그 근원에 들어가니 환상이 아닌 성스러움이며, 귀신이 아닌 신성한 이야기였다.

① 사실의 기록보다 평가를 강조한 강목체 사서를 편찬하였다.

② 단군부터 고려 충렬왕 때까지의 역사를 서사시로 기록하였다.

③ 단군신화와 전설 등 민간에서 전승되는 자료를 광범위하게 수록하였다.

④ 김부식의 『삼국사기』에 동명왕의 신이한 사적이 생략되어 있다고 평하였다.

18 1910년대에 있었던 사실로 옳은 것은?

① 중국 화북 지방에서 조선 독립 동맹이 결성되었다.

② 만주에서 참의부, 정의부, 신민부 등 3부가 조직되었다.

③ 임병찬이 주도한 독립 의군부는 항일 운동을 전개하였다.

④ 조선 혁명군이 양세봉의 지휘 아래 영릉가에서 일본군을 격파하였다.

19 다음 주장을 한 인물에 대한 설명으로 옳은 것은?

> 우리 조선의 역사적 발전의 전 과정은 가령 지리적 조건, 인종학적 골상, 문화 형태의 외형적 특징 등 다소의 차이는 인정되더라도, 다른 문화 민족의 역사적 발전 법칙과 구별되어야 하는 독자적인 것이 아니다. 세계사적인 일원론적 역사 법칙에 의해 다른 민족과 거의 같은 궤도로 발전 과정을 거쳐왔다.

① 민족정신으로서 조선 국혼을 강조하였다.
② 민족주의 사학을 계승하여 조선의 얼을 강조하였다.
③ 마르크스 유물 사관을 바탕으로 한국사를 연구하였다.
④ 진단 학회를 조직하여 문헌 고증을 중시하는 실증주의 사학을 정립하였다.

20 6·25 전쟁 중 있었던 사실로 옳지 않은 것은?

① 국군과 유엔군이 인천 상륙 작전을 감행하였다.
② 대통령 직선제를 포함한 발췌 개헌안이 국회에서 통과되었다.
③ 이승만 정부가 북한 송환을 거부하는 반공 포로를 석방하였다.
④ 미국이 한반도를 미국의 태평양 지역 방위선에서 제외한다는 애치슨 선언을 발표하였다.

회독 CHECK 1 2 3

01 밑줄 친 '그'에 대한 설명으로 옳은 것은?

> 이날 소정방이 부총관 김인문 등과 함께 기벌포에 도착하여 백제 군사와 마주쳤다. …(중략)… 소정방이 신라군이 늦게 왔다는 이유로 군문에서 신라 독군 김문영의 목을 베고자 하니, 그가 군사들 앞에 나아가 "황산 전투를 보지도 않고 늦게 온 것을 이유로 우리를 죄주려 하는구나. 죄도 없이 치욕을 당할 수는 없으니, 결단코 먼저 당나라 군사와 결전을 한 후에 백제를 쳐야겠다."라고 말하였다.

① 살수에서 수의 군대를 물리쳤다.
② 김춘추의 신라 왕위 계승을 지원하였다.
③ 청해진을 설치하고 해상 무역을 전개하였다.
④ 대가야를 정벌하여 낙동강 유역을 확보하였다.

02 다음 사건이 있었던 시기의 신라 국왕에 대한 설명으로 옳은 것은?

> 이찬 이사부가 하슬라주 군주가 되어, '우산국 사람이 우매하고 사나워서 위엄으로 복종시키기는 어려우니 계책을 써서 굴복시키는 것이 좋겠다.'라고 생각하였다. 이에 나무로 사자 모형을 많이 만들어 배에 나누어 싣고 우산국 해안에 이르러, 속임수로 통고하기를 "만약에 너희가 항복하지 않는다면 곧바로 이 맹수들을 풀어 너희를 짓밟아 죽이겠다."라고 하였다. 그 나라 사람이 두려워 즉시 항복하였다.

① 독서삼품과를 실시하였다.
② 국호를 '신라'로 확정하였다.
③ 관료전을 지급하고 녹읍을 폐지하였다.
④ 장문휴를 보내 당의 등주를 공격하였다.

03 밑줄 친 '이 나라'에 대한 설명으로 옳은 것은?

> • 이 나라에서 귀하게 여기는 것에는 태백산의 토끼, 남해부의 다시마, 책성부의 된장, 부여부의 사슴, 막힐부의 돼지, 솔빈부의 말, 현주의 베, 옥주의 면, 용주의 명주, 위성의 철, 노성의 쌀 등이 있다.
> — 『신당서』 —
> • 이 나라의 땅은 영주(營州)의 동쪽 2천 리에 있으며, 남으로는 신라와 서로 접한다. 월희말갈에서 동북으로 흑수말갈에 이르는데, 사방 2천 리, 호는 십여 만, 병사는 수만 명이다.
> — 『구당서』 —

① 중앙에 6좌평의 관제를 마련하였다.
② 9서당 10정의 군사 조직을 갖추었다.
③ 지방을 5경 15부 62주로 편성하였다.
④ 제가 회의에서 국가의 중대사를 결정하였다.

04 밑줄 친 '왕'의 업적으로 옳은 것은?

> 풍토에 따라 곡식을 심고 가꾸는 법이 다르니, 고을의 경험 많은 농부를 각 도의 감사가 방문하여 농사 짓는 방법을 알아본 후 아뢰라고 왕께서 명령하셨다. 이어 왕께서 정초와 변효문 등을 시켜 감사가 아뢴 바 중에서 꼭 필요하고 중요한 것만을 뽑아 『농사직설』을 편찬하게 하셨다.

① 공법을 제정하였다.
② 한양으로 도읍을 옮겼다.
③ 『경국대전』을 완성하였다.
④ 조광조를 등용하여 개혁 정치를 실시하였다.

05 밑줄 친 '이들'에 해당하는 것은?

> 이들의 과거 응시와 벼슬을 제한한 것은 우리나라의 옛 법이 아니다. 그런데 『경국대전』을 편찬한 뒤부터 이들을 금고(禁錮)하였으니, 아직 백 년이 채 되지 않았다. 또한 다른 나라에 이러한 법이 있다는 말은 듣지 못했다. 경대부(卿大夫)의 자식인데 오직 어머니가 첩이라는 이유만으로 대대로 이들의 벼슬길을 막아, 비록 훌륭한 재주와 쓸만한 자질이 있어도 이를 발휘할 수 없게 하였으니, 참으로 안타깝다.

① 향리   ② 노비
③ 서얼   ④ 백정

06 밑줄 친 '왕'의 재위 기간에 있었던 일로 옳은 것은?

> • 평농서사 권신(權信)이 대상(大相) 준홍(俊弘)과 좌승(佐丞) 왕동(王同) 등이 반역을 꾀한다고 참소하자 왕이 이들을 내쫓았다.
> • 왕이 쌍기의 건의를 받아 처음으로 과거를 실시하였다. 시(詩)·부(賦)·송(頌) 및 시무책을 시험하여 진사를 뽑았으며, 더불어 명경업·의업·복업 등도 뽑았다.

① 노비안검법을 제정하였다.
② 전민변정도감을 설치하였다.
③ 토지 제도로서 전시과를 시행하였다.
④ 12목을 설치하고 지방관을 파견하였다.

07 다음 글은 어떤 사건이 일어났을 때 발표되었는가?

> 1. 마산, 서울 기타 각지의 데모는 주권을 빼앗긴 국민의 울분을 대신하여 궐기한 학생들의 순수한 정의감의 발로이며 부정과 불의에는 언제나 항거하는 민족 정기의 표현이다.
>
> …(중략)…
>
> 3. 합법적이고 평화적인 데모 학생에게 총탄과 폭력을 거리낌 없이 남용하여 참극을 빚어낸 경찰은 자유와 민주를 기본으로 한 대한민국의 국립 경찰이 아니라 불법과 폭력으로 권력을 유지하려는 일부 정부 집단의 사병이다.
>
> – 「대학 교수단 4·25 선언문」 –

① 4·19 혁명
② 5·18 민주화 운동
③ 6·3 시위
④ 6·29 민주화 선언

08 밑줄 친 '이 시기'에 있었던 사실로 옳은 것은?

> 이 시기의 불교 조각은 지역에 따라 다양하게 제작되었다. 처음에는 하남 하사창동의 철조 석가여래 좌상과 같은 대형 철불이 많이 제작되었다. 또한 덩치가 큰 석불이 유행하였는데, 논산 관촉사 석조 미륵보살 입상이 대표적이다. 이 불상은 큰 규모에 비해 조형미는 다소 떨어지지만, 소박한 지방 문화의 모습을 잘 보여 준다.

① 성골 출신의 국왕이 재위하였다.
② 지방 세력으로 호족이 존재하였다.
③ 풍양 조씨 등 특정 가문이 정권을 장악하였다.
④ 성리학에 투철한 사림 세력이 정국을 주도하였다.

09 역사서에 대한 설명으로 옳은 것만을 모두 고르면?

> ㉠ 김부식의 『삼국사기』에는 단군 신화가 수록되어 있다.
> ㉡ 이규보의 『동명왕편』은 고구려 계승 의식을 강조하였다.
> ㉢ 안정복의 『동사강목』은 기사 본말체로 역사를 서술하였다.
> ㉣ 유득공의 『발해고』에는 남북국이라는 용어가 사용되었다.

① ㉠, ㉡
② ㉠, ㉢
③ ㉡, ㉣
④ ㉢, ㉣

10 밑줄 친 '나'가 국왕으로 재위하던 기간에 있었던 일은?

> 팔순 동안 내가 한 일을 만약 나 자신에게 묻는다면 첫째는 탕평책인데, 스스로 '탕평'이란 두 글자가 부끄럽다.
> 둘째는 균역법인데, 그 효과가 승려에게까지 미쳤다.
> 셋째는 청계천 준설인데, 만세에 이어질 업적이다.
> …(하략)…
>
> ─ 『어제문업(御製問業)』 ─

① 장용영이 창설되었다.
② 나선 정벌이 단행되었다.
③ 홍경래의 난이 발생하였다.
④ 『동국문헌비고』가 편찬되었다.

11 (가) 시기에 있었던 사실로 옳은 것은?

① 독립문이 건립되었다.
② 통감부가 설치되었다.
③ 동양 척식 주식회사가 설립되었다.
④ 임진왜란 때 소실된 경복궁이 중건되었다.

12 밑줄 친 '왕'의 재위 기간에 있었던 일로 옳은 것은?

> 왕의 어릴 때 이름은 모니노이며, 신돈의 여종 반야의 소생이었다. 어떤 사람은 "반야가 낳은 아이가 죽어서 다른 아이를 훔쳐서 길렀는데, 공민왕이 자신의 아들이라고 칭하였다."라고 하였다. 왕은 공민왕이 죽은 뒤 이인임의 추대로 왕위에 올랐다. 이후 이인임, 염흥방, 임견미 등이 권력을 잡아 극심하게 횡포를 부렸다.

① 이종무가 왜구의 소굴인 대마도를 정벌하였다.
② 삼별초가 반란을 일으켜 대몽 항쟁을 계속하였다.
③ 쌍성총관부를 공격해 철령 이북 지역을 수복하였다.
④ 요동 정벌을 위해 출병한 이성계가 위화도에서 회군하였다.

13 다음과 관련된 운동에 대한 설명으로 옳은 것은?

① 가뭄과 홍수로 인해 중단되었다.

② 조선 총독부의 회사령에 맞서기 위해 전개되었다.

③ 일부 사회주의자는 자본가 계급을 위한 운동이라고 비판하였다.

④ 조선에 사는 일본인이 일본 자본에 대항하기 위해 일으켰다.

14 다음과 같은 대통령 선출 방식이 포함된 헌법의 내용으로 옳지 않은 것은?

> 제39조 ① 대통령은 통일 주체 국민 회의에서 토론 없이 무기명 투표로 선거한다.
> 　　　　② 통일 주체 국민 회의에서 재적 대의원 과반수의 찬성을 얻은 자를 대통령 당선자로 한다.

① 대통령은 국회를 해산할 수 있다.

② 대통령의 임기는 7년으로 하며, 중임할 수 없다.

③ 대법원장은 대통령이 국회의 동의를 얻어 임명한다.

④ 대통령은 국정 전반에 걸쳐 필요한 긴급 조치를 할 수 있다.

15 다음 사건을 시기순으로 바르게 나열한 것은?

> (가) 신라의 한강 유역 확보
> (나) 관산성 전투
> (다) 백제의 웅진 천도
> (라) 고구려의 평양 천도

① (가) → (라) → (나) → (다)

② (나) → (다) → (가) → (라)

③ (다) → (나) → (가) → (라)

④ (라) → (다) → (가) → (나)

16 (가) 인물에 대한 설명으로 옳은 것은?

> 군대를 이끌고 통주성 남쪽으로 나가 진을 친 　(가)　은/는 거란군에게 여러 번 승리를 거두었다. 하지만 자만하게 된 그는 결국 패해 거란군의 포로가 되었다. 거란의 임금이 그의 결박을 풀어 주며 "내 신하가 되겠느냐?"라고 물으니, 　(가)　은/는 "나는 고려 사람인데 어찌 너의 신하가 되겠느냐?"라고 대답하였다. 재차 물었으나 같은 대답이었으며, 칼로 살을 도려내며 물어도 대답은 같았다. 거란은 마침내 그를 처형하였다.

① 묘청의 난을 진압하였다.

② 별무반의 편성을 건의하였다.

③ 목종을 폐위하고 현종을 옹립하였다.

④ 거란과 협상하여 강동 6주 지역을 고려 영토로 확보하였다.

17 밑줄 친 '저'에 대한 설명으로 옳은 것은?

> 올해 초가을에 비로소 저는 책을 완성하여 그 이름을 『성학집요』라고 하였습니다. 이 책에는 임금이 공부해야 할 내용과 방법, 정치하는 방법, 덕을 쌓아 실천하는 방법과 백성을 새롭게 하는 방법이 실려 있습니다. 또한 작은 것을 미루어 큰 것을 알게 하고 이것을 미루어 저것을 밝혔으니, 천하의 이치가 여기에서 벗어나지 않을 것입니다. 따라서 이것은 저의 글이 아니라 성현의 글이옵니다.

① 예안향약을 만들었다.
② 『동호문답』을 저술하였다.
③ 백운동 서원을 건립하였다.
④ 왕자의 난 때 죽임을 당했다.

18 밑줄 친 '나'에 대한 설명으로 옳은 것만을 모두 고르면?

> 오늘날 사람은 모두 법에 의하여 생활하고 있는데 실제로 사람을 죽인 자가 벌을 받지 않고 생존할 도리는 없는 것이다. …(중략)… 나는 한국의 의병이며 지금 적군의 포로가 되어 와 있으므로 마땅히 만국공법에 의해 처단되어야 할 것으로 생각한다.

> ㉠ 일본에서 순국하였다.
> ㉡ 한인 애국단 소속이었다.
> ㉢ 『동양평화론』을 집필하였다.
> ㉣ 연해주에서 의병 투쟁을 전개하였다.

① ㉠, ㉡
② ㉠, ㉣
③ ㉡, ㉢
④ ㉢, ㉣

19 다음 조항을 포함한 법률에 대한 설명으로 옳지 않은 것은?

> 제1조 일본 정부와 통모하여 한·일 합병에 적극 협력한 자, 한국의 주권을 침해하는 조약 또는 문서에 조인한 자와 이를 모의한 자는 사형 또는 무기 징역에 처하고, 그 재산과 유산의 전부 혹은 2분의 1 이상을 몰수한다.

① 이 법률은 제헌 국회에서 제정되었다.
② 이 법률은 농지 개혁법이 제정된 후 제정되었다.
③ 이 법률에 의해 반민 특위와 특별 재판부가 구성되었다.
④ 이 법률에 의해 친일 경력을 지닌 고위 경찰 간부가 체포되었다.

20 다음 글은 (가)의 부탁을 받고 (나)가 지은 것이다. (가)와 (나)에 대한 설명으로 옳은 것은?

> 우리는 '외교', '준비' 등의 미련한 꿈을 버리고 민중 직접 혁명의 수단을 취함을 선언하노라. 조선 민족의 생존을 유지하자면 강도 일본을 쫓아내야 하고, 강도 일본을 쫓아내려면 오직 혁명으로써만 가능하니, 혁명이 아니고는 강도 일본을 쫓아낼 방법이 없는 바이다.

① (가)는 조선 의용대를 결성하였고, (나)는 '국혼'을 강조하였다.
② (가)는 신흥 무관 학교를 세웠고, (나)는 형평사를 창립하였다.
③ (가)는 조선 건국 동맹을 조직하였고, (나)는 식민 사학의 한국사 정체성론을 반박하였다.
④ (가)는 황포 군관 학교에서 훈련받았고, (나)는 민족주의 역사 서술의 기본 틀을 제시하였다.

✅ 회독 CHECK 1 2 3

01 다음에 해당하는 나라에 대한 설명으로 옳은 것은?

> • 은력(殷曆) 정월에 지내는 제천 행사는 나라에서 여는 대회로 날마다 먹고 마시고 노래하고 춤추는데, 이를 영고라 하였다. 이때 형옥을 중단하고 죄수를 풀어주었다.
> • 국내에 있을 때의 의복은 흰색을 숭상하며, 흰 베로 만든 큰 소매 달린 도포와 바지를 입고 가죽신을 신는다. 외국에 나갈 때는 비단옷·수 놓은 옷·모직옷을 즐겨입는다.
>
> ─ 『삼국지』 위서 동이전 ─

① 사람이 죽으면 뼈만 추려 가족 공동 무덤인 목곽에 안치하였다.
② 읍군이나 삼로라고 불린 군장이 자기 영역을 다스렸다.
③ 가축 이름을 딴 마가, 우가, 저가, 구가 등이 있었다.
④ 천신을 섬기는 제사장인 천군이 있었다.

02 (가) 나라에 대한 설명으로 옳은 것은?

> 북쪽 구지에서 이상한 소리로 부르는 것이 있었다. …(중략)… 구간(九干)들은 이 말을 따라 모두 기뻐하면서 노래하고 춤을 추었다. 자줏빛 줄이 하늘에서 드리워져서 땅에 닿았다. 그 줄이 내려온 곳을 따라가 붉은 보자기에 싸인 금으로 만든 상자를 발견하고 열어보니, 해처럼 둥근 황금알 여섯 개가 있었다. 알 여섯이 모두 변하여 어린아이가 되었다. …(중략)… 가장 큰 알에서 태어난 수로(首露)가 왕위에 올라 (가) 를/을 세웠다.
>
> ─ 『삼국유사』 ─

① 해상 교역을 통해 우수한 철을 수출하였다.
② 박, 석, 김씨가 교대로 왕위를 계승하였다.
③ 경당을 설치하여 학문과 무예를 가르쳤다.
④ 정사암 회의를 통해 재상을 선발하였다.

03 (가)에 들어갈 기구로 옳은 것은?

> 고려 시대 중서문하성과 중추원의 고위 관료들은 도병마사와 (가) 에서 국가의 중요한 일을 논의하였다. 도병마사에서는 국방과 군사 문제를 다루었고, (가) 에서는 제도와 격식을 만들었다.

① 삼사   ② 상서성
③ 어사대   ④ 식목도감

04 (가)에 대한 설명으로 옳은 것은?

> 건국 초부터 북진 정책을 추진한 고려는 발해를 멸망시킨 (가) 를/을 견제하고 송과 친선 관계를 맺었다. 이에 송과 대립하던 (가) 는/은 고려를 경계하여 여러 차례 고려에 침입하였다.

① 강조의 정변을 구실로 고려를 침략하였다.
② 고려에 동북 9성을 돌려달라고 요구하였다.
③ 다루가치를 배치하여 고려의 내정을 간섭하였다.
④ 쌍성총관부를 두어 철령 이북의 땅을 지배하였다.

05 (가)에 들어갈 기구로 옳은 것은?

> • 무릇 관직을 받은 자의 고신(임명장)은 5품 이하일
> 때는   (가)   과/와 사간원의 서경(署經)을 고려
> 하여 발급한다.
> •   (가)   는/은 시정(時政)을 논하고, 모든 관원을
> 규찰하며, 풍속을 바르게 하는 등의 일을 맡는다.
>
> ― 『경국대전』 ―

① 사헌부   ② 교서관
③ 승문원   ④ 승정원

06 밑줄 친 '그'에 대한 설명으로 옳은 것은?

> 그가 왕에게 아뢰었다. "삼교는 솥의 발과 같아서 하
> 나라도 없어서는 안 됩니다. 지금 유교와 불교는 모
> 두 흥하는데 도교는 아직 번성하지 않으니, 소위 천
> 하의 도술(道術)을 갖추었다고 할 수 없습니다. 엎드
> 려 청하오니 당에 사신을 보내 도교를 구해 와서 나
> 라 사람들을 가르치게 하소서."
>
> ― 『삼국사기』 ―

① 당나라와 동맹을 체결하였다.
② 천리장성의 축조를 맡아 수행하였다.
③ 수나라의 군대를 살수에서 격퇴하였다.
④ 남진 정책을 추진하여 한성을 점령하였다.

07 (가) 인물에 대한 설명으로 옳은 것은?

>   (가)   가/이 귀산 등에게 말하기를 "세속에도 5계
> 가 있으니, 첫째는 충성으로써 임금을 섬기는 것, 둘
> 째는 효도로써 어버이를 섬기는 것, 셋째는 신의로써
> 벗을 사귀는 것, 넷째는 싸움에 임하여 물러서지 않
> 는 것, 다섯째는 생명 있는 것을 죽이되 가려서 한다
> 는 것이다. 그대들은 이를 실행함에 소홀하지 말라."
> 라고 하였다.
>
> ― 『삼국사기』 ―

① 모든 것이 한마음에서 나온다는 일심 사상을 제시하
    였다.
② 화엄 사상을 연구하여 「화엄일승법계도」를 작성하였다.
③ 왕에게 수나라에 군사를 청하는 글을 지어 바쳤다.
④ 인도를 여행하여 『왕오천축국전』을 썼다.

08 (가), (나)에 들어갈 이름을 바르게 연결한 것은?

>   (가)   는/은 『북학의』를 저술하여 청의 선진 기술
> 을 적극적으로 수용할 것과 상공업 육성 등을 역설하
> 였다. 한편,   (나)   는/은 중국 및 일본의 방대한
> 자료를 참고하여 『해동역사』를 편찬함으로써, 한·
> 중·일 간의 문화 교류를 잘 보여주었다.

	(가)	(나)
①	박지원	한치윤
②	박지원	안정복
③	박제가	한치윤
④	박제가	안정복

09 다음 사건을 시기순으로 바르게 나열한 것은?

> (가) 정중부와 이의방이 정변을 일으켰다.
> (나) 최충헌이 이의민을 제거하고 권력을 잡았다.
> (다) 충주성에서 천민들이 몽골군에 맞서 싸웠다.
> (라) 이자겸이 척준경과 더불어 난을 일으켰다.

① (가) → (나) → (라) → (다)
② (가) → (다) → (나) → (라)
③ (라) → (가) → (나) → (다)
④ (라) → (가) → (다) → (나)

10 (가) 지역에 대한 설명으로 옳은 것은?

> 나는 삼한(三韓) 산천의 음덕을 입어 대업을 이루었
> 다.   (가)   는/은 수덕(水德)이 순조로워 우리나라
> 지맥의 뿌리가 되니 대업을 만대에 전할 땅이다. 왕
> 은 춘하추동 네 계절의 중간달에 그곳에 가 100일 이
> 상 머물러서 나라를 안녕케 하라.
>   -「고려사」-

① 이곳에 대장도감을 설치하여 재조대장경을 만들었다.
② 지눌이 이곳에서 수선사 결사 운동을 펼쳤다.
③ 망이・망소이가 이곳에서 봉기하였다.
④ 몽골이 이곳에 동녕부를 두었다.

11 다음 내용의 역사서에 대한 설명으로 옳은 것은?

> 왕께서는 "우리나라 사람들은 유교 경전과 중국 역사
> 에 대해서는 자세히 말하는 사람이 있으나 우리나라
> 의 사실에 이르러서는 잘 알지 못하니 매우 유감이
> 다. 중국 역사서에 우리 삼국의 열전이 있지만 상세
> 하게 실리지 않았다. 또한, 삼국의 고기(古記)는 문체
> 가 거칠고 졸렬하며 빠진 부분이 많으므로, 이런 까
> 닭에 임금의 선과 악, 신하의 충과 사악, 국가의 안위
> 등에 관한 것을 다 드러내어 그로써 후세에 권계(勸
> 戒)를 보이지 못했다. 마땅히 일관된 역사를 완성하
> 고 만대에 물려주어 해와 별처럼 빛나도록 해야 하겠
> 다."라고 하셨습니다.

① 불교를 중심으로 신화와 설화를 정리하였다.
② 유교적인 합리주의 사관에 따라 기전체로 서술되었다.
③ 단군 조선을 우리 역사의 시작으로 본 통사이다.
④ 진흥왕의 명을 받아 거칠부가 편찬하였다.

12 밑줄 친 '이 왕'에 대한 설명으로 옳은 것은?

> 문무왕이 왜병을 진압하고자 감은사를 처음 창건하
> 려 했으나, 끝내 못하고 죽어 바다의 용이 되었다.
> 뒤이어 즉위한 이 왕이 공사를 마무리하였다. 금당
> 돌계단 아래에 동쪽을 향하여 구멍을 하나 뚫어 두었
> 으니, 용이 절에 들어와서 돌아다니게 하려고 마련한
> 것이다. 유언에 따라 유골을 간직해 둔 곳은 대왕암
> (大王岩)이라고 불렸다.
>   -「삼국유사」-

① 건원이라는 독자적인 연호를 사용하였다.
② 국학을 설립하여 유학을 교육하였다.
③ 백성에게 처음으로 정전을 지급하였다.
④ 진골 출신으로서 처음 왕위에 올랐다.

13 밑줄 친 '왕'의 재위 기간에 있었던 사실로 옳은 것은?

> 왕은 노론과 소론, 남인을 두루 등용하였으며 젊은 관료들을 재교육하기 위해 초계문신제를 시행하였다. 또 서얼 출신의 유능한 인사를 규장각 검서관으로 등용하였다.

① 동학이 창시되었다.
② 『대전회통』이 편찬되었다.
③ 신해통공이 시행되었다.
④ 홍경래의 난이 발생하였다.

14 (가) 인물에 대한 설명으로 옳은 것은?

> 철종이 죽고 고종이 어린 나이로 왕이 되자, 고종의 아버지인 (가) 가/이 실권을 장악하였다. (가) 는/은 임진왜란 때 불탄 후 방치되어 있던 경복궁을 중건하였다. 이때 원납전이라는 기부금을 징수하는 일이 벌어졌으며 당백전이라는 화폐도 발행되었다.

① 「대한국 국제」를 만들어 공포하였다.
② 서원을 대폭 줄이는 정책을 추진하였다.
③ 우정총국 개국 축하연을 이용해 정변을 일으켰다.
④ 황쭌셴의 『조선책략』을 가져와 널리 유포하였다.

15 (가) 단체의 활동에 대한 설명으로 옳은 것은?

> 탑골 공원에 모인 수많은 학생과 시민이 독립 선언식을 거행하고 만세를 부르며 거리를 행진하였다. 이후 만세 시위는 전국으로 확산하였다. 이 운동을 계기로 독립운동가 사이에는 독립운동을 더욱 조직적으로 전개하자는 공감대가 형성되어 (가) 가/이 만들어졌다. (가) 는/은 구미 위원부를 설치하는 등 적극적으로 독립운동을 펼쳐 나갔다.

① 「대동단결 선언」을 발표하였다.
② 국내와의 연락을 위해 교통국을 두었다.
③ 독립군을 양성하기 위해 신흥 무관 학교를 설립하였다.
④ 「조선 혁명 선언」을 강령으로 삼아 의열 투쟁을 전개하였다.

16 (가) 시기에 있었던 사실로 옳은 것은?

> 평양의 관민이 제너럴셔먼호를 불태웠다.
>
> ↓
>
> (가)
>
> ↓
>
> 미군이 광성보를 공격해 점령하였다.

① 고종이 홍범 14조를 발표하였다.
② 일본의 운요호가 초지진을 포격하였다.
③ 오페르트가 남연군의 묘 도굴을 시도하였다.
④ 차별 대우에 불만을 품은 군인이 임오군란을 일으켰다.

17 밑줄 친 '이 단체'에 대한 설명으로 옳은 것은?

> 1920년대 국내에서는 일본과 타협해 실익을 찾자는 자치 운동이 대두하였다. 비타협적인 민족주의자들은 이를 경계하면서 사회주의 세력과 연대하고자 하였다. 사회주의 세력도 정우회 선언을 발표해 비타협적 민족주의 세력과 제휴를 주장하였다. 그 결과 비타협적 민족주의 세력과 사회주의 세력은 1927년 2월에 이 단체를 창립하고 이상재를 회장으로 추대하였다.

① 조선 물산 장려회를 조직해 물산 장려 운동을 펼쳤다.
② 고등 교육 기관을 설립하기 위해 민립 대학 설립 운동을 시작하였다.
③ 문맹 퇴치와 미신 타파를 목적으로 브나로드 운동을 전개하였다.
④ 광주 학생 항일 운동의 진상을 조사하고 이를 알리는 대회를 개최하고자 하였다.

18 다음과 같은 내용이 담긴 조약에 대한 설명으로 옳은 것은?

> 일본 정부는 그 대표자로 한국 황제 밑에 1명의 통감을 두되, 통감은 전적으로 외교에 관한 사항을 관리하기 위하여 경성에 주재하고 친히 한국 황제를 만날 수 있는 권리를 가진다. 또한, 일본 정부는 한국의 개항장 및 일본 정부가 필요하다고 인정하는 지역에 이사관을 설치할 권리를 가지며, 이사관은 통감의 지휘하에 종래 재(在) 한국 일본 영사에게 속하였던 모든 권리를 집행한다.

① 조선 총독부를 설치한다는 조항이 포함되어 있다.
② 헤이그 특사 사건 직후 일제의 강요로 체결되었다.
③ 방곡령 시행 전에 미리 통보해야 한다는 합의가 실려 있다.
④ 일본의 중재 없이 국제적 성격을 가진 조약을 체결할 수 없다는 내용이 담겨 있다.

19 (가)에 대한 설명으로 옳은 것은?

> 1945년 12월 모스크바에서 미국, 소련, 영국의 외무 장관들은 한국 문제를 논의하였다. 이 회의에서 미국, 소련, 영국, 중국이 최장 5년간 신탁 통치를 시행한다는 합의가 이루어졌다. 또 미국과 소련이 (가) 을/를 개최해 민주주의 임시 정부 수립 문제에 대해 논의하기로 했다. 이 합의에 따라 1946년 3월 서울에서 (가) 이/가 시작되었다.

① 미 · 소 양측의 의견 차이로 결렬되었다.
② 조선 건국 준비 위원회를 조직하는 성과를 냈다.
③ 민주 공화제를 핵심으로 한 제헌 헌법을 만들었다.
④ 유엔 감시하의 총선거로 정부를 수립한다는 결정을 내렸다.

20 (가) 시기에 있었던 사실로 옳은 것은?

```
├────────────┼────────(가)────────┼─────
4 · 19 혁명이 일어나다.      유신 헌법이 공포되다.
```

① 반민족 행위 처벌법이 제정된다.
② 7 · 4 남북 공동 성명이 발표된다.
③ 남북한이 유엔에 동시 가입하다.
④ 5 · 18 민주화 운동이 일어나다.

✔ 회독 CHECK 1 2 3

01 밑줄 친 '왕'의 재위 기간에 있었던 사실로 옳은 것은?

> 이찬 이사부가 <u>왕</u>에게 "국사라는 것은 임금과 신하들의 선악을 기록하여, 좋고 나쁜 것을 만대 후손들에게 보여 주는 것입니다. 이를 책으로 편찬해 놓지 않는다면 후손들이 무엇을 보고 알겠습니까?"라고 아뢰었다. 왕이 깊이 동감하고 대아찬 거칠부 등에게 명하여 선비들을 널리 모아 그들로 하여금 역사를 편찬하게 하였다.
>
> — 『삼국사기』 —

① 정전 지급
② 국학 설치
③ 첨성대 건립
④ 북한산 순수비 건립

02 다음 정책을 시행한 국왕 대에 있었던 사실로 옳은 것은?

> • 광덕, 준풍 등의 연호를 사용하였다.
> • 개경을 고쳐 황도라 하고 서경을 서도라고 하였다.

① 노비안검법을 시행하였다.
② 전시과 제도를 시행하였다.
③ 개경에 국자감을 설립하였다.
④ 12목을 설치하고 지방관을 파견하였다.

03 다음과 같은 활동을 펼친 인물에 대한 설명으로 옳은 것은?

> • 대한매일신보에 애국적인 논설을 썼다.
> • 유교 개혁의 뜻을 담은 『유교구신론』을 집필하였다.

① 적극적인 의열 활동을 위해 한인 애국단을 만들었다.
② 일본의 침략상을 폭로하는 『한국통사』를 저술하였다.
③ 실증 사학의 입장에서 연구하는 진단학회를 조직하였다.
④ 김원봉의 요청을 받아들여 「조선 혁명 선언」을 작성하였다.

04 (가) 단체로 옳은 것은?

> __(가)__ 발기취지(發起趣旨)
> 인간 사회는 많은 불합리를 산출한 동시에 그 해결을 우리에게 요구하고 있다. 여성 문제는 그중의 하나이다. …… 과거의 조선 여성 운동은 분산되어 있었다. 그것에는 통일된 조직이 없었고 통일된 지도 정신도 없었고 통일된 항쟁이 없었다. …… 우리는 우선 조선 자매 전체의 역량을 공고히 단결하여 운동을 전반적으로 전개하지 아니하면 아니 된다.
>
> — 동아일보, 1927. 5. 11. —

① 근우회
② 신간회
③ 신민회
④ 정우회

05 다음 글에서 설명하고 있는 문화 유산은?

> 이곳은 원래 성종의 형인 월산대군(月山大君)의 집이 있던 곳으로, 선조가 임진왜란 뒤 임시 거처로 사용하면서 정릉동 행궁으로 불리었고, 광해군 때는 경운궁이라 하였다. 아관파천 후 고종이 이곳에 머물렀다. 주요 건물로는 중화전, 함녕전, 석조전 등이 있다.

① 경복궁
② 경희궁
③ 창덕궁
④ 덕수궁

06 밑줄 친 '이 나라'에서 볼 수 있는 모습으로 적절한 것은?

> 이 나라는 대군왕이 없으며, 읍락에는 각각 대를 잇는 장수(長帥)가 있다. …… 이 나라의 토질은 비옥하며, 산을 등지고 바다를 향해 있어 오곡이 잘 자라며 농사짓기에 적합하다. 사람들의 성질은 질박하고, 정직하며 군세고 용감하다. 소나 말이 적고, 창을 잘 다루며 보전(步戰)을 잘한다. 음식, 주거, 의복, 예절은 고구려와 흡사하다. 그들은 장사를 지낼 적에는 큰 나무 곽(槨)을 만드는데 길이가 십여 장(丈)이나 되며 한쪽 머리를 열어 놓아 문을 만든다.
>
> – 「삼국지」 위서 동이전 –

① 민며느리를 받아들이는 읍군
② 위만에게 한나라의 침입을 알리는 장군
③ 5월에 씨를 뿌리고 하늘에 제사를 지내는 천군
④ 국가의 중요한 일을 논의하고 있는 마가와 우가

07 다음 사건이 일어난 왕의 재위 기간에 대한 설명으로 옳은 것은?

> 임꺽정은 양주 백정으로, 성품이 교활하고 날래고 용맹스러웠다. 그 무리 수십 명이 함께 다 날래고 빨랐는데, 도적이 되어 민가를 불사르고 소와 말을 빼앗고, 만약 항거하면 몹시 잔혹하게 사람을 죽였다. 경기도와 황해도의 아전과 백성들이 임꺽정 무리와 은밀히 결탁하여, 관에서 잡으려 하면 번번이 먼저 알려주었다.

① 동인과 서인의 붕당이 형성되었다.
② 문정 왕후가 수렴청정하며 불교를 옹호하였다.
③ 삼포에서 4~5천 명의 일본인이 난을 일으켰다.
④ 조광조가 내수사 장리의 폐지, 소격서 폐지 등을 주장하였다.

08 밑줄 친 '이 부대'에 대한 설명으로 옳은 것은?

> 윤관이 아뢰기를, "신이 적의 기세를 보건대 예측하기 어려울 정도로 군세니, 마땅히 군사를 쉬게 하고 군관을 길러서 후일을 기다려야 할 것입니다. 또 신이 싸움에서 진 것은 적은 기병(騎兵)인데 우리는 보병(步兵)이라 대적할 수가 없었기 때문입니다."라 하였다. 이에 그가 건의하여 처음으로 이 부대를 만들었다.

① 정종 2년에 설치되었다.
② 귀주 대첩에서 큰 활약을 하였다.
③ 여진족에 대처하기 위해 조직되었다.
④ 응양군, 용호군, 신호위 등의 2군과 6위로 편성되었다.

09 밑줄 친 '이 나라'에 대한 설명으로 옳은 것은?

> 이 나라는 삼한의 종족이며, 지금의 고령에 있었다. 건원 원년(479)에 그 국왕 하지(荷知)는 사신을 보내 남제에 공물을 바쳤다. 남제에서는 국왕 하지에게 "보국장군 본국왕"을 제수하였다.

① 관산성 전투에서 국왕이 전사하였다.
② 울릉도를 정복해서 영토로 편입하였다
③ 호남 동부 지역까지 세력을 확장하였다.
④ 신라를 도와 낙동강 유역에 진출한 왜를 격파하였다.

10 다음 설명에 해당하는 발해 왕의 재위 기간에 통일 신라에서 일어난 상황으로 옳은 것은?

> • 대흥이란 독자적인 연호를 사용하였다.
> • 수도를 중경 → 상경 → 동경으로 옮겼다.
> • 일본에 보낸 외교 문서에 천손(하늘의 자손)이라 표현하였다.
> • 당과 친선 관계를 맺으며 당의 문물을 도입하여 체제를 정비하였다.

① 녹읍 폐지
② 청해진 설치
③ 『삼대목』 편찬
④ 독서삼품과 설치

11 밑줄 친 '그'의 저술로 옳은 것은?

> 서울의 노론 집안에서 태어난 그는 「양반전」을 지어 양반 사회의 허위를 고발하였다. 그는 또한 한전론을 주장하였으며, 상공업 진흥에도 관심을 기울여 수레와 선박의 이용 등에 대해서도 주목하였다.

①『북학의』   ②『과농소초』
③『의산문답』   ④『지봉유설』

12 (가) 시기에 있었던 일로 옳은 것은?

이종무의 대마도 정벌	(가)	전분 6등법과 연분 9등법 시행

① 과전법 공포
② 이시애의 반란
③『농사직설』 편찬
④ 정도전의 요동 정벌 추진

13 (가) 시기에 있었던 일로 옳은 것은?

> 강화도 조약을 체결하였다.
>
> ↓
>
> (가)
>
> ↓
>
> 청에 영선사를 파견하였다.

① 군국기무처를 두고 여러 건의 개혁안을 처리하였다.
② 개화 정책을 추진할 기구로 통리기무아문을 설치하였다.
③ 국정 개혁의 기본 방향을 담은 홍범 14조를 공포하였다.
④ 구본신참의 개혁 원칙을 정하고 대한국 국제를 선포하였다.

14 세계 유산으로 등재된 것이 아닌 것은?

① 종묘
② 화성
③ 한양 도성
④ 남한산성

16 밑줄 친 '그'의 활동으로 옳은 것은?

> 경술년(1910)에 여러 형제들이 모여서 같이 만주로 갈 준비를 하였다. …… 그(1867~1932)는 1만여 석의 재산과 가옥을 모두 팔고 큰집, 작은 집이 함께 압록강을 건너 떠났다. 그는 만주에서 독립군 양성 기관인 신흥 강습소를 설립하였다.

① 조선어 학회 사건으로 옥고를 치렀다.
② 독립운동 단체인 경학사를 조직하였다.
③ 3·1 운동 민족 대표 33인 중 한 명이었다.
④ '삼균주의'에 입각한 한국 국민당을 결성하였다.

15 다음과 같은 주제로 토론회를 개최한 단체에 대한 설명으로 옳은 것은?

일자	주제
1897.8.29.	조선에 급선무는 인민의 교육
1897.9.5.	도로 수정하는 것이 위생에 제일 방책
⋮	⋮
1897.12.26.	인민의 귀로 듣고 눈으로 보는 것을 개명케 하려면 우리나라 신문지며 다른 나라 신문지들을 널리 반포하는 것이 제일 긴요함

① 헌정 연구회의 활동을 계승하여 월보를 간행하고 지회를 설치하였다.
② 국민 계몽을 위해 회보를 발간하고 만민 공동회 등 대규모 집회를 열었다.
③ 보부상 중심의 단체로 황권 강화를 통한 부국강병을 행동 지침으로 삼았다.
④ 일본이 황무지 개간을 구실로 토지를 약탈하려 하자 대중적 반대 운동을 벌였다.

17 밑줄 친 '새 헌법'에 대한 설명으로 옳은 것은?

> 정부에서는 6월 15일 국회에서 통과된 개헌안을 이송받자 이날 긴급 국무 회의를 소집하고 정식으로 이를 공포하였다. 이로써 개정된 새 헌법은 16일 0시를 기해 효력을 발생케 되었다. 새 헌법이 공포됨으로써 16일부터는 실질적인 내각 책임 체제의 정부를 갖게 되었으며 허정 수석 국무위원은 자동으로 국무총리가 된다.
>
> — 경향신문. 1960. 6. 16. —

① 임시 수도 부산에서 개정되었다.
② '사사오입'의 논리로 통과되었다.
③ 통일 주체 국민 회의 설치를 규정한 조항이 있다.
④ 민의원과 참의원으로 구성된 국회 조항이 있다.

18 다음 사건 이후에 일어난 일로 옳은 것은?

> 개경을 떠나 피난 중인 왕이 안성현을 안성군으로 승격시켰다. 홍건적이 양광도를 침입하자 수원은 항복하였는데, 작은 고을인 안성만이 홀로 싸워 승리함으로써 홍건적이 남쪽으로 내려오지 못하게 하였기 때문이다.

① 화약 무기를 사용해 진포 해전에서 승리하였다.
② 처인성 전투에서 적의 장수 살리타를 사살하였다.
③ 기철 일파를 제거하고 쌍성총관부의 관할 지역을 수복하였다.
④ 적의 침략을 물리치기 위한 염원에서 팔만대장경을 만들었다.

19 (가)와 (나) 사이의 시기에 있었던 일로 옳은 것은?

> (가) 남인들이 대거 관직에서 쫓겨나고 허적과 윤휴 등이 처형되었다.
> (나) 인현 왕후가 복위되고 노론과 소론이 정계에 복귀하였다.

① 송시열과 김수항 등이 처형당하였다.
② 서인과 남인이 두 차례에 걸쳐 예송을 전개하였다.
③ 서인 정치에 한계를 느낀 정여립이 모반을 일으켰다.
④ 청의 요구에 따라 조총 부대를 영고탑으로 파견하였다.

20 다음의 사건을 시기순으로 바르게 나열한 것은?

> (가) 제헌 국회가 구성되어 헌법을 제정하였다.
> (나) 여운형과 김규식은 좌우 합작 위원회를 조직하였다.
> (다) 조선 건국 동맹을 기반으로 조선 건국 준비 위원회가 조직되었다.
> (라) 민주주의 임시 정부 수립을 논의하기 위해 제1차 미·소 공동 위원회가 열렸다.

① (가) – (다) – (나) – (라)
② (나) – (다) – (라) – (가)
③ (다) – (라) – (나) – (가)
④ (라) – (나) – (가) – (다)

지방직 9급

한국사

01 (가), (나) 국가에 대한 설명으로 옳은 것은?

> (가) 그 나라의 혼인 풍속에 여자의 나이가 열 살이
> 되면 서로 혼인을 약속하고, 신랑 집에서는 (그
> 여자를) 맞이하여 장성하도록 길러 아내로 삼는
> 다. (여자가) 성인이 되면 다시 친정으로 돌아가
> 게 한다. 여자의 친정에서는 돈을 요구하는데,
> (신랑 집에서) 돈을 지불한 후 다시 신랑 집으로
> 돌아온다.
>
> (나) 은력(殷曆) 정월에 하늘에 제사를 지내며 나라에
> 서 대회를 열어 연일 마시고 먹고 노래하고 춤추
> 는데, 영고(迎鼓)라고 한다. 이때 형옥(刑獄)을
> 중단하여 죄수를 풀어 주었다.

① (가) – 무천이라는 제천 행사가 있었다.
② (가) – 계루부 집단이 권력을 장악하였다.
③ (나) – 사출도라는 구역이 있었다.
④ (나) – 철이 많이 생산되어 낙랑과 왜에 수출하였다.

02 (나) 시기에 발생한 사건으로 옳은 것은?

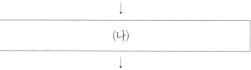

> (가) 백제왕이 병력 3만 명을 거느리고 평양성을 공격
> 해 왔다. 왕이 출병하여 막다가 날아오는 화살에
> 맞아 서거하였다.

↓

(나)

↓

> (다) 왕이 보병과 기병 5만 명을 보내 신라를 구원하
> 게 하였다. (고구려군이) 남거성을 통해 신라성에
> 이르렀는데 그곳에 왜가 가득하였다. 관군이 도
> 착하자 왜적이 퇴각하였다.

① 태학을 설립하고 율령을 반포하였다.
② 평양으로 도읍을 옮기고 한성을 함락하였다.
③ 관구검이 이끄는 위나라 군대의 침략을 받았다.
④ 왕이 직접 말갈 병사를 거느리고 요서 지방을 공격
하였다.

03 통일 신라의 경제 상황에 대한 설명으로 옳지 않은 것은?

① 왕경에 서시전과 남시전이 설치되었다.
② 어아주, 조하주 등 고급 비단을 생산하여 당나라에 보
냈다.
③ 촌락의 토지 결수, 인구 수, 소와 말의 수 등을 파악하
였다.
④ 시비법과 이앙법 등의 발달로 농민층에서 광작이 성
행하였다.

04 다음 서적을 편찬된 시기순으로 바르게 나열한 것은?

> ㉠ 『의방유취』
> ㉡ 『동의보감』
> ㉢ 『향약구급방』
> ㉣ 『향약집성방』

① ㉠ → ㉡ → ㉢ → ㉣
② ㉠ → ㉢ → ㉡ → ㉣
③ ㉢ → ㉠ → ㉣ → ㉡
④ ㉢ → ㉣ → ㉠ → ㉡

05 삼국 시대 문화에 대한 설명으로 옳지 않은 것은?

① 선덕 여왕 때에 첨성대를 세웠다.
② 목탑 양식의 미륵사지 석탑이 건립되었다.
③ 가야 출신의 우륵에 의해 가야금이 신라에 전파되었다.
④ 사신도가 그려진 강서대묘는 돌무지 무덤으로 축조되었다.

06 다음과 같은 글을 남긴 국왕의 업적에 해당하는 것은?

> 우리 동방은 옛날부터 중국의 풍속을 흠모하여 문물과 예악이 모두 그 제도를 따랐으나, 지역이 다르고 인성도 각기 다르므로 꼭 같게 할 필요는 없다. 거란은 짐승과 같은 나라로 풍속이 같지 않고 말도 다르니 의관 제도를 삼가 본받지 말라.
>
> – 『고려사』에서 –

① 물가 조절을 위해 상평창을 설치하였다.
② 기인 · 사심관제와 함께 과거제를 실시하였다.
③ 혼인 정책과 사성 정책을 통해 호족을 포섭하였다.
④ 광군 30만을 조직하여 거란의 침략에 대비하였다.

07 다음 ㉠~㉣에 들어갈 인물을 바르게 연결한 것은?

> • (㉠)는/은 『신편제종교장총록』을 편찬하였다.
> • (㉡)는/은 원의 불교인 임제종을 들여와서 전파시켰다.
> • (㉢)는/은 강진에 백련사를 결사하여 법화 신앙을 내세웠다.
> • (㉣)는/은 『목우자수심결』을 지어 마음을 닦고자 하였다.

	㉠	㉡	㉢	㉣
①	수기	보우	요세	지눌
②	의천	각훈	요세	수기
③	의천	보우	요세	지눌
④	의천	요세	각훈	수기

08 다음 정책을 추진한 국왕 대에 있었던 사실로 옳은 것은?

> 옛적에 관가의 노비는 아이를 낳은 지 7일 후에 입역(立役)하였는데, 아이를 두고 입역하면 어린 아이에게 해로울 것이라 걱정하여 100일간의 휴가를 더 주게 하였다. 그러나 출산에 임박하여 일하다가 몸이 지치면 미처 집에 도착하기 전에 아이를 낳는 경우가 있다. 만일 산기에 임하여 1개월간의 일을 면제하여 주면 어떻겠는가. 가령 저들이 속인다 할지라도 1개월까지야 넘길 수 있겠는가. 상정소(詳定所)로 하여금 이에 대한 법을 제정하게 하라.

① 사형의 판결에는 삼복법을 적용하였다.
② 주자소를 설치하여 계미자를 주조하였다.
③ 국방력 강화를 위해 진관 체제를 실시하였다.
④ 도평의사사를 개편하여 의정부를 설치하였다.

09 밑줄 친 '그'에 대한 설명으로 옳은 것은?

> 그는 중국 유학을 마치고 귀국한 다음, 국왕에게 황
> 룡사에 9층탑을 세울 것을 건의했다. 그가 9층탑 건
> 립을 건의한 데에는 주변 나라의 침입을 막고자 하는
> 호국 정신이 담겨 있다.

① 화랑이 지켜야 할 세속 오계를 지었다.
② 대국통으로 있으면서 계율을 지키는 일에 힘을 보탰다.
③ 통일 이후의 사회 갈등을 통합으로 이끄는 화엄 사
　상을 강조하였다.
④ 일심(一心) 사상을 주장하여 불교 교리의 대립을 극
　복하고자 하였다.

10 다음 자료에 나타난 상황과 관련 있는 사건은?

> 경성에는 종묘, 사직, 궁궐과 나머지 관청들이 또한
> 하나도 남아 있는 것이 없으며, 사대부의 집과 민가
> 들도 종루 이북은 모두 불탔고 이남만 다소 남은 것
> 이 있으며, 백골이 수북이 쌓여서 비록 치우고자 해
> 도 다 치울 수 없다. 경성의 수많은 백성들이 도륙을
> 당했고 남은 이들도 겨우 목숨만 붙어 있다. 굶어 죽
> 은 시체가 길에 가득하고 진제장(賑濟場)에 나아가
> 얻어먹는 자가 수천 명이며 매일 죽는 자가 60~70
> 명 이상이다.
>
> － 성혼, 「우계집」에서 －

① 병자호란
② 임진왜란
③ 삼포왜란
④ 이괄의 난

11 밑줄 친 '그'에 대한 설명으로 옳지 않은 것은?

> 그와 남은이 임금을 뵙고 요동을 공격하기를 요청
> 하였고, 그리하여 급하게 「진도(陣圖)」를 익히게 하였
> 다. 이보다 먼저 좌정승 조준이 휴가를 받아 집에 있
> 을 때, 그와 남은이 조준을 방문하여, "요동을 공격
> 하는 일은 지금 이미 결정되었으니 공(公)은 다시 말
> 하지 마십시오."라고 말하였다.

① 만권당에서 원의 학자들과 교류하였다.
② 맹자의 역성 혁명론을 조선 건국에 적용하였다.
③ 한양 도성의 성문과 궁궐 등의 이름을 지었다.
④ 『경제문감』을 저술하여 재상 중심의 정치를 주장하
　였다.

12 조약 (가), (나) 사이 시기의 경제 상황으로 옳은 것은?

(가)	(나)
• 조선국 항구에 머무르는 일 본은 쌀과 잡곡을 수출 · 수 입할 수 있다. • 일본국 정부에 소속된 모든 선박은 항세(港稅)를 납부 하지 않는다.	• 입항하거나 출항하는 각 화 물이 세관을 통과할 때에는 세칙에 따라 관세를 납부해 야 한다. • 조선 정부가 쌀 수출을 금 지하고자 할 때에는 반드시 먼저 1개월 전에 지방관이 일본 영사관에게 통고해야 한다.

① 메가타 재정 고문이 화폐 정리 사업을 시도하였다.
② 혜상공국의 폐지 등을 주장한 정변이 발생하였다.
③ 양화진에 청국인 상점을 허용하는 조약이 체결되었다.
④ 함경도 방곡령 사건으로 일본과 외교적 마찰이 일어
　났다.

13 대한제국 시기에 추진된 정책으로 옳지 않은 것은?

① 시위대와 진위대를 증강하였다.
② 독립신문의 창간을 지원하였다.
③ 화폐 제도의 개혁과 중앙은행의 창립을 추진하였다.
④ 황실 재정을 담당하는 내장원의 기능을 확대하였다.

14 조선 후기 서학과 관련한 설명으로 옳지 않은 것은?

① 이승훈이 북경에서 영세를 받았다.
② 윤지충 사건을 계기로 하여 기해박해가 일어났다.
③ 안정복이 천주교를 비판하는 『천학문답』을 저술하였다.
④ 최초의 한국인 신부 김대건이 귀국하여 포교 중 순교하였다.

15 다음과 같은 강령을 발표한 조직의 활동으로 옳은 것은?

> 건국 시기의 헌법상 경제 체계는 국민 각개의 균등생활 확보 및 민족 전체의 발전 그리고 국가를 건립 보위함과 연환(連環) 관계를 가진다. 그러므로 다음에 나오는 기본 원칙에 따라서 경제 정책을 집행하고자 한다.
> 가. 규모가 큰 생산기관의 공구와 수단 …(중략)… 은행·전신·교통 등과 대규모 농·공·상 기업 및 성시(城市) 공업 구역의 주요한 공용 방산(房産)은 국유로 한다.
> 나. 적이 침략하여 점령 혹은 시설한 일체 사유자본과 부역자의 일체 소유자본 및 부동산은 몰수하여 국유로 한다.

① 이승만을 대통령, 이시영을 부통령으로 선출하였다.
② 자유시 참변을 겪고 러시아 적군에 무장 해제를 당하였다.
③ 좌우 합작 위원회를 구성하고 좌우 합작 7원칙을 발표하였다.
④ 미군 전략 정보국(OSS) 지원 아래 국내 진공 작전을 준비하였다.

16 다음 선언문의 강령에 따라 활동한 단체에 대한 설명으로 옳은 것은?

> 민중은 우리 혁명의 대본영(大本營)이다. 폭력은 우리 혁명의 유일한 무기이다. 우리는 민중 속으로 가서 민중과 손을 맞잡아 끊임없는 폭력-암살, 파괴, 폭동-으로써 강도 일본의 통치를 타도하고 우리 생활에 불합리한 일체의 제도를 개조하여 인류로써 인류를 압박하지 못하며, 사회로써 사회를 박탈하지 못하는 이상적 조선을 건설할지니라.

① 임시 정부 활동에 활기를 불어넣고자 결성하였다.
② 청산리 지역에서 일본군과 접전을 벌여 대승을 거두었다.
③ 한국 독립당, 조선 혁명당 등과 함께 민족 혁명당을 결성하였다.
④ 원산에서 일본인이 한국인 노동자를 구타한 사건을 계기로 총파업을 일으켰다.

17 밑줄 친 ㉠, ㉡에 대한 설명으로 옳은 것은?

> 신고산이 우르르 함흥차 가는 소리에
> ㉠ 지원병 보낸 어머니 가슴만 쥐어뜯고요
> …(중략)…
> 신고산이 우르르 함흥차 가는 소리에
> ㉡ 정신대 보낸 어머니 딸이 가엾어 울고요

① ㉠ - 학생들도 모집 대상이었다.
② ㉠ - 처음에는 징병제에 따라 동원되기 시작하였다.
③ ㉡ - 국민 징용령에 근거한 조직이었다.
④ ㉡ - 물자 공출 장려를 목표로 결성하였다.

18 밑줄 친 '이때' 재위한 국왕 대에 있었던 사실로 옳은 것은?

> 이때 거두어들인 돈을 '스스로 내는 돈'이라는 뜻에서 원납전이라 하였다. 그런데 백성들은 입을 삐쭉거리면서 '원납전 즉 원망하며 바친 돈이다.' 라고 하였다.
>
> — 『매천야록』에서 —

① 세한도가 제작되었다.
② 삼정이정청이 설치되었다.
③ 삼군부가 부활되고 삼수병이 강화되었다.
④ 비변사 당상들이 중요한 권력을 장악하였다.

19 다음 법령과 관련한 설명으로 옳은 것은?

> 제5조 정부는 다음에 의하여 농지를 취득한다.
>   1. 다음의 농지는 정부에 귀속한다.
>   (가) 법령 및 조약에 의하여 몰수 또는 국유로 된 토지
>   (나) 소유권의 명의가 분명하지 않은 농지

① 농지 이외 임야도 포함되었다.
② 신한공사가 보유하던 토지를 분배하였다.
③ 중앙 토지 행정처가 분배 업무를 주무하였다.
④ 분배받은 농민은 평년 생산량의 30%를 5년간 상환하였다.

20 다음은 1960년대 어느 일간지에 실린 사설이다. 밑줄 친 '파병'에 대한 설명으로 옳은 것만을 모두 고르면?

> 우리는 원했든 원하지 안했든 이미 이 전쟁에 직접적인 관계를 맺었고 파병을 찬반(贊反)하던 국민이 이젠 다 힘과 마음을 합해서 파병된 용사들을 성원하고 있거니와 근대 전쟁이 전투하는 사람만의 전쟁이 아니라 온 국민이 참가하는 '총력전'이라는 것을 알고 이 전쟁의 승리를 위해 모든 국민의 단합을 호소하는 바이다.

> ㉠ 발췌 개헌안 통과에 영향을 주었다.
> ㉡ 브라운 각서를 체결하는 이유가 되었다.
> ㉢ 1960년대 경제 개발 계획의 추진에 기여하였다.
> ㉣ 한·미 상호 방위 원조 협정을 체결하는 계기가 되었다.

① ㉠, ㉡
② ㉠, ㉢
③ ㉡, ㉢
④ ㉢, ㉣

01 다음은 각 유물과 그것이 사용되던 시기의 사회 모습에 대한 설명이다. 옳은 것만을 모두 고르면?

> ㉠ 슴베찌르개 – 벼농사를 짓기 시작하였고 나무로 만든 농기구를 사용하였다.
> ㉡ 붉은 간토기 – 거친무늬 거울을 사용하여 제사를 지내거나 의식을 거행하였다.
> ㉢ 반달 돌칼 – 농사를 짓기 시작했지만 아직 지배와 피지배 관계는 발생하지 않았다.
> ㉣ 눌러찍기무늬 토기 – 가락바퀴와 뼈바늘을 이용하여 옷이나 그물을 만들어 사용하였다.

① ㉠, ㉡

② ㉠, ㉢

③ ㉡, ㉣

④ ㉢, ㉣

02 다음과 같은 불교 사상의 영향을 받아 만들어진 문화재는?

> 이 불교 사상은 개인적 정신 세계를 추구하는 경향이 강하였기 때문에 지방에서 독자적인 세력을 이루어 성주나 장군을 자처하던 자들로부터 큰 호응을 받았다.

① 성덕 대왕 신종

② 쌍봉사 철감 선사탑

③ 경천사지 10층 석탑

④ 금동 미륵보살 반가 사유상

03 밑줄 친 '이곳'에서 일어난 일로 옳은 것은?

> 고려 정종 때 이곳으로 천도 계획을 세웠으나 실현되지 못했고, 문종 때 이곳 주위에 서경기 4도를 두었다.

① 이곳에서 현존 세계 최고의 『직지심체요절』이 간행되었다.

② 지눌이 이곳을 중심으로 수선사 결사 운동을 전개하였다.

③ 조위총이 정중부 등의 타도를 위해 이곳에서 반란을 일으켰다.

④ 강조가 군사를 이끌고 이곳으로 들어와 김치양 일파를 제거하였다.

04 밑줄 친 '운동'에 대한 설명으로 옳은 것은?

> 조선 사람은 조선 사람이 만든 물건만 쓰고 살자고 하는 운동이 일어나고 있다. 그렇게 하면 조선인 자본가의 공업이 일어난다고 한다. …(중략)… 이 운동이 잘 되면 조선인 공업이 발전해야 하지만 아직 그렇지 않다. …(중략)… 이 운동을 위해 곧 발행된다는 잡지에 회사를 만들라고 호소하지만 말고 기업을 하는 방법 같은 것을 소개해야 한다.
>
> – 『개벽』 –

① 조선 총독부가 회사령을 폐지하는 계기가 되었다.

② 원산 총파업을 계기로 조직적으로 전개될 수 있었다.

③ 조만식 등에 의해 평양에서 시작되어 전국으로 확산되었다.

④ 조선 노농 총동맹의 적극적 참여로 대중적인 기반이 확충되었다.

05 (가) 시기에 해당되는 사실로 옳은 것만을 〈보기〉에서 모두 고르면?

```
┌─────────────────────────────────┐
│         문무왕이 왕위에 올랐다.          │
└─────────────────────────────────┘
                ↓
┌─────────────────────────────────┐
│              (가)               │
└─────────────────────────────────┘
                ↓
┌─────────────────────────────────┐
│   신라가 기벌포에서 당의 수군을 격파하였다.    │
└─────────────────────────────────┘
```

───────── 〈보기〉 ─────────
- ㉠ 신라가 안승을 고구려 왕에 봉했다.
- ㉡ 당나라가 신라를 계림대도독부로 삼았다.
- ㉢ 신라가 황산벌 전투에서 백제군을 무찔렀다.
- ㉣ 보장왕이 요동 지역에서 고구려 부흥을 꾀했다.

① ㉠, ㉡   ② ㉠, ㉢
③ ㉡, ㉣   ④ ㉢, ㉣

06 삼국 시대의 정치 제도에 대한 설명으로 옳은 것만을 모두 고르면?

- ㉠ 삼국의 관등제와 관직 제도 운영은 신분제에 의하여 제약을 받았다.
- ㉡ 고구려는 대성(大城)에는 처려근지, 그 다음 규모의 성에는 욕살을 파견하였다.
- ㉢ 백제는 도성에 5부, 지방에 방(方)-군(郡) 행정 제도를 시행하였다.
- ㉣ 신라는 10정 군단을 바탕으로 영역을 확장하고 삼국 통일을 이룩하였다.

① ㉠, ㉡   ② ㉠, ㉢
③ ㉡, ㉣   ④ ㉢, ㉣

07 성격이 유사한 것끼리 옳게 짝 지은 것은?

① 대대로 – 대내상
② 중정대 – 승정원
③ 2성 6부 – 5경 15부
④ 기인 제도 – 녹읍 제도

08 다음 각 문화재에 대한 설명으로 옳지 않은 것은?

① 화엄사 각황전은 다층식 외형을 지녔다.
② 수덕사 대웅전은 주심포 양식의 건물이다.
③ 부석사 무량수전은 배흘림 기둥을 갖고 있다.
④ 덕수궁 석조전은 서양 고딕 양식의 건물이다.

09 다음에서 설명하는 인물의 저술로 옳은 것은?

- 종래의 조선 농학과 박물학을 집대성하였다.
- 전국 주요 지역에 국가 시범 농장인 둔전을 설치하여 혁신적 농법과 경영 방법으로 수익을 올려서 국가 재정을 보충할 것을 제안했다.

① 『색경』
② 『산림경제』
③ 『과농소초』
④ 『임원경제지』

10 고려에서 행한 국가 제사에 대한 설명으로 옳지 않은 것은?

① 태조 때에 환구단(圜丘壇)에서 풍년을 기원하는 제사를 올렸다.
② 성종 때에 사직(社稷)을 세워 지신과 오곡 신에게 제사를 지냈다.
③ 숙종 때에 기자(箕子) 사당을 세워 국가에서 제사하였다.
④ 예종 때에 도관(道觀)인 복원궁을 세워 초제를 올렸다.

11 밑줄 친 '대의(大義)'를 이루기 위해 효종이 한 일로 옳은 것은?

> 병자년 일이 완연히 어제와 같은데, 날은 저물고 갈 길은 멀다고 하셨던 성조의 하교를 생각하니 나도 모르게 눈물이 솟는구나. 사람들은 그것을 점점 당연한 일처럼 잊어가고 있고 대의(大義)에 대한 관심도 점점 희미해져 북녘 오랑캐를 가죽과 비단으로 섬겼던 일을 부끄럽게 생각지 않고 있으니 그것을 생각한다면 그 아니 가슴 아픈 일인가.
> － 『조선왕조실록』 －

① 남한산성을 복구하고 어영청을 확대하였다.
② 훈련별대를 정초군과 통합하여 금위영을 발족시켰다.
③ 명과 후금 사이에서 실리를 추구하는 중립 외교 정책을 펼쳤다.
④ 호위청, 총융청, 수어청 등의 부대를 창설하여 국방력을 강화하였다.

12 대한제국 정부가 시행한 정책으로 옳은 것은?

① 별기군을 폐지하고 5군영을 복구하였다.
② 양전 사업을 시행하고자 양지아문을 설치하였다.
③ 통리기무아문을 설치하여 개화 정책을 추진하였다.
④ 화폐 제도를 은본위제로 개혁하고자 신식 화폐 발행 장정을 공포하였다.

13 ㉠ 조직에 대한 설명으로 옳은 것은?

> 1922년 3월, 중국 상하이에서 (㉠)이/가 일본 육군대장 타나카 기이치(田中義一)를 암살하고자 한 사건이 발생했다. 이때 체포된 독립운동가들은 일본 경찰에 인도되어 심문을 받게 되었는데, 그 심문 과정에서 (㉠)에 속한 김익상이 1921년 9월 조선 총독부 건물에 폭탄을 던진 의거의 당사자라는 사실이 밝혀졌다.

① 공화주의를 주창하는 내용의 대동 단결 선언을 작성해 발표하였다.
② 이 조직에 속한 이봉창이 일왕이 탄 마차 행렬에 폭탄을 던졌다.
③ 일부 구성원을 황푸 군관 학교에 보내 군사 훈련을 받도록 하였다.
④ 새로 부임하는 사이토 조선 총독에게 폭탄을 투척하는 의거를 일으켰다.

14 다음과 같은 특징을 가진 조선 후기 역사서는?

> • 단군으로부터 고려에 이르기까지의 우리 역사를 치밀한 고증에 입각하여 엮은 통사이다.
> • 마한을 중시하고 삼국을 무통(無統)으로 보는 입장에서 우리 역사를 체계화하였다.

① 허목의 『동사』
② 유계의 『여사제강』
③ 한치윤의 『해동역사』
④ 안정복의 『동사강목』

15 다음 사건을 발생한 순서대로 바르게 나열한 것은?

> ㉠ 이순신이 명량에서 일본 수군을 격파하였다.
> ㉡ 의주로 피난했던 국왕 일행이 한성으로 돌아왔다.
> ㉢ 권율이 행주산성에서 일본군의 공격을 격파하였다.
> ㉣ 원균이 이끄는 조선 수군이 칠천량에서 크게 패배하였다.

① ㉡ → ㉢ → ㉠ → ㉣
② ㉡ → ㉢ → ㉣ → ㉠
③ ㉢ → ㉡ → ㉠ → ㉣
④ ㉢ → ㉡ → ㉣ → ㉠

16 고려 전기의 문산계와 무산계에 대한 설명으로 옳지 않은 것은?

① 중앙 문반에게 문산계를 부여하였다.
② 성종 때에 문산계를 정식으로 채택하였다.
③ 중앙 무반에게 무산계를 제수하였다.
④ 탐라의 지배층과 여진 추장에게 무산계를 주었다.

17 밑줄 친 '그'에 대한 설명으로 옳은 것은?

> 그는 신민회 회원으로 활동하면서 해서 교육 총회에 가담해 교육 사업에 힘을 기울였으며, 안악 사건에 연루되어 일제 경찰에 체포되었다. 1923년에 열린 국민 대표 회의에서 창조파와 개조파가 대립했을 때, 그는 국민 대표 회의의 해산을 명하는 내무부령을 공포하였다. 그 뒤 그는 한국 국민당을 조직하는 등 독립운동 정당을 만들기 위해 노력하였다.

① 평양에서 열린 남북 협상 회의에 참석하였다.
② 조선 민족 혁명당을 조직하고 조선 의용대를 이끌었다.
③ 안재홍과 함께 조선 건국 준비 위원회를 주도적으로 조직하였다.
④ 대통령 직선제를 골자로 하는 발췌 개헌안을 국회에 제출하였다.

18 ㉠ 부대에 대한 설명으로 옳은 것은?

> (㉠)은/는 1933년에 중국인 부대와 연합하여 동경성 전투 등을 치르며 큰 전과를 올렸고, 대전자령에서는 일본군을 기습 공격하여 승리를 거두었다.

① 하와이에 대조선 국민 군단을 창설하였다.
② 양세봉의 지휘하에 흥경성 전투에 참여하였다.
③ 만주 지역에서 활동했던 한국 독립당의 산하 조직이었다.
④ 중국 의용군과 연합하여 영릉가 전투에서 일본군을 물리쳤다.

19 밑줄 친 '이 협약'에 대한 설명으로 옳은 것은?

> 일제는 군대를 증강해 강압적 분위기를 조성한 다음 친일 내각과 이 협약을 체결했다. 이 협약을 체결할 때, 일제는 대한제국 군대의 해산을 요구해 관철시켰다. 이때 해산된 군인의 상당수는 일본군과 격전을 벌인 후 의병 부대에 합류하였다

① 고종이 헤이그에 특사를 파견하는 계기가 되었다.
② 최익현이 의병 운동을 처음 시작한 원인이 되었다.
③ 재정 고문 메가타가 화폐 정리 사업을 실시하는 근거가 되었다.
④ 통감이 추천하는 일본인을 한국 관리에 임명한다는 내용을 담고 있다.

20 다음 합의문에 대한 설명으로 옳은 것은?

> 쌍방은 오랫동안 서로 만나보지 못한 결과로 생긴 남북 사이의 오해와 불신을 풀고 긴장의 고조를 완화시키며 나아가서 조국 통일을 촉진시키기 위하여 다음과 같은 문제들에 완전한 견해의 일치를 보았다.
> 1. 쌍방은 다음과 같은 조국 통일 원칙들에 합의를 보았다.
> 　첫째, 통일은 외세에 의존하거나 외세의 간섭을 받음이 없이 자주적으로 해결하여야 한다.
> 　둘째, 통일은 서로 상대방을 반대하는 무력 행사에 의거하지 않고 평화적 방법으로 실현하여야 한다.
> 　　　　　…(중략)…
> 4. 쌍방은 지금 온 민족의 거대한 기대 속에 진행되고 있는 남북 적십자 회담이 하루빨리 성사되도록 적극 협조하는 데 합의하였다.
> 　　　　　…(후략)…

① 남북 기본 합의서와 동시에 작성된 문서이다.
② 남북 조절 위원회를 구성하기로 합의한 내용이 담겨 있다.
③ 분단 후 최초로 열린 남북 정상 회담의 결과로 발표된 성명서이다.
④ 금강산 관광 사업을 추진하기로 결정했다는 내용이 수록되어 있다.

목적과 그에 따른 계획이 없으면 목적지 없이 항해하는 배와 같다.

– 피츠휴 닷슨 –

PART 3
서울시

출제경향

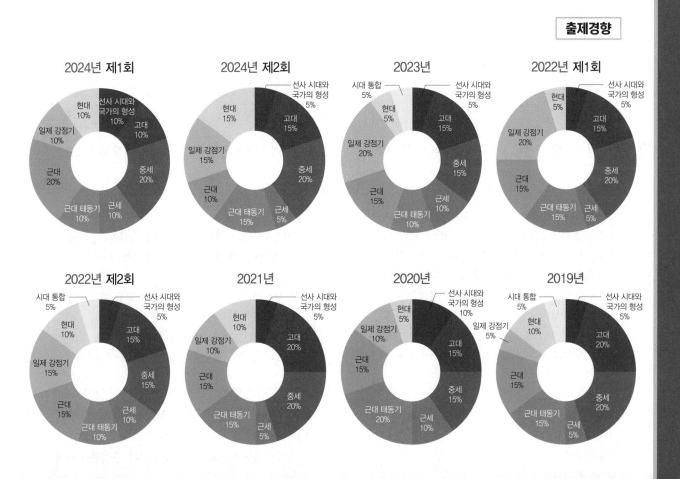

01 〈보기〉에서 청동기 시대에 대한 설명으로 옳은 것을 모두 고른 것은?

─── 〈보 기〉 ───
ㄱ 청동기가 보급된 이후에도 농기구는 주로 돌이나 나무로 만들었다.
ㄴ 명도전, 오수전 등이 출토되어 우리나라와 중국의 교역이 활발했음을 알 수 있다.
ㄷ 비파형 동검과 미송리형 토기를 만들었다.
ㄹ 청동기 시대에는 마을 주변에 방어를 위해 목책이나 환호를 둘렀다.

① ㄱ, ㄴ, ㄷ
② ㄱ, ㄴ, ㄹ
③ ㄱ, ㄷ, ㄹ
④ ㄴ, ㄷ, ㄹ

02 〈보기〉의 (가)에 들어갈 단체의 이름으로 가장 옳은 것은?

─── 〈보 기〉 ───
이 시기의 독립운동은 대체로 무력 항쟁을 기본으로 하여 독립군을 양성하거나 지원하는 방법을 택했다. 그러나 독립 후의 국가에 대해서는 대한제국의 회복을 주장하는 측과 주권재민의 공화국을 건설하려는 측의 노선 차이가 있었다. 대한제국의 회복을 추구하는 대표적 단체는 ___(가)___ 를 들 수 있는데, 한말에 최익현과 더불어 의병 전쟁에 참가한 바 있던 임병찬이 주도한 이 단체는 전라도 지역을 중심으로 활동하였다.

① 신민회
② 대한광복회
③ 독립의군부
④ 대한광복군정부

03 〈보기〉의 사건을 시간 순으로 바르게 나열한 것은?

─── 〈보 기〉 ───
ㄱ 서희는 거란과 담판을 해 강동 6주를 확보하였다.
ㄴ 강조의 정변을 구실로 거란이 침입해 왔다.
ㄷ 개경이 함락되자 현종이 나주로 피난하였다.
ㄹ 강감찬이 이끄는 고려군이 귀주대첩에서 거란군을 격파하였다.

① ㄱ - ㄴ - ㄷ - ㄹ
② ㄱ - ㄹ - ㄴ - ㄷ
③ ㄴ - ㄱ - ㄹ - ㄷ
④ ㄴ - ㄷ - ㄹ - ㄱ

04 〈보기〉의 (가)~(라)에 대한 설명으로 가장 옳은 것은?

─── 〈보 기〉 ───
조선 왕조 개창 당시 관리의 경제적 기반을 보장하기 위해 ___(가)___ 을/를 시행하였다. 이는 경기 지방의 토지를 대상으로 했으며, 관리 사후 지급받은 토지를 국가에 반납하는 것이었다. 하지만 관리 사후 아내가 재혼하지 않았으면 그 전부 혹은 일부를 ___(나)___ (으)로 지급했으며, 부모가 모두 죽고 자손이 20세 미만이면 이들의 부양을 위해 ___(다)___ (으)로 주어졌다. 이후 세조는 이러한 제도를 고쳐 ___(라)___ 을/를 시행하여, 그 지급 대상을 축소했다.

① (가)는 '과전법'으로, 현직 관리에게만 지급한 것이다.
② (나)는 '전시과'로, 전지와 시지를 나누어 주는 것이다.
③ (다)는 '구분전'으로, 수조권을 지급하는 것이다.
④ (라)는 '직전법'으로 그 시행에 따라 수신전이 폐지되었다.

05 〈보기〉에서 서적과 인물에 대한 설명으로 옳은 것을 모두 고른 것은?

─── 〈보 기〉 ───

㉠ 한용운은 『조선불교유신론』을 지어 불교를 한층 현대적이고 사회개혁적인 방향으로 개혁하려고 했다.

㉡ 장지연은 『동사강목』을 지어 서양식 역사 서술 체계를 적극 도입하였는데 이를 신사체(新史體)라 불렀다.

㉢ 신채호는 『독사신론』 등의 사론을 발표하여 만주와 부여족을 중심에 둔 새로운 역사 체계를 세우기 시작했다.

㉣ 『말의 소리』를 지은 주시경은 국어연구학회를 창립하였는데, 이것이 뒷날 조선어연구회의 모체가 되었다.

① ㉠, ㉡, ㉢
② ㉠, ㉡, ㉣
③ ㉠, ㉢, ㉣
④ ㉡, ㉢, ㉣

06 〈보기〉의 사건을 시간 순으로 바르게 나열한 것은?

─── 〈보 기〉 ───

㉠ 고국천왕이 을파소를 국상으로 등용하여 진대법을 실시했다.

㉡ 백제가 평양성 전투에서 고국원왕을 전사시켰다.

㉢ 신라가 대가야를 병합했다.

㉣ 신라가 우산국을 복속시켜 영토에 편입했다.

① ㉠ - ㉡ - ㉢ - ㉣
② ㉠ - ㉡ - ㉣ - ㉢
③ ㉡ - ㉠ - ㉢ - ㉣
④ ㉡ - ㉢ - ㉠ - ㉣

07 〈보기〉의 글을 쓴 인물에 대한 설명으로 가장 옳은 것은?

─── 〈보 기〉 ───

이 모임이 파한 연후에 마땅히 명예와 이익을 버리고 산림에 은둔하여 동사(同社)를 결성하고 항상 선정을 익히고 지혜를 고르게 하기에 힘쓰고 예불과 독경을 하고 나아가서는 노동하기에도 힘쓰자. 각기 소임에 따라 경영하고 인연에 따라 심성을 수양하여 한평생을 자유롭게 지내며, 멀리 달사와 진인의 고행을 좇는다면 어찌 기쁘지 않으리오.

① 불교사를 중심으로 설화와 야사를 수록한 역사책을 저술하였다.

② 돈오점수와 정혜쌍수를 바탕으로 결사운동을 전개하였다.

③ 천태종을 개창하였고, 교종을 중심으로 선종을 통합하고자 하였다.

④ 통일신라 이전 고승 30여 명의 전기를 지었다.

08 〈보기〉의 특별담화문을 발표한 대통령의 재임 시기에 있었던 사실로 가장 옳은 것은?

─── 〈보 기〉 ───

"광역 및 기초 단체장과 의원을 뽑는 이번 선거를 계기로, 우리나라는 전면적인 지방자치를 실시하게 됩니다. …… 지방자치는 주민 개개인의 건설적 에너지가 지역 발전으로 수렴이 되고, 나아가서 국가발전으로 이바지하는 데 참뜻이 있습니다."

① 금융실명제를 실시하고, 하나회를 해체하였다.

② 여소야대 정국을 돌파하기 위하여 3당 합당을 하였다.

③ 평양에서 남북정상회담을 갖고 6·15 남북공동선언을 발표하였다.

④ 친일반민족행위 진상규명위원회를 조직하였다.

09 〈보기〉의 단체에 대한 설명으로 가장 옳은 것은?

> ─── 〈보 기〉 ───
>
> 안창호, 양기탁, 이승훈이 중심이 되어 조직한 비밀 결사 단체로, 국권을 회복한 뒤 공화정체의 국가를 수립하고자 하였다. 이를 위해서는 실력 양성에 온 힘을 쏟아야 한다고 규정하고 무엇보다 국민을 새롭게 할 것을 주장하였다.

① 일본의 황무지 개간권 요구 반대
② 교육 · 산업 진흥을 위한 지회 설치
③ 대성학교, 오산학교 설립
④ 금주 · 금연을 통한 모금 운동 전개

10 〈보기〉의 정책을 실시한 왕에 대한 설명으로 가장 옳은 것은?

> ─── 〈보 기〉 ───
>
> • 창덕궁에 규장각을 설치하고 개혁정치의 중심 공간으로 삼았다.
> • 화성을 건설하고 자주 화성 행차에 나섰다.
> • 시전 상인의 금난전권을 폐지하는 신해통공을 추진하였다.

① 『병학통』과 『무예도보통지』를 편찬하였다.
② 『속대전』과 『속오례의』 등을 편찬하여 문예 부흥의 기틀을 마련하였다.
③ 백두산 아래에 정계비를 설치하여 청나라와 경계선을 정하였다.
④ 1760년 청계천 준설 사업을 실시하였다.

11 〈보기〉의 (가)~(다)에 들어갈 사건을 시간 순으로 바르게 나열한 것은?

> ─── 〈보 기〉 ───
>
> 병인박해 - (가) - 문수산성 · 정족산성 전투 - (나) - 신미양요 - (다)

	(가)	(나)	(다)
①	제너럴셔먼호 사건	척화비 건립	오페르트 도굴 사건
②	제너럴셔먼호 사건	오페르트 도굴 사건	척화비 건립
③	오페르트 도굴 사건	제너럴셔먼호 사건	척화비 건립
④	오페르트 도굴 사건	척화비 건립	제너럴셔먼호 사건

12 〈보기〉의 밑줄 친 ㉠, ㉡에 대한 설명으로 가장 옳지 않은 것은?

─── 〈보 기〉 ───

- 대원군은 이 ㉠ 변란으로 인하여 다시 정권을 잡았으며, 크고 중요한 벼슬자리가 많이 바뀌었다. …… 대세를 좇는 무리들은 다시 운현궁으로 돌아오니 수레와 말이 구름과 같았다. 민씨 일가는 모두 숨어서 나타나지 못했다. …… 왕후는 충주에 있으면서 몰래 사람을 보내 소식을 보냈으며, 민태호에게 밀사를 보내 청국 정부에 급박함을 알리도록 명하였다.

- "가히 아까운 일이다. 일류 재사(才士)가 일본인에게 팔려 이러한 ㉡ 큰일을 저질렀다." …… "저들 일본인이 어찌 다른 나라의 백성을 위하여 남의 아름다운 덕을 진실로 도와 이루고자 하는 사람이겠는가 …… 김옥균이 망명하여 도쿄에 있으면서 다시 거사를 도모하려 했으나 저들은 이내 추방하여 오가사와라 섬에 유폐시켰으니 어찌 그를 아껴 도와준다고 하겠는가."

① ㉠의 책임을 물어 청은 흥선대원군을 자국으로 압송하였다.

② ㉠의 결과, 조선은 일본과 제물포 조약을 체결하여 배상금을 지불하였다.

③ ㉡의 영향으로 청과 일본은 향후 조선에 군대 파병 시 서로 알린다는 내용의 톈진 조약을 체결하였다.

④ ㉡의 결과, 조선은 청과 조·청 상민 수륙 무역 장정을 체결하여 청이 조선에 간섭하는 근거가 되었다.

13 〈보기〉의 (가) 왕의 재위 기간에 발생한 일로 가장 옳은 것은?

─── 〈보 기〉 ───

기록에 의하면 지금으로부터 1,800여 년 전 ___(가)___ 13년에 이 섬을 정벌하여 조선의 영토로 삼은 것이 오늘 우리 땅이 되게 된 시초의 것만은 틀림없다. 그 당시 이 섬은 우산국이라는 별개의 독립한 나라였는데, 육지로 가장 가까운 곳이 수로(水路) 400리 가량 떨어진 강원도 울진뿐인데 충무공같은 해상의 전략가나 군함도 없이 이 우산국을 쳐서 무찌른 당시 이야기가 흥미롭다.

－「별건곤」－

① 불교를 공인하였다.

② 마한을 복속시켰다.

③ 왕호를 중국식 호칭인 '왕'으로 정하였다.

④ 남진 정책을 펼쳐 국내성에서 평양으로 천도하였다.

14 〈보기〉의 나라에 대한 설명으로 가장 옳은 것은?

─── 〈보 기〉 ───

10월에 지내는 제천 행사는 국중대회로서 동맹이라 부른다. 그 나라의 풍속에 혼인을 할 때에는 말로 미리 정한 다음, 여자 집에서 본채 뒤에 작은 집을 짓는데 그 집을 서옥이라 부른다.

① 함경도 동해안 지역에 위치하였으며, 민며느리제, 가족 공동 무덤이 있었다.

② 5부족 연맹체로, 왕 아래 대가들이 사자, 조의, 선인 등을 거느렸다.

③ 단궁, 과하마, 반어피가 유명하였고, 제천 행사로는 무천이 있었으며, 족외혼, 책화 등의 풍습이 있었다.

④ 왕 아래 마가, 우가, 저가, 구가 등이 사출도를 다스렸다.

15 조선 시대의 과학기술과 관련된 설명으로 가장 옳지 않은 것은?

① 측우기를 사용하여 강우량을 측정하였다.

② 휴대용으로 작은 앙부일구를 제작하였다.

③ 당시 동아시아 의학을 종합한 의서인 『의방유취』가 편찬되었다.

④ 향약을 이용하여 처방할 수 있는 방법을 기록한 『향약구급방』이 편찬되었다.

16 〈보기〉의 내용과 관련된 시기에 있었던 사실로 가장 옳은 것은?

─── 〈보 기〉 ───

다른 한편으로 지방자치를 실시하여 민의 창달의 길을 강구하고, 교육제도를 개정하여 교화 보급의 신기원을 이루었고, 게다가 위생시설의 개선을 촉진하였다. …… 일본인과 조선인 사이의 차별 대우를 철폐하고 동시에 조선인 소장층 중 유력자를 발탁하는 방법을 강구하여, 군수·학교장 등에 발탁된 자가 적지 않다.

① 치안유지법 제정

② 보통학교 명칭을 소학교로 개칭

③ 조선사상범 보호 관찰령 제정

④ 조선형사령·조선태형령 제정

17 원(元) 간섭기에 대한 설명으로 가장 옳은 것은?

① 원의 도움으로 정치도감의 개혁은 성공하였다.

② 국왕 측근 세력이 응방을 통해 관리의 인사를 담당하였다.

③ 고려의 풍속을 바꾸지 않는다는 원칙에 따라 왕실 용어도 그대로 유지되었다.

④ 친원 세력은 고려를 원의 행성(行省)으로 만들고자 시도하였다.

18 〈보기〉에서 조선 후기 실학과 북학에 관한 설명으로 옳은 것을 모두 고른 것은?

─── 〈보 기〉 ───

㉠ 유형원은 농촌 사회의 안정을 위해 토지 재분배가 필요하다고 주장했다.

㉡ 이익은 전라도 부안의 우반동에서 제자들을 양성했다.

㉢ 18세기 중엽 이후 청나라를 배우자는 학풍을 '북학'이라 한다.

㉣ 박지원은 농업 관계 저술인 『과농소초』를 펴내기도 했다.

㉤ 홍대용은 『우서』에서 지구 자전설을 주장하고, 다른 별들에도 우주인이 있을 수 있다는 것을 피력했다.

① ㉠, ㉡, ㉤

② ㉠, ㉢, ㉣

③ ㉡, ㉢, ㉣

④ ㉡, ㉢, ㉤

19 〈보기〉의 (가)~(라) 시기에 있었던 사실을 옳게 짝지은 것은?

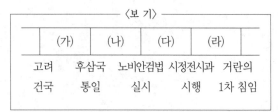

(가)	(나)	(다)	(라)
고려 건국	후삼국 통일	노비안검법 실시	시정전시과 시행	거란의 1차 침입

① (가) - 역분전 지급

② (나) - 12목 설치

③ (다) - 과거제 도입

④ (라) - 광군 설치

20 〈보기〉의 사건을 시간 순으로 바르게 나열한 것은?

> ─────── 〈보 기〉 ───────
> ㉠ 윤보선이 대통령으로 취임하였다.
> ㉡ 내각책임제 개헌안이 의결되어 총선거가 실시되었다.
> ㉢ 이승만 대통령의 하야로 허정 과도정부가 구성되었다.
> ㉣ 마산 시민들의 3·15 부정선거 규탄 시위를 전개하였다.

① ㉢ - ㉡ - ㉠ - ㉣
② ㉢ - ㉡ - ㉣ - ㉠
③ ㉣ - ㉢ - ㉠ - ㉡
④ ㉣ - ㉢ - ㉡ - ㉠

01 〈보기〉의 사건을 시간 순으로 바르게 나열한 것은?

───〈보 기〉───
㉠ 장수왕은 백제의 수도 한성을 점령한 후 한강 유역을 차지하였다.
㉡ 진흥왕은 고구려와 백제를 모두 공격하여 한강 유역을 차지하였다.
㉢ 근초고왕은 마한의 여러 소국을 복속시키고 고구려의 평양성을 공격하였다.
㉣ 가야 연맹을 중앙 집권 국가로 발전하지 못하였고, 마지막으로 대가야가 신라에 병합됨으로써 해체되었다.

① ㉠ - ㉡ - ㉢ - ㉣
② ㉡ - ㉢ - ㉣ - ㉠
③ ㉢ - ㉠ - ㉡ - ㉣
④ ㉣ - ㉢ - ㉠ - ㉡

02 〈보기〉 이후 발생한 사건으로 가장 옳은 것은?

───〈보 기〉───
나라 안의 모든 주군(州郡)에서 공물과 부세를 보내지 않아, 창고가 텅텅 비어 나라 재정이 궁핍하였다. 왕이 사신을 보내 독촉하니 곳곳에서 도적이 벌떼처럼 일어났다. 이때 원종(元宗)과 애노(哀奴) 등이 사벌주를 근거로 하여 반란을 일으켰다.

① 견훤이 경주를 침략하고 경순왕을 옹립하였다.
② 당나라가 문무왕의 동생 김인문을 신라왕으로 임명하고 군대를 동원하였다.
③ 백제 의자왕이 신라의 서쪽 지역을 공격하여 대야성 등 40여 성을 함락시켰다.
④ 혜공왕을 마지막으로 무열왕계가 단절되었다.

03 〈보기〉의 사건을 시간 순으로 바르게 나열한 것은?

───〈보 기〉───
㉠ 장문휴의 수군으로 당의 산둥지방을 공격하였다.
㉡ 정혜공주묘, 정효공주묘를 만들었다.
㉢ 전성기를 맞이하여 중국인들이 해동성국이라 불렀다.

① ㉠ - ㉡ - ㉢
② ㉠ - ㉢ - ㉡
③ ㉡ - ㉠ - ㉢
④ ㉢ - ㉠ - ㉡

04 〈보기〉에서 무신정변 이후 나타난 사건을 옳게 짝지은 것은?

───〈보 기〉───
㉠ 최충헌이 교열도감을 설치하여 권력 기관으로 삼았다.
㉡ 일부 무신들은 왕실과 혼인을 시도하였다.
㉢ 서방이 설치되어 행정 실무 능력을 갖춘 문신들이 등용되었다.
㉣ 정변을 축하하기 위해 연산에 개태사를 세웠다.

① ㉠, ㉡
② ㉠, ㉢
③ ㉡, ㉢
④ ㉡, ㉣

05 〈보기〉의 사료에 해당하는 국가에 대한 설명으로 가장 옳은 것은?

> ─────〈보 기〉─────
> 12월에 지내는 제천행사는 국중 대회로 날마다 마시고 먹고 노래하고 춤춘다. 이름을 '영고'라 하였다. 이때는 형옥을 중단하고 죄수를 풀어주었다. 형이 죽으면 형수를 아내로 삼는다. 여름에 사람이 죽으면 모두 얼음을 넣어 장사 지낸다. 사람을 죽여서 순장하는데 많을 때는 백 명가량이나 된다.
> ─「삼국지」「위서」동이전 ─

① 국읍에 천군을 두어 천신에 대한 제사를 주관하였다.
② 국왕을 중심으로 가장 유력한 대가인 우가, 마가, 저가, 구가 등이 주요 국가 정책을 논의하였다.
③ 혼인 풍속으로 민며느리제가 있었다.
④ 왕 아래 상가, 대로, 패자, 고추가 등의 관료 조직이 있었다.

06 고려시대에 대한 설명으로 가장 옳지 않은 것은?

① 전민변정도감에서 노비 소유권 소송을 처리했다.
② 응방을 통해 왕실에서 경제적 이익을 추구하였다.
③ 전시과 제도를 통해 관료에게 전지와 시지를 지급하였다.
④ 호장은 국가에서 경제적 보수를 받지 않았다.

07 〈보기 1〉과 〈보기 2〉 사이에 발생한 사건으로 가장 옳지 않은 것은?

> ─────〈보기 1〉─────
> 몽고군이 이르니 우종주와 유홍익은 양반들과 더불어 모두 성을 버리고 도망치고 말았다. 다만 노비군과 천민들이 힘을 합하여 몽고군을 물리쳤다.
> ─「고려사절요」─

> ─────〈보기 2〉─────
> 6월 원나라 연호인 지정을 쓰지 않고 교지를 내렸다.
> ─「고려사」─

① 화통도감을 설치하여 각종 화약 무기를 제조했다.
② 일본 원정을 위해 정동행성이 설치되었다.
③ 새로운 지배 세력으로 권문세족이 출현했다.
④ 「삼국유사」, 「제왕운기」 등의 역사서가 편찬되었다.

08 〈보기〉의 글이 작성된 시대의 정책으로 가장 옳지 않은 것은?

> ─────〈보 기〉─────
> 7조 왕이 백성을 다스린다고 해서 집집마다 가거나 날마다 그들을 살펴보는 것은 아닙니다. 그러므로 수령을 나누어 보내어 백성의 이익과 손해를 살피게 하는 것입니다. … 요청하건대 외관을 두시옵소서.
> ─「시무 28조」─

① 5도 양계를 기틀로 한 지방 제도를 마련하였다.
② 향촌의 안정을 도모하기 위해 오가작통제와 호패법이 시행되었다.
③ 군현을 지방관이 파견되는 주현과 파견되지 않는 속현으로 구분하였다.
④ 향·부곡·소는 향리가 행정 업무를 담당하였다.

09 〈보기〉의 글이 작성된 시기의 학문에 대한 설명으로 가장 옳은 것은?

―――〈보 기〉―――

하늘에서 본다면 어찌 안과 밖의 구별이 있겠느냐? 그러니 각각 자기 나라 사람끼리 서로 사랑하고, 자기 임금을 높이며, 자기 나라를 지키고, 자기 풍속을 좋게 여기는 것은 중국이나 오랑캐나 마찬가지다.

－『의산문답』－

① 정약용은 중국이 세계의 중심이라는 세계관을 거부하고 지구 자전설을 주장했다.
② 박지원은 서양 서적을 참고하여 거중기 등 건축 기계를 제작했다.
③ 홍대용은 청나라에 다녀와 쓴 『열하일기』에서 청문물을 소개했다.
④ 이긍익은 우리나라 역대 문화를 백과사전식으로 정리하였다.

10 〈보기〉의 (가) 시기에 대한 설명으로 가장 옳지 않은 것은?

―――〈보 기〉―――

　(가)　(이)란 종래의 붕당 정치가 변질된 형태인 일당전제화마저 거부하고 특정 가문이 권력을 독점하는 정치형태를 말한다. 순조, 헌종, 철종의 3대 60여 년 동안 왕정과 왕권은 이름뿐이었다. 정권은 안동 김씨 또는 풍양 조씨 등 외척의 사유물이 되었다.

① 인간주의, 평등주의를 부르짖은 동학이 농촌 사회를 중심으로 교세를 확장했다.
② 부유한 농민들은 군포를 피하기 위해 양반 신분을 위조하거나 사들였다.
③ 지방민의 불만이 평안도와 삼남지방에서 민중 봉기로 표출되었다.
④ 노비 인구를 제도적으로 줄이기 위한 노비종모법이 확정되었다.

11 조선과 후금의 관계에 대한 설명으로 가장 옳은 것은?

① 후금은 조선에 숙질 관계를 요구했다.
② 조선은 후금의 사신 용골대를 참수하고 항전 의지를 보였다.
③ 후금은 시장을 열어 교역할 것을 조선에 요구했다.
④ 후금이 황제를 칭하자 조선은 명과 연합하여 선전포고를 하였다.

12 조선후기 노비제에 대한 설명으로 가장 옳지 않은 것은?

① 균역법 실시 이후 공노비의 신공은 점진적으로 감소되어 노가 1필로 줄고, 비의 신공은 폐지되었다.
② 공노비의 신공과 양인의 군역 부담이 동일해지면서 공노비 유지의 실익이 없어졌다.
③ 노비의 해방과 양인의 확대가 종모법을 통해 촉진되었다.
④ 1894년 노비세습제가 폐지되었다.

13 〈보기〉의 내용을 주도한 세력이 취한 정책으로 가장 옳지 않은 것은?

―――〈보 기〉―――

1. 외국인에게 의지하지 말고 관민이 합심하여 황제권을 공고히 할 것
2. 외국과의 이권에 관한 계약과 조약은 해당 부처의 대신과 중추원 의장이 함께 날인하여 시행할 것
3. 재정은 탁지부에서 전담하여 맡고 예산과 결산을 국민에게 공포할 것

① 『독립신문』을 발간하고 독립문을 건설하였다.
② 태양력과 '건양' 연호를 사용하고 단발령을 실시하였다.
③ 중대한 범죄는 공판하되 피고의 인권을 존중할 것을 주장하였다.
④ 만민공동회를 열어 러시아 내정 간섭을 규탄하였다.

14 〈보기〉의 (가)에 달어갈 나라에 대한 설명으로 가장 옳은 것은?

> ── 〈보 기〉 ──
>
> ___(가)___ 은/는 본래 우리와 혐의가 없는 나라입니다. 공연히 남의 말만 듣고 틈이 생기게 된다면 우리의 위신이 손상될 뿐 아니라, 이를 구실로 침략해 온다면 장차 이를 어떻게 막을 것입니까?
>
> ─ 『일성록』, 영남만인소 ─

① 거문도를 불법 점령하였다.
② 일본과 포츠머스강화조약을 맺었다.
③ 외규장각의 문서와 문화재를 약탈하였다.
④ 제너럴셔먼호 사건을 구실로 광성보를 공격하였다.

15 〈보기〉의 사설이 나온 이후 일어난 사실로 가장 옳지 않은 것은?

> ── 〈보 기〉 ──
>
> 오호라! 저 개, 돼지만도 못한 소위 우리 정부 대신이란 자들이 영달과 이득을 바라고 거짓된 위협에 겁을 먹고서 머뭇거리고 벌벌 떨면서 달갑게 나라를 파는 도적이 되어, 4천년 강토와 5백년 종사를 남에게 바치고 2천만 목숨을 몰아 다른 사람의 노예로 만들었으니, …… 아! 원통하고 분하도다. 우리 남의 노예가 된 2천만 동포여! 살았느냐? 죽었느냐? 단군 기자 이래 4천년 국민 정신이 하룻밤 사이에 별안간 망하고 끝났도다! 아! 원통하고 원통하도다! 동포여 동포여!

① 헤이그에서 열린 제2차 만국평화회의에 특사가 파견되었다.
② 초대 통감으로 이토 히로부미가 임명되었다.
③ 일본이 러시아와의 전쟁을 개시했다.
④ 일본이 대한제국 군대를 강제로 해산시켰다.

16 〈보기〉에서 일제강점기 민족해방운동에 대한 설명으로 옳은 것을 모두 고른 것은?

> ── 〈보 기〉 ──
>
> ㉠ 민족유일당운동의 결과 『조선의 농민 및 노동자의 임무에 관한 태제』가 발표되었다.
> ㉡ 고종의 밀칙을 받아 대한독립의군부가 조직되었다.
> ㉢ 신채호는 『조선혁명선언』에서 민중직접혁명론을 주장했다.
> ㉣ 『대한민국건국강령』은 안창호의 삼균주의를 이론적 틀로 삼았다.

① ㉠, ㉡   ② ㉠, ㉣
③ ㉡, ㉢   ④ ㉢, ㉣

17 〈보기〉의 강령을 발표한 독립운동 세력에 대한 설명으로 가장 옳지 않은 것은?

> ── 〈보 기〉 ──
>
> 본 당은 혁명적 수단으로써 원수이며 적인 일본의 침탈 세력을 박멸하여 5천년 독립 자주해 온 국토와 주권을 회복하고 정치, 경제, 교육의 평등에 기초를 둔 진정한 민주공화국을 건설하여 국민 전체의 생활 평등을 확보하고 나아가 세계 인류의 평등과 행복을 촉진한다.

① 의열단을 중심으로 조선혁명당, 한국독립당 등이 참여하여 만들었다.
② 민족주의 계열과 사회주의 계열이 만든 중국 관내 최대 규모의 통일전선 정당이었다.
③ 민주공화국 수립, 토지 국유화 등을 내걸고 항일 운동을 전개하였다.
④ 김구 등 임시정부를 고수하려는 세력이 탈당하면서 통일전선 정당으로서의 성격이 약해졌다.

18 〈보기〉의 자료가 공포된 이후에 일어난 일로 가장 옳지 않은 것은?

〈보 기〉

유구한 역사와 전통에 빛나는 우리들 대한 국민은 기미 3·1운동으로 대한민국을 건립하여 세계에 선포한 위대한 독립 정신을 계승하여 이제 민주 독립 국가를 재건함에 있어서 정의, 인도와 동포애로써 민족의 단결을 공고히하며 모든 사회적 폐습을 타파하고 민주주의 제제도를 수립하여 정치, 경제, 사회, 문화의 모든 영역에 있어서 각인의 기회를 균등히 하고 능력을 최고도로 발휘케 하며 각인의 책임과 의무를 완수케 하여……

① 제주4·3사건이 발생했다.
② 친일청산을 위해 '반민특위'가 설치되었다.
③ 북한에 조선민주주의인민공화국이 수립되었다.
④ '유상매수, 유상분배'의 원칙에 따라 농지개혁이 실시되었다.

19 〈보기〉의 사건을 시간 순으로 바르게 나열한 것은?

〈보 기〉

㉠ 5·18 민주화 운동
㉡ 12·12 군사 반란
㉢ 부마 민주 항쟁
㉣ 4·13 호헌 조치

① ㉢ - ㉠ - ㉡ - ㉣
② ㉢ - ㉡ - ㉠ - ㉣
③ ㉣ - ㉡ - ㉢ - ㉠
④ ㉣ - ㉢ - ㉡ - ㉠

20 〈보기〉의 사건을 시간 순으로 나열할 때 세 번째에 해당하는 사건은?

〈보 기〉

㉠ 남북 기본 합의서 채택
㉡ 6·15 남북 공동 선언
㉢ 남북 동시 유엔 가입
㉣ 남북조절위원회 설치

① ㉠
② ㉡
③ ㉢
④ ㉣

한국사 | 2023년 서울시 9급

모바일 OMR

✔ 회독 CHECK 1 2 3

01 청동기 시대에 대한 설명으로 가장 옳지 않은 것은?

① 금속 도구가 만들어지면서 석기 농기구는 사라지고 농업이 발전하였다.
② 동검, 청동거울, 청동방울 등을 제작하였다.
③ 생산력이 발전하면서 사유재산제와 계급이 발생하였다.
④ 일상생활에서 민무늬 토기가 이용되었다.

02 〈보기〉의 유물·유적에 대한 설명으로 가장 옳지 않은 것은?

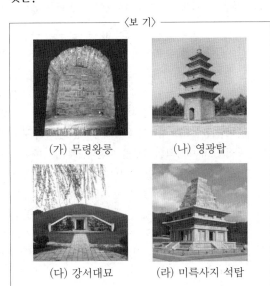

(가) 무령왕릉　(나) 영광탑
(다) 강서대묘　(라) 미륵사지 석탑

① (가) - 중국 남조의 영향을 받은 벽돌 무덤이다.
② (나) - 발해 때 세워진 5층 벽돌탑이다.
③ (다) - 도교의 영향을 받은 벽화가 그려져 있다.
④ (라) - 무구정광대다라니경이 발견되었다.

03 〈보기〉의 ㉠에 들어갈 것으로 가장 옳은 것은?

〈보 기〉

고종 12년(1225)에 최우(崔瑀)가 자신의 집에 ____㉠____ 을 두고 백관의 인사를 다루었는데 문사(文士)를 뽑아 이에 속하게 하고 필자적(必者赤)이라 불렀다.

- 『고려사』 -

① 교정도감　② 도방
③ 중방　④ 정방

04 〈보기〉의 ㉠에 들어갈 책으로 가장 옳은 것은?

〈보 기〉

세종이 예문제학 정인지 등에 명하여 ____㉠____ 을/를 지었다. 처음에 고려 최성지가 충선왕을 따라 원나라에 들어가서 『수시력』을 얻어 돌아와서 추보하여 사용하였다. 그러나 일원교식(일식과 월식이 같이 생기는 것)과 오행성이 움직이는 도수에 관해 곽수경의 산술을 알지 못하였다. 조선이 개국해서도 역법은 『수시력』을 그대로 썼다. 『수시력』에 일월교식 등이 빠졌으므로 임금이 정인지·정초·정흠지 등에게 명하여 추보하도록 하니 ……

- 『연려실기술』 -

①『향약채취월령』　②『의방유취』
③『농사직설』　④『칠정산내외편』

05 〈보기 1〉의 밑줄 친 '이 왕'이 시행한 정책을 〈보기 2〉에서 모두 고른 것은?

───〈보기 1〉───

이 왕은 반대 세력을 무력으로 제압하고 자신의 신변을 보호하기 위한 친위부대로 장용영을 설치하였다. 장용영은 기존에 국왕의 호위를 담당하던 숙위소를 폐지하고 새롭게 조직을 갖추어 편성된 부대다.

───〈보기 2〉───

㉠ 탕평의 의지를 반영하여 성균관 입구에 탕평비를 세웠다.
㉡ 상공업을 진흥시키기 위해 통공정책을 단행하였다.
㉢ 젊은 관료의 재교육을 위해 초계문신제도를 시행하였다.

① ㉡
② ㉢
③ ㉡, ㉢
④ ㉠, ㉡, ㉢

06 〈보기〉의 내용과 시기적으로 가장 먼 것은?

───〈보 기〉───

신고산이 우루루 화물차 가는 소리에
금붙이 쇠붙이 밥그릇마저 모조리 긁어 갔고요
어랑어랑 어허야
이름 석 자 잃고서 족보만 들고 우누나

① 조선식량관리령을 시행하여 곡물을 강제로 공출하였다.
② 여자정신근로령을 통해 여성에 대한 강제동원이 이루어졌다.
③ 기업정비령과 기업허가령을 시행하여 기업 통제를 강화하였다.
④ 어업령, 삼림령, 광업령 등을 제정하여 각종 자원을 독점하기 시작하였다.

07 〈보기〉는 광복 전후의 사건들을 나열한 것이다. 사건을 시간순으로 바르게 나열한 것은?

───〈보 기〉───

㉠ 카이로 선언
㉡ 모스크바 3국 외상회의
㉢ 포츠담 선언
㉣ 얄타회담
㉤ 5·10 총선거

① ㉠ - ㉢ - ㉣ - ㉡ - ㉤
② ㉠ - ㉣ - ㉢ - ㉡ - ㉤
③ ㉣ - ㉠ - ㉢ - ㉤ - ㉡
④ ㉣ - ㉢ - ㉠ - ㉤ - ㉡

08 〈보기〉의 밑줄 친 '나'에 대한 설명으로 가장 옳은 것은?

───〈보 기〉───

지금 농사를 하고자 하는 사람은 토지를 얻고, 농사를 하지 않는 사람은 토지를 얻지 못하도록 한다. 즉 여전(閭田)의 법을 시행하면 나의 뜻을 이룰 수 있을 것이다. …… 무릇 1여의 토지는 1여의 사람들로 하여금 공동으로 경작하게 하고, 내 땅 네 땅의 구분 없이 오직 여장의 명령만을 따른다. 매 사람마다의 노동량은 매일 여장이 장부에 기록한다. 가을이 되면 무릇 오곡의 수확물을 모두 여장의 집으로 보내어 그 식량을 분배한다. 먼저 국가에 바치는 공세를 제하고, 다음으로 여장의 녹봉을 제하며, 그 나머지를 날마다 일한 것을 기록한 장부에 의거하여 여민들에게 분배한다.

① 『북학의』를 저술하였다.
② 『성호사설』을 저술하였다.
③ 『반계수록』을 저술하였다.
④ 『목민심서』를 저술하였다.

09 〈보기〉의 밑줄 친 '이 사건'에 대한 설명으로 가장 옳지 않은 것은?

― 〈보 기〉―

(가) 전에는 개화당을 꾸짖는 자도 많이 있었으나, 개화가 이롭다는 것을 말하면 듣는 사람들도 감히 크게 반대하지 않았다. 그런데 이 사건을 겪은 뒤부터 조정과 민간에서 모두 "이른바 개화당이라고 하는 자들은 충의를 모르고 외국인과 연결하여 나라를 팔고 겨레를 배반하였다."라고 말하고 있다.

― 『윤치호 일기』―

(나) 임오군란 이후부터 청은 우리나라에 자주 내정 간섭을 하였다. 나는 청나라 당으로 지목되었고, 청국이 우리의 자주권을 침해하는 데 분노해 이 사건을 일으켰던 이는 일본 당으로 지목되었다. 그 후 일이 허사로 돌아가자 세상은 그를 역적이라 하였는데, 나는 정부에 몸을 담고 있어 그를 공격할 수밖에 없었다. 그러나 그 마음은 결코 다른 나라에 있지 않았고, 애국하는 데 있었다.

― 『속음청사』―

① 이 사건을 진압한 청은 조선과 조청상민수륙무역장정을 체결하였다.
② 우정총국의 낙성 축하연을 기회로 정변을 일으켜 새로운 정부를 수립하였다.
③ 이 사건의 주모자들은 청과 종속 관계를 청산하여 자주독립을 확고히 하고자 하였다.
④ 이 사건 이후 청과 일본은 톈진 조약을 체결해 향후 조선으로 군대 파견 시 상대국에게 알리도록 하였다.

10 〈보기〉의 밑줄 친 '법'에 대한 설명으로 가장 옳은 것은?

― 〈보 기〉―

12월에 새 왕이 즉위하자, 대사헌(大司憲) 조준(趙浚) 등이 또 상소하여 토지제도에 대해 논하여 말하기를, "하늘이 재앙을 내린 것을 후회하시어 흉악한 무리들을 이미 멸망시켰으며 신돈(辛旽)이 이미 제거되었으니, 마땅히 사전(私田)을 모두 없애 이 민(民)이 부유하고 장수하는 영역을 여는 것, 이것이 그 기회입니다. …… 이를 규정된 법으로 정하셔서 백성과 더불어 다시 시작하십시오. ……"라고 하였다.
3년 5월 도평의사사(都評議使司)에서 토지를 지급하는 법을 정할 것을 청하니, 그 의견대로 하였다.

① 전지와 시지를 지급하였다.
② 경기 지역의 토지만 지급하였다.
③ 현직 관리에게만 토지를 지급하였다.
④ 토지에 부과하는 세금을 4~6두로 고정하였다.

11 〈보기〉의 제도를 시행한 국가에 대한 설명으로 가장 옳은 것은?

― 〈보 기〉―

나라에서 장차 재상을 뽑을 때에 후보 서너 명의 이름을 써서 상자에 넣고 봉해 이를 호암사에 있는 바위에 두었다. 얼마 뒤에 가지고 와서 열어보고 이름 위에 도장이 찍혀 있는 사람을 재상으로 삼았다.

① 지방 통치를 위해 욕살과 처려근지를 파견하였다.
② 전국을 5방으로 나누고 그 책임자를 방령이라고 불렀다.
③ 각 주에 정을 두고 진골 출신의 장군이 지휘하였다.
④ 제5관등 이상의 귀족들이 모여 주요 국사를 처리하였다.

12 〈보기 1〉의 사건이 있었던 시대의 화폐를 〈보기 2〉에서 모두 고른 것은?

───── 〈보기 1〉 ─────

왕이 명령하기를, "백성들을 부유하게 하고 나라에 이익을 가져오게 하는 데 돈보다 중요한 것은 없다. …… 그러므로 이제 비로소 금속을 녹여 돈을 만드는 법령을 제정한다. 부어서 만든 돈 15,000꾸러미를 재추와 문무 양반과 군인들에게 나누어 주어 돈 통용의 시초로 삼고 돈에 새기는 글은 해동통보라 한다. ……"라고 하였다.

───── 〈보기 2〉 ─────

㉠ 조선통보	㉡ 해동중보
㉢ 십전통보	㉣ 삼한통보

① ㉠, ㉢
② ㉠, ㉣
③ ㉡, ㉢
④ ㉡, ㉣

13 〈보기〉에서 동학농민군의 폐정개혁 12개 조항으로 옳지 않은 것을 모두 고른 것은?

───── 〈보 기〉 ─────

㉠ 횡포한 부호를 엄히 다스린다.
㉡ 불량한 유림과 양반의 무리를 징벌한다.
㉢ 외국인에게 의지하지 말고 관민이 협력하여 전제 황권을 공고히 한다.
㉣ 무명의 잡세는 모두 폐지한다.
㉤ 중대 범죄를 공판하되 피고의 인권을 존중한다.

① ㉠, ㉢
② ㉢, ㉤
③ ㉠, ㉡, ㉣
④ ㉡, ㉢, ㉤

14 〈보기〉의 기록은 독립 운동에 참여한 인물의 회고록이다. 이 인물이 소속된 단체로 가장 옳은 것은?

───── 〈보 기〉 ─────

나는 목숨을 걸고 탈출하여 …… 충칭으로 가는 길에 6,000리 장정의 길에 나섰고 …… 이범석 장군의 부관이 되어 시안에 있는 제2지대로 찾아가서 OSS 특별 훈련을 받았다. 국내 지하 공작원으로 진입하려고 하던 때에 투항을 맞이하였다.

① 조선의용군
② 한인애국단
③ 한국광복군
④ 동북항일연군

15 〈보기〉의 내용이 발표된 이후의 일제 정책으로 가장 옳은 것은?

───── 〈보 기〉 ─────

1. 우리는 황국 신민이다. 충성으로써 군국(君國)에 보답한다.
2. 우리들 황국 신민은 서로 믿고 아끼고 협력하여 단결을 공고히 한다.
3. 우리들 황국 신민은 괴로움을 참고 몸과 마음을 굳세게 하는 힘을 길러 황도(皇道)를 선양한다.

① 토지조사사업을 실시하였다.
② 치안유지법을 제정하였다.
③ 조선 사상범 예방 구금령을 제정하였다.
④ 공업화로 인한 일본 내 식량 부족 문제 해결을 위한 산미증식 계획을 실시하였다.

16 〈보기〉의 ㉠ 인물에 대한 설명으로 가장 옳은 것은?

―〈보 기〉―

6월 27일에 사람들이 말하기를, ____㉠____의 교역선 2척이 단산포(旦山浦)에 도착했다고 한다. …… 28일 당의 천자가 보내는 사신들이 이곳으로 와 만나보았다. …… 밤에 ____㉠____의 견대당매물사(遣大唐賣物使)인 최훈(崔暈) 병마사(兵馬使)가 찾아와서 위문하였다.

– 『입당구법순례행기』 –

① 『화랑세기』를 저술하였다.

② 당의 등주를 공격하였다.

③ 적산 법화원을 건립하였다.

④ 웅천주를 근거지로 반란을 일으켰다.

17 〈보기〉의 조약이 체결된 해에 일어난 사건으로 가장 옳은 것은?

―〈보 기〉―

제3국 침해나 내란으로 인하여 대한제국 황실의 안녕과 영토 보전에 위험이 있을 경우 대일본제국 정부는 신속하게 상황에 따라 필요한 조치를 취할 수 있다. 그리고 대한제국 정부는 이러한 대일본제국의 행동이 용이하도록 충분한 편의를 제공한다. 대일본제국 정부는 앞 조관의 목적을 성취하기 위하여 군사 전략상 필요한 지점을 상황에 따라 수용할 수 있다.

① 일본의 제물포에 있는 러시아 군함을 공격하며 러일 전쟁을 일으켰다.

② 일본이 불법으로 독도를 자국 영토로 편입하였다.

③ 일본이 대한제국 군대를 강제 해산시켰다.

④ 일본이 헤이그특사 파견을 빌미삼아 고종을 강제 퇴위시켰다.

18 〈보기〉의 인물이 활동하던 시기에 해당하는 설명으로 가장 옳은 것은?

―〈보 기〉―

• 새로 창건한 귀법사의 주지가 되었다.

• 불교 대중화에 관심이 있어 『보현십원가』를 지었다.

• 화엄학에 대한 주석서를 쓰는 등 화엄 교학을 정비하였다.

① 강조를 토벌한다는 명분으로 거란이 침략하였다.

② 대장경에 대한 주석서인 교장을 간행하였다.

③ 중국에 승려들을 보내 법안종을 수용하였다.

④ 현화사를 창건하였다.

19 〈보기〉의 사건을 시간순으로 바르게 나열한 것은?

―〈보 기〉―

㉠ 이여송이 거느린 5만여 명의 명나라 지원군이 조선군과 합하여 평양성을 탈환하였다.

㉡ 왜군이 총공격을 가해오자 이순신 함대는 한산도 앞바다로 적을 유인하여 대파하였다.

㉢ 권율이 행주산성에서 1만여 명의 병력으로 전투를 벌여 3만여 명의 병력으로 공격해 온 일본군을 물리쳤다.

㉣ 진주에서 목사 김시민이 3,800여 명의 병력으로 2만여 명의 일본군을 맞아 성을 방어하는 데 성공했다.

① ㉡ – ㉣ – ㉠ – ㉢

② ㉡ – ㉣ – ㉢ – ㉠

③ ㉣ – ㉡ – ㉠ – ㉢

④ ㉣ – ㉡ – ㉢ – ㉠

20 대한민국 임시정부가 〈보기〉의 체제 개편을 하기 이전에 한 활동으로 가장 옳은 것은?

> ─── 〈 보 기 〉 ───
>
> 대한민국 임시정부는 헌법을 개정하여 집단지도체제인 국무위원제를 채택했다. 즉, 5~11인의 국무위원 가운데 한 사람을 주석으로 선출하되, 주석은 대통령이나 국무령과 같이 특별한 권한을 갖지 않고 다만 회의를 주재하는 권한만 갖게 했다.

① 이승만을 탄핵하고 박은식을 임시 대통령으로 추대했다.
② 조소앙의 삼균주의에 기초한 건국 강령을 반포하였다.
③ 의열 투쟁을 전개하고자 한인애국단을 조직하였다.
④ 한국 국민당을 조직하여 정당정치를 운영하였다.

✔ 회독 CHECK 1 2 3

01 〈보기〉의 밑줄 친 '이 나라'에 대한 설명으로 가장 옳은 것은?

― 〈보 기〉 ―
이 나라에서는 해마다 10월이면 하늘에 제사를 지내는데, 주야로 술을 마시며 노래를 부르고 춤추니 이를 무천이라 한다. 또 호랑이를 신으로 여겨 제사지낸다.

① 마가, 우가, 저가 등 관직을 두었다.
② 철이 많이 생산되어 왜, 낙랑 등에 수출하였다.
③ 소노부를 비롯한 5부가 정치적 자치력을 갖고 있었다.
④ 다른 읍락을 함부로 침범하면 노비, 소 등으로 변상하는 책화가 있었다.

02 조선 시대 지방 행정에 대한 설명으로 가장 옳지 않은 것은?

① 전국 모든 군현에 수령이 파견되었다.
② 향리는 6방으로 나누어 실무를 맡았다.
③ 중앙에서 유향소를 통해 경재소를 통제하였다.
④ 인구를 늘리는 것이 수령의 중요한 임무 중 하나였다.

03 〈보기〉는 백제 어느 왕대의 사실이다. 백제의 이 왕과 대립하였던 고구려의 왕은?

― 〈보 기〉 ―
겨울 11월에 왕이 돌아가셨다. 옛 기록[古記]에 다음과 같이 전한다. "백제는 나라를 연 이래 문자로 일을 기록한 적이 없는데 이때에 이르러 박사(博士) 고흥(高興)을 얻어 『서기(書記)』를 갖추게 되었다."

① 동천왕
② 장수왕
③ 문자명왕
④ 고국원왕

04 〈보기〉 내용의 발표에 대한 설명으로 가장 옳은 것은?

― 〈보 기〉 ―
우리보다 먼저 문명 개화한 나라들을 보면 남녀평등권이 있는지라. 어려서부터 각각 학교에 다니며, 각종 학문을 다 배워 이목을 넓히고, 장성한 후에 사나이와 부부의 의를 맺어 평생을 살더라도 그 사나이에게 조금도 압제를 받지 아니한다. 이처럼 대접을 받는 것은 다름 아니라 그 학문과 지식이 사나이 못지않은 까닭에 그 권리도 일반과 같으니 어찌 아름답지 않으리오.

① 평양의 양반 부인들이 발표하였다.
② 발표를 계기로 찬양회가 조직되었다.
③ 교육 입국 조서 발표의 배경이 되었다.
④ 이 발표에 따라 한성 사범 학교가 설립되었다.

05 〈보기〉의 정책이 실시된 왕대에 대한 설명으로 가장 옳은 것은?

　　　　　　　　　── 〈보 기〉──
　재위 9년 봄 정월에 교를 내려 내외 관료의 녹읍을 폐지하고, 1년 단위로 조(租)를 차등 있게 하사하는 것을 항식(恒式)으로 삼았다.

① 독서삼품과를 실시하였다.
② 유교 교육을 강화하기 위해 국학을 설치하였다.
③ 국학을 태학감으로 고치고 박사와 조교 등을 두었다.
④ 국학에 공자와 10철 등의 화상을 안치하여 유교 교육을 강화하였다.

06 〈보기〉의 밑줄 친 '이 단체'에 대한 설명으로 가장 옳은 것은?

　　　　　　　　　── 〈보 기〉──
　이 단체는 조선 국권 회복단의 박상진이 풍기 광복단과 제휴하여 조직하였다. 무력 투쟁을 통한 독립을 목표로 하였고, 군자금 모집, 독립군 양성, 무기 구입, 친일 부호 처단 등 활동을 전개하였다.

① 독립군 양성을 위한 신흥 강습소를 설치하였다.
② 블라디보스토크에 최초의 임시 정부를 수립하였다.
③ 무력 항쟁의 의지를 담은 대한 독립 선언서를 발표하였다.
④ 공화주의 이념에 따라 공화 정치를 실현하는 것을 목표로 하였다.

07 〈보기〉에서 (가)의 인명과 그의 저술을 옳게 짝 지은 것은?

　　　　　　　　　── 〈보 기〉──
　진성왕 8년(894) 봄 2월에 　(가)　이 시무 10여 조를 올리자, 왕이 이를 좋게 여겨 받아들이고 아찬으로 삼았다.

① 김대문 – 『화랑세기』
② 김대문 – 『계원필경』
③ 최치원 – 『제왕연대력』
④ 최치원 – 『한산기』

08 〈보기〉의 밑줄 친 인물이 왕으로 즉위하여 활동하던 기간에 있었던 사실로 가장 옳은 것은?

　　　　　　　　　── 〈보 기〉──
　개경으로 돌아온 강조(康兆)는 김치양 일파를 제거함과 동시에 국왕마저 폐한 후 살해하였다. 이 같은 소용돌이 속에서 대량원군이 임금으로 즉위하였다.

① 부모의 명복을 빌기 위해 현화사(玄化寺)를 창건했다.
② 거란의 침입에 대비하기 위하여 광군 30만을 조직했다.
③ 강동 6주의 땅을 고려 영토로 편입시켰다.
④ 재조대장경의 각판 사업에 착수했다.

09 〈보기〉의 내용 중 옳은 것을 모두 고른 것은?

── 〈보 기〉 ──

㉠ 정상기는 최초로 백 리를 한 자로 축소한 『동국여
지도』를 만들어 우리나라의 지도 제작 수준을 한
단계 높였다.

㉡ 국어에 대한 연구도 활발하여 신경준의 『고금석
림』과 유희의 『언문지』가 나왔다.

㉢ 유득공은 『동사강목』을 지어 고조선부터 고려 말
까지의 우리 역사를 체계적으로 정리하였다.

㉣ 이중환의 『택리지』는 각 지역의 경제 생활까지 포
함하여 집필되었다.

㉤ 허준의 『동의보감』은 우리나라뿐 아니라 중국 및
일본의 의학 발전에 큰 영향을 끼쳤는데, 예방의
학에 중점을 둔 것이다.

① ㉠, ㉡
② ㉡, ㉤
③ ㉢, ㉣
④ ㉣, ㉤

10 〈보기〉와 관련된 왕에 대한 설명으로 가장 옳은 것은?

── 〈보 기〉 ──

• 불교의 힘으로 나라를 세웠으므로 사찰을 서로 빼
앗지 말 것.

• 사찰을 지을 때에는 도선의 풍수사상에 맞게 지
을 것.

• 연등회와 팔관회를 성실하게 지킬 것.

• 농민의 요역과 세금을 가볍게 하여 민심을 얻고 부
국안민을 이룰 것.

① 중국에서 귀화한 쌍기의 건의에 따라 과거(科擧) 제
도를 시행하였다.

② 귀순한 호족에게 성(姓)을 내려주어 포섭하였다.

③ 경제 개혁을 수행하여 전시과(田柴科)를 실시하였다.

④ 관료 제도를 안정시키기 위해 공복(公服)을 등급에
따라 제정하였다.

11 〈보기〉의 (가)에 들어갈 군대로 가장 옳은 것은?

── 〈보 기〉 ──

"제가 전날에 패한 원인은 적들이 모두 말을 탔고,
우리는 보병으로 전투한 까닭에 대적할 수 없었기 때
문입니다."라고 하자, 이때 비로소 ___(가)___ 을/를 만
들기로 하였다.

– 『고려사』 –

① 광군
② 도방
③ 별무반
④ 삼별초

12 〈보기〉의 조선의 천주교 전파 상황을 순서대로 바르게
나열한 것은?

── 〈보 기〉 ──

㉠ 이승훈이 북경에서 서양 신부에게 영세를 받고 돌
아왔다.

㉡ 윤지충이 모친상 때 신주를 불사르고 천주교 의식
을 행하였다.

㉢ 이수광이 『지봉유설』에서 마테오 리치의 『천주실
의』를 소개하였다.

㉣ 황사영이 북경에 있는 프랑스인 주교에게 군대를
동원하여 조선에서 신앙과 포교의 자유를 보장받을
수 있도록 청하는 서신을 보내려다 발각되었다.

① ㉠ – ㉡ – ㉣ – ㉢
② ㉠ – ㉢ – ㉣ – ㉡
③ ㉢ – ㉠ – ㉡ – ㉣
④ ㉢ – ㉡ – ㉠ – ㉣

13 〈보기〉의 법을 한국에 적용한 이후 일본이 벌인 일로 가장 옳지 않은 것은?

— 〈보 기〉 —

- 정부는 전시에 국가 총동원상 필요할 때는 정하는 바에 따라 제국 신민을 징용하여 총동원 업무에 종사하게 할 수 있다.
- 정부는 전시에 국가 총동원상 필요할 때는 칙령이 정하는 바에 따라 물자의 생산 · 수리 · 배급 · 양도 및 기타의 처분 · 사용 · 소비 · 소지 및 이동에 관해 필요한 명령을 내릴 수 있다.

① 학도 지원병제와 징병제를 시행하였다.
② 헌병 경찰 제도를 실시하였다.
③ 국민 징용령을 공포하였다.
④ 여자 근로 정신령을 만들었다.

14 〈보기〉의 글에 대한 설명으로 가장 옳지 않은 것은?

— 〈보 기〉 —

우리나라는 실로 신종 황제의 은혜를 입어 임진왜란 때 나라가 폐허가 되었다가 다시 존재하게 되었고 백성은 거의 죽었다가 다시 소생하였으니, 우리나라의 나무 한 그루와 풀 한 포기와 백성의 터럭 하나하나에도 황제의 은혜가 미치지 않은 것이 없습니다. 그런즉 오늘날 크게 원통해 하는 것이 온 천하에 그 누가 우리와 같겠습니까?

① 송시열이 제출하였다.
② 효종에게 올린 글이다.
③ 북벌 정책에 대해 논하였다.
④ 청의 문물 수용을 건의하였다.

15 〈보기〉의 글을 저술한 인물에 대한 설명으로 가장 옳지 않은 것은?

— 〈보 기〉 —

옛 사람이 이르기를, 나라는 없어질 수 있으나 역사는 없어질 수 없다고 하였으니, 그것은 나라는 형체이고 역사는 정신이기 때문이다. 이제 한국의 형체는 허물어졌으나, 정신만이라도 오로지 남아 있을 수 없는 것인가.

① 유교구신론을 써서 유교의 개혁을 주장하였다.
② 식민 사학 중 정체성론의 근거를 무너뜨리는 데에 기여하였다.
③ 대한민국 임시 정부의 2대 대통령을 역임하였다.
④ 『한국독립운동지혈사』를 저술하였다.

16 〈보기〉에서 역사적 사건을 시간순으로 바르게 나열한 것은?

— 〈보 기〉 —

㉠ 임오군란
㉡ 강화도 조약
㉢ 갑신정변
㉣ 톈진 조약

① ㉠ – ㉡ – ㉢ – ㉣
② ㉠ – ㉣ – ㉡ – ㉢
③ ㉡ – ㉠ – ㉢ – ㉣
④ ㉡ – ㉢ – ㉠ – ㉣

17 〈보기〉에서 이름과 활동을 옳게 짝지은 것은?

― 〈보 기〉 ―
㉠ 이제현 – 만권당에서 원의 학자들과 교류하였다.
㉡ 안향 – 공민왕이 중영한 성균관의 대사성이 되었다.
㉢ 이색 – 충렬왕 때 고려에 성리학을 본격적으로 소개하였다.
㉣ 정몽주 – 역사서 『사략』을 저술하였다.

① ㉠　　　　　　　② ㉡
③ ㉢　　　　　　　④ ㉣

18 〈보기 1〉의 선언문을 발표한 정부 시기에 있었던 사실을 〈보기 2〉에서 모두 고른 것은?

― 〈보기 1〉 ―
남과 북은 … 쌍방 사이의 관계가 나라와 나라 사이의 관계가 아닌 통일을 지향하는 과정에서 잠정적으로 형성되는 특수 관계라는 것을 인정하고, …

제1조 남과 북은 서로 상대방의 체제를 인정하고 존중한다.
제4조 남과 북은 상대방을 파괴·전복하려는 일체 행위를 하지 아니한다.

― 〈보기 2〉 ―
㉠ 남북한 동시 유엔(UN) 가입
㉡ 서울 올림픽 개최
㉢ 금융 실명제 실시
㉣ 6·29 선언

① ㉠, ㉡　　　　　② ㉡, ㉢
③ ㉡, ㉣　　　　　④ ㉢, ㉣

19 〈보기〉의 밑줄 친 '이 조직'의 활동으로 가장 옳지 않은 것은?

― 〈보 기〉 ―
김원봉이 이끈 이 조직은 1920년대에 국내와 상하이를 중심으로 활발한 의거 활동을 전개하였다.

① 독립 지사들에게 잔인한 고문을 일삼던 종로 경찰서에 폭탄을 던져 큰 피해를 주었다.
② 동양 척식 주식회사에 들어가 그 간부를 사살하고 경찰과 시가전을 벌이기도 하였다.
③ 상하이 홍커우 공원에서 열린 일본군의 상하이 점령 축하 기념식장에 폭탄을 던져 일본군을 살상하였다.
④ 일제 식민 지배의 중심기관인 조선 총독부에 폭탄을 던졌다.

20 〈보기〉의 (가) 기구에 대한 설명으로 가장 옳은 것은?

― 〈보 기〉 ―
임시로 ___(가)___ 를 설치하였는데, … 이것은 일시적인 전쟁 때문에 설치한 것으로서, 국가의 중요한 모든 일을 다 맡긴 것은 아니었다. 그런데 오늘에 와서 … 의정부는 한갓 헛이름만 지니고 6조는 모두 그 직임을 상실하였다.

① 오직 군사 문제만을 다루었다.
② 고종 대에 폐지되었다.
③ 세종 대에 설치되었다.
④ 임진왜란이 끝난 후 위상이 추락하였다.

모바일 OMR

✅ 회독 CHECK 1 2 3

01 〈보기〉의 밑줄 친 '이 시대'와 가장 관련이 없는 것은?

〈보 기〉
이 시대에는 농경이 더욱 발달하여 조, 기장, 수수 등 다양한 잡곡이 재배되었다. 한반도 남부 지역에는 벼 농사도 보급되었다. 한편 돼지와 같은 가축을 우리에 가두고 기르는 일도 흔해졌다. 사람들은 농경이 이루 어지는 강가나 완만한 구릉에 마을을 이루어 살았다. 농경의 발달로 생산력이 늘어나자 인구가 늘어나고 빈부 차이와 계급이 발생하였다. 또한 식량을 둘러싼 집단 간의 싸움이 자주 일어나면서 마을에는 방어 시 설이 만들어지기도 하였다.

① 고인돌
② 반달 돌칼
③ 민무늬 토기
④ 슴베찌르개

02 〈보기〉의 정책을 실시한 신라의 왕에 대한 설명으로 가장 옳은 것은?

〈보 기〉
• 병부를 설치하여 왕이 직접 병권을 장악하고, 상대 등을 설치하여 재상의 지위를 부여하였다.
• 김해 지역의 금관가야를 정복하여 낙동강으로 진 출하는 길을 열었다.

① 백제 성왕과 동맹하여 고구려가 장악했던 한강 유역 을 차지했다.
② 우산국으로 불리던 울릉도를 정복하여 영토로 편입 하였다.
③ 백관의 공복을 제정하여 귀족을 관료로 등급화시 켰다.
④ 신라 역사상 최대 영역을 확보했다.

03 문화 통치 시기 일제의 조선 통치에 대한 설명으로 가장 옳은 것은?

① 토지 조사 사업을 실시하여 근대적 토지 소유 관계 를 확립하고, 식민지 지주 소작제를 수립하였다.
② 식량 생산을 대폭 늘려 일본으로 더 많은 쌀을 가 져가기 위해 이른바 산미 증식 계획을 세워 추진하 였다.
③ 일본 자본가들의 과잉 자본을 조선에 투자하고, 전 쟁에 필요한 필수품 조달을 위해 군수 공업을 위주 로 하는 공업화 정책이 추진되었다.
④ 우리 민족을 일본 국민으로 동화시키기 위해 민족 말살 정책을 추진했다.

04 〈보기〉의 상황을 한국 전쟁의 전개 과정에 따라 순서 대로 바르게 나열한 것은?

〈보 기〉
㉠ 유엔군이 인천 상륙 작전에 성공하였다.
㉡ 중국군이 대규모 병력을 파견하기 시작하였다.
㉢ 판문점 부근에서 휴전 회담이 열리기 시작하였다.
㉣ 이승만 정부가 반공 포로 석방 조치를 실행하였다.

① ㉠ - ㉡ - ㉢ - ㉣
② ㉠ - ㉢ - ㉣ - ㉡
③ ㉡ - ㉠ - ㉢ - ㉣
④ ㉡ - ㉣ - ㉠ - ㉢

05 고려 시대 왕들의 교육 제도 정비 내용으로 가장 옳은 것은?

  ① 숙종 대에 서적포라는 국립 출판사를 두어 책을 간행하였다.

  ② 예종 대에는 사립 학교 구재(九齋)를 설치하였다.

  ③ 문종은 양현고라는 장학 재단을 설치하여 운영하였다.

  ④ 고려의 국립 대학 국자감은 충선왕 대에 국학으로 개칭되었다.

06 조선 시기의 과거 제도에 대한 설명으로 가장 옳지 않은 것은?

  ① 생원과 진사를 선발하는 사마시의 1차 시험(초시)에서는 합격자의 수를 각 도의 인구 비율로 배분하였다.

  ② 문과의 정기 시험에는 현직 관원도 응시할 수 있었고, 합격하면 관품을 1~4계 올려주었다.

  ③ 조선 시기에는 고려 시기와 달리 과거를 보지 않고 관직으로 진출할 수 있는 음서 제도가 폐지되었다.

  ④ 무과 식년시는 3년에 한 번씩 시행했고, 서얼도 응시할 수 있었다.

07 〈보기〉의 ㉠에 들어갈 단체의 활동에 대한 설명으로 가장 옳지 않은 것은?

> ─── 〈보 기〉 ───
>
> 1896년 4월 7일에 창간된 이 신문은 1899년 12월 4일 폐간될 때까지 약 3년 8개월 동안 발간되었다. 최초의 민간 신문인 동시에 처음으로 한글 전용과 띄어쓰기를 시도하며 한글판, 영문판을 발행하였다. ___㉠___ 와/과 만민 공동회의 정치적 활동을 옹호하고 대변하였다.

  ① 대한국 국제를 반포하였다.

  ② 반러 운동을 적극적으로 전개하였다.

  ③ 독립문 건립과 독립공원 조성을 추진하였다.

  ④ 계몽적, 사회적, 정치적 주제의 토론회를 개최하였다.

08 〈보기〉는 어느 동포의 강제 이주에 대한 회고록이다. 이 동포가 강제 이주되기 전에 거주하던 '㉠ 지역'에 대한 설명으로 가장 옳은 것은?

> ─── 〈보 기〉 ───
>
> 우즈베키스탄의 늪 지대에 내팽겨쳐진 고려인들은 땅굴 속에서 겨울을 난 후 늪지를 메워 목화 농사를 해야만 했다. 그러나 우리 가족을 먹여 살릴 삼촌 두 명은 농장에서 일한 경험도 없는 데다, ___㉠___ 에 살 때 광부 일을 했기 때문에 일자리를 찾아 탄광 도시 카라간다로 갔다. … 고려인들의 주식인 쌀은 물론이고 간장, 된장도 전혀 구할 수가 없었다. 할 수 없이 우즈베키스탄 사람들이 먹는 보리빵으로 끼니를 때웠다. 그것도 아주 부족했다.

  ① 일제는 독립군을 토벌한다는 명목으로 조선인 마을을 파괴하였으며, 경신참변을 일으켜 조선인들을 대량 살육하기도 하였다.

  ② 1905년 이후 민족 운동가들이 독립운동을 위한 정치적 망명을 시작해 여러 곳에 한인 집단촌이 형성되고 많은 민족 단체와 학교가 설립되었으며, 항일 의병 및 독립운동이 활발히 전개되었다.

  ③ 1923년 대지진이 발생했는데, 조선인들이 우물에 독을 탔다는 유언비어가 퍼져 적어도 6,000명의 조선인들이 학살당하였다.

  ④ 태평양 전쟁 발발 후에는 수백명의 조선인 청년들이 미군에 입대하여 일본군과 싸웠다.

09 〈보기〉와 관련된 왕에 대한 설명으로 가장 옳은 것은?

─〈보 기〉─
- 종친을 정치에 참여시켜 왕실의 울타리를 튼튼하게 만들었다.
- 진관 체제를 실시하여 변방 중심의 방어 체제를 전국적인 지역 중심 방어 체제로 바꾸었다.
- 퇴직 관료에게도 지급하던 과전을 현직 관료에게만 지급하는 직전법으로 바꾸었다.
- 호적 사업과 호패법을 강화하고 보법을 실시하였다.

① 왕자들의 권력 투쟁이 일어난 경복궁을 피하여 응봉산 자락에 창덕궁을 새로 건설하였다.
② 이종무를 파견하여 왜구의 소굴인 쓰시마(대마도)를 정벌하게 하였다.
③ 조카를 몰아내고 왕위를 차지했으나, 왕권을 안정시키고 중앙 집권 체제를 강화하는 데 기여하였다.
④ 『경국대전』 편찬을 완료하여 반포하고, 우리나라 통사인 『동국통감』 편찬을 완료했다.

10 〈보기〉에 해당하는 기관으로 가장 옳은 것은?

─〈보 기〉─
- 1894년 국정 전반에 걸쳐 개혁을 수행하기 위해 신설된 기관
- 3개월 동안 개혁 법령을 토의, 공포한 입법 기구
- 총재 김홍집을 비롯하여 유길준 등 개혁 관료들이 주도

① 교전소
② 집강소
③ 군국기무처
④ 삼정이정청

11 〈보기〉에서 설명하는 기록물에 해당하는 것은?

─〈보 기〉─
- 조선 후기 국정 운영 내용을 매일 정리한 기록이다.
- 국왕의 일기 형식으로 작성되었다.
- 유네스코 세계 기록 유산으로 등재되었다.

① 『승정원 일기』
② 『비변사등록』
③ 『조선왕조실록』
④ 『일성록』

12 〈보기〉의 내용과 직접적인 관련이 가장 없는 것은?

─〈보 기〉─
조선은 실로 아시아의 요충을 차지하여 지리적으로 반드시 쟁탈의 대상이 될 것인 바, 조선이 위태로워지면 중앙 및 동아시아의 정세도 날로 위급해질 것이므로 러시아가 영토를 확장하려 한다면 반드시 조선으로부터 시작할 것이다. … 그렇다면, 오늘날 조선의 책략은 러시아를 막는 일보다 더 급한 것이 없을 것이다. 러시아를 막는 책략은 무엇인가? 중국과 친하고 일본과 맺고, 미국과 연결함으로써 자강을 도모할 따름이다.

① 이만손 등이 만인소를 올렸다.
② 일본과 제물포 조약을 체결하였다.
③ 고종은 척사윤음을 내려 유생들의 불만을 달랬다.
④ 청나라 사람 황준헌이 작성한 『조선책략』의 내용이다.

13 고려의 중앙 정치 제도에 대한 설명으로 가장 옳지 않은 것은?

① 중서문하성과 추밀원의 합좌 기구인 식목도감은 국가의 재정 회계를 관장하였다.

② 상서성의 6부가 각기 국무를 분담하였지만, 중서문하성에 강하게 예속되어 있었다.

③ 추밀원은 추부라고도 불렸는데 군기를 관장하고 왕명을 출납하는 등 중요한 기능을 담당했다.

④ 고려는 중서성과 문하성을 합해 중서문하성이라는 단일 기구를 만들어 정치의 최고 관부로 삼았다.

14 〈보기〉의 사건을 시간순으로 바르게 나열한 것은?

─── 〈보 기〉 ───

㉠ 고구려의 평양 천도
㉡ 백제군의 평양성 공격
㉢ 고구려의 낙랑군 · 대방군 축출
㉣ 위군의 침략으로 환도성 함락

① ㉠ - ㉡ - ㉢ - ㉣
② ㉡ - ㉠ - ㉣ - ㉢
③ ㉢ - ㉣ - ㉠ - ㉡
④ ㉣ - ㉢ - ㉡ - ㉠

15 〈보기 1〉에서 나타나는 폐단을 해결하기 위한 정책과 관련하여 바르게 서술한 것을 〈보기 2〉에서 모두 고른 것은?

─── 〈보기 1〉 ───

여러 도감에 바치는 물품은 각 고을에서 현물로 바치려고 해도 여러 궁방에서 방납하는 것을 이롭게 여겨 각 고을에다 협박을 가하여 손을 쓸 수 없도록 합니다. 그리고는 그들의 사물(私物)로 자신에게 납부하게 하고 억지로 높은 값을 정하는데 거위나 오리 한 마리의 값이 소나 말 한 마리이며 조금만 시일을 지체하면 갑절로 징수합니다.

－『선조실록』－

─── 〈보기 2〉 ───

㉠ 풍흉에 관계없이 토지 1결당 4~6두의 세금을 징수했다.
㉡ 공물을 토지의 결수에 따라 쌀, 무명, 동전 등으로 납부하게 했다.
㉢ 이 정책의 실시로 정부에 관수품을 조달하는 공인이 등장했다.

① ㉠
② ㉡
③ ㉠, ㉡
④ ㉡, ㉢

16 〈보기〉의 조선 후기 호락 논쟁에 대한 설명 중 성격이 다른 것은?

─── 〈보 기〉 ───

㉠ 조선을 중화로, 청을 오랑캐로 보는 명분론으로 이어진다.
㉡ 조선 후기 실학 운동으로 이어지는 사상적 기반이 되었다.
㉢ 주로 충청도 지역의 학자들이 중심이 되었다.
㉣ 대표적인 학자로는 한원진이 있다.

① ㉠
② ㉡
③ ㉢
④ ㉣

17 〈보기〉의 선언문이 발표된 이후에 일어난 변화로 가장 옳은 것은?

─〈보 기〉─

오늘 우리는 전 세계 이목이 우리를 주시하는 가운데 40년 독재 정치를 청산하고 희망찬 민주 국가를 건설하기 위한 거보를 전 국민과 함께 내딛는다. 국가의 미래요 소망인 꽃다운 젊은이를 야만적인 고문으로 죽여 놓고 그것도 모자라 뻔뻔스럽게 국민을 속이려 했던 현 정권에게 국민의 분노가 무엇인지를 분명히 보여주고, 국민적 여망인 개헌을 일방적으로 파기한 4·13폭거를 철회시키기 위한 민주 장정을 시작한다.

① 해방 이후 단절되었던 일본과의 국교가 정상화되었다.
② 내각 책임제와 양원제 국회를 특징으로 하는 개헌이 이루어졌다.
③ 장기적인 경제 발전을 위해 경제 개발 5개년 계획을 수립하였다.
④ 연임이 안 되는 임기 5년의 대통령을 직선제로 선출하게 되었다.

18 〈보기〉의 밑줄 친 '왕'의 재위 기간에 일어난 일이 아닌 것은?

─〈보 기〉─

재위 12년 신미년에 왕이 거칠부 및 대각찬 구진, 각찬 비태, 잡찬 탐지, 잡찬 비서, 파진찬 노부, 파진찬 서력부, 대아찬 비차부, 아찬 미진부 등 여덟 장군에게 명하여 백제와 더불어 고구려를 공격하도록 하였다. 백제인들이 먼저 평양을 공격하여 깨트리자, 거칠부 등은 승기를 타서 죽령 바깥, 고현 이내의 10군을 빼앗았다.

─『삼국사기』─

① 대가야를 정벌하여 가야 연맹을 소멸시켰다.
② 인재를 양성하기 위하여 화랑도를 국가적 조직으로 개편하였다.
③ 자장의 건의를 받아들여 황룡사 9층 목탑을 건립하였다.
④ 신라의 역사를 정리하여 국사를 편찬하였다.

19 〈보기〉에서 일제 강점기의 의식주 변화에 해당하는 것을 모두 고른 것은?

─〈보 기〉─

㉠ 음식 조리 과정에서 왜간장, 조미료 등을 사용하였다.
㉡ 도시 인구 급증의 후유증으로 토막(土幕)집이 등장하였다.
㉢ 일제 말 여성들이 일본식 노동복인 몸뻬의 착용을 강요당하였다.
㉣ 경성의 경우, 북촌에는 조선인이, 남촌에는 일본인이 주로 거주하였다.

① ㉠, ㉢
② ㉠, ㉣
③ ㉡, ㉢, ㉣
④ ㉠, ㉡, ㉢, ㉣

20 〈보기〉에서 ㉠에 들어갈 나라에 대한 설명으로 가장 옳은 것은?

─〈보 기〉─

신(臣) 아무개가 아룁니다. 본국 숙위원의 보고를 접하니, 지난 건녕 4년 7월에 　㉠　의 하정사(賀正使)인 왕자 대봉예가 호소문을 올려 그들이 우리보다 위에 있도록 허락해 주기를 청했다고 합니다. 삼가 칙지를 받들건대, "나라 이름의 선후는 본래 강약을 따져서 칭하는 것이 아니다. 조정 제도의 등급을 지금 어떻게 성쇠를 가지고 고칠 수가 있겠는가. 그동안의 관례대로 함이 당연하니, 이 지시를 따르도록 하라."라는 내용이었습니다.

─『고운집』─

① 마진, 태봉 등의 국호를 사용하였다.
② 당으로부터 해동성국이라는 칭호를 들었다.
③ 백제의 부흥을 내걸고 완산주에 도읍을 정했다.
④ 지금의 황해도 지역에 패강진이라는 군진을 개설하였다.

✅ 회독 CHECK 1 2 3

01 〈보기〉에서 설명하는 시대의 문화 유산으로 옳은 것은?

─── 〈보 기〉───

- 주로 움집에서 거주하였다.
- 유적은 주로 큰 강이나 해안 지역에서 발견된다.
- 농경 생활을 시작하였고, 조 · 피 등을 재배하였다.

① 고인돌
② 세형 동검
③ 거친무늬 거울
④ 빗살무늬 토기

02 〈보기〉는 대한민국 헌법 개정을 시기순으로 나열한 것이다. (가)와 (나)에 들어갈 내용으로 옳은 것은?

─── 〈보 기〉───

제6차 1969년	제7차 1972년	제8차 1980년	제9차 1987년
대통령 3선 허용	유신 헌법 대통령 간선제 (임기 6년)	(가) (7년 단임)	(나) (5년 단임)

	(가)	(나)
①	대통령 간선제	대통령 직선제
②	대통령 직선제	대통령 직선제
③	대통령 간선제	대통령 간선제
④	대통령 직선제	대통령 간선제

03 〈보기〉의 밑줄 친 '이 법'을 제정한 왕의 업적으로 옳은 것은?

─── 〈보 기〉───

임진왜란 이후 군역 대신 군포를 징수하여 1년에 2필을 납부하게 하였다. 그런데 군적이 제대로 정리되지 않았고, 지방관의 농간까지 겹쳐 실제 납부액이 훨씬 많았다. 이에 이 법을 제정하여 군포 부담을 절반으로 줄여 주었다.

① 『속대전』을 편찬하였다.
② 『대전통편』을 편찬하였다.
③ 『대전회통』을 편찬하였다.
④ 『경국대전』을 편찬하였다.

04 〈보기〉는 동학 농민 전쟁에 관련된 주요 사건을 표로 나타낸 것이다. 청 · 일 전쟁이 발발된 시기는?

─── 〈보 기〉───

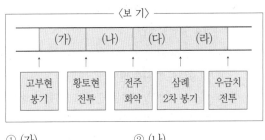

① (가)
② (나)
③ (다)
④ (라)

05 〈보기〉의 사건이 있었던 시기의 사실로 가장 옳은 것은?

――――――〈보 기〉――――――
가을 9월에 고구려 왕 거련(巨璉)이 군사 3만 명을 이끌고 왕도(王都) 한성을 포위하였다. 왕은 성문을 닫고 나가 싸우지 않았다. … 왕은 곤궁하여 어찌할 바를 모르다가, 기병 수십을 거느리고 성문을 나가 서쪽으로 도망쳤다. 고구려인이 쫓아가 그를 살해하였다.
－『삼국사기』－

① 성왕이 신라군에게 살해되었다.
② 신라가 건원이라는 연호를 사용하였다.
③ 을지문덕이 살수에서 수의 군대를 물리쳤다.
④ 고구려가 중국의 남북조와 동시에 교류하였다.

06 〈보기〉에서 발해 문화가 고구려를 계승하였음을 보여주는 문화 유산을 모두 고른 것은?

――――――〈보 기〉――――――
㉠ 온돌 장치　　　　㉡ 벽돌 무덤
㉢ 굴식 돌방 무덤　　㉣ 주작대로

① ㉠, ㉡　　　　　　② ㉠, ㉢
③ ㉡, ㉣　　　　　　④ ㉢, ㉣

07 〈보기〉의 (가)~(라)에 대한 설명으로 가장 옳은 것은?

――――――〈보 기〉――――――
(가) 한국 광복군　　(나) 한인 애국단
(다) 한국 독립군　　(라) 조선 혁명군

① (가) – 미 전략 사무국(OSS)과 협력하여 국내 진공 작전을 계획하였다.
② (나) – 중국 관내 최초의 한인 무장 부대로, 중국 국민당 정부의 지원을 받았다.
③ (다) – 양세봉이 이끄는 군대로, 영릉가 전투와 흥경성 전투에서 일본군을 격퇴하였다.
④ (라) – 지청천이 이끄는 군대로, 항일 중국군과 함께 쌍성보 전투, 동경성 전투 등에서 일본군을 격퇴하였다.

08 〈보기〉와 같이 기록된 고려 무신 정권기 집권자는?

――――――〈보 기〉――――――
경주 사람이다. 아버지는 소금과 체(篩)를 파는 것을 업(業)으로 하였고, 어머니는 연일현(延日縣) 옥령사(玉靈寺)의 노비였다. … 그는 수박(手搏)을 잘했기에 의종의 총애를 받아 대정에서 별장으로 승진하였고, … 그가 무신 정변 때 참여하여 죽인 사람이 많으므로 중랑장(中郎將)으로 임명되었다가 얼마 후 장군으로 승진하였다.
－『고려사』권128, 반역전 －

① 최충헌　　　　　　② 김준
③ 임연　　　　　　　④ 이의민

09 〈보기〉의 법령이 실시된 시기에 일어난 민주화 운동으로 가장 옳은 것은?

――――――〈보 기〉――――――
모두 9차례 발표된 법령으로 마지막으로 선포된 9호에 따르면 헌법을 부정·반대 또는 개정을 요구하거나 이를 보도하면 영장 없이 체포할 수 있었다. 이로 인해 많은 학생, 지식인, 야당 정치인, 기자 등이 구속되었다.

① 3선 개헌 반대 운동이 일어났다.
② 3·1 민주 구국 선언이 발표되었다.
③ 민주 헌법 쟁취 국민 운동 본부가 결성되었다.
④ 신민당이 직선제 개헌을 위한 서명 운동을 전개하였다.

10 〈보기〉의 밑줄 친 '왕'이 재위하던 시기에 대한 설명으로 가장 옳은 것은?

〈보 기〉

왕이 명령하여 노비를 안검하고 시비를 살펴 분별하게 하였다. (이 때문에) 종이 그 주인을 배반하는 자가 헤아릴 수 없을 정도였다. 이 때문에 윗사람을 능멸하는 기풍이 크게 행해지니, 사람들이 모두 원망하였다. 왕비가 간절히 말렸는데도 듣지 않았다.

---

① 서경 천도를 추진하였다.
② 광덕, 준풍 등의 연호를 사용하였다.
③ 지방관을 파견하고 향리 제도를 마련하였다.
④ 기인 제도를 최초로 실시하여 호족들을 통제하였다.

11 〈보기〉의 (가), (나) 문서에 대한 설명으로 가장 옳지 않은 것은?

〈보 기〉

(가) 대한제국의 정치는 이전으로 보면 500년 전래하시고 이후로 보면 만세에 걸쳐 불변하오실 전제 정치니라.
(나) 외국인에게 의부 아니하고 관민이 동심 합력하여 전제 황권을 견고케 할 것.

---

① (가)에서는 입법 · 사법 · 행정의 모든 권력이 황제에게 있음을 천명하였다.
② (나)에서는 정부의 예산과 결산을 인민에게 공표할 것을 주장하였다.
③ (나)를 수용한 고종은 조칙 5조를 반포하였다.
④ (가)에 따른 전제 정치 선포에 반발하며 독립 협회는 의회 개설 운동을 전개하였다.

12 〈보기〉의 (가), (나) 시기 사이에 있었던 사실로 가장 옳은 것은?

〈보 기〉

(가) 고구려는 백제를 선제 공격하였다가 패하고 고국원왕이 전사하는 위기를 맞았다.
(나) 왜의 침입을 받은 신라를 구원하기 위해 원병을 보내고 낙동강 하류까지 진출하였다.

---

① 수도를 평양성으로 천도하였다.
② 낙랑군을 축출하고 대동강 유역을 차지하였다.
③ 요서 지역에 대해 선제 공격을 감행하였다.
④ 태학을 설립하고 율령을 반포하여 체제 안정화 정책을 실시하였다.

13 〈보기〉의 (가) 인물에 대한 설명으로 가장 옳은 것은?

〈보 기〉

• 태조는 정예 기병 5천 명을 거느리고 공산(公山) 아래에서 ___(가)___ 을/를 맞아서 크게 싸웠다. 태조의 장수 김락과 신숭겸은 죽고 모든 군사가 패하였으며, 태조는 겨우 죽음을 면하였다.
• ___(가)___ 이/가 크게 군사를 일으켜 고창군(古昌郡)의 병산 아래에 가서 태조와 싸웠으나 이기지 못하였다. 전사자가 8천여 명이었다.

---

① 오월에 사신을 보내 교류하였다.
② 송악에서 철원으로 도읍을 옮겼다.
③ 기훤, 양길의 휘하에서 세력을 키웠다.
④ 예성강을 중심으로 성장한 해상 세력이다.

14 〈보기〉의 사건들을 일어난 순서대로 바르게 나열한 것은?

─── 〈보 기〉 ───
㉠ 동아일보와 조선일보가 창간되었다.
㉡ 동경 유학생들이 2 · 8 독립 선언을 하였다.
㉢ 순종의 국장일에 만세 시위 사건이 일어났다.
㉣ 조선어 학회가 한글 맞춤법 통일안을 발표하였다.

① ㉠ - ㉢ - ㉡ - ㉣
② ㉡ - ㉠ - ㉢ - ㉣
③ ㉢ - ㉣ - ㉡ - ㉠
④ ㉣ - ㉠ - ㉢ - ㉡

15 〈보기〉의 사건들을 일어난 순서대로 바르게 나열한 것은?

─── 〈보 기〉 ───
㉠ 남인이 제2차 예송을 통해 집권하였다.
㉡ 노론과 소론이 민비를 복위하는 과정을 거쳐 집권
  하였다.
㉢ 서인은 허적이 역모를 꾸몄다고 고발하여 남인을
  축출하고 집권하였다.
㉣ 남인은 장희빈이 낳은 왕자가 세자로 책봉되는 과
  정을 거쳐 집권하였다.

① ㉠ - ㉢ - ㉣ - ㉡
② ㉡ - ㉣ - ㉢ - ㉠
③ ㉢ - ㉠ - ㉡ - ㉣
④ ㉣ - ㉢ - ㉠ - ㉡

16 〈보기〉에서 고려 시대 회화 작품을 모두 고른 것은?

─── 〈보 기〉 ───
㉠ 고사관수도
㉡ 부석사 조사당 벽화
㉢ 예성강도
㉣ 송하보월도

① ㉠, ㉢   ② ㉠, ㉣
③ ㉡, ㉢   ④ ㉡, ㉣

17 〈보기〉에 나타난 사건과 시기상 가장 먼 것은?

─── 〈보 기〉 ───
처음 충주 부사 우종주가 매양 장부와 문서로 인하여
판관 유홍익과 틈이 있었는데, 몽골군이 장차 쳐들어
온다는 말을 듣고 성 지킬 일을 의논하였다. 그런데
의견상 차이가 있어서 우종주는 양반 별초를 거느리
고, 유홍익은 노군과 잡류별초를 거느리고 서로 시기
하였다. 몽골군이 오자 우종주와 유홍익은 양반 등과
함께 다 성을 버리고 도주하고, 오직 노군과 잡류만
이 힘을 합하여 쳐서 이를 쫓았다.

① 처인성에서 몽골 장수를 사살하였다.
② 진주의 공 · 사노비와 합주의 부곡민이 합세하였다.
③ 수도를 강화도로 옮기고 주민을 산성과 섬으로 피난
  시켰다.
④ 몽골군이 경주의 황룡사 9층탑을 불태웠다.

18 〈보기〉의 제도가 처음 시행된 시기의 군사 제도에 대
한 설명으로 가장 옳은 것은?

─── 〈보 기〉 ───
경성과 지방의 군사에 보인을 지급하는 데 차등이 있
다. 장기 복무하는 환관도 2보를 지급한다. 장정 2인
을 1보로 하고, 갑사에게는 2보를 지급한다. 기병,
수군은 1보 1정을 준다. 보병, 봉수군은 1보를 준다.
보인으로서 취재에 합격하면 군사가 될 수 있다.

① 중앙군을 5군영으로 편성하였다.
② 2군 6위가 중앙과 국경을 수비하였다.
③ 지방군은 진관 체제를 바탕으로 조직되었다.
④ 양반부터 노비까지 모두 속오군에 편입시켰다.

19 〈보기〉와 같은 주장을 편 인물에 대한 설명으로 가장 옳은 것은?

― 〈보 기〉 ―

토지 소유를 제한하는 법령을 세우십시오. 모년 모월 이후부터 제한된 토지보다 많은 자는 더 가질 수 없고, 그 법령 이전부터 소유한 것은 비록 광대한 면적이라 해도 불문에 부치며, 그 자손에게 분급해 주는 것은 허락하고, 혹시 사실대로 하지 않고 숨기거나 법령 이후에 제한을 넘어 더 점유한 자는 백성이 적발하면 백성에게 주고, 관아에서 적발하면 관아에서 몰수하십시오. 이렇게 한다면 수십 년이 못 가서 전국의 토지는 균등하게 될 것입니다.

― 『한민명전의』 ―

① 『북학의』를 저술하여 청 문물의 수용을 역설하였다.

② 「양반전」, 「호질」 등을 지어 놀고먹는 양반을 비판하였다.

③ 화폐 제도의 문제점을 지적하며 폐전론을 주장하였다.

④ 마을 단위로 토지를 공동 경작하여 분배할 것을 제안하였다.

20 〈보기〉의 자료와 관련된 개혁의 내용으로 가장 옳은 것은?

― 〈보 기〉 ―

• 청 나라에 의존하는 생각을 끊어버리고 자주 독립의 터전을 튼튼히 세운다.

• 왕실에 관한 사무와 나라 정사에 관한 사무는 반드시 분리시키고 서로 뒤섞지 않는다.

• 조세나 세금을 부과하는 것과 경비를 지출하는 것은 모두 탁지아문에서 관할한다.

• 의정부와 각 아문의 직무와 권한을 명백히 제정한다.

• 지방 관제를 빨리 개정하여 지방 관리의 직권을 제한한다.

① 지방에 진위대를 설치하고, 건양이라는 연호를 제정하였다.

② 내각 제도를 수립하고, 인민 평등권 확립과 조세 개혁 등을 추진하였다.

③ 의정부를 내각으로 개편하고, 지방 제도를 8도에서 23부로 바꾸었다.

④ 전라도 53군에 자치적 민정 기구인 집강소가 설치되었다.

✔ 회독 CHECK 1 2 3

01 〈보기〉의 밑줄 친 '그'의 저술로 가장 옳은 것은?

─── 〈보 기〉 ───

그는 당나라로 가던 도중 진리는 마음속에 있음을 깨닫고 유학을 포기하였다. 여러 종파의 갈등을 보다 높은 수준에서 융화, 통일시키려 하였으므로, 훗날 화쟁국사(和諍國師)로 추앙받았다.

① 『해동고승전』
② 『대승기신론소』
③ 『왕오천축국전』
④ 『화엄일승법계도』

02 〈보기〉의 개헌 시기를 순서대로 바르게 나열한 것은?

─── 〈보 기〉 ───

㉠ 대통령 3회 연임 허용
㉡ 대통령 직선제 및 5년 단임
㉢ 대통령 직선제, 국회 양원제
㉣ 대통령은 통일 주체 국민 회의에서 간선

① ㉠ - ㉡ - ㉣ - ㉢
② ㉡ - ㉢ - ㉠ - ㉣
③ ㉢ - ㉠ - ㉣ - ㉡
④ ㉣ - ㉡ - ㉢ - ㉠

03 〈보기〉의 글을 쓴 학자의 주장에 대한 설명으로 가장 옳은 것은?

─── 〈보 기〉 ───

검소하다는 것은 물건이 있어도 남용하지 않는 것을 말하는 것이지 자신에게 물건이 없다 하여 스스로 단념하는 것을 말하는 것이 아니다. 지금 우리나라 안에는 구슬을 캐는 집이 없고 시장에 산호 따위의 보배가 없다. 또 금과 은을 가지고 가게에 들어가도 떡을 살 수 없는 형편이다. …… 이것은 물건을 이용하는 방법을 모르기 때문이다. 이용할 줄 모르니 생산할 줄 모르고, 생산할 줄 모르니 백성은 나날이 궁핍해지는 것이다.

① 균전론을 내세워 사농공상 직업에 따라 토지를 분배하여 자영농을 육성할 것을 주장하였다.
② 상공업을 육성하고 선박, 수레, 벽돌 등 발달된 청의 기술을 적극적으로 수용하자고 제안하였다.
③ 처음에는 여전론, 이후에는 정전제를 내세워 자영농 육성을 위한 토지 제도 개혁을 주장하였다.
④ 통일 신라와 발해가 병립한 시기를 남북국 시대로 설정하여 발해를 우리 역사의 체계 속에 적극적으로 포용하였다.

04 조선 후기 광업에 대한 설명으로 가장 옳지 않은 것은?

① 정부의 통제 정책으로 잠채가 사라졌다.
② 자본과 경영이 분리된 생산 방식이었다.
③ 청과의 무역으로 은의 수요가 증가하였다.
④ 17세기 이후 민간인의 광산 채굴을 허용하였다.

05 고려의 지방 제도에 대한 설명으로 옳은 것을 〈보기〉에서 모두 고른 것은?

───── 〈보 기〉 ─────

ㄱ. 양계 지역은 계수관이 관할하였다.

ㄴ. 수령이 파견된 주현보다 수령이 파견되지 않은 속현의 수가 많았다.

ㄷ. 성종 때 12목이 설치되었다.

ㄹ. 향·소·부곡 등의 특수 행정 조직이 있었다.

① ㄱ, ㄴ, ㄷ

② ㄱ, ㄴ, ㄹ

③ ㄱ, ㄷ, ㄹ

④ ㄴ, ㄷ, ㄹ

06 〈보기〉의 ㉠에 해당하는 인물에 대한 설명으로 가장 옳은 것은?

───── 〈보 기〉 ─────

(㉠)의 노비인 만적 등 여섯 명이 북산(北山)에 나무하러 갔다가 공사(公私) 노비들을 모아 놓고 말하기를, "장군과 재상이 어찌 타고난 씨가 따로 있겠는가? 때만 만나면 누구나 될 수 있는 것이다. 우리라고 어찌 뼈 빠지게 일만 하고 채찍 아래에서 고통만 당하겠는가?"라고 하였다. …(중략)… "각자 자기 주인들을 때려 죽이고 노비 문서를 불태워버리자. 이로써 이 나라에 다시는 천인이 없게 하면, 공경장상을 우리들이 모두 차지할 수 있을 것이다."라고 하였다.

① 교정도감을 설치하여 국정을 장악하는 한편 도방을 통해 군사적 기반을 강화하였다.

② 노비안검법을 실시하여 억울하게 노비가 된 자를 해방하였다.

③ 풍수지리설을 앞세워 서경 천도를 적극 추진하였다.

④ 딸들을 왕에게 시집보내어 권력을 잡고 척준경과 함께 난을 일으켰다.

07 〈보기〉의 사설이 발표되는 계기가 된 사건에 대한 설명으로 가장 옳은 것은?

───── 〈보 기〉 ─────

…… 그러나 슬프도다. 저 개돼지만도 못한 이른바 우리 정부의 대신이란 자들은 자기 일신의 영달과 이익이나 바라면서 위협에 겁먹어 머뭇대거나 벌벌 떨며 나라를 팔아먹는 도적이 되기를 감수하였던 것이다. 아, 4,000년의 강토와 500년의 사직을 다른 나라에 갖다 바치고, 2,000만 국민을 타국의 노예가 되게 하였으니, …… 아! 원통한지고, 아! 분한지고. 우리 2,000만 타국인의 노예가 된 동포여! 살았는가, 죽었는가? 단군, 기자 이래 4,000년 국민 정신이 하룻밤 사이에 갑자기 망하고 말 것인가. 원통하고 원통하다. 동포여! 동포여!

① 친러 성향의 내각이 수립되어 러시아의 정치적 간섭이 강화되었고, 열강의 이권 침탈도 심해졌다.

② 러·일 전쟁 승리 이후 일본은 대한제국의 외교권을 박탈하는 조약을 체결하여 대한제국을 일본의 보호국으로 만들었다.

③ 일본은 헤이그 특사 파견을 문제 삼아 고종 황제를 강제로 퇴위시키고, 대한제국의 군대를 해산하는 조약을 체결했다.

④ 총리 대신 이완용과 조선 통감 데라우치 사이에 조약이 체결되어 국권을 상실하였다.

08 〈보기〉의 고려 토지 제도 (가)~(라) 각각에 대한 설명으로 가장 옳지 않은 것은?

> ─── 〈보 기〉 ───
>
> (가) 조신(朝臣)이나 군사들의 관계(官階)를 따지지 않고 그 사람의 성품, 행동의 선악(善惡), 공로의 크고 작음을 보고 차등 있게 역분전을 지급하였다.
>
> (나) 경종 원년 11월에 비로소 직관(職官), 산관(散官)의 각 품(品)의 전시과를 제정하였다.
>
> (다) 목종 원년 12월에 양반 및 군인들의 전시과를 개정하였다.
>
> (라) 문종 30년에 양반 전시과를 다시 개정하였다.

① (가) - 후삼국 통일 전쟁에 공이 있는 사람들에게 지급하였다.

② (나) - 인품을 반영하여 토지를 지급하였다.

③ (다) - 실직이 없는 산관은 토지 지급 대상에서 제외되었다.

④ (라) - 현직 관리에게만 토지가 지급되고, 문·무관의 차별이 거의 사라졌다.

09 〈보기〉의 정책이 시행된 왕대에 대한 설명으로 가장 옳은 것은?

> ─── 〈보 기〉 ───
>
> 백성들이 육전[육의전(六矣廛)] 이외에는 허가받은 시전 상인들과 같이 장사를 할 수 있도록 하셨다. 채제공이 아뢰기를 "(전략) 마땅히 평시서(平市署)로 하여금 20, 30년 사이에 새로 벌인 영세한 가게 이름을 조사해 내어 모조리 없애도록 하고, 형조와 한성부에 분부하여 육전이 아니라면 난전이라 하여 잡혀 오는 자들을 처벌하지 말도록 할 뿐만 아니라 잡아 온 자를 처벌하시면, 장사하는 사람들은 서로 매매하는 이익이 있을 것이고 백성들도 가난에 대한 걱정이 없어질 것입니다. 그 원망은 신이 스스로 감당하겠습니다."라고 하니 왕께서 따랐다.

① 법령을 정비하여 속대전을 편찬하였다.

② 청과 국경선을 정하고 백두산정계비를 세웠다.

③ 조세 제도를 개편하여 영정법을 시행하였다.

④ 인재를 양성하기 위해 초계문신제를 시행하였다.

10 〈보기〉에서 설명하는 책의 제목으로 가장 옳은 것은?

> ─── 〈보 기〉 ───
>
> • 1433년(세종 15)에 편찬되었다.
> • 각종 병론(病論)과 처방을 적었다.
> • 전통적인 경험에 기초했다.
> • 조선의 약재를 중시했다.

① 『향약집성방』

② 『동의보감』

③ 『금양잡록』

④ 『칠정산』

11 〈보기 1〉의 밑줄 친 '이 법'에 대한 옳은 설명을 〈보기 2〉에서 모두 고른 것은?

> ─── 〈보기 1〉 ───
>
> 영의정 이원익이 아뢰기를, "각 고을에서 바치는 공물이 각급 관청의 방납인들에 의해 중간에서 막혀 물건 하나의 가격이 몇 배 또는 몇 십 배, 몇 백 배가 되어 그 폐단이 이미 고질화되었습니다. 그러니 지금 마땅히 별도로 하나의 청을 설치하여 이 법을 시행하도록 하소서."라고 하니 왕이 따랐다.

> ─── 〈보기 2〉 ───
>
> ㉠ 이 법이 실시된 뒤 현물 징수가 완전히 없어졌다.
> ㉡ 처음에는 경기도에서 시험적으로 시행되었다.
> ㉢ 과세 기준을 가호 단위에서 토지 결수로 바꾸었다.
> ㉣ 풍흉의 정도에 따라 조세 액수를 조정하였다.

① ㉠, ㉡

② ㉠, ㉢

③ ㉡, ㉢

④ ㉢, ㉣

12 〈보기〉의 유물들이 발견되는 시대에 대한 설명으로 가장 옳은 것은?

———— 〈보 기〉 ————

- 이른 민무늬 토기   • 덧무늬 토기
- 눌러찍기무늬 토기   • 빗살무늬 토기

① 세형 동검, 잔무늬 거울 등을 사용하였다.

② 고인돌과 돌널무덤을 사용하였다.

③ 공주 석장리 유적과 청원 두루봉 동굴 유적이 대표적인 유적지이다.

④ 갈돌과 갈판 등 간석기를 사용하였다.

13 〈보기〉에서 설명하는 나라의 법률로 가장 옳지 않은 것은?

———— 〈보 기〉 ————

은력(殷曆) 정월에 하늘에 제사를 지내며 나라에서 대회를 열어 연일 마시고 먹고 노래하고 춤추는데, 영고(迎鼓)라고 한다. 이때 형옥(刑獄)을 중단하여 죄수를 풀어 주었다.

– 『삼국지』 권30, 「위서」 30 오환선비동이전 –

① 남에게 상처를 입힌 자는 곡식으로 갚게 했다.

② 도둑질을 하면 그 물건의 12배를 변상케 했다.

③ 형벌이 매우 엄하여 사람을 죽인 사람은 사형에 처하고 그 집안 사람은 노비로 삼았다.

④ 남녀 간에 간음을 하거나 투기하는 부인은 모두 죽였다.

14 〈보기〉의 글을 쓴 인물의 주장과 같은 입장에 대한 설명으로 가장 옳은 것은?

———— 〈보 기〉 ————

우리 조선의 역사적 발전의 전 과정은 가령, 지리적 조건, 인종학적 골상, 문화 형태의 외형적 특징 등에서 다소의 차이는 인정되더라도, 외관적인 소위 특수성은 다른 문화 민족의 역사적 발전 법칙과 구별되어야 하는 독자적인 것은 아니며, 세계사적 · 일원론적인 역사 법칙에 의해 다른 여러 민족과 거의 같은 궤도로 발전 과정을 거쳐온 것이다.

① 민족 정신을 강조하여 우리의 고유한 특색과 전통을 찾았다.

② 신채호와 박은식의 사학을 계승하였다.

③ 역사학의 주관적 해석을 배제하고 문헌 고증을 중시하였다.

④ 한국사의 발전 과정을 사회 경제 사학의 관점에서 서술하였다.

15 〈보기〉의 사건들을 시간순으로 바르게 나열한 것은?

———— 〈보 기〉 ————

㉠ 신라 – 건원(建元)이라는 독자적인 연호를 만들었다.

㉡ 가야 – 대가야가 멸망하면서 가야 연맹이 완전히 해체되었다.

㉢ 고구려 – 낙랑군을 완전히 몰아내고 대동강 유역을 확보하였다.

㉣ 백제 – 수도인 한성이 함락되고 왕이 죽자 도읍을 웅진으로 옮겼다.

① ㉠ – ㉡ – ㉢ – ㉣

② ㉡ – ㉢ – ㉣ – ㉠

③ ㉢ – ㉣ – ㉠ – ㉡

④ ㉣ – ㉠ – ㉡ – ㉢

16 〈보기〉의 밑줄 친 '왕'에 대한 설명으로 가장 옳은 것은?

───── 〈보 기〉 ─────

왕이 행차에서 돌아와 그 대나무로 피리를 만들어 월성의 천존고(天尊庫)에 간직하였다. 이 피리를 불면 적병이 물러가고 병이 나으며, 가뭄에는 비가 오고 장마에는 날씨가 개며, 바람이 잦아지고 물결이 평온해졌다. 이를 만파식적으로 부르고 나라의 보물이라 칭하였다.

– 『삼국유사』 –

① 녹읍을 부활시켰다.
② 9주 5소경을 설치하였다.
③ 정전을 지급하였다.
④ 고구려 부흥 운동을 지원하였다.

17 〈보기〉의 조약이 체결된 이후에 일어난 사건으로 가장 옳지 않은 것은?

───── 〈보 기〉 ─────

〈제1관〉 조선국은 자주국으로서 일본국과 평등한 권리를 보유한다.
〈제7관〉 조선의 연해 도서는 지극히 위험하므로 일본의 항해자가 자유로이 해안을 측량함을 허가한다.

① 만동묘가 철폐되었다.
② 이범윤이 간도 시찰원으로 파견되었다.
③ 통리기무아문이 설치되었다.
④ 영남 유생들이 만인소를 올렸다.

18 〈보기〉의 조선 시대 사건을 시간순으로 바르게 나열한 것은?

───── 〈보 기〉 ─────

㉠ 기묘사화   ㉡ 을묘왜변
㉢ 계유정난   ㉣ 무오사화

① ㉠ – ㉡ – ㉢ – ㉣
② ㉡ – ㉢ – ㉣ – ㉠
③ ㉢ – ㉣ – ㉠ – ㉡
④ ㉣ – ㉠ – ㉡ – ㉢

19 〈보기〉는 동학 농민군이 제시한 「폐정 개혁안」 12개조 중 일부이다. 이 중 갑오개혁에 반영된 것을 모두 고른 것은?

───── 〈보 기〉 ─────

㉠ 무명의 잡다한 세금은 일체 거두지 않는다.
㉡ 토지는 균등히 나누어 경작한다.
㉢ 왜와 통하는 자는 엄중히 징벌한다.
㉣ 젊어서 과부가 된 여성의 재혼을 허용한다.

① ㉠, ㉡   ② ㉠, ㉣
③ ㉡, ㉢   ④ ㉢, ㉣

20 〈보기〉의 독립운동 단체 결성 시기를 순서대로 바르게 나열한 것은?

───── 〈보 기〉 ─────

㉠ 조선 의용대
㉡ 의열단
㉢ 참의부
㉣ 대한 광복회
㉤ 근우회

① ㉠ – ㉡ – ㉢ – ㉤ – ㉣
② ㉡ – ㉢ – ㉤ – ㉠ – ㉣
③ ㉢ – ㉣ – ㉤ – ㉡ – ㉠
④ ㉣ – ㉡ – ㉢ – ㉤ – ㉠

한국사 | 2019년 서울시 9급

모바일 OMR

✓ 회독 CHECK 1 2 3

01 고조선을 주제로 한 학술 대회를 개최할 경우, 언급될 내용으로 가장 적절하지 않은 것은?

① 위만의 이동과 집권 과정
② 진대법과 빈민 구제
③ 범금 8조(8조법)에 나타난 사회상
④ 비파형 동검 문화권과 국가의 성립

02 〈보기〉에서 백제의 발전 과정을 순서대로 바르게 나열한 것은?

— 〈보 기〉 —
ㄱ 6좌평제와 16관등제 및 백관의 공복을 제정하였다.
ㄴ 고구려의 평양성을 공격하였다.
ㄷ 지방에 22담로를 설치하였다.
ㄹ 불교를 받아들여 통치 이념을 정비하였다.

① ㄱ → ㄴ → ㄷ → ㄹ
② ㄱ → ㄴ → ㄹ → ㄷ
③ ㄴ → ㄹ → ㄷ → ㄱ
④ ㄹ → ㄴ → ㄷ → ㄱ

03 〈보기〉에서 밑줄 친 '이 나라'에 대한 설명으로 가장 옳은 것은?

— 〈보 기〉 —
천지가 개벽한 뒤로 이곳에는 아직 나라가 없고 또한 왕과 신하도 없었다. 단지 아홉 추장이 각기 백성을 거느리고 농사를 지으며 살았다. … 아홉 추장과 사람들이 노래하고 춤추면서 하늘을 보니 얼마 뒤 자주색 줄이 하늘로부터 내려와서 땅에 닿았다. 줄 끝을 찾아보니 붉은 보자기에 금빛 상자가 싸여 있었다. 상자를 열어 보니 황금색 알 여섯 개가 있었다. … 열사흘째 날 아침에 다시 모여 상자를 열어 보니 여섯 알이 어린아이가 되어 있었다. 용모가 뛰어나고 바로 앉았다. 아이들이 나날이 자라 십수 일이 지나니 키가 9척이나 되었다. 얼굴은 한고조, 눈썹은 당의 요 임금, 눈동자는 우의 순임금과 같았다. 그달 보름에 맏이를 왕위에 추대하였는데, 그가 곧 이 나라의 왕이다.

— 『삼국유사』 —

① 중국 동진으로부터 불교를 받아들여 왕실의 권위를 높였다.
② 재상을 뽑을 때 정사암에 후보 이름을 써서 넣은 상자를 봉해 두었다.
③ 큰일이 있을 때에는 반드시 화백 제도를 통해 여러 사람의 의견을 따랐다.
④ 철기를 만들 때 사용하는 덩이쇠를 화폐와 같은 교환 수단으로 이용하기도 하였다.

04 발해의 사회 모습에 대한 설명으로 가장 옳지 않은 것은?

① 주민은 고구려 유민과 말갈인으로 구성되었다.

② 중앙 문화는 고구려 문화를 바탕으로 당의 문화가 가미된 형태를 보였다.

③ 당, 신라, 거란, 일본 등과 무역하였는데, 대신라 무역의 비중이 가장 컸다.

④ 유학 교육 기관인 주자감을 설치하여 귀족 자제에게 유교 경전을 가르쳤다.

05 삼국의 사회·문화에 관한 설명으로 가장 옳지 않은 것은?

① 고구려는 영양왕 때 이문진이 『유기』를 간추려 『신집』 5권을 편찬했다.

② 백제의 승려 원측은 당나라에 가서 유식론(唯識論)을 발전시켰다.

③ 신라의 진흥왕은 두 아들의 이름을 동륜 등으로 짓고 자신은 전륜성왕으로 자처했다.

④ 백제 말기에는 미래에 중생을 구제한다는 미륵 신앙이 유행하기도 하였다.

06 고려 시대 군사 제도에 대한 설명으로 가장 옳지 않은 것은?

① 북방의 양계 지역에는 주현군을 따로 설치하였다.

② 2군(二軍)인 응양군과 용호군은 왕의 친위 부대였다.

③ 6위(六衛) 중의 감문위는 궁성과 성문 수비를 맡았다.

④ 직업 군인인 경군에게 군인전을 지급하고 그 역을 자손에게 세습시켰다.

07 〈보기〉의 (가), (나)와 같은 건의를 받은 국왕에 대한 설명으로 가장 옳은 것은?

> ─── 〈보 기〉 ───
>
> (가) 우리 태조께서는 나라를 통일한 뒤에 외관을 두고자 하였으나, 대개 초창기이므로 일이 번거로워 겨를이 없었습니다. 이제 가만히 보건대, 향호가 매양 공무를 빙자하여 백성을 침해하여 횡포를 부리어 백성이 견디지 못하니, 청컨대 외관을 두도록 하십시오.
>
> (나) 겸손한 마음을 가지고 항상 조심하고 두려워하며 신하를 예로써 대우할 때 신하는 충성으로써 임금을 섬기는 것입니다.

① 호족과의 혼인 정책을 적극적으로 추진하였다.

② 노비안검법을 실시하여 호족의 경제력을 약화시켰다.

③ 양현고를 설치하고 보문각과 청연각을 세워 유학을 진흥시켰다.

④ 연등회를 축소하고 팔관회를 폐지하여 국가적인 불교 행사를 억제하였다.

08 고려 시대 불교계의 동향과 관련된 설명으로 가장 옳지 않은 것은?

① 백련결사를 제창한 요세는 참회와 수행에 중점을 두는 등 복잡한 이론보다 종교적 실천을 강조했다.

② 재조대장경은 고려 전기에 만들어졌던 대장경 판목이 거란의 침입으로 불타버렸기 때문에 무신 집권기에 다시 만든 것이다.

③ 각훈은 삼국 시대 이래 승려들의 전기를 정리하여 『해동고승전』을 지었다.

④ 지눌은 깨달음과 더불어 실천을 강조하는 돈오점수를 주장했다.

09 〈보기〉에서 밑줄 친 '그'가 활동하던 시대 상황에 대한 설명으로 가장 옳지 않은 것은?

---〈보 기〉---

그가 북산에서 나무하다가 공, 사노비를 불러 모아 모의하기를, "나라에서 경인, 계사년 이후로 높은 벼슬이 천한 노비에게서 많이 나왔으니, 장수와 재상이 어찌 씨가 따로 있으랴. 때가 오면 누구나 할 수 있는데, 우리들이 어찌 고생만 하면서 채찍 밑에 곤욕을 당해야 하겠는가?"라고 하니, 여러 노비들이 모두 그렇게 여겼다.

– 「고려사」 –

① 최충의 9재 학당을 비롯한 사학 12도가 융성하였다.
② 경주 일대에서 고려 왕조를 부정하는 신라 부흥 운동이 일어났다.
③ 정혜쌍수와 돈오점수를 주장하는 수선 결사 운동이 전개되었다.
④ 소(所)의 거주민은 금, 은, 철 등 광업품이나 수공업 제품을 생산하여 바치기도 하였다.

10 조선 태종 대의 주요 정책에 대한 설명으로 가장 옳은 것은?

① 사섬서를 두어 지폐인 저화를 발행하였다.
② 상평통보를 발행하여 화폐 경제를 촉진하였다.
③ 지계를 발급하여 토지 소유권을 공고히 하였다.
④ 연분 9등법과 전분 6등법을 시행하여 조세 제도를 개편하였다.

11 〈보기〉와 같은 폐단을 해결하기 위해 실시한 제도에 대한 설명으로 가장 옳지 않은 것은?

---〈보 기〉---

각 고을에서 공물을 상납하려 할 때 각 관청의 사주인들이 여러 가지로 농간을 부려 좋은 것도 불합격 처리를 하기 때문에 바칠 수가 없게 되었습니다. 이리하여 사주인은 자기가 갖고 있는 물품으로 관청에 대신 내고 그 고을 농민들에게는 자기가 낸 물건 값을 턱없이 높게 쳐서 열 배의 이득을 취하니, 이것은 백성의 피와 땀을 짜내는 것입니다.

– 「선조실록」 –

① 광해군 시기에 실시하였다.
② 토지 결수를 기준으로 1결당 쌀 12두를 납부하게 하였다.
③ 왕실과 관청에서 필요한 수요품을 구해 납품하는 덕대가 등장하였다.
④ 물품 구매와 상품 수요가 증가하면서 상품 화폐 경제가 한층 발전하였다.

12 〈보기〉의 토지 개혁안을 주장한 조선 후기 실학자를 옳게 짝지은 것은?

─────〈보 기〉─────

㉠ 지금 농사를 하고자 하는 사람은 토지를 얻고, 농사를 하지 않는 사람은 토지를 얻지 못하도록 한다. 즉 여전(閭田)의 법을 시행하면 나의 뜻을 이룰 수 있을 것이다. … 무릇 1여의 토지는 1여의 사람들로 하여금 공동으로 경작하게 하고, 내 땅 네 땅의 구분 없이 오직 여장의 명령만을 따른다. 매 사람마다의 노동량은 매일 여장이 장부에 기록한다. 가을이 되면 무릇 오곡의 수확물을 모두 여장의 집으로 보내어 그 식량을 분배한다. 먼저 국가에 바치는 공세를 제하고, 다음으로 여장의 녹봉을 제하며, 그 나머지를 날마다 일한 것을 기록한 장부에 의거하여 여민들에게 분배한다.

㉡ 국가는 마땅히 한 집의 재산을 헤아려 전(田) 몇 부(負)를 한정하여 1호(戶)의 영업전(永業田)을 삼기를 당나라의 조제(租制)처럼 해야 한다. 그렇다고 해서 많이 소유한 자의 것을 줄이거나 빼앗지 않고, 모자라게 소유한 자라고 해서 더 주지 않는다. 돈이 있어 사고자 하는 자는 비록 천백 결(結)이라도 모두 허가하고, 토지가 많아 팔고자 하는 자도 단지 영업전 몇 부 이외에는 역시 허가한다.

	㉠	㉡
①	정약용	이익
②	박지원	유형원
③	정약용	유형원
④	이익	박지원

13 〈보기〉의 의서(醫書)를 편찬된 순서대로 바르게 나열한 것은?

─────〈보 기〉─────

㉠ 『동의보감(東醫寶鑑)』
㉡ 『마과회통(麻科會通)』
㉢ 『의방유취(醫方類聚)』
㉣ 『향약구급방(鄕藥救急方)』

① ㉠ - ㉡ - ㉢ - ㉣
② ㉢ - ㉣ - ㉡ - ㉠
③ ㉣ - ㉢ - ㉠ - ㉡
④ ㉣ - ㉢ - ㉡ - ㉠

14 조선 후기 지도 편찬에 대한 설명으로 가장 옳지 않은 것은?

① 김정호는 「대동여지도」를 편찬하기 이전에 이미 「청구도」 등을 제작하였다.
② 정상기는 백리척을 이용하여 「동국지도」를 제작하였다.
③ 모눈 종이를 이용한 정밀한 지도도 제작되었다.
④ 「대동여지도」가 완성되자 나라의 기밀을 누설시킬 우려가 있다고 하여 판목은 압수 소각되었다.

15 위정척사 운동에 대한 설명으로 가장 옳지 않은 것은?

① 최익현은 왜양일체론을 내세우며 개항 반대 운동을 전개하였다.
② 이항로는 척화주전론을 주장하며 통상 반대 운동을 전개하였다.
③ 기정진 등 영남 유생들이 만인소를 올려 『조선책략』을 들여온 김홍집의 처벌을 요구하였다.
④ 홍재학은 주화매국의 신료를 처벌하고 서양 물품과 서양 서적을 불태울 것을 주장하였다.

16 〈보기〉의 밑줄 친 (가) 국가에 대한 설명으로 가장 옳은 것은?

> ─── 〈보 기〉 ───
>
> 정부는 (가) 공사의 서울 부임에 답례할 겸 서구의 근대 문물을 시찰하기 위해 1883년 (가) 에 보빙사를 파견하였다. 보빙사의 구성원은 민영익, 홍영식, 서광범 등 11명이었다.

① 삼국 간섭에 참여하였다.

② 용암포를 강제 점령하고 조차를 요구하였다.

③ 거문도를 불법으로 점령하였다.

④ 운산 금광 채굴권을 차지하였다.

17 〈보기〉의 협약 이후 일어난 사실로 가장 옳지 않은 것은?

> ─── 〈보 기〉 ───
>
> 제1조 한국 정부는 시정 개선에 관하여 통감의 지도를 받는다.
> 제2조 한국의 법령 제정 및 중요한 행정상의 처분은 미리 통감의 승인을 거친다.
> 제4조 한국 고등 관리의 임면은 통감의 동의로써 이를 시행한다.
> 제5조 한국 정부는 통감이 추천하는 일본인을 한국 관리에 임명한다.

① 각 부의 차관에 일본인이 임명되어 이른바 차관 정치가 시작되었다.

② 대한제국 군대가 해산되었다.

③ 사법권과 경찰권을 빼앗겼다.

④ 만국 평화 회의에 이상설 등이 파견되었다.

18 〈보기〉에서 일제 강점기의 사건을 발생한 순서대로 바르게 나열한 것은?

> ─── 〈보 기〉 ───
>
> ㉠ 물산 장려 운동
> ㉡ 3·1 운동
> ㉢ 광주 학생 항일 운동
> ㉣ 6·10 만세 운동

① ㉠ → ㉡ → ㉢ → ㉣

② ㉠ → ㉢ → ㉡ → ㉣

③ ㉡ → ㉠ → ㉣ → ㉢

④ ㉡ → ㉣ → ㉢ → ㉠

19 〈보기〉 선언문의 발표 후에 있었던 사건으로 가장 적합하지 않은 것은?

> ─── 〈보 기〉 ───
>
> 상아의 진리탑을 박차고 거리에 나선 우리는 질풍과 같은 역사의 조류에 자신을 참여시킴으로써 이성과 진리, 그리고 자유의 대학 정신을 현실의 참담한 박토에 뿌리려 하는 바이다. …(중략)… 무릇 모든 민주주의 정치사는 자유의 투쟁사다. 그것은 또한 여하한 형태의 전제로 민중 앞에 군림하든 '종이로 만든 호랑이' 같이 헤슬픈 것임을 교시한다. …(중략)… 근대적 민주주의의 근간은 자유다. …(하략)…
>
>   ─ 서울대학교 문리과 대학 학생 일동 ─

① 이승만 대통령이 하야하였다.

② 장면 정권이 수립되었다.

③ 민족 자주 통일 중앙 협의회가 조직되었다.

④ 조봉암이 진보당을 결성하였다.

20 〈보기〉와 같은 내용의 헌법으로 개정된 이후 발생한 사건으로 가장 옳은 것은?

---〈보 기〉---

제39조 대통령은 통일 주체 국민 회의에서 토론없이 무기명 투표로 선거한다.

제40조 통일 주체 국민 회의는 국회 의원 정수의 1/3에 해당하는 수의 국회 의원을 선거한다.

제43조 대통령은 조국의 평화적 통일을 위한 성실한 의무를 진다.

① 굴욕적인 한·일 회담에 반대하는 학생 시위가 전개되었다.

② 재야 인사들이 명동 성당에 모여 '3·1 민주 구국 선언'을 발표하였다.

③ 친일파 청산을 위해 반민족 행위 특별 조사 위원회를 설치하였다.

④ 민생 안정을 위해 농가 부채 탕감, 화폐 개혁 등을 실시하였다.

✅ 회독 CHECK 1 2 3

01 고려의 문화에 대한 설명 중 가장 옳은 것은?

① 고려의 귀족 문화를 대표하는 백자는 상감 기법을 이용한 것이다.
② 고려는 세계 최초로 금속 활자를 발명하였다.
③ 팔만대장경판은 거란의 침입을 물리치기 위한 염원을 담아 만든 것이다.
④ 고려는 불교 국가여서 유교 문화가 발전하지 못하였다.

02 조선 전기에 편찬된 서적으로 가장 옳지 않은 것은?

① 『본조편년강목』
② 『의방유취』
③ 『삼국사절요』
④ 『농사직설』

03 〈보기〉의 통일 신라 시대의 경제 제도를 시간순으로 바르게 나열한 것은?

─── 〈보 기〉 ───
㉠ 중앙과 지방의 여러 관리에게 매달 주던 녹봉을 없애고 다시 녹읍을 주었다.
㉡ 중앙과 지방 관리들의 녹읍을 폐지하고 해마다 조(租)를 차등 있게 주었으며 이를 일정한 법으로 삼았다.
㉢ 처음으로 백성들에게 정전(丁田)을 지급하였다.
㉣ 교서를 내려 문무 관료들에게 토지를 차등 있게 주었다.

① ㉡ → ㉠ → ㉣ → ㉢
② ㉡ → ㉣ → ㉠ → ㉢
③ ㉣ → ㉢ → ㉡ → ㉠
④ ㉣ → ㉡ → ㉢ → ㉠

04 무신 집권기 지방민과 천민의 동요에 대한 설명으로 가장 옳지 않은 것은?

① 조위총은 백제 부흥을 위해 봉기하였다.
② 망이 · 망소이의 난은 일반 군현이 아닌 소에서 일어났다.
③ 경주를 중심으로 한 지역에서는 신라 부흥을 내걸고 반란이 일어나기도 했다.
④ 만적은 노비 해방을 내세우며 반란을 모의하였다.

05 〈보기〉의 사건을 시간순으로 바르게 나열한 것은?

＿＿＿＿ 〈보 기〉 ＿＿＿＿
ⓐ 아관파천
ⓑ 전주 화약 체결
ⓒ 홍범 14조 발표
ⓓ 군국기무처 설치

① ㉠ → ㉢ → ㉡ → ㉣
② ㉡ → ㉣ → ㉢ → ㉠
③ ㉢ → ㉠ → ㉣ → ㉡
④ ㉣ → ㉡ → ㉠ → ㉢

06 1965년 6월 22일 체결된 한 · 일 기본 조약에 대한 설명으로 가장 옳은 것은?

＿＿＿＿＿＿＿＿＿＿＿＿＿＿＿＿＿＿＿＿
제2조 1910년 8월 22일 및 그 이전에 대한제국과 일본 제국 간에 체결된 모든 조약 및 협정이 이미 무효임을 확인한다.
제3조 대한민국 정부가 국제 연합 총회의 결의 제195(Ⅲ)호에 명시된 바와 같이 한반도에 있어서의 유일한 합법정부임을 확인한다.
＿＿＿＿＿＿＿＿＿＿＿＿＿＿＿＿＿＿＿＿

① 위안부 문제가 주요한 의제로 논의되었다.
② 조약에 반대하여 학생들이 6 · 10 민주 항쟁을 일으켰다.
③ 조약 협의를 위해 중앙정보부장 이후락이 특사로 파견되었다.
④ 재일 교포의 법적 지위 및 대우에 관한 협정도 함께 체결되었다.

07 고려 시대의 경제 생활에 대한 설명으로 옳은 것을 〈보기〉에서 모두 고른 것은?

＿＿＿＿ 〈보 기〉 ＿＿＿＿
ⓐ 성종은 건원중보를 만들어 전국적으로 사용하게 하려 했으나 성공하지 못하였다.
ⓑ 고려 후기 관청 수공업이 쇠퇴하면서 민간 수공업이 발달하였다.
ⓒ 예성강 어귀의 벽란도는 고려의 국제무역항이었다.
ⓓ 원 간섭기에는 원의 지폐인 보초가 들어와 유통되기도 하였다.

① ㉠, ㉡, ㉢
② ㉠, ㉢, ㉣
③ ㉡, ㉢, ㉣
④ ㉠, ㉡, ㉢, ㉣

08 〈보기〉의 조선 시대의 국방 정책을 시간순으로 바르게 나열한 것은?

＿＿＿＿ 〈보 기〉 ＿＿＿＿
ⓐ 서울 주변의 네 유수부가 서울을 엄호하는 체제를 구축하였다.
ⓑ 금위영을 발족시켜 5군영 제도가 성립되었다.
ⓒ 하멜이 가져온 조총 기술을 도입하여 서양식 무기를 제조하였다.
ⓓ 수도 방어 체계를 강화하고 『수성윤음』을 반포하였다.

① ㉠ → ㉡ → ㉢ → ㉣
② ㉡ → ㉣ → ㉠ → ㉢
③ ㉢ → ㉡ → ㉣ → ㉠
④ ㉣ → ㉢ → ㉠ → ㉡

09 구석기 시대 사람들의 생활상에 대한 설명으로 가장 옳은 것은?

① 대체로 동굴이나 바위그늘에서 생활하였으며 불을 사용할 줄 알았다.

② 단양 수양개, 연천 전곡리, 공주 석장리 등 강가에 살던 사람들은 주로 고기잡이와 밭농사를 하며 생활하였다.

③ 이 시기의 대표적인 무덤 형식은 고인돌과 돌널무덤이다.

④ 주먹도끼, 가로날도끼, 민무늬 토기 등의 도구를 사용했다.

10 통일 신라에 대한 설명으로 가장 옳은 것은?

① 통일 후에는 주로 진골 귀족으로 구성된 9서당을 국왕이 장악함으로써 왕실이 주도하는 교육 제도를 구축하였다.

② 불교가 크게 융성한 통일 신라의 수도인 경주에서는 주로 천태종이 권력과 밀착하며 득세하였다.

③ 신라 중대 때는 주로 원성왕의 후손들이 즉위하면서 비교적 강력한 왕권을 행사하였다.

④ 넓어진 영토를 관리하기 위해 지방 행정을 구획하였는데, 5소경도 이에 해당한다.

11 〈보기〉에서 제시된 인물의 공통점으로 가장 옳은 것은?

─── 〈보 기〉 ───
ㄱ 김운경   ㄴ 최치원
ㄷ 최언위   ㄹ 최승우

① 고려 출신으로 당나라에서 유학했다.

② 7세기와 8세기에 활약했던 신라의 대문장가이다.

③ 숙위 학생으로 당 황제의 호위무사가 되었다.

④ 당나라의 빈공과에 급제한 후 귀국하였다.

12 〈보기〉의 어록을 남긴 인물의 활동으로 가장 옳은 것은?

─── 〈보 기〉 ───
"대전자령의 공격은 이천만 대한인민을 위하여 원수를 갚는 것이다. 총알 한 개 한 개가 우리 조상 수천수만의 영혼이 보우하여 주는 피의 사자이니 제군은 단군의 아들로 굳세게 용감히 모든 것을 희생하고 만대 자손을 위하여 최후까지 싸우라."

① 화북 조선 독립 동맹의 주석으로 선출되어 활동하였다.

② 조선 혁명군을 이끌고 영릉가 전투에서 대승을 거두었다.

③ 한국 독립군을 이끌고 쌍성보 전투에서 일본군을 격파하였다.

④ 조선 의용대를 결성하고 대적 심리전 등에서 크게 활약하였다.

13 〈보기〉의 빈칸에 공통적으로 해당하는 국가와 관련하여 고려 시대에 발생한 일로 가장 옳은 것은?

─── 〈보 기〉 ───
• 모든 관리들을 소집해 ____을/를 상국으로 대우하는 일의 가부를 의논하게 하자 모두 불가하다고 했으나, 이자겸과 척준경만이 찬성하고 나섰다.

• ____은/는 전성기를 맞아 우리 조정이 그들의 신하임을 칭하도록 하고자 하였다. 여러 의견들이 뒤섞여 어지러운 가운데, 윤언이가 홀로 간쟁하여 말하기를 …… 여진은 본래 우리 조정 사람들의 자손이기 때문에 신하가 되어 차례로 우리 임금께 조공을 바쳐왔고, 국경 근처에 사는 사람들은 모두 우리 조정의 호적에 올라있는 지 오래 되었습니다. 우리 조정이 어찌 거꾸로 그들의 신하가 될 수 있겠습니까?

① 이 국가의 침입으로 인해 국왕은 나주로 피난하였다.

② 묘청 일파는 이 국가의 정벌을 주장하였다.

③ 이 국가와 함께 강동성에 포위된 거란족을 격파하였다.

④ 이 국가의 침략에 대비하여 광군을 설치하였다.

14 〈보기 1〉의 (가)와 (나)가 발표된 시기의 사이에 있었 던 사실을 〈보기 2〉에서 모두 고른 것은?

───── 〈보기 1〉 ─────

(가) 첫째, 통일은 외세에 의존하거나 외세의 간섭을 받음이 없이 자주적으로 해결하여야 한다.
둘째, 통일은 서로 상대방을 반대하는 무력 행사에 의거하지 않고 평화 방법으로 실현하여야 한다.
셋째, 사상과 이념, 제도의 차이를 초월하여 우선 하나의 민족으로서 민족적 대단결을 도모하여야 한다.

(나) 1. 남과 북은 나라의 통일 문제를 그 주인인 우리 민족끼리 서로 힘을 합쳐 자주적으로 해결한다.
2. 남과 북은 남측의 연합제 안과 북측의 낮은 단계의 연방제 안이 서로 공통성이 있다고 인정한다.

───── 〈보기 2〉 ─────

㉠ 금강산 관광이 시작되었다.
㉡ 남북 조절 위원회를 설치하였다.
㉢ 경의선과 동해선 철도가 연결되었다.
㉣ 남과 북이 동시에 유엔에 가입하였다.

① ㉠, ㉡, ㉢
② ㉠, ㉡, ㉣
③ ㉠, ㉢, ㉣
④ ㉡, ㉢, ㉣

15 조선 시대의 대외 관계에 대한 설명으로 가장 옳은 것은?

① 태조는 북방의 여진족을 몰아내고 4군 6진을 개척하였다.
② 왜란이 끝난 후 조선은 일본에 통신사를 파견하여 국교 재개를 요청하였다.
③ 조선 후기 북학 운동의 한계를 느낀 지식인들은 북벌 운동을 전개하였다.
④ 조선 후기 중국과의 외교와 무역에 은이 대거 소비되면서 은광이 활발하게 개발되었다.

16 두 차례의 양요에 대한 설명으로 가장 옳은 것은?

① 어재연이 이끄는 조선군은 프랑스군을 상대로 승리를 거두었다.
② 미국 상선 제너럴셔먼호는 평양 주민을 약탈하였다.
③ 양헌수 부대는 광성보 전투에서 결사 항전하였으나 퇴각하였다.
④ 박규수는 화공 작전을 펴서 프랑스 군대를 공격하였다.

17 조선 시대 신분제에 대한 설명으로 가장 옳지 않은 것은?

① 중앙 관직에 진출할 수 있던 고려 시대의 향리와 달리 조선의 향리는 수령을 보좌하는 아전으로 격하되었다.
② 유교의 적서 구분에 의해 서얼에 대한 차별이 심했기 때문에 서얼은 관직에 진출하지 못했다.
③ 뱃사공, 백정 등은 법적으로는 양인으로 취급되기도 했으나 노비처럼 천대받으며 특수 직업에 종사하였다.
④ 순조는 공노비 중 일부를 양인으로 해방시켜 주었다.

18 근대 교육 기관에 대한 설명으로 가장 옳지 않은 것은?

① 배재학당: 선교사 아펜젤러가 서울에 설립한 사립 학교이다.
② 동문학: 정부가 설립한 외국어 교육 기관으로 통역관을 양성하였다.
③ 경신학교: 고종의 교육 입국 조서에 따라 설립된 관립 학교이다.
④ 원산학사: 함경도 덕원 주민들이 기금을 조성하여 설립한 학교이다.

19 왕의 수신 교과서인 『성학십도』를 집필한 인물에 대한 설명으로 가장 옳은 것은?

① 아동용 수신서인 『동몽선습』을 편찬하였다.

② 그의 학설을 따르는 이들이 처음에는 서인을 형성하였다.

③ 기(氣)보다는 이(理)를 중시했고, 예안향약을 만들었다.

④ 『주자대전』의 중요 부분을 발췌하여 『주자문록』을 편찬하였다.

20 대한민국의 민주화 여정에 대한 설명으로 가장 옳은 것은?

① 1960년대: 장기 집권을 획책한 박정희의 사사오입 개헌에 맞서 학생들과 재야 인사들이 그 반대 투쟁을 전개하였다.

② 1970년대: 유신 개헌을 통해 평화적으로 민주화를 추진할 수 있는 법률적 기틀을 제공하였다.

③ 1980년대: 6월 민주 항쟁을 통해 군사 정권을 종식시키고 선거를 통해 문민정부가 출범하였다.

④ 1990년대: 대선 결과에 따라 평화적 정권 교체가 실현되었다.

PART 4
법원직

출제경향

2024년

시대 통합 4%
선사 시대와 국가의 형성 4%
고대 20%
중세 24%
근세 8%
근대 태동기 16%
근대 16%
일제 강점기 8%

2023년

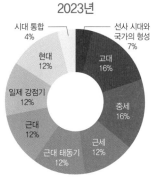

시대 통합 4%
선사 시대와 국가의 형성 7%
고대 16%
중세 16%
근세 12%
근대 태동기 12%
근대 12%
일제 강점기 12%
현대 12%

2022년

선사 시대와 국가의 형성 8%
고대 12%
중세 20%
근세 16%
근대 태동기 8%
근대 12%
일제 강점기 8%
현대 4%
시대 통합 12%

2021년

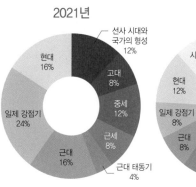

선사 시대와 국가의 형성 12%
고대 8%
중세 12%
근세 8%
근대 태동기 4%
근대 16%
일제 강점기 24%
현대 16%

2020년

선사 시대와 국가의 형성 8%
고대 8%
중세 16%
근세 8%
근대 태동기 20%
근대 8%
일제 강점기 8%
현대 12%
시대 통합 12%

✔ 회독 CHECK ① ② ③

01 (가), (나) 사이의 시기에 있었던 사실로 가장 옳지 않은 것은?

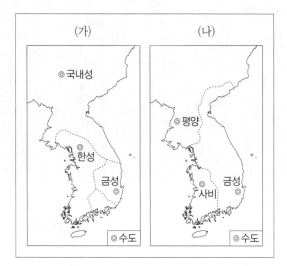

① 태조왕이 옥저를 복속하였다.
② 진흥왕이 화랑도를 개편하였다.
③ 장수왕이 남진 정책을 추진하였다.
④ 지증왕이 국호를 '신라'로 정하였다.

02 (가)에 대한 설명으로 가장 옳지 않은 것은?

> [(가)] 건국강령
>
> 1. 우리나라는 우리 민족이 반만년 이래로 같은 말과 글과 국토와 주권과 경제와 문화를 가지고 공동한 민족정기를 길러온, 우리끼리 형성하고 단결한 고정적 집단의 최고조직임
> 2. 우리나라의 건국 정신은 삼균제도의 역사적 근거를 두었으니 … 이는 사회 각 계급·계층이 지력과 권력과 부력의 향유를 균평하게 하여 국가를 진흥하며 태평을 보전유지하라고 한 것이니, 홍익인간과 이화세계하자는, 우리 민족의 지켜야 할 최고의 공리임

① 충칭에서 정규군인 한국광복군을 창설하였다.
② 1941년 일제에 대일 선전 성명서를 발표하였다.
③ 조선의용대 화북지대를 조선의용군으로 개편하였다.
④ 민족혁명당과 사회주의 계열 단체 인사가 합류하였다.

03 (가)와 (나) 사이에 있었던 사실로 가장 옳은 것은?

> (가) 명군 도독 이여송이 대병력의 관군을 거느리고 곧바로 평양성 밖에 다다라 제장에게 부서를 나누어 본성을 포위하였습니다. … 조선의 장군들이 군사를 거느리고 가서 매복하고 함께 대로로 나아가니 왜적들은 사방으로 도망가다가 복병의 요격을 입었습니다.
>
> (나) 화의가 나라를 망친 것은 어제 오늘의 일이 아니고 옛날부터 그러하였으나 오늘날처럼 심한 적은 없었습니다. 명은 우리나라에는 부모의 나라이고 노적은 우리나라에는 부모의 원수입니다. … 어찌 차마 이런 시기에 다시 화의를 제창할 수 있겠습니까?

① 강홍립이 이끄는 조선군은 후금에 항복하였다.
② 신립 장군은 충주에서 일본군에게 패배하였다.
③ 인조는 삼전도에 나가 굴욕적인 항복을 하였다.
④ 조선은 왜구의 약탈을 근절하고자 대마도를 정벌하였다.

04 밑줄 친 '방법'에 대한 설명으로 가장 옳은 것은?

> 남편은 세상을 떴으나 뱃속에 아기가 있었지요. …… 포대기에 쌓인 갓난아기 장정으로 군적에 올려서 문이 닳도록 찾아와 군포를 바치라고 독촉하고 어제는 아기를 업고 관가에 점호를 받으러 갔다오. …… 점호라고 받고 돌아오니 아기는 이미 죽어 있었지요.

이 시에서 나타낸 조세제도를 감면한 뒤 발생한 재정 부족 문제를 해결한 **방법은** 무엇일까요?

① 관료전을 지급하고 녹읍을 폐지하였다.
② 풍흉에 관계 없이 일정하게 조세를 거두었다.
③ 부유한 양민에게 선무군관포를 내게 하였다.
④ 토지 소유자에게 공납을 쌀·동전 등으로 내게 하였다.

05 (가) 시기에 해당하는 사실로 가장 옳은 것은?

> 노비를 상세히 조사하고 살펴서 옳고 그름을 따져 밝혀내도록 명하였다. 주인을 배반하는 노비들이 이루 다 셀 수가 없을 정도였다. 이로 말미암아 상전을 능멸하는 풍조가 크게 일어나 사람들이 모두 탄식하고 원망하므로 왕비가 간절하게 간언하였으나, 왕이 받아들이지 않았다.

↓

> (가)

↓

> 가을 7월. 교(敎)하기를, "양민이 된 노비들은 해가 점차 멀어지면 반드시 그 본래의 주인을 가벼이 보고 업신여기게 된다. … 만약 그 주인을 욕하는 자가 있으면, 다시 천민으로 되돌려 부리게 할 것이다."라고 하였다.

① 강조가 정변을 일으켰다.
② 거란이 개경을 점령하였다.
③ 전시과가 처음으로 제정되었다.
④ 공신들에게 역분전이 지급되었다.

06 (가) 국가에 대한 설명으로 가장 옳지 않은 것은?

> 김해·고령 등 (가) 고분군 7곳, 유네스코 세계 문화 유산 됐다.
>
> 　　유네스코 "고대 문명의 주요 증거"
> 한반도 남부에 남아 있는 유적 7곳을 묶은 고분군이 유네스코 세계 문화 유산 됐다. … (가) 은/는 기원 전후부터 562년까지 주로 낙동강 유역을 중심으로 번성한 작은 나라들의 총칭이다.
>
> 　　　　　　　　　　　　 – 2023. 9. 18. ㅁㅁ 일보 –

① 낙동강 하류의 변한 지역에서 성장하였다.
② 철기를 활발히 생산하여 주변국에 수출하였다.
③ 골품에 따라 관등이나 관직 승진에 제한이 있었다.
④ 금관가야를 중심으로 전기 가야 연맹이 결성되었다.

07 (가), (나) 사이 시기에 있었던 사실로 가장 옳은 것은?

> (가) 봉화백(奉化伯) 정도전 · 의성군(宜城君) 남은과 부성군(富城君) 심효생(沈孝生) 등이 여러 왕자들을 해치려 꾀하다가 성공하지 못하고 형벌에 복종하여 참형을 당하였다.
>
> (나) 상왕이 말하기를, "만일 물리치지 못하고 항상 침노만 받는다면, 한(漢)나라가 흉노에게 욕을 당한 것과 무엇이 다르겠는가. … 구주(九州)에서 온 왜인만은 구류하여 경동하는 일이 없게 하라. 또 우리가 약한 것을 보이는 것은 불가하니, 후일의 환이 어찌 다함이 있으랴." 하고, 곧 이종무를 삼군 도체찰사로 명하여, 중군을 거느리게 하였다.

① 경연이 폐지되었다.
② 홍문관이 설치되었다.
③ 6조 직계제가 시행되었다.
④ 위화도 회군이 단행되었다.

08 (가) 국가에 대한 설명으로 가장 옳은 것은?

> (가) 에는 각각 우두머리가 있어서 세력이 강대한 사람은 스스로 신지라 하고, 다음은 읍차라 하였다. … 귀신을 믿기 때문에 국읍에 각각 한 사람씩 세워 천신의 제사를 주관하게 하는데, 이를 천군이라 부른다.
>
> － 『삼국지』 「위서 동이전」 －

① 무천이라는 제천행사가 있었다.
② 화백회의에서 중요한 일을 결정하였다.
③ 여러 개의 소국으로 구성된 연맹체였다.
④ 사출도라 불리는 독자적인 영역이 있었다.

09 밑줄 친 '왕'에 대한 설명으로 가장 옳은 것은?

> 신라가 사신을 보내 왕에게 말하기를 "왜인이 그 국경에 가득 차 성을 부수었으니, 노객은 백성된 자로서 왕에게 귀의하여 분부를 청합니다."라고 하였다. … 10년(400)에 보병과 기병 5만을 보내(신라를) 구원하게 하였다.

① 태학을 설립하고 율령을 반포하였다.
② 마한을 병합하고 평양을 공격하였다.
③ 마립간이라는 왕호를 처음 사용하였다.
④ 요동을 포함한 만주 일대를 장악하였다.

10 (가), (나) 집단에 대한 설명으로 가장 옳은 것은?

> 효종의 사망과 관련하여 인조의 계비 자의대비의 복제(服制)가 쟁점이 되었다. (가) 은/는 효종이 적장자가 아니라는 근거를 들어 왕과 사대부에게 같은 예가 적용되어야 한다는 입장을 내세웠다. 반면 (나) 은/는 왕에게는 일반 사대부와 다른 예가 적용되어야 한다고 주장하였다.

① (가) － 인조반정으로 몰락하였다.
② (가) － 경신환국으로 정권을 장악하였다.
③ (나) － 노론과 소론으로 분화되었다.
④ (나) － 송시열을 중심으로 세력을 확대하였다.

11 (가)~(다) 사건을 일어난 순서대로 옳게 나열한 것은?

> (가) 황사영 백서 사건이 일어났다.
> (나) 이승훈이 최창현·홍낙민 등과 함께 서소문 밖에서 참수되었다.
> (다) 윤지충과 권상연을 사형에 처하고, 진산군(珍山郡)은 현(縣)으로 강등하라는 명이 내려졌다.

① (가) – (나) – (다)
② (나) – (가) – (다)
③ (다) – (가) – (나)
④ (다) – (나) – (가)

12 (가)~(다) 국가에 대한 설명으로 가장 옳은 것은?

> 조선은 김기수와 김홍집을 수신사로 　(가)　 에 파견하였다. 　(나)　 에는 김윤식을 영선사로 삼아 무기제조 기술 등을 배우는 유학생을 보냈다. 또한 조선은 민영익 등을 보빙사로 　(다)　 에 파견하였다.

① (가) – 흥선 대원군을 자국으로 납치하였다.
② (나) – 조선과 강화도 조약을 맺었다.
③ (다) – 거문도를 불법 점령하였다.
④ (가)와 (나) – 톈진 조약을 체결하였다.

13 다음 정책과 같은 목적으로 시행된 것은?

> 신라 왕 김부가 항복해 오니 그를 경주의 사심관으로 임명하여 부호장 이하의 관직 등에 관한 일을 맡게 하였다. 이에 여러 공신들 역시 이를 본받아 각각 자기 주의 사심관이 되게 하였다.

① 기인제도
② 북진정책
③ 정혜쌍수
④ 독서삼품과

14 (가)에 들어갈 내용으로 가장 옳지 않은 것은?

> ○○: 고려 시대 중서문하성의 낭사와 어사대의 관원을 합쳐서 불렀다. 이들은 　(가)　 의 역할을 담당하였다.
> – 「한국사 용어 사전」 –

① 왕의 잘못을 논하는 간쟁
② 중추원의 추밀과 함께 법제와 격식 제정
③ 관원 임명시 동의 여부에 서명할 수 있는 서경
④ 잘못된 왕명을 시행하지 않고 되돌려 보내는 봉박

15 (가)~(다)를 일어난 순서대로 가장 옳게 나열한 것은?

> (가) 전라도 각지에 집강소가 설치되었다.
> (나) 고부에서 만석보가 허물어졌다.
> (다) 청과 일본이 시모노세키 조약을 체결하였다.

① (가) – (나) – (다)
② (가) – (다) – (나)
③ (나) – (다) – (가)
④ (나) – (가) – (다)

16 (가)~(다) 사건이 일어난 순서대로 바르게 나열된 것은?

> (가) 이미 우리 고향을 현으로 승격하고 또 수령을 두어 어루만지고 위로하더니, 돌이켜 다시 군대를 일으켜 토벌하러 와서 우리 어머니와 아내를 옥에 가두었으니 그 뜻은 어디에 있는가?
>
> (나) 의천이 불전과 경서 1,000권을 바치고, 또 흥왕사에 교장도감을 둘 수 있기를 아뢰었다. 요와 송에서 책을 사들여 4,000권에 이를 정도로 많았는데 죄다 간행하였으며, 천태종을 처음 열어 국청사에 두었다.
>
> (다) 성균관을 다시 정비하고 이색을 판개성부사 겸 성균대사성으로 삼았다. … 이색이 다시 가르치는 방법을 정하고 매일 명륜당에 앉아서 경전을 나누어 수업하였는데, 강의를 마치면 함께 논쟁하느라 지루함을 잊을 정도였다.

① (가) - (나) - (다)
② (나) - (가) - (다)
③ (나) - (다) - (가)
④ (다) - (나) - (가)

17 (가), (나)에 대한 설명으로 옳은 것만으로 연결된 것은?

> • [(가)]은/는 본래 고구려의 별종이다. … 무리를 이끌고 동쪽으로 가서 계루부의 옛 땅을 차지하고 동모산에 성을 쌓고 살았다.
> • 부여씨가 망하고 고씨가 망하게 되니 김씨가 그 남쪽 땅을 차지하고 대씨가 그 북쪽 땅을 차지하여 [(나)]라 하였다. 이것을 남북국이라 한다.

〈보 기〉
㉠ (가)은/는 고구려의 왕족 출신이다.
㉡ (가)은/는 당의 산둥반도를 공격하였다.
㉢ (나)은/는 거란의 침략으로 멸망하였다.
㉣ (나)의 군사제도로 9서당 10정이 있었다.

① ㉠
② ㉢
③ ㉠, ㉢
④ ㉡, ㉣

18 밑줄 친 '왕'이 다스리던 시기에 있었던 사실로 가장 옳은 것을 〈보기〉에서 모두 고른 것은?

> 왕 3년(889) 나라 안의 여러 주(州)·군(郡)에서 공물과 조세를 보내지 않아 나라의 창고가 텅 비어 나라의 씀씀이가 궁핍하게 되었으므로 왕이 사자를 보내 독촉하였다. 이로 말미암아 도적들이 곳곳에서 벌떼처럼 일어났다.

〈보 기〉
㉠ 적고적의 난이 발생하였다.
㉡ 김헌창의 반란이 진압되었다.
㉢ 만적이 신분 해방을 주창하였다.
㉣ 원종과 애노가 사벌주에서 봉기하였다.

① ㉠, ㉢
② ㉠, ㉣
③ ㉡, ㉢
④ ㉡, ㉣

19 밑줄 친 '후(煦)'에 대한 설명으로 가장 옳은 것은?

> 후(煦)는 문종의 넷째 아들로서 송나라 황제와 이름
> 이 같으므로 그것을 피하여 자(字)로 행세하였다. 문
> 종이 여러 아들에게, "누가 승려가 되어 복전(福田)
> 의 이익을 짓겠느냐?"라고 물으니 후(煦)가, "상(上)
> 의 명령대로 하겠다." 하고, 출가하여 영통사(靈通
> 寺)에 거처하였다. 그는 송나라에 들어가 법을 구하
> 려 했으나 문종이 허락하지 않았다. 하지만 후(煦)는
> 송나라로 들어가 황제를 만나 여러 절을 다니며 법을
> 묻겠다고 하였다.

① 교관겸수를 제창하였다.
② 『왕오천축국전』을 남겼다.
③ 유불 일치설을 주장하였다.
④ 수선사 결사를 조직하였다.

20 (가)~(라) 사건이 일어난 순서대로 바르게 나열된 것은?

> (가) 삼가 말하건대 남의 무덤을 파는 것은 예의가 없
> 는 행동에 가깝지만 무력을 동원하여 백성들을
> 도탄 속에 빠뜨리는 것보다 낫기 때문에 하는 수
> 없이 그렇게 하였습니다.
> (나) 정족 산성 수성장 양헌수가 … 우리 군사들이 좌
> 우에 매복했다가 일제히 총탄을 퍼부었습니다.
> 저들은 죽은 자가 6명이고 아군은 죽은 자가 1
> 명입니다.
> (다) 흉악한 적들을 무찌르다가 수많은 총알을 고슴
> 도치의 털처럼 맞아서 순직하였으니 … 죽은 진
> 무중군 어재연에게 특별히 병조 판서와 지삼군
> 부사의 관직을 내리노라.
> (라) 일본국 인민이 조선국의 각 항구에서 머무르는
> 동안 죄를 범한 것이 조선국 인민과 관계되는 사
> 건일 때에는 모두 일본국 관원이 심판한다.

① (가) - (나) - (다) - (라)
② (가) - (다) - (라) - (나)
③ (나) - (가) - (다) - (라)
④ (나) - (다) - (라) - (가)

21 (가)~(다)에 대한 설명으로 가장 옳지 않은 것은?

> (가) 대한 정부는 일본 정부가 추천한 일본인 1명을
> 재정고문으로 삼아 대한 정부에 용빙하여 재무
> 에 관한 사항은 일체 그의 의견을 물어서 시행해
> 야 한다.
> (나) 한국 정부는 금후 일본국 정부의 중개를 거치지
> 않고서는 국제적 성질을 가진 어떠한 조약이나
> 약속을 하지 않을 것을 약속한다.
> (다) 러시아는 일본이 한국에서 정치상 군사상 및 경
> 제상의 특수한 이익을 갖는다는 것을 승인하고
> 일본 정부가 한국에서 필요하다고 인정하는지
> 도, 보호 및 감리의 조치에 대해 방해하거나 간
> 섭하지 않을 것을 약속한다.

① (가) 조약 체결로 메가타는 화폐 정리 사업을 실시
하였다.
② (나) 조약 체결로 청과 일본간의 간도협약이 체결되
었다.
③ (다) 조약 이후 일본은 독도를 불법 점령하였다.
④ (가) - (다) - (나) 순서로 조약이 체결되었다.

22 다음 법령이 시행되던 시기의 모습으로 가장 옳은 것은?

> 제1조 회사의 설립은 조선 총독의 허가를 받아야 한다.
> 제2조 조선 밖에서 설립된 회사가 한국에 본점 또는
> 지점을 설치하고자 하는 경우, 조선 총독의 허
> 가를 받아야 한다.
> 제3조 조선 밖에서 설립되어 조선에서 사업을 운영
> 하는 것을 목적으로 하는 회사가 그 사업을 경
> 영하는 경우, 조선에 본점 또는 지점을 설립하
> 여야 한다.

① 국민학교에 등교하는 학생의 모습
② 대한 광복회를 체포하려는 헌병 경찰의 모습
③ 치안유지법에 의해 구금되는 독립운동가의 모습
④ 농촌 진흥 운동을 홍보하는 조선 총독부 직원의 모습

23 다음 사건이 있었던 시기에 대한 설명으로 가장 옳은 것은?

> 평서 대원수는 급히 격문을 띄우노니 관서 지역의 부로자제와 공사천민은 모두 이 격문을 들으라. … 조정에서는 관서 지역을 썩은 흙과 같이 버렸다. 심지어 권세 있는 집의 노비들도 서토 사람만 보면 반드시 '평안도 놈'이라고 말한다. 어찌 억울하고 원통하지 않은 자 있겠는가. … 이제 격문을 띄워 먼저 여러 고을의 군후에게 알리노니, 절대로 동요하지 말고 성문을 활짝 열어 우리 군대를 맞으라.

① 왕실과 혼인을 맺은 일부 가문이 정권을 장악하였다.
② 유득공 등 서얼들을 규장각 검서관으로 임용하였다.
③ 대동법을 처음 실시하여 공납을 토지 기준으로 걷었다.
④ 육의전을 제외한 시전 상인들의 금난전권을 철폐하였다.

24 밑줄 친 '㉠, ㉡'에 대한 설명으로 가장 옳은 것은?

> 이지영이 장군이 되었다. 그가 최충수 집의 비둘기를 빼앗았는데, 최충수가 화가 나서 그 형인 ㉠ 최충헌에게 그 사실을 아뢰고 ㉡ 이의민 부자를 죽이자고 하니, 최충헌이 그렇게 하자고 하였다. 이의민이 미타산 별장에 갔을 때, 최충헌 등이 가서 그를 죽이고 머리를 저자에 내걸었다. 당시 이지순은 대장군이었고, 이지광은 장군이었는데, 변란의 소식을 듣고 가동을 이끌고 길에서 싸웠다.
>
> - 「고려사」 -

① ㉠ - 하층민 출신의 권력자였다.
② ㉠ - 교정도감을 설치하여 국정을 장악하였다.
③ ㉡ - 개혁안 봉사 10조를 올렸다.
④ ㉡ - 정방을 통해 인사권을 장악하였다.

25 밑줄 친 '국왕'에 대한 설명으로 가장 옳지 않은 것은?

> 국왕은 현륭원(顯隆園)을 수원에 봉안하고 1년에 한 번씩 참배할 준비를 하였다. 옛 규례에는 한강을 건널 때 용배[龍舟]를 사용하였으나, 그 방법이 불편한 점이 많다 하여 배다리의 제도로 개정하고 묘당으로 하여금 그 세목을 만들어 올리게 하였다. 그러나 뜻에 맞지 않았기에 국왕은 주교지남(舟橋指南)을 편찬하였다.

① 탕평비를 세웠다.
② 장용영을 설치하였다.
③ 「무예도보통지」를 간행하였다.
④ 초계문신 제도를 시행하였다.

한국사 | 2023년 법원직 9급

모바일 OMR

✅ 회독 CHECK 1 2 3

01 밑줄 친 '이 단체'의 활동으로 옳은 것을 〈보기〉에서 모두 고른 것은?

> 정부의 지원을 받아 설립된 이 단체는 고종에게 아래의 문서를 재가 받았어요.

> 1. 외국인에게 의지하지 말고 관민이 합심하여 황제권을 공고히 할 것.
> 2. 외국과의 이권에 관한 계약과 조약은 해당 부처의 대신과 중추원 의장이 함께 날인하여 시행할 것.

―――――〈보 기〉―――――
㉠ '구국 운동 상소문'을 지었다.
㉡ 고종 강제 퇴위 반대 운동에 앞장섰다.
㉢ 일제의 황무지 개간권 요구에 반대하였다.
㉣ 러시아의 내정 간섭과 이권요구에 반대하였다.

① ㉠, ㉡   ② ㉠, ㉣
③ ㉡, ㉢   ④ ㉢, ㉣

02 다음 법령에 따라 추진된 사업이 실시되었던 시기의 모습으로 가장 옳은 것은?

> 1. 토지의 조사 및 측량은 이 영에 의한다.
> …(중략)…
> 4. 토지의 소유자는 조선 총독이 정하는 기간 내에 그 주소, 성명·명칭 및 소유지의 소재, 지목, 자번호, 사방의 경계표, 등급, 지적, 결수를 임시 토지 조사 국장에게 신고하여야 한다. 다만, 국유지는 보관 관청에서 임시 토지 조사 국장에게 통지하여야 한다.
> ……

① 국민부가 조선 혁명당을 결성하는 모습
② 러시아에 대한 광복군 정부가 조직되는 모습
③ '신여성', '삼천리' 등의 잡지가 발행되는 모습
④ 연해주의 한국인이 중앙 아시아로 강제 이주 되는 모습

03 (가)~(다) 사건을 일어난 순서대로 가장 바르게 나열한 것은?

> (가) 이고 등이 임종식, 이복기, 한뢰를 비롯하여 왕을 모시던 문관 및 대소 신료들을 살해하였다. 정중부 등이 왕을 모시고 궁으로 돌아왔다.
> (나) 김부식이 군대를 모아서 서경을 공격하였다. 서경이 함락되자 조광은 스스로 불에 뛰어들어 죽었다.
> (다) 최사전의 회유에 따라 척준경은 마음을 돌려 계책을 정하고 이자겸을 제거하였다.

① (나) – (가) – (다)   ② (나) – (다) – (가)
③ (다) – (가) – (나)   ④ (다) – (나) – (가)

법원직 9급

한국사

04 (가), (나) 시기 사이에 있었던 사실만을 〈보기〉에서 모두 고른 것은?

(가) 수신사 김홍집이 가져와 유포한 황준헌의 사사로운 책자를 보노라면, …… 러시아·미국·일본은 같은 오랑캐입니다. ……	(나) 이미 국모의 원수를 생각하며 이를 갈았는데, … 이에 감히 먼저 의병을 일으키고서 마침내 이 뜻을 세상에 포고하노라. ……

〈보 기〉

㉠ 관민 공동회가 개최되었다.
㉡ 교육 입국 조서가 반포되었다.
㉢ 영국이 거문도를 불법 점령하였다.
㉣ 나철이 대종교를 창시하였다.

① ㉠, ㉡   ② ㉠, ㉣
③ ㉡, ㉢   ④ ㉢, ㉣

05 다음 사실이 있었던 시대에 대한 내용으로 옳은 것을 〈보기〉에서 모두 고른 것은?

엄수안은 영월군의 향리로 키가 크고 담력이 있었다. 나라의 법에 향리에게 아들 셋이 있으면 아들 하나는 벼슬하는 것이 허락되어서, 엄수안은 관례에 따라 중방서리로 보임되었다. 원종 때 과거에 급제하여 도병마녹사에 임명되었다.

〈보 기〉

㉠ 주현이 속현보다 적었다.
㉡ 모든 군현에 수령이 파견되었다.
㉢ 중서문하성의 낭사는 어사대와 함께 대간으로 불렸다.
㉣ 전국을 8도로 나누고 그 아래 부·목·군·현을 두었다.

① ㉠, ㉡   ② ㉡, ㉣
③ ㉠, ㉢   ④ ㉢, ㉣

06 다음 주장이 제기된 시기의 문화적 특징으로 옳은 것을 〈보기〉에서 모두 고른 것은?

폐를 끼치는 것으로는 담배만한 것이 없습니다. 추위를 막지도 못하고 요깃거리도 못 되면서 심는 땅은 반드시 기름져야 하고 흙을 덮고 김매는 수고는 대단히 많이 드니 어찌 낭비가 아니겠습니까? 그리고 장사치들이 왕래하며 팔고 있어 이에 쓰는 돈이 적지 않습니다. 조정에서 전황(錢荒)에 대해 걱정하고 있는데, 그 근원을 따져 보면 여기에서 비롯된 것이 아니라고는 장담할 수 없습니다. 만약 담배 재배를 철저히 금한다면 곡물을 산출하는 땅이 더욱 늘어나고 농사에 힘쓰는 백성들이 더욱 많아질 것입니다.

〈보 기〉

㉠ 문화 인식의 폭이 확대되어 백과 사전류의 저서가 편찬되었다.
㉡ 격식에 구애받지 않고 감정을 표현하는 사설시조가 유행하였다.
㉢ 주자소가 설치되어 계미자를 비롯한 다양한 활자를 주조하였다.

① ㉠   ② ㉠, ㉡
③ ㉡   ④ ㉡, ㉢

07 (가) 지역에 대한 설명으로 옳은 것을 〈보기〉에서 모두 고른 것은?

> 몽골의 대군이 경기 지역으로 침입하자 최이가 재추 대신들을 모아 놓고 ⎡(가)⎤ 천도를 의논하였다. 사람들은 옮기기를 싫어하였으나 최이의 세력이 두려워서 감히 한마디도 발언하는 자가 없었다. 오직 유승단이 "작은 나라가 큰 나라를 섬기는 것은 도리에 맞는 일이니, 예로써 섬기고 믿음으로써 사귀면 그들도 무슨 명목으로 우리를 괴롭히겠는가? 성곽과 종사를 내버리고 섬에 구차히 엎드려 세월을 보내면서 장정들을 적의 칼날에 죽게 만들고, 노약자들을 노예로 잡혀가게 하는 것은 국가를 위한 계책이 아니다." 라고 반대하였다.

〈보 기〉
㉠ 동녕부가 설치되었다.
㉡ 조선왕조실록 사고가 세워졌다.
㉢ 망이 · 망소이의 난이 일어났다.

① ㉠
② ㉠, ㉡
③ ㉡
④ ㉡, ㉢

08 (가) 단체에 대한 설명으로 옳은 것을 〈보기〉에서 모두 고른 것은?

> 최현배, 이극로 등이 중심이 된 ⎡(가)⎤ 은/는 '표준어 및 외래어 표기법 통일안'을 제정하는 등 한글 표준화에 기여하였다. 이에 일제는 1942년 ⎡(가)⎤ 을/를 독립운동 단체로 간주하여 회원들을 대거 검거하였다. 일제는 이들을 고문하여 자백을 강요하였고 이윤재, 한징이 옥사하였다.

〈보 기〉
㉠ 국문 연구소를 설립하였다.
㉡ 한글 맞춤법 통일안을 만들었다.
㉢ 『우리말 큰사전』 편찬을 준비하였다.
㉣ 『개벽』, 『어린이』 등의 잡지를 발행하였다.

① ㉠, ㉡
② ㉠, ㉢
③ ㉡, ㉢
④ ㉡, ㉣

09 ㉠ 이후에 일어난 사건으로 가장 옳은 것은?

> 대한제국 대황제는 대프랑스 대통령에게 글을 보냅니다. 일본은 우리나라에 ㉠ 불의한 일을 자행하였습니다. 다음은 그에 대한 증거입니다. 첫째, 우리 정무대신이 조인하였다고 운운하는 것은 정당하지 않으며 위협을 받아 강제로 이루어진 것입니다. 둘째, 저는 조인을 허가한 적이 없습니다. 셋째, 정부회의 운운이나 국법에 의거하지 않고 회의를 한 것이며 일본인들이 강제로 가둔 채 회의한 것입니다. 상황이 그런즉 이른바 조약이 성립되었다고 일컫는 것은 공법을 위배한 것이므로 의당 무효입니다. 당당한 독립국이 이러한 일로 국체가 손상당하였으므로 원컨대 대통령께서는 즉시 공사관을 이전처럼 우리나라에 다시 설치해주시기를 바랍니다.

① 포츠머스 조약이 체결되었다.
② 이사청에 관리가 파견되었다.
③ 러시아가 용암포를 점령하고 조차를 요구하였다.
④ 제1차 한 · 일협약(한일 외국인 고문 용빙에 관한 협정서)이 조인되었다.

10 (가), (나) 시기 사이에 있었던 사실로 가장 옳은 것은?

> (가) 영락 5년 왕은 패려(稗麗)가 …… 하지 않는다고 생각하고 친히 군사를 이끌고 가서 토벌하였다. 부산(富山)·부산(負山)을 지나 염수(鹽水) 가에 이르렀다. 600~700영(營)을 격파하니, 노획한 소·말·양의 수가 헤아릴 수 없이 많았다.
>
> (나) 고구려왕 거련(巨璉)이 병사 3만 명을 거느리고 한성을 포위하였다. 고구려 사람들이 병사를 네 방면의 길로 나누어 협공하고 또 바람을 이용해서 불을 질러 성문을 태우니, 성 밖으로 나가 항복하려는 자도 있었다. 임금은 기병 수십 명을 거느리고 성문을 나가 서쪽으로 달아났는데, 고구려 병사에게 살해되었다.

① 신라에 병부가 설치되었다.
② 고구려가 평양으로 천도하였다.
③ 고이왕이 좌평과 관등제의 기본 골격을 마련하였다.
④ 백제군의 공격으로 고국원왕이 전사하였다.

11 (가)에 들어갈 내용으로 옳은 것을 <보기>에서 모두 고른 것은?

> 평택현감 변징원이 하직하니, 임금이 그를 내전으로 불러 만났다. 임금이 변징원에게 "그대는 이미 수령을 지냈으니, 백성을 다스리는 데 무엇을 먼저 하겠는가?"라고 물었다. 이에 변징원이 "마땅히 칠사(七事)를 먼저 할 것입니다"라고 하였다. 임금이 "칠사라는 것은 무엇인가?"라고 질문하니, 변징원이 대답하기를, _____(가)_____
>
> – 『성종실록』 –

── <보 기> ──
㉠ 호구를 늘리는 것입니다.
㉡ 농상(農桑)을 성하게 하는 것입니다.
㉢ 역을 고르게 부과하는 것입니다.
㉣ 사송(詞訟)을 간략하게 하는 것입니다.

① ㉠
② ㉠, ㉡
③ ㉠, ㉡, ㉢
④ ㉠, ㉡, ㉢, ㉣

12 다음 조약이 조인된 시기를 연표에서 가장 옳게 고른 것은?

> 제3조 각 당사국은 타 당사국의 행정 지배하에 있는 영토와 각 당사국이 타 당사국의 행정 지배하에 합법적으로 들어갔다고 인정하는 금후의 영토에 있어서 타 당사국에 대한 태평양 지역에 있어서의 무력 공격을 자국의 평화와 안전을 위태롭게 하는 것이라 인정하고 공통한 위험에 대처하기 위하여 각자의 헌법상의 수속에 따라 행동할 것을 선언한다.
>
> 제4조 상호적 합의에 의하여 미합중국의 육군, 해군과 공군을 대한민국의 영토 내와 그 부근에 배치하는 권리를 대한민국은 이를 허여하고 미합중국은 이를 수락한다.

	(가)	(나)	(다)	(라)	
대한민국 정부수립	6·25 전쟁 발발	제2차 개정헌법 공포	5·16 군사정변	한일 기본 조약조인	

① (가)
② (나)
③ (다)
④ (라)

13 다음 연설을 한 대통령의 집권기에 일어난 사실로 가장 옳은 것은?

> 저는 이 순간 엄숙한 마음으로 헌법 제76조 제1항의 규정에 의거하여, 「금융실명 거래 및 비밀보장에 관한 대통령 긴급명령」을 반포합니다. …… 금융실명제에 대한 우리 국민의 합의와 개혁에 대한 강렬한 열망에 비추어 국회의원 여러분이 압도적인 지지로 승인해 주실 것을 믿어 의심치 않습니다. 친애하는 국민 여러분, 드디어 우리는 금융실명제를 실시합니다. 이 시간 이후 모든 금융거래는 실명으로만 이루어집니다. 금융실명제가 실시되지 않고는 이 땅의 부정부패를 원천적으로 봉쇄할 수가 없습니다.

① YH 무역 사건이 일어났다.
② 제4차 경제 개발 계획이 추진되었다.
③ 국민 기초 생활 보장법이 시행되었다.
④ 한국이 경제 협력 개발 기구(OECD)에 가입하였다.

14 (가)~(라)를 시대순으로 가장 바르게 연결한 것은?

> (가) 견훤이 후백제를 건국하였다.
> (나) 신문왕이 관료전을 지급하였다.
> (다) 광개토 대왕이 왜군을 격퇴하였다.
> (라) 선왕 시기에 '해동성국'으로 불렸다.

① (가) – (다) – (나) – (라)
② (나) – (다) – (라) – (가)
③ (다) – (나) – (라) – (가)
④ (라) – (나) – (다) – (가)

15 밑줄 친 '법'을 시행한 나라에 대한 설명으로 가장 옳은 것은?

> 백성들에게 금하는 <u>법</u> 8조를 만들었다. 사람을 죽인 자는 즉시 죽이고, 남에게 상처를 입힌 자는 곡식으로 갚는다. 도둑질한 자는 노비로 삼는다. 용서받고자 하는 자는 한 사람마다 50만 전을 내야 한다. …… 여자들은 모두 정숙하여 음란하고 편벽된 짓을 하지 않았다.
>
> – 『한서』 –

① 서옥제라는 혼인 풍습이 있었다.
② 해마다 영고라는 제천행사를 열었다.
③ 목지국의 지배자가 왕으로 추대되었다.
④ 한 무제가 보낸 군대의 침공으로 멸망하였다.

16 다음 사건이 일어난 왕의 시기에 있었던 사실로 가장 옳은 것은?

> 소손녕: 그대 나라는 신라 땅에서 일어났고, 고구려 땅은 우리 땅인데 너희들이 쳐들어와 차지하였다.
> 서　희: 우리는 고구려를 계승하여 나라 이름을 고려라 하였다. 땅의 경계를 논한다면 그대 나라의 동경도 다 우리 땅이다.

① 발해가 멸망하였다.
② 이자겸이 난을 일으켰다.
③ 최충이 9재 학당을 설치하였다.
④ 중앙 관제를 2성 6부로 정비하였다.

17 ㉠을 비판한 사례로 가장 옳은 것은?

> 근세 조선사에서 유형원·이익·이수광·정약용·서유구·박지원 등 이른바 '현실학파(現實學派)'라고 불러야 할 우수한 학자가 배출되어, 우리의 경제학적 영역에 대한 선물로 남겨준 업적이 결코 적지 않다. …… ㉠ 후쿠다 도쿠조(福田德三)는 조선에서 봉건제도의 존재를 전면적으로 부정했다는 점에서 그에 승복할 수 없는 것이다.

① 백남운이 『조선사회경제사』를 저술하였다.
② 이병도, 손진태 등이 『진단학보』를 발간하였다.
③ 조선사 편수회 인사들이 청구학회를 결성하였다.
④ 신채호가 대한매일신보에 『독사신론』을 연재하였다.

18 (가) 인물에 대한 설명으로 가장 옳은 것은?

> 당에서 유학하고 돌아온 ___(가)___ 은/는 '모든 존재가 서로 의존하며 조화를 이루고 있다.'라는 사상을 강조하여 통일 직후 신라 사회를 통합하는 데 큰 역할을 하였다. 또한 ___(가)___ 은/는 부석사를 중심으로 많은 제자를 양성하여 교단을 형성하고 각지에 사찰을 세웠다. 또한, 현세에서 겪는 고난을 구제받고자 하는 관음 신앙을 전파하였다.

① 무애가를 지어 불교 대중화에 기여하였다.
② 『화엄일승법계도』를 지어 화엄 사상을 정립하였다.
③ 불교 교단을 통합하기 위해 천태종을 개창하였다.
④ 인도와 중앙아시아를 여행하고 『왕오천축국전』을 저술하였다.

19 다음 사건이 일어난 시기에 볼 수 있는 모습으로 가장 옳은 것은?

> 전제상정소에서 다음과 같이 논의하였다. "우리나라는 지질의 고척(膏塉)이 남쪽과 북쪽이 같지 아니합니다. 하지만 그 전품(田品)의 분등(分等)을 8도를 통한 표준으로 계산하지 않고 있습니다. 다만 1도(道)로써 나누었기 때문에 납세의 경중(輕重)이 다릅니다. 부익부 빈익빈이 심해지니 옳지 못한 일입니다. 여러 도의 전품을 통고(通考)하여 6등급으로 나눈다면 전품이 바로잡힐 것이며 조세도 고르게 될 것입니다." 임금은 이를 그대로 따랐다.

① 3포 왜란으로 입은 피해를 걱정하는 어부
② 벽란도에서 송나라 선원과 흥정하는 상인
③ 『농가집성』의 내용을 읽으며 공부하는 농부
④ 불법적인 상행위를 감시하는 경시서 관리

20 다음 주장을 펼친 인물에 대한 설명으로 가장 옳은 것은?

> 국가는 마땅히 한 집의 생활에 맞추어 재산을 계산해서 토지 몇 부(負)를 1호의 영업전으로 한다. 땅이 많은 자는 빼앗아 줄이지 않고 미치지 못하는 자도 더 주지 않으며, 돈이 있어 사고자 하는 자는 비록 천백 결이라도 허락하여 주고, 땅이 많아서 팔고자 하는 자는 다만 영업전 몇 부 이외에는 허락하여 준다.

① 한국사의 독자적인 정통론을 체계화하였다.
② 『목민심서』와 『경세유표』 등의 저술을 남겼다.
③ 나라를 좀먹는 여섯 가지의 폐단을 지적하였다.
④ 신분에 따라 차등 있게 토지를 분배하는 균전론을 내세웠다.

21 다음 사건과 관련 있는 내용으로 가장 옳은 것은?

> 왕이 어머니 윤씨가 왕비자리에서 쫓겨나고 죽은 것이 성종의 후궁인 엄씨와 정씨의 참소 때문이라 여기고, 밤에 그들을 궁정에 결박해 놓고 손으로 함부로 치고 짓밟았다.
>
> - 『조선왕조실록』 -

① 수양대군이 단종을 내쫓고 왕위에 올랐다.
② 조광조를 비롯한 많은 사림이 피해를 입었다.
③ 연산군이 훈구파들을 제거하고 권력을 강화하였다.
④ 이조 전랑의 임명 문제를 둘러싸고 사림간 대립이 일어났다.

22 ⊙ 기간에 일어난 사실로 가장 옳은 것은?

> 임금이 대광 박술희에 말하였다. "짐은 미천한 가문에서 일어나 그릇되게 사람들의 추대를 받아 몸과 마음을 다하여 노력한 지 19년 만에 삼한을 통일하였다. 외람되게 ⊙ 25년 동안 왕위에 있었으니 몸은 이미 늙었으나 후손들이 사사로운 정에 치우치고 욕심을 함부로 부려 나라의 기강을 어지럽힐까 크게 걱정된다. 이에 훈요를 지어 후세에 전하니 바라건대 아침저녁으로 살펴 길이 귀감으로 삼기 바란다."

① 공산 전투가 전개되었다.
② 노비안검법이 시행되었다.
③ 수덕만세라는 연호가 등장하였다.
④ 최승로가 시무 28조를 제시하였다.

23 (가), (나) 시기 사이에 있었던 사실로 가장 옳은 것은?

> (가) 진흥왕이 이사부에게 토벌을 명하고 사다함에 보좌하게 하였다. …… 이사부가 군사를 이끌고 다다르자, 대가야가 모두 항복하였다.
>
> - 『삼국사기』 -
>
> (나) 백제군 한 사람이 1,000명을 당해냈다. 신라군은 이에 퇴각하였다. 이와 같이 진격하고 퇴각하길 네 차례에 이르러, 계백은 힘이 다하여 죽었다.
>
> - 『삼국사기』 -

① 백제가 웅진으로 천도하였다.
② 소수림왕이 불교를 수용하였다.
③ 신라가 기벌포에서 당군을 물리쳤다.
④ 고구려가 수나라 군대를 살수에서 격퇴하였다.

24 다음 헌법이 적용된 시기에 일어난 사실로 가장 옳은 것은?

> 제38조 ① 대통령은 통일에 관한 중요정책을 결정하거나 변경함에 있어서, 국론통일을 위하여 필요하다고 인정할 때에는 통일 주체 국민 회의의 심의에 붙일 수 있다.
> ② 제1항의 경우에 통일 주체 국민 회의에서 재적대의원 과반수의 찬성을 얻은 통일정책은 국민의 총의로 본다.
> 제40조 통일 주체 국민 회의는 국회의원 정수의 3분의 1에 해당하는 수의 국회의원을 선거한다.

① 광주 대단지 사건이 일어났다.
② 7·4 남북 공동 성명이 발표되었다.
③ 국가 보위 비상 대책 위원회가 조직되었다.
④ 전태일이 근로기준법 준수를 요구하며 분신하였다.

25 밑줄 친 '신'이 속한 붕당에 대한 설명으로 가장 옳은 것은?

> 소현 세자가 일찍 세상을 뜨고 효종이 인조의 제2 장자로서 종묘를 이었으니, 대왕대비께서 효종을 위하여 3년의 상복을 입어야 할 것은 예제로 보아 의심할 것이 없는데, 지금 그 기간을 줄여 1년으로 했습니다. 대체로 3년의 상복은 장자를 위하여 입는데 그가 할아버지, 아버지의 정통을 이을 사람이기 때문입니다. 지금 효종으로 말하면 대왕대비에게는 이미 적자이고, 또 왕위에 올라 존엄한 몸인데, 그의 복제에서는 3년 상복을 입을 수 없는 자와 동등하게 되었으니, 어디에 근거를 둔 것인지 신(臣)은 모르겠습니다.

① 노론과 소론으로 분열되었다.
② 기사환국을 통해 재집권하였다.
③ 인목대비의 폐위를 주장하였다.
④ 성혼의 학파를 중심으로 형성되었다.

모바일 OMR

✅ 회독 CHECK 1 2 3

01 (가) 시기에 있었던 사실로 가장 옳은 것은?

〈○○ 왕조 계보도〉

원종 – 충렬왕 – 충선왕 – 충숙왕 – 충혜왕 – 충목왕 – 충정왕 – 공민왕
└─────────────── (가) ───────────────┘

① 서경 유수 조위총이 난을 일으켰다.
② 정동행성 이문소가 내정을 간섭하였다.
③ 홍건적의 침입으로 왕이 복주로 피신하였다.
④ 삼별초가 진도와 제주도에서 항쟁을 전개하였다.

02 밑줄 친 '이 기구'에 대한 설명으로 가장 옳지 않은 것은?

> • 앞서 이 기구의 사람들이 향중(鄕中)에서 권위를 남용하여 불의한 짓을 행하니, 그 폐단이 많았습니다. 그래서 선왕께서 폐지하였던 것입니다. 간사한 아전을 견제하고 풍속을 바로잡는 것은 수령이 해야 할 일인데, 만약 모두 이 기구에 위임한다면 수령은 할 일이 없지 않겠습니까?
> • 전하께서 다시 이 기구를 세우고 좌수와 별감을 두도록 하였는데, 나이가 많고 덕망이 높은 자를 추대하여 좌수로 일컫고, 그 다음으로 별감이라 하여 한 고을을 규찰하고 관리하게 하였다.
>
> — 『성종실록』 —

① 경재소를 통해 중앙의 통제를 받았다.
② 향촌 사회의 풍속을 교화하는 데 기여하였다.
③ 수령을 보좌하고 향리를 감찰하는 역할을 하였다.
④ 전통적 공동 조직에 유교 윤리를 가미하여 만들었다.

03 밑줄 친 '왕'에 대한 설명으로 가장 옳은 것은?

> 이때에 이르러 왕 또한 불교를 일으키려고 하였으나, 여러 신하들이 믿지 않고 이런저런 불평을 많이 하였으므로 왕이 근심하였다. …… 이차돈이 왕에게 아뢰기를, "바라건대 하찮은 신의 목을 베어 여러 사람들의 논의를 진정시키십시오."라고 하였다.
>
> — 『삼국사기』 —

① 이사부를 파견하여 우산국을 복속시켰다.
② 광개토 대왕의 지원으로 왜군을 격파하였다.
③ 대가야를 정복하여 가야 연맹을 해체시켰다.
④ 상대등을 설치하여 정치 조직을 강화하였다.

04 다음 군대가 창설된 시기를 연표에서 옳게 고른 것은?

> 개항 후 국방을 강화하고 근대화하기 위하여 윤웅렬이 중심이 되어 5군영으로부터 80명을 선발하여 별기군을 창설하였다. 또한 서울의 일본 공사관에 근무하는 공병소위 호리모토를 교관으로 초빙하였다.

	(가)	(나)	(다)	(라)	
통리기무아문 설치	기기창 설치	군국기무처 설치	원수부 설치	통감부 설치

① (가)
② (나)
③ (다)
④ (라)

05 (가), (나) 사이 시기에 있었던 사실로 가장 옳은 것은?

> (가) 남과 북은 상대방에 대하여 무력을 사용하지 않으며 상대방을 무력으로 침략하지 아니한다. …… 민족 전체의 복리 향상을 도모하기 위하여 자원의 공동 개발, 민족 내부 교류로서의 물자 교류, 합작 투자 등 경제 교류와 협력을 실시한다.
>
> (나) 남과 북은 나라의 통일을 위한 남측의 연합제 안과 북측의 낮은 단계의 연방제 안이 서로 공통성이 있다고 인정하고 앞으로 이 방향에서 통일을 지향시켜 나가기로 하였다.

① 남북 조절 위원회가 설치되었다.
② 금강산 관광 사업이 시작되었다.
③ 제2차 남북 정상 회담이 개최되었다.
④ 남북 이산 가족 상봉이 최초로 이루어졌다.

06 (가)~(라) 제도를 시행된 순서대로 바르게 나열한 것은?

> (가) 그 사람의 성품과 행동의 선악, 공로의 크고 작음을 참작하여 역분전을 차등 있게 주었다.
>
> (나) 문무의 백관으로부터 부병(府兵)과 한인(閑人)에 이르기까지 과(科)에 따라 받지 않은 자가 없었으며, 또한 과에 따라 땔나무를 베어낼 땅도 지급하였다.
>
> (다) 경기는 사방의 근본이니 마땅히 과전을 설치하여 사대부를 우대한다. 무릇 경성에 거주하여 왕실을 시위(侍衛)하는 자는 직위의 고하에 따라 과전을 받는다.
>
> (라) 경상도 · 전라도 · 충청도는 상등, 경기도 · 강원도 · 황해도 3도는 중등, 함길도 · 평안도는 하등으로 삼으며 …… 각 도의 등급과 토지 품질의 등급으로써 수세하는 수량을 정한다.

① (가) - (나) - (다) - (라)
② (가) - (나) - (라) - (다)
③ (나) - (가) - (다) - (라)
④ (나) - (다) - (라) - (가)

07 (가), (나) 격문이 발표된 사이의 시기에 있었던 사실로 옳은 것을 〈보기〉에서 모두 고른 것은?

> (가) 우리가 의로운 깃발을 들어 이곳에 이름은 그 뜻이 결코 다른 데 있지 아니하고 창생을 도탄 속에서 건지고 국가를 반석 위에 두고자 함이다. 안으로는 양반과 탐학한 관리의 목을 베고 밖으로 횡포한 강적의 무리를 내몰고자 함이다.
>
> (나) 일본 오랑캐가 분란을 야기하고 군대를 출동하여 우리 임금님을 핍박하고 우리 백성들을 뒤흔들어 놓았으니 어찌 차마 말할 수 있겠습니까. …… 지금 조정의 대신들은 망령되이 자신의 몸만 보전하고자 위로는 임금님을 협박하고 아래로는 백성들을 속이며 일본 오랑캐와 내통하여 삼남 백성들의 원망을 샀습니다.

> ───── 〈보 기〉 ─────
> ㉠ 조선 정부가 개혁 기구인 교정청을 설치하였다.
> ㉡ 동학 농민군과 관군이 전주 화약을 체결하였다.
> ㉢ 조선 정부가 조병갑을 파면하고 박원명을 고부 군수로 임명하였다.
> ㉣ 동학 교도들이 전라도 삼례에서 교조 신원을 요구하는 집회를 벌였다.

① ㉠, ㉡   ② ㉠, ㉣
③ ㉡, ㉢   ④ ㉢, ㉣

08 밑줄 친 '그'에 대한 설명으로 옳은 것을 〈보기〉에서 모두 고른 것은?

> 참찬문하부사 하륜 등이 청하였다. "정몽주의 난에 만일 그가 없었다면, 큰일이 거의 이루어지지 못하였을 것이고, 정도전의 난에 만일 그가 없었다면, 또한 어찌 오늘이 있었겠습니까? …… 청하건대, 그를 세워 세자를 삼으소서." 임금이 말하기를, "경 등의 말이 옳다."하고, 드디어 도승지에게 명하여 도당에 전지하였다. "…… 나의 동복(同腹) 아우인 그는 개국하는 초에 큰 공로가 있었고, 또 우리 형제 4, 5인이 성명(性命)을 보전한 것이 모두 그의 공이었다. 이제 명하여 세자를 삼고, 또 내외의 여러 군사를 도독하게 한다."

〈보 기〉
㉠ 영정법을 도입하였다.
㉡ 호패법을 시행하였다.
㉢ 경국대전을 편찬하였다.
㉣ 6조 직계제를 실시하였다.

① ㉠, ㉡   ② ㉠, ㉢
③ ㉡, ㉣   ④ ㉢, ㉣

09 밑줄 친 '왕'의 재위 기간에 있었던 사실로 가장 옳은 것은?

> 왕은 윤관이 이끄는 별무반을 파견하여 여진을 정벌한 후 동북쪽에 9개의 성을 쌓아 방어하도록 하였다.

① 광덕, 준풍이라는 연호를 사용하였다.
② 최승로가 시무 28조의 개혁안을 제시하였다.
③ 양현고를 설치하여 관학을 진흥시키고자 하였다.
④ 의천 등의 건의를 받아들여 주전도감을 설치하였다.

10 밑줄 친 '개혁'의 사례로 가장 옳은 것은?

> 사진 속 건물은 조광조의 학문과 덕행을 추모하기 위해 설립된 심곡 서원이다. 그는 사림의 여론을 바탕으로 왕도 정치를 실현하기 위한 개혁을 추진하였으나 훈구 대신들의 반발로 사사되었다. 그러나 선조 때 사림이 정치 주도권을 장악하면서 신원되었고, 그를 추모하는 서원이 여러 곳에 설립되었다.

① 현량과 실시
② 비변사 폐지
③ 9재 학당 설립
④ 삼정이정청 설치

11 밑줄 친 '왕'의 재위 시기에 있었던 사실로 옳은 것을 〈보기〉에서 모두 고른 것은?

> 주전도감에서 왕에게 아뢰기를 "나라의 백성이 돈을 사용하는 것의 유리함을 이해하고 그것을 편리하다고 생각하게 되었으니 이 사실을 종묘에 고하십시오."라고 하였다. 이 해에 또 은병도 만들어 화폐로 사용하였는데, 그 제도는 은 한 근으로 만들되 우리나라의 지형을 따서 만들었고, 민간에서는 활구라고 불렀다.

〈보 기〉
㉠ 해동통보가 발행되었다.
㉡ 의천이 화폐 주조를 건의하였다.
㉢ 원의 화폐인 지원보초가 유통되었다.
㉣ 저화라고 불린 지폐가 제작되어 사용되었다.

① ㉠, ㉡   ② ㉠, ㉢
③ ㉡, ㉣   ④ ㉢, ㉣

12 자료에 나타난 운동에 대한 설명으로 가장 옳은 것은?

> 진주성 내 동포들이 궐기하여 형평사라는 단체를 조직하여 계급 타파 운동을 개시할 것이라고 한다. …… 어떤 자는 고기를 먹으면서 존귀한 대우를 받고, 어떤 자는 고기를 제공하면서 비천한 대우를 받는다. 이는 공정한 천리(天理)에 따를 수 없는 일이다.

① 백정에 대한 차별 철폐를 요구하였다.
② 공사 노비 제도가 폐지되는 결과를 가져왔다.
③ 향·부곡·소를 일반 군현으로 승격할 것을 주장하였다.
④ 평안도 지역에 대한 차별과 지배층의 수탈에 항거하였다.

13 자료를 통해 알 수 있는 전쟁의 영향으로 가장 옳은 것은?

> 건주(建州)의 여진족이 왜적을 무찌르는 데 2만 명의 병력을 지원하겠다고 하자, 명군 장수 형군문이 허락하려 하였다. 그러나 명 사신 양포정은 만약 이를 허락한다면 명과 조선의 병력, 조선의 산천 형세를 여진족이 알게 될 수 있다고 하여 거절하였다.

① 4군 6진이 개척되었다.
② 일본의 도자기 문화가 발달하였다.
③ 부산포, 제포, 염포에 왜관이 설치되었다.
④ 황룡사 9층 목탑 등 문화재가 소실되었다.

14 (가), (나) 시기 사이에 있었던 사실로 가장 옳은 것은?

> (가) 왕 41년 겨울 10월, 백제왕이 군사 3만 명을 거느리고 평양성을 공격하였다. 왕이 군사를 이끌고 방어하다가 화살에 맞았다. 23일에 왕이 죽었다. 고국 언덕에 장사지냈다.
> ー『삼국사기』 고구려본기 ー
>
> (나) 왕 32년 가을 7월, 왕이 신라를 습격하기 위하여 직접 보병과 기병 50명을 거느리고 밤에 구천에 이르렀는데, 신라의 복병이 나타나 그들과 싸우다가 왕이 난병들에게 살해되었다. 시호를 성이라 하였다.
> ー『삼국사기』 백제본기 ー

① 수가 고구려를 침입하였다.
② 고구려가 평양으로 천도하였다.
③ 백제가 나·당 연합군의 공격을 받았다.
④ 당이 매소성 전투에서 신라에 패하였다.

15 밑줄 친 '이들'에 대한 설명으로 가장 옳은 것은?

> <u>이들</u>의 첫 벼슬은 후단사이며, 두 번째 오르면 병사(兵史)·창사(倉史)가 되고, 세 번째 오르면 주·부·군·현의 사(史)가 되며, 네 번째 오르면 부병정(副兵正)·부창정(副倉正)이 되며, 다섯 번째 오르면 부호정(副戶正)이 되고, 여섯 번째 오르면 호정이 되며, 일곱 번째 오르면 병정·창정이 되고, 여덟 번째 오르면 부호장이 되고, 아홉 번째 오르면 호장(戶長)이 된다.
> ー『고려사』 ー

① 자손이 음서의 혜택을 받았다.
② 속현의 조세와 공물의 징수, 노역 징발 등을 담당하였다.
③ 수군, 조례, 역졸, 조졸 등으로 칠반천역이라고도 불렸다.
④ 수령의 행정 실무를 보좌하는 세습적인 아전으로 활동하였다.

16 (가) 종교가 반영된 문화 유산의 사례로 가장 적절한 것은?

> 불로장생과 신선이 되기를 추구하는 ☐(가)☐ 은/는 삼국에 전래 되어 귀족 사회를 중심으로 유행했으며 예술에도 많은 영향을 주었다. 7세기 고구려의 연개소문은 귀족과 연결된 불교 세력을 억누르기 위해 ☐(가)☐ 을/를 장려하는 정책을 펼쳤다.

① ② ③ ④

17 (가) 붕당에 대한 설명으로 옳은 것만을 〈보기〉에서 모두 고른 것은?

> ☐(가)☐ 은/는 반정을 주도하여 정권을 잡은 이후 훈련도감을 비롯하여 새로 설치된 어영청, 총융청, 수어청의 병권을 장악하여 권력 유지의 기반으로 삼았다.

〈보 기〉
㉠ 북벌론을 주장하였다.
㉡ 인목 대비의 폐위를 주장하였다.
㉢ 조식 학파를 중심으로 형성되었다.
㉣ 예송 논쟁으로 남인과 대립하였다.

① ㉠, ㉡ 　　　　　② ㉠, ㉣
③ ㉡, ㉢ 　　　　　④ ㉢, ㉣

18 (가)~(라) 사건이 일어난 순서대로 바르게 나열된 것은?

> (가) 운요호가 강화도의 초지진을 포격하고 군대를 영종도에 상륙시켜 살인과 약탈을 자행하였다.
> (나) 독일 상인 오페르트가 덕산군에 상륙하여 남연군의 무덤을 도굴하다가 실패하고 돌아갔다.
> (다) 미군이 강화도의 초지진을 함락하고 광성보를 공격하였다.
> (라) 프랑스군이 강화도의 주요 시설을 불태우고 외규장각 도서를 약탈하였다.

① (가) – (나) – (라) – (다)
② (나) – (라) – (가) – (다)
③ (다) – (나) – (가) – (라)
④ (라) – (나) – (다) – (가)

19 (가) 국가에 대한 설명으로 가장 옳은 것은?

> ☐(가)☐ 에서는 본래 소노부에서 왕이 나왔으나 점점 미약해져서 지금은 계루부에서 왕위를 차지하고 있다. 절노부는 대대로 왕실과 혼인을 하였으므로 그 대인은 고추가(古鄒加)의 칭호를 더하였다. 모든 대가(大加)들은 스스로 사자·조의·선인을 두었는데, 그 명단을 모두 왕에게 보고하여야 한다. …… 감옥은 없고 범죄자가 있으면 제가들이 모여서 평의하여 사형에 처하고 처자는 몰수하여 노비로 삼는다.
> – 「삼국지」 위서 동이전 –

① 혼인 풍속으로 서옥제가 있었다.
② 신성 지역인 소도가 존재하였다.
③ 영고라고 하는 제천 행사를 개최하였다.
④ 읍락의 경계를 중시하여 책화라는 풍습이 있었다.

20 자료에 나타난 민족 운동에 대한 설명으로 가장 옳은 것은?

> 동대문 밖에서 다시 한 번 일대 시위 운동이 일어났다. 이 날은 태황제의 인산날이었으므로 망곡하러 모인 군중이 수십 만이었다. 인산례(因山禮)가 끝나고 융희제(순종)와 두 분의 친왕 이하 여러 관료와 궁속들이 돌아오다가 청량리에 이르렀다. 이때 곡 소리와 만세 소리가 일시에 폭발하여 천지가 진동하였다.

① 신간회의 후원으로 확산되었다.
② 대한민국 임시 정부 수립에 영향을 주었다.
③ 준비 과정에서 천도교와 조선 공산당 등이 연대하였다.
④ 한국인 학생과 일본인 학생 사이의 충돌에서 비롯되었다.

21 (가), (나) 국왕에 대한 설명으로 가장 옳은 것은?

> • 　(가)　은/는 붕당의 이익을 대변하던 이조 전랑의 후임자 천거권과 3사 관리 선발 관행을 혁파하고, 탕평 의지를 내세우기 위해 성균관 앞에 탕평비를 세웠다.
> • 　(나)　은/는 초계문신제를 실시하여 개혁 세력을 육성하였으며, 통공 정책을 실시하여 육의전을 제외한 시전의 금난전권을 폐지하였다.

① (가) - 장용영을 설치하여 군사권을 장악하였다.
② (가) - 조선과 청의 국경을 정하는 백두산정계비를 세웠다.
③ (나) - 『대전통편』을 편찬하여 법령을 정비하였다.
④ (나) - 삼정의 문란을 개혁하기 위해 삼정이정청을 설치하였다.

22 다음 사실을 시기순으로 바르게 나열한 것은?

> (가) 강희맹이 경기 지역의 농사 경험을 토대로 『금양잡록』을 편찬하였다.
> (나) 신속이 벼농사 중심의 수전 농법을 소개한 『농가집성』을 편찬하였다.
> (다) 이암이 중국 화북 지역의 농사법을 반영한 『농상집요』를 도입하였다.
> (라) 정초, 변효문 등이 왕명에 의해 우리나라 풍토에 맞는 농법을 정리한 『농사직설』을 편찬하였다.

① (가) - (다) - (나) - (라)
② (나) - (다) - (라) - (가)
③ (다) - (라) - (가) - (나)
④ (다) - (라) - (나) - (가)

23 밑줄 친 '이 책'에 대한 설명으로 가장 옳은 것은?

> 이 책은 보각국사 일연의 저서로 왕력(王歷) · 기이(紀異) · 흥법(興法) · 탑상(塔像) · 의해(義解) · 신주(神呪) · 감통(感通) · 피은(避隱) · 효선(孝善) 등 9편목으로 구성되어 있다. 여러 고대 국가의 역사, 불교 수용 과정, 탑과 불상, 고승들의 전기, 효도와 선행 이야기 등 불교사와 관련된 일화를 중심으로 서술한 것이 특징이다.

① 기전체 형식으로 서술되었다.
② 현존하는 가장 오래된 역사서이다.
③ 단군의 건국 이야기가 수록되었다.
④ 대의 명분을 중시하는 성리학적 사관을 반영하였다.

24 (가) 인물에 대한 설명으로 가장 옳은 것은?

> • 황보인, 김종서 등이 역모를 품고 몰래 안평 대군과 연결하고, 환관들과 은밀히 내통하여 날짜를 정하여 반란을 꾀하고자 하였다. 이에　(가)　와/과 정인지, 한확, 박종우, 한명회 등이 그 기미를 밝혀 그들을 제거하였다.
> • 　(가)　이/가 명하기를, "집현전을 없애고, 경연을 정지하며, 거기에 소장하였던 서책은 모두 예문관에서 관장하게 하라."라고 하였다.

① 전민변정도감을 설치하였다.
②『석보상절』을 한글로 번역하여 편찬하였다.
③ 불교 종파를 선·교 양종으로 병합하였다.
④ 정여립 모반 사건을 계기로 기축옥사를 일으켰다.

25 (가) 나라에 대한 설명으로 가장 옳은 것은?

　(가)　의 문화 및 세력 범위를 추정할 수 있는 유물들

① 상, 대부, 장군 등의 관직을 두었다.
② 읍군, 삼로 등이 하호를 통치하였다.
③ 계루부 출신의 왕이 5부의 대가들과 함께 통치하였다.
④ 사람이 죽으면 가매장한 다음 뼈만 추려 목곽에 안치하였다.

01 (가)에 들어갈 법령이 제정된 이후의 사실로 가장 옳은 것은?

(가)

제4조 제국 신민을 징용하여 총동원 업무에 종사하게 할 수 있다. 단, 병역법의 적용을 방해하지 않는다.

제7조 노동 쟁의의 예방 혹은 해결에 관하여 필요한 명령을 내리거나 작업소의 폐쇄, 작업 혹은 노무의 중지 등 노동 쟁의에 관한 행위의 제한 혹은 금지를 행할 수 있다.

제8조 물자의 생산·수리·배급·양도 기타의 처분, 사용·소비·소지 및 이동에 관하여 필요한 명령을 내릴 수 있다.
---

① 중국 본토에서 중·일 전쟁이 발발하였다.
② 백남운이 『조선사회경제사』를 저술하였다.
③ 조선 사상범 예방 구금령이 제정·공포되었다.
④ 양세봉의 조선 혁명군이 영릉가 전투에서 승리하였다.

02 자료의 의병에 대한 설명으로 옳은 것을 〈보기〉에서 모두 고른 것은?

군사장은 미리 군비를 신속히 정돈하여 철통과 같이 함에 한 방울의 물도 샐 틈이 없는지라. 이에 전군에 명령을 전하여 일제히 진군을 재촉하여 동대문 밖으로 진격할 때, 대군은 긴 뱀의 형세로 천천히 전진하게 하고, …… 3백 명을 인솔하고 선두에 서서 동대문 밖 삼십 리 되는 곳에 나아가 전군이 모이기를 기다려 일거에 서울로 공격하여 들어가기로 계획하더니, 전군이 모이는 시기가 어긋나고 일본군이 갑자기 진격해 오는지라. 여러 시간을 격렬히 사격하다가 후원군이 이르지 않아 할 수 없이 퇴진하였다.

〈보 기〉

㉠ 고종이 해산 권고 조칙을 내리자 대부분 해산하였다.
㉡ 13도 창의군을 결성하여 서울 진공 작전을 시도하였다.
㉢ 각국 영사관에 교전 단체로 인정해 줄 것을 요구하였다.
㉣ 의병 잔여 세력이 활빈당 등의 무장 결사를 조직하였다.
---

① ㉠, ㉡   ② ㉠, ㉣
③ ㉡, ㉢   ④ ㉢, ㉣

03 다음 개헌이 이루어진 정부 시기에 있었던 사실로 가장 옳은 것은?

> 제55조 대통령과 부통령의 임기는 4년으로 한다. 단, 재선에 의하여 1차 중임할 수 있다. 대통령이 궐위된 때에는 부통령이 대통령이 되고 잔임 기간 중 재임한다.
>
> 부칙 이 헌법 공포 당시의 대통령에 대하여는 제55조 제1항 단서의 제한을 적용하지 아니한다.
>
> － 대한민국 관보 제1228호 －

① 소련, 중국과 교류를 확대하였다.

② 일본과 국교 정상화를 추진하였다.

③ 진보당 사건으로 조봉암을 처형하였다.

④ 지방 자치제를 전면적으로 실시하였다.

04 (가), (나) 사이의 시기에 있었던 사실로 가장 옳은 것은?

> (가) 기묘사화가 일어나 사림이 피해를 입었다.
> (나) 서인이 반정을 일으켜 정권을 장악하였다.

① 동인이 남인과 북인으로 분화하였다.

② 환국을 거치며 노론과 소론이 갈라섰다.

③ 1차 예송에서 승리한 서인이 집권하였다.

④ 조광조가 훈구 세력의 위훈 삭제를 주장하였다.

05 다음 유물들이 대표하는 시기의 사회 모습으로 가장 옳은 것은?

① 처음으로 농경이 시작되었다.

② 권력을 가진 지배자가 등장하였다.

③ 뗀석기를 주로 이용하였다.

④ 주로 동굴에 거주하거나 막집에 살았다.

06 밑줄 친 '나라'에 대한 설명으로 가장 옳은 것은?

> 이 나라는 남쪽으로는 진한과 북쪽으로는 고구려·옥저와 맞닿아 있고, 동쪽으로는 큰 바다에 닿았으니 오늘날 조선 동쪽이 모두 그 지역이다. 호수는 2만이다. …… 대군장이 없고 한 시대 이래로 후·읍군·삼로라는 관직이 있어 하호를 다스렸다.
>
> － 「삼국지」 위서 동이전 －

① 1세기 초 왕호를 사용하였다.

② 민며느리제라는 혼인 풍습이 있었다.

③ 목지국의 지배자가 왕으로 추대되었다.

④ 해마다 무천이라는 제천 행사를 열었다.

07 밑줄 친 ㉠~㉣에 대한 해석으로 적절하지 않은 것은?

> 옛날 ㉠ 환인의 아들 환웅이 천부인 3개와 3,000명의 무리를 이끌고 태백산 신단수 밑에 내려왔는데, 이곳을 신시라 하였다. 그는 ㉡ 풍백, 우사, 운사로 하여금 인간의 360여 가지의 일을 주관하게 하였는데 그중에서 곡식, 생명, 질병, 형벌, 선악 등 다섯 가지 일이 가장 중요한 것이었다. 이로써 인간 세상을 교화시키고 인간을 널리 이롭게 하였다. 이때 ㉢ 곰과 호랑이가 사람이 되기를 원하므로 환웅은 쑥과 마늘을 주고 …… 곰은 금기를 지켜 21일 만에 여자로 태어났고 환웅과 혼인하여 아들을 낳았다. 이가 곧 ㉣ 단군 왕검이었다.

① ㉠ - 천손 사상으로 부족의 우월성을 과시했다.

② ㉡ - 고조선의 농경 사회 모습이 반영되어 있다.

③ ㉢ - 특정 동물을 수호신으로 여기는 샤머니즘이 존재했다.

④ ㉣ - 정치적 지배자와 제사장이 일치된 사회였음을 알 수 있다.

08 밑줄 친 (가)~(라)에 대한 설명으로 옳은 것을 〈보기〉에서 모두 고른 것은?

> 대한민국 임시 정부는 1921년을 고비로 (가) 위기 상태에 빠졌다. 임시 정부 내에서 (나) 독립운동의 노선을 둘러싼 갈등도 나타났다. 각계의 독립운동 지도자들은 이 국면을 타개하고자 국민 대표 회의를 열어 독립운동의 새로운 방향을 모색하였다. 하지만 임시 정부의 진로 문제를 놓고 (다) 개조파와 창조파가 대립하여 회의는 결렬되었다. 이후 (라) 지도 체제가 개편되었지만 대한민국 임시 정부는 한동안 침체 상태에 빠졌다.

> ─〈보 기〉─
> ㉠ (가) - 교통국과 연통제 조직이 일제에 발각되었다.
> ㉡ (나) - 외교 활동에 대한 무장 투쟁론자의 비판이 거세졌다.
> ㉢ (다) - 주로 외교론을 비판하는 무장 투쟁론자들로 구성되었다.
> ㉣ (라) - 헌법을 고쳐 대통령 중심의 집단 지도 체제로 전환하였다.

① ㉠, ㉡　　　　　　　　② ㉠, ㉣

③ ㉡, ㉢　　　　　　　　④ ㉢, ㉣

09 다음 강령을 발표한 단체에 대한 설명으로 가장 옳은 것은?

> • 우리는 완전한 독립 국가 건설을 기함.
> • 우리는 전 민족의 정치적, 경제적, 사회적 기본 요구를 실현할 수 있는 민주주의 정권 수립을 기함.
> • 우리는 일시적 과도기에 있어서 국내 질서를 자주적으로 유지하며 대중 생활의 확보를 기함.

① 자유당을 창당하였다.

② 조선 인민 공화국의 수립을 선포하였다.

③ 독립 촉성 중앙 협의회의 결성을 주도하였다.

④ 38도선을 넘어 북한 지도부와 남북 협상을 가졌다.

10 (가), (나)에 대한 설명으로 옳은 것을 〈보기〉에서 모두 고른 것은?

> 숙종 때에 이르러 여러 차례 ___(가)___ 이/가 발생하면서 붕당 간의 대립은 더욱 격화되었다. 숙종은 집권 붕당이 바뀔 때마다 상대 당의 인사들을 정계에서 축출하였다. 숙종 말년에 노론과 소론은 왕위 계승을 놓고 대립하였을 뿐만 아니라 왕권을 위협하기까지 하였다. 이후 연이어 즉위한 영조와 정조는 붕당 정치의 폐해를 줄이기 위해 ___(나)___ 을/를 시행하였다.

> ─── 〈보 기〉 ───
> ㉠ (가)에 들어갈 용어는 예송이다.
> ㉡ (나)에 들어갈 용어는 탕평책이다.
> ㉢ (가)의 과정에서 송시열이 죽임을 당하였다.
> ㉣ (나)의 정책을 펴기 위해 5군영을 설치하였다.

① ㉠, ㉡   ② ㉠, ㉢
③ ㉡, ㉢   ④ ㉡, ㉣

11 지도의 (가)~(라) 중 다음 성명서가 발표된 장소로 옳은 것은?

> 1. 한국의 전체 인민은 현재 이미 반침략 전선에 참가해오고 있으며, 이제 하나의 전투 단위로서 추축국에 선전한다.
> 2. 1910년 한·일 '병합'과 일체의 불평등 조약은 무효이며, 아울러 반침략 국가가 한국에서 합리적으로 얻은 기득권익이 존중될 것임을 거듭 선포한다.
> 3. 한국, 중국과 서태평양에서 왜구를 완전히 몰아내기 위하여 최후의 승리를 거둘 때까지 혈전한다.

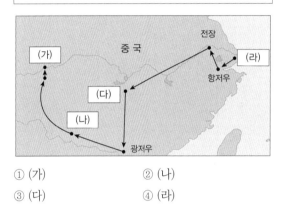

① (가)   ② (나)
③ (다)   ④ (라)

12 밑줄 친 ㉠, ㉡의 내용으로 옳은 것은?

> • 투표는 ㉠ 이 헌법 제39조의 규정에 따라 토론 없이 무기명으로 투표 용지에 후보자 성명을 기입하는 방법으로 진행되었다. 투표 결과는 찬성 2,357표, 반대는 한 표도 없이 무효 2표로 박정희 후보를 선출하였다.
> • 집권 준비를 마친 전두환은 통일 주체 국민 회의를 통해 제11대 대통령으로 선출되었다. 그러나 국민의 반발과 악화된 국제 여론을 의식하여 개헌을 단행하였다. ㉡ 새 헌법에 따라 실시된 선거에서 전두환은 다시 대통령에 당선되었다.

① ㉠ – 대통령의 연임을 3회까지만 허용한다.
② ㉠ – 대통령이 국회를 해산할 권한을 갖는다.
③ ㉡ – 대통령의 임기는 5년으로 한다.
④ ㉡ – 통일 주체 국민 회의에서 대통령을 선출한다.

13 (가)~(다)를 일어난 순서대로 바르게 나열한 것은?

> (가) 은병을 만들어 화폐로 썼는데, 은 한 근으로 만들되 우리나라 지형을 본떴다. 민간에서는 활구라 불렀다.
>
> (나) 원년 11월에 처음으로 직관과 산관 각 품의 전시과를 제정하였는데, 관품의 높고 낮음은 따지지 않고 단지 인품으로만 이를 정하였다.
>
> (다) 도평의사사에서 상서하여 과전을 지급하는 법을 정할 것을 청하니, 그 의견을 따랐다. …… 경기는 사방의 근본이므로 마땅히 과전을 두어 사대부를 우대한다.

① (가) – (나) – (다)
② (가) – (다) – (나)
③ (나) – (가) – (다)
④ (나) – (다) – (가)

14 이 시기 백제왕의 업적으로 옳은 것을 〈보기〉에서 모두 고른 것은?

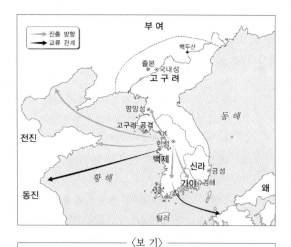

> ─── 〈보 기〉 ───
> ㉠ 남으로 마한을 통합하였다.
> ㉡ 왕위의 부자 상속이 확립되었다.
> ㉢ 중앙 관청을 22부로 확대하였다.
> ㉣ 좌평 제도와 관등제를 마련하였다.

① ㉠, ㉡
② ㉠, ㉣
③ ㉡, ㉢
④ ㉢, ㉣

15 (ㄱ), (ㄴ) 조약이 체결된 시기로 옳은 것은?

> (ㄱ) 제7관 일본국 인민은 본국의 현행 여러 화폐를 사용해 조선국 인민이 소유한 물품과 교환할 수 있다. 조선국 인민은 그 교환한 일본국의 여러 화폐로 일본국에서 생산한 여러 가지 화물을 구매할 수 있다.
>
> (ㄴ) 제6칙 이후 조선국 항구에 거주하는 일본 인민은 양미와 잡곡을 수출입할 수 있다.

	(가)	(나)	(다)	(라)	
1866 병인양요		1871 신미양요	1875 운요호 사건	1880 원산 개항	1883 인천 개항

① (가)
② (나)
③ (다)
④ (라)

16 다음 자료의 주장을 한 일제 강점기 역사 연구 활동에 대한 설명 중 가장 옳은 것은?

> 조선 민족의 발전사는 그 과정이 아시아적이라고 하더라도 사회 구성의 내면적 발전 법칙 그 자체는 오로지 세계사적인 것이며, 삼국 시대의 노예제 사회, 통일 신라기 이래의 동양적 봉건 사회, 이식 자본주의 사회는 오늘날에 이르기까지 조선 역사의 단계를 나타내는 보편사적인 특징이다.

① 일선동조론을 유포하였다.
② 실증 사학의 영향을 받았다.
③ 대표적인 인물로 백남운이 있다.
④ 진단학회를 결성하여 진단학보를 발간하였다.

17 (가) 인물에 대한 설명으로 가장 옳은 것은?

> 8도의 선비들이 서원을 건립하여 명현을 제사하고
> …… 그 폐단이 백성의 생활에 미쳤다. (가) 은/
> 는 만동묘를 철폐하고 폐단이 큰 서원을 각 도에 명
> 하여 철폐하도록 하였다. 선비들 수만 명이 대궐 앞
> 에 모여 만동묘와 서원을 다시 설립할 것을 청하니,
> (가) 이/가 크게 노하여 한성부의 조례와 병졸로
> 하여금 한강 밖으로 몰아내게 하고 ……드디어 1천
> 여 개소의 서원을 철폐하고 그 토지를 몰수하여 관에
> 속하게 하였다. 이 때문에 선비들의 기운이 크게 막
> 혔다.

① 일본에 조사 시찰단을 파견하였다.

② 은결을 색출하고 호포제를 실시하였다.

③ 탕평파를 육성하고 탕평비를 건립하였다.

④ 『대전통편』을 편찬해 통치 체제를 정비하였다.

18 (가)~(라)를 일어난 순서대로 바르게 나열한 것은?

> (가) 성왕이 군사를 보내 고구려를 공격하였다.
> (나) 온조는 한강 하류에 이르러 도읍을 정하였다.
> (다) 태조왕이 동옥저를 정벌하고 빼앗아 성읍으로
>   삼았다.
> (라) 법흥왕이 율령을 반포하고, 처음으로 관리의 공
>   복을 정하였다.

① (가) - (나) - (다) - (라)

② (나) - (다) - (라) - (가)

③ (나) - (가) - (라) - (다)

④ (다) - (가) - (나) - (라)

19 (가) 시기에 발생한 사건으로 가장 옳지 않은 것은?

> 태조가 포정전에서 즉위하여 국호를 고려라 하고 연
> 호를 고쳐 천수라 하였다.
>   - 『고려사』 -

↓

> (가)

↓

> 고려군의 군세가 크게 성한 것을 보자 갑옷을 벗고
> 창을 던져 견훤이 탄 말 앞으로 와서 항복하니 이에
> 적병이 기세를 잃어 감히 움직이지 못하였다. ……
> 신검이 두 동생 및 문무 관료와 함께 항복하였다.
>   - 『고려사』 -

① 고려군이 고창에서 견훤의 후백제군을 패퇴시켰다.

② 신라의 경순왕은 스스로 나라를 고려에 넘겨주었다.

③ 왕건이 이끄는 군대가 후백제의 금성을 함락하였다.

④ 발해국 세자 대광현과 수만 명이 고려에 귀화하였다.

20 다음 성명서가 발표된 시점으로 가장 옳은 것은?

> 마음 속의 38선이 무너지고야 땅 위의 38선도 철폐
> 될 수 있다. …… 나는 통일된 조국을 건설하려다 38
> 선을 베고 쓰러질지언정, 일신의 구차한 안일을 위하
> 여 단독 정부를 세우는 데는 협력하지 않겠다.

(가)	(나)	(다)	(라)
8·15 광복	정읍 발언	제2차 미·소 공동 위원회 개최	5·10 총선거	대한민국 정부 수립

① (가)   ② (나)

③ (다)   ④ (라)

21 (가) 세력에 대한 설명으로 가장 옳은 것은?

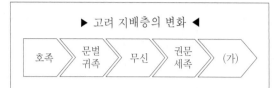

▶ 고려 지배층의 변화 ◀

호족 〉 문벌 귀족 〉 무신 〉 권문 세족 〉 (가)

① 성리학을 통해 불교의 폐단을 지적하였다.
② 주로 음서를 통하여 관직에 진출하였다.
③ 권력을 앞세워 대규모 농장을 소유하였다.
④ 친원적 성향의 이들은 도평의사사를 장악하였다.

22 다음 격문과 관련이 깊은 역사적 사건에 대한 설명으로 가장 옳은 것은?

> 검거자를 즉시 우리의 힘으로 구출하자.
> 교내에 경찰관 침입을 절대 반대하자.
> 조선인 본위의 교육 제도를 확립하자.
> 민족 문화와 사회 과학 연구의 자유를 획득하자.
> 전국 학생 대표자 회의를 개최하라.

① 원산에서 일제 강점기 최대 규모의 노동 쟁의를 일으켰다.
② 전국으로 확대되어 이듬해까지 동맹 휴학 투쟁이 계속되었다.
③ 민족 산업의 보호와 육성을 위해 국산품 애용 등을 주장하였다.
④ 순종의 국장일에 학생들이 만세 시위를 벌이고 시민들이 가세하였다.

23 (가)~(라)를 일어난 순서대로 바르게 나열한 것은?

> (가) 서일을 총재로 조직된 대한 독립군단은 일본군을 피해 러시아 영토인 자유시로 집결하였다.
> (나) 김좌진이 이끄는 북로 군정서군이 백운평 전투와 천수평, 어랑촌 전투에서 대승을 거두었다.
> (다) 일본군이 청산리 대첩 패전에 대한 보복으로 간도 동포를 무차별로 학살하였다.
> (라) 참의부, 정의부, 신민부의 3부가 혁신 의회와 국민부로 재편되었다.

① (가) – (나) – (다) – (라)
② (나) – (다) – (가) – (라)
③ (나) – (라) – (가) – (다)
④ (라) – (다) – (나) – (가)

24 자료에 해당하는 시기의 경제 상황에 대한 설명으로 가장 옳은 것은?

> "내 조금 시험해 볼 일이 있어 그대에게 만 금(萬金)을 빌리러 왔소." 하였다. 변씨는 "그러시오." 하고 곧 만 금을 내주었다. …… 대추, 밤, 감, 배, 석류, 귤, 유자 등의 과실을 모두 두 배 값으로 사서 저장하였다. 허생이 과실을 몽땅 사들이자 온 나라가 잔치나 제사를 치르지 못하게 되었다. 그런지 얼마 아니되어서 두 배 값을 받은 장사꾼들이 도리어 열 배의 값을 치렀다.

① 지대 납부 방식이 타조법으로 바뀌었다.
② 상품 작물 재배가 늘면서 쌀에 대한 수요가 줄었다.
③ 상인 자본이 장인에게 돈을 대는 선대제가 성행하였다.
④ 정부에서 덕대를 직접 고용해 광산 개발을 주도하였다.

25 다음의 상황이 전개된 시기를 연표에서 옳게 고른 것은?

> 일본은 러시아의 발틱 함대를 격파하고 승기를 잡았지만, 전쟁 비용이 거의 바닥이 나고 있었다. 러시아도 국민의 봉기로 혼란에 빠져들고 있었다. 이에 양국은 한국에서 일본의 정치·군사·경제 등에 관한 특수 권익을 인정하는 내용의 포츠머스 조약을 체결하였다.

	(가)	(나)	(다)	(라)	
임오군란		거문도사건	갑오개혁	대한제국설립	국권강탈

① (가)

② (나)

③ (다)

④ (라)

모바일 OMR

✅ 회독 CHECK 1 2 3

01 (가)~(다)가 반포된 순서대로 바르게 나열한 것은?

> (가) 2. 모든 정부와 외국과의 조약에 관한 일은 각부 대신과 중추원 의장이 합동으로 서명, 날인하여 시행할 것.
> 4. 중대 범죄는 공개 재판을 시행하되, 피고가 죄를 자백한 후에 시행할 것.
>
> (나) 1. 이후 국내외 공사(公私)문서에 개국 기원을 사용한다.
> 6. 남자 20세, 여자 16세 이하의 조혼을 금지한다.
> 8. 공사 노비법을 혁파하고 인신 매매를 금지한다.
>
> (다) 1. 흥선 대원군을 빨리 귀국시키고 종래 청에 행하던 조공의 허례를 폐지한다.
> 9. 혜상공국을 혁파한다.
> 12. 모든 재정은 호조에서 관할한다.

① (가) – (다) – (나)
② (나) – (다) – (가)
③ (다) – (가) – (나)
④ (다) – (나) – (가)

02 〈표〉와 같은 변화가 나타나게 된 원인에 대한 탐구활동으로 옳은 것을 〈보기〉에서 모두 고른 것은?

〈표〉 (단위: %)

시기	양반 호	상민 호	노비 호	합계
1729년	26.29	59.78	13.93	100
1765년	40.98	57.01	2.01	100
1804년	53.47	45.61	0.92	100
1867년	65.48	33.96	0.56	100

— 〈보 기〉 —
㉠ 납속의 혜택에 대하여 조사해본다.
㉡ 공명첩을 구입한 사람들의 신분을 조사해본다.
㉢ 선무군관포의 부과 대상에 대하여 조사해본다.
㉣ 서원 숫자의 변화를 조사해본다.

① ㉠, ㉡
② ㉠, ㉢
③ ㉡, ㉢
④ ㉡, ㉣

03 (가)에 들어갈 사실로 가장 옳은 것은?

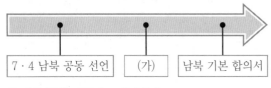

| 7·4 남북 공동 선언 | (가) | 남북 기본 합의서 |

① 개성 공업 지구가 조성되었다.
② 최초로 금강산 관광이 시작되었다.
③ 남북한이 동시에 유엔에 가입하였다.
④ 남북한이 비핵화 공동 선언을 체결하였다.

04 다음과 같은 상황이 나타난 시기에 볼 수 있는 모습으로 가장 옳은 것은?

> 옹주는 지극히 예뻐하던 딸이 공녀로 가게 되자 근심하고 번민하다가 병이 생겼다. 결국 지난 9월에 세상을 떠나니 나이가 55세였다. 우리나라의 자녀들이 서쪽 원나라로 끌려가기를 거른 해가 없다. 비록 왕실의 친족과 같이 귀한 집안이라도 숨기지 못하였으며 어미와 자식이 한번 이별하면 만날 기약이 없다.
> – 수령옹주 묘지명 –

① 몽골군을 물리치는 김윤후와 처인부곡민
② 농민의 토지를 빼앗아 농장을 확대하는 권문세족
③ 왕명을 받아 『삼국사기』를 편찬하는 김부식
④ 별무반과 함께 여진 정벌에 나서는 윤관

05 다음과 관련된 인물의 주장으로 옳은 것을 〈보기〉에서 모두 고른 것은?

> 비유컨대, 재물은 대체로 우물과 같은 것이다. 퍼내면 차고, 버려두면 말라 버린다. 그러므로 비단옷을 입지 않아서 나라에 비단을 짜는 사람이 없게 되면 여공이 쇠퇴하고, 찌그러진 그릇을 싫어하지 않고 기교를 숭상하지 않아서 장인이 작업하는 일이 없게 되면 기예가 망하게 된다.

――――――― 〈보 기〉 ―――――――
ⓐ 수레와 선박의 이용을 확대해야 한다.
ⓑ 사농공상은 직업적으로 평등해야 한다.
ⓒ 청에서 행해지는 국제 무역에 참여해야 한다.
ⓓ 자영농을 중심으로 군사와 교육 제도를 재정비해야 한다.

① ⓐ, ⓑ   ② ⓐ, ⓒ
③ ⓑ, ⓒ   ④ ⓒ, ⓓ

06 (가)에 대한 다음 설명 중 가장 옳은 것은?

> 조선 땅은 실로 아시아의 요충을 차지하고 있어 열강들이 서로 차지하려고 할 것이다. 조선이 위태로우면 중국도 위급해진다. (가) 이/가 영토를 넓히고자 한다면 반드시 조선이 첫 번째 대상이 될 것이다. …… 그렇다면 오늘날 조선이 세워야 할 책략으로 (가) 을/를 막는 것보다 더 급한 일이 없다. (가) 을/를 막는 책략은 무엇인가? 중국과 친하고, 일본과 맺고, 미국과 이어짐으로서 자강을 도모할 뿐이다.

① (가)는 남해의 전략적 요충지인 거문도를 불법 점령하였다.
② (가)는 자국인 신부의 처형을 구실로 강화도를 침략하였다.
③ (가)의 공사관으로 을미사변 이후 신변의 위협을 느낀 고종이 피신하였다.
④ (가)와 조선은 서양 국가 중에 최초로 조약을 체결하였다.

07 다음 법령이 반포되었을 당시의 경제적 상황으로 가장 옳은 것은?

> 제2조 본 법에서 귀속 재산이라 함은 … 대한민국 정부에 이양된 일체의 재산을 지칭한다. 단, 농경지는 따로 농지 개혁법에 의하여 처리한다.
> 제3조 귀속 재산은 본 법과 본 법의 규정에 의하여 발하는 명령이 정하는 바에 의하여 국용 또는 공유 재산, 국영 또는 공영 기업체로 지정되는 것을 제외하고는 대한민국의 국민 또는 법인에게 매각한다.
> – 귀속 재산 처리법 –

① 삼백 산업이 발달하였다.
② 금융 실명제가 실시되었다.
③ 수출 100억 달러를 달성하였다.
④ OECD 회원국으로 가입하였다.

08 다음 상소가 작성되었던 시기에 볼 수 있었던 모습으로 가장 옳은 것은?

> 작위의 높고 낮음은 조정에서만 써야 할 것이고 적자와 서자의 구별은 한 집안에서만 통용되어야 할 것입니다. …… 공사천 신분이었다가 면천된 이들은 벼슬을 받기도 하고 아전이었다가 관직을 받은 이들은 높은 자리에 오르기도 하는데 저희들은 한번 낮아진 신분이 대대로 후손에게 이어져 영구히 서족이 되어 훌륭한 임금이 다스리는 세상임에도 그저 버려진 사람들이 되어 있습니다.

① 외래 문화 수용에 선구적 역할을 한 역관
② 포구에서 상품 매매를 중개하며 성장한 덕대
③ 왕의 명령으로 「혼일강리역대국도지도」를 제작하는 관리
④ 대규모 통청 운동으로 중앙 관직 진출이 허락된 기술직 중인

09 다음 밑줄 친 부분과 관련 깊은 통치 기구에 해당하는 것을 〈보기〉에서 모두 고른 것은?

> 유교 이념에 바탕을 둔 정치를 강조한 조선은 국정 운영 과정에서 왕권과 신권의 조화를 추구하는 한편, 권력이 어느 한편으로 집중되는 문제를 막기 위한 체제를 갖추어 나갔다.

─── 〈보 기〉 ───
㉠ 사간원　　　㉡ 승정원
㉢ 사헌부　　　㉣ 춘추관

① ㉠, ㉡　　　　　② ㉠, ㉢
③ ㉡, ㉢　　　　　④ ㉡, ㉣

10 (가)~(라)를 실시된 순서대로 바르게 나열한 것은?

> (가) 신문왕 때 녹읍이 폐지되었다.
> (나) 신문왕 때 관료전이 지급되었다.
> (다) 공양왕 때 과전법이 실시되었다.
> (라) 경종 때 시정 전시과를 실시하였다.

① (가) – (나) – (라) – (다)
② (나) – (가) – (라) – (다)
③ (다) – (라) – (나) – (가)
④ (라) – (가) – (나) – (다)

11 밑줄 친 '그'에 대한 설명으로 옳은 것을 〈보기〉에서 모두 고른 것은?

> 그는 균역법을 시행하여 백성들에게 큰 부담이 되었던 군역 부담을 줄여주었고, 형벌 제도를 개선하여 가혹한 형벌을 금지하였다.

─── 〈보 기〉 ───
㉠ 청계천 정비　　　㉡ 『속대전』 편찬
㉢ 『탁지지』 편찬　　　㉣ 초계 문신제 실시

① ㉠, ㉡　　　　　② ㉠, ㉢
③ ㉡, ㉢　　　　　④ ㉡, ㉣

12 (가), (나)에 대한 다음 설명으로 가장 옳은 것은?

> 이 싸움은 낭가 및 불교 대 유교의 싸움이며, 국풍파 대 한학파의 싸움이다. 또 독립당 대 사대당의 싸움이고, 진취 사상 대 보수 사상의 싸움이다. (가) 은/는 전자의 대표요, (나) 은/는 후자의 대표였다. 이 싸움에서 (가) 이/가 패하고 (나) 이/가 승리하였으므로, 조선의 역사가 사대적이고 보수적인 유교에 정복되고 말았다.

① (가)는 금을 정벌할 것을 주장하였다.
② (가)는 전민변정도감 설치를 건의하였다.
③ (나)는 당시 대표적인 성리학자였다.
④ (나)는 『삼국유사』를 편찬하였다.

13 고려 시대 (가)~(라)의 토지 제도가 시행된 순서대로 바르게 정리한 것은?

> (가) 관등과 인품을 기준으로 지급하였다.
> (나) 현직 관리만을 대상으로 지급하였다.
> (다) 공신의 공로에 따라 차등 지급하였다.
> (라) 관등에 따라 18등급으로 구분하여 지급하였다.

① (가) → (나) → (다) → (라)
② (나) → (가) → (라) → (다)
③ (다) → (가) → (라) → (나)
④ (라) → (다) → (나) → (가)

14 (가) 왕 재위 시기 업적으로 가장 옳은 것은?

> (가) 왕이 관산성을 공격하였다. 각간 우덕과 이찬 탐지 등이 맞서 싸웠으나 전세가 불리하였다. 신주의 김무력이 주의 군사를 이끌고 나가서 교전하였는데, 비장인 산년산군(충북 보은)의 고간 도도가 급히 쳐서 (가) 왕을 죽였다.
>
> － 『삼국사기』 신라본기 －

① 나ㆍ제 동맹을 체결하였다.
② 22담로에 왕족을 파견하였다.
③ 화랑도를 국가적 조직으로 개편하였다.
④ 국호를 남부여로 바꾸었다.

15 (가)~(라)를 제작된 시기의 순서대로 바르게 나열한 것은?

(가)	(나)	(다)	(라)

① (라) － (가) － (다) － (나)
② (라) － (나) － (다) － (가)
③ (라) － (다) － (가) － (나)
④ (라) － (가) － (나) － (다)

16 다음 자료와 관련된 고려 정부의 대응으로 가장 옳은 것은?

> 최충이 후진들을 모아 열심히 교육하니, 유생과 평민이 그의 집과 마을에 차고 넘치게 되었다. 마침내 9재로 나누었다. …… 이를 시중 최공의 도라고 불렀다. 의관 자제로서 과거에 응시하려는 자들은 반드시 먼저 이 도에 속하여 공부하였다. …… 세상에서 12도라고 일컬었는데, 최충의 도가 가장 성하였다.

① 원으로부터 성리학을 수용하였다.
②『주자가례』와『소학』을 널리 보급하였다.
③ 국학에 처음으로 양현고를 설치하였다.
④ 만권당을 짓고 유명한 학자들을 초청하였다.

17 다음 주장을 한 인물에 대한 설명으로 가장 옳은 것은?

> 무릇 1여의 토지는 사람들에게 공동으로 경작하게 하고, 내 땅 네 땅의 구분 없이 오직 여장의 명령만을 따른다. 매 사람의 노동량은 매일 여장이 장부에 기록한다. …… 국가에 바치는 공세를 제하고, 다음으로 여장의 녹봉을 제하며, 그 나머지를 날마다 일한 것을 기록한 장부에 의거하여 여민들에게 분배한다.

①『열하일기』를 저술하였다.
②『반계수록』을 저술하였다.
③『성호사설』을 저술하였다.
④『목민심서』를 저술하였다.

18 　(가)　에 대한 다음 설명으로 가장 옳은 것은?

> 　(가)　은/는 쑹화 강 상류의 넓은 평야 지대에서 성장하여, 농경과 목축이 발달하였으며, 서쪽으로는 북방 유목 민족인 선비족과, 남쪽으로는 고구려와 대립하였다. 1세기경에 이르면 왕권이 안정되고 영역도 사방 2000여 리에 달하였다.

① 매년 12월에 영고라는 제천 행사를 열었다.
② 서옥제라는 혼인 풍습이 있었다.
③ 특산물로 단궁, 과하마, 반어피가 유명하였다.
④ 신지, 읍차라고 불리는 지배자들이 다스렸다.

19 지도에 표시된 전투가 일어났던 시기를 연표에서 옳게 고른 것은?

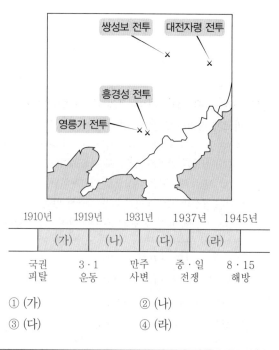

① (가)
② (나)
③ (다)
④ (라)

20 (가)에 대한 설명으로 가장 옳은 것은?

> [(가)]의 목적은 한국의 부패한 사상과 습관을 혁신하여 국민을 유신케 하며, 쇠퇴한 발육과 산업을 개량하여 사업을 유신케 하며, 유신한 국민이 통일 연합하여 유신한 자유 문명국을 성립케 한다고 말하는 것으로서, 그 깊은 뜻은 열국 보호하에 공화정체의 독립국으로 함에 목적이 있다고 함.
>
> － 일본 헌병대 기밀 보고(1908) －

① 해외 독립운동 기지 건설에 앞장섰다.
② 고종이 퇴위 당하자 의병 투쟁에 앞장섰다.
③ 입헌 군주제 수립을 목표로 활동하였다.
④ 5적 암살단을 조직하였다.

21 다음 자료와 관련된 나라에 대한 설명으로 가장 옳은 것은?

> 대개 사람을 죽인 자는 즉시 죽이고, 남에게 상처를 입힌 자는 곡식으로 배상한다. 도둑질한 자가 남자면 그 집의 노, 여자면 비로 삼는다. 단, 스스로 용서받고자 하는 자는 1인당 50만 전을 내야 한다.

① 10월에 무천이라는 제천 행사를 개최하였다.
② 형이 죽으면 형수를 아내로 삼는 풍습이 있었다.
③ 중대한 범죄자는 제가 회의를 열어 사형에 처했다.
④ 왕 밑에서 국무를 관장하던 상이라는 관직이 있었다.

22 (가)에 들어갈 내용으로 가장 옳은 것은?

> 3차 개헌(1960.6.) － 의원 내각제, 양원제 채택
> 5차 개헌(1962.12.) － 대통령 직선제
> 6차 개헌(1969.10.) － [(가)]
> 7차 개헌(1972.12.) － 대통령 권한 강화

① 대통령 간선제
② 중임 제한 철폐
③ 국회 양원제 규정
④ 대통령의 3선 허용

23 밑줄 친 '그'에 대한 설명으로 가장 옳은 것은?

> 그의 사상은 사림이 구체제를 비판하고 훈척과 투쟁하던 시기를 바탕으로 하고 있다. 또한 왕 스스로가 인격과 학식을 수양하기 위해 부단히 노력해야 한다는 점을 강조하였다. 그의 사상이 일본에 전파되면서 일본에서는 그를 '동방의 주자'라고 부르기도 하였다.

① 기호 학파를 형성하였다.
② 강화 학파를 형성하였다.
③ 『성학집요』를 저술하였다.
④ 『성학십도』를 저술하였다.

24 밑줄 친 '왕'의 활동으로 가장 옳은 것은?

> 대야성의 패전에서 도독 품석의 아내도 죽었는데, 그녀는 춘추의 딸이었다. … 왕에게 나아가 아뢰기를, "신이 고구려에 가서 군사를 청해 원수를 갚고 싶습니다."라고 하니 왕이 허락했다.
>
> 　　　　　　　　　　　　　　　　　 – 「삼국사기」 –

① 단양 적성비를 세웠다.
② 황룡사 9층 목탑을 건립하였다.
③ 고구려 부흥 운동을 지원하였다.
④ 이차돈의 순교를 계기로 불교를 공인하였다.

25 (가)의 업적으로 옳은 것을 〈보기〉에서 모두 고른 것은?

> (가) 　 7년(956)에 노비를 조사해서 옳고 그름을 분명히 밝히도록 명령하였다. 이 때문에 주인을 배반하는 노비들을 도저히 억누를 수 없었으므로, 주인을 업신여기는 풍속이 크게 유행하였다.
>
> 　　　　　　　　　　　　　　　　　 – 「고려사」 –

〈 보 기 〉
㉠ 과거제를 시행하였다.
㉡ 개경을 황도로 칭하였다.
㉢ 의창과 상평창을 설립하였다.
㉣ 전국을 5도 양계로 나누었다.

① ㉠, ㉡　　　　　　　　　　 ② ㉠, ㉢
③ ㉡, ㉢　　　　　　　　　　 ④ ㉡, ㉣

성공한 사람은 대개 지난번 성취한 것 보다 다소 높게,
그러나 과하지 않게 다음 목표를 세운다.
이렇게 꾸준히 자신의 포부를 키워간다.

- 커트 르윈 -

PART 5
고난도 기출문제

2022년 해경간부후보생

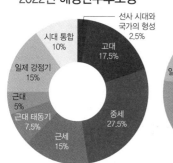

2021년 해경간부후보생

2020년 국가직 7급

2020년 지방직 7급

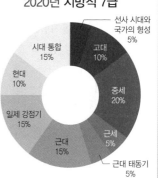

01 다음 〈보기〉 중 (가), (나) 도구에 대한 설명으로 옳지 않은 것은 모두 몇 개인가?

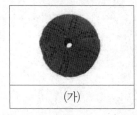
(가)

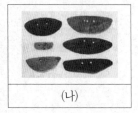
(나)

── 〈보 기〉 ──

㉠ (가)와 뼈바늘을 활용해서 옷과 그물을 만들었다.
㉡ (가)는 웅기 굴포리 유적에서 발견되어 원시적인 수공업 활동이 이루어졌음을 짐작할 수 있다.
㉢ (나)를 사용하던 시기의 사람들이 동심원, 십자형, 삼각형 등의 기하학무늬를 고령 양전동 알터의 바위그림에 새겼다.
㉣ (나)를 사용하던 시기부터 농경 생활이 시작되었다.
㉤ (나)를 사용하던 시기의 전형적인 유물로는 미송리식 토기, 민무늬 토기, 검은 간토기, 덧띠 토기가 있다.

① 1개   ② 2개
③ 3개   ④ 4개

02 다음 〈보기〉 중 조선 성리학의 학설이나 동향을 시기 순으로 가장 바르게 나열한 것은?

── 〈보 기〉 ──

㉠ 현실 세계를 구성하는 기를 중시하여 경장(更張)을 주장하였다.
㉡ 우주를 무한하고 영원한 기로 보는 '태허(太虛)설'을 제기하였다.
㉢ 정지운의 「천명도」 해석을 둘러싸고 사단 칠정 논쟁이 시작되었다.
㉣ 향약 보급 운동과 함께 일상에서의 실천 윤리가 담긴 「소학」을 중시하였다

① ㉡ − ㉠ − ㉣ − ㉢
② ㉡ − ㉣ − ㉠ − ㉢
③ ㉣ − ㉡ − ㉢ − ㉠
④ ㉣ − ㉢ − ㉡ − ㉠

03 다음의 교서를 내린 국왕의 재위 기간에 이루어진 사실로 가장 옳은 것은?

내가 위로는 천지 신령의 도움을 받고 아래로는 종묘 영령의 보살핌을 받아, 흠돌 등의 악행이 쌓이고 가득 차자 그 음모가 탄로 나게 되었다. …… 이제 요사한 무리가 진압되어 근심이 없어졌으니 소집하였던 병마는 속히 돌아가게 하고 사방에 포고하여 이 뜻을 알게 하라.

− 「삼국사기」 −

① 삼국을 통일하였다.
② 백성에게 정전을 지급하였다.
③ 독서삼품과를 시행하였다.
④ 국학을 설립하였다.

04 다음 〈보기〉 중 옳지 않은 것은 모두 몇 개인가?

〈보 기〉

ㄱ. 김대문은 신라의 대표적인 문장가로 『한산기』, 『계원필경』, 『화랑세기』 등을 저술하였다.
ㄴ. 설총은 이두를 정리하여 한문 교육에 공헌하였고 신문왕에게 「화왕계」를 지어 바쳤다.
ㄷ. 강수는 외교 문서를 잘 지은 문장가로 유명하였으며 「답설인귀서」를 저술하였다.
ㄹ. 최치원은 당에서 빈공과에 합격한 뒤, 진덕 여왕에게 시무 10조를 건의하였다.

① 없음
② 1개
③ 2개
④ 3개

05 다음 〈보기〉와 같이 대한민국 임시 정부의 국무위원회가 구성되어 있었을 때의 사실로 가장 옳은 것은?

• 주석: 김구
• 부주석: 김규식
• 국무위원: 이시영, 조성환, 조소앙, … 김원봉, 김성숙

① 삼균주의를 바탕으로 한 건국 강령이 대내외적으로 공포되었다.
② 국내 정진군을 통한 국내 진입 작전이 추진되었다.
③ 조선 의용대원의 일부가 한국 광복군에 편입되었다.
④ 의열 활동 전개를 위하여 한인 애국단이 충칭에서 조직되었다.

06 다음 자료와 관련된 승려에 대한 설명으로 가장 옳은 것은?

보리사가 멀다고 근심할 것 없었는데
녹야원이 먼들 어찌하리오.
다만 멀고 험한 길이 근심이 되나
불어 닥치는 악업(惡業)의 바람은 두렵지 않네.
여러 차례의 탑을 보기 어려움은 여러 차례의 큰 불에 타버렸음이라.
어찌해서 사람들의 소원을 들어줄거나
오늘 아침부터 이 눈으로 똑똑히 보오리

① 현세에서 고난을 구제받고자 하는 관음 신앙을 중심으로 불교의 대중화를 이룩하였다.
② 다른 종파들 간의 사상적 대립을 조화시키고 분파 의식을 극복하려는 『십문화쟁론』을 저술하였다.
③ 인도와 중앙 아시아 지역을 여행하고 돌아와 『왕오천축국전』을 남겼다.
④ 화랑이 지켜야 할 세속 5계를 지었다.

07 다음 〈보기〉 중 (가)에 대한 설명으로 옳지 않은 것은 모두 몇 개인가?

> 820년대 초에 승려 도의가 서쪽으로 바다를 건너가 당나라 서당 대사의 깊은 뜻을 보고 지혜의 빛이 스승과 비슷해져서 돌아왔으니, 그가 그윽한 이치를 처음 전한 사람이다. …… 그러나 메추라기의 작은 날개를 자랑하는 무리들이 큰 봉새가 남쪽으로 가려는 높은 뜻을 헐뜯고, 기왕에 공부했던 경전 외우는 데만 마음이 쏠려 ☐(가)☐ 을(를) 마귀 같다고 다투어 비웃었다. 그래서 도의는 빛을 숨기고 자취를 감추어 서울에 갈 생각을 버리고 마침내 북산에 은둔하였다.
> 　　　　　　　　　　　　　－ 봉암사 지증대사 적조탑비 비문 －

---〈 보 기 〉---

㉠ 흥덕왕 때 도의가 당에서 돌아오면서 성행하기 시작했다.

㉡ 신라 왕실은 중앙의 권위를 부정하는 ☐(가)☐ (을)를 외면하였다.

㉢ 지방 각지에 사찰을 세우며 9산 선문을 형성하였다.

㉣ 왕건은 ☐(가)☐ (을)를 포용하여 지방 호족과 일반 백성의 마음을 얻을 수 있었다.

① 1개　　　　　　② 2개
③ 3개　　　　　　④ 4개

08 다음 〈보기〉는 신라에서 세운 비석들이다. 이에 대한 설명으로 가장 옳은 것은?

---〈 보 기 〉---

㉠ 울진 봉평비　　㉡ 단양 적성비
㉢ 영일 냉수리비　㉣ 남산 신성비

① ㉠은 진흥왕 때 동해안 방면으로 북진하면서 세운 것이다.

② ㉡은 지방민들 사이에 벌어진 재산 분쟁에 대한 처결 내용을 적은 것이다.

③ ㉢은 인근 지역 산성에서 일어난 화재 사건의 책임자를 처벌하는 내용을 담고 있다.

④ 비석을 세운 순서는 ㉢ － ㉠ － ㉡ － ㉣이다.

09 다음 〈보기〉의 제도를 실시한 왕에 대한 설명으로 가장 옳지 않은 것은?

---〈 보 기 〉---

• 건국 초에 향리의 자제를 뽑아 서울에 볼모로 삼고, 또한 출신지의 일에 관한 자문에 대비하게 하였는데, 이를 기인이라 하였다.

• 신라왕 김부(경순왕)가 항복해 오니 신라국을 없애고 경주라 하였다. 김부로 하여금 경주의 사심관이 되어 부호장 이하의 관리 임명을 맡게 하였다. 이에 공신이 이를 본받아 제각기 자기 출신 지역의 사심관이 되었다. 사심관은 여기에서 비롯되었다.

① 지방의 중소 호족에게는 향촌 사회의 지배권을 부분적으로 인정해 주었다.

② 개경에 국자감을 설치하였다.

③ 흑창을 설치하였다.

④ 만부교 사건이 일어났다.

10 다음 중 19세기 중반에 일본에서 기록한 사서로, 일본에 건너가 울릉도와 독도가 우리 영토임을 확인받은 안용복에 관한 기록이 있는 문서는?

① 은주시청합기

② 통항일람

③ 태정관 문서

④ 조선국교제시말내탐서

11 고려의 지방 행정 조직에 대한 설명으로 가장 옳지 않은 것은?

① 성종 때 최승로의 건의로 12목을 설치하였다.

② 현종 때 전국을 5도와 경기, 양계로 크게 나누고 최초로 지방관을 파견하였다.

③ 5도는 일반적 행정 구역으로 경기를 제외하였으며, 그 아래 주 · 군 · 현을 설치하였다.

④ 현까지 지방관이 파견되는 것이 원칙이었으나, 실제로 지방관이 파견된 주현보다 지방관이 파견되지 않은 속현이 더 많았다.

13 다음 〈보기〉 중 조선 시대 무기와 관련된 설명으로 옳지 않은 것은 모두 몇 개인가?

───── 〈보 기〉 ─────

㉠ 임진왜란 당시 일본군은 네덜란드로부터 전래된 조총을 사용하였다.

㉡ 비격진천뢰는 심지가 다 탔을 때 폭발하면서 내부의 빙철을 사방에 뿌리는 무기였다.

㉢ 불랑기포는 16세기 중국에 전래된 청동제 포로 평양성 전투에서 사용되었다.

㉣ 세종 때 신기전을 발사할 수 있는 화차가 최초로 제작되었는데, 이는 바퀴가 달려 있어 이동이 가능하였다.

㉤ 태종 때 작고 날쌘 싸움배로 비거도선이 제조되어 수군의 전투력을 크게 향상시켰다.

㉥ 우리나라는 임진왜란 중 일본군에게 노획한 조총을 모방하여 제작에 성공하였으며, 이후 조선군의 주력 무기로 자리잡았다.

① 1개   ② 2개

③ 3개   ④ 4개

12 다음 〈보기〉의 고려 시대 사건들을 순서대로 가장 바르게 나열한 것은?

───── 〈보 기〉 ─────

㉠ 「삼국유사」 편찬   ㉡ 화통도감 설치
㉢ 쌍성총관부 탈환   ㉣ 「상정고금예문」 간행
㉤ 원종의 개경 환도

① ㉣ - ㉤ - ㉠ - ㉢ - ㉡

② ㉣ - ㉠ - ㉤ - ㉢ - ㉡

③ ㉣ - ㉤ - ㉢ - ㉠ - ㉡

④ ㉣ - ㉤ - ㉠ - ㉡ - ㉢

14 다음 〈보기〉의 사건을 발생한 순서대로 가장 바르게 나열한 것은?

───── 〈보 기〉 ─────

㉠ 망이 · 망소이의 난   ㉡ 만적의 난
㉢ 전주 관노의 난   ㉣ 최광수의 난
㉤ 이연년의 난   ㉥ 김사미 · 효심의 난

① ㉠ - ㉡ - ㉥ - ㉢ - ㉣ - ㉤

② ㉠ - ㉡ - ㉢ - ㉥ - ㉤ - ㉣

③ ㉠ - ㉢ - ㉡ - ㉥ - ㉣ - ㉤

④ ㉠ - ㉢ - ㉥ - ㉡ - ㉣ - ㉤

15 다음 지도와 같이 영토 수복이 이루어진 왕대에 일어난 사실로 가장 옳지 않은 것은?

① 정동행성 이문소를 폐지하였다.

② 전민변정도감을 설치하여 국가 재정 확보 및 민생 안정을 꾀하였다.

③ 원나라에 만권당을 설치하여 고려의 학자들이 원의 학자들과 교류하게 하였다.

④ 성균관을 통하여 유학 교육을 강화하고 과거를 정비하여 신진 사대부들이 대거 등용되었다.

16 다음 〈보기〉 중 고려의 노비 제도에 대한 설명으로 옳은 것은 모두 몇 개인가?

───── 〈보 기〉 ─────

㉠ 부모 중 어느 한 쪽이 노비이면 그 자녀는 노비가 되었다.

㉡ 솔거 노비는 독립된 경제 생활을 영위했지만, 입역 노비는 독립된 경제 생활을 할 수 없었다.

㉢ 관청의 잡역에 종사한 공역 노비는 60세가 되면 역이 면제되었다.

㉣ 광종 때 노비환천법을 시행하여 왕권을 강화하였다.

① 없음   ② 1개

③ 2개   ④ 3개

17 다음의 자료와 관련된 설명으로 가장 옳은 것은?

㉠ 동명왕의 일은 변화·신이하여 여러 사람들의 눈을 현혹하는 것이 아니요, 실로 창국(創國)의 신적(神迹)이라, 이를 서술해 두지 않으면 후인들이 장차 어떻게 보겠는가, 그러므로 시를 지어 기록하여 무릇 천하로 하여금 우리 나라가 본래 성인의 도(都)임을 알게 하고자 하는 것이다.

㉡ 현존하는 우리나라의 가장 오래된 역사서로 고려 인종 때 편찬되었다. 본기 28권, 연표 3권, 지 9권, 열전 10권 등 총 50권으로 구성되어 있다.

㉢ 제왕이 장차 일어날 때는 하늘의 명령과 상서로운 기운을 받아서 반드시 보통 사람과는 다른 점이 있으니, 그런 뒤에야 능히 큰 변화를 타서 제왕의 지위를 얻고 대업을 이루었다. …… 삼국의 시조들이 모두 신이(神異)한 일로 탄생했음이 어찌 괴이하겠는가. 이것이 책 첫머리에 기이(紀異) 편이 실린 까닭이며, 그 의도도 여기에 있는 것이다.

① ㉠ - 고려는 신라를 계승한 '성인의 도'라는 것을 천하에 알리고자 하였다.

② ㉡ - 유교적 합리주의 사관에 따라 기전체로 서술되었다.

③ ㉢ - 불교 승려의 전기를 수록한 고승전이다.

④ ㉠, ㉡, ㉢ - 모두 고려 후기 민족적 자주 의식을 바탕으로 저술되었다.

18 다음 사건이 발생한 왕의 재위 기간에 있었던 사실로 가장 옳은 것은?

> 우산국은 명주의 동쪽 바다에 있는 섬으로, 울릉도라고도 한다. 땅은 사방 백 리인데, 지세가 험한 것을 믿고 복종하지 않았다. 이찬 이사부가 하슬라주 군주가 되어, '우산국 사람은 어리석고도 사나워서 힘으로 다루기는 어렵고 계책으로 복종시킬 수 있다.'고 생각하였다. 이에 나무사자[木偶師子]를 많이 만들어 전선에 나누어 싣고 그 나라 해안에 다다랐다. …… 그 나라 사람들이 두려워 즉시 항복하였다.

① 아시촌에 소경을 설치하였다.
② 고구려 승려 혜량을 승통으로 삼았다.
③ 나 · 제 동맹을 체결하였다.
④ 광개토 대왕의 공격을 받고 중심 세력이 해체되었다.

19 다음 조선 초기 향교에 대한 설명으로 가장 옳지 않은 것은?

① 원칙적으로 8세 이상의 양인 남성에게 입학이 허용되었고, 학비는 없었다.
② 전국의 부 · 목 · 군 · 현에 설립되었고, 군현의 규모에 따라 정원을 정하였다.
③ 매년 자체적으로 정기 시험을 치러 성적 우수자에게는 성균관 입학 자격이 주어졌다.
④ 학업 중 군역이 면제되었으나, 성적 미달로 자격이 박탈될 경우 군역을 지도록 하였다.

20 고려 시대의 토지 제도에 대한 설명으로 가장 옳지 않은 것은?

① 경종 때 시정 전시과가 실시되어 관품과 인품을 반영하여 전직 · 현직 관리에게 전지와 시지를 지급하였다.
② 목종 때 개정 전시과가 실시되어 현직 관리에게만 18등급 관등에 따라 전지와 시지를 지급하였다.
③ 문종 때 경정 전시과가 실시되어 무반과 일반 군인에 대한 대우가 전반적으로 향상되었다.
④ 한인전은 6품 이하 하급 관료의 자제로서 아직 관직에 오르지 못한 사람에게 지급되었다.

21 고려의 과거 제도에 대한 설명으로 가장 옳지 않은 것은?

① 후주에서 귀화한 쌍기의 건의로 광종 때 시행하였다.
② 과거는 문과 · 잡과 · 승과 · 무과로 나누어졌다.
③ 문과는 유교 경전에 대한 이해 능력 시험인 제술업과 한문학 시험인 명경업이 있었다.
④ 3년마다 정기적으로 시행하는 식년시가 있었으나, 실제로는 격년시가 유행하였다.

22 다음 〈보기〉의 해외 견문 기록을 시기순으로 가장 바르게 나열한 것은?

> ──── 〈보 기〉 ────
> ㉠ 『표해록』   ㉡ 『열하일기』
> ㉢ 『서유견문』   ㉣ 『해동제국기』
> ㉤ 『간양록』

① ㉠ - ㉡ - ㉤ - ㉣ - ㉢
② ㉠ - ㉣ - ㉢ - ㉤ - ㉡
③ ㉣ - ㉠ - ㉤ - ㉡ - ㉢
④ ㉣ - ㉤ - ㉢ - ㉠ - ㉡

23 다음 〈보기〉 중 흥선 대원군 집권 시기에 발생한 사실로 옳은 것은 모두 몇 개인가?

─────〈보 기〉─────

㉠ 영국의 로드 암허스트호가 우리나라에 최초로 통상을 요구하다 거절당하였다.

㉡ 경복궁 중건을 위해 당백전과 청전(淸錢)을 발행했고 이에 따라 화폐의 가치가 하락하고 물가가 폭등하였다.

㉢ 한성근 부대는 정족산성에서, 양헌수 부대는 문수산성에서 프랑스 군대와 전투를 벌였다.

㉣ 통상 수교 거부 정책을 고수했기 때문에 서양 선박에 필요한 물자의 제공과 난파된 선박의 선원 구조도 거절하였다.

㉤ 동학의 최제우가 혹세무민으로 처형당한 이후 이필제의 난이 일어났다.

㉥ 서계 사건을 계기로 일본 내에서 정한론(征韓論)이 등장하였다.

① 2개　　　　　② 3개
③ 4개　　　　　④ 5개

24 다음 〈보기〉의 서적을 편찬된 시기순으로 가장 바르게 나열한 것은?

─────〈보 기〉─────

㉠ 「의방유취」　　　㉡ 「동의보감」
㉢ 「향약구급방」　　㉣ 「향약집성방」
㉤ 「향약채취월령」

① ㉢ - ㉤ - ㉠ - ㉣ - ㉡
② ㉠ - ㉢ - ㉡ - ㉣ - ㉤
③ ㉢ - ㉣ - ㉤ - ㉠ - ㉡
④ ㉢ - ㉤ - ㉣ - ㉠ - ㉡

25 다음 중 1910년대 독립운동 단체에 대한 설명으로 가장 옳지 않은 것은?

① 1915년 신규식은 박은식과 함께 상하이에서 대동보국단을 만들었다.

② 1910년대 서울에서 교사들이 중심이 되어 조선 산직 장려계를 결성하였다.

③ 1918년 안창호는 샌프란시스코에서 흥사단을 조직하였다.

④ 1910년대 만들어진 독립 의군부는 유생 임병찬이 고종 황제의 밀명을 받아 만든 비밀 결사 단체로, 복벽주의를 추구하였다.

26 다음 ㉠~㉣에 대한 설명으로 가장 옳지 않은 것은?

① ㉠ - 현존하는 가장 오래된 목조 건축물로서 맞배지붕과 주심포 양식으로 지어졌다.

② ㉡ - 신라 시대의 양식을 계승하였다.

③ ㉢ - 원의 석탑을 모방한 것으로 대리석으로 만들어졌으며 조선 시대 원각사지 10층 석탑에 영향을 주었다.

④ ㉣ - 3층 석탑의 기단과 탑신에 부조로 불상을 새겨 장식성이 강하다.

27 다음 〈보기〉 중 밑줄 친 '왕'의 업적으로 옳은 것은 모두 몇 개인가?

> 왕은 계지술사(繼志述事)를 내걸고 전통 문화를 계승하면서 중국과 서양의 과학 기술을 받아들여 국가 경영을 혁신하였다. 또한 재정 수입을 늘리고 상공업을 진흥하기 위해 육의전을 제외한 시전의 금난전권을 폐지하여 자유 상업을 진작하고, 전국 각지의 광산 개발을 장려하였다.

────〈보 기〉────
㉠ 무위영을 설치하였다.
㉡ 「동문휘고」를 편찬하였다.
㉢ 「수성윤음」을 반포하였다.
㉣ 한구자(韓構字)와 정리자(整理字)를 주조하였다.
㉤ 「동국여지도」를 편찬하였다.
㉥ 노비공감법을 실시하였다.

① 2개   ② 3개
③ 4개   ④ 5개

28 다음 〈보기〉의 내용이 발표되던 시기에 대한 설명으로 가장 옳지 않은 것은?

────〈보 기〉────
> 우리 황조가 우리 왕조를 세우고 우리 후손들에게 물려준 지도 503년이 되는데 짐의 대에 와서 시운(時運)이 크게 변하고 문화가 개화하였으며 우방이 진심으로 도와주고 조정의 의견이 일치되어 오직 자주 독립을 해야 우리나라를 튼튼히 할 수 있는 것입니다. …… 짐은 이에 14개 조목의 큰 규범을 하늘에 있는 우리 조종의 신령 앞에 고하면서 조종이 남긴 업적을 우러러 능히 공적을 이룩하고 감히 어기지 않을 것이니 밝은 신령은 굽어 살피시기 바랍니다.

① 지방 제도는 8도의 행정 구역을 23부로 개편하였다.
② 정치 부문에서는 의정부를 폐지하고 내각제를 도입하였으며, 8아문 체제를 7부 체제로 개편하였다.
③ 조선 교육령을 발표하여 교육을 보통 교육, 실업 교육, 전문 교육으로 나누었다.
④ 지방 재판소 · 한성 재판소 · 고등 재판소 등의 신식 재판소를 설립하여 사법권을 행정권에서 분리시켰다.

29 다음 〈보기〉의 내용과 관련된 단체에 대한 설명으로 가장 옳지 않은 것은?

━━━━━ 〈보 기〉━━━━━
- 국민에게 민족 의식과 독립사상 고취
- 동지를 발견하고 단합하여 국민 운동 역량 축적
- 상공업 기관 건설로 국민의 부력(富力) 증진
- 교육 기관 설립으로 청소년 교육 진흥

① 평양에 대성 학교, 정주의 오산 학교 외에 양실 학교 등 많은 학교를 설립하였다.

② 평양에 자기(磁器) 제조 주식회사를 설립하였고, 이외에도 협성동사, 상무동사와 같은 상회사, 소방직 공장, 소연초 공장 등을 세워 경제적 실력 양성에 힘썼다.

③ 서간도 지역의 삼원보에 한인 집단 거주 지역과 독립 운동 기지를 개척하고 신흥 무관 학교를 설립하였다.

④ 통감부가 설치된 직후에 정치 집회가 금지되면서 해산당했다.

30 다음 〈보기〉의 글에 나타난 한국사의 인식에 가장 해당하지 않은 것은?

━━━━━ 〈보 기〉━━━━━
아시아 대륙의 중심부에 가까이 부착된 이 반도는 정치적으로도 문화적으로도 필히 대륙에서 일어난 변동의 여파를 입음과 동시에 또 주변적 위치 때문에 항상 그 본류로부터 벗어나 있었다. 여기에 한국사의 두드러진 특징인 부수성(附隨性)이 말미암는 바가 이해될 것이다. …… 고대에는 백제나 임나를 보호하여 그들에게 국가를 수립시켰는데 그것은 진실로 평화적이고 애호적인 지배라고 말할 수 있다. 몽고와 같이 의지적이고 정복적인 것도 아니고, 지나(支那)와 같이 주지적이고 형식적인 것도 아니었다. 이들에 대해서 명목적으로 말한다면 일본의 그것은 주정주의적이고 애호주의적이며 피아의 구별을 넘어선 보다 좋은 공동세계의 건설을 염원하는 것이었다. 그 정신은 금일에 이르러서도 결코 변하지 않는 근본 정신이다. …… 이제 그 역사를 돌아볼 때, 조선은 지나의 지(智)에 배우고 북방의 의(意)에 굴복하고 최후에 일본의 정(情)에 안겨져 비로소 반도사적(半島史的)인 것을 지양할 때를 얻었던 것이다.

① 한국사의 '타율성'을 강조하는 논리를 내포하고 있다.

② 한국사가 지니는 특징으로 '정체성(停滯性)'을 강조하고 있다.

③ '임나일본부설'에 근거하여 일본의 고대 한반도 지배를 내세우고 있다.

④ '반도적 성격론'에 근거하여 일본의 한국 지배를 정당화하고 있다.

31 다음 〈보기〉의 역사적 사건들을 시기순으로 가장 바르게 나열한 것은?

─── 〈보 기〉 ───

㉠ 고구려의 멸망   ㉡ 백제의 멸망
㉢ 당의 건국   ㉣ 신라의 삼국 통일
㉤ 소부리주 설치
㉥ 백제·왜 연합군과 나·당 연합군의 백강 전투

① ㉢ - ㉡ - ㉠ - ㉥ - ㉤ - ㉣
② ㉢ - ㉥ - ㉡ - ㉠ - ㉤ - ㉣
③ ㉢ - ㉡ - ㉥ - ㉠ - ㉤ - ㉣
④ ㉢ - ㉠ - ㉡ - ㉥ - ㉣ - ㉤

32 다음은 사단 칠정에 대한 어느 유학자의 견해이다. 〈보기〉에서 이 유학자에 대한 설명으로 옳은 것은 모두 몇 개인가?

(가) 사단(四端)의 발(發)은 순리이므로 선(善)하지 않음이 없고, 칠정(七情)의 발(發)은 이기(理氣)를 겸하였기 때문에 선악(善惡)이 있다.
(나) 사단(四端)은 이(理)가 발함에 기(氣)가 따른 것이고, 칠정(七情)은 기(氣)가 발함에 이(理)가 탄 것이다(理乘之).

─── 〈보 기〉 ───

㉠ 이(理)는 무형(無形)하지만 기(氣)는 유형(有形)하므로 이통기국(理通氣局)이라 주장하였다.
㉡ 간략한 해석을 곁들인 10개의 도형으로 성리학의 핵심 내용을 집성하여 왕에게 바쳤다.
㉢ 형이하(形而下)의 현실 세계를 기(氣)의 능동성으로 파악하여 경세적으로는 경장(更張)을 강조하였다.
㉣ 도덕적 행위의 근거로서 인간의 심성을 중시하고 근본적이며 이상주의적인 성격이 강하였다.
㉤ 이기호발, 이발기수 등을 주장하였다.

① 1개   ② 2개
③ 3개   ④ 4개

33 다음 〈보기〉의 정책이 실시된 왕대에 대한 설명으로 가장 옳은 것은?

─── 〈보 기〉 ───

백성들이 2필의 응역(應役)에 괴로워하였기 때문에 …… 그 폐단을 줄이려 하였으나 오래도록 결말이 나지 않았다. 이에 1필을 감하고 어(漁), 염(鹽), 선(船)에 세를 거두어 그 감액을 보충하려 하였다. 아! 예부터 민역(民役)을 줄이는 방도는 경비를 절약하여 백성을 넉넉하게 해주는 것보다 나은 방도가 없는 것이다.

① 자의 대비의 복제 문제를 둘러싸고 예송 논쟁이 치열하게 전개 되었다.
② 국제 정세를 이용하여 명과 후금의 사이에서 중립 외교 정책을 취하였다.
③ 호포제를 시행하기 위하여 창경궁 홍화문에 나아가 백성들에게 의견을 물었다.
④ 흉년을 당해 걸식하거나 버려진 아이들을 구휼하기 위하여 「자휼전칙」을 반포하였다.

34 다음 〈보기〉의 밑줄 친 '이 사람'에 대한 설명으로 가장 옳은 것은?

─── 〈보 기〉 ───

이 사람은 1501년 출생하여 1572년에 타계한 경상우도를 대표하는 유학자이다. 그의 학문 사상 지표는 경(敬)과 의(義)이다. 마음이 밝은 것을 '경(敬)'이라 하고 밖으로 과단성 있는 것을 '의(義)'라고 하였다. 이러한 그의 주장은 바로 '경'으로써 마음을 곧게 하여 수양하는 기본으로 삼고 '의'로써 외부 생활을 처리하여 나간다는 생활 철학을 표방한 것이었다.

① 문인(門人)들이 주로 북인(北人)이 되었다.
② 이황과 서한(書翰)을 주고 받으면서 사단 칠정에 대한 논쟁을 벌였다.
③ 「동호문답」, 「만언봉사」, 「성학집요」 등을 저술하였다.
④ 일본의 성리학 발전에 큰 영향을 끼쳤다.

35 다음 중 조선 후기에 설치된 5군영에 대한 설명으로 가장 옳은 것은?

① 1652년 남한산성에 왕실 호위, 수도 방어를 위해 금위영을 두고 경기도 광주 및 그 부근의 제진을 경비케 하였다.

② 1682년 수도 서울에 총포병과 기병을 위주로 한 정예 부대인 수어청을 두었다.

③ 1624년 서울과 경기의 경비를 강화하기 위해서 총융청을 설치하고 경기 내의 군인을 여기에 소속시켜 경기 지역의 제진을 통솔케 하였다.

④ 1626년 도성 수비를 목적으로 기병과 훈련도감군의 일부를 주축으로 어영청을 설치함으로써 남한산성을 중심으로 임란 중에 만들어진 훈련도감을 포함해서 5군영의 체제가 완성되었다.

36 고려 시대의 설명으로 가장 옳지 않은 것은?

① 고려 말 남부 지방 일부에서 이앙법이 보급되기 시작하였다.

② 상행위를 감독하기 위해 경시서를 설치하였다.

③ 고려 전기에는 소(所) 수공업과 민간 수공업을 중심으로 발전하였으며, 후기에는 관청 수공업과 사원 수공업이 발달하였다.

④ 충선왕 때 국가 재정 수입을 늘리기 위해 소금 전매제를 시행하였다.

37 다음 중 독립운동가와 그 활동이 가장 바르게 연결되지 않은 것은?

① 박차정 - 김원봉의 부인으로 1938년 조선 의용대 부녀 복무 단장으로서 무장 투쟁을 전개하였다.

② 김마리아 - 1919년 도쿄 유학 중 2 · 8 독립 선언에 참가, 대한민국 애국 부인회 사건으로 징역형을 받았다.

③ 권기옥 - 3 · 1 운동 당시 부상자를 치료하던 중 일제의 만행에 울분을 느껴 간우회를 조직, 만세 운동에 참여하였다.

④ 윤희순 - 의병가를 지어 의병의 사기를 진작시키고 직 · 간접적으로 춘천 의병 활동을 적극 후원하였다.

38 다음 〈보기〉의 시와 관련된 역사적 사건에 대한 설명으로 가장 옳은 것은?

─── 〈 보 기 〉───

새 짐승도 슬피 울고 산악 해수 다 찡기는 듯
무궁화 삼천리가 이미 영락되다니
가을 밤 등불 아래 책을 덮고서
옛일 곰곰이 생각해 보니
이승에서 지식인 노릇하기 정히 어렵구나

① 일본은 영 · 일 동맹, 가쓰라─태프트 각서와 포츠머스 조약을 통하여 각각 영국, 미국, 러시아로부터 대한제국에 대한 지배를 인정받았다.

② 일본은 군대를 거느리고 들어가 고종 황제와 대신들을 협박하면서 조약에 서명할 것을 강요하였으나, 황제는 끝까지 서명을 거부하였다.

③ 일본은 국가의 법령 제정, 중요 행정 처분, 고등 관리의 임명에 대해 통감의 사전 승인을 받도록 하였고, 통감이 추천한 일본인을 관리로 임명하도록 하였다.

④ 육군 대신 데라우치는 2천여 명의 헌병을 데리고 들어와 경찰 업무를 담당하게 하였고, 순종에게 양위의 조서를 내리도록 강요하였다.

39 조선 후기 노론 내부에 주기설과 주리설의 분파가 생겨 이른바 '호락시비(湖洛是非)'로 불리는 큰 논쟁이 일어났다. 다음 〈보기〉에서 이 호락(湖洛) 논쟁에 대한 설명으로 적절하지 않은 것은 모두 몇 개인가?

— 〈보 기〉 —

㉠ 영조 때에 한원진과 윤봉구로 대표되는 충청도 노론은 인성(人性)과 물성(物性)은 다르다고 보는 '인물성이론(人物性異論)'을 내세웠다.

㉡ 호론의 주장에는 청나라를 중화로 보려는 대의 명분론이 깔려있다.

㉢ 이간, 김창협 등으로 대표되는 서울 중심의 노론은 인성과 물성이 같다는 '인물성동론(人物性同論)'을 주장하였다.

㉣ 낙론의 주장은 북학파의 과학 기술 존중과 이용후생 사상으로 이어졌다.

① 1개
② 2개
③ 3개
④ 4개

40 다음 자료와 관련한 인물에 대한 설명으로 가장 옳은 것은?

"부처님이 말씀하시기를 나는 두 성인을 중국에 보내어 교화를 펴라 하셨다. 한 사람은 노자로, 그는 가섭보살이요, 또 한 사람은 공자로 그는 유동보살이다." 이 말에 의하면 유(儒)와 도(道)의 종(宗)은 부처님의 법에서 흘러나온 것이다. 방편은 다르나 진실은 같은 것이다.

① 인도를 다녀온 후 '왕오천축국전'을 남겼다.

② 돈오점수와 정혜쌍수를 주장하며 선·교 일치 사상을 완성하였다.

③ 이론의 연마와 실천을 아울러 강조하는 교관겸수를 주장하였다.

④ 지눌의 제자로 심성의 도야를 강조하여 성리학을 수용할 수 있는 사상적 토대를 마련하기도 하였다.

01 다음은 역사에 관한 두 가지 견해를 서술한 것이다. 이와 관련된 설명으로 가장 옳지 않은 것은?

> ㉠ 역사가는 오직 역사적 사실에 대해서만 순수한 사랑을 느껴야 하고, 역사적 사실을 제시하는 것만이 역사 서술의 최고 법칙이다. …… 역사가는 자기 자신을 죽이고 과거가 본래 어떠한 상태에 있었는가를 밝히는 것을 그의 지상 과제로 삼아야 하며 이때 오직 역사적 사실로 하여금 스스로 이야기하게 해야 한다.
>
> ㉡ 모든 역사적 판단의 기초를 이루는 것은 실천적 요구이기 때문에 모든 역사에는 현재의 역사라는 성격이 부여된다. 서술되는 사건이 아무리 먼 시대의 것이라고 할지라도 역사에 실제로 반영되는 것은 현재의 요구 및 현재의 상황이며 사건은 단지 그 속에서 메아리칠 뿐이다.

① ㉠은 독일의 역사가 랑케(L. Ranke)의 역사관으로 기록으로서의 역사를 강조한다.

② ㉡에 따르면 과거에 대한 인식도 바뀌게 된다는 견해가 성립한다.

③ ㉠과 같은 태도는 실증주의적 역사 연구 방법을, ㉡과 같은 태도는 상대주의적 역사 연구 방법을 발전시켰다.

④ 역사를 연구함에 있어서 ㉠은 사료(史料)를, ㉡은 사관(史觀)을 중시하게 된다.

02 우리나라 선사 시대에 대한 다음 설명 중 옳지 않은 것은 모두 몇 개인가?

> ㉠ 강원도 양구 상무룡리에서 흑요석이 출토되었다.
> ㉡ 충청남도 공주 석장리에서 흥수아이가 출토되었다.
> ㉢ 부산 동삼동 패총에서 조와 기장이 수습되었다.
> ㉣ 경기도 연천 전곡리에서 아슐리안형 주먹도끼가 출토되었다.
> ㉤ 서울 암사동에서 출토된 빗살무늬 토기는 바닥이 납작한 평저(平底)를 특징으로 한다.
> ㉥ 덕천 승리산 동굴에서 화석 인골이 발견되었다.

① 1개
② 2개
③ 3개
④ 4개

03 다음 중 청동기 시대에 대한 설명으로 가장 옳지 않은 것은?

① 신석기 시대보다 생산 경제가 발달하여 잉여생산물이 발생하였고, 이로 인하여 생산물의 분배와 사유화로 구성원들 사이에 갈등, 빈부 격차, 사회 분화를 촉진시켰다.

② 청동기 시대에는 미송리식 토기, 팽이형 토기, 민무늬 토기, 붉은 간 토기 등이 제작되었다.

③ 청동기 시대 후기에 이르면서 한반도 내에서는 세형 동검이 비파형 동검으로, 거친무늬 거울이 잔무늬 거울로 바뀌었다.

④ 정교하고 날카로운 간돌검을 사용하였다.

04 다음 중 고조선에 대한 설명으로 가장 옳지 않은 것은?

① 기원전 7세기 경에 편찬된 중국의 「관자」에서는 제 나라가 고조선과 교역한 사실이 기록되어 있다.

② 기원전 3세기 경에는 강력한 왕이 등장하여 왕위를 세습하였으며 그 밑에 상, 대부, 장군 등의 관직을 두었다.

③ 기원전 2세기 초, 위만은 고조선에 망명해 와 있다가 준왕을 몰아내고 왕이 되었으며, 위만 조선은 기원전 108년 연나라의 침입에 의해 멸망하였다.

④ 「제왕운기」, 「삼국유사」, 「동국통감」 등의 기록에 따르면 단군왕검이 고조선을 건국하였다.

05 다음 중 고대 국가에 대한 설명으로 옳은 것은 모두 몇 개인가?

┌───┐
│ ㉠ 고구려는 이미 1세기 초에 왕호를 사용하였다. │
│ ㉡ 부여에는 영고라는 제천 행사가 있었는데, 이는 │
│　 수렵 사회의 전통을 보여 주는 것으로 매년 5월에 │
│　 열렸다. │
│ ㉢ 부여에는 왕 아래에 가축의 이름을 딴 마가, 우가, │
│　 저가, 구가 등이 있었고, 왕이 5부를 모두 통치해 │
│　 왕권이 강했다. │
│ ㉣ 옥저는 해산물이 풍부하고 농사가 잘되었으며, 민 │
│　 며느리제와 가족 공동묘제의 풍속이 있었다. │
│ ㉤ 삼한 사회는 철기 문화를 바탕으로 하는 농경사회 │
│　 로, 특히 마한에서는 철이 많이 생산되어 낙랑, │
│　 왜 등으로 수출하였다. │
│ ㉥ 삼한의 천군을 통해 제정의 일치를 엿볼 수 있다. │
└───┘

① 0개　　　　　　　② 1개

③ 2개　　　　　　　④ 3개

06 고구려와 관련된 다음 〈보기〉의 사건을 시간 순으로 바르게 나열한 것은?

┌──────────────〈보 기〉──────────────┐
│ ㉠ 평양 천도　　　　　㉡ 관구검과의 전쟁 │
│ ㉢ 고국원왕의 전사　　㉣ 광개토 대왕릉비 건립 │
└───┘

① ㉡ - ㉢ - ㉣ - ㉠

② ㉢ - ㉣ - ㉠ - ㉡

③ ㉡ - ㉢ - ㉠ - ㉣

④ ㉢ - ㉡ - ㉣ - ㉠

07 다음 밑줄 친 '왕'의 재위 기간에 있었던 사실로 가장 옳은 것은?

┌───┐
│ 이차돈은 왕의 얼굴을 쳐다보고 심정을 눈치채어 왕 │
│ 에게 아뢰었다. … "일체를 버리기 어려운 것은 자기 │
│ 목숨입니다." … 옥리(獄吏)가 목을 베니 허연 젖이 │
│ 한 길이나 솟았다. │
│　　　　　　　　　　　　　　　　　　 －「삼국유사」－ │
└───┘

① 국호를 사로국에서 '신라'로, 왕호를 마립간에서 '왕' 으로 고쳤다.

② 연호를 고쳐 '개국'이라 하였으며, 거칠부를 시켜 「국사」를 편찬토록 하였다.

③ 분황사와 영묘사를 건립하였다.

④ 나 · 제 동맹으로 고구려를 견제하고 있었다.

08 다음 사실들을 시간 순으로 가장 바르게 나열한 것은?

> ㉠ 백제 성왕은 관산성 전투에서 신라의 공격을 받고 죽었다.
> ㉡ 신라는 율령을 반포하고 백관의 공복을 제정하였다.
> ㉢ 고구려는 살수에서 수 양제의 군대를 격파하였다.
> ㉣ 고령 지역의 대가야가 신라의 공격으로 멸망하였다.

① ㉠ – ㉡ – ㉣ – ㉢
② ㉡ – ㉠ – ㉣ – ㉢
③ ㉡ – ㉠ – ㉢ – ㉣
④ ㉠ – ㉣ – ㉡ – ㉢

09 다음 중 가야의 여러 나라에 대한 설명으로 가장 옳지 않은 것은?

① 전기 가야 연맹 시대에는 신라와 거의 비슷한 돌무지 덧널 무덤이 유행하였다.
② 6세기 초에 고령의 대가야는 백제, 신라와 대등하게 세력을 다투게 되었고, 신라와 결혼 동맹을 맺기도 하였다.
③ 풍부한 철 생산과 해상 교통을 이용하여 낙랑과 왜의 규슈 지방을 연결하는 중계 무역이 발달하였다.
④ 가야의 여러 나라들은 주로 낙동강 하류 및 그 지류인 남강 주변에 위치하여 수상 교통을활발히 이용하였다.

10 발해에 대한 다음 설명 중 옳은 것은 모두 몇 개인가?

> ㉠ 발해의 영광탑은 당의 영향을 받은 전탑이다.
> ㉡ 교역을 목적으로 하는 대규모 사절단을 일본에 파견하였다.
> ㉢ 유학 교육을 목적으로 주자감을 설치하고 귀족자제들에게 유학을 가르쳤다.
> ㉣ 전체 인구 구성 가운데 가장 큰 비중을 차지한 것은 말갈인이었다.

① 1개　　　　　　② 2개
③ 3개　　　　　　④ 4개

11 다음 신분에 대한 설명으로 가장 옳지 않은 것은?

> • 관등 승진의 상한선은 6관등인 아찬까지였다.
> • 득난이라고도 불렸다.

① 설총, 강수, 최치원이 대표적 인물이다.
② 신라 중대는 진골 귀족을 견제하기 위해 중앙 정계에서 활발히 활동을 하였으며, 집사부의 시중직을 역임하였다.
③ 중위제를 설치하여 이들의 승진에 대한 불만을 무마하고자 하였다.
④ 신라 말기에는 골품제의 모순을 비판하고 반신라적인 입장을 취하기도 하였다.

12 다음 내용과 관련된 인물에 대한 설명으로 옳은 것을 〈보기〉에서 모두 고른 것은?

> 스스로 소성거사라 부르고 …… 방방곡곡을 돌아다니며 노래와 춤을 통해 부처의 가르침을 전하였다. 이로 말미암아 가난하고 무지몽매한 사람들까지도 부처의 아픔을 알게 되었고, 나무아미타불을 외우게 되었으니 그의 교화가 자못 크다.
>
> – 「삼국유사」 –

── 〈보 기〉 ──
㉠ 현세에서 고난을 구제받고자 하는 관음 신앙을 이끌었다.
㉡ 「금강삼매경론」, 「화엄경소」 등을 저술하여 일심사상을 완성하였다.
㉢ 교종과 선종의 대립을 통합하고자 하였다.
㉣ 화쟁사상을 주장하였다.

① ㉡, ㉣　　　　　　② ㉡, ㉢
③ ㉢, ㉣　　　　　　④ ㉠, ㉣

13 다음 중 통일 신라의 통치 체제에 대한 설명으로 가장 옳은 것은?

① 중앙과 지방에 각각 9서당과 10정을 두었으며, 10정에 편제된 보병이 군사력의 핵심을 이루었다.
② 집사부를 중심으로 그 아래 13개의 관부가 병렬적으로 독립되어 있었으며 각 부의 장관은 여러 명인 경우가 많았다.
③ 지방 세력을 제도적으로 통제·감시할 목적으로 일정 기간 경주에 머물게 하는 사심관제를 실시하였다.
④ 진골만을 위한 관리 등용 제도로 「논어」, 「효경」 등 유학적 견식을 파악하는 독서삼품과를 실시하였다.

14 다음과 같은 상황을 개선하기 위한 정부의 대응책으로 옳은 것을 〈보기〉에서 모두 고른 것은?

> 고려 중기에는 최충의 문헌공도를 비롯한 사학 12도가 융성하였다. 12도는 9경 3사를 교과내용으로 하였다. 국자감의 관학교육은 위축되었으며, 문벌 귀족 사회는 발달하였다.

── 〈보 기〉 ──
㉠ 장학기관인 양현고를 설치하였다.
㉡ 9재 학당을 적극 후원하였다.
㉢ 전문 강좌인 7재를 설치하여 전문성을 높였다.
㉣ 지방에 경당을 설치하였다.

① ㉠, ㉣　　　　　　② ㉠, ㉢
③ ㉡, ㉣　　　　　　④ ㉢, ㉣

15 다음 건의를 받아들인 왕이 실시한 정책으로 옳은 것을 〈보기〉에서 모두 고른 것은?

> • 우리 태조께서 나라를 통일한 후에 군현에 수령을 두고자 하였으나 대개 초창기임으로 인하여 일이 번거로워 시행할 겨를이 없었습니다. …… 청컨대 외관을 두소서.
> • 불교를 행하는 것은 수신의 근본이요, 유교를 행하는 것은 치국의 근원입니다. 수신은 내생의 복을 구하는 것이며, 치국은 금일의 임무입니다.

── 〈보 기〉 ──
㉠ 지방에 경학박사를 파견하여 유교 정치를 실현하려 하였다.
㉡ 2성 6부제를 중심으로 하는 중앙 관제를 마련하고 서경 천도를 추진하였다.
㉢ 지방에 12목을 설치하여 고려 최초로 지방관을 파견하였다.
㉣ 당의 관제를 모방하여 중추원과 삼사를 설치하였다.

① ㉡, ㉣　　　　　　② ㉠, ㉡, ㉢
③ ㉢, ㉣　　　　　　④ ㉠, ㉢

고난도 기출 한국사

16 다음은 우리나라와 중국의 무역에 관한 내용이다. 이 시대의 경제에 대한 설명으로 가장 옳은 것은?

> 우리나라는 벽란도를 통해 중국으로부터 비단·서적·약재 등을 수입하였으며, 금·은·인삼 등과 종이·먹·나전칠기·화문석 등의 수공업 제품을 수출하였다.

① 일반 백성에게 토지를 지급하여, 농민에 대한 국가의 지배력이 강화되었다.

② 객주, 여각은 상품의 매매업, 운송업, 보관업, 금융업 등에 종사하였다.

③ 서울 근교와 지방에서 농업 생산력의 발달에 힘입어 장시가 발생하였다.

④ 우경에 의한 깊이갈이(심경법)가 일반화되고, 2년 3작의 윤작법이 보급되었다.

17 다음에 제시된 역사적 사건들을 시기 순으로 바르게 나열한 것은?

> ㉠ 견훤은 경주를 공격하여 경애왕을 살해하였다.
> ㉡ 발해가 거란에 의하여 멸망하였다.
> ㉢ 신라 경순왕이 고려에 귀부하였다.
> ㉣ 왕건은 국호를 고려라 하고 송악으로 도읍을 옮겼다.
> ㉤ 고려와 후백제의 군사적 균형이 고려로 기운 것은 고창 전투부터이다.

① ㉣ - ㉠ - ㉡ - ㉤ - ㉢

② ㉡ - ㉣ - ㉠ - ㉤ - ㉢

③ ㉠ - ㉣ - ㉤ - ㉢ - ㉡

④ ㉣ - ㉡ - ㉠ - ㉤ - ㉢

18 다음 중 A~D의 정치세력에 대해 옳게 설명한 것을 〈보기〉에서 모두 고른 것은?

> A. 신라 말 고려 초의 사회변동을 주도적으로 이끌었으며, 광대한 토지와 막대한 사병을 거느리고 성주나 장군으로 자처하였다.
> B. 고려 전기의 지배 계층으로 음서 제도, 공음전의 특권과 왕실과의 혼인을 통해 권력을 유지하였으며 무신정변으로 몰락하였다.
> C. 무신정권 붕괴 이후 정계의 요직을 장악하고 농장을 소유한 최고의 권력층이었으며, 도평의사사를 통해 권력을 장악하였다.
> D. 붕당을 형성하면서 지방 곳곳에 서원을 건립하였다.

〈보 기〉

> ㉠ A - 교종의 전통과 권위에 대항하는 선종을 선호하였다.
> ㉡ B - 중방에서 국정의 전반을 통치하는 중방 정치가 행해졌다.
> ㉢ C - 대규모 농장과 음서로 권력을 독점하였다.
> ㉣ D - 고려 말 혁명파 사대부로 정도전, 권근이 대표적인 인물이다.

① ㉠, ㉡　　　　　　② ㉠, ㉢

③ ㉢, ㉣　　　　　　④ ㉠, ㉣

19 다음 A, B의 괄호 안에 공통으로 들어갈 정치 기구에 대한 설명으로 가장 옳지 않은 것은?

> A. (   )에서 대부경 왕희걸, 우사낭중 유백인, 예부낭중 최복규, 원외랑 이응년 등이 서경 분사에서 토지를 겸병하여 재물을 모으고 있음을 탄핵하고 그들을 관직에서 파면할 것을 요청하니 왕이 이 제의를 좇았다.
>
> － 「고려사」 －
>
> B. 궁녀 김씨는 왕의 총애를 받았으며 요석택궁인이라고 불렸다. 경주 사람 융대가 "자기는 신라 원성왕의 먼 후손"이라고 거짓말하고 양민 5백여 명을 노비로 만들어서 김씨에게 주었으며 또 평장 한인경, 시랑 김낙에게 주어서 후원자로 삼았다. (   )에서 이것을 알고 심문하여 그 실정을 확인하고 이들을 처벌할 것을 왕에게 고하니 목종은 김씨에게는 동 일백 근의 벌금을 받고, 한인경과 김낙은 지방으로 귀양 보내라고 명령하니 듣는 사람들이 모두 다 치하하였다.
>
> － 「고려사」 －

① 국왕의 잘못에 대해 비판하는 간쟁을 하였다.
② 관리의 임명이나 법령의 개폐 등에 동의하는 권한이 있었다.
③ 법의 제정이나 각종 시행 규정을 다루었다.
④ 왕명을 시행하지 않고 되돌려 보내는 봉박권을 갖고 있었다.

20 다음 사건이 있었던 국왕 때의 일로 가장 옳은 것은?

> • 왕실의 호칭과 격이 부마국에 맞는 것으로 격하되었다.
> • 정동행성을 설치하여 일본 원정을 준비하였다.

① 기철 등의 부원 세력을 제거하고 쌍성총관부를 공격하여 무력으로 수복하였다.
② 인사를 관장했던 정방을 폐지하고 사림원을 설치하여 개혁 정치를 수행하였다.
③ 도병마사를 도평의사사로 개편하여 국가 중대사를 회의하고 결정하는 합좌 기관으로 만들었다.
④ 정치도감을 두어 부원 세력을 척결하고 권세가들이 빼앗은 토지와 노비의 문제를 해결하였다.

21 다음 정책을 추진한 국왕 대에 있었던 사실로 가장 옳은 것은?

> 옛적에 관가의 노비는 아이를 낳은 지 7일 후에 입역(立役)하였는데, 아이를 두고 입역하면 어린 아이에게 해로울 것이라 걱정하여 100일간의 휴가를 더 주게 하였다. 그러나 출산에 임박하여 일하다가 몸이 지치면 미처 집에 도착하기 전에 아이를 낳는 경우가 있다. 만일 산기에 임하여 1개월 간의 일을 면제하여 주면 어떻겠는가. 가령 저들이 속인다 할지라도 1개월까지야 넘길 수 있겠는가. 상정소(詳定所)로 하여금 이에 대한 법을 제정하게 하라.

① 사형의 판결에는 금부삼복법을 적용하였다.
② 주자소를 설치하여 계미자를 주조하였다.
③ 국방력 강화를 위해 진관 체제를 실시하였다.
④ 도평의사사를 개편하여 의정부를 설치하였다.

22 다음 밑줄 친 '국왕'의 재위 기간에 있었던 일로 가장 옳은 것은?

> 지금 <u>국왕</u>께서 풍속을 바꾸려는 데에 뜻이 있으므로 신은 지극하신 뜻을 받들어 완악한 풍속을 고치고자 합니다. …… 「이륜행실(二倫行實)」로 말하면 신이 전에 승지가 되었을 때에 간행할 것을 청했습니다. 삼강이 중한 것은 아무리 어리석은 부부라도 모두 알고 있으나, 붕우·형제의 이륜에 이르러서는 평범한 사람들이 제대로 모르는 경우가 있습니다.

① 주세붕이 백운동 서원을 세웠다.
② 김시습이 「금오신화」를 저술하였다.
③ 「국조오례의」가 편찬되고 「동국여지승람」이 만들어졌다.
④ 문화와 제도를 유교식으로 갖추기 위해 집현전을 창설하였다.

23 다음 중 조선의 건국과 발전에 관한 아래의 사항들이 시대 순으로 가장 바르게 정리된 것은?

> ㉠ 왕위 계승의 진통으로 두 차례 왕자의 난이 일어났다.
> ㉡ 「경국대전」과 「동국통감」 등 서책의 편찬이 완료되었다.
> ㉢ 공법(貢法)을 제정할 때 찬반 여부를 물었다.
> ㉣ 계유정난 이후 왕권이 강화되기 시작하였다.

① ㉠ - ㉡ - ㉢ - ㉣
② ㉠ - ㉢ - ㉣ - ㉡
③ ㉢ - ㉣ - ㉡ - ㉠
④ ㉣ - ㉠ - ㉡ - ㉣

24 조선 지방 제도에 대한 설명으로 다음 〈보기〉에서 옳은 것은 모두 몇 개인가?

> 〈보 기〉
> ㉠ 군현 밑에는 면, 리, 통을 두고 다섯 집을 1통으로 편제하였다.
> ㉡ 수령은 자기 출신 지역에 부임하지 못하며, 각 도에는 관찰사를 파견하여 수령의 업무성적을 평가하였다.
> ㉢ 향리는 수령의 행정 실무를 보좌하였으며, 아전으로 신분이 격하되었다.
> ㉣ 각 군현에 지방민의 자치를 허용하기 위해 경재소를 설치하였다.

① 1개　　　　　　　② 2개
③ 3개　　　　　　　④ 4개

25 다음 〈보기〉의 사건을 일어난 순서대로 가장 바르게 나열한 것은?

> 〈보 기〉
> ㉠ 서일을 총재로 하는 대한 독립군단은 소비에트 러시아의 자유시로 이동하였다.
> ㉡ 일제는 무장 독립 세력을 진압하기 위해 만주 군벌과 미쓰야 협정을 체결하였다.
> ㉢ 일제는 중국 마적단을 매수하여 훈춘의 일본영사관을 공격하게 하는 조작 사건을 일으켰다.
> ㉣ 한국 독립당의 산하에 지청천을 총사령관으로 하는 한국 독립군이 조직되었다.

① ㉠ - ㉡ - ㉢ - ㉣
② ㉠ - ㉢ - ㉡ - ㉣
③ ㉢ - ㉠ - ㉡ - ㉣
④ ㉡ - ㉢ - ㉣ - ㉠

26 조선의 정치와 행정 제도에 대한 다음 〈보기〉의 설명 중 옳은 것은 모두 몇 개인가?

───── 〈보 기〉 ─────

㉠ 조선에서 국왕 다음의 최고 권력 기관은 의정부로서 중국에는 없었던 조선 독자의 관청이다.

㉡ 6조 가운데 이조·병조의 정랑·좌랑은 각각 문관과 무관의 인사권을 행사하였다.

㉢ 사헌부, 사간원, 홍문관의 삼사는 태조 때부터 정책을 비판하는 언론의 역할을 잘 수행하였다.

㉣ 춘추관은 각 관청에서 작성한 업무일지인 「등록」을 모아 해마다 「시정기」를 편찬하고, 실록이 편찬되면 이를 보관하였다.

㉤ 예문관은 임금의 교지(敎旨)를 작성하거나 회의록[史草]을 작성하였다.

① 1개
② 2개
③ 3개
④ 4개

27 다음 중 밑줄 친 '그'의 활동으로 가장 옳은 것은?

인정(人丁)에 대한 세를 신포(身布)라고 하는데 충신과 공신의 자손에게는 모두 그것이 면제되었다. 그 모자라는 액수는 반드시 평민에게만 덧붙여 징수하였다. 그는 이를 수정하고자 동포(洞布)라는 법을 제정하였다. 가령 한 동리에 2백여 호가 있으면 매 호에 더부살이 호가 약간씩 있는 것을 자세히 밝혀서 계산하고, 신포를 부과하여 고르게 징수하였다.

① 임술농민봉기 때 경상도 안핵사를 수행하였다.
② 병인양요 때 외세를 격퇴하기 위하여 순무영을 설치하였다.
③ 군국기무처의 총재를 역임하였다.
④ 갑신정변 때 청군의 파견을 요청하였다.

28 다음 〈보기〉 중 강화도 조약 이후 외국에 파견된 시찰단 ㉠~㉣을 파견된 순서대로 가장 바르게 나열한 것은?

───── 〈보 기〉 ─────

㉠ 박정양 등의 조사 시찰단
㉡ 김홍집 등의 2차 수신사
㉢ 민영익 등의 보빙사
㉣ 김윤식 등의 영선사

① ㉡ - ㉠ - ㉢ - ㉣
② ㉡ - ㉠ - ㉣ - ㉢
③ ㉡ - ㉣ - ㉠ - ㉢
④ ㉡ - ㉣ - ㉢ - ㉠

29 다음 〈보기〉의 조칙 이후 정부가 추진한 정책으로 가장 옳지 않은 것은?

───── 〈보 기〉 ─────

황제께서 조칙을 내리시길 "민은 오직 나라의 근본이라. 근본이 굳어야 나라가 평안한 것이다. 근본을 굳게 하는 방도는 제산안업(制産安業)하여 항심(恒心)이 있게 하는 것이니 누가 그 직책을 맡는 것인가 하면 정부일 뿐이다."라고 하였다.

① 양잠전습소를 설치하여 양잠기술의 전습에 노력하였다.
② '금본위제 개정 화폐조례'를 제정하여 금본위제를 도입하려고 하였다.
③ 산업정책을 담당하는 공무아문을 설치하였다.
④ 상공학교와 광무학교를 설립하였다.

30 다음 〈보기〉의 사건을 일어난 순서대로 나열했을 때 3번째에 해당하는 것은?

─── 〈보 기〉 ───
ㄱ 일본군이 인천항에 정박한 러시아 군함 2척을 공격
ㄴ 대한제국정부의 국외중립 선언
ㄷ 일본군이 러시아에 선전포고
ㄹ 한일의정서 체결

① ㉠   ② ㉡
③ ㉢   ④ ㉣

31 다음 〈보기〉 중 ㉠과 ㉡ 조약 체결 사이에 일어난 사건으로 가장 옳지 않은 것은?

─── 〈보 기〉 ───
㉠ 한국 정부는 시정 개선에 관하여 통감의 지도를 받을 것
㉡ 한국 황제 폐하는 한국 전부에 관한 모든 통치권을 완전 또는 영구히 일본 황제에게 양여한다.

① 「사립학교령」을 발표하여 사립학교의 설립과 운영을 통제하였다.
② 안중근이 이토 히로부미를 저격했다.
③ 재정고문 메가타가 화폐정리에 나섰다.
④ 한국 군대를 해산하는 조칙이 발표되었다.

32 다음 〈보기〉의 선언문을 지침으로 삼은 단체의 활동에 대한 설명으로 가장 옳은 것은?

─── 〈보 기〉 ───
강도 일본이 우리의 국호를 없이 하며, 우리의 정권을 빼앗으며, 우리의 생존적 필요조건을 다 박탈하였다. (중략) 혁명의 길은 파괴부터 개척할지니라. 그러나 파괴만 하려고 파괴하는 것이 아니라 건설하려고 파괴하는 것이니, 만일 건설할 줄을 모르면 파괴할 줄도 모를지며, 파괴할 줄 모르면 건설할 줄도 모를지니라. (하략)

① 오성륜, 김익상, 이종암이 상해 황포탄에서 일본 육군대장 다나카 기이치를 저격하였으나 실패하였다.
② 윤봉길이 상해 홍구공원에서 열린 일본의 천장절 행사에 폭탄을 던졌다.
③ 백정기, 이강훈, 원심창이 상해 육삼정에서 일본공사 아리요시를 암살하려고 시도하였다.
④ 이봉창이 동경에서 일왕 히로히토에게 폭탄을 던졌다.

33 다음 〈보기〉는 일제강점기 당시 흥행에 성공하였던 영화의 줄거리이다. 이 영화가 상영되던 시기의 문화예술계에 대한 설명으로 가장 옳은 것은?

〈보 기〉

영진은 전문학교를 다닐 때 독립만세를 부르다가 왜경에게 고문을 당해 정신이상이 된 청년이었다. 한편 마을의 악덕 지주 천가의 머슴이며, 왜경의 앞잡이인 오기호는 빚 독촉을 하며 영진의 아버지를 괴롭혔다. 더욱이 딸 영희를 아내로 준다면 빚을 대신 갚아줄 수 있다고 회유하기까지 하였다. (중략) 오기호는 마을 축제의 어수선한 틈을 타 영희를 겁탈하려고 하고 이를 지켜보던 영진은 갑자기 환상에 빠져 낫을 휘둘러 오기호를 죽인다. 영진은 살인혐의로 일본 순경에게 끌려가고, 주제곡이 흐른다.

① 역사학: 문일평, 정인보 등 민족주의 역사가들 사이에서 이른바 조선학 운동이 시작되었다.
② 문학: 민중생활에 관심을 기울인 신경향파 문학이 대두하여 식민통치에 대한 저항문학으로 발전했다.
③ 음악: 일본 주류 대중음악의 영향을 받은 트로트 양식이 정립되었다.
④ 영화: 일제는 조선영화령을 공포하여 영화를 전시 체제의 옹호와 선전의 수단으로 사용하였다.

34 다음과 같이 주장한 학자에 대한 설명으로 가장 옳은 것은?

나의 학문은 안에서만 구할 뿐이고 밖에서는 구하지 않는다. …… 그런데 오늘날 주자를 말하는 자들로 말하면, 주자를 배우는 것이 아니라 다만 주자를 빌리는 것이요, 주자를 빌릴 뿐만 아니라 곧 주자를 부회해서 자기들의 뜻을 성취하려 하고 주자를 끼고 위엄을 지어 자기들의 사욕을 달성하려 할 뿐이다.

① 유교 문명 이외에도 유럽·회교·불교 문명권을 소개하여 시야를 넓혀 주었다.
② 서인의 영수로서 왕과 사족·서민은 예가 같아야 한다고 주장하였다.
③ 교조화된 주자학을 비판하다가 사문난적으로 몰리어 죽음을 당하였다.
④ 양지와 양능의 본체성을 근거로 지행합일을 긍정하였다.

35 다음 〈보기〉의 사건들을 일어난 순서대로 가장 바르게 나열한 것은?

〈보 기〉

㉠ 김영삼 신민당 당수 국회 제명
㉡ 김대중 납치 사건 발생
㉢ 유신 헌법의 국민투표 통과
㉣ 국민교육헌장 선포
㉤ 10·26사태 발생
㉥ 7·4 남북 공동 성명 발표

① ㉣ - ㉥ - ㉢ - ㉡ - ㉠ - ㉤
② ㉣ - ㉥ - ㉢ - ㉡ - ㉤ - ㉠
③ ㉥ - ㉣ - ㉡ - ㉢ - ㉠ - ㉤
④ ㉥ - ㉣ - ㉢ - ㉡ - ㉤ - ㉠

36 다음에서 설명하는 위원회가 발표한 원칙의 내용으로 〈보기〉에서 옳지 않은 것을 고르면 모두 몇 개인가?

> 중도파의 여운형과 김규식 등은 통일 정부 수립을 위해 운동을 전개하였다. 소련과 합의를 통해 한반도 문제를 해결하려던 미군정도 이를 지원하였다. 이들은 1946년 7월 하순 위원회를 구성하고, 이해 10월 몇 가지 원칙에 합의하고 이를 발표하였다.

─ 〈보 기〉 ─
㉠ 한국의 민주 독립을 보장한 모스크바 3국 외상회의의 결정에 따라 좌우 합작으로 민주주의 임시 정부를 수립한다.
㉡ 미·소 공동위원회의 속개를 요청하는 공동성명을 발표한다.
㉢ 친일파 민족 반역자를 처리할 조례를 본 합작 위원회에서 심리 결정하여 실시하게 한다.
㉣ 입법 기구의 권능과 구성 방법 및 운영 등에 관한 사항은 본 합작 위원회에서 작성하여 적극적으로 실행한다.

① 0개　　　② 1개
③ 2개　　　④ 3개

37 다음 〈보기〉의 사실들을 일어난 순서대로 가장 바르게 나열한 것은?

─ 〈보 기〉 ─
㉠ 허견의 역모 사건이 빌미가 되어 허적, 윤휴 등이 처형당하였다.
㉡ 인현왕후가 복위되고 세자의 생모 장씨가 희빈으로 강등되었다.
㉢ 원자 정호(定號)에 반대했던 송시열, 김수항 등이 처형당하였다.
㉣ 연잉군의 대리청정을 주장한 김창집, 이이명 등이 처형당하였다.

① ㉠ - ㉢ - ㉡ - ㉣
② ㉠ - ㉢ - ㉣ - ㉡
③ ㉢ - ㉠ - ㉡ - ㉣
④ ㉢ - ㉠ - ㉣ - ㉡

38 다음 밑줄 친 '임꺽정'이 실제로 활동하던 시기의 역사적 사실로 가장 옳은 것은?

> [특명! 최고 임꺽정을 찾아라!]
> 괴산군은 2회 전국 임꺽정 선발대회 참가자를 모집한다고 21일 밝혔다. 군은 2011년 괴산고추축제에 맞춰 소설속의 주인공인 임꺽정을 고추축제 콘텐츠로 승화시켜 괴산청결고추와 괴산고추축제를 전국에 홍보하기 위해 오는 9월3일(토) 제2회 전국 임꺽정 선발대회를 실시한다.

① 군역의 부담을 경감하기 위하여 균역법을 시행하였다.
② 외척을 비롯한 척신들의 권력 다툼으로 사화가 일어났다.
③ 광작의 운영으로 대지주가 등장하였다.
④ 향촌사회의 지배권을 두고 향전이 발생하였다.

39 다음 자료와 관련 있는 인물에 대한 설명으로 〈보기〉에서 옳은 것은 모두 몇 개인가?

> 한국이 있어야 한국 사람이 있고, 한국 사람이 있고야 민주주의도 공산주의도 또 무슨 단체도 있을 수 있는 것이다. 그러면 우리의 자주 독립적 통일정부를 수립하여야 하는 이때에 있어서 어찌 개인이나 자기 집단의 사리사욕에 탐하여 국가 민족의 백년대계를 그르칠 자가 있으랴? …… 마음속의 38도선이 무너지고야 땅 위의 38도선도 철폐될 수 있다. …… 현실에 있어서 나의 유일한 염원은 3천만 동포와 손을 잡고 통일된 조국의 달성을 위하여 공동 분투하는 것뿐이다. …… 나는 통일된 조국을 건설하려다 38도선을 베고 쓰러질지언정 일신에 구차한 안일을 취하여 단독 정부를 세우는 데는 협력하지 아니하겠다.

〈보 기〉
㉠ 제헌국회의 일원이었다.
㉡ 좌·우 합작 운동에 참여하였다.
㉢ 이승만의 정읍발언을 지지하였다.
㉣ 유엔의 한국 문제 처리 결정에 동의하였다.
㉤ 5·10 총선거에 참여하였다.

① 0개 　　　　　　　② 1개
③ 2개 　　　　　　　④ 3개

40 (가) 에 들어갈 정치 기구에 대한 설명으로 옳은 것을 다음 〈보기〉에서 모두 고른 것은?

> (가) 은/는 중외의 군국 기무를 모두 관장한다. …… 도제조는 현임과 전임 의정이 겸하고, 제조는 정수가 없으며 전임으로 뽑아 임명한다. 이·호·예·병·형조 판서, 양국 대장, 양도유수, 대제학은 직위에 따라 당연히 겸직한다. 4명은 유사당상이라 부르고 8명은 팔도 구관당상을 겸임한다.
>
> － 「속대전」 －

〈보 기〉
㉠ 회의 내용이 일기체의 등록으로 기록되었다.
㉡ 구성원 선임에 상피제가 엄격하게 적용되었다.
㉢ 권력이 소수 가문에 집중되면서 점차 기능이 약화되었다.
㉣ 고종 즉위 후 군사와 정치를 분리하기 위해 축소·폐지되었다.

① ㉠, ㉡ 　　　　　　② ㉠, ㉣
③ ㉡, ㉢ 　　　　　　④ ㉡, ㉣

01 청동기 시대의 사회모습으로 옳은 것은?

① 계급이 발생하고 부족장이 출현하였다.
② 빗살무늬토기를 만들기 시작하였다.
③ 철제 무기로 주변 나라를 정복하였다.
④ 주로 동굴에서 사냥과 채집 생활을 영위하였다.

03 우리나라 토지제도에 대한 설명으로 옳지 않은 것은?

① 태조 왕건은 역분전을 지급하였다.
② 신문왕은 관료전을 지급하고 녹읍을 폐지하였다.
③ 세조는 현직 관리에게만 과전을 지급하는 직전제를 시행하였다.
④ 목종은 인품과 공복을 기준으로 토지를 지급하는 시정 전시과를 시행하였다.

02 밑줄 친 '왕'대 사실로 옳지 않은 것은?

> 왕이 노비를 조사하여 그 시비를 가려내게 하자, (노비들이) 그 주인을 등지는 자가 많아지고, 윗사람을 능멸하는 풍조가 성행하였다. 사람들이 모두 탄식하고 원망하자, 대목 왕후가 간곡히 간(諫)하였으나 받아들이지 않았다.
>
> － 『고려사』 －

① 제위보를 설치하였다.
② 귀법사를 창건하였다.
③ 준풍 등 연호를 사용하였다.
④ 12목에 지방관을 파견하였다.

04 (가)~(라) 시기에 있었던 사실로 옳은 것은?

(가)	(나)	(다)	(라)	
고구려 진대법 시행	백제 불교 공인	신라 율령 반포	고구려 살수 대첩	백제 주류성 함락

① (가) － 신라가 대가야를 병합하였다.
② (나) － 고구려가 한반도에서 낙랑군을 축출하였다.
③ (다) － 백제가 사비로 천도하였다.
④ (라) － 신라가 북한산에 순수비를 세웠다.

05 다음 주장을 펼친 인물에 대한 설명으로 옳은 것은?

> 일단 강화를 맺고 나면 저 적들의 욕심은 물화를 교역하는 데 있습니다. 저들의 물화는 모두 지나치게 사치하고 기이한 노리개이고 손으로 만든 것이어서 그 양이 무궁합니다. …(중략)… 저들은 비록 왜인이라고 하나 실은 양적입니다. 강화가 한번 이루어지면 사학의 서적과 천주의 초상화가 교역하는 속에서 들어올 것입니다.

① 『조선책략』을 입수하여 국내에 소개하였다.
② 임병찬과 함께 독립 의군부를 조직하려고 하였다.
③ 서원 철폐 조치 등에 반대하면서 흥선 대원군을 탄핵하였다.
④ 일제의 침략상을 고발한 『한국독립운동지혈사』를 저술하였다.

06 다음 관청에 대한 설명으로 옳지 않은 것은?

> 중앙과 지방의 군국 기무를 모두 관장한다. …(중략)… 도제조(都提調)는 현임과 전임 의정이 겸임한다. 제조는 정수가 없으며, 왕에게 아뢰어 차출하되 이조 · 호조 · 예조 · 병조 · 형조의 판서, 훈련도감과 어영청의 대장, 개성 · 강화의 유수(留守), 대제학이 예겸(例兼)한다. 4명은 유사당상(有司堂上)이라 부르고 부제조가 있으면 예겸하게 한다. 8명은 팔도구관당상(八道句管堂上)을 겸임한다.
>
> － 『속대전』 －

① 삼포왜란 중에 상설화되었다.
② 흥선대원군 집권 시기에 사실상 폐지되었다.
③ 본래 외적의 침입에 대비한 임시기구였다.
④ 임진왜란을 계기로 군사 및 정무 전반을 관할하였다.

07 의병에 대한 설명으로 옳지 않은 것은?

① 을사조약이 체결되자 신돌석 등 평민 출신 의병장이 활약하였다.
② 군대해산 이후 13도창의군이 결성되어 서울진공작전을 개시하였다.
③ 병자호란 때에 정봉수, 이립 등이 의병을 일으켜 후금군에게 타격을 주었다.
④ 임진왜란 때에 전직 관리와 사림, 승려 등이 이끈 의병은 일본군에게 타격을 주었다.

08 통감부 지배 시기에 시행된 정책으로 옳지 않은 것은?

① 백동화 및 엽전을 신화폐로 교환하는 화폐 정리 사업을 개시하였다.
② 내장원이 가졌던 홍삼 전매와 역둔토 수입을 국고로 귀속시켰다.
③ 일본 농민의 이주와 토지 수탈을 지원하고자 동양척식 주식회사를 설립하였다.
④ 「토지 가옥 증명 규칙」을 제정하여 매매 · 저당 등의 법적 기초를 마련하였다.

09 밑줄 친 '선생'의 활동으로 옳은 것은?

> 그 길로 함께 안공근의 집에 가서 선서식을 하고 폭탄 두 개와 300원을 주면서 "선생은 마지막 가시는 길이니 이 돈을 아끼지 말고 동경(東京) 가시기까지 다 쓰시오. 동경에 도착하여 전보를 치면 다시 돈을 보내드리리다."라고 말했다. 그리고 기념 사진을 찍기 위해 사진관으로 갔는데, 사진을 찍을 때 내 얼굴에 자연 슬픈 기색이 있었던지 그가 나를 위로하면서 "저는 영원한 쾌락을 누리고자 이 길을 떠나는 것이니 서로 기쁜 얼굴로 사진을 찍으십시다."라고 하였다. 나 역시 미소를 띠고 사진을 찍었다.

① 홍커우 공원에서 폭탄을 던졌다.
② 만주에서 의열단을 결성하였다.
③ 하얼빈에서 이토 히로부미를 사살하였다.
④ 상하이에서 한인애국단에 참가하였다.

10 자료에 나타난 정부의 정책에 대한 설명으로 옳지 않은 것은?

> 종래의 양전처럼 농지의 비척(肥瘠)이나 가옥의 규모를 조사하는 것에만 그치지 않고, 전국 토지 일체에 대한 조사를 목표로 지질과 산림·천택, 수풀과 해변, 도로에 이르기까지 광범위하게 조사하였다. 나아가 전국 토지의 정확한 규모와 소재를 파악하는 한편 소유권을 확인해 주기 위해 지계(地契)를 발행하는 사업을 함께 전개하였다.

① 양지아문에서 양전 사업을 착수하였다.
② 조사한 토지의 지적도와 토지대장을 작성하였다.
③ 지계아문에서 지계 발급 사무를 맡았다.
④ 러·일 전쟁 발발 직후 일본의 간섭으로 중단되었다.

11 (가)를 편찬한 왕대에 일어난 사실로 옳은 것은?

> S# 15. 어전 회의
> 국왕: 짐이 오랫동안 농사에 관심을 두고 있어 옛글의 농사짓는 방법에도 관심이 있었소. 그런데, 옛글에 있는 방법으로 농사를 지으니 지방에 따라 농사가 잘되는 곳과 안 되는 곳이 있다는 보고가 있었소. 짐의 생각으로는 지방마다 풍토가 달라 곡식을 심고 가꾸는 데 각기 맞는 방법이 있을 것 같은데, 이를 알아낼 방도를 말해 보시오.
> 신하1: 여러 도의 감사에게 명하여 고을의 나이 많은 농부에게 물어 이미 그 효과가 입증된 것을 아뢰도록 하는 것이 어떨까 합니다.
> 국왕: 아주 좋은 생각이오. 그렇게 수집된 것 중 중요한 것을 추려서 편찬하고 책의 제목을 ☐ (가) ☐ (이)라고 하는 것이 어떻겠소?
> 신하 2: 어명을 받들어 책을 편찬하도록 하겠습니다.
> 국왕: 편찬된 책은 각도의 감사와 2품 이상에게 나누어 주어 백성에 도움이 되게 하라.

① 대보단을 설치하였다.
② 구리로 만든 계미자를 주조하였다.
③ 여민락 등을 짓고 정간보를 창안하였다.
④ 기유약조를 맺고 일본과의 무역을 허용하였다.

12 다음 정책을 시행한 시기를 시대순으로 바르게 나열한 것은?

> (가) 경기도에 처음으로 대동법을 시행하였다.
> (나) 종래 상민에게만 거두었던 군포를 양반에게도 징수하였다.
> (다) 풍년과 흉년에 관계없이 전세를 고정시키는 영정법을 시행하였다.
> (라) 신해통공으로 육의전을 제외한 시전의 금난전권을 폐지하였다.

① (가) → (다) → (라) → (나)
② (가) → (라) → (나) → (다)
③ (다) → (가) → (라) → (나)
④ (다) → (라) → (나) → (가)

13 다음 사건에 대한 설명으로 옳은 것은?

> 진주민 수만 명이 머리에 흰 수건을 두르고 손에는 나무 몽둥이를 들고 무리를 지어 진주 읍내에 모여 서리들의 가옥 수십 호를 불사르고 부수어서, 그 움직임이 결코 가볍지 않았다. 우병사가 해산시키려고 장시에 나갔다. 그때 흰 수건을 두른 백성들이 그를 빙 둘러싸고 백성의 재물을 횡령한 조목, 그리고 아전들이 세금을 포탈하고 강제로 징수한 일들을 여러 번 문책하였다. 그 능멸하고 핍박함이 조금도 거리낌이 없었다.

① 신유박해를 시작하게 된 계기가 되었다.
② 이필제가 난을 주도하였다.
③ 전봉준 등이 사발통문을 보내 봉기를 호소하였다.
④ 삼정이정청을 설치하게 된 배경이 되었다.

14 (가), (나) 사건 사이에 있었던 사실로 옳은 것만을 모두 고르면?

> (가) 윤관이 여진을 공격하여 동북지방의 여러 지역을 점령하고 9성을 쌓아 군사를 주둔시켰다.
> (나) 최충헌이 정권을 장악한 이후 교정도감을 설치하였다.

> ㉠ 강화로 천도하였다.
> ㉡ 이자겸의 난이 발생하였다.
> ㉢ 묘청 등이 서경 천도 운동을 일으켰다.
> ㉣ 강감찬이 퇴각하는 거란군을 귀주에서 격파하였다.

① ㉠, ㉡
② ㉠, ㉣
③ ㉡, ㉢
④ ㉢, ㉣

15 (가) 인물에 대한 설명으로 옳지 않은 것은?

> 아침 8시, (가) 은/는 조선총독부 엔도 정무총감을 만나 다섯 가지 요구 사항을 제시하였다.
> 첫째, 전국에 구속되어 있는 정치·경제범을 즉시 석방하라.
> 둘째, 3개월간의 식량을 확보하여 달라.
> 셋째, 치안 유지와 건설 사업에 아무 간섭하지 말라.
> 넷째, 학생 훈련과 청년 조직에 대해 간섭하지 말라.
> 다섯째, 전국 사업장에 있는 노동자를 우리들의 건설 사업에 협력시키며 아무 괴로움을 주지 말라.
> – 『매일신보』 –

① 건국동맹을 결성하여 일제의 패망과 광복에 대비하였다.
② 김규식과 함께 좌·우합작위원회를 조직하여 활동하였다.
③ 민족역량의 총집결을 강령으로 하는 조선인민당을 결성하였다.
④ 평양에서 개최된 전조선제정당사회단체연석회의에 참석하였다.

16 밑줄 친 '철도'에 대한 설명으로 옳지 않은 것은?

> 그 종점이 되는 초량 등은 혹시 그럴 수도 있으므로 괴이할 것이 없으나 중간 장시나 향촌의 참(站)에는 화물이 풍부하지 않고 탑승객이 많지 않은데 어찌 그 부지로 20만 평이나 쓰는가. 이는 일본인의 식민 계략이니, …(중략)… 또한 본 철도 선로가 완성되면 물산 제조와 정치상 사업이 진보하여 얼마간 확장되는 면이 있겠으나 일본의 식민 욕심은 이 때문에 더욱 절실해질 것이다.
>
> ―『황성신문』, 1901년 10월 7일 ―

① 군용 철도 명목으로 개통되었다.

② 부설을 위하여 한성 전기 회사가 설립되었다.

③ 부설 과정에서 한국인의 토지와 가옥이 강압적으로 수용되었다.

④ 일본은 부설에 따른 각종 이권을 획득하고자 군사적 위협을 가하였다.

17 다음 가상의 기사에서 (가)에 해당하는 관등은?

제○○○○○호 ○○판　　□□신문　　○○○○년 ○월 ○○일

백제 문화 재현 행사에 관복 복색 논란

좌평　달솔　장덕　문독

　□□시(군)에서는 백제 문화 재현 행사를 준비 중이다. 행사를 위해 백제 고이왕 재위 27년에 제정한 관등제와 관복 관련 기록을 기초로 하여 백제 관리가 관복을 입은 모습을 그린 추정도가 사전에 공개되었다. 그림의 왼쪽부터 1품 좌평(佐平)은 황색(黃色), 2품 달솔(達率)은 자색(紫色), 7품 장덕(將德)은 비색(緋色), 12품 문독(文督)은 청색(靑色)의 관복을 입은 것으로 묘사했다. 하지만 전문가인 엄○○ 교수는 해당 자료를 보고 이 중 (가) 의 복색은 『삼국사기』에 기록된 백제 관리의 복색이 아니라고 지적하였다.

① 좌평

② 달솔

③ 장덕

④ 문독

18 (가) 왕대에 볼 수 없었던 조형물은?

> 대리석으로 만든 10층 석탑으로 원래는 경천사에 세워졌다. 이후 원위치에서 불법 반출되어 일본으로 건너갔다가 반환되는 우여곡절을 겪기도 했다. 이 석탑은 표면에 새겨진 명문에 의하여 __(가)__ 왕대에 건립된 것으로 알려져 있다.

① 불국사 다보탑
② 원각사 10층 석탑
③ 법천사 지광국사탑
④ 관촉사 석조미륵보살입상

19 밑줄 친 '그해'에 발생한 사건으로 옳은 것은?

> 그해에는 이미 나의 앞에는 한 발자국 내어 디딜 땅조차 없었다. 그 때문에 사회로 나선 나의 첫 발길은 오대산으로 더 깊이 들어가는 것이었다. …(중략)… 전해에는 『동아』, 『조선』 두 신문의 폐간을 보았고, 그해에는 다시 『문장』 폐간호를 절간에서 받아 보게 되었다.
>
> – 조지훈, 「화동 시절의 추억」 –

① 조선에 「치안 유지법」이 시행되었다.
② 한국독립당이 건국강령을 발표하였다.
③ 조선민족전선연맹이 조선의용대를 조직하였다.
④ 총독부가 국민정신총동원조선연맹을 설치하였다.

20 (가), (나) 사건 사이에 있었던 사실로 옳은 것은?

> (가) UN 한국위원단이 총선거 감시와 협의를 할 수 있었던 그 지역에서 효과적으로 통제 및 사법권을 보유한 합법정부가 수립되었으며, …(중략)… 한국위원단은 지난번 한국 인민의 자유로 표현된 의사에 기초하여 장차의 대의정부 발전에 유용한 감시와 협의를 수행할 것이다.
> (나) 안전보장이사회는 …(중략)… 북한군의 대한민국에 대한 무력공격이 평화 파괴를 조성한다고 단정하였다. 이 지역에서 그 무력공격을 격퇴하고 국제적 평화와 안전을 회복시키기 위하여 필요한 원조를 대한민국에 제공하도록 국제연합제 회원국에게 권고하였다.

① 제헌헌법이 공포되었다.
② 남조선과도입법의원이 구성되었다.
③ 귀속재산 처리를 위한 「귀속재산처리법」이 제정되었다.
④ 일본인 토지의 분배를 위해 중앙토지행정처가 발족되었다.

01 다음에 해당하는 나라에 대한 설명으로 옳은 것은?

> 큰 산과 깊은 골짜기가 많고 평원과 연못이 없다. 사람들이 계곡을 따라 사는데 골짜기 물을 식수로 마셨다. 좋은 농경지가 없어서 부지런히 농사를 지어도 배를 채우기가 부족하다. 사람들의 성품은 흉악하고 급하며 노략질하기를 좋아하였다.
>
> — 「삼국지」 —

① 민며느리제라는 독특한 혼인 풍습이 있었다.

② 왕 아래에 가축의 이름을 딴 마가, 우가, 저가 등의 관리가 있었다.

③ 10월에 제천 행사를 성대하게 치르고, 국동대혈에 모여 제사를 지냈다.

④ 다른 부족의 생활권을 침범하면, 책화라 하여 노비와 소, 말로 변상하게 하였다.

02 밑줄 친 '왕'의 재위 기간에 있었던 사실로 옳은 것은?

> 영동대장군인 백제 사마왕은 나이가 62세 되는 계묘년 5월 임진일인 7일에 돌아가셨다. 을사년 8월 갑신일인 12일에 안장하여 대묘에 올려 모시며, 기록하기를 이처럼 한다.

① 16등급의 관등을 마련하고, 공복을 제정하였다.

② 수도는 5부, 지방은 5방으로 나누어 정비하였다.

③ 왕족을 파견하여 지방에 대한 통제를 강화하였다.

④ 남으로 마한을 통합하고, 북으로 고구려 평양성을 공격하였다.

03 다음 지도 속 동그라미로 표시한 지역의 역사 문화를 홍보하기 위한 기획서를 작성하고자 한다. 이 기획서의 제목으로 옳지 않은 것은?

① 지눌, 이곳에서 꿈꾼 고려 불교의 개혁

② 병자호란, 그 쓰라린 패배의 현장

③ 철종, 국왕이 될 줄 몰랐던 시골 소년의 이야기

④ 의궤, 프랑스에서 다시 찾은 조선의 문화재

04 밑줄 친 '대한국'에 대한 설명으로 옳지 않은 것은?

> 제1조 대한국은 세계 만국에 공인된 자주 독립한 제국이다.
>
> …(중략)…
>
> 제9조 대한국 대황제는 각 조약국에 사신을 파송(派送) 주재하게 하고 선전(宣戰), 강화 및 제반 약조를 체결한다. 공법에 이른바 사신을 자체로 파견하는 것이다.
>
> — 「대한국 국제」 —

① 양전 사업을 실시하고 지계(地契)를 발급하였다.

② 국가재정은 탁지아문으로 일원화하였다.

③ 서북철도국을 설치하여 경의철도 부설을 시도하였다.

④ 원수부를 설치하여 황제가 군의 통수권을 장악하였다.

05 다음 문화유산이 간행된 왕대에 대한 설명으로 옳은 것은?

> 『직지심체요절』은 백운 화상이 저술한 책을 청주 흥덕사에서 1377년 7월에 금속활자로 인쇄한 것이다. 1972년 '세계 도서의 해'에 출품되어 세계 최고의 금속 활자본으로 공인되었다. 이 책은 이러한 가치를 인정받아 2001년 9월에 유네스코 세계 기록유산으로 등재되었다.

① 원 황실은 북쪽으로 도망가고 명이 건국되었다.
② 기존의 토지 문서를 불태워 버리고 과전법을 시행하였다.
③ 원에 만권당을 설치하여 고려와 원의 지식인들이 교류하였다.
④ 명은 철령위를 설치한다고 고려에 통보하였다.

06 다음의 군사 제도를 시대순으로 바르게 나열한 것은?

> (가) 중앙군인 5위를 두어 궁궐과 수도를 방어하게 하였다.
> (나) 10정을 두었는데, 9주 가운데 8주에 1정씩 배치하고, 국경지대인 한주(漢州)에는 2개의 정을 두었다.
> (다) 금위영이 설치되면서 5군영 체제가 갖추어졌다.
> (라) 국왕의 친위 부대인 2군, 수도 및 국경 방어를 담당하는 6위로 구성되었다.

① (가) → (라) → (나) → (다)
② (가) → (라) → (다) → (나)
③ (나) → (가) → (다) → (라)
④ (나) → (라) → (가) → (다)

07 (가)에 대한 설명으로 옳지 않은 것은?

> (가) 은/는 의병 계열과 애국 계몽 운동 계열의 비밀 결사가 모여 결성된 조직으로, 총사령 박상진을 중심으로 독립군 양성을 목적으로 하였다.

① 공화제 국가 수립을 지향하였다.
② 군자금을 모집하고 친일파를 공격하였다.
③ 북간도에서 무장 독립 단체인 중광단을 조직하였다.
④ 경상도 일대에서 결성되어 전국 조직으로 확대하였다.

08 다음 도시에 대한 설명으로 옳지 않은 것은?

① 고려 문종 때에 남경(南京)으로 승격되었다.
② 종루(鐘樓), 이현, 칠패 등에서 상업 활동이 이루어졌다.
③ 정도전은 궁궐 전각(殿閣)과 도성 성문 등의 이름을 지었다.
④ 성곽은 거중기 등을 이용하여 약 2년 만에 완성되었다.

09 임진왜란의 주요 사건을 시기순으로 바르게 나열한 것은?

> (가) 김시민이 진주성에서 일본군을 저지하였다.
> (나) 조선 수군이 명량 해전에서 크게 승리하였다.
> (다) 이순신이 옥포 해전에서 승리하였다.
> (라) 조명 연합 수군이 노량 해전에서 승리하였다.
> (마) 조명 연합군이 평양성을 탈환하였다.

① (가) → (다) → (마) → (라) → (나)
② (가) → (마) → (다) → (나) → (라)
③ (다) → (가) → (나) → (마) → (라)
④ (다) → (가) → (마) → (나) → (라)

10 다음 신문 창간 이전의 사실로 옳은 것은?

> 박문국을 설치하고 관리를 두어 외국의 기사를 폭넓게 번역하고 아울러 국내의 일까지 기재하여 국중(國中)에 알리는 동시에 열국에까지 널리 알리기로 하고 …(중략)… 견문을 넓히고, 여러 가지 의문점을 풀어 주고, 장사의 이익에도 도움을 주고자 하였으니 … (하략)…
> — 「순보서」(旬報序) —

① 세계 정세를 전하는 『해국도지』가 소개되었다.
② 베트남 역사에 관련한 『월남망국사』가 번역되었다.
③ 식산흥업을 강조한 『대한자강회월보』가 간행되었다.
④ 국내외 정보를 제공한 『독립신문』이 서재필에 의해 발간되었다.

11 밑줄 친 '이 시대'에 편찬된 의학서적으로 옳은 것은?

> 숭의전이라는 명칭은 조선 시대에 붙여졌다. 숭의전에서는 이전 왕조인 이 시대 태조를 비롯한 여러 명의 왕을 제향하고, 신숭겸과 정몽주 등을 비롯한 여러 명의 공신을 배향하였다. 경기도 연천군에 있는 숭의전지(崇義殿址)는 사적으로 지정되었다.

① 『의방유취』
② 『향약구급방』
③ 『향약집성방』
④ 『동의수세보원』

12 (가) 재위 기간에 있었던 사실이 아닌 것은?

> (가) 황제가 영원히 가시던 길에 엎드려 크게 통곡하던 우리는 …(중략)… 우리 민족의 새로운 기백과 책동이 발발하기를 간절히 기대하는 바이다.
> — 「동아일보」 1926년 6월 12일 —

① 일본은 동양척식주식회사를 설립하였다.
② 일본이 간도를 청에 귀속하는 협약을 체결하였다.
③ 유생 의병장 중심으로 13도 창의군을 결성하였다.
④ 대한제국의 외교권을 박탈하고 통감부를 설치하였다.

13 6·25 전쟁 발발 이후부터 정전 협정 체결 이전까지 발생한 일로 옳지 않은 것은?

① 이승만 정부는 반공 포로를 석방하였다.
② 유엔군 측은 자유 의사에 따른, 포로 송환 방침을 제안하였다.
③ 초대 대통령에 한하여 중임제한을 철폐하는 개헌안이 관철되었다.
④ 대통령 간선제를 직선제로 바꾸는 '발췌 개헌안'이 통과되었다.

14 조선 후기의 농업 변화에 대한 설명으로 옳지 않은 것은?

① 벼농사에서 이앙법이 널리 보급되면서 노동력이 절감되고 수확량이 늘어났다.
② 담배, 인삼, 채소 등 상품작물을 재배하는 상업적 농업이 발달하였다.
③ 고구마 종자는 청(淸)에 파견된 연행사가 가져왔다.
④ 밭에서의 재배 방식으로 견종법(畎種法)이 보급되었다.

15 다음 설명에 해당하는 인물에 대한 설명으로 옳은 것은?

• 항일 민족 교육의 요람인 서전서숙을 설립하였다.
• 만국평화회의가 열린 헤이그에 특사로 파견되었다.

---

① 경학사를 조직하였다.
② 독립의군부를 조직하였다.
③ 대한인 국민회를 조직하였다.
④ 대한광복군정부를 조직하였다.

16 (가)~(다)와 설명이 옳게 짝 지어진 것만 모두 고르면?

(가) 명예와 이익을 버리고 산림에 은둔하여 항상 선정을 익히고 지혜를 고루하기에 힘쓰며, 예불과 독경을 하고 나아가서는 노동에도 힘을 쏟자.

(나) 불교를 행하는 것은 몸을 닦는 근본이며, 유교를 행하는 것은 나라를 다스리는 근원이니 몸을 닦는 것은 내생을 위한 것이며, 나라를 다스리는 것은 오늘의 할 일입니다.

(다) 나는 옛날 공의 문하에 있었고 공은 지금 우리 수선사에 들어왔으니, 공은 불교의 유생이요, 나는 유교의 불자입니다. …(중략)… 유교와 불교는 다름이 없다고 보아야 하지 않겠습니까?

ⓝ (가) – 불교의 세속화에 반대하고 불교 본연의 자세를 찾으려 하였다.
ⓛ (나) – 불교 행사를 장려하는 구실이 되었다.
ⓒ (다) – 성리학 수용의 사상적 토대를 마련하였다.

---

① ⓝ, ⓛ
② ⓝ, ⓒ
③ ⓛ, ⓒ
④ ⓝ, ⓛ, ⓒ

17 (가), (나) 사건 사이에 있었던 사실로 옳은 것만을 모두 고르면?

(가) 일제는 중·일 전쟁을 일으켰다.
(나) 대한민국 임시정부는 한국광복군을 창설하였다.

ⓝ 「국가 총동원법」이 제정되었다.
ⓛ 징병제로 한국인 청년들이 군인으로 끌려갔다.
ⓒ 항일 무장 부대인 조선의용대가 결성되었다.
ⓔ 비밀결사 조직인 조선건국동맹이 조직되었다.

---

① ⓝ, ⓛ
② ⓝ, ⓒ
③ ⓛ, ⓒ
④ ⓒ, ⓔ

18 다음 상황이 나타나게 된 역사적 배경으로 옳은 것은?

> (진덕 여왕 2년) 당 태종이 김춘추에게 (나에게) 할 말이 있는가 하기에 김춘추가 말하였다. "신의 나라는 바다 모퉁이에 치우쳐 있으면서도 천자의 조정을 섬긴 지 여러 해가 되었습니다. 그런데 백제는 강하고 교활하여 여러 번 침략을 해왔는데, 더구나 왕년에는 대대적으로 군사를 거느리고 깊이 쳐들어와 수십 성을 함락했습니다. …(중략)… 만약 폐하께서 당나라 군사를 빌려 주어 흉악한 것을 잘라 없애지 않는다면 우리나라 인민은 모두 포로가 될 것이며, 산 넘고 바다 건너 행하는 조회도 다시는 바랄 수 없을 것입니다."라고 하였다. 태종이 매우 옳다고 여겨서 군사 출동을 허락하였다.
>
> — 『삼국사기』 —

① 백제군이 대야성을 함락하였다.
② 계백이 이끄는 5천 결사대가 저항하였다.
③ 대무예가 당나라의 등주(登州) 지역을 선제 공격하였다.
④ 백제 부흥군이 200여 성을 탈취하였다.

19 (가)와 고려의 관계에 대한 설명으로 옳지 않은 것은?

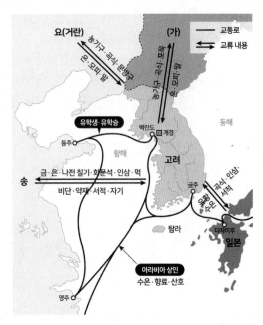

① (가) 사신인 서긍은 『고려도경』에서 고려 청자의 우수함을 서술하였다.
② 윤관은 별무반을 이끌어 (가)를 몰아내고, 북방 영토를 개척하였다.
③ (가)가 빼앗긴 지역의 반환을 간청하자, 고려는 조공을 받는 조건으로 돌려주었다.
④ (가)는 1115년 나라를 세운 뒤 고려에 군신 관계를 요구하였다.

20 다음 담화가 발표된 시기는?

> 금융 실명제가 실시되지 않고는 이 땅의 부정부패를 원천적으로 봉쇄할 수가 없습니다. …(중략)… 금융 실명제 없이는 건강한 민주주의도, 활력이 넘치는 자본주의도 꽃피울 수가 없습니다.

(가)	(나)	(다)	(라)
7·4 남북 공동 성명	남북 기본 합의서 채택	금강산 해로 관광 사업 시작	6·15 남북 공동 선언	10·4 남북 공동 선언

① (가)
② (나)
③ (다)
④ (라)

한국사

해설편

PART 1

국가직

한국사 | 2024년 국가직 9급

한눈에 훑어보기

✔ 영역 분석

고대   01   08   12
3문항, 15%

중세   02   05   16   19
4문항, 20%

근세   07   13
2문항, 10%

근대 태동기   09
1문항, 5%

근대   03   04   06
3문항, 15%

일제 강점기   14   15   17   18   20
5문항, 25%

현대   11
1문항, 5%

시대 통합   10
1문항, 5%

✔ 빠른 정답

01	02	03	04	05	06	07	08	09	10
①	②	③	④	④	④	③	③	①	②
11	12	13	14	15	16	17	18	19	20
③	①	④	③	③	④	①	④	②	④

✔ 점수 체크

구분	1회독	2회독	3회독
맞힌 문항 수	/ 20	/ 20	/ 20
나의 점수	점	점	점

01   난도 ★☆☆   정답 ①

고대 > 정치사

자료해설

밑줄 친 '이 나라'는 대가야이다. 경상북도 고령 지역의 대가야는 전기 가야 연맹의 중심지였던 금관가야가 고구려 광개토 대왕의 진출로 쇠퇴하자 낙동강 유역이라는 지리적 이점과 풍부한 철을 활용하여 5세기 이후 후기 가야 연맹의 중심지가 되었다.

정답의 이유

① 대가야는 진흥왕에 의해 신라에 복속되었고, 이로 인해 후기 가야 연맹이 해체되었다.

오답의 이유

② 백제 성왕은 웅진(공주)에서 사비(부여)로 천도하고 국호를 남부여로 고쳐 새롭게 중흥을 도모하였다.

③ 발해 선왕은 지방 행정 체제를 5경 15부 62주로 정비하였고, 주현에 지방관을 파견하였다.

④ 고구려 장수왕은 수도를 국내성에서 평양성으로 옮기고 남진 정책을 추진하였다.

02   난도 ★☆☆   정답 ②

중세 > 경제사

정답의 이유

② 고려 성종 때 우리나라 최초의 화폐이자 철전인 건원중보를 주조해 전국적으로 사용하게 하려 했으나 성공하지 못하였다.

오답의 이유

① 고구려 고국천왕은 국상인 을파소의 건의에 따라 먹을거리가 부족한 봄에 곡식을 빌려주고 추수 이후에 곡식을 갚도록 하는 진대법을 실시하였다.

③ 조선 후기에 광산 개발이 활성화되면서 물주로부터 자금을 지원받아 전문적으로 광산을 경영하는 덕대가 등장하였고, 광산 경영 방식인 덕대제가 유행하였다.

④ 조선 세종 때 정초, 변효문 등을 시켜 우리 풍토에 맞는 농법을 소개한 『농사직설』을 간행하였다.

근대 > 정치사

자료해설

제시된 자료는 『조선책략』의 일부이다. 조선 고종 때 제2차 수신사로 일본에 파견되었던 김홍집은 당시 청국 주일 공사관 황쭌셴이 지은 『조선책략』을 국내에 소개하였다(1880). 『조선책략』은 러시아의 남하 정책에 대비해 청·미·일과 친하게 지내야 한다는 내용으로, 조미 수호 통상 조약 체결의 배경이 되었다.

정답의 이유

③ 김홍집이 『조선책략』을 들여온 이후 미국과 외교 관계를 맺어야 한다는 여론이 형성되자 이만손을 중심으로 한 영남 유생들이 만인소를 올려 이를 반대하였다.

오답의 이유

① 강화도 조약은 1876년에 체결된 우리나라 최초의 근대적 조약이자 일본인에 대한 치외 법권과 해안 측량권을 포함한 불평등 조약으로, 일본의 요구에 따라 부산, 원산, 인천을 개항하였다.

② 병인양요(1866)와 신미양요(1871)를 극복한 흥선대원군이 외세의 침입을 경계하고 서양과의 통상 수교 반대 의지를 알리기 위해 종로와 전국 각지에 척화비를 건립하였다.

④ 1881년 김윤식을 중심으로 청에 파견된 영선사는 톈진에서 근대 무기 제조 기술과 군사 훈련법을 배워 돌아왔다.

더 알아보기

개항 이후 사절단

구분	내용
수신사 (일본)	• 강화도 조약 체결 후 근대 문물 시찰(1차 수신사) • 김홍집이 『조선책략』 유입(2차 수신사)
조사 시찰단 (일본)	• 국내 위정척사파의 반대로 암행어사로 위장해 일본에 파견 • 근대 시설 시찰
영선사 (청)	• 김윤식을 중심으로 청 톈진 일대에서 무기 공장 시찰 및 견습 • 임오군란과 풍토병으로 1년 만에 조기 귀국 • 근대식 무기 제조 공장인 기기창 설립
보빙사 (미국)	• 조미 수호 통상 조약 체결 • 미국 공사 부임에 답하여 민영익, 서광범, 홍영식 등 파견

근대 > 정치사

자료해설

'정부의 개화 정책이 추진되면서 구식 군인과 도시 하층민이 반발', '구식 군인들이 난을 일으키고 도시 하층민이 여기에 합세하였으나 청군에 의해 진압' 등으로 보아 제시된 자료는 임오군란에 대한 내용이다. 조선 고종 때 신식 군대인 별기군과 차별 대우를 받던 구식 군대가 선혜청과 일본 공사관을 습격하면서 임오군란이 발생하였고(1882), 이 사태를 수습하기 위해 흥선대원군이 다시 집권하였다. 반면, 조정의 민씨 세력들은 청에 군대 파견을 요청하였는데, 청의 군대는 군란을 진압하고 사건의 책임을 물어 흥선대원군을 본국으로 납치해 갔다. 이후 청의 내정 간섭이 심화되었고, 조선과 청은 조선이 청의 속방임을 명문화하고 청 상인의 내륙 진출을 인정하는 내용을 포함한 조청상민수륙무역장정을 체결하였다.

정답의 이유

④ 임오군란 진압 이후 청의 내정 간섭이 심화되었고, 청은 조청상민수륙무역장정을 체결하여 치외 법권과 함께 양화진에 점포 개설권, 내륙 통상권, 연안 무역권을 인정받았다(1882).

오답의 이유

① 한성 조약은 일본이 갑신정변 때 사망한 일본인에 대한 배상금과 일본 공사관 신축 부지 및 비용을 지급할 것을 조선에 요구하며 체결된 조약이다(1884).

② 톈진 조약은 갑신정변 이후 청과 일본이 향후 조선에 군대를 파견할 때 상호 통보하고 한쪽이라도 조선에 군대를 파견하면 다른 쪽도 바로 군대를 파견할 수 있도록 규정한 조약이다(1885).

③ 제물포 조약은 일본이 임오군란 직후 군란으로 인한 일본 공사관의 피해와 일본인 교관 피살에 대한 사과 사절단 파견, 주모자 처벌, 배상금 지불, 공사관 경비병 주둔 등을 조선에 요구하며 체결된 조약이다(1882).

중세 > 정치사

정답의 이유

고려 말 우왕 때 명이 원에서 관리한 철령 이북의 땅을 반환하라고 요구하자 최영을 중심으로 요동 정벌을 추진하게 되었다. 이성계는 4불가론을 제시하며 반대하였으나 왕명에 따라 출정하게 되었고, 결국 압록강 위화도에서 말을 돌려 개경으로 회군(1388)하였다. 이성계는 위화도 회군 이후 신진 사대부 세력과 결탁하여 실권을 장악하였다.

④ 황산 대첩(1380)은 고려 말 도순찰사였던 이성계가 황산에서 왜구를 크게 물리친 전투로, 위화도 회군 이전의 일이다.

오답의 이유

① 고려 말 공양왕 때 신진 사대부 조준 등의 건의로 실시된 토지 개혁법인 과전법은 지급 대상 토지를 원칙적으로 경기 지역에 한정하였다(1391).

② 고려 말 온건 개혁파인 정몽주는 이성계 세력을 숙청하려 하였으나 오히려 이성계의 아들인 이방원 세력에게 피살되었다 (1392).

③ 한양으로 도읍을 이전한 때는 조선 태조 2년인 1394년이다. 한양은 나라의 중앙에 위치하여 통치에 유리하고 한강을 끼고 있어 교통이 편리하고 물자가 풍부하였다.

06 난도 ★★☆　　　　　　　　　　정답 ④

근대 > 정치사

자료해설

제시된 사료는 일제의 침략과 매국노 규탄, 을사늑약에 대한 굴욕적인 내용을 폭로한 항일 논설 「시일야방성대곡」의 일부이다. 을사늑약이 체결되자 『황성신문』은 장지연의 논설 「시일야방성대곡」을 게재하여 조약의 부당성을 비판하였다(1905).

정답의 이유

④ 을사늑약 체결 당시 「시일야방성대곡」을 작성한 인물은 『황성신문』의 주필이었던 장지연이다.

오답의 이유

① 『한성순보』는 박문국에서 발행한 최초의 근대적 신문으로, 개화 정책의 취지를 설명하고 국내외 정세를 소개하는 관보적 성격을 띠었다.

② 박은식은 『한국통사』에 고종 즉위 다음 해부터 국권 피탈 직후까지의 역사를 기록하였다.

③ 신채호는 『대한매일신보』에 「독사신론」을 발표하여 민족을 역사 서술의 중심에 두었으며, 민족주의 사학의 기반을 마련하였다.

07 난도 ★★☆　　　　　　　　　　정답 ③

근세 > 정치사

자료해설

'집현전을 계승한 홍문관', '훈구 세력을 견제하기 위해 사림 세력 등용'을 통해 밑줄 친 '왕'은 조선 성종임을 알 수 있다. 조선 성종 때 왕의 자문과 경연, 경서, 궁중 서적 및 문서 관리 등의 업무를 담당한 홍문관을 설치하였으며(1478), 중앙 정계를 장악하고 있던 훈구 세력들을 견제하기 위해 김종직을 비롯한 영남 지방의 사림 세력을 등용하였다.

정답의 이유

③ 조선 성종 때 노사신, 양성지, 강희맹 등이 각 도의 지리, 풍속, 인물 등을 기록한 관찬 지리지인 『동국여지승람』을 편찬하였다(1481).

오답의 이유

① 조선 정조 때 문물제도 및 통치 체제를 정리한 『대전통편』을 편찬하여 왕조의 통치 규범을 재정비하였다(1785).

② 『동사강목』은 안정복이 조선 정조 때 완성한 역사서로, 단군 조선부터 고려 공양왕까지의 역사를 정리하였다(1778).

④ 『훈민정음운해』는 조선 영조 때 여암 신경준이 저술한 한글 문자론 연구서이다(1750).

08 난도 ★★☆　　　　　　　　　　정답 ③

고대 > 정치사

자료해설

'웅천주(공주) 도독 헌창'을 통해 밑줄 친 '반란'은 김헌창의 난(822)임을 알 수 있다. 김헌창의 난은 통일 신라 헌덕왕 때 신라 무열왕계의 유력한 귀족이었던 김헌창이 자신의 부임지였던 웅천주에서 일으킨 대규모 반란이다. 반란군은 무진주 · 완산주 · 청주 · 사벌주의 도독과 국원경 · 서원경 · 금관경의 사신 및 여러 군현의 수령들을 위협하여 자신의 아래에 예속시키려 하였으나 결국 진압되었고 김헌창은 자결하였다.

정답의 이유

ㄴ 김헌창의 난 당시 반란 세력은 '장안'이라는 국호를 내세우고 '경운'이라는 연호를 사용하였다.

ㄷ 웅천주 도독 김헌창이 난을 일으킨 명목은 아버지인 김주원이 왕위를 계승하지 못한 불만 때문이었다.

오답의 이유

ㄱ 신분 해방 운동의 성격을 가진 것은 고려 무신 정권 시기 최충헌의 사노비였던 만적이 일으킨 '만적의 난'이다. 만적은 신분 차별에 항거하여 개경(개성)에서 반란을 도모하였으나 사전에 발각되어 실패하였다.

ㄹ 무열왕부터 혜공왕에 이르기까지 무열왕계가 왕위를 이었으나, '김지정의 난'으로 혜공왕이 피살된 후 난을 진압한 김양상이 선덕왕으로 즉위(780)하면서 무열왕 직계가 단절되고 내물왕계가 다시 왕위를 차지하게 되었다.

09 난도 ★★☆　　　　　　　　　　정답 ①

근대 태동기 > 정치사

자료해설

'홍서봉', '한(汗)', '대청국 황제' 등으로 보아 제시된 자료는 병자호란에 대한 내용임을 알 수 있다. 후금이 국호를 청으로 고치고 조선에 군신 관계를 강요하자 조선에서는 척화론과 주화론이 첨예하게 대립하였고, 결국 조선이 사대 요청을 거부하여 병자호란이 일어났다(1636). 홍서봉은 병자호란이 일어나자 화의를 주장한 인물이다.

정답의 이유

① 병자호란이 발발하여 남한산성으로 피란하였던 인조는 강화도로 보낸 왕족과 신하들이 인질로 잡히자 삼전도에서 굴욕적인 항복을 하였고(1637), 청 태종은 귀환하면서 삼전도비를 건립할 것을 명하였다.

오답의 이유

② 인조반정 때 큰 공을 세웠던 이괄은 공신 책봉 과정에서 2등 공신을 받은 것에 불만을 품었다. 이에 이괄이 반역을 일으킬지도 모른다는 구실로 아들인 이전을 잡아오라는 명까지 떨어지자 이괄은 반란을 일으켜 도성을 장악하였다(1624).

③ · ④ 후금이 조선을 침략하여 의주를 함락시킨 뒤 평산까지 남진하자 인조는 강화도로 피난하였고, 정봉수와 이립은 용골산성에서 의병을 이끌며 후금에 항전하였다. 이에 후금은 조선에 강화를 제의하여 형제의 맹약을 맺었다(정묘호란, 1627).

10 난도 ★★☆   정답 ②

시대 통합 > 정치사

정답의 이유

(나) 통일 신라 신문왕은 중앙군을 9서당, 지방군을 10정으로 편성하여 군사 조직을 정비하였다.

(라) 고려의 중앙군은 국왕 친위대인 2군과 수도 및 변경의 방비를 담당하는 6위로 구성되었다.

(다) 조선 정조는 왕권을 뒷받침하는 군사적 기반을 갖추기 위해 친위 부대인 장용영을 설치하였다.

(가) 1907년 정미의병 때 유생 의병장들은 13도 창의군을 결성하고 이인영을 총대장, 허위를 군사장으로 추대하여 서울 진공 작전을 추진하였다.

11 난도 ★★☆   정답 ③

현대 > 정치사

자료해설

'미국, 영국, 소련 3국의 외무장관', '미·소공동위원회의 설치', '최대 5년간의 신탁통치 방안 결정' 등으로 보아 밑줄 친 '이 회의'는 1945년 12월에 결성된 모스크바 삼국 외상 회의임을 알 수 있다.

정답의 이유

③ 조선 건국 동맹의 여운형은 안재홍과 함께 일본인의 안전한 귀국을 보장하는 조건으로 조선 총독부로부터 행정권의 일부를 이양받아 조선 건국 준비 위원회를 결성하였다(1945.8.).

오답의 이유

① 유엔 한국 임시 위원단의 입북이 거부당하자 유엔 총회는 가능한 지역에서만 선거를 실시하고 임시 위원단이 선거를 감시하라는 결정을 내렸다. 이에 따라 남한에서만 우리나라 최초의 보통 선거인 5·10 총선거가 실시되었다(1948).

② 광복 이후 좌우 대립이 격화되면서 분단의 위기를 느낀 중도파 세력들은 여운형, 김규식을 중심으로 좌우 합작 위원회를 수립하였다. 이후 중도적 사상의 통일 정부를 수립하는 것을 목적으로 좌우 합작 7원칙을 합의하여 제정하였다(1946).

④ 제헌 국회는 일제의 잔재를 청산하고 민족정기를 바로잡기 위해 반민족 행위 처벌법을 제정하고 반민족 행위 특별 조사위원회를 구성하였다(1948).

12 난도 ★★☆   정답 ①

고대 > 문화사

자료해설

제시된 자료는 미륵사지 석탑의 조성 내력을 적은 금판인 금제 사리봉안기의 일부이다. 미륵사지 서탑의 보수 정비를 위한 해체 조사 중 석탑 1층 사리공에서 금제 사리호와 금제 사리봉안기 등 유물 500여 점이 발견되었다. 금제 사리봉안기에는 백제 왕후가 재물을 희사하여 가람(미륵사)을 창건하고 639년(무왕 40년)에 사리를 봉안하여 왕실의 안녕을 기원했다는 내용을 담고 있다.

정답의 이유

① 백제 무왕 때 미륵사에 건립된 익산 미륵사지 석탑은 목탑의 형태로 만들어진 석탑이며, 현존하는 삼국 시대의 석탑 중 가장 크다.

오답의 이유

② 대리석으로 만든 10층 석탑으로는 원의 영향을 받아 제작된 고려의 개성 경천사지 10층 석탑과 조선 세조 때 제작된 서울 원각사지 10층 석탑이 있다.

③ 낭혜 화상의 탑비는 9산선문 중 하나인 성주산문을 개창한 낭혜 화상의 공덕을 기리기 위해 세워진 통일 신라 시대 탑비로, 충청남도 보령에 위치해 있다.

④ 돌을 벽돌 모양으로 만들어 쌓은 모전 석탑은 경주 분황사 모전 석탑으로, 신라 석탑 중 가장 오래되었다.

13 난도 ★☆☆   정답 ④

근세 > 정치사

정답의 이유

ⓛ 조선 세조는 단종 복위 운동을 계기로 집현전을 폐지하였다.

ⓔ 조선 세조는 왕권을 강화하기 위해 6조 직계제를 부활시켜 의정부를 거치지 않고 국왕이 바로 재가를 내리게 하였다.

오답의 이유

ⓒ 조선 태종은 국왕권을 강화하고 군신 간의 엄격한 위계질서를 확립하고자 권근 등의 건의를 받아들여 사병을 혁파하였다.

ⓓ 조선 성종은 세조 때 편찬되기 시작한 조선의 기본 법전인 『경국대전』을 완성하고 반포하였다.

14 난도 ★★☆   정답 ③

일제 강점기 > 정치사

정답의 이유

(다) 독립운동 단체 대표들이 침체된 임시정부의 활로를 모색하기 위해 중국 상하이에 모여 국민대표회의를 개최하였다(1923).

(가) 김구는 대한민국 임시정부의 곤경을 타개하고자 상하이에서 한인애국단을 결성하여 적극적인 투쟁 활동을 전개하였다(1931).

(나) 한국광복군은 충칭에서 대한민국 임시정부의 직할 부대로 창설되었다(1940).

(라) 대한민국 임시정부가 주석·부주석제로 개헌하여 주석에 김구, 부주석에 김규식을 임명하였다(1944).

대한민국 임시정부(1919)

수립	• 최초의 민주 공화정 • 대통령 이승만, 국무총리 이동휘 • 3 · 1 운동 이후 독립을 체계적으로 준비
초기 활동	• 군자금 모집: 연통제와 교통국(비밀 행정 조직), 독립 공채, 이륭양행, 백산 상회 • 외교 활동: 파리 강화 회의에 대표(김규식) 파견, 구미 위원부 설치 • 문화 활동: 독립신문, 임시 사료 편찬 위원회 설치 → 『한일 관계 사료집』 간행
분열 및 변화	• 국민대표회의 개최(1923): 창조파와 개조파 대립 • 개헌(2차, 1925): 이승만 탄핵, 제2대 대통령 박은식 선출, 의원 내각제 채택
1930년대 이후 활동	• 한인애국단 조직(1931) • 충칭으로 근거지 이동(1940) • 한국광복군 창설(1940) • 건국 강령 발표(1941): 조소앙의 삼균주의 • 주석 · 부주석제로 개헌(1944): 김구를 주석, 김규식을 부주석으로 임명

15 난도 ★★☆   정답 ③

일제 강점기 > 정치사

자료해설

1911년 일제는 제1차 조선교육령을 발표하여 보통 · 실업 · 전문 기술 교육과 일본어 학습을 강요하고 보통 교육의 수업 연한을 4년으로 단축하였다. 이후 1922년 일제는 문화 통치를 표방하며 조선인에게 일본인과 동등한 교육을 실시한다는 명목으로 제2차 조선교육령을 실시하였다. 제2차 조선교육령은 제1차 조선교육령을 수정하여 조선어를 필수 과목으로 지정하고 보통 학교의 수업 연한을 6년으로 연장하였다.

정답의 이유

③ 일본 도쿄 유학생들이 중심이 되어 결성된 조선 청년 독립단은 도쿄에서 2 · 8 독립선언서를 발표하였다(1919).

오답의 이유

① 일제는 민립대학 설립 운동 전개를 저지하고자 경성제국대학을 설립하였다(1924).

② 육영공원은 최초의 관립 학교로 헐버트와 길모어를 초빙하여 상류층 자제들에게 영어, 수학, 지리, 정치 등 근대 학문을 교육하였다(1886).

④ 대한제국 때 일본은 한일의정서를 체결하고 군사 전략상 필요한 지역을 차지하기 위해 황무지 개간권을 요구하였다. 이에 보안회는 전국에 통문을 돌리며 황무지 개간권 요구 반대 운동을 전개하여 저지에 성공하였다(1904).

16 난도 ★★☆   정답 ④

중세 > 정치사

자료해설

'강조의 군사', '목종을 폐위', '김치양 부자와 유행간 등 7인을 죽였다' 등으로 보아 고려 중기 목종 때의 강조의 정변(1009)에 대한 내용임을 알 수 있다. 고려 목종 때 강조는 천추태후와 그의 정부 김치양으로 인한 국가의 혼란을 바로잡기 위해 정변을 일으켜 목종을 폐위시키고 현종을 즉위시켰다. 이를 통해 (가)는 현종(1009~1031)임을 알 수 있다.

정답의 이유

④ 고려 현종 때 거란이 강조의 정변을 구실로 2차 침입을 단행하였고, 개경이 함락되자 현종은 나주까지 피란을 갔다. 거란의 2, 3차 침입 이후 현종은 거란의 침입을 불력으로 물리치고자 초조대장경을 제작하기 시작하였다.

오답의 이유

① 고려 숙종 때 부족을 통일한 여진이 고려의 국경을 자주 침입하자 윤관이 왕에게 건의하여 별무반을 조직하였다.

② 고려 공민왕은 홍건적이 침입하자 방어하기 좋은 분지 지형인 복주(안동)로 피난하였다.

③ 고려 성종 때 거란이 침략하여 고려가 차지하고 있는 옛 고구려 땅을 내놓고 송과 교류를 끊을 것을 요구하였으나 서희가 소손녕과의 외교 담판을 통해 이를 해결하고 강동 6주를 획득하였다.

17 난도 ★★☆   정답 ①

일제 강점기 > 정치사

자료해설

(가) 6 · 10 만세 운동에 대한 내용이다. 학생들이 중심이 되어 순종의 인산일에 맞추어 서울 종로 일대에서 6 · 10 만세 운동을 전개하였다(1926).

(나) 광주 학생 항일 운동에 대한 내용이다. 광주 학생 항일 운동은 한일 학생 간의 우발적 충돌 사건을 계기로 발생하였으나, 한국인 학생에 대한 차별과 식민지 교육에 저항하는 항일 운동으로 발전하였다(1929).

정답의 이유

① 조선 공산당을 중심으로 한 사회주의 세력과 천도교를 중심으로 한 민족주의 세력이 연대하여 6 · 10 만세 운동을 준비하는 과정에서 민족유일당을 결성할 수 있다는 공감대가 형성되면서 좌우합작 조직인 신간회가 결성되었다(1927).

오답의 이유

② 이병도, 손진태 등은 진단학회를 조직하고 『진단학보』를 발간하여 문헌 고증을 중시하는 실증주의 사학을 발전시켰다(1934).

③ 갑오개혁 이후 공사 노비법이 혁파되어 법적으로는 신분제가 폐지되었으나 일제 강점기 때 백정에 대한 사회적 차별은 더욱 심해졌다. 백정들은 이러한 차별을 철폐하기 위해 진주에서 조선 형평사 창립 대회를 개최하고 형평운동을 전개하였다(1923).

④ 일본의 차관 강요로 대한 제국의 빚이 1,300만 원에 달하자 서상돈, 김광제 등이 대구에서 국채보상운동을 전개하였다(1907).

18 난도 ★★☆　　　　　　　　　　　　　　　정답 ②

일제 강점기 > 정치사

정답의 이유

② 조선의용대는 1938년 김원봉의 주도로 중국 국민당의 지원을 받아 중국 관내에서 결성된 최초의 한인 무장 부대이다.

오답의 이유

① 조선건국동맹은 1944년 여운형이 일제의 패망에 대비하여 광복 이후 민주주의 국가 건설을 목표로 결성한 조직이다.

③ 1914년 이동휘, 이상설 등은 연해주 지역에서 대한광복군 정부를 조직하고 무장 투쟁을 준비하였다.

④ 대한독립군단은 1920년 독립군들을 통합하여 서일을 총재로 조직되었으며, 러시아의 지원을 기대하고 자유시로 근거지를 옮겼으나 자유시 참변(1921.6.)으로 큰 타격을 입었다.

19 난도 ★☆☆　　　　　　　　　　　　　　　정답 ②

중세 > 문화사

자료해설

제시된 자료는 고려 때 송나라 사신 서긍이 청자의 색이 비색이며 매우 뛰어난 솜씨로 만들어졌다고 품평한 내용이다. 서긍은 고려를 방문한 뒤 저술한 『고려도경』에서 그림과 해설로 청자를 칭찬하면서 이를 비색이라 표현하였다. 따라서 밑줄 친 '이 나라'는 고려이다.

정답의 이유

② 구례 화엄사 각황전은 전남 구례군 화엄사에 있으며 국보 제67호로 지정되어 있다. 조선 숙종 때 창건되었고 정면 7칸, 측면 5칸의 다포계 중층 팔작지붕 건물로 내부 공간이 통층으로 구성되어 있다.

오답의 이유

① 안동 봉정사 극락전은 고려 시대의 건축물로 국보 제15호로 지정되어 있다. 통일 신라 시대 건축 양식을 띠고 있으며, 우리나라의 목조 건물 중 가장 오래되었다.

③ 예산 수덕사 대웅전은 고려 충렬왕 때 충남 덕숭산에 지은 불교 건축물로, 맞배지붕과 건물 옆면의 장식 요소가 특징적이다.

④ 영주 부석사 무량수전은 현재 남아 있는 고려 시대 목조 건물 중 하나로, 기둥 중간이 굵은 배흘림기둥이 사용되었으며, 공포를 기둥 위에만 짜 올린 주심포 양식으로 축조되었다.

20 난도 ★☆☆　　　　　　　　　　　　　　　정답 ④

일제 강점기 > 정치사

정답의 이유

④ 조선어연구회는 주시경을 중심으로 조선어의 정확한 법리를 연구하고자 결성(1921)되어, 가갸날을 제정하고 기관지인 『한글』을 간행하였다. 이후, 조선어학회로 개편(1931)되어 한글 맞춤법 통일안과 표준어를 제정하고 『조선말 큰사전』 편찬을 시작하였으나 일제에 의해 강제 해산되었다(조선어 학회 사건, 1942).

오답의 이유

① 국문연구소는 1907년 학부대신 이재곤의 건의로 학부 안에 설치되었으며, 지석영과 주시경을 중심으로 한글의 정리와 이해 체계 확립에 힘썼다.

② 조선광문회는 1910년 최남선, 박은식 등이 조직하여 실학자의 저서를 비롯한 고전을 다시 간행하여 보급하였다.

③ 대한자강회는 1906년 조직된 애국 계몽 단체로 교육과 산업 활동을 바탕으로 한 국권 회복을 목표로 활동하였으며, 고종의 강제 퇴위 반대 운동을 전개하다가 1907년 일제의 탄압으로 해산되었다.

한눈에 훑어보기

✔ 빠른 정답

01	02	03	04	05	06	07	08	09	10
①	②	③	④	③	③	③	②	②	②
11	**12**	**13**	**14**	**15**	**16**	**17**	**18**	**19**	**20**
③	④	④	②	①	④	②	①	①	③

✔ 점수 체크

구분	1회독	2회독	3회독
맞힌 문항 수	/ 20	/ 20	/ 20
나의 점수	점	점	점

01 난도 ★☆☆　　　　　정답 ①

선사 시대와 국가의 형성 > 선사 시대

［자료해설］

제시된 자료는 청동기 시대의 유물이다. 청동기 시대에는 미송리식 토기, 민무늬 토기, 붉은 간 토기, 팽이형 토기 등을 사용하였다.

［정답의 이유］

① 비파형 동검은 청동기 시대에 사용된 동검으로 고인돌, 미송리식 토기와 함께 고조선의 세력 범위를 짐작할 수 있다.

［오답의 이유］

② 오수전은 명도전, 반량전과 함께 철기 시대에 사용된 화폐로 당시 중국과의 교류가 활발하였음을 짐작할 수 있다.

③ 아슐리안형 주먹도끼는 구석기 시대 유물로 경기도 연천군 전곡리에서 동아시아 최초로 출토되었다.

④ 삼한 중 변한은 철이 풍부하게 생산되어 낙랑과 왜에 수출하였다.

02 난도 ★☆☆　　　　　정답 ②

고대 > 정치사

［자료해설］

밑줄 친 '왕'은 고구려 고국천왕으로, 제시된 자료는 진대법을 실시하게 된 배경을 보여 준다.

［정답의 이유］

② 고구려 고국천왕은 국상인 을파소의 건의에 따라 먹을 거리가 부족한 봄에 곡식을 빌려주고 추수 이후에 곡식을 갚도록 하는 진대법을 실시하였다(194).

［오답의 이유］

① 고구려 미천왕은 낙랑군(313)과 대방군(314)을 축출하고 한의 군현을 모두 몰아내어 영토를 확장하였다.

③ 고구려 고국원왕은 백제 근초고왕이 평양성을 침략하자 이에 항전하다가 전사하였다(371).

④ 고구려 광개토대왕은 즉위 후 영락이라는 연호를 사용하여 왕권을 강화하였다.

［더 알아보기］

진대법

• 개념
  – 고구려의 빈민 구제 제도로 봄에 농민들에게 곡식을 빌려주고 가을에 갚도록 함
  – '진'은 흉년에 기아민에게 곡식을 나누어준다는 뜻이고, '대'는 봄에 미곡을 대여하였다가 가을에 추수 뒤 회수한다는 뜻으로 '진대'는 흉년이나 춘궁기에 농민에게 양곡을 대여하는 것을 말함

- 특징
  - 194년 고국천왕 때 왕권 강화와 재정 확충을 위해 을파소의 건의를 받아들여 실시함
  - 고리대를 갚지 못한 농민들이 노비가 되는 것을 방지하기 위해 국가에서 봄에 쌀을 빌려주었다가 가을에 갚는 춘대추납(春貸秋納)의 빈민 구제책을 시행함
  - 같은 성격의 빈민 구제 제도로는 고려의 의창, 조선 시대의 의창(15세기), 환곡(16세기), 사창(19세기)이 있음

03 난도 ★☆☆ 정답 ③

중세 > 정치사

자료해설

'신돈이 설치하자고 요청하였다'는 내용과 '전민을 빼앗은 자들이 그 주인에게 많이 돌려주었다'는 내용으로 보아 (가)는 고려 공민왕 때 설치된 전민변정도감임을 알 수 있다. 공민왕은 승려 신돈을 등용하여 민생 안정과 국가 재정 확보, 권문세족의 경제 기반을 약화시킬 목적으로 전민변정도감을 설치하였다.

정답의 이유

③ 전민변정도감은 권문세족이 부당하게 뺏은 토지를 본래 소유주에게 돌려주고 권세가의 압박에 의해 노비가 된 사람들을 양인으로 해방시켰다.

오답의 이유

① 고려 문종 때 경시서를 두어 시전을 관리하고 감독하도록 하였다.

② 고려의 삼사는 화폐와 곡식의 출납에 대한 회계를 맡았다.

④ 몽골의 침입 이후 국가 재정난으로 인한 관료들의 녹봉 부족 현상을 해결하기 위해 원종은 녹과전을 지급하였다.

04 난도 ★☆☆ 정답 ④

중세 > 정치사

자료해설

제시된 자료는 고려 성종 때 거란의 소손녕이 80만 대군을 이끌고 침략해 오자, 서희가 소손녕을 찾아가 고구려의 후예임을 내세워 현재 거란이 가진 땅이 고려의 영토임을 주장하는 내용이다.

정답의 이유

④ 서희는 거란의 제1차 침입 때 적장인 소손녕과 외교 담판을 벌여 송나라와 단교하고 거란과 교류하는 것을 조건으로 강동 6주를 확보하였다(993).

오답의 이유

① 고려의 무신 강조는 천추태후와 그의 정부 김치양으로 인한 국가의 혼란을 바로잡기 위해 정변을 일으켜 목종을 폐위시키고 현종을 즉위시켰다(1009).

② 고려 현종 때 거란의 소배압이 이끄는 10만 대군이 침입하였으나(3차 침입), 강감찬이 이에 맞서 귀주에서 대승을 거두었다(귀주대첩, 1019).

③ 고려 예종 때 윤관은 별무반을 이끌고 여진을 몰아내어 동북 9성을 축조하였다(1107).

05 난도 ★★☆ 정답 ③

시대 통합 > 정치사

자료해설

밑줄 친 '이곳'은 평양이다. 고구려 장수왕은 남진 정책을 추진하면서 평양으로 수도를 천도(427)하여 신라와 백제를 압박하였다. 묘청은 풍수지리설을 내세워 수도를 서경(평양)으로 천도하여 서경에 대화궁을 짓고, 황제를 칭하며 연호를 사용하는 등 자주적인 개혁을 시행하였다.

정답의 이유

③ 미국 상선인 제너럴 셔먼호의 선원들은 평양에서 통상을 요구하며 평양 주민을 약탈하였고, 이에 분노한 평양 주민들은 당시 평안도의 관찰사였던 박규수의 지휘하에 제너럴 셔먼호를 불태워 버렸다(1866).

오답의 이유

① 고려 고종 때 조휘와 탁청은 동북면 병마사 등을 죽이고 반란을 일으킨 뒤 옛 화주 땅에 주둔하고 있던 몽골에 투항하였다. 이에 몽골은 화주 이북의 땅을 편입하여 쌍성총관부를 설치하고 조휘를 총관, 탁청을 천호로 삼았다(1258).

② 고려 정중부 집권기에 공주 명학소에서 망이 · 망소이 형제가 신분 해방을 외치며 봉기하였다(1176).

④ 일제 강점기 때 경남 진주에서 백정에 대한 사회적 차별 철폐를 위한 형평사가 조직되어 형평 운동이 펼쳐졌다(1923).

06 난도 ★★☆ 정답 ③

고대 > 정치사

자료해설

제시된 자료는 매소성 전투(675)에 대한 내용이다. 신라 문무왕(661~681) 때 남침해 오던 당나라 이근행의 20만 대군을 매소성에서 격파하여 나 · 당 전쟁의 주도권을 장악하였다.

정답의 이유

ⓛ 김흠돌이 반란을 일으킨 시기는 통일 신라 신라 신문왕 때이다. 신문왕은 장인이었던 김흠돌의 난을 진압한 뒤 진골 귀족 세력을 숙청하여 왕권을 강화하였다(681).

ⓒ 신문왕은 유교 정치를 확립시키기 위해 유학 교육 기관인 국학을 설립하였다(682).

오답의 이유

㉠ 당나라는 백제와 고구려를 멸망시킨 후 공주에 웅진도독부(660), 평양에 안동도호부(668), 경주에 계림도독부(663)를 설치하여 한반도를 지배하고자 하였다.

㉣ 660년 사비성 함락으로 백제가 멸망한 이후, 복신과 도침 등이 부여풍을 왕으로 추대하여 주류성을 중심으로 백제 부흥 운동을 전개하였으나 나 · 당 연합군에 의해 실패하였다(663).

고대 > 정치사

정답의 이유

(나) 고구려 미천왕 때 서안평을 점령(311)하고 낙랑군(313)과 대방군(314)을 축출하였다.

(가) 신라 지증왕 때 이사부는 왕의 명령으로 우산국(울릉도)을 정복하였다(512).

(라) 신라 법흥왕 때 신라가 금관가야를 병합하였다(532).

(다) 백제 의자왕은 활발한 정복 활동을 전개하여 신라의 대야성을 비롯한 40여개 성을 함락시켰다(642).

※ 오타로 인해 '복수 정답' 처리된 문항으로, 선지를 교체하여 수록함

중세 > 문화사

정답의 이유

② 월정사 팔각 9층 석탑은 고려 전기의 석탑으로 송의 영향을 받았다.

오답의 이유

① 황해도 사리원 성불사 응진전은 고려 후기 다포 양식의 목조 건축물이다. 다포 양식은 고려 후기에 유행한 건축 양식으로 나무 장식이 기둥은 물론 기둥 사이 벽면에도 놓여 있다.

③ 여주 고달사지 승탑은 통일 신라 탑의 전형적인 형태인 팔각 원당형 양식을 계승하였다.

④ 『직지심체요절』은 1377년 충북 청주시의 흥덕사에서 간행한 현존하는 세계 최고(最古)의 금속활자본으로, 현재 프랑스 국립 도서관에 소장되어 있다.

더 알아보기

고려 시대 석탑

• 대표 석탑: 개성 불일사 5층 석탑, 평창 월정사 8각 9층 석탑
• 원의 영향: 개성 경천사지 10층 석탑
• 삼국 양식 계승: 부여 무량사 5층 석탑
• 승탑과 탑비: 여주 고달사지 승탑(팔각원당형), 원주 법천사 지광 국사 탑비(특이한 형태, 뛰어난 조형미)

근세 > 문화사

정답의 이유

② 혼일강리역대국도지도는 조선 전기 태종 때 편찬된 현존하는 동양 최고의 세계 지도이다(1402). 반면, 곤여만국전도는 조선 후기 청에서 활동한 서양인 선교사 마테오 리치(Matteo Ricci)가 제작한 세계 지도이다(1603).

오답의 이유

① 대동여지도는 조선 후기 김정호가 10리마다 눈금을 표시하여 거리를 알 수 있게 제작한 전국 지도첩이다. 개별 산봉우리를 그리지 않고 산줄기를 연결하여 그렸으며 굵기에 따라 산세를 표현하였다.

③ 천상열차분야지도는 조선 태조 때 제작된 것으로 하늘을 여러 구역으로 나누고 별자리를 돌에 표시한 천문도이다. 조선 숙종 때 태조 때 제작한 것이 닳아 잘 보이지 않게 되자 다시 새겼다.

④ 동국지도는 조선 영조 때 정상기가 실제 거리 100리를 1척으로 줄인 100리 척을 적용하여 제작한 것이다.

근대 태동기 > 경제사

자료해설

제시된 자료의 (가)는 대동법이다. 대동법은 조선 광해군 때 좌의정 이원익이 건의하여 1608년에 처음 실시되었다. 당시에는 경기도에 한하여 실시하였으며, 점차 시행 지역이 확대되면서 숙종 때에 이르러서야 전국적으로 시행되었다(1708).

정답의 이유

② 군역의 폐단을 바로잡기 위해 영조 때 균역법을 실시하였고 이로 인해 줄어든 재정을 보충하고자 지주에게 토지 1결당 쌀 2두를 결작으로 부과하였다.

오답의 이유

① 대동법 실시로 관청에 물품을 납품하는 공인이 성장하였고, 농민도 세금 납부를 위해 특산물을 시장에 내다 팔면서 장시가 점차 발전하였다. 이에 따라 상품 화폐 경제가 크게 발달하였다.

③ 조선 광해군 때 공납의 폐단을 해결하기 위해 공납을 전세화하여 공물 대신 쌀을 납부하도록 하는 대동법을 경기도부터 실시하였다.

④ 대동법 실시로 선혜청에서는 공인이라는 특허 상인에게 비용을 미리 지급하고 필요한 물품을 독점적으로 조달하도록 하였다.

근대 > 정치사

자료해설

'천여 곳의 서원을 철폐했다'는 내용을 통해 (가) 인물이 흥선 대원군임을 알 수 있다. 흥선 대원군은 세도 정치로 인해 혼란에 빠진 국가 체제를 복구하고 왕권을 회복하기 위해 대내외적으로 각종 개혁 정책을 실행하였다. 지방의 서원이 면세 등의 혜택으로 국가 재정을 악화시키고 백성을 수탈하는 폐해를 저지르자 47개소를 제외한 모든 서원을 철폐하였고, 조선 숙종 때 명 황제인 신종과 의종의 제사를 지내기 위해 만들어진 만동묘가 유생들의 집합 장소가 되어 경제적·사회적 폐단이 심해지자 이를 철폐하였다.

정답의 이유

③ 흥선 대원군은 세도 가문이 장악하고 있던 비변사를 축소·폐지하고 의정부의 권한을 강화하였다.

오답의 이유

① 흥선 대원군은 문란해진 환곡제를 개선하여 마을 단위로 공동 운영하는 사창제를 전국적으로 시행하였다.

② 흥선 대원군은 정조 때 편찬된 『대전통편』을 보완하고 각종 조례를 정리한 법전인 『대전회통』을 편찬하여 통치 체제를 정비하였다.

④ 흥선 대원군은 외세의 침입을 경계하고 서양과의 통상 수교를 반대하는 정책을 추진하였으며, 통상 수교 반대 의지를 알리기 위해 전국 각지에 척화비를 세웠다.

더 알아보기

흥선 대원군의 서원 철폐
- 목적: 붕당의 폐해 근절로 왕권 강화와 국가 재정 확충, 민생 안정 추구
- 과정: 만동묘를 비롯하여 많은 서원 중에서 47개만 제외하고 모두 정리
- 결과
  - 서원이 가지고 있던 토지와 노비를 환수하여 재정 확충
  - 유생들이 반대하며 흥선 대원군의 입지가 좁아짐

12 난도 ★★☆   정답 ④

일제 강점기 > 정치사

자료해설

제시된 자료는 1919년 4월 11일 대한민국 임시의정원에서 발표한 대한민국 임시 헌장의 일부이다.

정답의 이유

④ 전환국은 조선이 개항 이후 설치(1883)한 상설 화폐 발행 기관으로 상평통보 대신 새로운 화폐인 백동화를 주조 · 발행하였다.

오답의 이유

① 대한민국 임시 정부는 국외 거주 동포들에게 독립 공채(애국 공채)를 발행하여 독립운동 자금을 마련하였다.

② 대한민국 임시 정부는 기관지 독립신문을 발행하여 독립운동 소식을 전했다.

③ 대한민국 임시 정부는 독립운동 자금을 안정적으로 확보하고 국내외의 항일 세력과 연락하기 위해 연통부와 교통국을 조직하였다.

더 알아보기

대한민국 임시 헌장
제1조   대한민국은 민주공화제로 한다.
제2조   대한민국은 임시정부가 임시의정원의 결의에 따라 이를 통치한다.
제3조   대한민국의 인민은 남녀의 귀천(貴賤) 및 빈부의 계급(階級)이 없고, 일체 평등해야 한다.
제4조   대한민국의 인민은 종교, 언론, 저작, 출판, 결사, 집회, 신서(信書), 주소, 이전, 신체 및 소유의 자유를 향유한다.
제5조   대한민국의 인민으로 공민(公民) 자격이 있는 사람은 선거권 및 피선거권이 있다.
제6조   대한민국의 인민은 교육, 납세 및 병역의 의무가 있다.
제7조   대한민국은 신(神)의 의사에 따라서 건국한 정신을 세계에 발휘하며 나아가 인류의 문화 및 평화에 공헌하기 위해서 국제연맹에 가입한다.
제8조   대한민국은 구황실을 우대한다.
제9조   생명형, 신체형 및 공창제를 모두 폐지한다.
제10조   임시정부는 국토 회복 후 만 1년 안에 국회를 소집한다.

13 난도 ★★★   정답 ④

현대 > 경제사

자료해설

'수출의 날'을 통해 박정희 정부에 대한 설명임을 알 수 있다. 1960년대에 들어서면서 박정희 정부는 강력한 수출드라이브 정책을 추진했으며, 1964년 8월 26일 국무회의에서 수출 실적이 1억 달러에 이르는 날을 '수출의 날'로 정하기로 의결했다. 이에 따라 '수출 1억 달러'를 돌파한 11월 30일을 기념일로 선포하고 12월 5일 제1회 수출의 날 기념식을 열었다.

정답의 이유

④ 1966년 박정희 정부는 국군을 베트남에 파견하는 대가로 미국으로부터 한국군 현대화를 위한 장비와 경제 원조를 제공받기로 한 '브라운 각서'를 체결하였다.

오답의 이유

① 박정희 군정 시기인 제5차 개헌에서 대통령 직선제로의 개헌이 이루어졌지만 1963년을 박정희 정부의 시작으로 보는 것이 타당하다고 판단하여 정답에서 제외하였다. 우리나라 대통령 직선제 개헌은 제1차 개헌(발췌 개헌, 1952), 제5차 개헌(1962), 제9차 개헌(1987)에서 이루어졌다.

② 유신 체제에 대한 저항으로, 명동 성당에 모인 윤보선, 김대중 등 재야인사들이 긴급 조치의 철폐, 박정희 정권의 퇴진 등을 요구하는 '3 · 1 민주 구국 선언'을 발표하였다(1976).

③ 이승만 정부 시기 제헌 국회는 친일파 청산을 위해 반민족 행위 처벌법을 제정하고, 반민족 행위 특별 위원회를 설치하였다(1948).

14 난도 ★★★   정답 ②

근대 태동기 > 정치사

자료해설

자료는 현종 때 발생한 기해예송(1659) 당시의 상황을 나타낸 것이다. 현종 때 효종의 왕위 계승에 대한 정통성과 관련하여 자의대비의 복상 문제를 놓고 서인과 남인 사이에 예송 논쟁이 발생하였다. 기해예송 당시 서인은 효종이 둘째 아들이므로 자의대비의 복상 기간을 1년으로 주장하였고, 남인은 효종을 장자로 대우하여 3년 복상을 주장하였으나 서인 세력이 승리하였다. 따라서 자료에서 상소한 인물이 속한 붕당은 남인이다.

정답의 이유

㉠ 숙종 때 희빈 장씨 소생의 원자 책봉을 반대하는 송시열의 관작을 삭탈하고 제주도로 유배시켜 사사(賜死)하였으며, 송시열을 비롯한 서인 세력이 대거 축출되고 남인이 집권하는 기사환국이 발생하였다.

㉢ 정조는 붕당을 가리지 않고 인재를 등용하였으므로 그동안 권력에서 배제되었던 소론과 남인 계열도 기용되면서 탕평 정치의 한 축을 이루었다.

ⓒ 서인 세력은 광해군의 중립 외교 정책과 영창 대군 사사 사건, 인목 대비 유폐 문제를 빌미로 인조반정을 일으켰다. 광해군이 폐위되고 인조가 왕위에 올랐으며 북인 세력인 이이첨, 정인홍 등은 처형되었다.

ⓔ 서인은 이이·성혼의 학문을 계승하였고, 동인은 서경덕·조식·이황의 학문을 계승하였다.

더 알아보기

사림의 분당(동인과 서인)
- 동인
  - 서경덕, 조식(북인), 이황(남인)의 학문 계승
  - 사족의 수기(修己; 자신의 몸과 마음을 닦는 것) 강조, 지배층의 도덕성 중시
- 서인
  - 이이, 성혼의 학문 계승
  - 치인(治人; 남을 교화하여 덕으로 이끄는 것) 강조, 개혁을 통한 부국안민 중시

15 난도 ★☆☆　　　　　　　　　　　　　정답 ①

근세 > 정치사

자료해설

삼포왜란은 1510년 조선 중종 때 일어났으며 임진왜란은 1592년 조선 선조 때 신식 무기로 무장한 20만 왜군이 부산포를 시작으로 하여 조선을 침략하면서 발발하였다.

정답의 이유

① 인종의 뒤를 이어 명종이 어린 나이로 즉위하자 명종의 어머니인 문정왕후가 수렴청정을 하였다. 이후 인종의 외척 세력인 대윤(윤임)과 명종의 외척 세력인 소윤(윤원형)의 대립이 심화되어 을사사화가 발생하였고, 이때 윤임을 비롯한 대윤 세력과 사림들이 큰 피해를 입었다(1545).

오답의 이유

② 조선 세조 때 편찬되기 시작한 『경국대전』은 조선의 기본 법전으로 성종 때 완성되어 반포되었다(1485).

③ 조선 세종 때 우리 풍토에 맞는 약재와 치료 방법을 개발하여 정리한 의학서인 『향약집성방』을 편찬하였다(1433).

④ 조선 세종 때 주자소에서 조선의 활자 인쇄술을 한층 더 발전시킨 갑인자가 주조되었다(1434).

16 난도 ★★☆　　　　　　　　　　　　　정답 ④

일제 강점기 > 정치사

자료해설

제시된 법령은 일제가 제정한 회사령이다. 무단 통치 시기 일제는 민족 기업과 민족 자본의 성장을 억제하기 위해 회사 설립 시 총독의 허가를 받도록 하는 회사령을 제정하였다(1910). 이후 일본의 자본 진출을 위해 총독부가 1920년에 회사령을 허가제에서 신고제로 바꾸었다.

정답의 이유

④ 일제는 1911년 식민지 교육 방침을 규정한 제1차 조선 교육령을 통해 보통·실업·전문 기술 교육과 일본어 학습을 강요하면서 보통 교육의 수업 연한을 4년으로 단축하였다.

오답의 이유

① 일제는 1920년부터 산미 증식 계획을 시행하였으나, 1934년 일본에서 식량 생산이 늘어나 쌀값이 하락하자, 쌀을 들여오는 데 반대하는 목소리가 커지면서 중단되었다. 이후 중·일 전쟁으로 군량미 확보가 시급해지고 대가뭄으로 식량이 부족해지자 1940년에 다시 재개하였다.

② 1930년대 중·일 전쟁과 태평양 전쟁이 일어나자 일제는 우리 민족을 전쟁에 동원하기 위해 국가 총동원법을 제정(1938)하여 인력과 물자 등을 수탈하였다.

③ 남면북양 정책은 만주 사변(1931) 이후 일제가 한반도를 공업 원료의 공급지로 이용하기 위해 시행한 경제 침탈 정책으로 남부 지방 농민들에게 면화의 재배를, 북부 지방 농민들에게 면양의 사육을 강요하였다.

더 알아보기

산미 증식 계획(1920~1934)
- 배경: 일제의 자본주의가 발전하면서 인구가 급증하고 도시화가 진행되어 쌀값이 폭등하는 등 식량 부족 문제가 발생함
- 실시: 1920년 일제가 부족한 쌀을 조선에서 수탈하기 위해 실시함
- 내용: 수리 시설 확충, 품종 개량, 개간 및 비료 사용 확대 등
- 결과: 증산량은 계획에 미치지 못하였고, 증산량보다 많은 양의 쌀을 일본으로 보내면서 조선 농민들의 경제 상황이 매우 악화됨

17 난도 ★★★　　　　　　　　　　　　　정답 ②

현대 > 정치사

자료해설

제시된 자료는 1948년 2월에 발표된 유엔 소총회의 결의문이다. 1947년 유엔 총회는 남북한 인구 비례에 따른 총선거를 실시하기로 하고 선거 감독을 위해 유엔 한국 임시 위원단을 파견하려 했으나, 소련이 38선 이북 지역의 입북을 거부하였다. 이에 유엔 소총회는 선거 실시가 가능한 남한만의 단독 선거를 지시하고 임시 위원단을 파견하여 선거를 감시하라는 결정을 내렸다.

정답의 이유

② 김구 등이 남한만의 단독 선거를 반대하며 남북 협상까지 시도했으나 결국 유엔 소총회의 결의에 따라 1948년 5월 10일 남한만 총선거가 시행되었다.

오답의 이유

① 광복 이후 38도 이남 지역에 미군정 실시가 선포되면서 미군정청이 설치되었다(1945.9.).

③ 제1차 미·소 공동 위원회가 결렬된 후 이승만이 단독 정부 수립을 주장하자 여운형, 김규식 등 중도 세력이 좌우 합작 위원회를 결성하였다(1946.7.). 이들은 좌우 합작 7원칙을 발표하고 좌우 합작 운동을 전개하였다.

④ 모스크바 3국 외상 회의의 결정에 따라 임시 정부 수립을 위해 서울에서 제1차, 제2차 미·소 공동 위원회가 개최되었다(1946, 1947).

18 난도 ★★★　　　　　　　　　　　　　정답 ①

근대 > 정치사

자료해설

(가) 1876년 2월에 체결된 강화도 조약의 치외법권(영사 재판권)에 대한 내용이다. 강화도 조약은 우리나라 최초의 근대적 조약이자 일본인에 대한 치외법권과 해안 측량권을 포함한 불평등 조약으로, 일본의 요구에 따라 부산, 원산, 인천을 개항하였다.

(나) 1882년 8월에 체결된 조·청 상민 수륙 무역 장정의 내용이다. 임오군란 이후 청은 조선과 조·청 상민 수륙 무역 장정을 체결하여 치외 법권과 함께 양화진의 점포 개설권, 내륙 통상권, 연안 무역권을 인정받았다.

정답의 이유

① 1876년 7월에 체결된 조·일 수호 조규 부록에 따라 개항장에서 일본 화폐의 유통을 허용하였으며, 일본 상인의 거류지를 설정하였다.

오답의 이유

② 1896년 러시아는 압록강 연안, 울릉도에 대한 삼림 채벌권을 획득하였다.

③ 1898년 조·청 상민 수륙 무역 장정의 체결로 어려움에 빠진 서울 도성 시전 상인들이 황국 중앙 총상회를 조직하여 상권 수호 운동을 전개하였다.

④ 1889년 조선은 흉년으로 곡물이 부족해지자 일본으로 곡물이 유출되는 것을 막기 위해 방곡령을 선포하였다. 그러나 일본은 시행 1개월 전에 일본 공사에 미리 알려야 한다는 조항 내용을 근거로 방곡령 철회를 요구하였고, 결국 조선은 방곡령을 철회하고 일본 상인에 배상금까지 지불하게 되었다.

19 난도 ★★☆　　　　　　　　　　　　　정답 ①

근대 > 정치사

자료해설

밑줄 친 '14개 조목'은 홍범 14조이다. 고종은 제1차 갑오개혁 추진 이후 종묘에서 홍범 14조를 발표하였다. 이는 청의 종주권 배제, 탁지아문으로 재정 일원화, 왕실과 국정 사무 분리 등의 내용을 담아 제1차 갑오개혁의 내용을 재확인하고, 제2차 갑오개혁의 방향성을 설정하여 강령으로 선언한 것이다(1895.1.).

정답의 이유

㉠ 조세의 징수와 경비 지출은 모두 탁지아문에서 관할한다.

㉡ 왕실 사무와 국정 사무를 나누어 서로 혼동하지 않는다.

오답의 이유

㉢ 1901년 대한 제국은 지계아문을 설치하고 토지 소유 문서인 지계를 발급하여 근대적 토지 소유권을 확립하고자 하였다.

㉣ 강화도 조약 이후 일본 금융업계 진출로 인한 일본 자본의 시장 잠식 문제 및 갑오개혁 이후 조세의 금납화 실시로 금융기관 설

립 필요성이 대두하자 정부와 왕실의 적극적인 지원으로 민족계 은행인 대한 천일 은행이 설립되었다(1899).

더 알아보기

홍범 14조

1. 청나라에 의존하는 생각을 끊어 버리고 자주독립의 기초를 튼튼히 세운다.
2. 왕실 규범을 제정하여 왕위 계승 및 종친(宗親)과 외척(外戚)의 본분과 의리를 밝힌다.
3. 대군주는 정전(正殿)에 나와서 일을 보되 정무는 직접 대신들과 의논하여 재결하며, 왕비나 후궁, 종친이나 외척은 정사에 관여하지 못한다.
4. 왕실 사무와 국정 사무를 나누어 서로 혼동하지 않는다.
5. 의정부와 각 아문(衙門)의 직무와 권한을 명백히 제정한다.
6. 인민의 조세는 모두 법령으로 정한 비율에 따르고, 함부로 명목을 더 만들어 과도하게 징수할 수 없다.
7. 조세의 징수와 경비 지출은 모두 탁지아문(度支衙門)에서 관할한다.
8. 왕실 비용을 솔선하여 절약함으로써 각 아문과 지방 관청의 모범이 되도록 한다.
9. 왕실 비용과 각 관청 비용은 1년 예산을 미리 정하여 재정 기초를 튼튼히 세운다.
10. 지방 관제를 서둘러 개정하여 지방 관리의 권한을 한정한다.
11. 나라 안의 총명하고 재주 있는 젊은이들을 널리 파견하여 외국의 학술과 기예를 전수받아 익힌다.
12. 장관(將官)을 교육하고 징병법을 적용하여 군사 제도의 기초를 확립한다.
13. 민법과 형법을 엄격하고 명백히 제정하여 함부로 감금하거나 징벌하지 못하게 하여 인민의 생명과 재산을 보호한다.
14. 인재를 등용함에 있어 문벌에 구애되지 말고, 관리를 구함에 있어서 조정과 민간에 두루 걸침으로써 인재 등용의 길을 넓힌다.

20 난도 ★☆☆　　　　　　　　　　　　　정답 ③

일제 강점기 > 정치사

자료해설

만주사변은 1931년 일본이 류타오후 사건을 조작하여 만주를 병참 기지로 만들고 식민지화할 목적으로 일으킨 전쟁으로 후일 중·일 전쟁의 발단이 되었다. 태평양 전쟁은 1941년부터 1945년까지 일본과 연합국 사이에 벌어진 전쟁으로 일본군의 진주만 기습 공격으로 발발하였다.

정답의 이유

③ 1898년 순한글 신문인 제국신문을 창간하여 일반 서민층과 부녀자들을 대상으로 민중 계몽과 자주 독립 의식 고취에 힘썼다.

오답의 이유

① 일제는 제3차 조선 교육령을 발표(1938)하여 학교명을 보통학교에서 (심상) 소학교로 바꾸고 수업 연한은 6년으로 정했으나 지방의 형편에 따라 4년을 그대로 존속하게 하기도 하였다.

② 일제는 민족의 정체성을 말살하기 위해 내선일체의 구호를 내세워 황국 신민 서사 암송을 강요하였다(1937).

④ 지청천을 중심으로 북만주에서 결성된 한국 독립군은 중국 호로군과 연합하여 쌍성보 전투(1932), 사도하자 전투(1933), 대전자령 전투(1933)에서 일본군에 승리하였다.

더 알아보기

조선 교육령

• 개념: 일제강점기 조선인에 대한 일제의 식민화 교육 정책

• 내용

　– 1910년 초대 총독 데라우치 마사타케가 처음으로 공포함

　– 통감부 시기: 일제는 갑오개혁(1차)의 소학교령을 폐지하고 보통학교령(1907)을 내려 수업연한을 6년에서 4년으로 개정함

　– 시기별 주요 정책

제1차 조선 교육령 (1911~1922)	• 보통학교 수업 연한 축소(6년 → 4년) • 실업 교육 위주 • 조선어 교육 축소
제2차 조선 교육령 (1922~1938)	• 보통학교 수업 연한 확대(4년 → 6년) • 고등 교육 가능(일본과 동일 학제) • 조선어 필수 과목
제3차 조선 교육령 (1938~1943)	• 보통학교 → (심상) 소학교 • 조선어 선택 과목 • 국민학교령(1941): (심상) 소학교 → 국민학교
제4차 조선 교육령 (1943~1945)	• 국민학교 수업 연한 축소(6년 → 4년) • 조선어 금지 • 전시 동원 교육

한국사 | 2022년 국가직 9급

한눈에 훑어보기

✓ 영역 분석

선사 시대와 국가의 형성   01
1문항, 5%

고대   05 06 15
3문항, 15%

중세   18 19
2문항, 10%

근세   03 08
2문항, 10%

근대 태동기   10
1문항, 5%

근대   14 17 20
3문항, 15%

일제 강점기   04 11
2문항, 10%

현대   12 13
2문항, 10%

시대 통합   02 07 09 16
4문항, 20%

✓ 빠른 정답

01	02	03	04	05	06	07	08	09	10
①	③	④	①	②	③	④	②	③	③
11	12	13	14	15	16	17	18	19	20
①	④	①	②	①	②	②	③	②	④

✓ 점수 체크

구분	1회독	2회독	3회독
맞힌 문항 수	/ 20	/ 20	/ 20
나의 점수	점	점	점

01 난도 ★☆☆   정답 ①

선사 시대와 국가의 형성 > 국가의 형성

자료해설

'가매장', '가족 공동 무덤'을 통해 옥저에 대한 내용임을 알 수 있다.

정답의 이유

① 옥저에는 여자가 어렸을 때 혼인할 남자의 집에서 생활하다가 성인이 된 후에 혼인을 하는 민며느리제의 풍습이 있었다.

오답의 이유

② 부여는 왕 아래 마가, 우가, 저가, 구가의 제가들이 각자의 행정 구역인 사출도를 다스렸으며, 왕이 통치하는 중앙과 합쳐 5부를 구성하는 연맹 왕국이었다.

③ 삼한은 소도라는 신성 구역을 따로 두어 제사장인 천군이 이를 관리하는 제정 분리 사회였다.

④ 동예는 매년 10월에는 무천이라는 제천 행사를 열었으며, 단궁, 과하마, 반어피 등의 특산물이 유명하여 이를 낙랑과 왜에 수출하기도 하였다.

더 알아보기

옥저와 동예

옥저와 동예의 발전	• 위치: 함경도 및 강원도 북부의 동해안에 위치 → 선진 문화의 수용이 늦음 • 발전: 고구려 압박과 수탈로 정치적으로 발전하지 못함 • 군장 국가: 옥저와 동예의 읍락은 읍군이나 삼로 등 군장이 지배
옥저의 사회상	• 경제: 토지 비옥(농경 발달), 해산물 풍부, 고구려에 공납 • 풍습: 가족 공동묘(가족이 죽으면 가매장 후 목곽에 안치), 민며느리제(혼인 풍습)
동예의 사회상	• 경제: 해산물 풍부, 토지 비옥(농경 발달), 방직 기술 발달, 특산물로는 단궁, 과하마, 반어피 등 • 풍습: 10월 무천(제천 행사), 책화(다른 부족 영역 침범 시 소와 말로 변상, 부족의 영역 중시), 족외혼

02 난도 ★★☆   정답 ③

시대 통합 > 문화사

정답의 이유

③ 유네스코 세계 유산인 백제 역사 유적 지구에 속해 있는 부여 능산리 고분은 규모가 작은 굴식 돌방 무덤으로 되어 있으며, 계단식 돌무지무덤은 서울 석촌동에 위치하고 있는 백제 초기 한성 시대의 고분이다.

① 유네스코 세계 유산인 백제 역사 유적 지구에 속해 있는 익산 미륵사지 석탑은 백제 무왕 때 건립된 것으로 추정되며, 국보 제11호로 지정되어 있다. 목탑의 형태로 만들어진 석탑으로, 현존하는 삼국 시대의 석탑 중 가장 크며 당시 백제의 건축 기술을 확인할 수 있다.

② 유네스코 세계 유산인 백제 역사 유적 지구에 속해 있는 부여 정림사지 5층 석탑은 목탑의 구조와 비슷하지만 돌의 특성을 잘 살린 백제의 대표적인 석탑으로, 국보 제9호로 지정되어 있다.

④ 유네스코 세계 유산인 백제 역사 유적 지구에 속해 있는 무령왕릉은 널길과 널방을 벽돌로 쌓은 벽돌 무덤으로 중국 남조의 영향을 받았다. 현재 무령왕릉은 송산리 고분군 제7호분으로 분류되어 있으나, 무덤의 주인이 무령왕임을 알 수 있는 묘지석이 출토되었으므로 무령왕릉이라고 부른다.

백제 역사 유적 지구(2015년 유네스코 세계 유산 등재)
- 대한민국 중서부 산지에 위치한 백제의 옛 수도였던 3개 도시에 남아 있는 유적은 이웃한 지역과의 빈번한 교류를 통하여 문화적 전성기를 구가하였던 고대 백제 왕국의 후기 시대를 대표한다.
- 백제 역사 유적 지구는 공주시, 부여군, 익산시 3개 지역에 분포된 8개 고고학 유적지로 이루어져 있다.
- 공주 웅진성과 연관된 공산성과 송산리 고분군, 부여 사비성과 관련된 관북리 유적(관북리 왕궁지) 및 부소산성, 정림사지, 능산리 고분군, 부여 나성, 사비 시대 백제의 두 번째 수도였던 익산시 지역의 왕궁리 유적, 미륵사지 등이 있다.
- 이들 유적은 475~660년 사이의 백제 왕국의 역사를 보여주고 있다.
- 백제 역사 유적은 세련된 백제의 문화를 일본 및 동아시아로 전파한 사실을 증언하고 있다.

03 난도 ★★☆ 정답 ④

근세 > 정치사

④ 조선 정종 때 창설된 승정원은 왕명 출납을 담당하고 모든 기밀을 취급하던 국왕의 비서 기관으로 정원(政院), 후원(喉院), 은대(銀臺), 대언사(代言司) 등으로 불리기도 하였다.

① 사간원은 홍문관, 사헌부와 함께 3사를 구성하였고, 정책에 대한 간쟁과 논박을 담당하는 관청이었다. 교지를 작성·관리하는 곳은 예문관이었다.

② 춘추관의 사관들은 각 관청의 업무 기록을 종합한 시정기를 편찬하였으며, 한성부는 조선의 수도 한성의 치안과 행정을 담당하였다.

③ 춘추관은 조선 시대에 역사서를 보관하고 관리하는 관청이었으며, 이곳에 설치된 실록청에서 실록 편찬을 담당하였다. 조선 시대의 외교 문서를 작성한 곳은 승문원으로 이곳의 관원은 모두 문관으로만 임용하였는데, 주로 연소하고 총민한 자를 배치하였다.

조선의 중앙 통치 조직

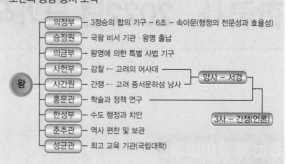

04 난도 ★★☆ 정답 ①

일제 강점기 > 정치사

'3·1 운동 직후 만들어진', '연통제라는 비밀 행정 조직', '교통국' 등으로 보아 (가)는 대한민국 임시 정부임을 알 수 있다. 대한민국 임시 정부는 '교통국'과 '연통제'라는 비밀 연락 조직을 설치하고 독립운동 자금을 모았으나 일제의 탄압으로 성과는 미흡하였으며, 독립운동 방법을 둘러싼 갈등이 발생하기도 하였다.

① 대한민국 임시 정부는 비밀 행정 조직으로 연통제와 교통국을 이용하여 국내와의 연락망을 확보하고 대미 외교 업무를 수행하기 위해 미국에 구미 위원부를 두었다(1919).

② 독립 의군부는 고종의 밀지를 받아 임병찬을 중심으로 전라도 지방에서 조직된 비밀 독립운동 단체이다(1912).

③ 정미의병의 유생 의병장들은 13도 창의군을 결성하고 이인영을 총대장, 허위를 군사장으로 추대하여 서울 진공 작전을 전개하였다(1908).

④ 대한매일신보는 1904년 영국인 베델과 양기탁을 중심으로 창간되었으며, 국채 보상 운동 등 항일 민족 운동을 적극적으로 지원하였다.

대한민국 임시 정부의 활동

비밀 조직 운영	연통제(비밀 행정 조직), 교통국(통신 기관) 조직 → 독립운동 자금 확보, 정보 수집
자금 모금	독립 공채 발행, 국민 의연금 모금
외교 활동	• 김규식을 전권대사로 임명, 파리 강화 회의에 대표로 파견 → 독립 청원서 제출 • 미국에 구미 위원부 설치(1919): 한국의 독립 문제 국제 여론화 노력
무장 투쟁	군무부를 설치하고 직할 부대로 광복군 사령부, 광복군 총영, 육군 주만 참의부 편성
문화 활동	기관지로 독립신문 간행, 외교 선전 책자 발행, 임시 사료 편찬 위원회에서 『한·일 관계 사료집』 간행

05 난도 ★★☆   정답 ②

고대 > 문화사

자료해설

(가) 신라 승려인 의상은 영주 부석사를 창건하여 많은 제자를 양성 하였으며, 문무왕이 재위 말기에 경주 도성 주위에 대대적인 토목 공사인 성벽을 쌓으려고 하자 만류를 간언하여 왕이 그만 둔 일화로도 유명하다.

(나) 신라 선덕 여왕 때 승려 자장이 주변 9개 민족의 침략을 부처 의 힘으로 막기 위한 목탑 건립을 건의하여 황룡사 9층 목탑을 건립하였다.

정답의 이유

② 의상은 당에 가서 지엄으로부터 화엄에 대한 가르침을 받고 신 라에 돌아와 『화엄일승법계도』를 저술하여 화엄 교단을 세웠다.

오답의 이유

① 원효는 일심사상을 바탕으로 종파 간의 사상적 대립 · 분파의 의 식을 극복하려는 노력에서 『십문화쟁론』을 저술하고 화쟁사상을 주장하였다.

③ 신라의 승려 혜초는 인도와 중앙 아시아 지역을 답사한 뒤 『왕오 천축국전』을 지었다.

④ 의천은 교종과 선종의 통합 운동을 뒷받침하기 위한 사상적 바 탕으로 이론의 연마와 실천을 강조하는 교관겸수를 제시하였다.

06 난도 ★★☆   정답 ③

고대 > 정치사

자료해설

(가)는 대조영의 뒤를 이은 제2대 발해 무왕으로 '아들이 뒤이어 왕 위에 올라', '인안'이라는 연호를 통해 유추할 수 있다.

정답의 이유

③ 발해 무왕은 영토 확장을 통해 동북방의 여러 세력을 복속하고 북만주 지역을 장악하였다. 그중 장문휴의 수군은 당의 등주를 선제공격하여 당군을 격파하였다(732).

오답의 이유

① 발해 문왕은 확대된 영토를 효과적으로 다스리고자 중경 현덕부 에서 상경 용천부로 천도하였다.

② 발해 선왕은 영토를 크게 확장하여 지방 행정 체제를 5경 15부 62주로 정비하였고, 이후 전성기를 누리면서 해동성국이라 불 렸다.

④ 고구려 출신 대조영은 유민들을 이끌고 지린성 동모산에서 발해 를 건국하였다(698).

더 알아보기

발해의 건국과 발전

대조영 (698~719)	지린성 동모산에서 발해 건국(698)
무왕 (719~737)	연호 사용(인안), 영토 확장, 당의 산둥반도 공격(장 문휴의 수군), 신라 견제, 일본과 친교
문왕 (737~793)	당 · 신라와 친선 관계, 3성 6부 정비, 주자감 설치, 연호 사용(대흥), 신라도를 통해 신라와 교류, 상경 용천부 천도
선왕 (818~830)	지방 행정 5경 15부 62주로 정비, 연호 사용(건흥), 대부분 말갈족 복속과 요동 진출, 최대 영토 확보 → '해동성국'이라 불림

07 난도 ★★☆   정답 ④

시대 통합 > 문화사

자료해설

(가)의 『경국대전』 완성은 성종, (나)의 『속대전』 편찬은 영조, (다) 의 『대전통편』 편찬은 정조, (라)의 『대전회통』 편찬은 고종(흥선 대 원군) 때의 일이다.

정답의 이유

④ 철종 때 발생한 임술 농민 봉기에 안핵사로 파견된 박규수는 삼 정이정청을 설치하여 삼정의 문란을 해결하고자 하였다(1862).

오답의 이유

① 성종 때 설치된 홍문관은 집현전을 계승한 기구로 왕의 자문 역 할과 경연, 경서, 사적 관리 등의 업무를 담당하였다.

② 영조는 탕평책을 통한 왕권 강화를 위해 붕당의 지지 기반이던 서원을 대폭 정리하였으며, 각 붕당의 사상적 지주였던 산림의 존재를 부정하였다.

③ 정조는 수원에 화성을 축조하여 사도 세자의 묘를 옮기고 국왕 친위 부대인 장용영의 외영을 설치하는 등 화성에 정치적 · 군사 적 기능을 부여하였다. 또한, 수원성의 동서남북에 네 개의 호수 와 축만제 등의 저수지를 축조하고 농업용수를 공급할 수 있도 록 하였다.

08 난도 ★☆☆　　　정답 ②

근세 > 정치사

【 자료해설 】

개혁 추진과 위훈 삭제 등으로 인한 반발로 조광조 등 사림이 큰 피해를 입었다는 내용을 통해 밑줄 친 '사건'은 중종 때 일어난 기묘사화(1519)임을 알 수 있다.

【 정답의 이유 】

② 중종은 반정으로 왕위에 오른 뒤 훈구파를 견제하기 위해 사림을 중용하여 유교 정치를 발전시키고자 하였다. 이에 따라 등용된 조광조는 천거제의 일종인 현량과 실시를 건의하여 사림이 대거 등용될 수 있는 발판을 마련하였다. 또한, 반정 공신들의 위훈 삭제, 소격서 폐지, 향약 시행, 소학 보급 등을 주장하였으나 이에 반발한 훈구 세력들이 주초위왕 사건을 일으켜 기묘사화(1519)가 발생하면서 조광조를 비롯한 사림들이 큰 피해를 입었다.

【 오답의 이유 】

① 연산군이 생모인 폐비 윤씨 사건의 전말을 알게 되면서 갑자사화(1504)가 발생하였다. 이로 인해 김굉필 등 당시 폐비 윤씨 사건에 관련된 인물들과 무오사화 때 피해를 면했던 사림들까지 큰 화를 입었다.

③ 연산군 때 사관 김일손이 영남 사림파의 영수인 김종직의 조의제문을 실록에 기록하였는데, 사림 세력과 대립 관계였던 유자광, 이극돈 등의 훈구 세력이 이를 문제 삼아 연산군에게 알리면서 무오사화(1498)가 발생하였다.

④ 인종의 뒤를 이어 명종이 어린 나이로 즉위하자 명종의 어머니 문정왕후가 수렴청정을 하였다. 인종의 외척인 윤임을 중심으로 한 대윤 세력과 명종의 외척인 윤원형을 중심으로 한 소윤 세력의 대립으로 을사사화(1545)가 발생하여 윤임을 비롯한 대윤 세력과 사림들이 큰 피해를 입었다.

09 난도 ★★☆　　　정답 ③

시대 통합 > 문화사

【 자료해설 】

(가)는 고려 인종 때 김부식이 집필한 『삼국사기』이고, (나)는 조선 후기 유득공이 집필한 『발해고』이다.

【 정답의 이유 】

③ 정조 때 서얼 출신 유득공이 『발해고』를 통해 발해를 우리나라의 역사로 인식하면서 신라와 발해가 있던 시기를 남북국 시대라고 부를 것을 처음으로 제안하였다. 유득공은 발해사 연구의 시야를 만주 지방까지 확대하여 한반도 중심의 협소한 사관을 극복하려 하였다.

【 오답의 이유 】

① 고려 무신 정권기의 문인 이규보는 『동국이상국집』을 저술하였다. 여기에 수록된 「동명왕편」은 한국 문학 최초의 서사시로, 고구려를 건국한 동명왕의 업적을 칭송하고 고려가 고구려를 계승하였다는 고려인의 자부심을 표현하였다.

② 충렬왕 때 승려 일연이 저술한 『삼국유사』에는 불교사를 중심으로 왕력과 함께 「기이(紀異)편」을 통해 전래 기록이 수록되어 있으며, 특히 단군을 우리 민족의 시초로 여겨 고조선 건국 설화를 수록하였다.

④ 조선 성종의 명을 받아 서거정이 집필한 『동국통감』과 조선 후기 안정복의 『동사강목』 등은 고조선부터 고려 말까지의 역사를 정리하여 편찬한 역사서이다.

10 난도 ★★★　　　정답 ③

근대 태동기 > 경제사

【 자료해설 】

제시문은 박지원의 『한민명전의』에 실린 한전론에 대한 내용이다. 박지원은 『과농소초』에서 중국 농법 도입과 재래 농사 기술의 개량을 주장하였고, 『한민명전의』에서는 토지 소유의 상한선을 설정하는 한전론을 제안하여 심각한 토지 소유 불균형을 해소하려고 하였다.

【 정답의 이유 】

③ 박지원은 청에 다녀온 뒤 『열하일기』를 저술하여 상공업 진흥과 화폐 유통, 수레 사용의 필요성을 주장하였다. 또한, 「양반전」, 「허생전」, 「호질」 등을 통해 양반의 무능과 허례를 풍자하고 비판하였다.

【 오답의 이유 】

① 유형원은 『반계수록』에서 토지는 국가가 공유하며 신분에 따라 토지를 차등 분배하고, 자영농을 육성하여 민생의 안정과 국가 경제를 바로잡아야 한다는 내용의 균전론을 주장하였다. 그 외에도 부병제를 주장하며 병농일치를 강조하였다.

② 이익은 『성호사설』을 통해 한 가정의 생활을 유지하는 데 필요한 규모의 토지를 영업전으로 정하고, 영업전의 매매를 금지하는 한전론을 주장하였다. 또한, 나라를 좀먹는 6가지의 폐단(노비제, 과거제, 양반 문벌제, 사치와 미신, 승려, 게으름)에 대해 비판하였다.

④ 정약용은 유배 생활 중에 『목민심서』를 저술하여 지방 행정 개혁 방향을 제시하였다.

【 더 알아보기 】

조선 후기 대표적 실학자와 저서

중농 학파	유형원	『반계수록』
	이익	『성호사설』, 『곽우록』
	정약용	『목민심서』, 『경세유표』, 『흠흠신서』
중상 학파	유수원	『우서』
	홍대용	『의산문답』, 『임하경륜』
	박지원	『열하일기』, 『과농소초』, 『한민명전의』
	박제가	『북학의』

11 난도 ★★☆   정답 ①

일제 강점기 > 정치사

자료해설

(가)는 1910년대의 무단 통치 시기에 대한 내용이다. 이 시기에는 조선 총독부의 설치, 헌병 경찰제, 조선 태형령 등이 자행되었으며, 토지 조사 사업, 회사령 실시 등의 경제적인 침탈이 있었다.

정답의 이유

① 조선 총독부는 토지 조사국을 설치하고 토지 조사령을 발표하여 일정 기간 내 토지를 신고하도록 하는 토지 조사 사업을 실시하였다(1912).

오답의 이유

② 1939년 일제는 우리의 성과 이름을 일본식 성명으로 바꾸는 창씨 개명령을 공포하고, 1940년 창씨 개명을 실시하였다.

③ 일제는 제3차 조선 교육령을 공포하여 일왕의 칙령에 따라 소학교를 '황국 신민의 학교'라는 의미인 국민학교로 개칭하였다(1941).

④ 1930년대 중 · 일 전쟁과 태평양 전쟁이 일어나자 일제는 우리 민족을 전쟁에 동원하기 위해 국가 총동원법을 제정(1938)하여 인력과 물자 등을 수탈하였다.

더 알아보기

일제 강점기 시기별 식민 통치 방식

구분 시기	통치 내용	경제 침탈
무단 통치 (1910~1919)	• 조선 총독부 설치 • 헌병 경찰제 • 조선 태형령	• 토지 조사 사업 • 회사령 실시
기만적 문화 통치 (1919~1931)	• 3 · 1 운동(1919)을 계기로 통치 체제 변화 • 보통 경찰제 • 경성 제국 대학 설립	• 산미 증식 계획 시행: 일본 본토로 식량 반출 • 회사령 폐지: 일본 자본 유입
민족 말살 통치 (1931~1945)	• 황국 신민화 정책 • 신사 참배, 황국 신민 서사 암송, 창씨 개명 강요 • 조선어, 조선 역사 과목 폐지	• 국가 총동원령 시행 • 병참 기지화 정책 • 남면북양 정책

12 난도 ★★☆   정답 ④

현대 > 정치사

자료해설

한국 국민당을 이끌고 한국 독립당을 결성하였으며 남북 협상을 위한 평양 방문을 한 사실을 통해 제시문의 밑줄 친 '그'가 백범 김구임을 알 수 있다. 김구는 광복 이후 모스크바 3국 외상 회의 결정에 따른 신탁 통치를 이승만과 함께 반대하였으며, 남한만의 단독 정부를 추진한 이승만과 달리 통일 정부 수립을 위해 평양으로 가서 남북 협상까지 시도하였으나 결국 실패하였다(1948.4.).

정답의 이유

④ 모스크바 3국 외상 회의의 신탁 통치 결정이 알려지자 김구는 '신탁 통치 반대 국민 총동원 위원회'를 결성(1945.12.)하여 신탁 통치 반대 운동을 전개하였다.

오답의 이유

① 광복 이후 좌우 대립이 격화되면서 분단의 위기감을 느낀 중도파 세력들은 여운형, 김규식이 중심이 되어 1946년 7월 좌우 합작 위원회를 수립하였다. 이 위원회는 모든 조직이 하나로 통합되어, 중도적 사상의 통일 정부를 수립하는 것을 목표로 삼고 1946년 10월 좌우 합작 7원칙을 합의하여 제정하였다.

② 조선 건국 동맹의 여운형은 안재홍과 함께 일본인의 안전한 귀국을 보장하는 조건으로 조선 총독부로부터 행정권의 일부를 이양 받아 조선 건국 준비 위원회를 결성하였다(1945).

③ 박용만은 하와이에 대조선 국민 군단을 조직하여 독립군 사관 양성을 바탕으로 한 무장 투쟁을 준비하였다(1914).

13 난도 ★★☆   정답 ①

현대 > 정치사

정답의 이유

① 제헌 국회는 일제의 잔재를 청산하고 민족정기를 바로잡기 위해 반민족 행위 처벌법을 제정(1948)하여 반민족 행위 특별 조사 위원회를 조직하였다.

오답의 이유

② 1965년 6월 한 · 일 기본 조약(한 · 일 협정)이 정식으로 조인되자 전국 각 대학 및 고교 학생들의 한 · 일 협정 조인 무효화 시위와 시민 각계에서 회담 반대 성명이 전개되었다.

③ 박정희 정부 시기 서울과 평양에서 7 · 4 남북 공동 성명을 발표하고, 남북 조절 위원회를 설치하였다(1972).

④ 박정희 정부는 유신 헌법을 발표하여 대통령 임기 6년과 중임 제한 조항 삭제 및 통일 주체 국민 회의를 통한 대통령 간접 선거의 내용을 담은 제7차 헌법 개정을 단행하였다(1972).

더 알아보기

반민족 행위 처벌법 및 위원회

반민족 행위 처벌법	배경	친일파 청산으로 민족 정기 확립 요구, 미군정의 친일 관료 유지 정책
	과정	일제 강점기 반민족 행위자 처벌 및 재산 몰수 → 반민족 행위 특별 조사 위원회(반민 특위) 설치
반민족 행위 특별 조사 위원회 (반민 특위)	개념	친일파 청산을 목적으로 반민족 행위 처벌법을 기준으로 국회에서 구성된 특별 위원회
	활동	1949년 1월부터 시작, 이광수 · 박흥식 · 노덕술 · 최린 · 최남선 등 친일 혐의자 체포 · 조사
	위기	이승만 정부의 비협조와 방해, 일부 경찰의 반민 특위 습격, 국회 프락치 사건 등으로 활동 제약

14 난도 ★☆☆　　　　정답 ②

근대 > 정치사

자료해설

'고종이 즉위한 직후에 실권을 장악', '병인박해', '고종의 친정이 시작됨에 따라 물러남', '임오군란이 일어났을 때 잠시 권력을 장악', '청군의 개입으로 물러났다'를 통해 밑줄 친 '그'는 흥선 대원군임을 알 수 있다.

정답의 이유

② 병인양요와 신미양요를 극복한 흥선 대원군은 외세의 침입을 경계하고 서양과의 통상 수교 반대 의지를 알리기 위해 전국 각지에 척화비를 세웠다(1871).

오답의 이유

① 조·미 수호 통상 조약이 체결된 후 조선 주재 미국 공사가 파견되자 조선 정부는 답례로 미국에 보빙사를 파견하였다(1883). 민영익, 홍영식, 서광범을 중심으로 한 보빙사는 서양 국가에 파견된 최초의 사절단으로 40여 일간 미국 대통령을 만나고 다양한 기관들을 시찰하였다.

③ 숙종 때 간도 지역을 두고 청과 국경 분쟁이 발생하자 두 나라 대표가 백두산 일대를 답사하고 국경을 확정하여 백두산정계비를 세웠다(1712).

④ 고종은 국내외의 군국 기무와 개화 정책을 총괄하는 업무를 맡은 관청인 통리기무아문을 설치하고 그 아래 12사(司)를 두어 행정 업무를 맡게 하였다(1880). 통리기무아문은 기존 5군영을 무위영과 장어영의 2군영으로 개편하고 신식 군대인 별기군을 설치하였다(1881).

더 알아보기

흥선 대원군의 정책

대내적	국왕 중심 통치 체제	• 세도 정치 타파 • 비변사 철폐: 의정부와 삼군부 부활 • 경복궁 중건 • 『대전회통』 『육전조례』 편찬
	민생 안정과 국가 재정 강화	• 호포제 실시 • 사창제 실시 • 서원 정리(47개 제외)
대외적	통상 수교 거부 정책	• 프랑스군과 미국군의 침입 격퇴 • 척화비 건립 • 군비 강화

15 난도 ★★☆　　　　정답 ①

고대 > 정치사

자료해설

제시된 자료는 '백제 개로왕이 고구려 장수왕의 밀사인 도림의 건의에 따라 성을 쌓고 궁을 화려하게 하는 등 대규모 토목 공사를 단행했지만 이로 인해 백성이 곤궁하고 나라가 위태롭게 되었다. 이때 도림이 고구려 장수왕에게 이 내용을 전달하니, 장수왕이 기뻐하며 백제를 치려고 장수에게 군사를 나누어 주었다'는 내용이다. 따라서 밑줄 친 '이 왕'은 백제 한성을 점령한 고구려 장수왕이다.

정답의 이유

① 고구려 장수왕은 수도를 국내성에서 평양성으로 옮기면서 적극적인 남진 정책을 추진하였다(427).

오답의 이유

② 고구려 고국천왕은 국상 을파소의 건의에 따라 봄에 곡식을 빌려주고 겨울에 갚게 하는 진대법을 시행(194)하여 빈민을 구제하였다.

③ 고구려 미천왕은 낙랑군을 축출(313)하고 한의 군현을 모두 몰아내어 영토를 확장하였다.

④ 고구려 광개토 대왕은 신라의 원군 요청을 받고 군대를 보내 신라에 침입한 왜를 낙동강 유역에서 격퇴(400)함으로써 한반도 남부의 세력 균형에도 영향을 미쳤다.

16 난도 ★★☆　　　　정답 ②

시대 통합 > 문화사

자료해설

제시된 문화 유산은 고려 시대의 건축물인 안동 봉정사 극락전이다.

정답의 이유

② 안동 봉정사 극락전은 고려 시대의 건물로 국보 제15호로 지정되어 있다. 통일 신라 시대 건축 양식을 띠고 있으며, 우리나라의 목조 건물 중 가장 오래된 건물이다.

오답의 이유

① 서울 흥인지문(興仁之門)은 동대문이라고도 하며, 한성부를 보호하기 위한 서울 도성의 사대문 가운데 동쪽에 위치한 대문이다.

③ 영주 부석사 무량수전은 부석사의 중심 건물로 고려 시대 목조 건축물이다. 기둥 중간이 굵은 배흘림기둥이 사용되었으며, 지붕 처마를 받치기 위한 구조인 공포를 기둥 위에서만 짜 올린 주심포 양식으로 축조되었다.

④ 합천 해인사 장경판전은 고려 팔만대장경을 보존하기 위해 15세기에 건축된 조선 전기 건축물로 한국에 현존하는 가장 오래된 도서관이기도 하다.

더 알아보기

고려 시대 건축과 조각

건축	주심포(안동 봉정사 극락전, 영주 부석사 무량수전, 예산 수덕사 대웅전), 다포(성불사 응진전)
탑	월정사 팔각 9층 석탑, 경천사지 10층 석탑(원의 양식)
불상	부석사 소조여래 좌상, 관촉사 석조 미륵보살 입상

17 난도 ★★☆　　　　정답 ②

근대 > 정치사

자료해설

'서재필', '만민 공동회 개최' 등으로 보아 (가)는 1896년에 창립된 독립 협회임을 알 수 있다. 갑신정변 이후 미국에서 돌아온 서재필은 남궁억, 이상재, 윤치호 등과 함께 독립 협회를 창립하고 만민 공동회와 관민 공동회를 개최하여 국권·민권 신장 운동을 전개하였다. 독립 협회는 중추원 개편을 통한 의회 설립 방안이 담겨 있는 헌의 6조를 건의하였으며, 고종이 이를 채택하였다.

정답의 이유

② 독립 협회는 청의 사신을 맞던 영은문을 헐고 그 자리 부근에 독립문을 건립하였다(1897).

오답의 이유

① 갑오개혁 이후 고종은 교육 입국 조서를 발표하고 교육의 중요성을 강조하면서 교사 양성을 위해 한성 사범 학교를 세웠다(1895).

③ 고종은 제1차 갑오개혁 추진 이후 종묘에서 홍범 14조를 발표하였다(1895). 이는 청의 종주권 배제, 탁지아문으로 재정 일원화, 왕실과 국정 사무 분리 등의 내용을 담아 제1차 갑오개혁의 내용을 재확인하고 제2차 갑오개혁의 방향성을 설정하여 강령으로 선언한 것이다.

④ 국채 보상 운동은 김광제, 서상돈 등의 제안으로 대구에서 시작되었다. 이후 서울에서 조직된 국채 보상 기성회를 중심으로 전국적으로 확산되어 일본에서 도입한 차관 1,300만 원을 갚아 주권을 회복하고자 하였다(1907).

더 알아보기

독립 협회 창립과 활동

창립	배경	아관파천 이후 열강의 이권 침탈 심화, 자유 민주주의적 개혁 사상 보급, 자주 독립 국가 건설 목표
	구성	서재필, 윤치호, 이상재, 남궁억 등의 지도부와 광범위한 사회 계층(학생, 노동자, 여성, 천민 등) 참여
	과정	서재필 등이 자유민주주의 개혁 사상을 보급, 독립신문 창간 이후 독립 협회 창립
활동	민중 계몽 운동	『대조선 독립 협회 회보』 간행, 독립관에서 토론회 개최
	자주 국권 운동	• 독립문 건립 • 만민 공동회 개최 → 러시아의 절영도 조차 요구 저지
	자유 민권 운동	국민의 신체와 재산권의 자유, 언론 · 출판 · 집회 · 결사의 자유 등 요구
	의회 설립 운동	관민 공동회를 개최하여 헌의 6조 채택 → 고종의 수락, 중추원 관제 반포

헌의 6조

1. 외국인에게 의지하지 말고 관민이 한마음으로 힘을 합하여 전제 황권을 공고히 할 것
2. 외국과의 이권에 관한 계약과 조약은 각 대신과 중추원 의장이 합동 날인하여 시행할 것
3. 국가 재정은 탁지부에서 전관하고, 예산과 결산을 국민에게 공포할 것
4. 중대 범죄를 공판하되, 피고의 인권을 존중할 것
5. 칙임관을 임명할 때에는 황제가 정부에 그 뜻을 물어서 중의에 따를 것
6. 정해진 규정을 실천할 것

18 난도 ★★☆   정답 ③

중세 > 정치사

자료해설

제시된 자료의 '무신 정권 몰락(1270)'과 '공민왕 즉위(1351)'로 보아 (가)는 원 간섭기의 사실임을 알 수 있다.

정답의 이유

③ 공민왕은 개혁 정치를 실시하면서 반원 자주 정책의 일환으로 쌍성총관부를 공격하여 철령 이북 지역의 영토를 수복하였다(1356).

오답의 이유

① 충선왕은 왕위를 물려준 뒤 원의 연경에 만권당을 세우고(1314) 고려에서 이제현 등의 성리학자들을 데려와 원의 학자들과 교류하게 하였다.

② 충렬왕 때 일본 원정을 위해 원에서 설치한 정동행성(1280)은 내정 간섭 기구로 이용되었으며, 당시 지배층을 중심으로 몽골의 풍습인 변발과 호복이 유행하였다.

④ 원 간섭기인 충렬왕 때 이승휴가 저술한 『제왕운기』(1287)는 단군의 고조선 건국 이야기를 수록하여 고조선을 한국사에 포함시켰으며 이러한 역사의식은 고려 말 신진 사대부에게 전승되었다.

더 알아보기

공민왕의 정책

반원 자주 정책	• 기철 등 친원파 제거, 정동행성 이문소 폐지 • 왕실 칭호와 관제 복구, 몽골풍 금지 • 쌍성총관부 공격 → 철령 이북 지역 수복
왕권 강화 정책	• 정방 폐지: 인사권 장악 • 신진 사대부 등용 • 신돈 등용(전민변정도감 설치)

19 난도 ★★☆   정답 ②

중세 > 경제사

자료해설

'전시과 제도', '2년 3작의 윤작법 보급', '남부 지방에 이앙법 보급', '이암에 의해 『농상집요』 소개' 등을 통해 밑줄 친 '이 나라'는 고려임을 알 수 있다.

정답의 이유

② 공물의 부과 기준이 가호에서 토지로 바뀐 것은 조선 시대의 대동법에 대한 내용이다. 조선 광해군 때 공납의 폐단을 해결하기 위해 공납을 전세화하여 공물 대신 쌀을 납부하도록 하는 대동법을 경기도부터 실시하였다.

오답의 이유

① 고려 시대의 삼사는 곡식의 출납과 회계 관련 사무 등 재정 관련 사무를 담당하였다.

③ 고려 시대에는 논과 밭을 비옥도에 따라 3등급으로 나누어 생산량의 1/10을 납부하게 하였다.

④ 고려 시대 소(所) 지역의 주민들은 수공업이나 광업에 종사하였고, 지방 특산물을 생산하여 공물로 바쳤다.

근대 > 정치사

[자료해설]

미국이 강화도를 침략한 사건인 '신미양요'는 1871년의 일이고, 군국기무처를 통해 실시된 '갑오개혁'은 1894년의 일이다.

[정답의 이유]

④ 조 · 미 수호 통상 조약은 조선이 서양 국가와 맺은 최초의 조약으로, 청이 러시아와 일본을 견제하고 조선에 대한 청의 종주권을 확인할 목적으로 체결을 알선하였다. 이는 최혜국 대우, 거중 조정, 치외 법권, 관세 규정 등의 조항이 포함된 불평등 조약이었다(1882).

[오답의 이유]

① 일본의 강압으로 을사늑약이 체결(1905)되어 대한제국의 외교권이 박탈되고 통감부가 설치되었다. 이후 이토 히로부미가 초대 통감으로 부임하면서 일제의 내정 간섭이 공식화되었다.

② 정미의병은 일제가 한 · 일 신협약으로 대한제국의 군대를 강제 해산시키자 해산된 군인들이 의병 활동에 가담하면서 의병 부대가 조직화되었다(1907).

③ 오페르트를 비롯한 서양인들이 덕산에 위치한 흥선 대원군의 아버지 남연군의 묘를 도굴하려다가 실패하였다(1868).

더 알아보기

조 · 미 수호 통상 조약

배경	황준헌의 『조선책략』 유포 → 미국과의 수교 주장 → 청의 알선(러시아와 일본 견제 의도)
내용	• 거중 조정, 관세 조항 규정 • 치외 법권, 최혜국 대우 인정
성격	서양과 맺은 최초의 근대적 조약, 불평등 조약

한국사 | 2021년 국가직 9급

한눈에 훑어보기

✓ 영역 분석

선사 시대와 국가의 형성 05
1문항, 5%

고대 01 06 09
3문항, 15%

중세 02 10 14
3문항, 15%

근세 03 04
2문항, 10%

근대 태동기 15
1문항, 5%

근대 13 19 20
3문항, 15%

일제 강점기 12 17 18
3문항, 15%

현대 11 16
2문항, 10%

시대 통합 07 08
2문항, 10%

✓ 빠른 정답

01	02	03	04	05	06	07	08	09	10
③	②	③	①	①	④	④	③	③	①

11	12	13	14	15	16	17	18	19	20
④	③	②	④	②	①	④	②	②	③

✓ 점수 체크

구분	1회독	2회독	3회독
맞힌 문항 수	/ 20	/ 20	/ 20
나의 점수	점	점	점

01 난도 ★★☆ 정답 ③

고대 > 정치사

자료해설

제시문은 고구려 제2대 유리왕이 지은 「황조가」이다. 이 노래는 정답게 노는 꾀꼬리의 모습과 작가의 처지를 대비하여 외로움의 정서를 우의적으로 표현하였다.

정답의 이유

③ 고구려 주몽은 압록강 중류의 졸본 지역을 첫 도읍으로 정하고 나라를 세웠다. 이후 유리왕 때 중국 지린성 지안 지역의 국내성으로 수도를 옮겼다.

오답의 이유

① 고구려 고국천왕은 국상 을파소의 건의에 따라 빈민을 구제하기 위해 먹을거리가 부족한 봄에 곡식을 빌려주고 겨울에 갚게 하는 진대법을 실시하였다.

② 고구려 미천왕은 낙랑군을 축출하고 한의 군현을 모두 몰아내어 영토를 확장하였다.

④ 고구려 소수림왕은 중국 전진으로부터 불교를 수용하고 이를 통해 왕실의 권위를 높이고자 하였으며, 율령을 반포하여 국가 조직을 정비하였다.

더 알아보기

고구려 주요 왕의 업적

1~2세기	태조왕	정복 활동 활발 → 옥저 정복, 요동 진출
	유리왕	국내성 수도 천도
	고국천왕	왕위 부자 세습, 진대법 실시(을파소 건의)
4세기	미천왕	낙랑군 축출 → 대동강 유역 확보
	소수림왕	불교 수용, 태학 설립, 율령 반포
5세기	광개토 대왕	만주 일대 장악, 신라에 침입한 왜 격퇴, 금관가야 공격, 한강 이북 차지
	장수왕	평양 천도, 남진 정책, 한강 유역 장악
6세기	영류왕	천리장성 축조
	보장왕	연개소문 집권, 고구려 멸망(668)

02 난도 ★☆☆   정답 ②

중세 > 문화사

자료해설

밑줄 친 '유학자'는 안향이다. 조선 중종 때 풍기 군수 주세붕은 고려 말 성리학을 전래시킨 안향을 기리고 유생들을 교육하기 위해 최초의 서원인 백운동 서원을 건립하였다. 이후 백운동 서원은 이황의 건의로 최초의 사액 서원인 소수 서원으로 공인되었다.

정답의 이유

② 안향은 원 간섭기인 고려 충렬왕 때 성리학을 국내에 처음으로 소개하였다.

오답의 이유

① 이이는 정계 은퇴 후 우리나라의 지방 행정 조직 실정에 맞는 향약인 해주향약을 만들기도 하였다.

③ 『성학십도』를 저술한 인물은 퇴계 이황이다. 이황은 『성학십도』에서 10개의 도식을 통해 군주 스스로 성학을 따를 것을 강조하였다.

④ 『해동제국기』는 통신사로 일본에 다녀온 신숙주가 일본의 지리, 사회, 정치 등에 대한 관찰을 종합적으로 기록한 책으로 성종 때 편찬되었다.

03 난도 ★★☆   정답 ③

근세 > 정치사

자료해설

밑줄 친 '왕'은 원각사지 10층 석탑을 세운 인물로 조선 세조이다. 원각사지 10층 석탑은 고려의 개성 경천사지 10층 석탑을 본떠 만든 것으로 대리석을 재료로 하였으며 국보 제2호로 지정되어 있다.

정답의 이유

③ 세조는 왕권 강화를 위해 의정부 서사제를 폐지하고 6조에서 의정부를 거치지 않고 국왕이 바로 재가를 내리는 6조 직계제를 실시하였다.

오답의 이유

① 『동국병감』은 조선 문종 대에 이민족과의 전란·전쟁사를 정리하여 편찬한 책이다.

② 『동문선』은 조선 성종 대에 서거정이 삼국 시대부터 조선 초까지의 뛰어난 시문들을 모아 편찬한 시문집이다.

④ 경복궁의 이궁인 창덕궁이 건립된 것은 조선 태종 5년 시기의 일이다.

더 알아보기

6조 직계제 관련 사료

상왕(단종)이 어려서 무릇 조치하는 바는 모두 대신에게 맡겨 논의, 시행하였다. 지금 내(세조)가 명을 받아 왕통을 계승하여 군국 서무를 아울러 모두 처리하며 조종의 옛 제도를 모두 복구한다. 지금부터 형조의 사형수를 제외한 모든 서무는 6조가 각각 그 직무를 담당하여 직계한다.

— 『세조실록』 —

04 난도 ★★☆   정답 ①

근세 > 정치사

자료해설

현량과 실시를 건의한 내용을 통해 (가) 인물이 조광조라는 것을 알 수 있다.

정답의 이유

① 중종 때 등용된 조광조는 현량과 실시, 소격서 폐지, 위훈 삭제 등의 급진적인 개혁을 실시하였다. 이에 반발한 훈구 세력들이 주초위왕 사건을 일으켜 기묘사화가 발생하면서 조광조를 비롯한 사림들이 피해를 입었다.

오답의 이유

② 연산군 때 사관 김일손이 영남 사림파 스승인 김종직의 조의제문을 사초에 기록하였다. 그러자 사림 세력과 대립 관계였던 유자광, 이극돈 등의 훈구 세력이 이를 문제 삼아 연산군에게 알리면서 무오사화가 발생하였다.

③ 인종의 뒤를 이어 명종이 어린 나이로 즉위하자, 명종의 어머니인 문정왕후가 수렴청정을 하였다. 이후 인종의 외척 세력인 대윤(윤임)과 명종의 외척 세력인 소윤(윤원형)의 대립이 심화되어 을사사화가 발생하였다.

④ 연산군이 생모인 폐비 윤씨 사건의 전말을 알게 되면서 갑자사화가 발생하였다. 이로 인해 연산군의 생모 윤씨를 폐비하는 데 동조한 김굉필 등의 사림파와 이미 죽은 훈구파 한명회 등을 부관참시하였다.

더 알아보기

조선 시대 사화

무오사화 (1498)	• 배경: 김일손이 스승 김종직의 조의제문을 사초에 기록한 사건 • 훈구파(유자광, 이극돈)와 사림파(김일손)의 대립
갑자사화 (1504)	• 배경: 폐비 윤씨 사사 사건 • 무오사화 때 피해를 면한 사림과 일부 훈구 세력까지 피해
기묘사화 (1519)	• 배경: 조광조의 개혁 정치 • 위훈 삭제로 인한 훈구 공신 세력의 반발 → 주초위왕 사건으로 조광조 축출
을사사화 (1545)	• 배경: 인종의 외척 윤임(대윤)과 명종의 외척 윤원형(소윤) 간 대립 심화 • 명종 즉위, 문정왕후 수렴청정 → 집권한 소윤이 대윤 공격

05 난도 ★★☆ 정답 ①

선사 시대와 국가의 형성 > 선사 시대

정답의 이유

㉠ 강원 양양 오산리 유적은 신석기 시대의 유적지로 덧무늬 토기, 흙으로 빚어 구운 사람의 얼굴, 흑요석기 등이 발견되었다.

㉡ 서울 암사동 유적은 신석기 시대의 대표 유적지로, 빗살무늬 토기, 돌도끼, 움집터 등이 발견되었다.

오답의 이유

㉢ 공주 석장리 유적은 구석기 시대의 대표 유적지이고, 미송리식 토기는 청동기 시대의 대표적인 유물이다.

㉣ 부산 동삼동 유적은 신석기 시대 유적지이고, 아슐리안형 주먹도끼는 연천 전곡리에서 발견된 구석기 시대의 대표적인 유물이다.

더 알아보기

구석기와 신석기 시대 유적지

구석기	• 연천 전곡리: 아슐리안형 주먹도끼 • 상원 검은모루 동굴: 동물화석, 주먹도끼 • 청원 두루봉 동굴: 어린아이 유골(흥수아이) • 충북 단양 금굴: 한반도에서 가장 오래된 유물(70만 년 전) 발굴 • 공주 석장리: 남한에서 최초 발굴 조사 • 함경북도 종성군 동관진: 한반도 최초 구석기 유물 석기와 골각기 발견 • 웅기 굴포리: 북한에서 최초 발굴
신석기	• 황해 봉산 지탑리: 탄화된 좁쌀 발견 • 강원 양양 오산리: 한반도에서 가장 오래된 신석기 집터 발견 • 부산 동삼동: 조개껍데기 가면, 빗살무늬 토기 출토 • 서울 암사동: 집터와 취락 유적, 빗살무늬 토기 출토 • 제주 한경 고산리: 이른 민무늬 토기, 덧무늬 토기 출토

06 난도 ★★☆ 정답 ④

고대 > 정치사

자료해설

고구려 장수왕의 공격으로 한성이 함락되자(475), 백제 문주왕은 웅진으로 천도하였다(475). 이후 백제 성왕은 웅진에서 사비로 천도(538)하고 국호를 남부여로 고쳐 새롭게 중흥을 도모하였다.

정답의 이유

④ 신라 법흥왕은 이차돈의 순교를 계기로 불교를 국교로 공인하였다(527).

오답의 이유

① 신라 진흥왕은 고구려가 차지하고 있던 한강 유역을 빼앗고 대가야를 병합하여 영토를 확장하였다(562).

② 신라 진흥왕은 새롭게 편입한 영토를 순시한 후 이를 기념하여 순수비를 세웠으며, 현재까지 황초령 순수비(568)를 포함하여 총 4개의 순수비가 발견되었다.

③ 신라 진흥왕은 거칠부에게 역사서인 『국사』를 편찬하게 하였다(545).

07 난도 ★★☆ 정답 ④

시대 통합 > 경제사

정답의 이유

④ 조선 후기 청과의 무역이 활발하였던 국경 지역을 중심으로 공적으로 허용된 개시 무역과 사적 무역인 후시 무역이 이루어졌는데 대표적인 예로 중강 개시, 책문 후시가 있다.

오답의 이유

① 노리사치계는 백제 성왕 시기에 일본으로 건너가 불경과 불상을 전하였다.

② 통일 신라 장보고는 완도에 청해진을 설치하여 해적들을 소탕하고 해상 무역권을 장악하면서 당, 신라, 일본을 잇는 국제 무역을 주도하였다.

③ 고려의 국제 무역항인 벽란도는 예성강 하구에 위치하였고 이곳을 통해 송, 아라비아 상인들과도 교역을 전개하였다.

08 난도 ★★☆ 정답 ③

시대 통합 > 문화사

정답의 이유

㉠ 공주 송산리 고분군에 있는 송산리 6호분과 무령왕릉은 중국 남조의 영향을 받은 벽돌 무덤(전축분)이다. 2015년 유네스코 세계 문화 유산으로 선정되었다.

㉡ 양산 통도사는 자장이 창건한 절로, 우리나라의 삼보 사찰 중 하나이다. 자장이 중국 유학을 마치고 귀국할 때 가져온 불경과 불사리를 봉안하기 위해 통도사에 금강 계단을 조성하였다. 2018년 영주 부석사, 보은 법주사 등과 함께 유네스코 세계 문화 유산으로 선정되었다.

㉢ 남한산성은 2014년 유네스코 세계 문화 유산으로 선정된 곳이다. 병자호란 때 인조가 남한산성으로 피신하여 항전하였으나 강화도로 보낸 왕족과 신하들이 인질로 잡히자 삼전도에서 굴욕적으로 항복하였다(1637).

오답의 이유

㉣ 왕의 업적을 『실록』에서 뽑아 만든 것은 『국조보감』이다. 『승정원일기』는 조선 시대의 왕명 출납 기관인 승정원에서 취급 문서 및 사건을 매일 기록한 일기로 2001년에 유네스코 세계 기록 유산으로 등재되었다.

더 알아보기

유네스코 지정 세계 유산(2023년 5월 기준)

세계 문화 ·자연 유산	해인사 장경판전(1995), 종묘(1995), 석굴암과 불국사(1995), 창덕궁(1997), 수원 화성(1997), 경주 역사 유적 지구(2000), 고창·화순·강화의 고인돌 유적(2000), 제주 화산섬과 용암 동굴(2007), 조선 왕릉(2009), 한국의 역사 마을(2010, 하회와 양동), 남한산성(2014), 백제 역사 유적 지구(2015), 산사, 한국의 산지 승원(2018, 통도사, 부석사, 봉정사, 법주사, 마곡사, 선암사, 대흥사), 한국의 서원(2019, 소수 서원, 남계 서원, 옥산 서원, 도산 서원, 필암 서원, 도동 서원, 병산 서원, 무성 서원, 돈암 서원), 한국의 갯벌(2021), 가야 고분군(2023)

세계 기록 유산	『조선왕조실록』(1997), 『훈민정음』(해례본)(1997), 『직 지심체요절』 하권(2001), 『승정원 일기』(2001), 해인사 대장경판 및 제경판(2007), 조선 왕조 의궤(2007), 『동 의보감』(2009), 『일성록』(2011), 5·18 광주 민주화 운 동 기록물(2011), 새마을 운동 기록물(2013), 『난중일 기』(2013), 한국의 유교책판(2015), KBS 특별생방송 '이산가족을 찾습니다' 기록물(2015), 국채 보상 운동 기록물(2017), 조선 통신사 기록물(2017), 조선 왕실 어보와 어책(2017), 4·19 혁명 기록물(2023), 동학 농민 혁명 기록물(2023)

09 난도 ★★★
정답 ③

고대 > 문화사

자료해설

제시된 지도에 표기된 장소는 ㉠ 돈화시 동모산, ㉡ 화룡 용두산 고분군(중경), ㉢ 영안 동경성(상경 용천부), ㉣ 훈춘 동경 용원부를 나타낸다.

정답의 이유

㉡ 중경 인근 용두산 고분군에 위치한 정효공주 묘는 벽돌 무덤 양식이다.

㉢ 오봉루는 상경성의 정문이다. 발해의 수도인 상경성은 당의 수도인 장안성을 본떠 만들었다.

오답의 이유

㉠ 정효공주 묘는 중경 인근 용두산 고분군에서 발견되었으며, 인물 벽화가 포함되어 있다.

㉣ 정혜공주 묘는 돈화시 동모산 인근 육정산 고분군에서 발견되었다.

더 알아보기

발해의 문화 유산

발해 석등	영광탑 (발해 오층 전탑)	발해 이불병좌상
발해 치미	정효공주 고분 벽화	발해 귀면와

10 난도 ★★☆
정답 ①

중세 > 정치사

자료해설

제시문은 고려 성종에게 최승로가 건의한 '시무 28조'의 일부이다.

정답의 이유

① 상평창은 물가 조절 기관으로, 고려 성종 때 개경·서경·12목에 설치되었다.

오답의 이유

② 고려 광종은 왕권을 강화하기 위해 개경에 화엄종 계열의 귀법사를 창건하고 균여를 주지로 삼은 뒤 제위보를 설치하여 민심을 수습하는 등 불교 정책을 펼쳤다.

③ 고려 중기에 최충의 문헌공도를 대표로 하는 사학 12도의 발전으로 관학이 위축되자 예종은 국자감을 재정비하여 전문 강좌인 7재를 설치하였다.

④ 문종은 현직 관리에게만 전지와 시지를 지급하는 경정 전시과를 실시하였다.

더 알아보기

고려의 국가 기틀 확립

태조	• 호족 통합 정책: 유력 호족과 혼인, 성씨 하사, 사심관 제도와 기인 제도 실시 • 민생 안정: 조세 부담 축소 • 북진 정책: 고구려 계승 의식, 서경(평양) 중시
광종	노비안검법 실시(호족, 공신의 경제력 약화), 과거제 실시, 관리 공복 제정, 황제 칭호와 독자적 연호 '준풍' 사용
성종	• 유교 정치: 최승로의 시무 28조 수용, 불교 행사 억제, 국자감 설치 • 통치 체제: 중앙 관제 2성 6부제 구성, 12목에 지방관 파견, 향리제 정비

11 난도 ★★☆
정답 ④

현대 > 경제사

정답의 이유

④ 제1차 경제 개발 5개년 계획은 박정희 정부 시기인 1962년부터 추진되었다.

오답의 이유

① 한·미 원조 협정은 미국 정부의 한국 정부에 대한 원조를 규정한 협정으로, 이승만 정부 시기인 1948년에 체결되었다.

② 이승만 정부는 3정보를 상한으로 하고 이를 초과하여 지주가 소유한 농지는 국가가 유상 매입하고 지주에게 지가 증권을 발행해주는 '농지 개혁'을 실시하였다.

③ 이승만 정부 시기인 1950년대에는 미국의 원조로 제분, 제당, 면방직 등 삼백 산업이 성장하였다.

12 난도 ★★☆   정답 ③

일제 강점기 > 정치사

정답의 이유

③ 남면북양 정책은 만주 사변(1931) 이후 일제가 한반도를 공업 원료의 공급지로 이용하기 위해 시행한 경제 침탈 정책이다. 남부 지방 농민들에게 면화의 재배를, 북부 지방 농민들에게 면양의 사육을 강요하였다.

오답의 이유

① · ② 일제는 1937년 발발한 중 · 일 전쟁 이후 궁성요배, 황국 신민 서사 암송, 창씨 개명 등의 민족 말살 정책을 자행하였다.

④ 1941년 국민학교령의 제정에 따라 소학교가 국민학교로 개칭되었다.

더 알아보기

황국 신민화 정책(민족 말살 통치)

내선 일체 강요	황국 신민 서사 암송, 궁성 요배, 신사 참배, 창씨 개명 강요
교육 · 언론 통제	소학교 명칭을 국민학교로 변경, 우리말 사용 및 교육 금지, 한글 신문 · 잡지 폐간
사상 탄압	조선 사상범 예방 구금령(1941): 독립운동가들을 재판 없이 구금

13 난도 ★★☆   정답 ②

근대 > 정치사

자료해설

'1882년에 맺은'과 '거중 조정 조항'을 통해 밑줄 친 '조약'은 조 · 미 수호 통상 조약이라는 것을 알 수 있다. 미국과 맺은 조 · 미 수호 통상 조약은 조선이 서양 국가와 맺은 최초의 조약으로, 청이 러시아와 일본을 견제하고 조선에 대한 청의 종주권을 확인할 목적으로 체결을 알선하였다.

정답의 이유

② 조 · 미 수호 통상 조약은 1882년 6월 임오군란이 발생하기 전인 1882년 4월에 체결되었다. 임오군란을 계기로 체결된 조약은 '제물포 조약', '조 · 청 상민 수륙 무역 장정'이 있다.

오답의 이유

① 조 · 미 수호 통상 조약 제4관에는 미국 국민이 조선에서 죄를 저지른 경우 미국 영사나 그 권한을 가진 관리가 미국 법률에 따라 처벌하는 영사재판권(치외법권)이 포함되어 있다.

③ 조 · 미 수호 통상 조약은 최혜국 대우 조항을 처음 규정하였다.

④ 제2차 수신사 김홍집이 황쭌셴의 『조선책략』을 가져오면서 러시아의 남하 정책에 대비하여 미국과 외교관계를 맺어야 한다는 여론이 형성되기 시작하였고, 이후 청의 알선으로 조 · 미 수호 통상 조약이 체결되었다.

더 알아보기

열강과 체결한 조약 및 주요 내용

국가	조약	주요 내용
일본	강화도 조약 (조 · 일 수호 조규, 1876)	• 청의 종주권 부인 • 치외 법권, 해안 측량권 • 부산, 원산, 인천 개항
미국	조 · 미 수호 통상 조약 (1882)	• 서양과 맺은 최초의 조약 • 치외 법권, 최혜국 대우 • 거중 조정
청	조 · 청 상민 수륙 무역 장정(1882)	• 치외 법권, 최혜국 대우 • 청 상인에 대한 통상 특권
러시아	조 · 러 수호 통상 조약 (1884)	최혜국 대우
프랑스	조 · 불 수호 통상 조약 (1886)	• 천주교 신앙의 자유 • 포교 허용

14 난도 ★★☆   정답 ④

중세 > 사회사

정답의 이유

㉠ 사심관 제도는 중앙의 고관을 자기 출신지의 사심관으로 임명하는 제도이다. 이를 통해 사심관은 부호장 이하의 향리를 임명하고 감독할 수 있었으며, 풍속 교정뿐만 아니라 지방 치안에 대한 연대 책임 등의 임무도 맡았다.

㉡ 고려 시대의 상층 향리는 호족 출신으로, 지방의 실제 지배층이었으며 과거로 중앙 관직에 진출할 수 있었다.

㉢ 고려 시대의 기인 제도는 지방 향리의 자제를 수도인 개경에 인질로 잡아 두어 지방 세력을 견제하기 위한 제도이다.

㉣ 고려 시대의 향리는 속현과 특수 행정 구역의 실질적인 운영을 담당하였다.

15 난도 ★★★   정답 ②

근대 태동기 > 경제

자료해설

'옛 흙을 떠나 새 흙으로 가서', '논에는 물을 끌어들일 수 있는 하천이나 물을 댈 수 있는 저수지가 꼭 필요' 등으로 볼 때 밑줄 친 '이 농법'은 서유구의 『임원경제지』에 실린 이앙법(모내기법)이다.

정답의 이유

㉠ 세종 때 편찬된 『농사직설』(1429)에는 모내기법, 우리나라 풍토에 맞는 씨앗의 저장법 등이 실려 있다.

㉣ 모내기법은 직파법보다 제초 노동력을 절약할 수 있으므로, 농민들은 경작지의 규모를 확대할 수 있었다.

오답의 이유

㉡ 밭고랑에 씨를 뿌려 작물을 심도록 한 농법은 견종법이다.

㉢ 수령칠사는 수령이 힘써야 할 일곱 가지 임무에 관한 것으로, 그 내용에는 이앙법이 들어가 있지 않다.

더 알아보기

수령칠사

1. 농상성(農桑盛): 농업과 양잠 장려
2. 호구증(戶口增): 호구의 증가
3. 학교흥(學校興): 학교 교육의 진흥
4. 군정수(軍政修): 군정의 바른 처리
5. 부역균(賦役均): 부역의 균등 부과
6. 사송간(詞訟簡): 소송의 간명한 처리
7. 간활식(奸猾息): 간교한 풍속을 없앰

---

16 난도 ★★☆   정답 ①

현대 > 정치사

자료해설

제시문의 밑줄 친 '헌법'은 유신 헌법이다. 박정희 정부는 유신 헌법을 발표하여 대통령 임기 6년과 중임 제한 조항 삭제 및 통일 주체 국민 회의를 통한 대통령 간선제의 내용을 담은 제7차 헌법 개정을 단행하였다. 유신 헌법은 1972년 12월에 공포되어 8차 개헌(1980. 10.) 전까지 유지되었다.

정답의 이유

① 부·마 민주 항쟁은 유신 헌법이 시행되던 중인 1979년 10월에 일어났다. 부·마 민주 항쟁 진압 문제를 두고 집권층이 대립하던 도중 10·26 사태로 박정희 대통령이 피살되면서 유신 체제가 붕괴되었다.

오답의 이유

② 국민 교육 헌장의 선포는 제3공화국 시기의 일이다(1968). 박정희 정부는 국민 교육 헌장을 제정하여 우리나라 교육이 지향해야 할 이념과 근본 목표를 세우고자 하였다.

③ 7·4 남북 공동 성명은 제3공화국 시기로 박정희 정부가 유신 헌법을 공포하기 직전 서울과 평양에서 공동으로 발표되었고, 이때 남북 조절 위원회 설치에 합의하였다(1972. 7.).

④ 6·3 시위는 제3공화국 시기로 박정희 정부가 한·일 회담 진행 과정에서 추진한 한·일 국교 정상화에 대한 협정 내용이 공개되자 학생과 야당을 주축으로 굴욕적 대일 외교에 반대하여 일어난 시위이다(1964).

---

17 난도 ★★★   정답 ④

일제 강점기 > 정치사

자료해설

제시문은 '국민 대표 회의 선언서'의 일부로 밑줄 친 '회의'는 1923년 개최된 국민 대표 회의이다.

정답의 이유

④ 국민 대표 회의는 대한민국 임시 정부의 활동과 독립운동의 방법을 놓고 격론을 벌인 회의로 임시 정부를 유지·개편하자는 개조파와 임시 정부를 해체하고 새로운 정부를 만들자는 창조파가 분열되면서 눈에 띄는 성과를 거두지는 못하였다.

오답의 이유

① 대한민국 건국 강령은 충칭 임시 정부 시기인 1941년에 반포되었다.

② 박은식은 이승만의 탄핵 이후인 1925년 임시 대통령으로 선출되었다.

③ 1935년에 의열단(김원봉)을 중심으로 한국 독립당(조소앙), 조선 혁명당(지청천) 등 여러 단체들이 민족 유일당 운동을 목표로 민족 혁명당을 창건하였다.

더 알아보기

국민 대표 회의(1923)

배경	일제의 탄압으로 임시 정부의 연통제·교통국 마비, 외교 활동 성과 미약, 이승만의 위임 통치 청원서 제출 → 독립운동의 노선을 둘러싼 논쟁 발생(외교 독립론, 무장 투쟁론, 실력 양성론 등)
전개	독립운동의 새로운 활로를 모색할 목적으로 개최 → 창조파(임시 정부 해산 후 새 정부 수립 주장)와 개조파(임시 정부 유지)로 대립 → 결렬
결과	많은 독립운동가들이 임시 정부에서 이탈 → 임시 정부의 세력 약화

---

18 난도 ★★☆   정답 ②

일제 강점기 > 정치사

자료해설

제시문은 1912년 공포된 '토지 조사령'으로, 이 법령에 따라 토지 조사 사업이 시행되었다.

정답의 이유

② 토지 조사 사업을 통해 조선 총독부는 역둔토(역에 주둔하는 군대의 둔전), 궁장토(궁에 지급된 토지), 공공 기관이 소유한 토지, 소유권이 불분명한 토지 등을 무상으로 점유하였다.

오답의 이유

① 토지 조사 사업은 조선 총독부 안의 임시 토지 조사국에서 실시되었다. 농상공부는 제2차 갑오개혁 때 농상아문과 공무아문이 통합된 관청이다.

③ 동양 척식 회사는 토지 조사 사업 시행 이전인 1908년 설립되었다.

④ 춘궁 퇴치, 농가 부채 근절을 목표로 내세운 것은 1932년부터 실시된 농촌 진흥 운동이다.

---

19 난도 ★★★   정답 ②

근대 > 경제사

정답의 이유

② 조·청 상민 수륙 무역 장정의 체결로 청과 일본 상인들의 경쟁이 치열해졌다. 하지만 일본이 개항 후 6년간 대조선 무역을 독점하다시피 하여 조선은 완전히 일본의 독점적 경제 침투 체제에 놓여 있었으므로 청이 일본의 수입액을 앞서지는 못하였다.

① 개항 초기 일본 상인의 활동 범위가 개항장으로부터 10리 이내로 제한되었기 때문에 조선 상인(객주·여각·보부상 등)을 매개로 무역활동을 하였다.

③ 일본 상인들은 중계 무역을 통하여 주로 영국산 면제품을 가지고 와서 팔고, 쇠가죽·쌀·콩 등을 수입해 갔다.

④ 조선은 일본과의 무역에 대한 관세권을 회복하기 위해 조·일 통상 장정을 체결하였다(1883). 조항 중에 천재·변란 등에 의한 식량 부족의 우려가 있을 때 방곡령을 선포하는 조항이 포함되어 있었다.

20 난도 ★★☆   정답 ③

근대 > 정치사

자료해설

밑줄 친 '그'는 호포제를 실시했던 흥선 대원군이다.

정답의 이유

③ 흥선 대원군은 임오군란 때 일시적으로 재집권하여 통리기무아문을 폐지하고 5군영을 부활시켰다.

오답의 이유

① 만동묘는 숙종 때 송시열의 건의에 따라 명나라 신종의 제사를 지내기 위해 건립한 사당이다. 흥선 대원군은 만동묘를 철폐하였다.

② 군국기무처 총재를 역임한 인물은 김홍집이다. 군국기무처는 1894년 6월에 설치되어 김홍집과 박정양 등을 중심으로 갑오개혁을 추진하였다.

④ 『만기요람』은 서영보, 심상규 등이 순조의 명에 따라 편찬한 국가 재정 및 군정에 관한 책이다(1808).

한눈에 훑어보기

✔ 영역 분석

선사 시대와 국가의 형성 01
1문항, 5%

고대 08 11 14
3문항, 15%

중세 02 05 09
3문항, 15%

근세 03
1문항, 5%

근대 태동기 15 16 19
3문항, 15%

근대 04 07
2문항, 10%

일제 강점기 13 18 20
3문항, 15%

현대 10 17
2문항, 10%

시대 통합 06 12
2문항, 10%

✔ 빠른 정답

01	02	03	04	05	06	07	08	09	10
③	④	③	②	④	②	①	④	③	④
11	**12**	**13**	**14**	**15**	**16**	**17**	**18**	**19**	**20**
③	①	②	①	③	②	②	④	③	④

✔ 점수 체크

구분	1회독	2회독	3회독
맞힌 문항 수	/ 20	/ 20	/ 20
나의 점수	점	점	점

---

01 난도 ★☆☆　　　　　　　　　정답 ③

선사 시대와 국가의 형성 > 선사 시대

자료해설

제시문의 (가) 시기는 구석기 시대이다. 함경북도 종성 동관진에서 한반도 최초로 석기와 골각기(뼈와 뿔로 만든 도구) 등의 구석기 시대 유물이 발견되었다.

정답의 이유

③ 구석기 시대 사람들은 동굴이나 강가에 막집을 짓고 살았으며 사냥과 채집을 하며 계절에 따라 이동 생활을 하였다.

오답의 이유

① 청동기 시대에는 조, 보리, 콩 등의 밭농사와 함께 벼농사도 짓기 시작하였으며 반달 돌칼 등을 이용하여 곡식을 수확하였다.

② 농경 생활이 시작된 신석기 시대에는 조·피 등을 재배하였고 갈돌과 갈판으로 곡식을 갈아서 음식을 만들어 먹었으며, 가락바퀴로 실을 뽑아 뼈바늘로 옷을 지어 입었다.

④ 영혼 숭배와 조상 숭배가 나타난 것은 신석기 시대로, 애니미즘(자연의 정령 숭배), 토테미즘(동·식물 숭배), 샤머니즘(무당의 주술적 힘)의 신앙이 나타났다.

---

02 난도 ★★☆　　　　　　　　　정답 ④

중세 > 정치사

자료해설

제시된 자료는 노비 해방 운동인 만적의 난에 대한 것으로 (가) 인물은 만적의 주인인 최충헌임을 알 수 있다. 최씨 무신 정권 시기에 최충헌의 사노비인 만적이 개경(개성)에서 노비들을 규합하여 신분 차별에 항거하는 반란을 도모하였으나 사전에 발각되어 실패하였다(1198).

정답의 이유

④ 최충헌은 고려 무신 정권 시기 권력을 장악하고 있던 이의민을 몰아내고 최고 권력자가 되었다. 이후 명종에게 봉사 10조라는 사회 개혁안을 제시하였으나, 이는 민생 안정보다는 본인의 권력 유지에 목적을 둔 것이었다(1196).

오답의 이유

① 무신 정권 시기 최충헌의 뒤를 이어 집권한 최우는 자신의 집에 정방을 설치하고 이를 인사 행정을 담당하는 기관으로 삼아 인사권을 완전히 장악하였다(1225).

② 고려 무신 정권 시기 최우가 치안 유지를 위해 설치한 야별초(1232)가 확대되어 좌별초와 우별초로 나뉘고, 몽골의 포로가 되었다가 탈출한 신의군과 함께 삼별초가 구성되었다.

③ 정중부는 무신 정변 이후 권력을 잡은 이의방 등을 제거하고 정권을 잡았으나 1179년 경대승에 의해 제거되었다.

더 알아보기

고려 무신 정권의 권력 기구

정치 기구	교정도감	최충헌 설치, 국정 총괄 최고 기구
	정방	최우 설치, 인사 행정 기구
	서방	최우 설치, 능력 있는 문신 등용, 자문 기구
군사 기구	도방	경대승 설치, 무신 정권의 사병 기관, 해체되었다가 최충헌 때 재설치
	삼별초	최우 설치, 치안·전투 담당

03 난도 ★★☆ 　　　　　정답 ③

근세 > 문화사

[정답의 이유]

③ 『동문선』은 15세기 조선 전기 성종 때 서거정 등이 왕명을 받들어 편찬한 역대 시문선집이다. 이 책은 중국과 다른 조선의 독자성을 강조하였다.

[오답의 이유]

① 유몽인이 지은 『어우야담』은 조선 후기에 성행한 야담류의 효시이며, 설화 기술이 과감하고 획기적인 작품으로 평가되고 있다.

② 유서로 불리는 백과사전은 조선 후기에 널리 편찬되었다. 조선 후기 백과사전에는 이수광의 『지봉유설』, 이익의 『성호사설』, 이덕무의 『청장관전서』, 서유구의 『임원경제지』, 이규경의 『오주연문장전산고』, 홍봉한의 『동국문헌비고』 등이 있다.

④ 조선 후기에는 중인층의 시인들이 서울 주변 지역에서 시사를 조직하여 문학 활동을 전개하면서 자신들의 사회적 지위를 높였고, 역대 시인의 시를 모아 시집을 간행하기도 하였다.

04 난도 ★★☆ 　　　　　정답 ②

근대 > 정치사

[자료해설]

제시문에 나타난 사상은 김홍집, 김윤식, 어윤중 등 온건 개화파의 개화사상인 동도서기론이다. 동도서기론은 1880년대 우리나라가 내세웠던 서구 문명 수용 논리로 우리의 정신세계는 유지하고 서양의 과학 기술만 받아들이자는 주장이다.

[정답의 이유]

② 동도서기론은 동양의 유교 사상은 그대로 유지한 채 서양의 과학 기술만을 받아들여 부국강병을 이룩하자는 것으로, 근대 문물 수용의 사상적 기반이 되었다.

[오답의 이유]

① 최익현은 일본이 강화도 조약 체결을 요구하자 왜양일체론에 입각하여 '지부복궐척화의소'라는 상소를 올려 이에 반대하였다(1876).

③ 김옥균, 홍영식, 서광범 등이 중심이 된 급진 개화파(개화당)는 문명 개화론에 입각하여 갑신정변을 주도하였다(1884).

④ 사회진화론은 약육강식과 적자생존의 국제 사회에서 제국주의 열강의 약소국 지배를 정당화하는 논리로 이용되었다.

05 난도 ★★☆ 　　　　　정답 ④

중세 > 사회사

[자료해설]

'역질에 걸렸으니 마땅히 ～ 치료하고', '시신과 유골은 거두어 묻어서', '굶주린 백성을 진휼하라'를 통해 (가)는 의료 기관인 구제도감임을 알 수 있다.

[정답의 이유]

④ 구제도감은 고려 예종 때 환자 치료, 병사자의 매장, 감염병 확산 대처 및 빈민 구제를 목적으로 설치한 임시 기관이다.

[오답의 이유]

① 의창은 고려 성종 때 흑창을 개칭한 것으로서 봄에 곡식을 빌려주고 가을에 갚게 하였다(춘대추납).

② 제위보는 고려 광종 때 설치한 것으로서 일정한 기금을 마련하여 백성에게 빌려주고 그 이자로 빈민을 구제하는 기능을 담당하였다.

③ 혜민국은 고려 예종 때 서민의 질병 치료를 위한 약을 제공하기 위해 설치한 의료기관이다.

더 알아보기

고려의 민생 안정 기관 및 정책

사회 시설	의창, 상평창
상설 의료 기관	동서 대비원, 혜민국
임시 구휼 기관	구제도감(예종), 구급도감(고종)
빈민 구제 기금	제위보

06 난도 ★★☆ 　　　　　정답 ②

시대 통합 > 정치사

[자료해설]

제시된 자료의 밑줄 친 '이 지역'은 한성이다. 5세기 고구려 장수왕은 백제의 수도 한성을 함락시켜 개로왕을 살해하고 한강 전 지역을 포함하여 죽령 일대로부터 남양만을 연결하는 선까지 영토를 확장하였다.

[정답의 이유]

② 고려 문종 때 한양을 남경으로 승격시켜 개경, 서경과 함께 3경이라 하였다.

[오답의 이유]

① 고려 무신 집권기 공주 명학소의 망이, 망소이가 과도한 부역과 차별 대우에 항의하여 농민 반란을 일으켰다.

③ 고려 승려 지눌은 불교의 타락을 비판하였고 순천 송광사를 중심으로 승려의 기본인 독경, 수행, 노동에 힘쓸 것을 주장하는 정혜결사 운동(수선사 결사 운동)을 전개하였다.

④ 고려 태조는 서경(평양)을 북진 정책의 전진 기지로 삼으며 강력한 북진 정책을 추진하였다.

근대 > 정치사

자료해설

제시된 자료는 신미양요에 대한 내용이다. 1866년 미국의 상선 제너럴 셔먼호 사건을 계기로 1871년 미국 함대가 강화도에 침입하였다. 이 시기는 고종의 재위 기간(1863~1907)으로, 흥선 대원군이 섭정을 하고 있었다.

정답의 이유

① 흥선 대원군은 호포제를 실시하여 양반에게 군포를 징수하며 양반들의 면세 특권을 없애는 개혁을 실시하였다.

오답의 이유

② 정조는 상공업 진흥을 위해 육의전을 제외한 시전 상인들의 금난전권을 폐지하여 상공업 활동의 자유를 보장하는 통공 정책을 실시하였다(1791, 신해통공).

③ 영조는 균역의 부담을 줄여주기 위해 군포의 부담을 2필에서 1필로 경감시키는 균역법을 실시하였으며(1750), 이로 인해 부족해진 재정을 보충하고자 상류층을 대상으로 결작세(토지 1결당 쌀 2두 부과), 어염세, 선무군관포 등을 부과하였다.

④ 인조는 풍흉에 관계없이 전세를 토지 1결당 미곡 4~6두로 고정하여 거두는 영정법을 실시하였다(1635).

더 알아보기

흥선 대원군 집권 시기의 역사적 사건

08 난도 ★★☆　　　　　　　　　　　　　　　　　정답 ④

고대 > 정치사

자료해설

낙랑군 축출(4세기 미천왕, 313) → 광개토대왕릉비 건립(5세기 장수왕, 414) → 살수 대첩 승리(7세기 영양왕, 612) → 안시성 전투 승리(7세기 보장왕, 645) → 고구려 멸망(7세기 보장왕, 668)

정답의 이유

④ 신라군이 당나라 군대 20만 명을 매소성에서 크게 격파하여 나·당 전쟁에서 승기를 잡은 것은 675년이다.

오답의 이유

① 4세기 말 침류왕 때 동진의 승려 마라난타에 의해 불교가 전파되었으며, 침류왕은 불교를 공인하여 중앙 집권 체제를 사상적으로 뒷받침하였다(384).

② 7세기 영양왕은 말갈 군대 1만여 명을 거느리고 수나라의 요서 지방을 선제 공격하였고(598), 이로 인해 수나라 문제가 고구려를 침입하였다.

③ 7세기 백제 의자왕은 신라의 요충지인 대야성을 함락하였다(642). 대야성 전투에서 패배한 신라는 수세에 몰리게 되면서 김춘추를 고구려로 파견하여 도움을 요청하였지만 연개소문이 이를 거절하였고, 신라는 당에 도움을 요청하게 되면서 훗날 나·당 연합군이 결성되었다.

09 난도 ★★☆　　　　　　　　　　　　　　　　　정답 ③

중세 > 문화사

자료해설

중국은 반고부터 금국에 이르기까지, 동국은 단군으로부터 본조에 이르기까지 다 찾아서 같고 다른 것을 비교하여 요점을 취하고 읊조렸다는 내용으로 보아 밑줄 친 '이 책'은 이승휴의 『제왕운기』임을 알 수 있다.

정답의 이유

③ 고려 충렬왕 때 이승휴가 쓴 『제왕운기』는 단군부터 충렬왕까지의 역사를 7언시, 5언시의 운문체로 서술하였다(1287). 중국과 우리나라의 역사를 구분하고, 병렬적으로 서술하여 우리 역사만의 독자성을 강조하였으며, 단군의 고조선 건국 이야기를 수록하여 고조선을 한국사에 포함시켰다.

오답의 이유

① 이제현은 『사략』에서 성리학적 유교 사관에 입각하여 고려 태조~숙종까지 임금들의 치적을 정리하였다.

② 조선 성종 때 서거정 등이 편찬한 『동국통감』은 고조선부터 고려 말까지의 역사를 국왕, 훈신, 사림이 서로 합의하여 편년체로 정리한 최초의 관찬 통사이다.

④ 조선 세종 때 권제 등이 편찬한 『동국세년가』는 단군 조선에서 고려 말까지의 역사를 노래 형식으로 엮은 악장 형태의 사서이다.

더 알아보기

고려 역사서 편찬

고려 전기	『왕조실록』, 『7대 실록』(태조~목종): 황주량, 편년체 사서 편찬, 모두 현존하지 않음
고려 중기	김부식의 『삼국사기』: 기전체, 유교적 합리주의 사관, 현존하는 가장 오래된 역사서
고려 후기	• 무신 집권기 － 이규보의 『동명왕편』: 고구려 계승 의식 반영 － 각훈의 『해동고승전』: 화엄종 중심의 불교사 정리 • 원 간섭기 － 이승휴의 『제왕운기』 － 일연의 『삼국유사』: 단군을 민족의 시조로 서술 • 이제현의 『사략』: 성리학적 유교 사관

10 난도 ★★★　　　　　　　　　　　　　　　　　정답 ④

현대 > 경제사

자료해설

제시된 자료는 1945년 8월부터 1946년 1월까지의 물가 지수를 보여주는 그래프이다.

정답의 이유

④ 1946년 9월 철도 노동자들의 총파업을 시작으로 10월 대구에서 시작된 파업이 전국적으로 확대되었다. 대구 10 · 1 사건에서는 미곡 수집제 폐지, 토지 개혁 실시 등을 요구하였다.

오답의 이유

① 광복 직후 해외로부터의 귀환 동포와 북한으로부터의 월남 동포의 인구가 급증하여 식량이 부족했다.

② 남한 지역은 38도선 분할 점령 이후 원료와 기술자의 부족, 심각한 전력난 등으로 공업 생산력이 더욱 감소하여 식료품 부문의 생산이 크게 위축되었다.

③ 미군정은 재정 적자를 메우기 위해 화폐를 과도하게 발행하였고, 그 결과 통화량이 급증하여 물가 상승의 원인이 되었다.

---

11 난도 ★☆☆　　　　　　　　　　　　　　　정답 ③

고대 > 정치사

자료해설

제시된 자료는 진성여왕 때 일어난 원종 · 애노의 난이다. 신라 하대에는 귀족의 녹읍이 확대되며 자영농이 몰락하는 등 백성들의 생활은 더욱 어려워졌다. 9세기 말 진성여왕 때는 사회 모순이 극심해져 원종 · 애노의 난(889), 적고적의 봉기(896) 등 전국 각지에서 농민 봉기가 발생하였다.

정답의 이유

③ 최치원은 통일 신라 말 6두품 출신 유학자로 당에서 빈공과에 급제하여 관리 생활을 하다 귀국하여 진성여왕에게 시무 10조를 건의하였으나 받아들여지지 않았다.

오답의 이유

① 발해는 통일 신라 경애왕 시기에 거란 야율아보기의 침략으로 멸망하였다(926).

② 신문왕은 유교 정치 이념을 수용하기 위한 국학을 설립하였다 (682). 이를 통해 중앙 집권적 관료 정치가 발달하면서 왕권은 더욱 강화되었다.

④ 흥덕왕 때 장보고는 서남해안 일대의 해적을 소탕하려는 목적으로 완도에 청해진을 설치(828)하였고, 이후 당 · 일본 · 한반도를 연결하는 동아시아 무역의 중심지가 되었다.

---

12 난도 ★★☆　　　　　　　　　　　　　　　정답 ①

시대 통합 > 정치사

정답의 이유

㉠ 일본의 『은주시청합기』는 사이토 호센이 지은 역사서이다. 일본 서북쪽 경계를 오키섬으로 정하여 울릉도와 독도가 고려의 영토라고 저술하고 있다(1667).

㉡ 일본의 『삼국접양지도』는 일본인 하야시 시헤이가 그린 지도로, 일본을 중심으로 주변 3국의 색채를 달리했는데 울릉도와 독도를 조선의 영토 색인 노란색으로 칠하였다(1785).

㉢ 일본의 최고 권력 기관인 태정관에서 지령문을 통해 울릉도와 독도가 자국의 영토가 아니라고 확인하였다(1877).

오답의 이유

㉣ 일본은 시마네현 고시에서 독도의 이름을 '다케시마로 정하고 일본 땅으로 하기로 했다'고 발표함으로써 일방적으로 일본 영토라고 선언하였다(1905).

---

13 난도 ★★☆　　　　　　　　　　　　　　　정답 ②

일제 강점기 > 사회사

자료해설

제시문은 일제 강점기의 동아일보에 대한 설명이다. 동아일보는 일제의 식민 지배를 인정하였다는 비판을 받은 이광수의 「민족적 경륜」을 연재(1924)하여 불매운동이 일어나기도 하였으나, 1930년대 초에는 문맹 퇴치의 일환인 브나로드 운동을 전개하였으며 베를린 올림픽 마라톤 대회에서 우승한 손기정 선수의 가슴에 있는 일장기를 삭제하여 일제의 언론 탄압을 받기도 하였다.

정답의 이유

② 동아일보는 문맹 퇴치 및 미신 타파, 근검절약 등의 생활 개선을 목표로 브나로드 운동을 전개하였다.

오답의 이유

① 국민 계몽과 문맹 퇴치 운동은 주로 언론사가 주도하여 이루어졌으며 조선일보의 문자 보급 운동이 대표적이다. 조선일보는 『한글 원본』 등을 교재로 하여 문자 보급 운동을 전개했다.

③ 천도교는 『개벽』, 『신여성』, 『어린이』 등의 잡지를 발행하여 민중의 자각과 근대 문물의 보급에 기여하였다.

④ 조선일보는 1927년 민족 유일당인 신간회가 창설되자 신간회의 본부와 같은 역할을 맡았다.

---

14 난도 ★☆☆　　　　　　　　　　　　　　　정답 ①

고대 > 정치사

자료해설

제시문은 당나라에서 돌아온 김춘추와 김유신이 재회한 내용으로 (가) 인물은 김유신이다.

정답의 이유

① 신라 김유신은 황산벌 전투에서 백제 계백이 이끄는 군대를 격파하고 사비성을 함락시켰다(660).

오답의 이유

② 삼국 시대 신라의 승려인 원광은 진평왕에게 수나라에 군사적 지원을 요청하는 걸사표를 지어 바쳤고, 화랑의 기본 계율인 세속오계를 저술하여 청년들에게 가르치는 등 사회 윤리와 국가 정신 확립을 위해 노력하였다.

③ 진덕여왕의 뒤를 이어 신라왕에 즉위한 인물은 김춘추(태종 무열왕)로 최초의 진골 출신 왕이다.

④ 김춘추의 둘째 아들인 김인문은 진덕여왕의 명으로 당에서 숙위 (宿衛; 제후의 자제로 궁에 머무르며 황제를 가깝게 모시는 것) 한 이래 22년간이나 당나라에 체류하면서 대당 외교에 주력하다가 백제 정벌의 당나라측 부사령관인 부대총관이 되어 신라로 돌아왔다.

15 난도 ★☆☆   정답 ③

근대 태동기 > 사회

자료해설

제시된 자료는 중인의 통청 운동과 관련된 내용으로 (가)는 서얼, (나)는 중인이다.

정답의 이유

③ 정조는 규장각을 강력한 정치 기구로 육성시켜 서얼 출신인 유득공, 박제가, 이덕무 등을 검서관으로 등용하여 정치에 참여할 수 있도록 하였다.

오답의 이유

① 중인들은 서얼의 통청 운동에 자극받아 19세기 중엽에 대규모의 연합 상소 운동(소청 운동)을 벌였다.

② 서얼은 여러 차례의 집단 상소 운동을 벌여 홍문관 같은 청요직으로의 진출을 허용해 줄 것을 요구하였다.

④ 중인은 주로 기술직에 종사하며 역량이 뛰어날 경우에는 요직에 오를 수 있도록 법제적으로 보장되어 있었다. 이들은 축적한 재산과 탄탄한 실무 경력을 바탕으로 신분 상승을 추구하였다.

더 알아보기

조선 중인층의 신분 상승

서얼	• 영 · 정조의 개혁 분위기에 편승하여 적극적인 신분 상승 시도(상소 운동) → 서얼들의 청요직 통청 요구 수용 • 정조 때 유득공, 이덕무, 박제가 등 서얼 출신들이 규장각 검서관에 기용
기술직 중인	• 축적된 재산과 실무 경력을 바탕으로 신분 상승 운동 추구 • 철종 때 관직 진출 제한을 없애 달라는 대규모 소청 운동 전개 → 실패(전문직의 역할 부각)

16 난도 ★★☆   정답 ②

근대 태동기 > 사회

자료해설

제시된 자료에서 나타난 사상은 동학에서 주장한 '인내천 사상'에 대한 내용을 담고 있다. 최제우가 창시한 동학은 유 · 불 · 선 3교의 교리를 절충하고 민간 신앙의 요소도 결합하였으며, 마음속에 한울님을 모시는 시천주와 사람이 곧 하늘이라는 인내천 사상을 강조하였다.

정답의 이유

② 동학의 2대 교주 최시형은 동학의 경전인 『동경대전』과 동학 포교 가사집인 『용담유사』를 정리 · 편찬하여 동학 교리를 이론화하였다.

오답의 이유

① 순조가 즉위하여 노론 벽파가 득세하자, 남인 및 시파 계열을 탄압하고자 정순 왕후 김씨가 천주교 신자를 박해한 사건은 신유 박해를 말하는 것으로 이는 천주교에 대한 설명이다.

③ 홍경래의 난(1811)은 순조 때에 발생한 사건으로 동학은 철종 때 창시되었으므로 홍경래의 난은 동학이 창시되기 이전의 일이다.

④ 임술 농민 봉기(1862)는 철종 때 단성에서 시작하여 진주로 이어졌다. 이 봉기는 동학과는 관련이 없다.

더 알아보기

동학

동학의 창시 (1860, 최제우)	인내천(인간 존중, 평등 사상), 사회 개혁 사상(후천개벽), 삼남 지방을 중심으로 확산, 정부의 최제우 처형(1864, 혹세무민의 죄명)
최시형의 활동 (제2대 교주)	『동경대전』과 『용담유사』를 편찬, 포접제를 활용한 동학 조직
교조 신원 운동	최제우의 명예 회복, 정부의 탄압 중지 요청

17 난도 ★☆☆   정답 ②

현대 > 경제사

자료해설

수출액 100억 달러 돌파는 1977년, 제2차 석유 파동은 1978~1980년, 경제 협력 개발 기구 가입은 1996년이다. 따라서 (가) 시기는 1980년부터 1996년까지이다.

정답의 이유

② 한국 경제는 1980년대 중반부터 저달러 · 저유가 · 저금리의 이른바 3저 호황을 맞이하였다. 이에 따라 중화학 공업의 과잉 설비와 수출 부진을 없애고 외채 위기를 극복할 수 있었으며, 수출의 급신장에 따라 1986년에는 처음으로 무역 흑자를 실현하였다.

오답의 이유

① 제3차 경제 개발 5개년 계획이 실시된 것은 1972년부터 1976년까지이다.

③ 박정희 정부는 미국의 요청으로 베트남에 국군을 파병한 것에 대한 보상으로 한국군의 현대화, 장비 제공 및 차관 제공을 약속한 브라운 각서를 체결하였다(1966).

④ 박정희 정부는 경제 개발 계획에 필요한 자본 확보를 위해 일본과의 국교 정상화를 추진하여 한 · 일 기본 조약(한 · 일 협정)을 체결하였다(1965).

18 난도 ★☆☆   정답 ④

일제 강점기 > 정치사

자료해설

제시된 자료는 1925년 일제가 식민지 지배에 저항하는 민족 해방 운동과 사회주의 및 독립운동을 탄압하기 위해 제정한 치안 유지법의 내용이다. 이 법은 1925년부터 1945년까지 적용되었다.

정답의 이유

④ 일제는 중 · 일 전쟁과 태평양 전쟁을 치르면서 병력이 부족해지자, 1943년 재학 중인 조선인 학생들을 전쟁에 동원하는 학도 지원병 제도를 실시하였다.

오답의 이유

① 조선 태형령은 일제가 한국인을 억압하고 통제하기 위해 1912년에 제정되었다.

② 민립 대학 설립 운동의 회유책으로 1924년 경성 제국 대학이 설립되었다.

③ 물산 장려 운동은 1920년대 초에 평양에서 조만식 주도하에 시작되었다.

더 알아보기

조선 태형령(1912)

• 태형은 감옥 또는 즉결 관서에서 비밀리에 행한다.
• 조선인에 한하여 5대 이상의 태형에 처할 수 있다.
• 태는 길이 1척 8촌, 두께 2푼 5리, 넓이는 위가 7푼, 아래가 4푼 5리로 한다.
• 수형자를 형판 위에 엎드리게 하고 손과 발을 묶은 후 볼기를 노출시켜 태로 친다.

19 난도 ★★☆   정답 ③

근대 태동기 > 사회

자료해설

제시된 자료는 조선 후기 향촌 사회에서 새롭게 등장한 신향과 기존 사족 세력인 구향이 대립한 향전과 관련된 사료이다. 조선 후기 일부 부농층이 양반으로 신분 상승을 하게 되어 향촌 사회에서 기존 양반인 구향과 새롭게 형성된 부농층인 신향이 대립하는 향전이 발생하였다.

정답의 이유

③ 경재소가 운영된 것은 조선 전기의 일로, 경재소는 중앙과 지방의 연락 업무를 맡았다. 선조 때 경재소가 폐지되면서 유향소의 명칭이 향청(향소)으로 변경되었다.

오답의 이유

① 조선 후기 향전의 발생으로 양반의 권위가 약화되면서 수령과 향리의 권한이 강해지는 결과를 가져왔다.
② 조선 후기 경제력을 갖춘 부농(신향)층은 수령, 향리층과 결탁하여 향촌 사회를 장악하고, 향안(鄕案)에 이름을 올렸다.
④ 조선 후기 재지사족(구향)은 군현 단위로 농민을 지배하기 어렵게 되자, 촌락 단위의 동계과 동약을 실시하고 문중 서원과 사우를 건립하는 등 향촌 사회에 대한 영향력을 유지하였다.

더 알아보기

조선 후기 양반의 분화

원인		• 납속책, 공명첩(양반 수 증가) • 지주전호제 강화(신분 관계 → 경제 관계)
분화	구향	• 권반: 중앙의 특권층 → 특권 유지(향안, 청금록) • 향반: 지방 양반, 향촌에서 겨우 위세 유지 세력 • 잔반: 몰락 양반
	신향	부농: 양반 신분 획득(신분 매매·족보 위조), 관권과 결탁

20 난도 ★★★   정답 ④

일제 강점기 > 정치사

자료해설

'한 개의 전투 단위로서 추축국에 선전한다'를 통해 대한민국 임시 정부가 1941년 12월에 발표한 대일 선전 포고의 내용임을 알 수 있다.

정답의 이유

④ 대한민국 임시 정부는 1940년 10월 4차 개헌으로 김구 주석의 단일 지도 체제로 전환하고, 1941년 11월에 조소앙의 삼균주의를 받아들인 대한민국 건국 강령을 반포하였다.

오답의 이유

① 한국 광복군에 김원봉이 이끄는 조선 의용대가 편입되면서 군사면에서 좌우 통일이 이루어졌다(1942).
② 한국 광복군은 대일 선전 포고문을 발표하고 연합군의 일원으로 참전하여 인도, 미얀마 전선에서 활약(1943)하였다. 또한 일본군의 문서 번역, 포로 심문, 일본군을 상대로 한 회유 방송 등의 심리전에도 참여하였다.
③ 김두봉은 화북 조선 청년 연합회를 확대·개편하여 조선 독립 동맹을 결성하였고, 그 산하에 조선 의용대 화북 지대를 개편한 조선 의용군(1942)을 두었다.

한국사 | 2019년 국가직 9급

빠른 정답

01	02	03	04	05	06	07	08	09	10
③	④	③	③	④	①	①	④	③	①
11	12	13	14	15	16	17	18	19	20
③	②	④	①	③	④	①	②	②	②

점수 체크

구분	1회독	2회독	3회독
맞힌 문항 수	/ 20	/ 20	/ 20
나의 점수	점	점	점

01 난도 ★☆☆ 정답 ③

선사 시대와 국가의 형성 > 선사 시대

[정답의 이유]

③ 고인돌은 청동기 시대의 대표적인 무덤 양식으로, 청동기 시대가 계급사회였음을 입증하는 유물이기도 하다. 강화도 부근리에는 판석을 세워 장방형의 돌방을 만들고, 그 안에 매장한 다음 위에 거대하고 평평한 돌을 올려놓은 형태인 탁자식 고인돌이 분포하고 있다.

[오답의 이유]

① 연천 전곡리 유적은 대표적인 구석기 시대의 유적지이다. 구석기 시대에는 주먹도끼, 슴베찌르개, 찍개 등의 뗀석기를 사용하였으며, 연천 전곡리에서 동아시아 최초로 구석기 시대의 전형인 아슐리안형 주먹도끼가 출토되었다.

② 철기 시대 유적지인 경남 창원 다호리에서 발견된 붓은 한반도 남부까지 한자가 사용되었으며, 중국과의 교류가 활발하게 이루어졌음을 보여주는 유물이다.

④ 서울 암사동 유적지는 신석기 시대를 대표하는 유적지로 빗살무늬 토기가 출토되었다.

[더 알아보기]

청동기 시대의 유물

- 석기: 반달 돌칼, 바퀴날 도끼, 홈자귀 등
- 청동기: 비파형 동검, 거친무늬 거울 등
- 토기: 미송리식 토기, 민무늬 토기, 붉은 간 토기 등
- 무덤: 고인돌 → 지배층의 무덤, 계급 사회였음을 보여줌

02 난도 ★☆☆ 정답 ④

선사 시대와 국가의 형성 > 국가의 형성

[자료해설]

(가)는 '12월 제천 행사', '영고' 등의 내용을 통해 부여임을 알 수 있고, (나)는 '10월 제사', '무천' 등의 내용을 통해 동예임을 알 수 있다.

[정답의 이유]

④ 동예의 책화 제도에 대한 설명이므로 옳은 내용이다.

[오답의 이유]

① 고구려에 대한 설명이다. 고구려에는 소노부, 계루부, 절노부, 순노부, 관노부의 5부가 있었으며, 태조왕 대 이래로 계루부 고씨가 왕위를 독점 세습하게 되었다.

② · ③ 삼한에 대한 설명이다.

더 알아보기

여러 연맹 왕국의 특징

부여	• 사출도(마가, 우가, 저가, 구가), 반농반목 • 풍습: 순장, 1책 12법, 우제점법, 형사취수제 • 제천 행사: 영고(매년 12월)
고구려	• 5부족 연맹체, 제가 회의, 약탈 경제(부경) • 풍습: 서옥제, 형사취수제 • 제천 행사: 동맹(매년 10월)
옥저	• 읍군, 삼로(군장) • 소금과 해산물 풍부 → 고구려에 공물 바침 • 풍습: 민며느리제, 가족 공동묘
동예	• 읍군, 삼로(군장) • 명주, 삼베, 단궁, 과하마, 반어피 등 • 풍습: 족외혼, 책화 • 제천 행사: 무천(10월)
삼한	• 제정 분리 사회: 정치적 지배자 신지와 읍차, 제사장 천군(소도 주관) • 벼농사(저수지 축조), 철 생산량이 많음(낙랑 · 왜에 수출, 화폐로 이용) • 제천 행사: 수릿날(5월), 계절제(10월)

03 난도 ★☆☆   정답 ③

중세 > 정치사

자료해설

제시된 사료는 고려 인종 4년(1126) 때 금나라가 고려에 군신관계를 요구하자, 이자겸과 척준경이 금의 사대 요구를 수용하는 내용이다. 따라서 (가)는 고려 인종이다.

정답의 이유

③ 인종 때 묘청과 정지상 중심의 개혁 세력은 서경으로 천도하여 서경에 대화궁을 짓고, 칭제건원을 사용하는 등 자주적인 개혁과 금을 정벌할 것을 주장하였다(묘청의 서경 천도 운동, 1135). 그러나 김부식 등의 관군에 의해 진압되었다.

오답의 이유

① 원 간섭기 때인 충렬왕 이후의 사실이다. 도평의사사는 도병마사의 후신으로 본래 도병마사는 국방 · 군사 문제만을 논의하던 임시회의 기구였으나, 고려 중기에 이르러 기능이 확대되었고, 충렬왕 5년(1279)에 도평의사사로 개편되면서 구성과 기능이 더욱 강화되어 정치를 주도하였다.

② 성리학은 고려 충렬왕 때 안향에 의해 처음 소개되었다. 이후 고려 후기 신진 사대부는 일상생활에서 유교적인 생활 관습을 실천하기 위해 『소학』, 『주자가례』 등을 중시하였다.

④ 고려가 몽골의 침입에 장기적으로 대응하기 위해 강화도로 천도한 것은 최우 집권 시기였던 고종 때이다(1232).

더 알아보기

묘청의 서경 천도 운동

• 배경: 인종의 개혁
• 전개: 서경 세력(묘청 · 정지상)이 황제 칭호, 서경 천도, 금 정벌 등 주장 → 개경 세력(김부식) 반발 → 서경 세력의 반란 → 김부식의 관군에게 진압
• 평가: 신채호는 조선사연구초에서 묘청의 서경 천도 운동을 '조선 역사상 일천년래 제일 대사건'으로 서술

04 난도 ★★☆   정답 ③

일제 강점기 > 정치사

자료해설

제시문의 ㉠은 1919년에 일어난 3 · 1 운동으로 각계 각층의 사람들이 참여한 대규모 독립 만세 운동이다. 3 · 1 운동은 국내외 민족의 주체성을 확인하고 대한민국 임시정부를 수립하는 계기가 되었다.

정답의 이유

③ 독립 의군부는 임병찬이 고종의 밀지를 받아 조직한 단체로, 기존에 의병 투쟁을 전개했던 유림들이 주축이 되어 전국적으로 의병 전쟁을 준비하였으나 조직이 발각되어 해체되었다(1912).

오답의 이유

① 암태도 소작쟁의는 전라남도 신안군 암태도의 소작 농민들이 지주 문재철과 그를 비호하는 일제에 대항하여 벌인 농민 항쟁이다(1923).

② 서울에서 조직된 사회주의 단체인 정우회는 일제의 탄압을 받는 상황에서 비타협적 민족주의 세력과의 제휴를 모색하면서 정우회의 투쟁 방향을 밝힌 정우회 선언을 발표하였다(1926).

④ 1920년대 이상재, 이승훈, 윤치호 등의 주도로 한국인을 위한 고등 교육 기관인 민립 대학 설립 운동이 시작되어 조선 민립 대학 기성회가 조직되었다(1923).

더 알아보기

독립 의군부(1912, 서울)

• 호남의 위정척사 유생인 최익현의 제자 임병찬이 고종의 밀칙(밀지)에 의해 국내 잔여 의병 세력과 유생을 규합하여 독립 의군부를 조직하였다.
• 대한제국의 회복을 추구하는 대표적 단체로서 조직적인 항일 투쟁을 전개했다.
• 일본 총리대신과 조선총독에게 국권 반환 요구서를 제출하고, 국권 회복을 위해 끝까지 저항할 것임을 알렸다.
• 이전 왕조를 부활시켜 의리를 지킨다는 복벽주의를 추구하였다.

05 난도 ★★☆   정답 ④

근세 > 문화사

자료해설

'성법(成法)'과 '세조의 뜻을 받들어 여섯 권의 법전을 완성' 등의 내용을 통해 성종 때 완성된 『경국대전』에 대한 설명이라는 것을 알수 있다. 『경국대전』은 세조 때 최항 등이 편찬을 착수하여 성종 때완성하여 반포한 조선의 기본 법전으로, 이는 조선 초기 유교적 통치 질서와 문물 제도가 완성되었음을 의미한다. 이·호·예·병·형·공전의 6전 조직으로 구성되어 있고, 조선 후기까지 법률 체계의 골격을 이루었다. 따라서 밑줄 친 '성상(聖上)'은 성종이다.

정답의 이유

④ 『국조오례의』는 성종 5년(1474)에 신숙주 등에 의해 완성된 책으로 제사 의식인 길례, 관례와 혼례 등의 가례, 사신 접대 의례인 빈례, 군사 의식에 해당하는 군례, 상례 의식인 흉례 등의 오례를 정리하였다.

오답의 이유

① 『동국병감』은 병서로서 조선 문종 때 편찬되었다.

② 중종 때 박세무가 저술한 『동몽선습』은 삼강오륜과 역사 등을 담은 아동 교육서이다.

③ 『삼강행실도』는 세종 때 군신·부자·부부 삼강에 모범이 될 만한 충신, 효자, 열녀의 행실을 모아 글과 그림으로 설명한 윤리서이다.

더 알아보기

조선의 윤리·의례서와 법전

윤리·의례서	• 『삼강행실도』(세종): 충신, 효자, 열녀 등의 행적을 그림과 글로 기록 • 『국조오례의』(성종): 오례(五禮)의 예법과 절차를 그림과 글로 기록
법전	• 『조선경국전』(태조): 정도전이 국가를 다스리는 기본 정책을 규정하여 왕에게 지어올린 법전 • 『경제육전』(태조): 정도전·조준 주도, 최초의 성문 법전 • 『경국대전』(세조~성종): 이·호·예·병·형·공전의 6전으로 구성 • 『속대전』(영조): 『경국대전』의 내용을 보완·개정한 법전 • 『대전통편』(정조): 『경국대전』과 『속대전』 및 그 뒤의 법령을 통합한 법전 • 『대전회통』(흥선 대원군): 『대전통편』 이후 수교 및 각종 조례 등을 보완·정리한 마지막 법전

06 난도 ★★☆   정답 ①

중세 > 경제사

자료해설

제시문에서 (가) 토지 제도는 고려 경종 때 제정된 시정 전시과이다. 『고려사』 사료에서는 인품만 고려하였다고 서술되어 있지만, 실제 시정 전시과는 관품과 인품을 기준으로, 전직, 현직의 모든 관리에게 차등 있게 토지를 지급하였다. 관품의 경우 광종 때 마련된 공복제를 기준으로 하였다.

정답의 이유

① 시정 전시과는 관료 개인의 정치적 위세와 명망, 조정에 대한 충성도를 고려한 인품과 광종 때 제정된 자삼·단삼·비삼·녹삼의 4색 공복을 기준으로 문반, 무반, 잡업으로 나누어 지급 결수를 정하였다.

오답의 이유

② 문종 때 시행된 경정 전시과에 대한 설명이다. 경정 전시과에서는 산관이 지급 대상에서 제외되고 현직 관료만을 지급 대상으로 하였으며, 무신에게 지급된 과등이 크게 향상되어 무신차별이 완화되었다.

③ 공양왕 때 시행된 과전법에 대한 설명이다. 과전법은 경기 지방의 토지에 한하여 전·현직 관리들에게 수조권을 지급하였으며, 이는 신진 사대부의 경제적 기반이 되었다.

④ 태조 때 시행된 역분전에 대한 설명이다. 역분전은 고려 건국 과정에서 충성도와 인품을 고려하여 차등 지급하였다.

더 알아보기

고려의 토지 제도

역분전(태조)	고려 건국 과정에서 충성도와 공로에 따라 차등 지급	
전시과	시정 전시과 (경종)	• 지급 대상: 전·현직 • 특징: 관품(4색 공복)과 인품을 고려
	개정 전시과 (목종)	• 지급 대상: 전·현직 • 특징: 관품만 고려
	경정 전시과 (문종)	• 지급 대상: 현직 관료 • 특징: 관품만 고려

07 난도 ★★☆   정답 ①

근대 > 정치사

자료해설

을미사변은 1895년, 을사조약 강제 체결은 1905년, 13도 창의군 서울 진공 작전 전개는 1908년에 일어난 사건이다.

정답의 이유

① 조·청 상민 수륙 무역 장정이 체결되어 외국 상인들이 침투해 오자 어려움에 처한 서울 도성의 시전 상인들이 황국 중앙 총상회를 조직하여 상권 수호 운동을 전개한 것은 (가) 시기이다(1898).

오답의 이유

② 신민회는 조선 총독부가 데라우치 총독 암살 미수 사건을 조작하여 많은 민족 운동가들을 체포한 105인 사건으로 인해 와해되었다(1911).

③ 함경도 관찰사 조병식은 흉년으로 곡물이 부족해지자 일본으로 곡물이 유출되는 것을 막기 위해 방곡령을 선포하였다(1889).

④ 보안회가 일제의 황무지 개간권 요구에 대한 반대 운동을 전개하여 이를 철회시킨 것은 (가) 시기이다(1904).

08 난도 ★☆☆　　　　　　　　　　　　정답 ④

고대 > 정치사

[자료해설]

'흑수말갈을 치게 하였다', '일본에 사신 고제덕 등을 보내', '고구려의 옛 땅을 회복하고 부여의 옛 습속을 지니고 있다' 등의 내용으로 보아 (가)는 발해 무왕이다.

[정답의 이유]

④ 발해 무왕은 당나라가 흑수말갈과 연합하여 발해를 압박하자 장문휴로 하여금 당의 산둥지방인 덩저우(등주)를 공격하게 하였다.

[오답의 이유]

① 대조영은 처음에는 국호를 '진(振)'이라고 하였으나 713년 당나라로부터 발해군왕(渤海郡王)으로 책봉받은 뒤 국호를 '발해'로 바꾸었다.

② 신라 헌덕왕 시기인 812년에 급찬 숭정을 발해에 사신으로 보냈는데, 당시 발해왕은 정왕이다.

③ '대흥', '보력'이라는 독자적인 연호를 사용한 왕은 문왕이다. 무왕은 '인안'이라는 독자적인 연호를 사용하였다.

[더 알아보기]

발해 주요 국왕의 업적

고왕 (대조영)	• 동모산 기슭에 발해 건국 • 고구려 계승 의식
무왕 (대무예)	• 독자적 연호 인안 사용 • 당의 산둥반도 공격(장문휴) • 돌궐, 일본과 연결하는 외교 관계 수립
문왕 (대흠무)	• 독자적 연호 대흥 사용 • 당과 친선, 신라와 교류(신라도) • 천도(중경 → 상경)
선왕 (대인수)	• 말갈족 복속, 요동 진출(고구려의 옛 땅 대부분 회복) • 발해의 전성기 → 해동성국

09 난도 ★★★　　　　　　　　　　　　정답 ③

일제 강점기 > 정치사

[자료해설]

제시문의 '사도하자'라는 지명을 통하여 지청천이 만주에서 이끌었던 한국 독립군에 대한 내용임을 알 수 있다.

[정답의 이유]

③ 지청천을 중심으로 북만주에서 결성된 한국 독립군은 중국 호로군과 연합하여 쌍성보 전투(1932), 사도하자 전투(1933), 동경성 전투(1933), 대전자령 전투(1933)에서 일본군을 크게 물리쳤다.

[오답의 이유]

① 양세봉은 남만주 지역에서 조선 혁명당 산하의 군사 조직인 조선혁명군을 조직하여 총사령관을 지낸 인물이다. 조선 혁명군은 중국 의용군과 연합하여 영릉가 전투(1932), 흥경성 전투(1933)에서 승리하였다.

② 독립군 탄압을 위해 일제(미쓰야)와 만주 군벌(장쭤린) 사이에 맺어진 미쓰야 협정(1925)으로 인해 3부(참의부 · 정의부 · 신민부)가 국민부와 혁신 의회로 통합되었는데, 국민부 산하의 군대가 조선 혁명군, 혁신 의회 산하의 군대가 한국 독립군이었다. 따라서 한국 독립군은 미쓰야 협정 이후인 1930년대 활동하였다.

④ 조선 의용대는 김원봉이 주도하여 중국 국민당의 지원을 받아 중국 관내에서 결성된 최초의 한인 무장 부대로, 조선 민족 전선 연맹 산하에 있었다(1938).

[더 알아보기]

한국 독립군과 중국 호로군의 합의 내용(1931)

1. 한 · 중 양군은 최악의 상황이 오는 경우에도 장기간 항전할 것을 맹세한다.

2. 중동 철도를 경계선으로 서부 전선은 중국이 맡고, 동부 전선은 한국이 맡는다.

3. 전시의 후방 전투 훈련은 한국 장교가 맡고, 한국군에 필요한 군 수품 등은 중국군이 공급한다.

10 난도 ★★☆　　　　　　　　　　　　정답 ①

근대 태동기 > 경제사

[정답의 이유]

① 서울 상인인 육의전과 시전 상인은 특정 품목 독점 판매권인 금난전권을 가지고 있었는데, 정조 때에 시전 상인의 금난전권 횡포로 육의전을 제외한 시전 상인의 금난전권을 철폐하는 신해통공을 발표하여 상공업 활동의 자유를 보장하였다.

[오답의 이유]

② '담배'는 17세기에 일본으로부터 전래된 상품 작물로, 인삼과 더불어 조선 후기 대표적인 상업 작물로 재배되었다.

③ '감저(甘藷)'는 고구마의 한문 이름으로, 고구마는 18세기 영조 때 통신사로 일본을 다녀온 조엄에 의해 수입되어 재배되었다. 『감저보』는 영조 때, 『감저신보』는 순조 때 저술되었다.

④ 밭의 이랑과 이랑 사이를 견(고랑)이라고 하는데, 견에 파종하는 것을 견종법이라고 한다. 17세기 이후에 기장, 보리 등의 겨울 작물을 고랑에 파종하기 시작하였고, 비가 적은 시기에 보습 효과도 기대할 수 있어 농업의 생산량 증가로 이어졌다.

[더 알아보기]

조선 후기 농촌 경제의 변화

농업 기술의 발달	• 논농사: 모내기법(이앙법) 확대 → 노동력 절감, 생산력 증대, 벼와 보리의 이모작 널리 성행 • 밭농사: 견종법(밭고랑에 씨를 뿌리는 것) 보급
농업 경영의 변화	• 광작의 성행: 1인 경작지를 확대하여 농가 소득 증가, 부농 성장 • 쌀의 상품화, 인삼 · 면화 · 담배 등의 상품 작물 재배 확대
지대 납부의 변화	일정액을 납부하는 도조법으로 지대 납부 방식 변화
농민층 분화	• 일부 농민이 상품 작물 재배를 통해 부농으로 성장 • 대다수 농민은 소작농, 고용 노동자, 임노동자로 전락

시대 통합 > 문화사

[정답의 이유]

③ 『동명왕편』은 고려 무신 정권기의 문인 이규보가 저술한 한국 문학 최초의 서사시이다. 고구려를 건국한 동명왕의 업적을 칭송하고 고려가 고구려를 계승하였다는 고려인의 자부심을 표현하였다. 단군 이야기를 다룬 고려 시대 역사서로는 일연의 『삼국유사』, 이승휴의 『제왕운기』가 있다.

[오답의 이유]

① 고려 충렬왕 때 이승휴가 쓴 『제왕운기』는 7언시, 5언시의 운문체 역사시이다. 중국과 우리나라 역대 왕의 계보를 수록하였으며 중국과 우리 역사를 병렬적으로 대비하여 서술하였다. 또한, 우리나라의 역사를 단군에서부터 서술한 것이 특징이다.

② 홍만종의 『동국역대총목』은 단군 정통론의 입장으로, 숙종 때인 1705년에 저술되었다. 단군 조선으로부터 기자 · 위만 조선 · 삼한 · 한사군 · 이부(二府) · 삼국 · 고려 · 조선의 사적을 사건만 간추려 편년체로 서술하였다.

④ 기미독립선언서 말미에는 민족 대표 33인의 이름으로 '조선 건국 단기(檀紀) 4252년 3월 1일'이라고 밝혀 조선이 단군 조선의 맥을 이은 나라임을 선언하였다.

중세 > 문화사

[자료해설]

'책 첫머리에 「기이(紀異)」편이 실린 까닭이며'라는 부분을 통해 충렬왕 때 일연이 저술한 『삼국유사』임을 알 수 있다. 이 책은 고려 원 간섭기 때 불교사를 바탕으로 기록되어 왕력과 함께 「기이(紀異)」편을 두어 고조선에서부터 후삼국까지의 전래 기록을 수록하였으며, 특히 단군을 우리 민족의 시초로 여겨 고조선 건국 설화를 수록하였다.

[정답의 이유]

② 고조선부터 후삼국 시대까지의 역사를 정리한 『삼국유사』는 여러 설화와 사회 민속 · 관습 등 전통 문화에 대한 내용이 다수 수록되어 있어 민속학적 측면에서 중요한 자료이다.

[오답의 이유]

① 각훈의 『해동고승전』(1215)에 대한 설명이다. 『해동고승전』은 승려들의 전기를 수록하고 교종의 입장에서 편찬한 사서로, 우리나라의 불교사를 중국과 대등한 입장에서 서술하였다.

③ 고조선부터 고려 말까지의 역사를 정리한 사서로는 『동국통감』(1485), 『동사강목』(1778) 등이 있다. 조선 성종 때 서거정이 편찬한 『동국통감』은 고조선부터 고려 말까지의 역사를 편년체로 정리한 최초의 관찬(官撰) 통사이다. 조선 정조 때 안정복이 편찬한 『동사강목』은 '단군 – 기자 – 마한 – 삼국 – 통일 신라 – 고려'로 이어지는 독자적 정통론을 확립하였다.

④ 유교적 합리주의에 기초하여 기전체로 서술된 사서는 『삼국사기』이다. 『삼국유사』는 민족적 자주 의식을 기반으로 기사본말체로 서술된 사서이다.

근대 > 정치사

[자료해설]

'농민군'과 '폐정 개혁' 등을 통해 동학 농민 운동에 대한 내용임을 알 수 있고, 정부와 (가)를 맺었다는 것으로 보아 (가)는 전주 화약(1894.5.)임을 알 수 있다.

[정답의 이유]

④ 청과 일본의 군대 개입을 우려한 동학 농민군은 정부와 전주 화약을 맺고 집강소를 설치하여 개혁을 실시하였다. 그러나 청 · 일 전쟁이 발발하고 일본의 내정 간섭이 심해지자 동학 농민군은 1894년 9월 삼례에서 2차 봉기를 시작하게 되고 논산에서 전봉준의 남접과 손병희의 북접이 합류하여 연합군을 형성하였다.

[오답의 이유]

① 황토현 전투는 전주 화약 이전인 1894년 4월에 전개된 전투이다. 농민군이 황토현과 황룡촌 전투 등에서 정부군을 격파하고 전주성을 점령하였다.

② · ③ 농민을 동원하여 만석보를 쌓아 수세를 강제로 징수하는 등 조병갑의 횡포에 견디다 못한 농민들이 동학교도 전봉준을 중심으로 고부에서 봉기를 일으켜 고부 관아를 점령하였다(1894.1.). 이를 해결하기 위해 파견된 안핵사 이용태 역시 이들을 탄압하자, 농민군은 보국안민, 제폭구민을 기치로 내걸고 백산에서 봉기하여 4대 강령을 발표하였다(1차 봉기, 1894.3.).

더 알아보기

동학 농민 운동의 전개 과정

공주 · 삼례 집회(교조 신원 운동, 1892) → 보은 집회(교조 신원 + 척왜양 창의, 1893) → 고부 농민 봉기(전봉준 중심, 1894.1.) → 1차 봉기(백산 봉기, 1894.3.) → 관군과의 황토현 · 황룡촌 전투 승리(1894.4.) → 전주성 점령 → 청군, 일본군 조선 상륙(1894.5.) → 전주 화약 체결 → 집강소 설치(폐정 개혁 실천, 1894.6.) → 일본군의 경복궁 점령 → 청 · 일 전쟁 발생(군국기무처 설치) → 2차 봉기(남접 · 북접 연합, 1894.9.) → 공주 우금치 전투 패배(1894.11.) → 전봉준 체포(1894.12.)

고대 > 경제사

[자료해설]

국호 '신라' 확정은 6세기 초 신라 지증왕(500~514), 9주 5소경 설치는 7세기 후반 신라 신문왕(681~692), 대공의 난 발발은 8세기 중엽 신라 혜공왕(765~780), 독서삼품과 실시는 8세기 후반 신라 원성왕(785~798) 대의 사실이다.

[정답의 이유]

① 일반 백성에게 정전을 지급하여 국가의 토지 지배력을 강화한 것은 8세기 초인 성덕왕 때의 일이다(722).

[오답의 이유]

② 지증왕은 수도 경주에 시장을 설치하고 이를 감독, 관리하기 위한 관청인 동시전을 설치하였다(509).

③ 고구려 고국천왕은 국상인 을파소의 건의에 따라 먹을거리가 부족한 봄에 곡식을 빌려주고 추수 이후에 곡식을 갚도록 하는 진대법을 실시하였다(194).

④ 청주 거로현을 국학생의 녹읍으로 삼은 것은 소성왕 대의 사실이다(799).

더 알아보기

신라 시대 주요 왕의 업적

왕	재위 연도	업적
내물왕	4세기	김씨 왕위 계승 확립, '마립간' 칭호
지증왕	500~514	국호 '신라', '왕' 칭호, 우산국 정복(512)
법흥왕	514~540	불교 공인(527), 율령 반포, 17관등제 마련, 병부 및 상대등 설치, '건원' 연호 사용, 금관가야 정복(532)
진흥왕	540~576	화랑도를 국가 조직으로 개편, 영토 확장(한강 유역 장악, 대가야 정복, 함경도 진출) → 단양 신라 적성비, 진흥왕 순수비 건립
무열왕	654~661	최초의 진골 출신 왕, 나·당 연합군의 공격으로 백제 멸망(660)
문무왕	661~681	나·당 연합군의 공격으로 고구려 멸망(668), 나·당 전쟁, 삼국 통일 완성(676)
신문왕	681~692	김흠돌의 난 진압 → 진골 귀족 숙청, 왕권 강화, 9주 5소경 정비, 군사 조직인 9서당 10정 편성, 국학 설치(682), 녹읍 폐지(689)
경덕왕	742~765	녹읍 부활(757)
혜공왕	765~780	대공의 난 발발(768)
원성왕	785~798	독서삼품과 실시(788)

15 난도 ★★★   정답 ③

시대 통합 > 문화사

정답의 이유

③ 백제 무왕의 왕후가 넣은 사리기가 발견된 것은 익산 미륵사지 석탑이다. 부여 정림사지 5층 석탑은 목탑의 구조와 비슷하지만 돌의 특성을 잘 살린 백제의 대표적인 석탑으로, 국보 제9호로 지정되어 있다.

오답의 이유

① 개성 경천사지 10층 석탑은 원의 라마불교 영향을 받아 원의 석탑을 본떠 만들어진 고려 시대의 석탑이다. 대리석으로 축조되었고, 훗날 조선 세조 때 지어진 원각사지 10층 석탑에도 영향을 주었다.

② 경북 영주 부석사 무량수전, 경북 안동 봉정사 극락전(현존하는 최고의 목조 건축물), 충남 예산 수덕사 대웅전은 대표적인 주심포 양식 건물이다.

④ 김제 금산사 미륵전은 다층 건물이지만 내부는 층 구별이 없어 하나로 통하는 형식으로 만들어졌다는 특징을 갖는다.

16 난도 ★☆☆   정답 ④

근세 > 사회사

자료해설

제시문에서 '주세붕이 ~ 창건할 적에'라는 표현을 통해 (가) 교육 기관은 서원이라는 것을 알 수 있다.

정답의 이유

④ 서원은 각 향촌에서 유생이 모여 학문을 연구하고 후배를 양성하며 선현의 제사를 지내는 곳으로, 사림들이 지방에 설립한 사립 교육 기관이다.

오답의 이유

① 지방의 군현에 있던 유일한 관학은 지방 국립 중등 교육 기관인 향교이다.

② 조선 시대 초등 교육을 담당하던 사립 교육 기관인 서당에서 선비와 평민의 자제에게 『천자문』 등을 가르쳤다.

③ 조선 시대 최고 교육 기관인 성균관에서는 성적이 우수한 유생에게는 대과의 초시를 면제해 주었으며, 50세까지 성균관에서 성실히 학업을 한 경우에는 과거를 거치지 않고 벼슬을 주기도 하였다.

더 알아보기

서원

건립	1543년(중종) 풍기 군수 주세붕이 세운 백운동 서원이 최초이며, 이황의 건의로 최초의 사액 서원(소수 서원)으로 공인(국가로부터 토지와 노비, 서적을 받고 면세와 면역의 특권을 부여 받음)
역할	향촌 교화, 향음주례, 후진 양성 및 선현 추모
영향	유교 윤리 보급, 향촌 사림 결집 및 강화

17 난도 ★★☆   정답 ①

근대 > 정치사

자료해설

(가)는 1876년 2월에 체결된 강화도 조약(조·일 수호 조규)의 부속 조약인 조·일 무역 규칙에 대한 내용이고 (나)는 조·미 수호 통상 조약에 대한 내용이다.

정답의 이유

① (가) 조·일 무역 규칙: 전문 11개 조항으로 일본국 소속 선박에 대한 무항세 적용, 일본 수출입 상품에 대한 무관세 적용, 양곡의 무제한 유출 허용 등의 내용이 담겨 있다.

(나) 조·미 수호 통상 조약: 일본에 수신사로 파견된 김홍집이 조선이 미국과 친해야 한다는 연미론을 주장한 황준헌의 『조선책략』을 가져오면서 그 영향으로 체결되었으며, 청의 적극적인 중재가 있었다. 조·미 수호 통상 조약에는 거중 조정 내용이 담겨 있었고, 최초로 최혜국 대우를 규정하였다.

---

18 난도 ★★☆   정답 ②

근세 > 정치사

[자료해설]

『동호문답』, 『만언봉사』, 『성학집요』 등을 통해 이이에 대한 연보임을 알 수 있다.

㉠ 사간원: 국왕에게 간언 및 직언을 하는 간쟁 기관이다.

㉡ 이조 좌랑: 이조의 정랑과 함께 전랑이라 불리는 관직으로 문관뿐만 아니라 삼사의 인사 관리에 대한 동의권을 가지고 있었다.

㉢ 승정원: 왕명 출납을 담당하고 모든 기밀을 취급하던 국왕의 비서 기관으로, 고려 중추원의 승선과 같은 일을 하였다.

㉣ 홍문관: 왕의 자문 기관으로 전신(前身)은 집현전이며 옥당으로도 불린다. 이들은 국왕의 정책 자문, 경연관 및 서연관으로 참석할 수 있었으며, 왕명을 대필하기도 하였다. 홍문관은 사헌부, 사간원과 함께 3사라고 하였다.

[정답의 이유]

② 이조 좌랑은 이조의 정6품에 해당하는 관직으로 정5품 정랑과 함께 이조 전랑이라고 하였다. 이들은 삼사의 직책에 대한 임명 동의권인 통청권, 자신의 후임자를 추천할 수 있는 자대권, 과거에 급제하지 않은 사람에게 벼슬을 주는 낭천권을 지니고 있었다.

[오답의 이유]

① 사간원은 국왕에게 간언 및 직언을 하는 간쟁 기관으로 사헌부와 함께 '양사'라고 하였다. 왕명을 출납하면서 왕의 비서 업무를 담당한 기관은 승정원이다.

③ 왕의 정책을 간쟁하는 기관은 사간원, 관원의 비행을 감찰한 기관은 사헌부이다. 사간원과 사헌부는 양사 또는 대간이라 하여 5품 이하 관리의 임명과 관련된 서경권을 행사하였다.

④ 홍문관은 왕의 자문 기관으로 사헌부, 사간원과 함께 3사라고 불렸다. 서적 출판 및 간행의 업무를 전담한 곳은 교서관이다.

---

19 난도 ★☆☆   정답 ②

일제 강점기 > 문화사

[자료해설]

'유교', '구신' 등을 통해 박은식의 「유교구신론」임을 알 수 있다.

[정답의 이유]

② 박은식은 『한국통사』에서 '나라는 형이고, 역사는 신'이라고 밝히면서 '정신과 국혼이 멸하지 않으면 반드시 국권을 회복할 수 있다.'라고 하였다.

[오답의 이유]

① 정인보는 「5천 년간 조선의 얼」이라는 글을 동아일보에 연재하여 민족의 '얼'을 강조하며 민족정신을 고취하였고, 문일평, 안재홍과 함께 조선학 운동을 주도하였다.

③ 제5차 개헌으로 주석 · 부주석 중심 체제로 전환된 임시 정부에서 김구는 주석을, 김규식은 부주석을 역임하였다.

④ 신채호는 대한매일신보에 「독사신론」을 연재하여 민족주의 사관의 기초를 마련하였다.

더 알아보기

박은식의 활동

구한말	독립 협회 가입, 황성신문 · 대한매일신보 주필, 서북학회 창설, 유교구신론 주장, 대동교 창립 등
일제 강점기	『한국통사』, 『한국독립운동지혈사』 집필 및 간행, 조선 광문회 조직, 무오 독립 선언서 발표, 임시 정부 제2대 대통령 선출 등

---

20 난도 ★☆☆   정답 ②

현대 > 정치사

[정답의 이유]

(나) 일제의 패망이 닥치자, 조선 건국 동맹의 여운형과 안재홍 등은 광복 당일인 1945년 8월 15일에 조선 건국 준비 위원회를 조직하였다.

(다) 1945년 12월, 미국 · 영국 · 소련 3국 외상이 모스크바에 모여 한반도의 문제를 협의하였다. 이때 임시 민주 정부의 수립과 이를 지원하기 위한 미 · 소 공동 위원회가 설치되었으며, 미국 · 영국 · 소련 · 중국에 의한 잠정적인 신탁 통치 실시 등이 합의되었다. 이후 신탁 통치 결정을 둘러싸고 좌 · 우익이 대립하게 되었다.

(가) 제1차 미 · 소 공동 위원회(1946.3.)가 결렬되고 이승만의 단독 정부 수립 운동으로 분단의 위기가 고조되자 김규식과 여운형을 중심으로 좌우 합작 위원회가 구성(1946.7.)되었다. 좌우 합작 위원회에서는 좌익과 우익의 의견을 절충하여 1946년 10월에 좌우 합작 7원칙을 발표하였다. 이후 제2차 미 · 소 공동 위원회(1947.5.)가 결렬되고 여운형이 암살되면서 좌우 합작 위원회는 해산하게 되었다.

(라) 1948년 UN 소총회에서 남한만의 총선거를 결정하자 김구와 김규식은 북한 당국에 남북 협상을 제의(1948.2.)한 후 남북 협상에 참석하였다.

더 알아보기

대한민국 정부 수립 과정

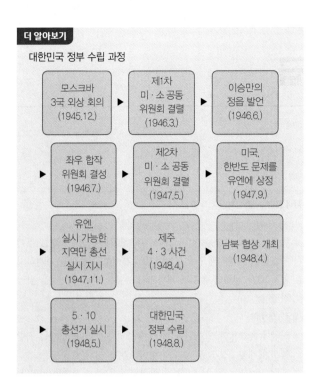

모스크바 3국 외상 회의 (1945.12.)	▶	제1차 미 · 소 공동 위원회 결렬 (1946.3.)	▶	이승만의 정읍 발언 (1946.6.)
▶ 좌우 합작 위원회 결성 (1946.7.)	▶	제2차 미 · 소 공동 위원회 결렬 (1947.5.)	▶	미국, 한반도 문제를 유엔에 상정 (1947.9.)
▶ 유엔, 실시 가능한 지역만 총선 실시 지시 (1947.11.)	▶	제주 4 · 3 사건 (1948.4.)	▶	남북 협상 개최 (1948.4.)
▶ 5 · 10 총선거 실시 (1948.5.)	▶	대한민국 정부 수립 (1948.8.)		

한국사 | 2018년 국가직 9급

한눈에 훑어보기

✔ 영역 분석

고대   03   12   13   14
4문항, 20%

중세   02   05   19
3문항, 15%

근세   07   11   16
3문항, 15%

근대 태동기   06
1문항, 5%

근대   09   15
2문항, 10%

일제 강점기   08   10   17
3문항, 15%

현대   04   18
2문항, 10%

시대 통합   01   20
2문항, 10%

✔ 빠른 정답

01	02	03	04	05	06	07	08	09	10
①	③	①	③	②	①	①	②	④	②
11	**12**	**13**	**14**	**15**	**16**	**17**	**18**	**19**	**20**
④	③	②	④	③	③	④	③	②	③

✔ 점수 체크

구분	1회독	2회독	3회독
맞힌 문항 수	/ 20	/ 20	/ 20
나의 점수	점	점	점

---

01 난도 ★★☆   정답 ①

시대 통합 > 정치사

[정답의 이유]

① 통일 신라의 지방 행정 조직에서 주 아래에는 군이나 현을 두어 지방관을 파견하였으나, 그 아래의 촌에는 지방관을 파견하지 않고 토착 세력인 촌주가 지방관의 통제를 받으며 행정을 담당하였다.

[오답의 이유]

② 전국에 330여 개의 군현을 둔 것은 조선 시대이다. 발해는 지방 행정 체제를 5경 15부 62주로 정비하였다.

③ 촌락 지배 방식으로 면리제가 확립된 것은 조선 시대의 일이다. 조선은 촌락 주민에 대한 지배를 원활히 하고자 초기에 면리제, 17세기 중엽 이후 오가작통제(『경국대전』에 법제화)를 실시하였다.

④ 고려 시대에 지방 호족을 견제하고 지방 통치를 원활하게 하기 위해 지방 호족 출신자를 그 지역의 사심관으로 임명하였다. 사심관은 향리층을 감독하여 지방의 민심을 안정시키는 역할을 하였다.

더 알아보기

시기별 행정 구역의 변화

시기	행정 구역
고구려	5부 5부
백제	5부 5방
신라	6부 5주
통일 신라	9주 5소경
발해	5경 15부 62주
고려 현종	5도 양계
조선 태종	8도
조선 고종	23부 337군
대한제국	13도

02 난도 ★☆☆
정답 ③

중세 > 정치사

자료해설

제시문은 993년 거란의 1차 침입이 있었을 때 서희가 벌인 협상의 내용으로 『고려사』「서희 열전」에 기록된 것이다. 거란 장수 소손녕이 옛 고구려의 영토가 거란의 소유라고 하자, 서희는 국호에서 알 수 있듯이 고려는 고구려를 계승하였고, 고구려의 수도 평양을 도읍으로 정하고 있음을 내세워 고구려의 옛 땅이 거란의 영토라는 주장을 반박하였다. 오히려 서희는 거란이 동경으로 삼고 있는 요양(遼陽)이 고구려의 땅이었으므로 고려에 복속되어야 한다고 주장하였다.

정답의 이유

③ 고려 서희는 거란 장수 소손녕과의 외교 담판으로 고구려의 후예임을 인정받음과 동시에 압록강 동쪽의 강동 6주를 확보하였다.

오답의 이유

① 고려 예종 때 윤관의 별무반이 여진족을 물리치고, 함주, 길주 등에 동북 9성을 설치하였다(1107).
② 귀주 대첩은 거란의 3차 침입 때 강감찬이 귀주에서 거란군을 물리치고 승리한 싸움이다(1019).
④ 천리장성은 거란 및 여진의 침략에 대비하여 1033년에 덕종이 유소에게 명해 압록강에서 도련포까지 축조한 것이다.

더 알아보기

고려의 대외 관계(이민족의 침입)

거란(요)	북진 정책: 거란 침입 → 서희의 강동 6주 획득, 강감찬의 귀주 대첩
여진(금)	윤관의 여진 정벌, 동북 9성 설치
몽골(원)	• 대몽 항쟁: 김윤후의 처인성 전투, 삼별초 항쟁 • 고려 개경 환도 → 원 간섭기
홍건적, 왜구	• 공민왕, 우왕 • 홍산 대첩(최영), 진포 대첩(최무선), 황산 대첩(이성계), 쓰시마 섬 정벌(박위)

03 난도 ★☆☆
정답 ①

고대 > 정치사

자료해설

제시된 자료는 광개토 대왕이 왜·백제의 연합군이 신라를 침략하여 내물왕이 원병을 요청하자 기병과 보병을 신라에 보내 토벌한 내용을 보여 주고 있다.

정답의 이유

① 광개토 대왕이 신라 내물왕의 요청으로 군대를 보내 신라에 출몰한 왜구를 격퇴(400)한 후 고구려는 신라 영토 내에 주둔하여 내정 간섭을 강화하였다.

오답의 이유

② 백제 근초고왕이 고구려의 평양성을 공격하여 고국원왕이 전사하였다(371).
③ 백제 성왕은 신라의 진흥왕이 나·제 동맹을 깨고 백제가 차지한 지역을 점령하자 신라를 공격하였으나 관산성 전투에서 전사하였다(554).
④ 신라에 침입한 왜구를 물리치기 위해 출병한 고구려군과의 충돌로 금관가야를 중심으로 하는 전기 가야 세력은 쇠퇴하게 되었고, 이후 대가야가 가야 연맹을 주도하게 되었다.

04 난도 ★★☆
정답 ③

현대 > 정치사

자료해설

(가) 제시문은 정읍 발언이다. 이승만은 제1차 미·소 공동 위원회가 결렬되고 북한에 사실상의 정부가 수립되자 1946년 6월 정읍에서 남한 단독 정부 수립을 주장하였다.
(나) 제시문은 김구가 연설한 '삼천만 동포에게 읍고함'의 내용이다. 김구는 광복 이후 모스크바 3국 외상 회의 결정에 따른 신탁 통치를 반대하였으며, 남한만의 단독 정부를 추진한 이승만과 달리 통일 정부 수립을 위해 평양으로 가서 남북 협상까지 시도하였으나 결국 실패하였다.

정답의 이유

③ 김구를 비롯한 임시정부 진영은 신탁 통치를 적극 반대하기 위해 '신탁 통치(탁치) 반대 국민 총동원 위원회'를 조직하였다.

오답의 이유

① 남한만의 단독 정부 수립에 반대하여 5·10 총선거에 불참한 대표적 인물은 김구, 김규식 등이다. 이승만은 남한만의 단독 선거 실시를 찬성하였다.
② 제1차 미·소 공동 위원회가 결렬된 후 여운형, 김규식 등 중도 세력이 미군정의 지원을 받으면서 좌·우 합작 위원회를 결성하였다(1946.7.). 이들은 좌·우 합작 7원칙을 발표하고 좌·우 합작 운동을 전개하였다. 이승만은 좌·우 합작 7원칙에 대해 민족 진영을 분열시킨다고 주장하여 반대하였다.
④ 남조선 과도 입법 의원은 미군정이 한국 정부에 정권을 인도하기 위해 설립한 과도적 성격을 띤 입법 기관으로, 남조선 과도 입법 의원의 의장을 역임한 인물은 김규식이다.

05 난도 ★★★
정답 ②

중세 > 문화사

자료해설

제시문의 (가)는 팔관회에 해당한다. 팔관회는 고려 성종 때 폐지되었다가 현종 때 부활하였다.

정답의 이유

② 정월 대보름에 개최된 행사는 연등회이며, 팔관회는 주로 10, 11월에 개최되었다.

오답의 이유

① 고려 시대에는 매년 개경과 서경에서 국가적 행사인 팔관회가 열렸다. 고려 전역은 물론 송, 여진, 탐라 등 주변국뿐만 아니라 서역의 대식국(아라비아) 상인들도 찾아와 참여하였으며 이는 교역의 중요한 계기가 되었다.

③ 팔관회는 천령(天靈) · 5악(五岳) · 명산(名山) · 대천(大川) · 용신(龍神) 등 토속신에게 제사 지내는 의식으로 소회일(小會日)과 대회일(大會日)이 있어 많은 의식과 하례(賀禮)가 있었다.

④ 태조는 훈요 10조에서 불교 숭상과 연등회, 팔관회 개최를 중시할 것을 언급하였다.

더 알아보기

연등회와 팔관회

연등회	팔관회
불교 행사	토착 신앙, 불교, 도교
전국적인 행사	서경 · 개경에서 개최, 왕 참관(교역 장소)
매년 초(정월 대보름, 1월 15일)	매년 말(10, 11월)

06 난도 ★★★ 정답 ①

근대 태동기 > 정치사

자료해설

제시문은 정조의 『만천명월주인옹자서』로 그는 스스로를 초월적인 군주라고 생각하며, 그 입장에서 신하들을 교육하고 양성하고자 초계문신제도를 시행하였다.

정답의 이유

① 서호수의 『해동농서』는 우리나라의 농학을 기본으로 삼고 중국 농학을 참고하여 저술한 농업서로 조선 정조의 명령으로 편찬되었다.

오답의 이유

② 1674년에 효종비(인선 왕후) 상 때 인조의 계비인 자의 대비의 복상 기간을 둘러싸고 일어난 갑인예송 당시 서인은 9개월, 남인은 1년(기년복)을 주장하였다. 이때 현종은 남인의 손을 들어주었다.

③ 이순신 사당에 현충이라는 호를 내리고 강감찬 사당을 건립하여 애국심을 고취한 것은 조선 숙종 때의 일이다.

④ 효종 때 설점수세제를 실시하여 민간인의 채굴을 허용 · 경영하게 하고 호조에서 세금을 거둬들였다.

07 난도 ★★☆ 정답 ①

근세 > 정치사

자료해설

제시문의 밑줄 친 '국왕'은 중종을 말하는 것으로, 중종의 명을 받고 조신이 편찬한 『이륜행실도』는 연장자, 연소자, 친구 사이의 도덕적 윤리를 강조한 윤리서이다.

정답의 이유

① 조선 중종 때 풍기 군수 주세붕이 성리학을 전래한 고려 말의 학자 안향을 기리기 위해 최초로 백운동 서원을 건립하였다. 백운동 서원은 이황의 건의로 최초의 사액 서원인 소수 서원으로 사액되었다.

오답의 이유

② 『금오신화』는 세조 때 김시습이 지은 우리나라 최초의 한문 단편 소설집이다.

③ 성종 때 오례(五禮)의 예법과 절차 등을 그림과 함께 정리한 『국조오례의』와 각 도의 지리, 풍속, 인물 등을 기록한 관찬 지리지인 『동국여지승람』을 편찬하였다.

④ 세종은 집현전을 설치하고 학문 연구와 경연, 서연을 담당하게 하여 유교 정치의 활성화를 꾀하였다(1420).

08 난도 ★★★ 정답 ②

일제 강점기 > 정치사

자료해설

제시문은 일제가 인적 · 물적 자원의 총동원을 위해 1938년 4월 제정 · 공포한 국가 총동원법에 대한 내용으로 물자통제, 금속류 회수, 징용제 등의 내용을 담고 있다.

정답의 이유

② 육군 특별 지원병령은 국가 총동원법 제정 이전인 1938년 2월에 제정하고 4월부터 지원병을 선발하였다.

오답의 이유

① 일제는 1941년 물자 통제령을 공포하여 전쟁 물자부터 생필품까지 배급제를 확대하였다.

③ 1941년 일본은 전쟁의 확대로 무기 생산에 필요한 금속 자원이 부족해지자 금속류 회수령을 제정하여 주요 군수 물자를 공출하였다.

④ 1939년 일제는 전쟁 수행을 위하여 일본인 및 식민지민을 강제로 동원시키기 위해 국민 징용령을 제정하였다.

더 알아보기

일제의 국가 총동원법(1938)

인력 수탈	• 병력 동원: 지원병제(1938), 학도 지원병제(1943), 징병제(1944) • 노동력 동원: 국민 징용령(1939), 근로 보국대 조직 → 광산 · 철도 건설, 군수 공장 등에 학생과 청년들 강제 동원 • 여성 동원: 여자 정신 근로령(1944), 여성들에게 일본군 '위안부' 강요
물적 수탈	전쟁 물자 공출, 금속 및 미곡 공출제 · 양곡 배급제 실시, 위문 금품 모금, 국방 헌금 강요, 산미 증식 계획 재개

09 난도 ★★☆ 정답 ④

근대 > 정치사

자료해설

첫 번째 제시된 사료에서 '안핵사 이용태의 보고에 따르면'을 통해 고부 농민 봉기(1894.1.)임을 알 수 있고, (가) 이후 두 번째 제시된 사료에서 '전봉준 (전라) 우도에 호령, 김개남 남원성에 앉아 좌도를 통솔'을 통해 '전주 화약 이후 집강소를 설치한 때(1894.5.)'임을 알 수 있다.

정답의 이유

④ 안핵사 이용태가 고부 농민 봉기의 참가자와 주도자를 탄압하자 전봉준, 김개남 등은 보국안민, 제폭구민의 기치를 내걸고 농민군을 재조직하였고, 백산에서 4대 강령을 발표하여 봉기하였다 (1894.3.).

오답의 이유

① 텐진 조약을 근거로 조선에 온 일본군이 경복궁을 점령하는 등 일본의 내정 간섭이 심해지자 외세를 몰아내기 위해 전봉준이 이끄는 남접과 손병희가 이끄는 북접이 논산에서 다시 집결하였다(2차 봉기, 1894.9.).

② 일본의 내정 간섭으로 인해 반외세를 내걸고 재봉기한 동학군은 우금치 전투에서 일본군과 격돌했으나 패하였다(1894.11.).

③ 1893년 2월 교조 신원 운동(복합 상소)에 대한 설명이다. 동학교도들은 삼례 집회에서 혹세무민의 죄로 처형당한 최제우의 교조 신원 운동을 전개하였다.

더 알아보기

제1차 동학 농민 운동(1894.3.)

배경	안핵사 이용태의 봉기 주도자 체포
전개	전봉준·손화중 등을 중심으로 봉기 → 백산에서 격문 발표(제폭구민, 보국안민 주장) → 황토현·황룡촌 전투 → 전주성 점령 → 정부가 청에 원군 요청, 청일 양국 파병(텐진 조약 구실)
결과	정부와 농민군이 전주 화약 체결 → 폐정 개혁 12개조 제시, 자진 해산 → 집강소 설치(폐정 개혁안 실천)

10 난도 ★★★ 정답 ②

일제 강점기 > 정치사

자료해설

제시문의 (가)는 임시 토지 조사국으로 일제는 1910년 임시 토지 조사국을 설치하여 1918년까지 전국 토지 조사를 실시하였다.

정답의 이유

② 이광수의 소설 『무정』은 우리나라 최초의 현대 장편 소설로, 1917년부터 매일신보에 연재되었다.

오답의 이유

① 1920년 설립된 조선 청년 연합회는 서울에서 조직된 청년 운동 단체의 연합기관이다.

③ 연초 전매제는 1921년에 시행되었다. 일본의 연초 전매 통제로 조선의 연초 경작 농민과 제조업자, 판매업자 등이 몰락하였다.

④ 의열단은 1919년 김원봉 등이 중심이 되어 만주 길림에서 조직되었다. 의열단은 신채호가 작성한 『조선 혁명 선언』을 기본 행동 강령으로 하여 직접적인 투쟁 방법인 암살, 파괴, 테러 등을 통해 독립운동을 전개하였다.

11 난도 ★★☆ 정답 ④

근세 > 문화사

자료해설

제시문에서 '1402년 제작'과 『혼일강리도』를 통해 밑줄 친 '이 지도'는 조선 태종 때 김사형, 이무, 이회 등이 제작한 『혼일강리역대국도지도』인 것을 알 수 있다. 『혼일강리역대국도지도』는 현존하는 동양 최고(最古)의 지도로 현재 필사본이 일본에 남아 있다.

정답의 이유

④ 조선 영조 때 정상기는 최초로 100리 척을 사용한 『동국지도』를 제작하였다.

오답의 이유

① 『혼일강리역대국도지도』는 아메리카 대륙을 제외하고 유럽, 아프리카, 중국, 일본, 우리나라의 지도까지 그려져 있는 것을 확인할 수 있다.

② 『혼일강리역대국도지도』는 중국을 사실보다 크게 그려 중화사상을 드러내고 있다.

③ 『혼일강리역대국도지도』는 중국에서 입수하여 참고한 『성교광피도』와 『혼일강리도』를 기초로 그려졌는데, 이중 『성교광피도』는 원나라가 이슬람 지도학의 영향을 받아 제작한 것이다.

12 난도 ★☆☆ 정답 ③

고대 > 정치사

자료해설

제시된 자료에서 왕 원년에 김흠돌이 반역을 도모하다 사형을 당하였고, 왕 9년에 '왕이 수도를 달구벌(대구)로 옮기려고 하였다'는 것을 통하여 '신문왕'과 관련된 사건임을 알 수 있다.

정답의 이유

③ 신문왕은 유학 교육 기관인 국학을 설립하였고, 유교 정치 이념을 확립하여 왕권을 강화하려 하였다.

오답의 이유

① 소지 마립간에 대한 설명이다. 소지 마립간은 국가의 공문을 전달하고 말을 공급하는 우역을 설치하였다.

② 효소왕에 대한 설명이다. 효소왕은 지증왕 때 설치한 동시전으로는 유통 수요를 감당하기 어려워 경주에 서시와 남시를 설치하였다.

④ 신라 하대에는 왕권이 약화되고 귀족 세력이 강화되면서 경덕왕 때 녹읍을 부활시켰다.

신문왕의 전제 왕권 강화 정책

정치	• 중앙: 예작부 등 14부 운영 • 지방: 9주 5소경
사회	김흠돌의 난 집압
군사	9서당 10정
토지	관료전 지급, 녹읍 폐지
교육	국학 설립으로 유교 교육 강화

13 난도 ★☆☆   정답 ②

고대 > 정치사

자료해설

제시문은 발해를 '당 왕조에 예속된 지방 민족 정권 차원'이라고 보는 중국과 '중앙 아시아나 남부 시베리아의 영향을 강조하여 본인의 역사에 편입해야 한다'는 러시아의 입장이다. 이런 중국과 러시아 입장에 맞서려면 발해가 고구려를 계승했다는 근거를 제시하여야 한다.

정답의 이유

② 고구려 문화를 대표하는 굴식 돌방 무덤과 모줄임 천장, 이불병 좌상, 온돌 장치 등을 통해 발해가 고구려의 문화를 이어받았다고 볼 수 있다. 또한 고구려 건국 주도 세력이 고구려계 유민이었으며 일본에 보낸 국서에도 고구려의 계승 의식을 표명하고 있는 것도 고구려가 우리의 역사임을 증명할 수 있는 자료들이다.

오답의 이유

① 신라도는 발해 문왕 때 발해에서 신라로 가는 교통로로 상경에서 출발하여 동경과 동해안을 거쳐 경주로 통하였다.

③ 발해 문왕이 인재 양성을 위해 설치한 국립 대학인 주자감(당의 영향)은 발해 최고 교육 기관으로 주로 귀족 자제들에게 유교 경전을 교육하였다.

④ 발해의 중앙 행정 조직인 3성 6부는 당나라 제도의 영향을 받았으나, 명칭과 운영에 있어서는 발해만의 독자성을 보였다.

14 난도 ★★★   정답 ④

고대 > 정치사

자료해설

제시된 자료는 『삼국사기』에 들어 있는 신라 문무왕의 유언이다. 신라 문무왕은 매소성 전투(675)와 기벌포 전투(676)에서 승리하여 당의 세력을 한반도에서 몰아내고 삼국을 통일하였다.

정답의 이유

④ 흑치상지는 백제 멸망 이후 복신, 도침 등과 함께 왕자 부여풍을 왕으로 추대하고 임존성, 주류성을 거점으로 백제 부흥 운동을 전개하였으나, 백강 전투(663)에서 나·당 연합군에게 크게 패배하였다. 백제 부흥군의 잔여 세력이었던 지수신은 나·당 연합군에 투항하지 않고 항전하다 고구려로 망명하였다.

오답의 이유

① 문무왕은 태자 시절 전쟁에 참전하여 660년 사비성을 함락시켜 백제를 멸망시켰다.

② 문무왕은 668년 고구려를 멸망시키고, 나·당 전쟁에서 승리하여 당을 축출하고 676년 삼국 통일을 완성하였다.

③ 문무왕은 백제 멸망 후 복신과 도침이 주도한 백제 부흥군을 공격하였다.

15 난도 ★★☆   정답 ③

근대 > 경제사

자료해설

제시문에서 '진황지(버려두어서 거칠어진 땅) 개간'이라는 말을 통해 1904년에 설립한 농광 회사임을 알 수 있다.

정답의 이유

③ 농광 회사는 일제의 황무지 개척권 요구를 저지하기 위해 정부의 허락을 받고 개간 사업을 목적으로 설립된 근대적 농업 회사이다. 이 회사 규칙에는 50원의 주 20만주로 총 1천만 원을 자본금으로 삼는다는 내용이 있다. 농광 회사는 전국에 지사 설립, 이익금 배분, 시험장 설립, 농학·광학(鑛學) 장려 계획 등을 세웠으나, 일본이 황무지 개간권 철회 조건으로 정부에 허가 취소를 요구하여 본격적 활동을 하지 못한 채 해체되었다.

오답의 이유

① 종로 직조사는 서울 종로에 세워진 면포 생산 회사로 청·일 전쟁 이후 일본산 면포가 대량 유입되자 백목전 상인들이 직접 면포를 생산할 계획으로 직조 기계를 도입하여 설립된 것이다(1900).

② 일제는 동양 척식 주식회사를 설립하여(1908) 역둔토(국유지의 총칭), 국유 미간지, 미신고 농토, 마을·문중의 토지 상당 부분을 약탈하여 일본인에게 헐값에 불하하였다.

④ 시전 상인들은 개항 이후 조·청 상민 수륙 무역 장정의 체결로 외국 상인들이 침투해 오자 이에 맞서 1887년과 1890년 철시 투쟁을 벌였으며, 이후 황국 중앙 총상회를 조직하여 상권 수호 운동을 전개하였다(1898).

더 알아보기

농광 회사(1904)

설립 목적	일제가 조선의 토지를 개간한다는 구실로 조선 땅을 침탈하려 하자 이에 맞서 개간 사업을 목적으로 설립
주장	황무지를 우리 손으로 개간
결과	일본의 황무지 개간권 요구 철회와 회사의 해체 요구로 본격적 활동은 못함

16 난도 ★★★   정답 ③

근세 > 문화사

[자료해설]

제시문을 시기순으로 나열하면 ㉣ 조광조의 향약 보급 운동 – ㉡ 서경덕의 태허설 – ㉢ 이황과 기대승의 사단 칠정 논쟁 – ㉠ 이이의 경장론이다.

[정답의 이유]

㉣ 중종 때인 16세기 초 조광조는 성리학적 질서의 보급과 확립을 위하여 일상에서의 실천 윤리가 담긴 『소학』 교육을 중시하였으며, 향촌 자치를 실현하고자 『여씨향약』을 번역하여 보급하고자 하였다.

㉡ 서경덕(1489~1546)의 주기철학에 관한 내용이다. 태허설은 서경덕이 중종 말기인 1544년에 쓴 논문으로 우주공간은 비어있으면서도 비어있지 않고 영원불멸한 무한의 존재라고 하였다.

㉢ 사단 칠정 논쟁은 이황과 기대승 사이에서 편지를 통해 명종 때인 1559년부터 시작하여 총 8년에 걸쳐 벌어졌다. 이 논쟁은 사단과 칠정, 이와 기에 대한 논쟁으로 양자가 서로 강조하는 바가 달랐다.

㉠ 16세기 중반 이후 혼란한 상황에서 이이가 주장한 경장론과 기에 대한 내용이다. 이이는 선조 초반부터 자신의 경장론을 담은 『동호문답』이나 「만언봉사」 등의 시무 관련 상소를 올렸다.

17 난도 ★★★   정답 ④

일제 강점기 > 사회사

[정답의 이유]

④ 영단 주택은 서민들의 주택문제를 해결하기 위해 지은 주택으로, 1940년대 초 전쟁 상황에서 노동자들의 주택으로 활용되었다.

[오답의 이유]

① 일제가 실시한 토지조사사업의 영향으로 많은 농민들이 몰락했고, 그들 대부분은 도심 외곽 지대에 땅을 파거나 거적을 두른 움막 형태의 토막촌을 형성하여 어렵게 살아갔다.

② 1920년대 이후 도심에는 서양식 스타일의 모던 걸과 모던 보이가 등장하고 대중문화가 형성되기 시작했으며 소비문화 또한 확산되는 추세였다.

③ 1940년대에 전시 상황이 확대되면서 노동력이 부족해지자 여성들도 전쟁에 동원되었다. 이때 근로보국대 등이 조직되어 강제 노동을 수행하였고, 작업복으로 몸뻬를 입었다.

18 난도 ★★★   정답 ③

현대 > 경제사

[자료해설]

(가)는 김종필-오히라 각서(1962)이고, (나)는 브라운 각서(1966)이다.

[정답의 이유]

③ 울산 정유 공장은 1964년에 가동되었다. 박정희 정부는 제1차 경제 개발 5개년 계획 기간 중인 1964년에 국내 최초로 울산에 정유 공장을 설립하여 석유 화학 공업의 원료원을 확보할 수 있게 되었다.

[오답의 이유]

① 박정희 정부 시기인 1968년에 착공된 경부 고속 국도는 단군 이래 최대의 토목 공사로 불리면서 1970년에 개통되었다.

② 경남 마산시와 전북 이리시(지금의 익산)는 1970년 수출 자유 지역으로 지정·개발되었고, 1973년에 완공되었다.

④ 충주 비료 공장은 유엔의 지원으로 1959년 비료 자급 능력 향상과 고용 증대 및 외화 절약을 목적으로 설립되어 1961년 완공되었다. 이후 비료 수요량의 감소, 국제비료가격 하락 등으로 1983년 폐쇄되었다.

더 알아보기

김종필-오히라 각서와 브라운 각서

김종필-오히라 각서	박정희 정부 시기 경제 개발 계획에 필요한 자본을 확보하기 위한 일본과의 회담 중 김종필 중앙 정보부장과 일본 오히라 외상 간에 이루어진 협상 내용을 적은 것이다. 주요 내용은 무상 3억 달러, 유상 2억 달러 이외에 수출입 은행 차관 1억 달러를 포함하여 총 6억 달러를 공여한다는 것이었다.
브라운 각서	박정희 정부는 미국의 요청으로 베트남에 국군을 파병하였는데, 베트남 파병 증파에 대한 보상으로 한국군의 현대화, 장비 제공 및 차관 제공을 약속한 브라운 각서를 체결하였다.

19 난도 ★★☆   정답 ②

중세 > 문화사

[자료해설]

제시문의 '진화'는 고려 후기의 문장가로 고려 최고 문인 이규보와 함께 민족의 자부심을 강조하였다. 제시문은 '진화'가 금나라 사신으로 가면서 송·금에 비해 고려의 밝은 미래에 대한 자부심을 쓴 것으로, 이규보의 「동명왕편」에서와 같은 패기를 느낄 수 있다.

[정답의 이유]

② 이규보의 「동명왕편」은 동명왕의 업적을 칭송한 영웅 서사시로 고구려 계승 의식을 반영하는 등 민족의 자부심을 고취시키고자 하였다.

[오답의 이유]

① 『삼국사기』는 1145년 인종 때 김부식이 쓴 유교 사관의 역사책으로 우리나라에 현존하는 가장 오래된 역사서이다.

③ 『제왕운기』는 충렬왕 때 이승휴가 쓴 것으로 우리의 역사를 중국과 대등한 관점으로 파악하려 했다는 점에서 의의가 있다.

④ 『삼국유사』는 충렬왕 때 일연이 쓴 것으로 우리 민족을 세운 것이 단군이라고 하면서 자주적 의식을 드러냈다는 점에서 가치가 있다.

시대 통합 > 문화사

[자료해설]

제시문의 해외 견문 기록을 시기순으로 나열하면 ㉣『해동제국기』
(1471) – ㉠『표해록』(1488) – ㉡『열하일기』(1780) – ㉢『서유견
문』(1895)이다.

[정답의 이유]

㉣『해동제국기』는 성종 때인 1471년 신숙주가 일본에서 견문한 내
용을 기록한 것이다.

㉠『표해록』은 성종 때인 1488년 최부가 제주에서 표류하여 중국에
체류하던 내용을 기록한 것이다.

㉡『열하일기』는 정조 때인 1780년 박지원이 청나라를 다녀와서 쓴
것으로 상공업의 진흥과 수레 및 선박의 이용, 화폐 유통의 필요
성을 담고 있다.

㉢『서유견문』은 고종 때인 유길준이 서양 각국을 순방한 내용을 기
록한 것으로 1889년에 완성하였으나 1895년에 출판되었다.

PART 2

지방직

한국사 │ 2024년 지방직 9급

한눈에 훑어보기

영역 분석

선사 시대와 국가의 형성 01 02
2문항, 10%

고대 03 04
2문항, 10%

중세 05 06 11
3문항, 15%

근대 태동기 12 15 17
3문항, 15%

근대 07 10 19
3문항, 15%

일제 강점기 08 09 16
3문항, 15%

현대 20
1문항, 5%

시대 통합 13 14 18
3문항, 15%

빠른 정답

01	02	03	04	05	06	07	08	09	10
②	①	①	④	④	③	③	①	①	②
11	12	13	14	15	16	17	18	19	20
③	②	②	②	①	④	③	④	②	③

점수 체크

구분	1회독	2회독	3회독
맞힌 문항 수	/ 20	/ 20	/ 20
나의 점수	점	점	점

01 난도 ★☆☆ 정답 ②

선사 시대와 국가의 형성 > 선사 시대

정답의 이유

② 청동기 시대에는 정치적인 권력과 경제력을 가진 군장이 등장하였는데, 이들의 무덤인 고인돌의 규모를 통해 당시 지배층의 권력을 짐작할 수 있다.

오답의 이유

① 신석기 시대에는 가락바퀴를 이용하여 실을 뽑고 뼈바늘을 사용하여 옷이나 그물을 제작하였다.

③ 신석기 시대에는 동물 뼈나 조개껍데기 등으로 자신을 치장하였는데, 조가비로 사람 얼굴 모양의 탈을 만든 조개껍데기 가면 등의 예술품이 있었다.

④ 신석기 시대에는 밭농사 중심의 농경이 시작되어 조, 피, 수수 등을 재배하였다.

02 난도 ★☆☆ 정답 ①

선사 시대와 국가의 형성 > 국가의 형성

자료해설

제시된 자료는 고조선의 관습법인 8조법이다. 8조법은 현재 3개 조항만 전해지는데, 이를 통해 노동력(생명) 존중과 형벌 제도의 존재, 농경 사회, 사유 재산 인정, 화폐 사용 등 고조선의 사회상을 유추할 수 있다.

정답의 이유

① 고구려는 매년 10월 추수감사제인 동맹이라는 제천행사를 열었다.

오답의 이유

② 고조선은 왕 아래 상, 대부, 장군 등의 관직을 두었다.

③ 위만은 중국 진·한 교체기에 1,000여 명의 유이민을 이끌고 고조선에 이주하여 고조선 준왕의 신임을 받았으나, 이후 세력을 확대하여 준왕을 몰아내고 왕위를 차지하였다(기원전 194).

④ 고조선(위만 조선)은 중국의 한과 한반도 남부의 진국 사이에서 중계 무역을 하며 경제적으로 크게 성장하였다. 고조선이 강성해지자 위협을 느낀 한이 고조선을 침공하면서 고조선은 멸망하였다(기원전 108).

03 난도 ★☆☆   정답 ①

고대 > 정치사

자료해설

제시문은 백제의 정사암 회의에 대한 내용으로, (가) 국가는 백제이다. 정사암은 백제 호암사에 있던 바위로, 백제의 귀족들은 이곳에 모여서 재상 선출 등 국가의 주요 사항을 의논하고 결정하였다.

정답의 이유

① 백제 고이왕은 6좌평제와 16관등제를 마련하여 중앙 집권 국가의 기틀을 마련하였다.

오답의 이유

② 고구려 소수림왕은 인재를 양성하기 위해 교육 기관인 태학을 설립하였다.

③ 발해 무왕은 인안이라는 독자적인 연호를 사용하였다.

④ 신라는 골품제라는 특수한 신분제도를 운영하여 골품에 따라 관등 승진에 제한을 두었다.

04 난도 ★☆☆   정답 ④

고대 > 문화사

자료해설

제시문은 신라의 승려 혜초가 저술한 『왕오천축국전』에 대한 설명으로, (가)에 해당하는 인물은 혜초이다.

정답의 이유

④ 혜초는 인도를 비롯해 현재의 카슈미르 지역, 파키스탄, 아프가니스탄 등 중앙아시아 지역을 답사하고 그 행적을 기록한 기행문인 『왕오천축국전』을 편찬하였다.

오답의 이유

① 신라의 승려 원광은 진평왕의 명에 따라 수나라에 군사적 지원을 요청하는 걸사표를 작성하고, 세속 오계를 저술하여 화랑 정신으로 정립하였다.

② 신라의 승려 원효는 일심(一心)과 화쟁(和諍) 사상을 중심으로 불교의 대중화에 힘썼으며, 『금강삼매경론』, 『대승기신론소』, 『십문화쟁론』 등을 저술하여 불교의 사상적 이해 기준을 확립하였다.

③ 의상은 당에서 승려 지엄으로부터 화엄에 대한 가르침을 받고 돌아온 후 『화엄일승법계도』를 저술하여 모든 존재는 상호 의존적인 관계에 있으면서 서로 조화를 이루고 있다는 화엄 사상을 정립하였다.

05 난도 ★★☆   정답 ④

중세 > 정치사

자료해설

제시된 자료의 (가)에 해당하는 기구는 고려 우왕 때 남쪽에서 왜구의 노략질이 계속되자 최무선이 건의하여 설치된 화통도감이다.

정답의 이유

④ 최무선은 화통도감을 통해 화약과 화포 등 각종 화기를 제작하였으며, 이후 진포 대첩에서 이를 활용하여 왜구를 격퇴하였다.

오답의 이유

① 교정도감은 고려 무신 정권 시기 최충헌이 설치한 국정 총괄 기구이다. 최충헌은 스스로 교정도감의 최고 관직인 교정별감이 되어 인사, 재정 등을 장악하였다.

② 몽골의 침략으로 초조대장경이 소실되자, 이를 대신하여 고려 고종 때 강화도에 대장도감이 설치되어 16년에 걸쳐 재조(팔만)대장경을 조성하였다.

③ 식목도감은 고려 시대 중서문하성과 추밀원의 합좌 기구로, 국가 중대사를 귀족 합의제로 운영하며 법률·제도, 격식 등을 제정하였다.

06 난도 ★★☆   정답 ③

중세 > 문화사

자료해설

제시된 자료에서 '청주 흥덕사에서 인쇄', '유네스코 세계 기록 유산으로 등재' 등의 내용을 통해 (가) 문화유산은 고려 우왕 때 충북 청주시의 흥덕사에서 금속 활자로 인쇄된 간행물인 『직지심체요절』(1377)임을 알 수 있다.

정답의 이유

③ 『직지심체요절』은 현존하는 세계 최고(最古)의 금속활자본으로 인정받아 유네스코 세계 기록 유산으로 등재되었으며, 현재 프랑스 국립 도서관에 소장되어 있다.

오답의 이유

① 『상정고금예문』은 12세기 고려 인종 때 최윤의 등이 왕명으로 고금의 예를 수집·고증하여 지은 의례서로, 이규보의 『동국이상국집』에 강화도에서 금속 활자로 인쇄하였다는 관련 기록이 있으나 오늘날 전해지지 않고 있다.

② 팔만대장경(재조대장경)은 고려 고종 때 부처의 힘으로 몽골군을 물리치고자 하는 염원을 담아 강화에서 16년에 걸쳐 조성되었다.

④ 『향약집성방』은 조선 세종 때 우리 풍토에 알맞은 약재와 치료 방법을 개발하여 정리한 의학서이다.

07 난도 ★★☆   정답 ③

근대 > 정치사

정답의 이유

③ 미국 함대가 제너럴셔먼호 사건을 구실로 강화도를 공격하여 일어난 사건은 신미양요이다(1871). 미군이 강화도 덕진진을 점거하고 광성보를 공격하자 조선군은 어재연을 중심으로 맞서 항전하였으나 수많은 사상자를 내며 패배하고 어재연은 전사하였다.

오답의 이유

①·②·④ 흥선대원군 집권 시기에 천주교를 핍박하여 천주교 신자와 프랑스 선교사를 처형한 병인박해(1866.1.)가 발생하자, 프랑스 함대가 이를 구실로 강화도 양화진에 침입하였다(병인양요, 1866.9.). 프랑스군을 상대로 정족산성에서 양헌수 부대가, 문수산성에서 한성근 부대가 결사 항전하였으며, 전투에서 사상자가 발생하자 프랑스군은 결국 강화도에서 철수하였다.

퇴각 과정에서 프랑스군은 외규장각을 불태우고 의궤 등을 약탈하였다.

08 난도 ★★☆
정답 ①

일제 강점기 > 정치사

자료해설

제시된 자료의 '이 의거'는 한인 애국단 소속의 윤봉길이 상하이 홍커우 공원에서 열린 일본군의 축하 기념식에서 폭탄을 투척하여 일본군 요인을 폭살한 홍커우 공원 의거를 가리킨다. 한인 애국단은 김구가 당시 대한민국 임시 정부의 침체를 극복하고 적극적인 의열 투쟁 활동을 전개하고자 상하이에서 조직한 단체이다.

정답의 이유

① 이봉창은 한인 애국단의 단원으로, 도쿄에서 일본 국왕 행렬에 폭탄을 투척하는 의거를 거행하였다.

오답의 이유

② 임병찬은 고종의 밀명을 받아 독립 의군부를 조직하여, 복벽주의를 내세우며 의병 전쟁을 준비하는 한편 조선 총독부에 국권 반환 요구서를 발송하기도 하였다.

③ 김원봉이 조직한 의열단은 신채호가 작성한 「조선 혁명 선언」을 활동 지침으로 삼고 독립운동 방법으로 암살·파괴·테러 등 직접적인 투쟁 방식을 전개하였다.

④ 조선 총독부가 데라우치 총독 암살 미수를 조작한 105인 사건을 통해 많은 민족 운동가들이 체포당하였으며 이로 인해 신민회가 와해되었다.

09 난도 ★★☆
정답 ①

일제 강점기 > 정치사

자료해설

제시문의 내용은 1919년 3월 1일 민족대표 33인이 한국의 독립을 선언한 3·1 독립 선언서(기미 독립 선언서) 뒷부분에 추가된 공약 3장으로, 만해 한용운이 작성했다고 전해진다.

정답의 이유

① 3·1운동은 고종의 인산일을 계기로 각계각층의 사람들이 참여한 대규모 독립 만세 운동으로, 국내외 민족 주체성을 확인하고 대한민국 임시정부를 수립하는 계기가 되었다(1919).

오답의 이유

② 사회주의자와 학생들이 순종의 인산일인 6월 10일을 기하여 만세 운동을 계획하였으나, 사회주의자들이 사전에 발각되자 학생들을 중심으로 서울 시내에서 6·10 만세 운동이 전개되었다(1926).

③ 1920년대 조만식, 이상재 등은 평양에서 민족 기업을 통해 경제 자립을 이루자는 취지로 조선 물산 장려회를 발족하고, '조선 사람 조선 것'을 주장하며 물산 장려 운동을 전개하였다.

④ 1920년대 이상재, 이승훈, 윤치호 등이 주도하여 한국인을 위한 고등 교육 기관인 민립 대학 설립 운동이 시작되었으며, 이를 위해 조선 민립 대학 기성회가 조직되었다(1923).

10 난도 ★★☆
정답 ②

근대 > 정치사

자료해설

제시문은 전북 고부에서 전봉준 등 20명이 봉기를 호소한 사발통문의 결의 내용이다. 고부 군수 조병갑의 학정으로 동학교도 전봉준이 일으킨 고부 민란은 동학 농민 운동의 시발점이 되었다(1894.1.).

정답의 이유

② 동학 농민 운동이 발생하자 조정에서 이를 진압하기 위해 청에 원군을 요청하였고, 텐진 조약에 의거하여 일본도 군대를 파견하였다. 외세의 개입을 우려한 농민군은 정부와 전주 화약을 맺고 전라도 53개 군에 자치 개혁 기구인 집강소를 설치하여 폐정 개혁안을 실현하였다(1894.6.).

오답의 이유

① 박영효, 김옥균 등 급진 개화파는 근대화 추진 및 민씨 세력 제거를 위해 일본의 군사적 지원을 받아 우정총국 개국 축하연 자리에서 갑신정변을 일으켰다. 이들은 개화당 정부를 수립하고 입헌 군주제, 청과의 사대 관계 폐지, 혜상공국 폐지 등의 내용이 포함된 14개조 개혁 정강을 발표하였다(1884).

③ 신식 군대인 별기군에 비해 차별을 받던 구식 군인들이 임오군란을 일으켜 선혜청과 일본 공사관을 습격하였다(1882).

④ 한·일 신협약 체결로 대한제국 군대가 강제 해산되자 이에 반발한 군인들이 가담한 정미의병이 전국적으로 전개되었다(1907). 이듬해 양주에 집결한 의병들이 이인영을 총대장으로 추대하고 13도 창의군을 조직하여 서울 진공 작전을 추진하였으나 실패하였다.

11 난도 ★★☆
정답 ③

중세 > 정치사

자료해설

제시문의 내용은 최승로가 고려 성종에게 건의한 '시무 28조'의 일부로, 성종은 불교의 폐단을 지적하고 유교 정치를 강조한 최승로의 시무 28조 내용을 수용하여 연등회와 팔관회 등 불교 행사를 억제하고 유교 정치를 구현하였다.

정답의 이유

③ 고려 성종은 최승로가 건의한 '시무 28조'를 채택하여 지방 행정 조직을 정비하였으며 주요 지역에 12목을 설치하고 지방관을 파견하였다.

오답의 이유

① 고려 현종은 강감찬의 건의에 따라 거란의 침입에 대비하고자 개경에 나성을 축조하였다.

② 고려 경종 때 처음 실시된 전시과(시정 전시과)는 관리의 관등과 인품을 고려하여 전지와 시지를 지급하였다.

④ 고려 광종은 노비안검법을 실시하여 억울하게 노비가 된 사람들을 구제하고, 호족 세력의 경제적·군사적 기반을 약화시키고자 하였다.

더 알아보기

고려 초기 국왕의 업적

태조	• 민생 안정책, 호족 통합 정책(결혼, 기인 제도, 사심관 제도) • 북진 정책: 서경(평양) 중시
광종	노비안검법, 과거 제도 시행, 공복 제정, 칭제건원
경종	전시과 제정: 시정 전시과
성종	• 최승로의 시무 28조 수용: 12목 설치(→ 지방관 파견), 향리 제도 마련 • 중앙 통치 제도 정비: 국자감 설치(유학 교육 진흥), 과거 제도 정비

12 난도 ★★☆   정답 ②

근대 태동기 > 정치사

자료해설

제시문은 조선 광해군이 명과 후금 사이에서 펼친 중립 외교 정책에 대한 내용이다. 광해군은 명이 후금을 방어하기 위해 출병을 요청하자 강홍립 부대를 파견하였으나, 후금과의 충돌을 피하기 위해 명과 후금 사이에서 중립 외교 정책을 추진하였다. 이에 따라 강홍립의 부대는 후금과의 사르후 전투에서 무모한 싸움을 계속하지 않고 투항하였다.

정답의 이유

② 허준은 선조의 명으로 『동의보감』을 집필하기 시작하여 광해군 때 완성하였다. 『동의보감』은 우리나라와 중국 의서의 각종 의학 지식과 치료법을 집대성한 의서로 유네스코 세계 기록 유산으로 등재되었다.

오답의 이유

① 대동법은 방납의 폐단을 해결하기 위해 기존 지역의 특산물을 현물로 납부하던 공납을 전세화하여 쌀이나 베, 동전 등으로 납부하게 한 제도이다. 광해군 때(1608) 경기도에서 처음 시행되었으며 숙종 때에 이르러 평안도와 함경도를 제외한 전국에서 실시되었다(1708).

③ 현종 때 효종과 효종비의 국상에 대한 자의 대비(인조의 계비로 현종의 할머니)의 복상 문제로 두 차례의 예송이 발생하였다.

④ 숙종 때 간도 지역을 두고 청과 국경 분쟁이 발생하자 두 나라 대표가 백두산 일대를 답사하고 국경을 확정하여 백두산정계비를 세웠다(1712).

13 난도 ★★★   정답 ②

시대 통합 > 문화사

정답의 이유

(가) 고려 시대 목조 건축물인 영주 부석사 무량수전은 부석사의 중심 건물로, 기둥 중간이 굵은 배흘림기둥과 공포를 기둥 위에만 짜올린 주심포양식으로 축조되었다.

(나) 보은 법주사 팔상전은 현존하는 유일한 조선 시대 목탑이자 우리나라 목조 탑 중 가장 높은 건축물로, 석가모니의 일생을 여

덟 폭의 그림으로 나누어 그린 팔상도가 있어 팔상전이라고 불린다.

오답의 이유

①·③·④ 김제 금산사 미륵전은 조선 시대 목조 건물로, 팔작지붕으로 다포 양식을 따르며 내부는 3층 전체가 하나로 트인 통층 구조이다. 또한 합천 해인사 장경판전은 고려 팔만대장경을 보존하기 위해 15세기에 건축된 조선 전기 건축물로, 우리나라에서 현존하는 가장 오래된 도서관이다.

14 난도 ★★★   정답 ②

시대 통합 > 경제사

정답의 이유

(다) 고려 공양왕 때 신진 사대부 세력의 주도로 시행되어 조선 초까지 이어진 과전법 체제하에서 조세는 토지 1결당 수확량 300두의 10분의 1 수취를 원칙으로 삼았다(1391).

(라) 조선 세종은 조세 제도를 좀 더 체계적으로 운영하기 위해 공법을 제정하고 풍흉과 토지 비옥도에 따라 전세를 차등 징수하는 연분 9등법과 전분 6등법을 시행하였다(1444).

(나) 조선 인조는 농민들의 부담을 줄이기 위해 풍흉에 관계없이 전세를 토지 1결당 미곡 4~6두로 고정시키는 영정법을 실시하였다(1635).

(가) 조선 후기 군역으로 농민 부담이 가중되자 영조는 군포를 2필에서 1필로 감해주는 균역법을 제정하였다(1750). 이로 인해 부족해진 재정은 지주에게 토지 1결당 미곡 2두씩을 부담시킨 결작과 지방의 일부 상류층에게 선무군관의 칭호를 주고 군포 1필을 납부하게 한 선무군관포 등으로 보완하였다.

15 난도 ★★☆   정답 ①

근대 태동기 > 문화사

자료해설

제시된 자료는 중상주의 실학자인 박제가가 저술한 『북학의』에 게재된 '우물론'에 대한 내용이다. 박제가는 소비와 생산의 관계를 우물물에 비유하여 절약보다는 적절한 소비를 통해 생산을 발전시켜야 한다고 주장하였다.

정답의 이유

① 박제가는 『북학의』를 통해 청의 문물을 적극적으로 수용할 것을 주장하고 수레와 배의 이용을 권장하였다.

오답의 이유

② 정제두는 지행합일을 중요시하는 양명학을 체계적으로 연구하였으며, 강화도에서 후진 양성에 힘을 기울여 강화학파를 형성하였다.

③ 이익은 『성호사설』을 통해 한 가정의 생활을 유지하는 데 필요한 규모의 토지를 영업전으로 정하여 매매를 금지하고, 나머지 토지만 매매할 수 있도록 하자는 한전론을 주장하였다.

④ 홍대용은 『담헌서』에서 지구가 자전한다는 지전설과 지구가 우주의 중심이 아닌 무수한 별 중 하나라는 무한 우주론을 주장하며 중국이 세계의 중심이라는 중국 중심 세계관을 비판하였다.

일제 강점기 > 사회사

자료해설

제시문의 내용은 근우회의 발기 취지문이다. 신간회의 자매 단체로 국내 여성 단체들을 규합하여 조직된 근우회는 창립 이념을 여성들의 공고한 단결과 지위 향상에 두고 남녀 평등과 여성 교육 확대 등을 주장하였다(1927).

정답의 이유

④ 근우회는 강연회 개최 등 여성 계몽 활동과 봉건적 인습 타파 · 여성 노동자 임금 차별 철폐 등 여성 차별 반대 운동을 전개하며 여성의 권익을 옹호하였다.

오답의 이유

① 1990년대 후반부터 여성단체들이 양성평등 실현을 위해 호주제 폐지 운동을 적극적으로 전개하여 노무현 정부 때 호주제 폐지를 결정하였다(2005).

② 서울 북촌에 거주하는 양반 부인들은 한국 최초의 여성 인권 선언서인 「여권통문(여학교 설치통문)」을 발표하여 여성이 정치에 참여할 권리, 남성과 평등하게 직업을 가질 권리, 교육을 받을 권리 등을 주장하였다(1898).

③ 천도교는 소년 운동을 적극적으로 지원하였으며, 방정환 · 김기전 등이 활동한 천도교 소년회에서는 1922년 5월 1일을 어린이날로 정하고 잡지 『어린이』를 창간하였다.

더 알아보기

일제 강점기 사회적 민족 운동

민족 유일당 운동	• 민족주의 계열과 사회주의 계열이 합작하여 항일 민족 운동 추진 • 신간회: 비타협적 민족주의 계열과 사회주의 계열의 연합, 노동 · 농민 · 청년 · 여성 · 형평 운동 지원
농민 운동	• 1920년대: 농민의 생존권 투쟁 • 1930년대: 항일 민족 운동으로 변화, 식민지 지주제 철폐 주장
노동 운동	• 1920년대: 노동자들의 생존권 투쟁, 원산 노동자 총파업 • 1930년대: 항일 민족 운동으로 변화, 일본 자본가 타도 주장
형평 운동	• 백정에 대한 사회적 차별 철폐 주장 • 여러 사회 단체들과 연합하여 각종 파업과 소작 쟁의에 참가 • 조선 형평사: 경남 진주에서 조직
여성 운동	• 여성 지위 향상, 여성 계몽 운동 • 근우회: 신간회의 자매단체, 행동 강령 채택, 기관지 발행
소년 운동	• 천도교 소년회, 조선 소년 연합회 • 어린이날 제정
청년 운동	조선 청년 연합회, 서울 청년회, 조선 청년 총동맹 등

근대 > 정치사

자료해설

제시문은 대한 제국의 헌법인 대한국 국제의 내용이다. 고종은 아관 파천 이후 러시아 공사관에서 경운궁으로 환궁하여 자주독립 국가인 대한 제국을 선포하고 환구단에서 황제 즉위식을 거행하였다(1897). 이후 대한국 국제를 제정하여 황제의 통치권을 강조하고 군대 통수권, 입법 · 사법 · 행정권을 모두 황제가 장악하도록 규정하였다(1899).

정답의 이유

③ 주어진 연표는 갑신정변 발생(1884) → (가) → 갑오개혁 실시 (제1차 1894, 제2차 1895) → (나) → 독립협회 해산(1898) → (다) → 러 · 일전쟁 발발(1904) → (라) → 을사늑약(1905) 체결 순으로, 제시문의 대한국 국제 반포 시기는 (다)에 해당한다.

시대 통합 > 정치사

자료해설

제시된 자료의 순서는 (다) 원종 · 애노의 난(889) → (가) 김사미 · 효심의 난(1193) → (라) 홍경래의 난(1181) → (나) 임술 농민 봉기(1862)이다.

정답의 이유

(다) 신라 하대에는 귀족의 녹읍이 확대되며 자영농이 몰락하는 등 백성들의 생활이 더욱 어려워졌다. 9세기 말 진성여왕 때는 사회 모순이 극심해져 원종 · 애노의 난(889), 적고적의 봉기 등 전국 각지에서 농민 봉기가 발생하였다.

(가) 고려 무신정권의 이의민 집권기에 경상도 운문과 초전에서 김사미 · 효심이 신라 부흥을 표방하며 난을 일으켰다(1193).

(라) 조선 순조 때 세도 정치로 인한 삼정의 문란과 서북 지역민에 대한 차별에 항거하여 홍경래의 난이 일어났다(1811).

(나) 조선 철종 때 삼정의 문란과 경상 우병사 백낙신의 수탈이 심화되자 진주 지역의 농민들이 임술 농민 봉기를 일으켜 진주성을 점령하였다(1862). 임술 농민 봉기를 수습하기 위해 안핵사로 파견된 박규수는 민란의 원인이 삼정의 문란에 있다고 보고 삼정이정청을 설치하여 이를 해결하고자 하였다.

근대 > 정치사

자료해설

(가) 제시문은 청이 조선 정부의 요청으로 임오군란을 진압한 이후 조선에 대한 경제적 영향력을 더욱 확보하기 위해 체결한 조 · 청 상민 수륙 무역 장정(1882)의 일부이다. 청은 조선과 체결한 조 · 청 상민 수륙 무역 장정을 통해 치외 법권과 함께 양화진 점포 개설권, 내지 통상권, 연안 무역권까지 인정받았다.

(나) 제시문은 청 · 일 전쟁 후 전쟁에서 승리한 일본이 청과 체결한 시모노세키 조약(1895)의 일부이다. '청국은 조선국이 완전무결한 자주 독립국임을 확인한다'는 제1조 조항을 통해 조선에

대한 청의 간섭을 배제하였으며, 그밖에 군비 배상금 2억 냥 지급, 요동(랴오둥)반도·타이완 등 할양, 청의 항구 개항 등의 내용이 포함되어 있다.

정답의 이유

② 한·청 통상조약은 광무 3년 대한제국과 청 사이에 체결된 통상 협정으로, 대한제국과 청이 사상 처음으로 대등한 관계에서 체결한 근대적 조약이다(1899년). 한·청 통상조약은 (나) 시모노세키 조약 이후에 체결되었다.

오답의 이유

① 임오군란과 갑신정변 이후 청의 조선에 대한 내정 간섭이 심해지자, 정부는 청을 견제하기 위해 러시아에 접근하였다. 이에 영국은 러시아의 세력 확장을 저지하기 위해 남해의 요충지인 거문도를 불법으로 점령하였다(1885).

③ 김옥균, 홍영식, 서광범 등 급진 개화파는 우정총국 개국 축하연 자리에서 갑신정변을 일으켜 정권을 장악하고 개화당 정부를 구성하였다(1884).

④ 동학 농민 운동으로 농민군이 전라도 일대를 장악하자 조선 정부는 청에 원군을 요청하였고, 톈진 조약에 의해 일본도 군대를 파견하였다. 이에 외세 개입을 우려한 동학 농민군이 조선 정부와 전주 화약을 맺고 해산하고 조선 정부는 청·일 양국에 철병할 것을 요청하였으나, 일본이 내정 개혁을 요구하며 불법적으로 경복궁을 장악하고 청군을 습격하면서 청·일 전쟁이 발발하였다(1894).

20 난도 ★★★   정답 ③

현대 > 정치사

자료해설

제시문은 1949년에 제정되어 1950년 시행된 농지 개혁법의 일부 내용이다. 농지 개혁법은 유상 매수·유상 분배 원칙, 3정보 크기 제한 등의 내용을 담고 있다.

정답의 이유

③ 1950년 시행된 농지 개혁에서는 지주가 소유한 농지는 국가가 유상 매입하여 지주에게 지가 증권을 발행해 주고, 직접 경작하는 영세 농민에게는 3정보 한도로 농지를 유상 분배하여 5년 동안 매년 생산량의 30%를 현물 상환하도록 하였다.

오답의 이유

① 농지 개혁법은 한국민주당과 지주층의 반발로 입법·개정·시행까지 오랜 기간이 소요되었으며 시행 과정 또한 순탄하지 않았으나 법 제정 이후 중단 없이 추진되었다.

② 농지 개혁법은 농지 외의 토지를 개혁 대상에 포함하지 않았으며, 주택 개량·도로 및 전기 확충 등도 추진하지 않았다.

④ 농지 개혁법 시행은 기존 지주계급이 점차 소멸하고 자작농이 증가하는 결과를 가져왔다.

한국사 | 2023년 지방직 9급

한눈에 훑어보기

✓ 빠른 정답

01	02	03	04	05	06	07	08	09	10
①	③	②	②	③	①	③	④	④	④

11	12	13	14	15	16	17	18	19	20
①	④	①	③	②	④	④	③	③	④

✓ 점수 체크

구분	1회독	2회독	3회독
맞힌 문항 수	/ 20	/ 20	/ 20
나의 점수	점	점	점

---

01 난도 ★☆☆ 정답 ①

선사 시대와 국가의 형성 > 선사 시대

자료해설

제시문의 주먹도끼가 발견된 시대는 구석기 시대이다. 구석기 시대에는 주먹도끼, 슴베찌르개, 찍개 등의 뗀석기를 사용하였으며, 연천 전곡리에서 동아시아 최초로 구석기 시대의 전형인 아슐리안형 주먹도끼가 출토되어 동아시아에는 찍개 문화만 존재하였다는 기존의 학설을 뒤집었다.

정답의 이유

① 구석기 시대에는 동굴이나 바위 그늘, 강가의 막집에서 거주하였고 이동생활을 주로 하였다.

오답의 이유

② 신석기 시대에는 정착 생활이 이루어지면서 움집이 발전하였으며, 그 구조로는 상부와 하부로 나누어 볼 수 있는데, 상부 구조에는 집의 벽과 지붕이 있으며, 하부 구조로는 집터(움, 아래로 판 구멍)와 내부 시설(화덕자리, 저장구덩이, 기둥구멍 등) 등이 있었다.

③ 신석기 시대에는 빗살무늬 토기를 이용해 음식을 조리하거나 곡식을 저장하였다.

④ 청동기 시대에는 구릉에 마을을 형성하고 주변에 도랑을 파고 목책을 둘러 방어 시설을 갖추었다.

02 난도 ★★☆ 정답 ③

중세 > 정치사

자료해설

제시문에 있는 '개경 환도를 반대하고 반란', '진도로 근거지를 옮기면서 항쟁' 등을 볼 때 (가)의 군사 조직은 고려 무신 집권기에 조직된 '삼별초'라는 것을 알 수 있다.

정답의 이유

③ 삼별초는 무신 집권기에 최우가 만든 사병 조직이었다. 최우는 강화도 천도 이후 도둑을 단속하기 위해 야별초를 조직하였다. 이후 군사의 수가 많아져 좌별초와 우별초로 나누어 구성하였고, 몽골의 포로로 잡혀 있다 탈출한 자들로 구성된 신의군과 함께 삼별초라 하였다. 고려 무신 정권 해체 이후 강화도에 있던 고려 조정은 몽골과 강화를 맺고 개경으로 환도하였는데, 삼별초는 이에 반발하여 배중손의 지휘에 따라 진도로 이동하여 대몽 항쟁을 전개하였다.

오답의 이유

① 조선 선조 때의 훈련도감은 유성룡의 건의로 설치되었으며 임진왜란 때 왜군의 조총에 대항하기 위하여 조총으로 무장한 부대로서 포수, 사수, 살수의 삼수병으로 편제되었다.

② 별무반은 고려 숙종 때 여진과의 1차 접촉에서 패한 뒤 윤관의 건의로 편성된 군사 조직으로 기병인 신기군, 승병인 항마군, 보병인 신보군으로 편성된 특수부대였다.

④ 고려는 북계와 동계의 양계로 설정한 국경 지역에 병마사를 파견하고 상비적인 전투부대 주진군을 지방군으로 편성하여 외적의 침입에 대비하였다.

03 난도 ★★☆　　　　　　　　　　　　　　　정답 ②

근대 > 정치사

자료해설

제시문은 최익현이 쓴, '도끼를 가지고 궐 앞에 엎드려 화친에 반대하는 상소'라는 의미의 '지부복궐척화의소' 중 일부이다. 최익현은 일본이 강화도 조약 체결을 요구하자, 일본과 화의를 맺는 것은 서양과 화친을 맺는 것과 다름없다는 왜양일체론에 입각한 논리를 담은 상소를 올리며 반대하였다.

정답의 이유

② 최익현은 일본이 강화도 조약 체결을 요구하자 일본과 서양은 같으므로 개항할 수 없다는 '왜양일체론(倭洋一體論)'을 주장하며 개항을 반대하였다.

오답의 이유

① 박규수는 평양에서 통상을 요구한 미국 상선을 침몰시킨 제너럴 셔먼호 사건 당시 평안도 관찰사였던 인물이지만, 후에는 열강의 침략을 피하기 위해 문호를 개방해야 한다고 주장하였다(통상 개화파).

③ 김홍집은 온건 개화파로 2차 수신사로 일본에 파견되었다가 『조선책략』을 가지고 들어왔으며, 통리기무아문에서 활동하였고, 군국기무처에서 총재를 역임하면서 갑오개혁을 추진하였다.

④ 김윤식은 온건 개화파로, 영선사로 청에 건너가 근대식 무기 제조법과 군사 훈련법을 습득하고 귀국 후 근대식 무기 제조 공장인 기기창을 설치하였다.

더 알아보기

위정척사 운동의 전개

시기	내용
1860년대	• 통상 반대 운동(이항로, 기정진) • 흥선 대원군의 통상 수교 거부 정책 지지(척화주전론)
1870년대	• 개항 반대 운동(최익현) • 일본과 서양은 같으므로 개항할 수 없음(왜양일체론)
1880년대	• 개화 반대 운동(이만손, 홍재학) • 유생들의 집단적 상소 운동. 척사 상소(홍재학), 영남 만인소(이만손)
1890년대	• 항일 의병 운동(유인석, 이소응) • 일본 침략이 심화되자 반침략 · 반외세 운동 전개

04 난도 ★☆☆　　　　　　　　　　　　　　　정답 ②

근대 > 문화사

자료해설

제시문의 '서재필이 창간', '한글판 발행', '영문판 발행' 등으로 보아 '독립신문'을 설명하고 있음을 알 수 있다.

정답의 이유

② 서재필이 창간한 독립신문은 우리나라 최초의 민간 신문이다(1896). 한글판과 영문판을 발행하였으며, 국민의 근대적 민권 의식을 고취하고 외국인에게 국내의 사정을 소개하였다.

오답의 이유

① 제국신문은 이종일이 발행한 순 한글 신문이다(1898). 서민층과 부녀자를 대상으로 민중을 계몽하고 자주 독립 의식을 고취하며, 교육과 실업의 발달을 강조하였다.

③ 한성순보는 박문국에서 발행한 최초의 근대적 신문이다(1883). 순 한문으로 쓰였으며, 개화 정책의 취지를 설명하고 국내외 정세를 소개하는 관보적 성격을 띠었다.

④ 황성신문은 국한문 혼용체로 발행(1898)된 신문으로, 을사늑약이 체결되자 장지연의 논설 「시일야방성대곡」을 게재하여 조약의 부당성을 비판하였다.

더 알아보기

개항 이후 언론의 발달

한성순보 (1883)	최초의 근대 신문, 순 한문 사용, 10일마다 발간, 국내외 정세 소개
독립신문 (1896)	서재필 창간, 우리나라 최초의 민간 신문, 정부의 지원, 최초의 한글 신문, 한글판과 영문판 두 종류 발행
제국신문 (1898)	이종일 발행, 민중 계몽과 자주독립 의식 고취, 순 한글로 간행, 주로 서민층과 부녀자 대상
황성신문 (1898)	국 · 한문 혼용, 일제의 침략 정책과 매국노 규탄, 을사늑약 체결에 맞서 장지연의 논설 「시일야방성대곡」을 게재하여 조약의 부당성 비판
대한매일신보 (1904)	양기탁 · 베델이 발행, 순 한글, 국한문, 영문판 등 세 종류로 발행, 항일 운동 적극 지원, 국채 보상 운동 주도
만세보 (1906)	국한문 혼용, 천도교 기관지, 민중 계몽, 여성 교육

05 난도 ★★☆　　　　　　　　　　　　　　　정답 ③

고대 > 정치사

자료해설

제시문은 삼국 시대의 역사서를 소개하고 있다. 삼국 시대의 역사서로는 고구려 영양왕 때 이문진이 편찬한 『신집』 5권, 백제 근초고왕 때 고흥이 편찬한 『서기』, 신라 진흥왕 때 거칠부가 편찬한 『국사』 등이 있다.

정답의 이유

③ 거칠부가 『국사』를 편찬한 시기는 신라 진흥왕 때이다. 진흥왕은 화랑도를 공인하여 국가적 조직으로 개편하였다. 그 외 업적으로는 불교 정비, 황룡사 건립, 한강 유역 차지(단양 적성비, 북한

산비 건립), 대가야 정복(창녕비 건립), 함경도 지역까지 진출(마운령비, 황초령비 건립) 등이 있다.

오답의 이유

① 고흥이 『서기』를 편찬한 시기는 백제 근초고왕 때이다. 백제의 수도를 사비(부여)로 천도하고 국호를 남부여로 변경한 왕은 성왕이다.

② 백제에서 동진의 마리난타로부터 불교를 받아들이고 공인한 왕은 침류왕이다.

④ 신라에서 병부를 처음으로 설치하여 군권을 장악한 왕은 법흥왕이다.

06 난도 ★★☆
정답 ①

고대 > 문화사

정답의 이유

① 사택지적비는 백제 의자왕 때 대좌평을 역임했던 사택지적이 남긴 비석이다. 비석에는 사람이 늙어가는 것을 탄식하여, 불교에 귀의하고 사찰을 건립하였다는 내용의 글이 새겨져 있다.

오답의 이유

② 신라 중대에 세워진 것으로 추정되는 임신서기석에는 충도와 유교 도덕에 대한 실천을 맹세하는 내용이 새겨져 있다. 이를 통하여 신라의 청년들이 유교 경전을 공부하였음을 알 수 있다.

③ 충주 고구려비는 고구려 장수왕 때 세워진 것으로, 이를 통하여 당시 고구려가 남한강 유역까지 장악하였음을 알 수 있다.

④ 호우명 그릇은 경주의 호우총에서 발굴되었다. 바닥에 '廣開土地好太王(광개토지호태왕)'이라는 글씨가 새겨져 있어 고구려에서 온 것임을 알 수 있으며, 이를 통하여 5세기 초 당시 고구려와 신라가 밀접한 관계를 맺고 있었음을 파악할 수 있다.

07 난도 ★★★
정답 ③

근세 > 정치사

자료해설

제시문은 『선조수정실록』에 수록된 임진왜란(1592) 당시 활약한 의병에 대한 내용이다. 임진왜란이 일어나자 각지에서 의병이 일어났는데 전직 관리, 유학자, 승려 등이 익숙한 지형과 그에 맞는 전술을 활용하여 적은 병력임에도 왜군에게 큰 타격을 주었다. 이 중 곽재우는 경상도 의령 지역에서 수천여 명의 의병을 이끌고 항전한 의병장이다.

정답의 이유

③ 임진왜란 때 조명 연합군의 공격으로 후퇴하던 왜군은 행주산성을 공격하였다. 전라 순찰사였던 권율은 서울 수복을 위해 북상하다가 행주산성에서 왜적을 크게 쳐부수어 승리하였다. 이를 행주 대첩(1593.2.)이라 한다.

오답의 이유

① 곽재우는 여러 전투에서 붉은 옷을 입고 활약하여 '홍의장군'이라 불렸다.

② 곽재우는 경상도 의령을 거점으로 봉기하였다.

④ 곽재우를 비롯한 임진왜란 당시 의병들은 지리에 밝은 이점과 향토 조건을 이용한 전술을 활용하여 왜군에 타격을 주었다.

08 난도 ★☆☆
정답 ④

근대 > 경제사

자료해설

제시문은 1907년 2월 대한매일신보에 발표된 국채 보상 운동 취지서의 내용을 담고 있다. 국채 보상 운동은 일본에서 도입한 차관 1,300만 원을 갚아 경제적 자주권을 지키려 한 운동이다. 김광제, 서상돈의 제안으로 대구에서 시작되었다가 전국으로 확산되었다.

정답의 이유

④ 국채 보상 운동은 1907년 김광제, 서상돈의 제안으로 대구에서 시작되었다. 이후 서울에서 조직된 국채 보상 기성회를 중심으로 전국적으로 확산되었다.

오답의 이유

① 일제 강점기 때 백정들은 사회적 차별을 타파하기 위해 조선 형평사를 조직하고 형평 운동을 전개하였다(1923).

② 물산 장려 운동은 민족 경제의 자립을 목적으로 한 운동으로 토산품 애용 · 근검 · 저축 · 생활 개선 등을 목적으로 평양에서 조만식의 주도로 조선 물산 장려회가 발족되면서(1920) 시작되었다. 이후 서울에서 조선 물산 장려회가 조직되면서(1923) 전국으로 확산되었다.

③ 1930년대 일제는 황국 신민화 정책을 시행하고 내선 일체를 내세워 신사 참배 등을 강요하였다. 이에 개신교 등을 중심으로 신사 참배 거부 운동이 전개되었다.

09 난도 ★★☆
정답 ④

근세 > 정치사

정답의 이유

④ 조선 시대의 과거 시험은 실무를 맡았던 6조 중 '예조'에서 주관하였다. 과거 시험은 문과 · 무과 · 잡과로 구성되었고 양인 이상인 자만 응시할 수 있었다. 과거는 시험 시기에 따라 3년마다 실시하는 정기 시험인 '식년시'와 부정기 시험인 '별시'로 구분하였다.

오답의 이유

'이조'는 과거 시험이 아니라 현직 문관의 인사를 담당하였다.

더 알아보기

조선 시대 6조의 역할

이조	문관 인사
호조	호구, 조세
예조	외교, 교육, 과거 총괄
병조	무관 인사, 국방, 봉수
형조	법률, 소송, 노비
공조	토목, 건축, 수공업, 파발

10 난도 ★★★   정답 ④

현대 > 정치사

[자료해설]

제시문은 좌우 합작 운동(1946~1947)에 따른 '좌우 합작 7원칙'의 내용을 담고 있다. 광복 이후 좌우 대립이 격화되면서 분단의 위기감을 느낀 중도파 세력들은 여운형, 김규식이 중심이 되어 1946년 7월에 좌우 합작 위원회를 수립하였다. 이 위원회는 모든 조직이 하나로 통합되어, 중도적 사상의 통일 정부를 수립하는 것을 목표로 삼고 1946년 10월 좌우 합작 7원칙을 합의하여 제정하였다.

[정답의 이유]

④ 광복 직후 모스크바 삼국 외상 회의의 결정에 따라 1946년 3월 덕수궁 석조전에서 미·소 공동 위원회가 개최되었다. 따라서 1946년 10월에 이루어진 '좌우 합작 7원칙 발표' 이전에 있었던 일이다.

[오답의 이유]

① 3·15 부정선거에 대항한 4·19 혁명은 1960년에 일어난 사건이다.

② 제헌 국회는 「반민족 행위 처벌법」을 제정하고 반민족 행위 특별 조사 위원회를 구성하였다(1948).

③ 5·10 총선거를 통해 구성된 제헌 국회는 제헌 헌법을 제정하였으며 이를 바탕으로 대통령에 이승만, 부통령에 이시영을 선출하고 대한민국 정부 수립을 선포하였다(1948).

11 난도 ★★☆   정답 ①

중세 > 문화사

[자료해설]

제시문의 '화엄종을 중심으로 교종을 통합', '해동 천태종을 창시' 등을 통하여 밑줄 친 '그'가 의천임을 알 수 있다.

[정답의 이유]

① 의천은 교종과 선종의 통합 운동을 뒷받침하기 위한 사상적 바탕으로 이론의 연마와 실천을 강조하는 교관겸수를 제시하였다.

[오답의 이유]

② 독경과 선 수행, 노동에 고루 힘쓰자는 결사 운동을 제창한 인물은 지눌이다.

③ 삼국 시대의 승려 30여 명의 전기를 수록한 『해동고승전』을 편찬한 인물은 각훈이다.

④ 백련사를 결성하고 사회 개혁을 강조하며 자신의 행동에 대한 진정한 참회를 강요하는 법화 신앙을 강조한 인물은 요세이다.

12 난도 ★★☆   정답 ④

근대 태동기 > 정치사

[정답의 이유]

④ 임진왜란은 1592년에 일어났고 병자호란은 1636년에 일어났다. 병자호란의 결과로 소현세자와 봉림대군이 청에 포로로 끌려갔다가 1645년 귀국해 소현세자는 죽고 봉림대군은 세자로 책봉되었다. 이후 1649년 봉림대군은 효종으로 즉위하였다.

[오답의 이유]

① 광해군의 중립 외교 정책과 영창 대군 사사 사건, 인목 대비 유폐 문제를 빌미로 서인 세력이 반정을 주도하여 광해군이 폐위되고 인조가 즉위하였다(1623).

② 광해군 때 선조의 아들 중 유일한 정비의 소생인 영창 대군을 왕으로 옹립하려 역모를 꾸몄다는 7서의 옥이 발생하여 영창 대군이 강화도에 유배되었다. 이후 광해군은 왕위를 위협할 요소를 제거하기 위해 영창 대군을 살해하였다(1614).

③ 광해군은 명의 요청으로 강홍립 부대를 파견하였다(1619). 그러나 명과 후금 사이에서 중립 외교 정책을 추진하여 후금과의 사르후 전투에서 무모한 싸움을 계속하지 않고 투항하도록 명령하였다.

13 난도 ★★☆   정답 ①

시대 통합 > 지역사

[정답의 이유]

① 1866년 병인양요 때 강화도에 침입한 프랑스군은 퇴각 과정에서 외규장각의 조선 왕조 의궤 등 문화유산을 약탈해 갔다. 동학 농민 운동의 주 격전지는 1차 전라도, 2차 충청도와 전라도였다.

[오답의 이유]

② 고려궁지는 고려가 몽골의 침입에 대항하여 개경에서 강화도로 천도한 시기(1232~1270) 때 사용하던 궁궐터이다. 몽골이 고려를 침략하자, 정권을 장악하고 있던 최우는 몽골과의 장기 항쟁을 위해 강화도로 천도(1232)하였고, 이로부터 1270년 개경으로 환도할 때까지 약 40여 년간 고려 왕궁이 강화도에 있었다.

③ 강화도 부근리, 삼거리, 오상리 등의 지역에는 청동기 시대 지배층 군장의 무덤인 고인돌 160여 기가 분포되어 있다. 세계에서 고인돌이 가장 밀집되어 있는 동북아시아 중에서도 우리나라는 그 중심에 있으며, 고창·화순·강화 고인돌 유적이 함께 유네스코 세계 유산으로도 등재되어 있다.

④ 강화도 광성보는 신미양요 때 가장 치열한 격전지였다. 제너럴 셔먼호 사건을 구실로 미국의 로저스 제독이 함대를 이끌고 강화도를 공격하여 신미양요가 발생하였다(1871). 미군은 강화도 덕진진을 점거하고 광성보로 진격하였고, 조선군은 어재연을 중심으로 맞서 싸웠으나 수많은 사상자를 내며 패배하였다.

14 난도 ★★★   정답 ③

근대 태동기 > 정치사

[정답의 이유]

③ 인조(1623~1649)는 서인이 주도한 반정으로 왕위에 올랐다. 인조 대에는 서인의 우세 속에서 서인과 남인이 서로의 학문적 입장을 인정하는 토대 위에서 상호 비판적인 공존 체제를 유지하였다.

① 선조(1567~1608)의 즉위 이후 사림이 중앙 정계에 대거 진출하여 정국을 주도하였다. 사림 세력 내 이조 전랑직을 두고 대립과 갈등이 심화되었으며, 왕실의 외척이자 기성 사림의 신망을 받던 심의겸 중심의 세력은 서인으로, 당시 신진 사림의 지지를 받던 김효원 중심의 세력은 동인으로 분당하였다.

② 광해군(1608~1623) 시기에는 북인의 집권으로 정계에서 밀려난 서인 세력이 인조반정을 일으켜 광해군이 폐위되었고 인조가 왕위에 올랐다.

④ 숙종(1674~1720)은 상황에 따라 한 당파를 일거에 내몰고 상대 당파에게 정권을 모두 위임하는 편당적인 인사 관리로 환국의 빌미를 제공하였다. 경신환국(1680) 이후 남인이 몰락하고 서인이 집권하였는데, 남인의 처분을 두고 서인이 강경한 입장의 노론과 온건한 입장의 소론으로 나뉘었다.

더 알아보기

붕당 정치의 전개

선조~광해군	• 동인이 정여립 모반 사건을 계기로 남인과 북인으로 분화 • 광해군 때 북인 집권
인조~효종	인조반정 후 서인 집권 → 서인·남인 상호 비판적 공존
현종	두 차례 예송 발생 → 서인과 남인 대립 심화
숙종	• 환국 전개 → 3사의 언론 기능 변질, 남인 몰락, 서인이 노론과 소론으로 분화 • 붕당 간 보복과 탄압으로 일당 전제화 경향
영조~정조	• 탕평책으로 붕당 간 세력 균형 및 붕당 타파 • 영조(완론탕평): 붕당을 없애자는 논리에 동의하는 탕평파를 중심으로 정국을 운영, 서원 대폭 정리 • 정조(준론탕평): 시파·벽파의 갈등 경험 후 강한 탕평책 추진, 척신과 환관 제거, 권력에서 소외되었던 소론 일부와 남인 계열도 중용

15 난도 ★☆☆　　　　　　　　　정답 ②

시대 통합 > 문화사

② 고려 우왕 때 최무선의 건의로 화약과 화포 제작을 위한 화통도감이 설치되었다(1377).

① 세종의 명으로 금속 활자인 갑인자가 주조되어 조선의 금속 활자 인쇄술이 한층 더 발전하였다.

③ 세종 때 중국의 수시력과 아라비아의 회회력을 참고로 내편(內篇)과 외편(外篇)으로 이루어진 역법서 『칠정산』을 편찬하였다.

④ 세종은 이천과 장영실에게 간의를 제작하고 실험하도록 지시하였고, 간의 제작에 성공하자 경복궁 경회루 북쪽에 간의대를 세우고 대간의를 설치해 천체 관측 업무를 수행하였다. 간의는 천체를 관측하기 위한 전문 관측기구이다.

16 난도 ★☆☆　　　　　　　　　정답 ④

일제 강점기 > 정치사

제시문은 신간회의 행동 강령이다. 신간회는 1920년대 중반 정우회 선언(1926)을 계기로 사회주의 세력과 민족주의 세력이 연대하여 결성된 좌우 합작 단체이다(1927).

④ 1929년 광주 학생 항일 운동이 일어나자 신간회는 광주에 조사단을 파견하고 일제의 학생 운동 탄압에 항의하였다. 그리고 사건의 진상 보고를 위한 민중 대회를 열어 이를 전국적인 항일 운동으로 확산시키려고 하였다. 그러나 이 계획은 사전에 일본 경찰에 발각되어 신간회 간부들이 체포되었고, 민중 대회는 열리지 못하였다.

① 이상재 등이 중심이 된 조선 교육회의 제안으로 경성에서 조선 민립 대학 기성 준비회가 조직되었다(1922). 이를 바탕으로 출범한 조선 민립 대학 기성회(1923)는 '한민족 1천만 한 사람이 1원씩'이라는 구호를 내걸고 전국적인 모금 운동을 벌였다(민립 대학 설립 운동).

② 대한민국 임시 정부는 파리 강화 회의에 김규식을 파견하여 독립 청원서를 제출하는 등 외교 활동을 전개하였다(1919).

③ 순종의 국장일에 사회주의자들과 학생들이 대규모 만세 운동을 준비하였으나, 사회주의자들이 사전에 일제에 발각되면서 학생들을 중심으로 6·10 만세 운동을 전개하였다(1926).

더 알아보기

신간회

창립	• 비타협적 민족주의 세력과 사회주의 계열이 연대하여 창립(1927) • 회장 이상재, 부회장 홍명희 선출
활동	• 민족 단결, 정치적·경제적 각성 촉구, 기회주의자 배격 • 민중 계몽 활동으로 순회 강연, 야학 등 전개 • 농민·노동·여성·형평 운동 등 지원 • 광주 학생 항일 운동 지원(조사단 파견, 대규모 민중 대회 계획)
해소	민중 대회 사건으로 간부 대거 구속 → 타협적 민족주의와의 협력으로 갈등 발생, 코민테른 노선 변화 → 해소론 대두 → 해소(1931)
의의	• 민족주의 계열과 사회주의 계열의 민족 연합 • 일제 강점기 최대의 합법적인 반일 사회단체
행동강령	• 우리는 정치적, 경제적 각성을 촉진함 • 우리는 단결을 공고히 함 • 우리는 기회주의를 일체 부인함

17 난도 ★★★

정답 ④

중세 > 문화사

[자료해설]

제시문은 이규보가 쓴 『동명왕편』의 서문이다. 『동명왕편』은 한국 문학 최초의 서사시로, 고구려를 건국한 동명왕의 업적을 칭송하고 고려가 고구려를 계승하였다는 점을 수록하여 고려인의 자부심을 표현하였다.

[정답의 이유]

④ 이규보는 『동명왕편』 서문에서 김부식이 『삼국사기』를 편찬할 때 동명왕의 신이한 사적을 생략하였다고 비판하였다.

[오답의 이유]

① '강목체'는 사실에 대한 '강', 자세한 사실 경위에 대한 '목'의 순서로 사건을 서술하는 형식으로 평가를 강조한다는 특징이 있다. 고려 충숙왕 때 민지가 우리나라 최초의 강목체 역사서 『본조편년강목』을 편찬하였다(1317).

② 충렬왕 때 이승휴가 쓴 『제왕운기』는 단군부터 충렬왕까지의 역사를 서사시로 서술하였다(1287). 중국과 우리나라의 역사를 병렬적으로 서술하여 우리 역사만의 독자성을 강조하였고, 단군의 고조선 건국 이야기를 수록하여 고조선을 한국사에 포함시켰다.

③ 『삼국유사』는 고려 충렬왕 때 승려 일연이 저술한(1281) 역사서이다. 불교사를 중심으로 왕력과 함께 기이(紀異)편을 두어 전래 기록을 광범위하게 수록하였으며, 특히 단군을 우리 민족의 시초로 여겨 단군 왕검의 건국 설화를 수록하였다.

18 난도 ★★☆

정답 ③

일제 강점기 > 정치사

[정답의 이유]

③ 임병찬은 고종의 밀지를 받고 국내 잔여 의병 세력과 유생을 규합하여 독립 의군부를 조직하고(1912), 대한제국의 회복을 목표로 조직적인 항일 투쟁을 전개하였다. 독립 의군부는 조선 왕조를 부활시킨다는 복벽주의를 추구하며 일본 총리와 조선 총독에게 국권 반환 요구서를 제출하고 국권 회복을 위해 끝까지 저항할 것임을 알렸다.

[오답의 이유]

① 조선 독립 동맹은 화북 조선 청년 연합회를 확대 · 개편하여 김두봉이 결성하였고, 그 산하에 조선 의용대 화북 지대를 개편한 조선 의용군(1942)을 두었다.

② 만주 지역의 독립군 부대들은 대한민국 임시정부 소속의 군정부로서 중국 지안을 중심으로 압록강 접경을 관할한 참의부(1924), 하얼빈 이남의 남만주를 관할한 정의부(1924), 북만주를 관할한 신민부(1925) 등 3부가 성립되었다.

④ 양세봉이 이끄는 조선 혁명군은 남만주 일대에서 중국 의용군과 연합 작전을 전개하여 영릉가 전투에서 일본군을 격파하였다(1932).

19 난도 ★★★

정답 ③

일제 강점기 > 문화사

[자료해설]

제시문은 백남운이 쓴 『조선사회경제사』의 일부이다. 제시문에서 우리 조선의 역사적 발전이 '세계사적인 일원론적 역사 법칙에 의해 다른 민족과 거의 같은 궤도로 발전 과정을 거쳐 왔다.'는 내용을 통해 사적 유물론을 바탕으로 한 백남운의 주장임을 알 수 있다.

[정답의 이유]

③ 백남운은 일제의 식민 사관을 비판하면서 마르크스의 유물 사관에 나오는 사적 유물론의 원리를 적용하여 주체적으로 역사를 해석하였다. 이를 통해 한국사를 세계사적 보편성 위에 체계화하는 과정에서 식민 사학의 정체성론을 비판하였다.

[오답의 이유]

① 민족정신으로서 '조선 혼(魂)'을 강조하며 『한국통사』, 『한국독립운동지혈사』 등을 저술한 인물은 '박은식'이다.

② 민족주의 사학을 계승하여 조선의 '얼'을 강조하며 『조선사연구』 등을 저술한 인물은 '정인보'이다.

④ 이병도, 손진태, 이윤재 등은 문헌 고증의 방법을 통해 한국사를 실증적으로 연구하는 진단 학회를 조직하고(1934), 『진단학보』를 발행하였다.

20 난도 ★★☆

정답 ④

현대 > 정치사

[정답의 이유]

④ 애치슨 선언은 미국 국무장관 애치슨이 한국을 미국의 태평양 방위선에서 제외한다는 내용을 포함하여 발표한 연설로, 6 · 25 전쟁 발발의 원인을 제공하였다(1950.1.).

[오답의 이유]

① 국군과 유엔군은 인천 상륙 작전(1950.9.)의 성공으로 서울을 수복하고 압록강까지 진격하였다.

② 6 · 25 전쟁 중 자유당은 이승만 대통령의 재선을 위해 부산 지역에 비상계엄을 선포하고 대통령 간선제를 직선제로, 국회 단원제를 양원제(내각 책임제)로 고치는 개헌안을 국회에 제출하여 토론 없이 기립 표결로 통과시키는 제1차 개헌(발췌 개헌)을 단행하였다(1952.7.).

③ 휴전 협정이 진행 중이던 시기에 이승만은 모든 포로를 중립국에 넘긴 다음 남한과 북한 가운데 하나를 선택하게 한다는 협정에 반발하여 전국 8개 포로수용소(부산 거제리, 부산 가야리, 광주, 논산, 마산, 영천, 부평, 대구)의 반공 포로를 석방하였다.(1953.6.).

지방직 9급

한국사

한눈에 훑어보기

✓ **빠른 정답**

01	02	03	04	05	06	07	08	09	10
②	②	③	①	③	①	①	②	③	④
11	12	13	14	15	16	17	18	19	20
①	④	③	②	④	③	②	④	②	④

✓ **점수 체크**

구분	1회독	2회독	3회독
맞힌 문항 수	/ 20	/ 20	/ 20
나의 점수	점	점	점

---

01 난도 ★☆☆   정답 ②

고대 > 정치사

자료해설

제시문에서 '기벌포', '황산 전투' 등의 내용을 통해 밑줄 친 '그'가 김유신임을 알 수 있다.

정답의 이유

② 진덕 여왕 사후 귀족 회의에서 알천과 김춘추가 왕위를 놓고 경쟁한 결과 김춘추가 왕위에 오르게 되었다. 이때 김유신은 진골 출신인 김춘추를 도와 신라의 왕이 될 수 있도록 많은 지원을 하였다.

오답의 이유

① 고구려 영양왕 때 수 양제가 우중문의 30만 별동대로 평양성을 공격하였으나 을지문덕이 살수에서 2,700여 명을 제외한 수군을 전멸시켰다(612).

③ 통일 신라 장보고는 완도에 청해진을 설치하고 해적을 소탕하여 당과 신라, 일본 간 해상 무역을 전개하였다(828).

④ 신라 진흥왕은 고구려가 차지하고 있던 한강 유역을 빼앗고 대가야를 병합하여 영토를 확장하였다(562).

02 난도 ★★☆   정답 ②

고대 > 정치사

자료해설

제시문에 나온 '이사부', '우산국' 등의 단어로 보아 신라 지증왕 대의 우산국 정복에 대한 내용임을 알 수 있다. 지증왕은 이사부를 시켜 우산국(울릉도)과 우산도(독도)를 정벌하게 하고 실직주(삼척)의 군주로 삼았다(512).

정답의 이유

② 신라 지증왕은 사로국이었던 국호를 신라로 확정하고 마립간 대신 왕이라는 칭호를 사용하였다.

오답의 이유

① 신라 원성왕은 국학의 학생들을 대상으로 독서삼품과를 실시하여 유교 경전의 이해 수준에 따라 관리를 채용하였다.

③ 신라 신문왕은 녹읍을 폐지하고 관료전을 지급하여 귀족의 경제 기반을 약화시키고자 하였다.

④ 발해 무왕은 동북방의 여러 세력을 복속하여 영토를 확장하였고, 장문휴의 수군으로 당의 등주 등을 공격하였다.

더 알아보기

신라의 우산국 정복

(지증마립간) 13년(512) 여름 6월, 우산국이 항복해 와 해마다 토산물을 공물로 바치기로 하였다. 우산국은 명주의 정동쪽 바다에 있는 섬이며, 혹 울릉도라고 부르기도 한다. 땅은 사방 100리인데, (지세가) 험한 것을 믿고 항복하지 않았다. 이찬(伊湌) 이사부(異斯夫)가 하슬라주(何瑟羅州) 군주가 되어 이르기를, "우산국 사람들은 어리석고 사나워 힘으로 복속시키기는 어렵지만 꾀로써 복속시킬 수 있다."라고 하였다. 이에 나무 사자를 많이 만들어 전선에 나누어 싣고 그 나라의 해안에 이르러 거짓으로 말하기를, "너희가 만약 항복하지 않으면 이 사나운 짐승을 풀어 밟아 죽이겠다."라고 하니, (그) 나라 사람들이 두려워하며 곧 항복하였다.

― 『삼국사기』 ―

03 난도 ★☆☆ 　　　　　　　　　　　　　　정답 ③

고대 > 정치사

자료해설
제시문에 나온 특산물인 '솔빈부의 말', 영역이 '영주의 동쪽 2천 리', '신라와 접함' 등의 내용으로 밑줄 친 '이 나라'는 발해임을 알 수 있다.

정답의 이유
③ 발해는 선왕 때 지방 행정 체제를 5경 15부 62주로 정비하였고, 주현에 지방관을 파견하였다.

오답의 이유
① 백제 고이왕은 6좌평제와 16관등제를 정비하여 중앙 집권 국가의 기틀을 마련하였다.
② 통일 신라 신문왕은 중앙군을 9서당, 지방군을 10정으로 편성하여 군사 조직을 정비하였다.
④ 고구려는 귀족 회의인 제가 회의를 통해 국가의 중대사를 결정하였다.

04 난도 ★☆☆ 　　　　　　　　　　　　　　정답 ①

근세 > 정치사

자료해설
제시문의 『농사직설』 편찬'으로 보아 밑줄 친 '왕'은 조선의 세종임을 알 수 있다.

정답의 이유
① 조선 전기 세종은 전세 제도인 공법을 제정하고 실시하기 위해 전제상정소를 설립하여 토지의 등급을 매기도록 하였다. 이에 따라 풍흉과 토지 비옥도에 따라 전세를 차등 징수하는 연분 9등법과 전분 6등법을 전라도부터 시행하였다.

오답의 이유
② 태조 이성계는 조선을 건국한 이후 도읍을 개경에서 한양으로 천도하고 경복궁을 창건하였다.
③ 조선 세조 때 편찬되기 시작한 『경국대전』은 조선의 기본 법전으로 성종 때 완성되어 반포되었다.

④ 조선 중종은 반정으로 왕위에 오른 후 사림파를 중용하기 위해 조광조를 등용하고 현량과를 실시하는 등 개혁 정치를 실시하였다.

더 알아보기

세종의 분야별 업적

정치	• 의정부 서사제 • 집현전 설치, 경연 활성화
군사	• 여진: 4군 6진 개척 • 왜: 쓰시마 섬 토벌
과학	• 농업 관련 기술: 측우기, 자격루 등 발명, 『농사직설』 편찬, 연분 9등법과 전분 6등법 실시 • 역법: 최초로 한양 기준 천체 운동을 계산한 『칠정산』
문화	• 훈민정음 창제 · 반포 → 민족 문화 기반 확립 • 편찬 사업: 『고려사』, 『삼강행실도』, 『총통등록』, 『향약집성방』, 『의방유취』, 『농사직설』, 『신찬팔도지리지』 • 정간보 창안

05 난도 ★☆☆ 　　　　　　　　　　　　　　정답 ③

근세 > 사회사

자료해설
제시문의 '경대부의 자식인데 오직 어머니가 첩이라는 이유만으로 대대로 벼슬길을 막아'라는 내용으로 보아 밑줄 친 '이들'은 서얼임을 알 수 있다.

정답의 이유
③ 조선 태종 때 서얼 금고법을 제정하여 양반의 자손이라도 서얼(첩의 자식)인 경우 관직에 진출할 수 없도록 하였으며, 『경국대전』에서 보다 구체적으로 법제화하였다. 조선 후기에 서얼들은 신분 상승 운동인 통청 운동을 전개하면서 청요직으로 진출하는 것을 허용해 달라는 상소를 올리기도 하였다.

오답의 이유
① 조선의 향리는 수령의 행정 실무를 보좌하는 지방 말단직이었으며, 호장, 기관, 장교, 통인 등으로 분류되었다. 향리직은 세습되었으나 국가로부터 녹봉을 받지 못하였고, 문과에 응시할 수 없었다.
② · ④ 조선 시대의 천민에는 백정, 무당, 창기, 공노비, 사노비 등이 있었다. 특히 노비는 비자유민으로 재산으로 취급되었고(매매 · 상속 · 증여의 대상), 교육을 받거나 벼슬을 할 수 없었다.

06 난도 ★☆☆ 　　　　　　　　　　　　　　정답 ①

중세 > 정치사

자료해설
제시문에 나온 '쌍기의 건의로 과거를 실시' 등의 내용으로 보아 밑줄 친 '왕'은 고려 광종임을 알 수 있다.

정답의 이유
① 고려 광종은 노비안검법을 실시하여 억울하게 노비가 된 사람들을 구제하고 호족 세력을 약화시키고자 하였다.

② 고려 공민왕은 전민변정도감을 설치하여 권문세족이 부당하게 빼앗은 토지를 본래 주인에게 돌려주고 억울하게 노비가 된 사람들을 양민으로 해방시켜 주었다(1366).

③ 고려 경종에 의해 처음 시행된 전시과는 관직 복무와 직역의 대가로 관료들에게 토지를 나누어 주는 제도였다(976).

④ 고려 성종은 최승로의 시무 28조(982)를 받아들여 12목을 설치하고 지방관을 파견하였다(983).

더 알아보기

고려 광종의 개혁 정치

왕권 강화	• 노비안검법(956) 실시: 억울하게 노비가 된 사람들 구제, 국가 재정을 확충, 호족 세력 약화 • 과거제(958) 실시: 후주 출신 쌍기의 건의로 실시한 과거 제도를 통하여 신진 사대부 등용 • 독자적 연호 사용: 국왕을 황제라 칭하고 광덕, 준풍 등의 독자적 연호 사용 • 기타: 왕권 강화를 위해 공신 · 호족 세력을 숙청
통치 체제 정비	• 백관공복제 정비: 관료들을 4색(자색, 단색, 비색, 녹색)으로 분류하여 지배층의 위계질서를 확립 • 기타: 주현공부법, 제위보 설치, 승과 제도 등 시행

07 난도 ★★☆
정답 ①

현대 > 정치사

자료해설

제시된 자료는 1960년 4 · 19 혁명 당시 대학 교수단이 발표한 시국 선언문의 내용이다.

정답의 이유

① 이승만의 장기 집권과 자유당 정권의 3 · 15 부정 선거에 저항하여 4 · 19 혁명이 발발하였고, 대학 교수단이 시국 선언문을 발표하고 대통령의 하야를 요구하는 행진을 전개하는 등 시위가 전국적으로 확산되었다(1960). 결국 4 · 19 혁명으로 이승만 대통령이 하야하고 내각 책임제를 기본으로 하는 허정 과도 정부가 구성되었다.

오답의 이유

② 신군부의 비상계엄 확대에 항거하여 광주에서 일어난 5 · 18 민주화 운동은 신군부가 공수 부대를 동원하여 무력 진압에 나서자 학생과 시민들이 시민군을 결성하여 계엄군에 대항하면서 격화되었다(1980). 5 · 18 민주화 운동은 1980년대 우리나라 민주화 운동의 밑거름이 되었고, 2011년에는 관련 기록물이 유네스코 세계 기록 유산으로 등재되었다.

③ 박정희 정부가 1964년에 한 · 일 국교 정상화를 위한 회담을 진행하면서 학생과 야당을 주축으로 이에 반대하는 6 · 3 시위가 전개되었다.

④ 6월 민주 항쟁의 결과 정부는 국민들의 민주화 요구를 수용하여 6 · 29 민주화 선언을 통해 5년 단임의 대통령 직선제 개헌을 단행하였다(1987).

더 알아보기

4 · 19 혁명의 전개

배경	• 이승만 정부의 독재와 부정부패: 상대 민주당 후보 조병옥 선거 도중 사망, 이승만 대통령 당선 확실시 • 3 · 15 부정 선거: 부통령에 이기붕을 당선시키기 위한 대대적인 부정 선거 자행
전개	각 지역에서 부정 선거 규탄 시위 → 마산에서 김주열 학생의 시신 발견(4.11.), 전국으로 시위 확산 → 학생 · 시민 대규모 시위 → 경찰 발포로 여러 사상자 발생, 비상 계엄령 선포(4.19.) → 서울 시내 대학 교수단 시국 선언문 발표 및 시위(4.25.)
결과	• 이승만 대통령 하야 성명 발표(4.26.), 다음날 대통령 사임서 제출(4.27.) • 허정(대통령 권한 대행) 과도 정부 구성
의의	• 학생과 시민이 중심이 되어 독재 정권을 타도한 민주주의 혁명 • 민주주의 발전에 밑바탕이 됨

08 난도 ★★☆
정답 ②

시대 통합 > 문화사

자료해설

제시문에 나온 '하남 하사창동 철조 석가여래 좌상', '논산 관촉사 석조 미륵보살 입상' 등의 내용을 통해 밑줄 친 '이 시기'는 고려 시대 초기임을 알 수 있다. 고려 초기에는 조형미는 떨어지나 토속적 · 향토적인 특색이 표현된 거대 석불이나 대형 철불을 조성하였다.

정답의 이유

② 고려 초기에는 건국에 지대한 영향을 끼친 지방 호족들이 그 지역 내에서 독자적인 지배권을 인정받았다. 이들은 지방 문화의 성격이 강한 거대 불상이나 불교 건축물 등을 제작하기도 하였다.

오답의 이유

① 성골 출신이 국왕이 재위한 것은 신라 상대(박혁거세~진덕 여왕)의 일이다.

③ 조선 시대 세도 정치 시기에는 외척인 안동 김씨와 풍양 조씨 등의 특정 가문이 정권을 장악하였고, 이 시기에 삼정의 문란이 극에 달했다.

④ 16세기 이후 조선은 성리학에 투철한 사림 세력이 정국을 주도하였다.

09 난도 ★★☆
정답 ③

시대 통합 > 문화사

정답의 이유

ㄴ 이규보의 『동국이상국집』에 실린 「동명왕편」은 한국 문학 최초의 서사시로, 고구려를 건국한 동명왕의 업적을 칭송하고 고려가 고구려를 계승하였다는 고려인의 자부심을 표현하였다.

ㄹ 유득공의 『발해고』는 발해를 우리의 역사로 인식하고 최초로 '남북국'이라는 용어를 사용하였다.

㉠ 단군 신화가 수록된 문헌에는 『삼국유사』, 『제왕운기』, 『동국여지 승람』, 『응제시주』, 『세종실록지리지』 등이 있다.
㉢ 안정복이 쓴 『동사강목』은 고조선부터 고려 공양왕까지의 역사 를 정리한 것으로 강목체 형식의 편년체로 편찬되었다.

10 난도 ★☆☆　　　　　　　　　　　　정답 ④

근대 태동기 > 정치사

자료해설

제시문의 '탕평책', '균역법', '청계천 준설' 등을 통해 밑줄 친 '나'는 조선의 영조임을 알 수 있다.

정답의 이유

④ 조선 후기 영조는 각종 제도의 연혁과 내용을 정리한 백과 전서 인 『동국문헌비고』를 편찬하여 문물제도를 정비하였다.

오답의 이유

① 정조는 왕권을 뒷받침하는 군사적 기반을 갖추기 위해 친위 부 대인 장용영을 설치하였다(1793).

② 효종 때 러시아가 만주 지역까지 침략해오자 청은 조선에 원병 을 요청하였고, 조선에서는 두 차례에 걸쳐 조총 부대를 파견하 여 나선 정벌을 단행하였다(1654, 1658).

③ 세도 정치로 인한 삼정의 문란과 서북 지역민에 대한 차별에 항 거하여 홍경래의 난이 일어났다(1811).

더 알아보기

영조의 업적

탕평책을 통한 왕권 강화	• 각 붕당의 사상적 지주였던 산림의 존재 부정 • 붕당의 지지 기반인 서원을 대폭 정리 • 이조 전랑의 삼사 관리 선발권 폐지
민생 안정 노력	• 균역법 실시: 백성의 군역 부담 경감 • 지나친 형벌 금지, 사형수에 대한 엄격한 삼심제 시행 • 신문고 부활: 백성의 억울함 해소 • 문물제도 정비: 『속대전』, 『동국문헌비고』 편찬

11 난도 ★★☆　　　　　　　　　　　　정답 ①

근대 > 정치사

자료해설

제시된 자료에서 을미사변은 삼국 간섭 이후 민씨 세력이 러시아를 통해 일본을 견제하자, 일본이 경복궁에 난입하여 명성 황후를 시 해한 사건이다(1895). 러 · 일 전쟁은 한반도와 만주 지역에 대한 지배권을 두고 러시아와 일본 간에 벌어진 제국주의 전쟁이다 (1904).

정답의 이유

① 갑신정변 이후 미국에서 돌아온 서재필은 독립신문을 창간하고 독립 협회를 창립하였으며, 청의 사신을 맞던 영은문을 헐어 그 자리에 독립문을 건립하였다(1897).

② 일본의 강압으로 을사늑약이 체결(1905)되어 대한제국의 외교 권이 박탈되고 통감부가 설치되었다.

③ 일제 통감부는 대한제국의 토지와 자원을 수탈하기 위해 동양 척식 주식회사를 설립하였다(1908).

④ 흥선 대원군은 왕실의 권위 회복을 위해 임진왜란 때 불에 탄 뒤 방치되었던 경복궁을 중건하였으며(1865~1868), 이에 필요한 재정을 확보하기 위해 당백전을 발행하였다.

12 난도 ★★★　　　　　　　　　　　　정답 ④

중세 > 정치사

자료해설

제시된 자료에 있는 '모니노', '신돈의 여종 반야의 소생', '이인임 등 의 권력 횡포' 등으로 보아 밑줄 친 '왕'은 고려 공민왕의 뒤를 이어 왕위에 오른 우왕(1374~1388)이라는 것을 알 수 있다.

정답의 이유

④ 고려 말의 무신 이성계는 우왕 때 왕명에 따라 요동 정벌을 위해 출병하였다. 그러나 의주 부근의 위화도에서 말을 돌려 개경으 로 회군(1388)한 후, 최영을 제거하고 우왕을 폐위시켰으며 정 치적 실권을 장악하였다.

오답의 이유

① 조선 전기 왜구의 약탈이 빈번하자 세종은 이종무를 대마도로 보내 왜구를 토벌하였다(1419).

② 고려 무신 정권 해체 이후 강화도에 있던 고려 조정이 개경으로 환도하면서 몽골과의 강화가 성립되었다. 최씨 무신 정권의 군 사적 기반이었던 삼별초는 이에 반발하여 배중손의 지휘에 따라 진도로 이동하며 대몽 항쟁을 전개하였다(1270~1273).

③ 고려 공민왕은 반원 자주 정책을 실시하여 유인우, 이자춘, 이인 임 등으로 하여금 동계 지역의 쌍성총관부를 공격하여 원에 빼 앗긴 철령 이북의 땅을 수복하였다(1356).

13 난도 ★★☆　　　　　　　　　　　　정답 ③

일제 강점기 > 사회사

자료해설

제시된 자료의 '조선 물산 팔고 사자' 등의 포스터 내용을 통해 1920년대 전개된 물산 장려 운동이라는 것을 알 수 있다.

정답의 이유

③ 물산 장려 운동은 1920년대 조만식 등을 중심으로 평양에서 전 개되었다. 민족 자본 육성을 통한 경제 자립을 위해 자급자족, 국산품 애용, 소비 절약 등을 내세웠으며 자작회, 토산 애용 부 인회 등의 단체가 활동하였다. 그러나 일부 사회주의 세력은 이 운동이 자본가 계급의 이익만 추구할 뿐이라는 이유로 비판하기 도 하였다.

오답의 이유

① 1920년대 이상재, 이승훈, 윤치호 등의 주도로 한국인을 위한 고등 교육 기관인 민립 대학 설립 운동이 시작되어 조선 민립 대 학 기성회가 조직되었다. 그러나 일제의 방해와 경성 제국 대학

의 설립, 남부 지방의 가뭄과 전국적인 수해로 모금 활동이 중단되면서 좌절되었다.

② · ④ 1920년 일제의 회사령 폐지로 일본 자본이 본격적으로 들어왔고, 일제는 한 · 일 간의 관세 철폐를 추진하였다. 여기에 맞서 민족 자본가들은 일본의 자본에 대항하기 위해 물산 장려 운동을 추진하였다.

더 알아보기

물산 장려 운동

배경	일본 기업의 한국 진출 활발, 일본 상품의 관세 철폐(1923) → 일본 상품 대량 유입으로 한국 기업 위기 → 한국인 자본을 보호 · 육성하여 민족의 경제적 실력을 향상하고자 함
전개	• 평양에서 조만식을 중심으로 평양 물산 장려회 설립(1920) → 서울과 전국으로 확산 • '내 살림 내 것으로', '조선 사람 조선 것' 등의 구호 제시 • 민족 산업 보호 · 육성을 위한 토산품 애용, 근검 · 저축 · 금주 · 금연 등 실천
결과	일부 기업가에 의해 토산품 가격 상승 → 일제의 탄압과 방해로 큰 성과 거두지 못함

14 난도 ★★☆　　　　　　　　　　　　　정답 ②

현대 > 정치사

자료해설

제시된 자료의 '통일 주체 국민 회의에서 대통령을 무기명으로 선출한다'는 내용으로 보아 1972년에 개정된 유신 헌법임을 알 수 있다.

정답의 이유

② 대통령 임기를 7년 단임으로 정한 것은 1980년 개정된 제8차 개헌 때이다. 유신 헌법에서는 대통령의 임기는 6년으로 정하고, 중임 제한을 철폐하였으며 통일 주체 국민 회의에서 대통령을 선출할 수 있게 하였다.

오답의 이유

① · ③ · ④ 유신 헌법은 3권 분립을 무시하고 대통령의 초법적 권한을 부여하기 위해 긴급 조치권을 부여하였으며, 국회의원 1/3 추천권, 국회 해산권, 대법원장과 헌법 위원회 위원장 임명권, 정당 및 정치 활동 금지 등을 규정하였다.

15 난도 ★☆☆　　　　　　　　　　　　　정답 ④

고대 > 정치사

자료해설

제시된 자료의 순서는 (라) 고구려 장수왕의 평양 천도(427) - (다) 백제 문주왕의 웅진 천도(475) - (가) 신라 진흥왕의 한강 유역 확보(553) - (나) 관산성 전투(554)이다.

정답의 이유

(라) 고구려 장수왕은 수도를 국내성에서 평양성으로 옮기고 남진 정책을 추진하였다.

(다) 남진 정책을 추진하던 고구려 장수왕에 의해 수도 한성이 함락되고 백제 개로왕이 전사하였다. 한강 유역을 빼앗긴 이후 즉위한 백제 문주왕은 웅진(공주)으로 천도하였다.

(가) · (나) 신라 진흥왕과 백제 성왕은 함께 고구려를 공격하여 한강 유역을 차지하였으나, 진흥왕이 나 · 제 동맹을 깨고 백제가 차지한 지역을 점령하였고, 이에 분노한 성왕은 신라를 공격하였으나 관산성 전투에서 전사하였다.

16 난도 ★★★　　　　　　　　　　　　　정답 ③

중세 > 정치사

자료해설

제시된 자료에서 '통주성 남쪽으로 나가 진을 친', '결국 패해 거란군의 포로가 된', '고려 사람' 등의 내용으로 보아 (가) 인물은 고려 시대 무신 강조이다. 강조는 거란의 2차 침입(1010) 때 통주 전투에서 대패하여 포로가 되었으나 거란 왕에게 고려 신하의 절의를 꺾지 않고 저항하다가 죽음을 맞았다.

정답의 이유

③ 고려의 무신 강조는 천추 태후와 그의 정부 김치양으로 인한 국가의 혼란을 바로잡기 위해 정변을 일으켜 목종을 폐위시키고 현종(대량원 군)을 즉위시켰다(1009).

오답의 이유

① 묘청의 난은 묘청, 정지상 등을 중심으로 한 서경 세력이 서경 천도와 칭제건원, 금 정벌 등을 수장하였으나 받아들여지지 않자 서경에서 반란을 일으킨 사건으로, 인조의 명에 의해 김부식이 진압하였다(1135).

② 고려 숙종 때 부족을 통일한 여진족이 고려의 국경을 자주 침입하자 윤관이 왕에게 건의하여 신기군, 신보군, 항마군으로 구성된 별무반을 편성하였다(1104). 이후 예종 때 윤관은 별무반을 이끌고 여진족을 공격하여 동북 지역에 9성을 쌓았다(1107).

④ 거란의 1차 침입 때 서희가 소손녕과 외교 담판을 통해 강동 6주를 획득하였다(993).

더 알아보기

거란의 침입과 고려의 대응

거란 침입	결과
1차 침입 (993)	10세기 초 통일 국가를 세운 거란이 고려를 여러 차례 침략하였다. 고려 성종 때 거란이 고려가 차지하고 있는 옛 고구려 땅을 내놓고 송과 교류를 끊을 것을 요구하였으나 서희가 소손녕과의 외교 담판을 통해 강동 6주를 획득하였다.
2차 침입 (1010)	거란은 강조의 정변을 구실로 고려를 침입하여 흥화진을 공격하였다. 이때 고려 장수 양규는 무로대에서 거란을 기습 공격하여 포로로 잡힌 백성을 되찾았다.
3차 침입 (1018)	거란의 소배압이 이끄는 10만 대군이 다시 고려를 침입하였으나 강감찬이 이에 맞서 귀주에서 대승을 거두었다(귀주 대첩, 1019).

17 난도 ★☆☆   정답 ②

근세 > 정치사

자료해설

제시문의 『성학집요』를 완성하였다는 내용으로 밑줄 친 '저'가 율곡 이이라는 것을 알 수 있다. 이이는 군주가 수양해야 할 덕목을 정리한 『성학집요』를 저술하여 선조에게 바쳤다.

정답의 이유

② 율곡 이이는 왕도 정치의 이상을 문답식으로 저술한 『동호문답』을 통해 다양한 개혁 방안을 제시하였다.

오답의 이유

① 조선 중기의 성리학자 퇴계 이황은 향촌 사회의 교화를 위해 향약의 4대 덕목 가운데 '과실상규'를 강조하는 예안향약을 만들었다.

③ 조선 중종 때 풍기 군수 주세붕이 성리학을 전래한 고려 말의 학자 안향을 기리기 위해 최초로 백운동 서원을 건립하였다. 백운동 서원은 이황의 건의로 최초의 사액 서원인 소수 서원으로 사액되었다.

④ 정도전은 태조의 막내 아들인 방석을 세자로 임명하려다가 발생한 제1차 왕자의 난 때 이방원에 의해 피살되었다.

18 난도 ★★★   정답 ④

근대 > 정치사

자료해설

제시된 자료에서 '한국의 의병', '적군의 포로', '만국공법에 의해 처단' 등의 내용을 통해 밑줄 친 '나'가 안중근임을 알 수 있다. 안중근은 자신이 대한제국 용병 참모중장의 자격으로 동양의 평화를 교란한 이토 히로부미를 처단했으며, 이에 따라 범죄자가 아니라 만국 공법에 따라 포로로 대우해 달라고 요청하였다.

정답의 이유

ⓒ 안중근은 뤼순 감옥에서 한국, 일본, 청의 동양 삼국이 협력하여 서양 세력의 침략을 방어하고 동양 평화를 실현해야 한다는 사상을 담은 『동양평화론』을 집필하였으나 일제가 사형을 앞당겨 집행하면서 미완성으로 남게 되었다.

ⓔ 안중근은 연해주에서 의병 운동을 했으며, 각종 모임을 만들어 애국 사상을 고취하고 군사 훈련을 담당하였다.

오답의 이유

ⓖ 안중근은 중국의 뤼순 감옥의 형장에서 순국하였다(1910.3.).

ⓛ 한인 애국단은 김구가 상하이에서 적극적인 의열 투쟁 활동을 전개하고자 결성한 단체로 대표적인 단원으로는 윤봉길, 이봉창 등이 있다.

더 알아보기

『동양평화론』

안중근은 뤼순 감옥에서 한국, 일본, 청의 동양 삼국이 협력하여 서양 세력의 침략을 방어하고 동양 평화를 실현해야 한다는 사상을 담은 『동양평화론』을 집필하였다. 원래 5편으로 구상되었으나 사형 집행이 앞당겨져 서문과 전감(前鑑)만 집필되었다. 일제의 한국 침략에 대한 비판과 진정한 동양 평화를 위한 한·중·일 삼국의 대등한 연합이 주된 내용을 이룬다.

19 난도 ★★★   정답 ②

현대 > 정치사

자료해설

제시된 자료에 있는 '일본 정부와 공모하여 한·일 합병에 적극 협력한 자'와 '처벌'을 통해 1948년 제헌 국회에서 제정한 반민족 행위 처벌법의 조항임을 알 수 있다.

정답의 이유

② 5·10 총선거를 통해 구성된 제헌 국회는 1948년 9월 반민족 행위 처벌법을 제정하였으며, 다음 해인 1949년 6월 농지 개혁법을 제정하였다.

오답의 이유

①·③ 제헌 국회는 1948년 9월 『반민족 행위 처벌법』을 제정하였으며, 10월에는 반민족 행위 특별 조사 위원회와 특별 재판부를 설치하여 공소를 제기하도록 하였다.

④ 1949년 6월 특별 조사 위원회가 일제 때 친일 행위를 한 박흥식, 노덕술 등 고위 경찰 간부를 체포하여 조사하였다. 그러나 정부가 간첩 혐의로 반민족 특별 위원회 위원을 구속하는 국회 프락치 사건, 경찰의 반민 특위 습격 사건, 반민족 특별 위원회의 활동 기간 축소에 따른 공소 기간 만료 등으로 반민족 특별 위원회가 해체되어 친일파 청산은 결과적으로 실패하였다.

20 난도 ★★☆   정답 ④

일제 강점기 > 정치사

자료해설

제시된 자료는 신채호의 『조선 혁명 선언』이다(1923). (나) 신채호는 의열단 단장 (가) 김원봉의 부탁으로 작성한 조선 혁명 선언을 통해 민중의 직접 혁명을 통한 무장 독립 투쟁의 필요성을 강조하였다.

정답의 이유

④ (가) 김원봉은 개인적인 폭력 투쟁의 한계를 느끼고, 조직적으로 항일 무장 투쟁을 전개하기 위해 단원들과 함께 중국의 황포 군관 학교에서 정규 군사 훈련을 교육받았다.

(나) 신채호는 『독사신론』을 발표하여 민족을 역사 서술의 중심에 두는 민족주의 사학의 기반을 마련하였다.

오답의 이유

① (가)는 김원봉이 맞으나 (나)는 맞지 않다.

· 조선 의용대는 (가) 김원봉이 주도하여 중국 국민당의 지원을 받아 중국 관내 결성된 최초의 한인 무장 부대이다.

· 독립을 위해 '국혼'을 강조한 인물은 박은식이다.

② (가)와 (나) 모두 맞지 않다.

· 신민회의 이회영 등은 서간도 삼원보 지역에 독립군 양성 학교인 신흥 강습소를 설립하였고 이후 명칭을 신흥 무관 학교로 바꾸었다.

· 일제 강점기의 사회 운동가 강상호는 경남 진주에서 백정 이학찬 등과 함께 백정에 대한 사회적 차별 철폐를 위한 형평사를 조직하였다.

③ (가)와 (나) 모두 맞지 않다.
- 여운형은 일제의 패망에 대비하여 광복 이후 민주주의 국가 건설을 목표로 한 조선 건국 동맹을 결성하였다.
- 백남운은 『조선사회경제사』를 통해 유물 사관을 토대로 식민 사학의 정체성론을 반박하였다.

더 알아보기

일제 강점기 국학 연구

민족주의 사학	박은식	• 혼(魂) 강조 • 『한국통사』, 『한국독립운동지혈사』
	신채호	• 민족주의 역사학의 기반 확립 • 고대사 연구 • 『독사신론』, 『조선상고사』, 『조선사연구초』
	정인보	'얼' 강조, 「5천년간 조선의 얼」(동아일보 연재) → 『조선사연구』, 조선학 운동
	문일평	• 심(心) 사상(조선심) • 역사학의 대중화에 관심
사회 · 경제 사학	백남운	• 유물 사관을 바탕으로 정체성론 비판 • 『조선사회경제사』, 『조선봉건사회경제사』
실증 사학	손진태, 이병도	• 문헌 고증 강조 • 진단학회 조직

한눈에 훑어보기

✓ 영역 분석

선사 시대와 국가의 형성 01
1문항, 5%

고대 02 06 07 12
4문항, 20%

중세 03 04 09 10
4문항, 20%

근세 05
1문항, 5%

근대 태동기 08 13
2문항, 10%

근대 14 16 18
3문항, 15%

일제 강점기 15 17
2문항, 10%

현대 19 20
2문항, 10%

시대 통합 11
1문항, 5%

✓ 빠른 정답

01	02	03	04	05	06	07	08	09	10
③	①	④	①	①	②	③	③	③	④
11	12	13	14	15	16	17	18	19	20
②	②	③	②	②	③	④	④	①	②

✓ 점수 체크

구분	1회독	2회독	3회독
맞힌 문항 수	/ 20	/ 20	/ 20
나의 점수	점	점	점

01 난도 ★☆☆ 정답 ③

선사 시대와 국가의 형성 > 국가의 형성

자료해설

제시문의 영고라는 제천 행사를 열었다는 내용을 통해 부여라는 것을 알 수 있다.

정답의 이유

③ 부여에는 왕 아래 가축의 이름을 딴 마가, 우가, 저가, 구가가 있었으며, 이들 가(加)는 각각 행정 구획인 사출도를 다스려, 왕이 직접 통치하는 중앙과 합쳐 5부를 이루었다.

오답의 이유

① 가족이 죽으면 시체를 가매장하였다가 나중에 그 뼈를 추려서 가족 공동 무덤인 커다란 목곽에 안치한 골장제는 옥저의 풍습이다.

② 읍군, 삼로 등이 통치한 것은 옥저와 동예이다.

④ 삼한에서는 정치적 지배자인 군장 외에 소도에서 농경과 종교에 대한 의례를 주관하는 천군이 존재했다.

더 알아보기

부여의 정치와 풍속

위치	송화강 유역의 평야지대
발전 과정	• 1세기 초 왕호 사용, 중국과 외교 시작 • 3세기 말 선비족의 침입으로 크게 쇠퇴 • 4세기 말 연의 침입 • 494년 고구려 문자왕에 의해 편입되면서 멸망
정치	• 왕 아래 마가, 우가, 저가, 구가의 가(加)들이 각자의 행정 구역인 사출도를 다스림 • 왕이 통치하는 중앙과 합쳐 5부를 구성하는 연맹 왕국
경제 및 사회	• 경제는 반농반목, 말·주옥·모피 등의 특산물 생산 • 풍속으로는 순장, 형사취수제, 우제점법, 1책 12법, 제천 행사 영고(12월) • 4조목 법 – 살인자는 사형에 처하고, 그 가족은 노비로 삼음(연좌제) – 절도자는 12배의 배상을 물림(1책 12법) – 간음자는 사형에 처함 – 질투가 심한 부인은 사형에 처함

부여의 의복

나라 안에 있을 때의 의복은 흰색을 숭상하여, 흰 베로 만든 큰 소매 달린 도포와 바지를 입고 신발은 가죽신을 신는다. 외국에 나갈 때는 비단옷과 수놓은 옷·모직(毛織) 옷을 즐겨 입고, 대인(大人)은 그 위에 여우·살쾡이·원숭이, 희거나 검은 담비 가죽으로 만든 갖옷을 입으며, 또 금·은으로 모자를 장식하였다.
― 『삼국지』 위서 동이전 ―

02 난도 ★☆☆   정답 ①

고대 > 문화사

자료해설

제시문에서 '구지', '수로왕' 등의 내용을 통해 (가) 나라는 금관가야인 것을 알 수 있다. 『삼국유사』에 기록된 가야의 건국 설화에 따르면, 김수로왕은 하늘에서 내려온 알에서 태어나 금관가야를 세우고 인도에서 온 허황옥과 결혼하였다.

정답의 이유

① 금관가야는 풍부한 철의 생산과 해상 교통이 유리한 지역적 특색을 통해 낙랑과 왜에 철을 수출하였다.

오답의 이유

② 초기의 신라는 박, 석, 김의 3성이 교대로 왕위를 계승하였다.

③ 고구려 장수왕은 지방에 경당을 설치하여 평민 자제들에게 학문과 무술을 가르쳤다.

④ 백제의 귀족들은 정사암이라는 바위에서 회의를 통해 재상을 선출하고 국가의 중대사를 결정하였다.

더 알아보기

가야 연맹의 특징

구분	내용
정치	• 2~3세기경: 금관가야(김해) 주축 → 5세기경 고구려의 진출로 타격 • 5세기 이후: 대가야(고령)로 중심 이동 • 6세기: 신라에 병합(법흥왕-금관가야, 진흥왕-대가야)
경제	중계 무역 장악: 낙랑·왜 등에 철을 수출
문화	• 철기 문화 발달(금동관, 철제 무기, 갑옷 등) • 토기: 수레 토기 → 일본 스에키 토기에 영향을 줌

03 난도 ★☆☆   정답 ④

중세 > 정치사

자료해설

제시문은 고려의 도병마사와 함께 국가 중대사를 합의제로 운영하며, 법률·제도·격식을 제정하는 식목도감을 묻는 문제이다.

정답의 이유

④ 고려는 2성 6부의 중앙 관제를 갖추고 있으면서 중서문하성의 재신과 중추원의 추밀이 참여하는 두 개의 회의기관을 만들었다. 도병마사는 대외적인 국방과 군사 문제를 관장하였고, 식목도감은 대내적인 법제와 격식을 관장하였다.

오답의 이유

① 고려의 삼사는 화폐와 곡식의 출납에 대한 회계를 맡았다.

② 상서성은 6부를 관리하고 정책을 집행하였다.

③ 어사대는 관리의 비리를 감찰하는 역할과 풍속 교정 업무를 수행하였다.

더 알아보기

고려의 중앙 정치 기구

2성 6부	• 중서문하성(국정 총괄 → 수상은 문하시중), 상서성(6부 관리) • 당의 제도를 모방	
중추원	• 왕의 비서 기구, 군사 기밀(추밀)과 왕명 출납(승선) 담당 • 송의 제도 모방	
도병마사	국방 문제 논의	귀족 합의체: 재신(중서문하성)과 추밀(중추원)의 합의
식목도감	법률·제도 제정	
어사대	감찰 기구, 풍속 교정	
삼사	화폐·곡식의 출납, 회계	
대간	어사대의 관원 + 중서문하성의 낭사 → 간쟁, 봉박, 서경권	

04 난도 ★☆☆   정답 ①

중세 > 정치사

자료해설

발해를 멸망시킨 (가)는 거란이다. 거란은 3차례에 걸쳐 고려에 침략하였는데, 1차 침입(993) 때에는 서희가 소손녕과의 외교 담판으로 강동 6주를 획득하였고, 2차 침입(1010)에는 양규가 무로대에서 거란을 기습 공격하여 포로로 잡힌 백성들을 되찾았다. 3차 침입(1018) 때는 소배압의 10만 대군에 맞서 강감찬이 귀주에서 대승을 거두었다(1019).

정답의 이유

① 거란이 강조의 정변을 구실로 고려를 침입하여 흥화진을 공격하였다. 이때 고려 장수 양규는 무로대에서 거란을 기습 공격하여 포로로 잡힌 백성을 되찾았다(1010).

오답의 이유

② 동북 9성 반환을 요구한 것은 여진이다. 윤관은 숙종 때 부족을 통일한 여진족이 국경을 자꾸 침입하자 왕에게 건의하여 별무반을 편성했으며, 예종 때 별무반을 이끌고 여진을 정벌해 동북 9성을 축조했다(1107).

③ 다루가치는 몽골이 고려의 내정을 간섭하기 위해 파견한 감찰관이다.

④ 쌍성총관부는 몽골과의 전쟁이 진행되던 1258년에 몽골이 철령 이북 지역을 직접 통치하기 위해 설치하였다.

더 알아보기

거란(요)의 침입

1차 침입 (993)	• 배경: 송과의 교류 단절과 옛 고구려 영토를 요구하며 침입(소손녕) • 전개: 서희의 외교 담판 • 결과: 압록강 동쪽의 강동 6주 획득하여 영토 확장
2차 침입 (1010)	• 배경: 강조의 정변을 구실로 침입 • 전개: 양규의 활약으로 흥화진 전투 승리 • 결과: 거란과의 친교를 약속
3차 침입 (1018)	• 배경: 고려의 친요 약속 불이행에 대한 불만으로 침입(소배압) • 전개: 귀주에서 강감찬 승리(1019, 귀주 대첩) • 결과: 거란군을 귀주에서 크게 격파

05 난도 ★☆☆　　　　　　　　　정답 ①

근세 > 정치사

자료해설

제시문에서 '관직을 받는 자가 5품 이하일 때 서경한다'는 내용과 '관원 규찰, 풍속을 바르게 한다'는 내용으로 보아 (가)에 들어갈 기구는 사헌부임을 알 수 있다.

정답의 이유

① 사헌부는 조선 시대에 언론 활동, 풍속 교정, 백관에 대한 규찰과 탄핵 등을 관장하던 관청으로, 사간원과 함께 양사 또는 대간이라 하여 5품 이하 관리의 임명과 관련된 서경권을 행사하였다.

오답의 이유

② 교서관은 궁중의 서적을 간행 · 관리하고 제사나 축하 전문을 보내는 것을 관장하던 기구이다.

③ 승문원은 조선의 사대교린에 관한 외교 문서를 관장하기 위해 설치한 관서이다. 이문(관용공문서)의 교육도 담당하였다.

④ 승정원은 국왕의 비서 기관으로 국가 기밀과 왕명 출납을 맡아 보던 기구이다.

06 난도 ★★★　　　　　　　　　정답 ②

고대 > 정치사

자료해설

제시문은 연개소문이 보장왕에게 도교를 수용할 것을 청한 내용으로, 밑줄 친 '그'는 연개소문을 가리킨다.

정답의 이유

② 연개소문은 천리장성 공사를 감독하면서 요동의 군사력을 장악한 뒤 정변을 일으켜, 영류왕과 자신을 반대하는 대신들을 죽이고 보장왕을 세우는 동시에 스스로 대막리지가 되었다(642).

오답의 이유

① 김춘추는 진덕 여왕의 명을 받고 당으로 건너가 나 · 당 동맹을 성사시키고(648) 나 · 당 연합군을 결성하였다.

③ 고구려 영양왕 때 수 양제가 우중문의 30만 별동대로 평양성을 공격하였으나, 을지문덕이 살수에서 2,700여 명을 제외한 수군을 전멸시켰다(612).

④ 고구려 장수왕은 평양으로 천도하며 남진 정책을 추진하였다. 이를 바탕으로 백제의 수도 한성을 함락하고 백제 개로왕을 전사시킨 뒤 한강 유역을 차지하였다(475).

07 난도 ★☆☆　　　　　　　　　정답 ③

고대 > 정치사

자료해설

제시문에서 원광은 신라 진평왕에게 화랑도의 생활 규범으로 사군이충(事君以忠) · 사친이효(事親以孝) · 교우이신(交友以信) · 임전무퇴(臨戰無退) · 살생유택(殺生有擇)의 내용이 담긴 세속 5계를 제시하였다.

정답의 이유

③ 원광은 608년(진평왕 30) 수나라에 군사를 청하기 위해 걸사표를 작성하였다. 원문은 전하지 않지만 『삼국사기』에 의하면, 611년 신라에서는 수나라에 사신을 파견하여 이 걸사표로 군사를 청했고, 이에 수나라 양제가 100만의 대군을 이끌고 612년 고구려를 침략하였다고 한다.

오답의 이유

① 원효는 일심 사상으로 불교 종파의 사상적인 대립을 조화시키고, 분파의식을 극복하려는 『십문화쟁론』을 통해 화쟁 사상을 제시하였다.

② 의상은 『화엄일승법계도』를 저술하여 모든 존재는 상호 의존적인 관계에 있으면서 서로 조화를 이루고 있다는 화엄 사상을 정립하였다.

④ 혜초는 인도와 중앙 아시아(서역) 여러 나라의 성지를 순례하고 풍물을 생생하게 기록한 『왕오천축국전』을 남겼다.

08 난도 ★★☆　　　　　　　　　정답 ③

근대 태동기 > 경제사

정답의 이유

③ 박제가는 청에 다녀온 후 저술한 『북학의』에서 청 문물의 적극적 수용, 청과의 통상 강화, 수레와 선박의 이용, 신분제 타파 등을 주장하고, 검약보다는 소비를 권장하였다. 『해동역사』는 조선 후기 실학자 한치윤이 단군 조선부터 고려 시대까지의 역사를 서술한 책이다.

09 난도 ★☆☆　　　　　　　　　정답 ③

중세 > 정치사

자료해설

제시된 자료의 사건 순서는 (라) 이자겸의 난 - (가) 무신 정변 - (나) 최충헌의 집권 - (다) 충주성 전투이다.

정답의 이유

(라) 1126년 인종은 이자겸의 권력에 불안을 느껴 그를 제거하려 했으나 실패하고, 이자겸이 이에 반발하여 척준경과 함께 난을 일으켰다.

(가) 1170년 정중부, 이의방 등의 무신들이 정변을 일으켜 정권을 장악하여 의종이 폐위되고 명종이 즉위하였다(무신 정변).

(나) 1196년 최충헌은 이의민을 제거하고 권력을 장악한 후 명종에게 봉사 10조를 올렸다.

(다) 1253년 몽골의 5차 침입 때 김윤후가 천민(관노)들과 함께 충주성에서 몽골군에 맞서 싸웠다.

10 난도 ★★☆   정답 ④

중세 > 정치사

자료해설

제시문은 고려 태조의 훈요 10조의 일부 내용으로 (가)는 서경(평양)을 가리킨다.

정답의 이유

④ 원종 10년(1269) 서북면 병마사의 최탄 등이 난을 일으켜 서경을 비롯한 북계 지역을 거느리고 원에 항복하였다. 원에서는 서경에 동녕부(東寧府)를 설치(1270)하여 이 지역을 직접 지배하다가, 충렬왕 16년(1290) 고려에 돌려주었다.

오답의 이유

① 몽골 침략으로 소실된 초조대장경을 대신하여 고려 고종 때 강화도에 대장도감을 설치하고 16년(1236~1251) 만에 재조(팔만)대장경을 완성하였다.

② 지눌은 무신 정권 시기 순천 송광사(길상사)를 중심으로 결사 운동을 전개했다.

③ 정중부 집권기에 공주 명학소에서 망이 · 망소이 형제가 신분 해방을 외치며 봉기하였다(1176).

더 알아보기

고려 서경(평양)의 역사

태조	분사 제도 시행. 처음 평양대도호부로 삼았다가 서경으로 개편
광종	서도(西都)로 개칭
인종	묘청의 서경 천도 운동
원종	몽골이 서경에 동녕부 설치
충렬왕	다시 반환되어 서경으로 불림
충선왕	평양부로 격하
공민왕	평양부에서 다시 서경으로 변경
우왕	위화도 회군 당시 서경에서 출발

11 난도 ★★☆   정답 ②

시대 통합 > 문화사

자료해설

제시문은 김부식이 『삼국사기』 편찬 후 이를 인종에게 진헌하면서 함께 지어 올린 표문인 「진삼국사기표」이다.

정답의 이유

② 『삼국사기』는 고려 인종의 명을 받아 김부식이 편찬한 현존하는 우리나라 최고(最古)의 역사서이다. 이는 유교적 사관을 바탕으로 본기, 연표, 지, 열전 등으로 구성된 기전체 형식으로 서술되었다.

오답의 이유

① 불교사를 중심으로 고대의 민간 설화나 전래 기록을 수록하는 등 우리의 고유 문화와 전통을 중시한 것은 일연의 『삼국유사』이다.

③ 조선 초기 성종 때 편찬된 『동국통감』은 서거정 등이 고조선(단군 조선)부터 고려 말까지의 역사를 연대순으로 기록한 편년체 통사이다.

④ 신라 진흥왕은 거칠부에게 역사서인 『국사』를 편찬하게 하였다.

12 난도 ★☆☆   정답 ②

고대 > 정치사

자료해설

『삼국유사』에 따르면 문무왕은 부처의 힘을 빌려 왜구를 물리치기 위해 절을 짓기 시작하였으나 절의 완성을 보지 못하였고, 뒤를 이어 왕위에 오른 신문왕이 문무왕의 뜻을 이어 완성한 뒤 감은사라 칭하였다고 전한다.

정답의 이유

② 신문왕은 유교 정치 이념의 확립을 위하여 유학 사상을 강조하고, 유학 교육을 위한 국학을 설립하였다.

오답의 이유

① 신라 법흥왕은 건원이라는 독자적인 연호를 사용하였다.

③ 통일 신라 성덕왕은 토지가 없는 백성들에게 정전을 지급하였다. 이는 국가의 토지 지배력을 강화하고 수취 체제를 정비하려는 목적에서 시행되었다.

④ 무열왕 김춘추는 신라 최초의 진골 출신 왕으로, 나 · 당 연맹 결성을 주도하였고 나 · 당 연합군을 동원하여 백제를 멸망시켰다.

더 알아보기

통일 신라 국왕의 업적

무열왕	• 최초의 진골 출신 왕 • 시중의 권한 강화(신라 중대 시작) → 상대등 세력 약화, 왕권 전제화 • 백제 멸망(660)
문무왕	• 고구려 멸망(668) • 나 · 당 전쟁 승리 → 삼국 통일 완수(676) • 외사정 파견(지방 감시)
신문왕	• 김흠돌의 난 진압 → 귀족 숙청, 왕권 강화 • 제도 정비(9주 5소경), 관료전 지급, 녹읍 폐지, 국학 설립
성덕왕	• 정전 지급 → 국가의 토지 지배력 강화, 수취 체제 정비
경덕왕	• 녹읍 부활, 왕권 약화 → 귀족 연합 정치 • 국학을 태학으로 개편(박사와 조교)
혜공왕 이후	• 김헌창의 난 • 장보고의 청해진 설치 • 6두품의 사회 비판, 개혁 시도 • 왕위 쟁탈전 → 지방 통제 약화 → 호족 등장, 선종 발달

13 난도 ★☆☆　　　　　　　　　　　　　정답 ③

근대 태동기 > 정치사

자료해설

제시문의 '노론과 소론, 남인을 두루 등용', '초계문신제', '서얼 출신의 유능한 인사를 규장각 검서관으로 등용' 등을 통하여 밑줄 친 '왕'은 조선 후기 정조임을 알 수 있다.

정답의 이유

③ 정조 때에는 당시 좌의정이었던 채제공의 건의로 육의전을 제외한 시전 상인의 금난전권을 폐지(신해통공, 1791)하여 자유로운 상업 행위를 진작시켰다.

오답의 이유

① 세도 정치기인 철종 때 최제우는 천주교의 확산에 대항하여 동학을 창시하고 마음속에 한울님을 모시는 시천주와 '사람이 곧 하늘'이라는 인내천 사상을 강조하였다.

② 흥선 대원군은 정조 때 편찬된 『대전통편』을 보완하고 각종 조례를 정리한 법전인 『대전회통』을 편찬하여 통치 체제를 정비하였다.

④ 조선 순조 때 세도 정치와 삼정의 문란으로 인해 어려움을 겪던 농민들과 서북 지역 차별 대우에 불만을 품은 평안도 지방 사람들이 몰락 양반 출신 홍경래를 중심으로 난을 일으켰다.

14 난도 ★☆☆　　　　　　　　　　　　　정답 ②

근대 > 정치사

자료해설

제시문에서 '고종의 아버지', '경복궁 중건', '원납전 징수', '당백전 발행' 등의 예시를 통해 (가) 인물이 흥선 대원군이라는 것을 알 수 있다.

정답의 이유

② 흥선 대원군은 전국의 서원을 47개소만 남기고 철폐하였다. 당시 서원은 지방 양반들의 세력 기반이 되어 각종 면세와 면역의 특권을 누렸고, 지역 농민을 가혹하게 수탈하여 원성을 사기도 하였다. 서원 철폐로 국가 재정이 늘고 민생이 안정되자 백성은 이를 크게 환영하였다.

오답의 이유

① 대한제국을 선포한 고종은 대한국 국제를 제정한 후 원수부를 설치하여 대원수로서 모든 군대를 통솔하고자 하였다(1899).

③ 1884년 김옥균을 중심으로 한 급진 개화파는 우정총국의 개국 축하연을 이용하여 민씨 세력 중 핵심 인물들을 제거하고 개화당 정부를 구성하였다(갑신정변).

④ 1880년대에 김홍집이 청에서 황쭌셴의 『조선책략』을 국내에 소개했다. 이로 인해 러시아의 남하 정책에 대비하기 위해 미국과 수교를 맺어야 한다는 여론이 형성되었고, 서양 열강 중 미국과 최초로 조·미 수호 통상 조약을 체결하게 되었다(1882).

15 난도 ★☆☆　　　　　　　　　　　　　정답 ②

일제 강점기 > 정치사

자료해설

제시문에서 3·1 운동 이후 독립운동을 더 조직적으로 전개하기 위해 설립된 (가) 단체는 대한민국 임시정부이다. 대한민국 임시정부는 결성 초기 미국에 구미 위원부를 설치하여 외교 활동을 전개하였다(1919).

정답의 이유

② 대한민국 임시정부는 독립운동 자금을 안정적으로 확보하고 국내외의 항일 세력과 연락하기 위해 연통제와 교통국을 조직하였다.

오답의 이유

① 신규식 등 해외에 거주하던 독립운동가 14명은 국내외 여러 독립운동 단체를 하나의 통합된 조직으로 결성하고 민족 대회를 개최하기 위해 상하이에서 「대동단결 선언」을 발표하였다(1917).

③ 서간도 삼원보 지역에서 신민회 회원인 이상룡, 이회영 등이 중심이 되어 독립군 양성 학교인 신흥 강습소(이후 신흥 무관 학교)를 설립하였다.

④ 김원봉이 결성한 의열단(1919)은 신채호가 작성한 「조선 혁명 선언」을 기본 행동 강령으로 하여 직접적인 투쟁 방법인 암살, 파괴, 테러 등을 통해 독립운동을 전개하였다.

더 알아보기

대한민국 임시정부의 초기 활동

연결망	• 비밀 행정망인 연통제 조직 → 군자금 조달, 국내외 업무 연락 • 비밀 통신망 교통국 조직 → 정보 수집 및 분석
자금 모금	• 독립 공채 발행 • 국민 의연금 모금
외교	• 파리 강화 회의에 김규식을 대표로 파견(독립 청원서 제출) • 미국에 구미 위원부 설치
문화	• 독립신문 간행 • 사료 편찬소 설치와 『한·일 관계 사료집』 간행
군사	• 광복군 사령부·광복군 총영 마련 • 독립군을 군무부 산하로 편제

16 난도 ★☆☆　　　　　　　　　　　　　정답 ③

근대 > 정치사

자료해설

제시문의 (가) 시기는 제너럴셔먼호 사건(1866)과 신미양요(1871)의 중간 시기에 발생한 사건이다.

정답의 이유

③ 독일 상인이었던 오페르트가 통상을 요구하다 거절당하자, 충남 덕산에 있는 남연군(대원군 아버지)의 묘를 도굴하여 유해를 미끼로 통상을 요구하려 하였으나, 실패하고 도주하는 사건이 발생하였다(오페르트 도굴 미수 사건, 1868년).

한국사

① 고종은 제1차 갑오개혁 추진 이후 종묘에서 홍범 14조를 발표하였다. 이는 청의 종주권 배제, 탁지아문으로 재정 일원화, 왕실과 국정 사무 분리 등의 내용을 담아 제1차 갑오개혁의 내용을 재확인하고, 제2차 갑오개혁의 방향성을 설정하여 강령으로 선언한 것이다(1895.1.).

② 일본은 조선의 해안을 조사한다는 구실로 군함 운요호를 동원하여 강화 해역 깊이 들어와 조선 수비군의 발포를 유도하고 초지진과 영종도를 포격하여 파괴하였다(운요호 사건, 1875). 이에 조선이 방어적 공격을 하자 이를 구실로 일본은 조선에 통상 조약 체결을 요구하여 강화도 조약이 체결되었다.

④ 구식 군대는 신식 군대와의 차별 대우로 인한 불만이 폭발하면서 임오군란을 일으켜 선혜청과 일본 공사관을 습격하였다(1882).

17 난도 ★☆☆   정답 ④

일제 강점기 > 사회사

신간회는 1920년대 중반 정우회 선언(1926)을 계기로 사회주의 세력과 민족주의 세력이 연대하여 결성된 좌·우 합작 단체이다(1927).

④ 1929년 11월 광주 학생 항일 운동이 일어나자 신간회는 광주에 조사단을 파견하고 일제의 학생 운동 탄압에 항의하였다. 그리고 사건의 진상 보고를 위한 민중 대회를 열어 이를 전국적인 항일 운동으로 확산시키려고 하였다. 그러나 이 계획은 사전에 일본 경찰에 발각되어 신간회 간부들이 체포되었고, 민중 대회는 열리지 못하였다.

① 1920년 조만식 등이 평양에서 조선 물산 장려회를 조직하여 물산 장려 운동을 시작하였고, 1923년 경성에서도 조선 물산 장려회가 만들어지는 등 물산 장려 운동은 전국적으로 퍼져 나갔다.

② 이상재 등이 중심이 된 조선 교육회의 제안으로 경성에서 조선 민립 대학 기성 준비회가 만들어졌다(1922). 이를 바탕으로 출범한 조선 민립 대학 기성회(1923)는 '한민족 1천만 한 사람이 1원씩'이라는 구호를 내걸고 전국적인 모금 운동을 벌였다(민립 대학 설립 운동).

③ 동아일보는 1931년부터 학생 계몽대를 만들어 브나로드 운동을 전개하였다. 각 지방의 마을마다 야학을 만들어 한글 등을 가르쳤다.

18 난도 ★☆☆   정답 ④

근대 > 정치사

제시문의 '한국 황제 밑에 1명의 통감을 두되, 통감은 전적으로 외교에 관한 사항을 관리하기 위하여'라는 문항을 통해 1905년에 체결된 을사늑약임을 알 수 있다. 일제는 이 조약으로 대한제국의 외교권 박탈뿐만 아니라 내정에도 간섭하였다.

④ 일본의 강압으로 을사늑약이 체결(1905)되어 대한제국의 외교권이 박탈되고 통감부가 설치되었다.

① 일제는 한·일 병합 조약을 공포하면서 대한제국을 조선으로 개칭하고, 통치 기구로 조선 총독부를 설치하여 일체의 정무를 관할하도록 하였다. 또한, 통감부의 군사적 지배 방침을 계승하여 무단 통치를 실시하였다(1910).

② 일제는 고종의 헤이그 특사 파견을 구실로 '한·일 신협약'을 체결하여 대한제국 군대를 강제 해산시키는 등 대한제국의 내정을 완전히 장악하고자 하였다(1907).

③ 조·일 통상 장정의 조항 중에는 천재·변란 등에 의한 식량 부족의 우려가 있을 때 방곡령을 선포하는 조항이 포함되어 있다(1883).

일제의 국권 침탈 과정

조약	주요 내용
한·일 의정서 (1904.2.)	• 러·일 전쟁 발발 직후 체결 • 대한제국의 군사적 요지 점령
제1차 한·일 협약 (1904.8.)	고문 정치: 외교 고문 스티븐스, 재정 고문 메가타
을사늑약 (제2차 한·일 협약, 1905.11.)	• 외교권 박탈 • 통감부 설치: 초대 통감 이토 히로부미
한·일 신협약 (정미 7조약, 1907.7.)	• 차관 정치: 일본인 차관, 통감부의 내정 간섭 심화 • 대한제국 군대 해산
기유각서 (1909)	사법권 박탈
한·일 병합 조약 (1910.8.)	• 대한제국 국권 상실 • 조선 총독부 설치: 초대 총독 데라우치, 총리대신 이완용

현대 > 정치사

`자료해설`

제시문의 모스크바 3국 외상 회의의 결정에 따라 서울 덕수궁 석조전에서 제1차 미·소 공동 위원회가 개최되었다(1946.3.).

`정답의 이유`

① 1946년 미국과 소련은 모스크바 3국 외상 회의의 결정 사항을 이행하기 위해 제1차 미·소 공동 위원회를 개최하였으나 미국과 소련의 입장 차이로 결렬되었다.

`오답의 이유`

② 조선 건국 동맹의 여운형은 일본인의 안전한 귀국을 보장하는 조건으로 조선 총독부로부터 행정권의 일부를 이양 받아 조선 건국 준비 위원회를 결성하였다(1945).

③ 5·10 총선거를 통해 제헌 국회가 구성되었고, 민주 공화국 체제의 제헌 헌법이 제정되었다(1948.7.).

④ 유엔 총회에서는 유엔 한국 임시 위원단을 설치하고, 유엔 감시 하에 인구 비례에 의한 남북한 총선거를 통해 통일 정부를 수립할 것을 결정하였다(1947.11.).

`더 알아보기`

미·소 공동 위원회

제1차 회의(1946.3.)	제2차 회의(1947.5.)
• 안건: 미·소 공동 위원회 설치, 신탁 통치(최대 5년) 협정 결정 • 경과: 미국은 신탁 반대 운동의 단체를 협의 대상에 포함할 것을 주장한 반면 소련은 반탁 정당과 단체의 제외를 주장 • 휴회: 미·소의 의견 차이로 무기한 휴회	• 미·소 냉전 격화: 트루먼 독트린 선언 • 회담 결렬: 자국에 우호적인 정부를 세우려는 미·소의 정책으로 결렬 • 유엔 이관: 미국이 한반도 문제를 유엔 총회에 상정(1947.10.)

현대 > 정치사

`자료해설`

제시된 자료에서 (가) 시기에 있었던 사건은 4·19 혁명(1960)과 유신 헌법 공포(1972.12.) 사이에 일어난 것이다.

`정답의 이유`

② 박정희 정부가 남북 간의 교류를 제의하였고, 1972년 7월 '7·4 남북 공동 성명'이 서울과 평양에서 동시에 발표되었다.

`오답의 이유`

① 제헌 국회는 일제의 잔재를 청산하고 민족 정기를 바로잡기 위해 반민족 행위 처벌법을 제정하여 반민족 행위 특별 조사 위원회를 조직하였다(1948).

③ 노태우 정부의 북방 외교를 바탕으로 남북한의 유엔 동시 가입이 이루어졌으며, 남북 기본 합의서와 한반도 비핵화에 관한 공동 선언이 채택되었다(1991).

④ 신군부의 비상 계엄 확대, 공수 부대를 동원한 무력 진압에 항거하여 광주에서 5·18 민주화 운동이 일어났다(1980).

`더 알아보기`

「반민족 행위 처벌법」

일제 강점기 때 일본에 협력하며 반민족적 행위로 민족에게 해를 끼친 자를 처벌하기 위하여 제정한 법률이다. 대한민국 독립 정부가 성립된 후 제헌 의회 안에서 다시 친일파 처리 문제가 재논의되기 시작하였고, 국회의 결의로 긴급 구성된 기초 특별 위원회는 미군정 시대에 마련된 「민족 반역자, 부일 협력자, 모리간상배에 관한 특별 법률 조례」안을 참고하여 전문 32조로 된 「반민족 행위 처벌법」 초안을 만들어 국회에 제출하였다. 이 법이 발효됨에 따라 특별 조사 위원회가 설치되어 조사에 착수했으나 단 10명의 국회 의원이 그 방대한 업무를 처리하기에는 과중하였고, 특히 이 법의 표적이 된 친일 세력이 노골적으로 저항하고 방해를 하고, 이승만 정부의 비협조적인 태도로 조사 활동이 극히 제한을 받았다. 이후 대법원과 대검찰청에서 반민족 행위자에 대한 공판을 계속했으나 재판을 받아 실형을 선고받고 복역한 사람은 10여 명에 불과했다. 결국 이 법은 실효를 보지 못하고 소멸되었다.

지방직 9급 한국사

한국사 | 2020년 지방직 9급

✓ 빠른 정답

01	02	03	04	05	06	07	08	09	10
④	①	②	①	④	①	②	③	③	④
11	**12**	**13**	**14**	**15**	**16**	**17**	**18**	**19**	**20**
②	③	②	③	②	②	④	①	①	③

✓ 점수 체크

구분	1회독	2회독	3회독
맞힌 문항 수	/ 20	/ 20	/ 20
나의 점수	점	점	점

---

01 난도 ★☆☆　　　　정답 ④

고대 > 정치사

자료해설

제시문은 거칠부에게 명하여 역사서인 『국사』를 편찬하게 한 내용으로 밑줄 친 '왕'은 신라 진흥왕이다.

정답의 이유

④ 신라 진흥왕(6세기)은 백제와의 한강 유역 주도권 싸움을 통해 한강 하류를 점령하고 북한산 순수비를 건립하였다.

오답의 이유

① 통일 신라 성덕왕은 토지가 없는 백성들에게 정전을 지급하였다(722). 이는 국가의 토지 지배력을 강화하고 수취 체제를 정비하려는 목적에서 시행되었다.

② 통일 신라 신문왕은 유교 정치를 확립시키기 위해 유학 교육 기관인 국학을 설립하였다(682).

③ 신라 선덕 여왕 때 천체 관측을 위한 건축물인 첨성대가 설치되었다(7세기).

더 알아보기

신라 진흥왕 때의 영토 확장

한강 유역 차지	• 나 · 제 동맹 결렬, 관산성 전투로 백제 성왕 전사 • 단양 적성비(한강 상류 진출)와 북한산 순수비(한강 하류 진출)를 세움
대가야 정복	• 대가야는 진흥왕에 의해 신라에 복속되었고 이로 인해 후기 가야 연맹 해체 • 대가야 정복 후 이를 기념하여 고령에 창녕비를 세움
함경도 진출	• 진흥왕은 한강을 차지한 후 동해안을 따라 계속 진격하여 함경도까지 진출 • 함경도 지역까지의 영토 확장을 기념하여 마운령비(568), 황초령비(568)를 세움

02 난도 ★☆☆　　　　정답 ①

중세 > 정치사

자료해설

제시문은 고려 광종에 대한 설명으로 그는 '광덕'과 '준풍' 등의 독자적 연호를 사용하였으며, 수도였던 개경을 '황도(皇都)'로 높여 부르고 서경을 제2의 수도로 승격시켜 '서도'로 칭하였다.

정답의 이유

① 고려 광종은 본래 양인이었던 사람이 불법으로 노비가 된 경우 억울한 노비를 양인으로 환원시키는 노비안검법을 실시하였다.

이로 인해 호족의 지지 기반이 약화되고 양인의 증가로 국가 재정이 확충되었다.

오답의 이유

② 전시과 제도를 처음 실시한 왕은 고려 경종이다. 이후 목종 때 개정 전시과, 문종 때 경정 전시과로 개정되었다.

③·④ 고려 성종은 개경에 국립 대학인 국자감을 설치하였고, 최승로의 시무 28조를 받아들여 다양한 제도를 시행하고 통치 체제를 정비하였다. 당의 제도를 모방하여 2성 6부로 이루어진 중앙 관제를 구성하였고, 전국의 주요 지역에 12목을 설치하고 목사를 파견하였다. 또한 향리제를 마련하여 지방의 중소 호족을 향리로 편입하여 통제하였다.

03 난도 ★☆☆ 정답 ②

일제 강점기 > 문화사

자료해설

제시문은 박은식에 대한 내용이다. 그는 양기탁과 베델이 발행한 대한매일신보에 신채호 등과 함께 주필로 참여하였으며, 1909년 실천적인 유교 정신 회복을 강조한 『유교구신론』을 저술하였다.

정답의 이유

② 박은식은 조선의 국혼을 강조하며, '나라는 형(形, 형체)이나 역사는 신(神, 정신)'이라는 내용을 담은 『한국통사』를 저술하여 일제의 불법적인 한국 침략 과정을 폭로하였다.

오답의 이유

① 김구는 적극적인 의열 활동으로 임시 정부의 침체를 극복하기 위해 1931년 상하이에서 한인 애국단을 결성하였다.

③ 이병도, 손진태 등은 1934년 진단학회를 조직하고 진단 학보를 발간하여 문헌 고증을 중시하는 실증주의 사학을 발전시켰다.

④ 김원봉은 신채호에게 의열단의 행동 강령 및 투쟁 목표를 문서화해 줄 것을 요청하였다. 신채호는 이를 받아들여 1923년 「조선 혁명 선언」을 작성하였다.

더 알아보기

박은식

• 『한국통사』: 19세기 근대 이후 일본의 침략 과정으로 인한 민족의 수난을 밝히기 위해 저술
• 『한국독립운동지혈사』: 민족의 항일 투쟁을 서술
• 『연개소문전』, 『안중근전』: 민족의식과 애국심을 고취
• 사상: 만주 벌판을 우리 민족의 활동 무대로 인식하고 민족 정신을 혼(魂)으로 파악하여 혼이 담겨 있는 민족사의 중요성을 강조

04 난도 ★☆☆ 정답 ①

일제 강점기 > 정치사

자료해설

제시문은 근우회 발기 취지문의 내용으로, (가)는 신간회의 자매 단체로 조직되어 신간회와 함께 여성 차별 반대 운동 등을 전개한 근우회(1927)이다.

정답의 이유

① 신간회의 창립은 여성 운동계에도 적지 않은 영향을 끼쳐, 국내의 여성 단체들을 규합한 근우회가 창립되었다(1927). 근우회는 창립 이념을 여성들의 공고한 단결과 지위 향상에 두고 남녀평등과 여성 교육의 확대 등을 주장하였다.

오답의 이유

② 신간회는 1920년대 중반 사회주의 세력과 민족주의 세력이 연대하여 민족 유일당 운동의 일환으로 결성된 좌우 합작 단체이다.

③ 신민회는 공화정체의 근대 국가 수립을 목표로 결성된 비밀 결사 단체로, 오산 학교와 대성 학교를 세워 민족 교육을 실시하는 등 활발한 실력 양성 운동을 전개하였다.

④ 사회주의 단체인 정우회가 민족주의 세력과 협동을 도모하자는 정우회 선언(1926)을 발표하였고, 이는 신간회 결성의 계기가 되었다.

더 알아보기

근우회(槿友會) 행동 강령

1. 여성에 대한 사회적 · 법률적인 일체의 차별을 철폐한다.
2. 일체의 봉건적인 인습과 미신을 타파한다.
3. 조혼을 폐지하고 결혼의 자유를 확립한다.
4. 인신 매매 및 공창(公娼)을 폐지한다.
5. 농민 부인의 경제적 이익을 옹호한다.
6. 부인 노동의 임금 차별을 철폐하고 산전 및 산후 임금을 지불하도록 한다.
7. 부인 및 소년공(少年工)의 위험 노동 및 야근을 폐지한다.

– 동아일보 –

05 난도 ★☆☆ 정답 ④

시대 통합 > 문화사

자료해설

제시된 자료는 덕수궁에 대한 설명이다. 선조는 임진왜란 때 의주로 피난을 떠났다가 이후 한양에 돌아왔으나 경복궁이 불에 타 월산대군의 집을 행궁으로 삼았다. 광해군 때에는 이 행궁을 경운궁이라고 하였다. 근대 시기에는 아관파천 이후 고종이 이곳에 머물렀으며, 주요 건물로는 중화전 · 함녕전 · 석조전 등이 있다.

정답의 이유

④ 경운궁은 덕수궁의 옛 이름으로, 덕수궁의 명칭은 순종이 즉위 후 고종이 거처하는 궁궐 이름을 '덕수(德壽)'라고 올린 것에서 유래하였다. 왕위에서 물러난 고종의 덕과 장수를 비는 뜻이 담겨 있다.

오답의 이유

① 경복궁은 조선 태조 때 한양에 도성을 건설하면서 처음 만든 궁궐로, 임진왜란 때 소실된 후 19세기 흥선 대원군 때 다시 중건되었다.

② 경희궁은 광해군 때 건립되었다.

③ 창덕궁은 조선 태종 때 건설된 궁궐로 조선 후기에는 경복궁을 대신하여 정궁의 역할을 하였다.

선사 시대와 국가의 형성 > 국가의 형성

[자료해설]

제시된 자료는 옥저에 대한 내용이다. 옥저는 고구려와 같이 부여족의 한 갈래였기 때문에 음식·주거·의복 등이 고구려와 유사하였다. 또한 장사를 지낼 적에는 시체를 가매장하였다가 나중에 목곽(가족공동묘)에 옮기는 골장제(세골장)가 행해졌는데, 크기가 크고 문이 달린 것은 식구들을 모두 같은 곽에 넣어 두었기 때문이다.

[정답의 이유]

① 옥저에는 왕은 없고 '읍군·삼로'라는 군장이 각자 자신의 읍락을 다스렸다. 또한, 혼인 풍습으로 어린 여자를 남자 집에서 대가를 주고 데려다 길러 며느리로 삼는 민며느리제가 실시되었다.

[오답의 이유]

② 위만 조선(고조선)은 철기 문화를 바탕으로 진번, 임둔 등 여러 부족을 통합하여 세력을 크게 확장하였으나, 우거왕 때 한의 침입으로 멸망하였다(기원전 108).

③ 삼한은 정치적 지배자 외에 천군이라는 제사장을 두는 제정 분리 사회였다. 천군은 제사를 주관하는 소도라는 신성 지역을 다스렸으며, 이곳에는 군장의 세력이 미치지 못하여 죄인이 도망가도 잡지 못하였다.

④ 부여에서는 왕 아래에 가축의 이름을 딴 마가·우가·저가·구가가 존재하여 자신들의 사출도를 각각 지배하였으며, 왕의 중앙과 합쳐 5부를 이루었다.

근세 > 정치사

[자료해설]

제시된 자료는 임꺽정의 난에 대한 내용이다. 임꺽정은 백정 출신으로 조선 명종 때 황해도 구월산에서 활동하였다(1559~1562).

[정답의 이유]

② 명종이 즉위하면서 명종의 어머니인 문정 왕후가 수렴청정을 했으며, 외척들이 정국을 주도하였다. 문정 왕후는 승려인 보우를 중용하고 교·선 양종을 부활시켰으며, 승과와 도첩 제도를 부활하는 등 일시적으로 불교를 중흥시켰다.

[오답의 이유]

① 선조 때 사림 세력은 이조 전랑 임명권을 놓고 김효원을 중심으로 한 동인과 심의겸을 중심으로 한 서인으로 분화되어 붕당 정치가 시작되었다(1575).

③ 조선 세종 때 삼포(부산포·제포·염포)를 개방하고 계해약조를 체결하였으나, 왜구가 조선 정부의 통제에 반발하며 중종 때 삼포왜란을 일으켰다(1510). 이를 계기로 외적의 침입에 대비하기 위한 임시 기구로 비변사를 처음 설치하였다.

④ 중종 때 조광조는 도교 기관인 소격서의 폐지, 왕실의 고리대 역할을 한 내수사 장리의 폐지 등을 주장하였다.

중세 > 정치사

[자료해설]

제시문의 밑줄 친 '이 부대'는 윤관의 건의로 창설된 고려의 특수군인 별무반이다.

[정답의 이유]

③ 별무반은 고려 숙종 때 윤관의 건의로 여진족 축출을 위하여 설치되었으며, 신기군, 신보군, 항마군으로 구성되었다.

[오답의 이유]

① 정종 때 설치된 것은 거란에 대비한 광군이다.

② 귀주 대첩은 고려 현종 때 거란의 3차 침입과 관련된 사건으로 거란의 소배압이 이끄는 10만 대군이 고려를 침입하였으나, 강감찬이 이에 맞서 귀주에서 대승을 거두었다(1019).

④ 고려 현종 때 응양군과 용호군을 2군으로 구성하여 국왕 친위 부대로 배치하였으며, 수도 및 변경의 방비를 담당하는 전투 부대로는 6위(좌우위, 신호위, 흥위위, 금오위, 천우위, 감문위)를 두었다.

> **더 알아보기**
>
> **여진 정벌과 동북 9성**
>
> | 배경 | 여진이 12세기 초 완옌부를 중심으로 강성해져 고려의 동북 쪽 국경 지대를 침략 |
> | --- | --- |
> | 전개 | • 여진과의 1차 접전에 패한 고려는 여진을 상대하기 위해서는 기병이 필요하다고 판단함
• 숙종 때 윤관의 건의로 기병인 신기군, 보병인 신보군, 승병인 항마군으로 구성된 별무반 편성
• 윤관의 2차 여진 정벌 결과 함경도 지방의 여진족을 토벌하고 동북 지방 일대에 9성을 쌓았으나(1107), 수비의 어려움으로 여진에 다시 반환(1109, 예종) |

고대 > 정치사

[자료해설]

제시된 자료는 5세기 후반 국왕 하지가 중국 남제에 사신을 보내 자신의 존재를 알렸던 대가야와 중국 남조의 남제와의 교류에 대한 내용이다. 고령 지역의 대가야는 후기 가야 연맹의 맹주국이었다. 고령의 지산동 고분군을 비롯한 유적지에서 지배 계층의 무덤군이 발견되었고, 여기서 금동관과 판갑옷, 투구 등이 출토되었다.

[정답의 이유]

③ 대가야는 전성기에 소백 산맥을 넘어 호남 동부까지 세력을 확장하였다.

[오답의 이유]

① 6세기 중반에 가야가 백제를 도와 관산성 전투에 참여한 것은 맞으나, 관산성 전투에서 사망한 왕은 백제의 성왕이다(554).

② 신라 지증왕은 이사부를 시켜 우산국(울릉도)과 우산도(독도)를 정벌하게 하고 실직주의 군주로 삼았다.

④ 고구려 광개토 대왕이 신라 내물왕의 요청으로 신라에 침입한 가야와 왜를 격파하였고, 이후 광개토 대왕의 군대가 신라에 주둔하면서 그 영향으로 전기 가야 연맹이 쇠퇴하게 되었다.

10 난도 ★★★ 정답 ④

고대 > 정치사

자료해설

제시된 내용은 발해의 문왕에 대한 설명이다. 발해 문왕의 재위 기간은 737년부터 793년까지로, 이 시기에 통일 신라는 성덕왕(702~737)부터 원성왕(785~798)까지 재위하였다.

정답의 이유

④ 신라 원성왕 때 일종의 국가시험 제도인 독서삼품과를 실시하였다(788). 독서삼품과는 국학의 졸업생을 성적에 따라 3등급으로 나누어 관리로 채용하는 제도이다. 골품제의 한계와 귀족들의 반발로 제대로 시행되지 못했으나 학문과 유학을 널리 보급시키는 데 이바지하였다.

오답의 이유

① 신라 신문왕은 귀족 세력을 약화시키기 위해 관료전을 지급하고 녹읍을 폐지하였다(689).

② 통일 신라 때 장보고는 완도에 청해진을 설치하고 해상 무역을 장악하였다(828).

③ 각간 위홍과 대구 화상은 통일 신라 진성 여왕의 명을 받아 향가 집인『삼대목』을 편찬하였다(888).

11 난도 ★☆☆ 정답 ②

근대 태동기 > 문화사

자료해설

제시문에서『양반전』, '한전론' 등을 통해 밑줄 친 '그'가 조선 후기 실학자 박지원임을 알 수 있다. 박지원은 청에 다녀온 뒤『열하일기』를 저술하여 상공업 진흥과 화폐 유통, 수레 사용의 필요성을 주장하였으며,『양반전』,『허생전』,『호질』등을 통해 양반의 무능과 허례를 풍자하고 비판하였다.

정답의 이유

② 박지원은『과농소초』를 저술하여 영농 방법의 혁신, 상업적 농업의 장려, 농기구의 개량 등 농업 생산력을 높이는 데 관심을 가졌다.

오답의 이유

① 박제가는『북학의』를 저술하여 절약보다는 적절한 소비를 통해 생산을 발전시켜야 한다고 주장하였다.

③ 홍대용은『의산문답』을 통해 지전설과 무한 우주론을 주장하며 중국 중심의 성리학적 세계관을 비판하였다.

④ 이수광은『지봉유설』을 저술하여 중국과 우리나라의 문화 전통을 폭넓게 정리함으로써, 우리의 문화 수준이 중국과 대등하다고 강조하였다.

12 난도 ★☆☆ 정답 ③

근세 > 정치사

자료해설

제시된 표에서 (가)는 세종 대의 두 사건 사이에 일어난 일을 묻는 것이다. 세종은 왜구의 침입이 빈번해지자 이종무를 보내 대마도를

정벌하였으며(1419), 풍흉과 토지 비옥도에 따라 전세를 차등 징수하는 전분 6등법·연분 9등법을 시행하였다(1444).

정답의 이유

③ 세종 때 정초, 변효문 등을 시켜 우리 풍토에 맞는 농법을 소개한 농서인『농사직설』을 간행하였다(1429).

오답의 이유

① 고려 말 공양왕 때 신진 사대부 조준 등의 건의로 실시된 토지 개혁법인 과전법은 지급 대상 토지를 원칙적으로 경기 지역에 한정하였다(1391).

② 세조의 중앙 집권적 정책으로 인해 북방민의 등용이 억제되자 이시애가 함길도민을 규합하여 반란을 일으켰고 이를 계기로 유향소가 폐지되었다(1467).

④ 정도전은 조선 태조 때 요동 정벌을 추진했으나 성공하지 못했다.

13 난도 ★★☆ 정답 ②

근대 > 정치사

자료해설

강화도 조약은 1876년에 체결되었고, 청나라에 영선사를 파견한 것은 1881년의 일이다.

정답의 이유

② 조선 정부는 국내외의 군국 기무와 개화 정책을 총괄하는 업무를 맡은 관청인 통리기무아문을 설치하고 그 아래에 12사를 설치하여 외교, 군사, 산업 등 여러 분야의 업무를 담당하게 하였다(1880).

오답의 이유

① 동학 농민군과 전주 화약을 체결한 후 조선 정부에서는 교정청을 설치하여 자주적인 내정 개혁을 시도하였으나, 일본군이 경복궁을 포위하고 고종을 협박하여 내정 개혁 기구로 군국기무처를 설치하였다(1894).

③ 김홍집 내각은 홍범 14조를 반포하여 제2차 갑오개혁의 기본 방향을 제시하였다(1895). 이는 왕실 사무와 국정 사무를 분리하는 조항 등 근대적 개혁 내용을 담고 있다.

④ 고종은 대한제국을 선포하고 대한국 국제를 제정하였다(1899). 이후 군 통수권 장악을 위해 원수부를 설치하고 대원수로서 모든 군대를 통솔하고자 하였다.

더 알아보기

개항 후 추진된 개화 정책

개혁 기구	1880년 통리기무아문 설치(그 아래 12사 설치)
군제 개편	5군영을 2영(무위영, 장어영)으로 통합, 신식 군대인 별기군 창설(1881)
해외 시찰 파견	• 수신사 파견: 1차 김기수(1876), 2차 김홍집(1880), 3차 조병호(1881), 4차 박영효(1881) • 조사 시찰단(1881): 비밀리에 일본 파견, 박문국·전환국 설치 • 영선사(1881): 청에 김윤식 파견, 기기창 설치(1883) • 보빙사(1883): 조·미 수호 통상 조약 체결 이후 민영익, 홍영식, 서광범을 미국에 파견

14 난도 ★☆☆   정답 ③

시대 통합 > 문화사

정답의 이유

③ 문화재청은 한양 도성을 유네스코 세계 문화 유산으로 등재하려고 노력했으나 등재에 실패하였다.

오답의 이유

① 종묘는 1995년 유네스코 세계 문화 유산으로 등재되었다.

② 수원 화성이 유네스코 세계 문화 유산으로 등재된 것은 1997년이다.

④ 남한산성은 2014년 유네스코 세계 문화 유산으로 등재되었다.

더 알아보기

유네스코 세계 문화 유산
- 석굴암 · 불국사(1995)
- 해인사 장경판전(1995)
- 종묘(1995)
- 창덕궁(1997)
- 수원 화성(1997)
- 경주 역사 유적지구(2000)
- 고창 · 화순 · 강화 고인돌 유적(2000)
- 제주 화산섬과 용암 동굴(2007)
- 조선 왕릉(2009)
- 한국의 역사 마을: 하회와 양동(2010)
- 남한산성(2014)
- 백제 역사 유적 지구(2015)
- 산사, 한국의 산지 승원(2018)
- 한국의 서원(2019)
- 한국의 갯벌(2021)
- 가야 고분군(2023)

15 난도 ★★☆   정답 ②

근대 > 정치사

자료해설

제시된 자료는 독립 협회의 주최로 진행된 민중 집회인 만민 공동회의 토론 내용이다.

정답의 이유

② 독립 협회는 강연회와 만민 공동회의 개최, 『대조선 독립 협회 회보』 등을 간행하며 국권 · 민권 사상을 고취시켜 민중을 계몽하였다.

오답의 이유

① 대한 자강회는 헌정 연구회를 모체로 하여 창립된 단체로, 월보를 간행하고 전국 각지에 25개 이상의 지회를 설치하였다.

③ 독립 협회에 대항하여 조직된 보부상 중심 단체인 황국 협회에 대한 설명이다.

④ 보안회는 일본의 황무지 개간권 요구에 대항하기 위해 서울에서 항일 단체를 조직하여 반대 운동을 벌였다.

더 알아보기

애국 계몽 단체들의 활동

독립 협회	국권 신장	• 독립문 건립, 독립신문 발간 • 고종 환궁 요구(1897.2.) • 러시아의 절영도 조차 요구 저지 • 러시아의 군사 교련단과 재정 고문단 철수, 한러 은행 폐쇄
	민권 신장	• 만민 공동회 개최 • 신체 · 재산권 보호 운동 • 언론 · 집회의 자유권 쟁취 운동
	자강 개혁	• 헌의 6조 채택(관민 공동회) • 박정양 진보 내각 설립(의회 설립 운동) → 중추원 관제 반포
보안회		• 독립 협회의 정신 계승 • 황무지 개간권 요구 반대 운동
대한 자강회		• 교육 · 산업 진흥 • 전국에 25개 지회를 두고 월보 간행 • 고종의 강제 퇴위 반대 운동 중 강제 해산
헌정 연구회		• 입헌 정체 수립 목적 • 일진회 규탄 중 해산
신민회		• 안창호, 양기탁 등이 조직한 항일 비밀 결사 • 최초로 공화 정체 지향 • 실력 양성 운동: 태극 서관, 평양 자기 회사, 대성 학교, 오산 학교, 경학사 • 군사력 양성: 신흥 무관 학교 • 일제가 조작한 105인 사건으로 와해

16 난도 ★★☆   정답 ②

일제 강점기 > 정치사

자료해설

제시된 자료의 '만주에 신흥 강습소 설립' 등의 내용을 통해 밑줄 친 '그'가 이회영임을 알 수 있다. 국권이 피탈되자 이회영을 비롯한 6형제는 전 재산을 처분하고 가족 모두가 만주로 망명하였다.

정답의 이유

② 이회영 등은 삼원보에 최초의 자치 단체인 경학사를 조직하여, 한인의 이주와 정착 · 항일 의식 고취 등을 위해 노력하였다.

오답의 이유

① 이회영은 조선어 학회 사건(1942)이 일어나기 이전인 1932년에 사망하였다.

③ 이회영은 3 · 1 운동 당시 민족 대표 33명에 속하지 않았다.

④ 김구는 중국 항저우에서 삼균주의를 정치강령으로 하는 한국 국민당을 조직하고 대한민국 임시정부를 재정비하였다.

17 난도 ★☆☆   정답 ④

현대 > 정치사

자료해설

제시된 자료는 1960년 3차 개헌에 대한 설명으로, 허정 과도 정부는 양원제와 내각 책임제를 골자로 하는 새 헌법을 마련하였다.

정답의 이유

④ 4·19 혁명 이후 허정을 중심으로 수립된 과도 정부는 의원 내각제를 기본으로 민의원과 참의원의 양원제 국회를 구성하는 3차 개헌을 단행하였다(1960).

오답의 이유

① 1952년 이승만과 자유당은 임시 수도인 부산에서 재선을 목적으로 대통령·부통령 직선제, 민의원과 참의원의 양원제 국회 등의 내용을 포함한 제1차 개헌을 단행하였다.

② 이승만은 자신의 대통령 3선을 위해 초대 대통령에 한해 중임 제한을 철폐한다는 내용의 헌법 개정안을 발표하였으나 국회에서 의결 정족수의 3분의 2를 채우지 못하여 부결되었다. 그러나 1인 이하의 소수점 자리는 계산하지 않는다는 '사사오입' 논리로 제2차 개헌안을 통과시켜 장기 집권을 시도하였다.

③ 박정희 정부는 유신 헌법을 발표하여 대통령 임기 6년과 중임 제한 조항 삭제 및 통일 주체 국민 회의를 통한 대통령 간접 선거의 내용을 담은 제7차 헌법 개정을 단행하였다(1972).

18 난도 ★★☆   정답 ①

중세 > 정치사

자료해설

제시된 자료는 고려 공민왕 때인 1361년 홍건적의 2차 침입에 대한 설명이다. 이때 홍건적 반성·사유 등이 10여만 명을 이끌고 침입하여 개경이 함락되고 공민왕이 복주(안동)로 피난하였다.

정답의 이유

① 고려 말 우왕 때 최무선이 화통도감의 설치를 건의하여 화약과 화포를 제작하였고, 화포를 활용하여 진포 대첩에서 왜구를 격퇴하였다(1380).

오답의 이유

② 몽골의 2차 침입 때 승장 김윤후가 이끈 민병과 승군이 처인성에서 몽골군에 대항하여 적장 살리타를 사살하고 승리를 거두었다(1232).

③ 고려 공민왕은 반원 자주 정책의 일환으로 기철 일파 등 친원 세력을 숙청하고, 쌍성총관부를 공격하여 원에 빼앗긴 철령 이북의 땅을 수복하였다(1356).

④ 고려 고종은 몽골의 3차 침입 때 부처의 힘으로 몽골군을 물리치고자 대장도감을 설치하여 16년에 걸쳐 팔만대장경을 조성하였다(1236~1251).

19 난도 ★★☆   정답 ①

근대 태동기 > 정치사

자료해설

제시문의 (가)는 경신환국(1680), (나)는 갑술환국(1694)이다.

정답의 이유

① 기사환국(1689)에 대한 내용이다. 숙종 때 희빈 장씨 소생에 대한 원자 책봉 문제를 계기로 이를 반대하던 서인(노론)이 몰락하고, 남인이 재집권하였다. 이때 송시열과 김수항 등 노론의 핵심 인물들이 처형되었다.

오답의 이유

② 현종 때 효종 국상(기해예송, 1659)과 효종비 국상(갑인예송, 1674) 당시에 자의 대비의 복상 문제로 발생한 두 번의 예송 논쟁으로 서인과 남인 사이의 대립이 심화되었다.

③ 선조 때 발생한 정여립 모반 사건으로 기축옥사(1589)가 일어나 서인이 정국을 주도하였다.

④ 효종 때 러시아가 만주 지역까지 침략해오자 청은 조선에 원병을 요청하였고, 조선에서는 나선 정벌을 위해 두 차례에 걸쳐 조총 부대를 영고탑(지금의 지린성) 일대에 파병하였다(1654, 1658).

현대 > 정치사

[자료해설]

제시된 자료의 사건 순서는 (다) 조선 건국 준비 위원회 결성 – (라) 제1차 미·소 공동 위원회 개최 – (나) 좌·우 합작 위원회 결성 – (가) 제헌 헌법 제정이다.

[정답의 이유]

(다) 조선 건국 동맹의 여운형은 일본인의 안전한 귀국을 보장하는 조건으로 조선 총독부로부터 행정권의 일부를 이양받아 조선 건국 준비 위원회를 결성하였다(1945).

(라) 모스크바 3국 외상 회의의 결정에 따라 서울 덕수궁 석조전에서 제1차 미·소 공동 위원회가 개최되었다(1946.3.).

(나) 제1차 미·소 공동 위원회가 결렬된 후 이승만이 단독 정부 수립을 주장하자 여운형, 김규식 등 중도 세력이 미군정의 지원을 받으면서 좌·우 합작 위원회를 결성하였다(1946.7.).

(가) 우리나라 역사상 최초의 민주주의 선거인 5·10 총선거를 통해 2년 임기의 국회 의원이 선출되고 제헌 국회가 구성되어 제헌 헌법이 제정되었다(1948).

[더 알아보기]

조선 건국 동맹

결성	국내에서 여운형 주도로 사회주의자와 민족주의자를 망라하여 결성
활동	• 건국 방침: 일본 제국주의 세력 축출, 조선 민족의 자유와 독립 회복, 민주주의 국가 수립, 노농 대중 해방 • 전국에 조직망 설치, 농민 동맹 조직, 군사 위원회 조직 (일본군 후방 교란과 무장 봉기 목적) • 8·15 광복 후 조선 건국 준비 위원회로 개편

한국사 | 2019년 지방직 9급

✓ 빠른 정답

01	02	03	04	05	06	07	08	09	10
③	①	④	④	④	③	③	①	②	②

11	12	13	14	15	16	17	18	19	20
①	③	②	②	④	③	①	③	④	③

✓ 점수 체크

구분	1회독	2회독	3회독
맞힌 문항 수	/ 20	/ 20	/ 20
나의 점수	점	점	점

---

01   난도 ★☆☆   정답 ③

선사 시대와 국가의 형성 > 국가의 형성

자료해설

제시문에서 (가)는 옥저의 '민며느리제'에 관한 설명이고, (나)는 제천 행사 '영고'를 통해 부여에 대한 내용임을 알 수 있다.

정답의 이유

③ 부여는 왕 아래 마가, 우가, 저가, 구가의 가(加)들이 각자의 행정 구역인 사출도를 다스렸고, 왕이 통치하는 중앙과 합쳐 5부를 구성하였다. 또한, 매년 12월 영고라는 제천 행사를 열었으며, 지배 계급이 죽었을 때 그 부인이나 노비 등 산 사람을 함께 묻던 순장이라는 풍습이 있었다.

오답의 이유

① 동예는 매년 10월에 무천이라는 제천 행사를 열었으며, 특산물로는 단궁, 과하마, 반어피 등이 있었다.

② 계루부 집단이 권력을 장악한 것은 고구려에 대한 설명이다. 초기의 고구려는 5부족 연맹체로, 계루부(왕족), 절노부(왕비족), 소노부(계루부 이전의 왕족), 순노부, 관노부를 토대로 발전하였다.

④ 삼한 중 변한은 철이 풍부하게 생산되어 낙랑과 왜에 수출하였다.

02   난도 ★☆☆   정답 ①

고대 > 정치사

자료해설

제시문에서 (가)는 평양성 전투에 관한 설명으로 고구려 고국원왕은 백제 근초고왕이 평양성을 침략하자 이에 항전하다가 전사하였다(371). (다)는 광개토 대왕과 관련된 내용으로, 고구려 광개토 대왕은 신라의 원군 요청을 받고 군대를 보내 신라에 침입한 왜를 격퇴하였다(400).

정답의 이유

① 4세기 후반 소수림왕은 교육 기관인 태학을 설립(372)하여 인재를 양성하고, 율령 반포(373)를 통해 국가 조직을 정비하였다.

오답의 이유

② 고구려 장수왕은 평양으로 천도(427)하여 남하 정책을 추진하였으며, 이를 바탕으로 백제의 수도 한성을 함락(475)하고 백제 개로왕을 전사시킨 뒤 한강 유역을 차지하였다.

③ 고구려 동천왕은 요동 진출로를 놓고 위(魏)나라를 선제 공격하였으나, 유주자사 관구검의 침입을 받아 환도성이 함락되었다.

④ 6세기 후반 영양왕은 군사적으로 유리한 지역을 먼저 차지하려는 목적으로 고구려와 말갈 군사 1만 명을 거느리고 요서 지방을 공격(598)하였으나 수나라의 방어로 실패하였다.

고대 > 경제사

정답의 이유

④ 시비법과 이앙법 등의 발달로 광작이 성행한 것은 조선 후기이다. 조선 후기에 농기구와 시비법이 개량되었으며, 수리 시설이 확충되어 모내기법(이앙법)이 전국적으로 확산되었고, 경작지의 규모가 확대되어 광작이 증가하였다.

오답의 이유

① 왕경에 서시전과 남시전이 설치된 것은 695년 통일 신라 효소왕 때의 일이다. 지증왕 때 시장 관리 관청으로 동시전을 설치했고, 통일 후 시장이 더욱 활성화되자, 효소왕 때 서시와 남시를 설치하고 이를 감독하는 기관인 서시전과 남시전을 증설하였다.

② 통일 신라는 어아주, 조하주 등 고급 비단을 생산하여 당에 보냈고 수입 품목은 귀족들이 필요로 하는 사치품들이었다. 특히 어아주와 조하주는 통일 신라의 특산품으로 여러 차례 걸쳐 신라에서 당에 보냈던 직물이었다.

③ 통일 신라에서는 촌락의 토지 결수, 인구 수, 소와 말의 수 등을 파악하여 민정 문서를 작성하였다. 민정 문서는 조세 · 공물 수취를 위한 기초 자료로 촌주가 매년 변동 사항을 조사하여 3년마다 작성하였다. 민정 문서는 '촌락 문서'라고도 하며, 1933년 일본 도다이사 정창원에서 발견되었기 때문에 '정창원 문서'라고도 한다.

더 알아보기

통일 신라의 경제 상황

토지 제도의 변화	• 신라 중대: 신문왕 때 녹읍 폐지와 관료전 지급, 성덕왕 때 정전 지급 • 신라 하대: 경덕왕 때 녹읍 부활
신라 민정 문서	• 통일 신라 시대 촌락 기록 문서 • 촌주가 3년마다 작성, 당시의 경제 생활 세밀하게 파악
농업 기술	휴경 농법, 시비법 발달하지 못함
상업 활동	통일 이후 인구와 상품 생산 증가, 동시 외에 서시 · 남시 설치
대외 무역	당과의 무역 번성(어아주, 조하주 등 고급 비단 수출, 귀족 사치품 수입), 공무역 및 사무역 발달(당항성), 이슬람 상인과 무역(울산항)

시대 통합 > 문화사

정답의 이유

ⓒ 『향약구급방』은 현전하는 우리나라 최고(最古)의 의학 서적으로 고려 강화도 천도 시기인 1236년에 강화의 대장도감(大藏都監)에서 조판되었으며, 우리 실정에 맞게 저술된 자주적 의학 서적이다.

ⓔ 『향약집성방』은 유효통이 『향약채취월령』을 토대로 1433년 조선 세종 때 편찬한 의학서로, 자주적 의학 기술 및 약재와 치료 방법을 개발 · 정리한 것이다.

ⓐ 『의방유취』는 조선 세종 1443년부터 집현전 학자들이 당시에 있던 방대한 의서들을 인용하여 1445년에 편찬한 의학 백과 사전이다.

ⓑ 『동의보감』은 허준이 선조의 명으로 집필하기 시작하여 광해군 때 완성한 것으로, 우리나라와 중국 의서의 각종 의학 지식과 치료법을 집대성한 의서이다. 2009년 유네스코 세계 기록 유산으로 등재되었다.

더 알아보기

조선 시대 의학서

15세기	• 『향약채취월령』(세종, 자생 약재 소개) • 『향약집성방』(세종, 약재와 치료 방법을 개발 · 정리) • 『의방유취』(세종, 의학 백과 사전)
17세기	• 허준의 『동의보감』(광해군, 조선 의학 집대성) • 허임의 『침구경험방』(인조, 침구술 집대성)
18세기	정약용의 『마과회통』(정조, 종두법 소개)
19세기	이제마의 『동의수세보원』(고종, 사상 의학 확립)

고대 > 문화사

정답의 이유

④ 강서대묘는 굴식 돌방 무덤의 형태로 축조되었다. 강서대묘의 사신도는 도교의 영향이 나타난 벽화이다. 돌무지 무덤은 고구려 초기의 무덤 양식으로 만주 지안(집안) 일대에 다수 분포되어 있으며, 장군총이 대표적이다.

오답의 이유

① 첨성대는 신라 시대에 천체의 움직임을 관찰하던 천문 관측대로, 하늘의 움직임(기후)과 농사 시기가 밀접하게 관련되어 있어 고대 국가에서 천문 현상에 대한 관심이 높았음을 알 수 있다. 신라 선덕 여왕 때 건립된 것으로 추정되며 동양에서 가장 오래된 천문대이다.

② 백제 무왕 때 건립된 익산 미륵사지 석탑은 국보 제11호로 지정되어 있다. 목탑의 형태로 만들어진 석탑으로, 현존하는 삼국 시대의 석탑 중 가장 크며 당시 백제의 건축 기술을 확인할 수 있다.

③ 가야 출신의 우륵이 '가야의 소리'라는 뜻의 가야금을 만들어 12악곡을 지었는데, 이것이 신라에 전파되었다.

더 알아보기

삼국 시대 고분 형식의 변화

고구려	• 초기: 돌무지 무덤 → 만주 지안(집안) 일대에 다수 분포, 장군총이 대표적 • 후기: 굴식 돌방 무덤 → 벽화 발견, 만주 지안, 평안도 용강, 황해도 안악 등지 분포, 무용총 등이 대표적
백제	• 한성 시대: 계단식 돌무지 무덤(고구려의 영향 – 서울 석촌동 고분) • 웅진 시대: 굴식 돌방 무덤, 벽돌 무덤(중국 남조의 영향 – 무령왕릉) • 사비 시대: 굴식 돌방 무덤
신라	• 통일 전: 돌무지 덧널무덤(경주 천마총 – 도굴이 어려워 껴묻거리가 많이 출토됨) • 통일 후: 불교식 화장 유행, 규모가 작은 굴식 돌방 무덤

06 난도 ★★☆   정답 ③

중세 > 정치사

자료해설

제시된 자료는 고려 태조의 훈요 10조 중 일부 내용으로, 태조는 훈요 10조에서 중국의 풍속을 억지로 따르지 말고 특히 거란의 제도는 본받지 말 것을 언급하였다.

정답의 이유

③ 혼인 정책과 사성 정책은 고려 태조의 호족 포섭책으로, 이를 통해 호족 세력을 회유 및 포섭함으로써 지지 기반을 확보하였다. 태조 왕건은 유력 호족들과 통혼하여 의제 가족적 관계를 맺는 정책과 호족들에게 왕씨 성을 수여하는 사성 정책을 펼쳤다.

오답의 이유

① 상평창의 설치는 고려 성종의 업적이다. 상평창은 개경·서경·12목에 설치된 물가 조절 기관이다.

② 기인 제도와 사심관 제도의 실시는 고려 태조의 업적이 맞지만, 과거제의 실시는 고려 광종의 업적이다. 기인 제도는 지방 호족의 자제를 볼모로 삼아 호족을 관리하는 제도로, '신라의 상수리 제도 → 고려의 기인 제도 → 조선의 경저리 제도'로 이어진다. 한편, 사심관 제도는 중앙의 고관을 출신지의 사심관으로 임명하고 중앙에 거주하게 하면서 그 지방의 치안과 행정에 연대 책임을 지도록 한 제도이며, 신라 경순왕 김부가 최초의 사심관이었다. 광종 때 실시된 과거제는 후주의 귀화인 쌍기의 건의로 실시되었다(958).

④ 거란 침입에 대비하여 광군 30만을 조직했던 시기는 고려 정종 때이다(947). 광군은 상비군이라기보다는 필요하면 언제든지 동원할 수 있도록 편성한 예비군의 성격을 가졌던 것으로, 대부분 지방 호족 지휘 아래 있던 농민 출신으로 구성되었다.

07 난도 ★☆☆   정답 ③

중세 > 문화사

정답의 이유

㉠ 『신편제종교장총록』은 교장을 조판하기 전에 의천이 고려와 송·요·일본 등에서 불교 자료를 수집하여 편찬한 목록집으로,

흥왕사에 교장도감을 두어 이 목록에 따라 교장을 조판하였다.

㉡ 14세기 중엽 공민왕 때 보우는 임제종을 도입하여 이를 통해 9산 선문의 통합을 주장하는 등 교단 정비를 위한 노력을 하였으나 성과를 거두지 못하였다.

㉢ 백련결사는 천태종의 법화 신앙과 정토 신앙에 기초한 신앙 결사로, 고려 후기 요세는 강진 토호 세력의 도움을 받아 만덕사(백련사)에서 백련결사를 제창하였다.

㉣ 지눌은 '목우(牧牛)'를 통해 수행과 참선을 강조하였으며, 초학자에게 마음을 닦는 비결을 제시한 선 이론서인 『목우자수심결』을 저술하였다. 이 저서에서 지눌은 정혜쌍수(定慧雙修)와 돈오점수(頓悟漸修)를 주장하였다.

더 알아보기

고려 시대 대표적 승려

의천	• 교종 통합(화엄종 중심), 해동 천태종 창시 • 교관겸수 제창 • 『신편제종교장총록』 편찬
지눌	• 송광사에서 수선사 결사 운동, 조계종 창시 • 돈오점수, 정혜쌍수 주장 • 『목우자수심결』 편찬
혜심	• 유·불 일치설 주장 • 심성의 도야 강조(성리학 수용의 사상적 토대 마련)
요세	• 천태종 신앙 결사체인 백련사 조직 • 참회(법화) 신앙 강조
보우	• 공민왕 때 활동한 선종 승려 • 원의 불교 임제종을 도입

08 난도 ★★★   정답 ①

근세 > 정치사

자료해설

제시문에서 노비에게 출산 휴가를 내렸다는 내용을 통해 세종 대의 사료임을 알 수 있다.

정답의 이유

① 세종은 사형수에 대한 삼심제인 금부삼복법을 시행하였다.

오답의 이유

② 조선 태종 때 왕명으로 주자소를 설치하여 금속 활자인 계미자를 주조하였다. 한편, 세종 대에는 갑인자, 경자자, 병진자, 경오자와 같은 활자를 만들었으며 식자판 조립으로 인쇄 능률을 향상시켰다.

③ 세조는 진관 체제를 실시하여 조선의 행정 조직 단위였던 '읍(邑)'에 군사 조직 단위인 '진(鎭)'을 편성하고, 각 읍의 수령이 군사 지휘권을 가지도록 하였다. 진관 체제는 지역 단위의 방어 체제로 신속하게 방어가 가능하였으나, 대규모 전투에는 불리하였다. 이에 따라 을묘왜변 이후에는 제승방략 체제로 대체되었다.

④ 도평의사사를 의정부로 개편한 시기는 조선 초 정종 때이다. 당시 실권을 가지고 있었던 이방원(조선 태종)은 2차 왕자의 난 이후 공신들을 견제하기 위해서 도평의사사를 개편하여 의정부를 설치하였다.

09 난도 ★☆☆　　　　　　　　　　　　정답 ②

고대 > 문화사

자료해설

제시문의 '국왕에게 황룡사에 9층탑을 세울 것을 건의했다'는 내용을 통해 밑줄 친 '그'는 신라의 승려인 자장임을 알 수 있다.

정답의 이유

② 자장은 선덕 여왕 때 신라의 대국통(大國統)이 되어 계율을 강조하였으며, 불교 교단을 확립하는 데 큰 역할을 하였다. 또 황룡사 9층 목탑 건립을 주도하면서 신라가 불국토(佛國土)라는 관념을 널리 퍼뜨려 불교를 호국 이념으로 자리 잡게 하였다.

오답의 이유

① 신라 진평왕 때 원광은 유교와 불교, 도교의 사상을 토대로 세속 오계를 만들어 사군이충(事君以忠) · 사친이효(事親以孝) · 교우이신(交友以信) · 임전무퇴(臨戰無退) · 살생유택(殺生有擇) 등 5가지의 계율을 화랑 정신으로 정립하였다.

③ 의상은 당에 가서 승려 지엄으로부터 화엄에 대한 가르침을 받고 돌아와 신라에서 화엄 사상을 펼치고 부석사를 중심으로 수많은 제자들을 양성하였으며 『화엄일승법계도』를 저술하여 화엄 교단을 세웠다.

④ 원효는 '모든 것은 한마음에서 나온다'는 일심 사상(화쟁 사상)을 바탕으로 종파 간의 사상적 대립 · 분파 의식을 극복하고자 하였다.

더 알아보기

황룡사 9층 목탑

황룡사 9층 목탑은 신라 선덕 여왕 때 승려 자장이 주변 9개 민족의 침략을 부처의 힘으로 막기 위한 목탑 건립을 건의하여 세워졌다(645). 그러나 고려 후기 몽골 침입 당시 황룡사와 함께 소실되었다(1238).

10 난도 ★☆☆　　　　　　　　　　　　정답 ②

근세 > 정치사

자료해설

제시된 자료에서 '조선의 수도인 한성(경성)이 불탔다'는 점, 해당 사료가 '성혼의 『우계집』'의 일부라는 점을 통해 연관된 사건이 임진왜란임을 알 수 있다. 우계 성혼은 16세기에 활동했던 기호학파의 중심인물이다.

정답의 이유

② 임진왜란은 1592년부터 1598년까지 1차 임진왜란, 2차 정유재란 두 차례에 걸쳐 일본이 침입한 전쟁이다. 임진왜란 초기, 전쟁에 미처 대비하지 못했던 조선은 왜군을 효과적으로 막아낼 수 없었고, 결국 1592년 5월 2일 수도인 한성이 왜군에게 함락되고, 종묘, 사직 및 궁궐 등이 소실되었다.

오답의 이유

① 정묘호란 이후 후금이 국호를 청으로 고치고 조선에 군신 관계를 강요하였으나 조선이 거절하자 병자호란이 일어났다(1636).

③ 조선 세종 때 삼포(부산포, 제포, 염포)를 개방하고 제한된 범위 내에서 무역을 허락하는 계해약조를 체결하였으나, 왜구가 조선 정부의 통제에 반발하며 중종 때 삼포왜란을 일으켰다(1510). 이를 계기로 외적의 침입에 대비하기 위한 임시 기구로 비변사를 처음 설치하였다.

④ 인조반정 때 큰 공을 세웠던 이괄이 공신 책봉 과정에서 2등 공신을 받자 이에 불만을 품고 이괄의 난을 일으켰다(1624).

더 알아보기

임진왜란 결과

비변사 기능 강화	임진왜란 이후 군사뿐 아니라 모든 정무를 총괄하는 최고 회의 기구화 → 왕권 약화, 의정부 · 6조 중심 행정 체계 유명무실
사회 변화	• 인구 감소, 농토 황폐화, 국가 재정 궁핍, 식량 부족 • 토지 대장과 호적 소실: 조세 · 역 징발 곤란 • 공명첩 발행과 신분제 동요 • 문화재 소실: 경복궁, 불국사, 사고(전주사고만 보존)

11 난도 ★☆☆　　　　　　　　　　　　정답 ①

근세 > 정치사

자료해설

제시문에서 요동 공격 요청과 진도(陣圖) 등의 내용을 통해 밑줄 친 '그'가 정도전임을 알 수 있다.

정답의 이유

① 원에 설립된 만권당에서 원의 학자들과 교류한 대표적인 학자는 '이제현'이다. 익재 이제현은 유교 사관에 입각한 역사서인 『사략』, 문학적 소양을 바탕으로 한 시화집 『역옹패설』 등을 저술하였다.

오답의 이유

② 조선 건국을 주도한 정도전은 맹자의 역성혁명론을 수용하여 패도 정치를 인정하였다.

③ 정도전은 종묘와 사직, 궁궐의 터가 들어설 자리를 정하고 궁궐 및 각 전각의 이름을 직접 지었다.

④ 정도전은 『경제문감』, 『조선경국전』 등을 저술하여 재상 정치를 강조하였으며, 왕권과 신권의 조화를 추구하였다.

더 알아보기

정도전의 정치 사상

정도전은 훌륭한 재상을 선택하여, 재상에게 정치의 실권을 부여하여 위로는 임금을 받들어 올바르게 인도하고, 아래로는 백관을 통괄하고 만민을 다스리는 중책을 부여하자고 주장하였다.

근대 > 경제사

자료해설

제시된 자료의 (가)는 조·일 무역 규칙, (나)는 조·일 통상 장정에 대한 내용이다.

(가) 조·일 수호 조규(강화도 조약)의 부속 조약인 조·일 무역 규칙의 내용으로 일본에 양미와 잡곡의 무제한 유출을 허용하였으며, 일본 상선에 대한 무항세와 일본 상품에 대한 무관세 조항을 포함하였다(1876. 7.).

(나) 일본과 맺은 조·일 통상 장정으로 일본 무역에 대한 관세권을 회복하고, 식량 부족의 우려가 있을 때 방곡령을 선포하는 조항이 포함되어 있었다(1883).

정답의 이유

③ 임오군란 이후 조선은 청과 체결된 조·청 상민 수륙 무역 장정에서 치외 법권과 함께 양화진의 점포 개설권, 내지 통상권, 연안 무역권까지 인정하였다(1882).

오답의 이유

① 1905년 재정 고문 메가타의 주도로 화폐 정리 사업이 실시되었다. 그 결과 조선의 상업 자본이 대거 몰락하였고, 일본에 재정적 예속이 심화되었다.

② 김옥균, 홍영식, 박영효 등 급진 개화파는 갑신정변을 단행하여 14개조의 정강을 발표하였다. 14개조 정강의 주요 내용으로 흥선 대원군의 귀국, 재정의 일원화(호조), 혜상공국 혁파 등이 있다(1884).

④ 개항 이후 곡물의 일본 유출과 이에 따른 곡물 가격의 폭등 현상으로 농민의 생활이 악화되자 함경도, 황해도 등에서 방곡령을 실시하였다(1889). 그러나 일본은 방곡령을 실시하기 1개월 전 일본에 통고해야 한다는 규정을 위반했다는 구실로 방곡령을 철회하고, 일본에 배상금을 지불하게 하였다.

더 알아보기

강화도 조약과 부속·규정

조·일 수호 조규 (강화도 조약, 1876)	• 부산(1876), 원산(1880), 인천(1883) 개항 • 치외 법권 보장 • 해안 측량권 허용 • 수신사 파견
조·일 수호 조규 부록 (1876)	• 개항장에서의 일본인 거주 구역(조계) 설정 • 일본 상인 활동 제한(10리) • 개항장에서의 일본 화폐 유통 허용
조·일 무역 규칙 (1876)	• 일본 수출입 상품 무관세 • 양곡의 무제한 유출 허용
조·일 수호 조규 속약 (1882)	• 일본 상인의 활동 범위 확대(1882년에 50리 → 1884년에 100리) • 외교관의 조선 여행 허용
조·일 통상 장정 (1883)	• 최혜국 대우 규정 • 관세 규정 • 방곡령의 근거 조항 설정

근대 > 정치사

정답의 이유

② 독립신문은 독립 협회의 기관지로 대한제국 선포(1897) 이전에 창간되었다(1896).

오답의 이유

①·③·④ 시위대와 진위대 증강, 화폐 제도의 개혁과 중앙은행 창립 추진, 황실 재정 담당 내장원의 기능 확대 등은 모두 광무개혁에 포함된 내용으로 대한제국 시기에 이루어졌다(1897). 대한제국은 옛 법을 근본으로 삼고 새로운 것을 첨가한다는 의미의 '구본신참'을 기본 정신으로 하여 광무개혁을 추진하였다.

더 알아보기

광무개혁 내용

군사	원수부 설치, 군부 권한 축소, 친위대(서울)와 진위대(지방) 확대, 무관 학교 설립, 징병제 실시 추진
경제	궁내부에 내장원 설치(수익 사업 관할), 양전 사업과 지계 발급 사업 추진, 상공업 진흥 정책(근대 시설 마련, 공장·회사 설립)
사회	• 전화 가설, 우편 제도 정비, 전차 부설 • 실업학교와 기술 교육 기관 설립, 유학생 파견

근대 태동기 > 사회사

정답의 이유

② 정조 때 진산의 양반 윤지충은 모친상을 당하여 신주를 없애고 천주교 의식으로 상을 치르자 강상죄를 저지른 죄인으로 비난을 받았다. 이때 천주교인이었던 권상연이 이를 옹호하자 모두 사형에 처해졌다(신해박해, 1791). 기해박해는 헌종 때인 1839년 프랑스인 신부 3명(앙베르, 모방, 샤스탕)과 수백 명의 천주교 신자가 처형된 사건으로 풍양 조씨 집안의 집권 계기가 되기도 하였다.

오답의 이유

① 이승훈은 우리나라 최초의 영세자로 북경에서 영세를 받았다.

③ 안정복은 『천학문답』에서 성리학적 입장에서 문답식으로 천주교를 비판하였다.

④ 우리나라 최초의 신부인 김대건 신부는 헌종 때인 1846년 병오박해 당시 순교하였다.

15 난도 ★★☆   정답 ④

일제 강점기 > 정치사

자료해설

제시문은 대한민국 임시정부가 조소앙의 삼균주의를 채택하여 발표한 '대한민국 건국강령'이다.

정답의 이유

④ 대한민국 임시정부는 미군 전략 정보국(OSS)의 협조를 받아 정진군을 편성하고, 국내 진공 작전을 준비하였으나, 일본의 항복으로 실현되지 못하였다.

오답의 이유

① 1948년 대통령 이승만, 부통령 이시영을 선출하였고 대한민국 정부 수립을 선포하였다.

② 대한 독립 군단은 간도 참변으로 인해 러시아 자유시로 근거지를 옮겼으나, 독립군 내부 지휘권을 둘러싼 갈등과 러시아 적색군에 의한 무장 해제 요구 과정에서 다수의 독립군 사상자가 발생하였다(1921).

③ 광복 이후 좌우 대립이 격화되면서 분단의 위기감을 느낀 중도파 세력들은 여운형, 김규식을 중심으로 좌우 합작 위원회를 수립하였다(1946.7.). 좌우 합작 위원회는 모든 조직이 하나로 통합되어 중도적 사상의 통일 정부를 수립하는 것을 목표로 삼고 그해 10월 좌우 합작 7원칙을 합의하여 제정하였다.

더 알아보기

대한민국 임시정부 건국 준비 활동

체제 정비		윤봉길 의거 이후 일제의 탄압으로 근거지 이동 → 충칭에 정착. 주석(김구) 중심 체제 마련(1940)
한국 광복군	창설	대한민국 임시정부의 정규군으로, 중·일 전쟁 이후 충칭에서 창설(1940) → 총사령관 지청천
	활동	• 대일 선전 포고: 태평양 전쟁 발발 직후 연합국의 일원으로 일본에 선전 포고(1941) • 군사력 증강: 조선 의용대원들의 합류(1942)로 군사력 강화 • 연합 작전 전개: 영국군의 요청으로 인도·미얀마 전선에 공작대 파견, 문서 번역, 일본군을 상대로 한 정보 수집과 포로 심문 등의 활동 전개 • 국내 진공 작전: 미군 전략 정보국(OSS)의 지원 하에 국내 정진군을 조직하여 준비 → 일제의 패망으로 불발
대한민국 건국강령 (1941)	기초	• 조소앙의 삼균주의에 입각 • 대한민국 임시정부가 제시한 신 국가 건설 계획
	내용	민주 공화정 수립, 보통 선거와 무상 교육 실시, 토지와 주요 산업의 국유화, 노동권 보장 등

16 난도 ★☆☆   정답 ③

일제 강점기 > 정치사

자료해설

제시문에서 '민중은 우리 혁명의 대본영(大本營)이다. 폭력은 우리 혁명의 유일한 무기이다.'와 '강도 일본 통치 타도' 등의 내용을 통해 의열단 김원봉의 의뢰로 신채호가 작성한 조선 혁명 선언(1923)임을 알 수 있다.

정답의 이유

③ 의열단의 김원봉은 효과적인 항일 투쟁을 위한 민족 독립운동의 단일 정당을 목표로 한국 독립당, 조선 혁명당 등과 함께 민족 혁명당을 결성하였다(1935).

오답의 이유

① 1931년 김구는 침체에 빠진 임시 정부의 독립운동을 활성화하고, 새로운 항일 투쟁의 활로를 개척하기 위해 중국 상하이에서 한인 애국단을 결성하였다.

② 김좌진이 이끄는 북로 군정서군과 홍범도가 이끄는 대한 독립군이 주축이 된 독립군 부대는 청산리 전투에서 일본군에 대승을 거두었다(1920).

④ 원산 총파업은 영국인이 경영하는 회사에서 일본인 감독이 조선인 노동자를 구타한 사건에서 시작되었다. 파업 후 노동자의 요구를 들어주기로 했던 회사에서 약속을 이행하지 않자 원산 노동 연합회를 중심으로 총파업에 들어갔다(1929).

17 난도 ★★☆   정답 ①

일제 강점기 > 정치사

자료해설

제시문의 ㉠ '지원병'과 ㉡ '정신대'가 나타난 시기는 1940년대 민족 말살 통치기이다. 제1차 세계 대전 전후에 자본주의 국가로 크게 성장한 일본은 중·일 전쟁(1937), 태평양 전쟁(1941)을 일으켜 제2차 세계 대전의 주요 도발자로 등장하였다. 우리 민족을 이 전쟁에 동원하고자 일본은 국가 총동원령(1938)을 시행하였으며, 중·일 전쟁 이후에는 육군특별지원병령(1938)을 통해 지원병제를 실시하였다. 태평양 전쟁 이후부터는 학도 지원병제(1943), 징병제(1944), 여자 정신 근로령(1944)을 시행하였다.

정답의 이유

① 학도 지원병제(1943)를 실시하여 학생들까지 전쟁터로 내몰았다.

오답의 이유

② 처음에는 지원병제(1938) 형식으로 시작하여 학도 지원병제, 징병제 등을 실시해 수많은 학생들과 청년들을 전쟁에 동원하였다.

③ 국민 징용령은 국가 총동원법에 근거하여 1939년 제정 및 시행된 법으로, 1944년부터 본격적으로 실시되었다. 정신대는 1944년에 공포된 '여자 정신 근로령'에 근거한 것이지만, 법령 제정 이전부터 이미 정신대라는 명칭으로 자행된 강제 동원이 있었고, 법령 제정은 이러한 동원 관행을 법적으로 뒷받침하는 것일 뿐이었다.

④ 물자 공출 장려 등을 목표로 결성된 것은 근로 보국대이다. 근로 보국대는 조선인 학생, 여성, 농촌 노동력 등을 동원하였고 학교

근로 보국대, 지역 보국대, 각종 연맹 근로 보국대 등이 차례로 결성된 이후 점차 노동력의 상당 부분을 강제로 할당하는 형식으로 강화되었다.

18 난도 ★★☆ 정답 ③

근대 > 정치사

자료해설

제시문에서 밑줄 친 '이때'는 흥선 대원군 집권기에 경복궁을 중건하면서 일종의 기부금 형식인 '원납전'을 강제 징수하는 상황을 말한다.

정답의 이유

③ 고종 즉위 이후 정치적 실권을 잡은 흥선 대원군은 비변사를 폐지하고 의정부의 권한을 강화하였으며, 삼군부를 부활시켜 군사 및 국방 문제를 전담하게 하였다. 또한, 국방의 강화를 위해 훈련도감에 편제된 삼수병(포수, 사수, 살수)을 강화하였다.

오답의 이유

① 조선 후기의 문신이자 실학자였던 추사 김정희는 세도 정치기인 헌종 때 제주도에서 유배 생활을 하던 중 세한도를 제작하였다(1844).

② 철종 때 삼정의 문란으로 인한 폐단이 심각해지자 진주 지역의 농민들이 임술 농민 봉기를 일으켰다(1862). 이후 파견된 안핵사 박규수는 삼정이정청을 설치하여 삼정의 문란을 해결하고자 하였다.

④ 중종 때 임시 기구로 설치된 비변사는 명종 때 을묘왜변을 계기로 상설 기구가 되었다. 이후 양란을 거치며 군사 문제뿐만 아니라 외교, 재정, 인사 등 거의 모든 정무를 총괄하였다. 비변사의 기능이 강화되면서 의정부와 6조 중심의 행정 체계는 유명무실해졌고, 세도 정치기에는 비변사를 중심으로 요직을 독점한 유력 가문들이 권력을 장악하였다.

19 난도 ★★☆ 정답 ④

현대 > 정치사

자료해설

제시된 자료는 남한의 농지 개혁법(1949) 중 일부 내용이다.

정답의 이유

④ 1950년 시행된 농지 개혁에서는 영세 농민에게 3정보 한도로 유상 분배하여 매년 생산량의 30%씩 5년간 현물 상환하도록 하였다.

오답의 이유

① 북한은 산림, 임야, 농경지가 모두 포함된 토지 개혁이었으나, 남한의 농지 개혁(1950)은 산림과 임야를 제외한 농경지만이 해당되었다.

② 미군정기에 일제의 귀속 재산과 토지에 관련된 업무를 처리하고자 신한공사가 설치되었으나, 대한민국 정부 수립 이전에 해체되었다(1948.3.).

③ 농지개혁은 농림부 농지국에서 관장하였다. 중앙 토지 행정처는 신한공사에서 담당하던 업무가 이관된 곳으로 대한민국 정부 수립 후 농림부 산하 특수 토지 관리국에 흡수되었다(1948.11.).

20 난도 ★☆☆ 정답 ③

현대 > 정치사

자료해설

제시문은 베트남 파병에 대한 내용이다.

정답의 이유

ⓛ·ⓒ 박정희 정부 때 베트남 파병의 대가로 1966년 브라운 각서를 체결하여 미국으로부터 경제 및 기술적 지원과 한국군의 현대화를 이끌어내 베트남 특수를 누리게 되었고, 이는 1960년대 경제 개발 계획의 추진에 기여하였다.

오답의 이유

ⓖ 6·25 전쟁 중 이승만 정부와 자유당은 부산 지역에 비상계엄을 선포하고 대통령 직선제와 내각 책임제를 포함한 개헌안을 국회에 제출하여 토론 없이 기립 표결로 통과시키는 발췌 개헌을 단행하였다(1952).

ⓔ 이승만 정부 때 한국과 미국 간 경제 및 군사 원조에 관한 협약인 한·미 상호 방위 원조 협정이 체결되었다(1950). 그러나 1950년 6월 북한의 남침으로 6·25 전쟁이 발발한 당시에 한·미 상호 방위 원조 협정은 겨우 실현 단계에 이르렀고, 이후 1953년 실질적인 군사동맹인 한·미 상호 방위 조약이 조인되었다.

더 알아보기

박정희 정부의 활동

한·일 국교 정상화 (1965)	미국의 한·일 국교 정상화 요구 → 한·일 회담 추진(경제 개발에 필요한 자본 확보 목적) → 반대 시위 전개(6·3 시위, 1964) → 정부의 휴교령·계엄령 선포, 시위 진압 → 한·일 협정 체결(1965)
베트남 파병 (1964 ~1973)	• 전개: 미국의 한국군 파병 요청 → 부대 파견 → 미국의 추가 파병 요청 → 미국의 군사적·경제적 지원 약속을 받고 추가 파병(브라운 각서 체결,1966.3.) • 성과: 미군의 차관 제공, 파병 군인들의 송금·군수 물자 수출 등 베트남 특수로 외화 획득에 도움. 한미 동맹 관계 강화 • 문제점: 많은 사상자 발생, 고엽제 문제
3선 개헌 (제6차 개헌)	대통령 3회 연임을 허용하는 3선 개헌 추진 → 3선 개헌 반대 운동(야당 의원, 학생) → 반대 여론 억압. 개헌 단행(1969) → 제7대 대통령 선거에서 박정희 당선(1971)
유신 체제	• 비상계엄령 선포, 국회 해산(1972.10.17.) → 유신 헌법 제정. 국민 투표로 확정 → 통일 주체 국민 회의에서 제8대 대통령으로 박정희 선출 • 유신 반대 운동: 3·1 민주 구국 선언 발표(1976) • 붕괴: 김영삼 제명과 부마 민주 항쟁 발생 배경. 중앙정보부장 김재규가 박정희 암살(10·26 사태, 1979)

한국사 | 2018년 지방직 9급

한눈에 훑어보기

✓ 영역 분석

선사 시대와 국가의 형성　01
1문항, 5%

고대　02　05　06
3문항, 15%

중세　03　10　16
3문항, 15%

근세　15
1문항, 5%

근대 태동기　09　11　14
3문항, 15%

근대　12　19
2문항, 10%

일제 강점기　04　13　17　18
4문항, 20%

현대　20
1문항, 5%

시대 통합　07　08
2문항, 10%

✓ 빠른 정답

01	02	03	04	05	06	07	08	09	10
③	②	③	③	①	②	①	④	④	①
11	12	13	14	15	16	17	18	19	20
①	②	③	④	④	③	①	③	④	②

✓ 점수 체크

구분	1회독	2회독	3회독
맞힌 문항 수	/ 20	/ 20	/ 20
나의 점수	점	점	점

01 난도 ★☆☆　　　　　정답 ③

선사 시대와 국가의 형성 > 선사 시대

정답의 이유

ⓒ 붉은 간 토기는 민무늬 토기, 미송리식 토기 등과 함께 청동기 시대의 대표적인 토기이다. 또한, 청동기 시대에는 거친무늬 거울 등 청동기 의기를 사용하여 제사를 지내거나 의식을 거행하였다.

ⓔ 눌러찍기무늬 토기는 덧무늬 토기, 빗살무늬 토기 등과 함께 신석기 시대의 대표적인 토기이다. 또한, 신석기 시대에는 가락바퀴와 뼈바늘을 이용하여 옷이나 그물을 만드는 등 원시 수공업이 발전하였다.

오답의 이유

ⓐ 슴베찌르개는 후기 구석기 시대의 대표적인 유물이다. 구석기 시대에는 주로 사냥과 채집의 경제활동을 하였다. 벼농사가 시작되고 나무로 만든 농기구를 사용한 시기는 청동기 시대이다.

ⓑ 청동기 시대에는 일부 저습지에서 벼농사가 시작되었고, 반달 돌칼을 이용하여 추수하는 등 농업이 발전하였다. 이에 따라 잉여생산물이 축적되면서 사유 재산이 생기고 계급이 발생하였다. 신석기 시대는 농사를 짓기 시작했지만 지배와 피지배 관계가 발생하지 않은 평등한 사회였다.

더 알아보기

선사 시대의 유물 및 사회

구석기 시대	• 유물: 주먹도끼, 찍개, 슴베찌르개 등의 뗀석기 • 사회: 평등 사회, 무리 생활
신석기 시대	• 유물: 간석기(돌괭이, 돌보습), 토기(빗살무늬 토기, 눌러찍기무늬 토기 등), 가락바퀴, 뼈바늘 • 사회: 정착 생활, 평등 사회
청동기 시대	• 유물: 청동기(비파형 동검, 거친무늬 거울 등), 간석기(반달 돌칼 등 농기구), 토기(민무늬 토기, 붉은 간 토기 등) • 사회: 벼농사 시작, 사유 재산, 빈부 격차, 계급 발생
철기 시대	• 유물: 철기(농기구, 무기), 청동기(세형 동검, 잔무늬 거울 등) • 사회: 정복 활동

02 난도 ★★☆　　　　　정답 ②

고대 > 문화사

자료해설

제시문의 불교 사상은 '정신적 세계 추구', '지방의 독자적인 성주나 장군들의 호응' 등의 내용을 통해 신라 하대에 유행한 선종임을 알 수 있다.

정답의 이유

② 신라 하대에는 선종의 영향으로 승려의 사리를 봉안한 승탑이 유행하였는데, 쌍봉사 철감 선사탑은 팔각 원당형의 격식을 갖춘 승탑이다.

오답의 이유

① 성덕대왕 신종은 신라 중대의 경덕왕이 아버지 성덕왕의 업적을 알리기 위해 제작하기 시작하여 혜공왕 때 완성하였다.

③ 경천사지 10층 석탑은 고려 원 간섭기인 충목왕 때 원의 라마 불교의 영향을 받아 제작된 것으로 화려한 조각이 특징적이다.

④ 금동 미륵보살 반가 사유상은 삼국 시대 말기 미륵 신앙의 영향을 받은 문화재이다.

03 난도 ★★☆ 정답 ③

중세 > 정치사

자료해설

제시문에서 고려 정종 때 천도 계획, 문종 때 이곳 주위에 서경기 4도 설치 등의 내용으로 보아 밑줄 친 '이곳'은 서경(평양)이다.

정답의 이유

③ 1174년 서경 유수 조위총은 무신 정변의 주도자인 정중부와 이의방에 반발하여 서경에서 반란을 일으켰는데, 가혹한 수탈을 견디지 못한 많은 농민들이 여기에 가세하였다.

오답의 이유

① 『직지심체요절』은 1377년 충북 청주시의 흥덕사에서 간행한 현존하는 세계 최고(最古)의 금속 활자본으로, 현재 프랑스 국립 도서관에 소장되어 있다.

② 무신 집권기의 승려 지눌은 순천 송광사를 중심으로 수선사 결사 운동을 전개하였다. 당시 불교의 타락을 비판하며 승려 본연의 자세로 돌아가 독경과 선 수행, 노동에 힘쓸 것을 주장하였다.

④ 강조가 정변을 일으켜 군사를 이끌고 들어와 김치양 일파를 제거한 곳은 당시 고려의 수도인 개경이다.

04 난도 ★☆☆ 정답 ③

일제 강점기 > 경제사

자료해설

제시문의 '조선 사람은 조선 사람이 만든 물건만 쓰고 살자'는 내용으로 보아 밑줄 친 '운동'은 물산 장려 운동이다.

정답의 이유

③ 평양에서 조만식을 중심으로 조직된 조선 물산 장려회는 국산품을 장려하는 '조선 사람 조선 것'을 주장하며 물산 장려 운동을 전개하였다.

오답의 이유

① 일본의 자본 진출을 위해 총독부가 1920년 회사령을 폐지하고 관세를 철폐하려는 움직임을 보이자 이에 대한 반발로 물산 장려 운동이 전개되었다.

② 원산 총파업은 1929년 일제 강점기에 전개된 노동 운동 중 가장 규모가 큰 투쟁이었으며, 1930년대 노동 운동에 큰 영향을 주었다.

④ 조선 노농 총동맹은 1924년 사회주의계 인사들을 중심으로 결성되었는데, 이들은 우익 계열의 자본가 계급을 중심으로 전개된 물산 장려 운동을 일부 자본가 계급의 이익만을 추구한다고 비판하였다.

더 알아보기

물산 장려 운동

배경	민족 자본과 산업 육성 → 민족 경제의 자립 달성 운동
경과	• 조선 물산 장려회 조직, 자작회 결성 • 일본 상품 배격, 국산품 애용 • 근검 저축, 생활 개선, 금주 · 금연 등
결과	민족 기업의 생산력 부족, 상인 · 일부 자본가 계급의 이익만 추구, 민중의 외면 등으로 실패

05 난도 ★★★ 정답 ①

고대 > 정치사

자료해설

제시된 자료에서 문무왕의 즉위는 661년, 신라와 당의 기벌포 전투는 676년으로 두 사건 이 일어난 시기 사이에 들어가는 내용을 찾으면 된다.

정답의 이유

㉠ 고구려 멸망 이후 고연무, 검모잠 등은 안승을 왕으로 추대하며 부흥 운동을 전개하였다. 이후 의견 대립으로 안승이 검모잠을 죽이고 신라로 망명하자, 신라 문무왕은 안승을 고구려 왕에 이어 보덕국 왕으로 임명해 금마저에 땅을 주고 당에 맞서도록 하였다(674).

㉡ 당나라는 백제와 고구려를 멸망시킨 후 공주에 웅진 도독부(660), 평양에 안동 도호부(668), 경주에 계림 도독부(663)를 설치하여 한반도를 지배하고자 하였다.

오답의 이유

㉢ 김유신이 이끄는 신라군은 화랑 관창 등이 참여한 황산벌 전투에서 백제 계백의 결사대를 물리치고 승리하여 백제를 멸망시켰다(660).

㉣ 당나라는 안동 도호부를 요동으로 옮기고 보장왕을 귀환시켜 요동 주민을 안정시키려 하였으나, 오히려 보장왕이 말갈족과 모의하여 고구려 부흥의 거사를 도모하였다(676).

더 알아보기

신라의 삼국 통일

고구려와 수 · 당의 전쟁	수의 침입 격퇴(살수 대첩, 612), 당의 침입 격퇴(안시성 싸움, 645)
백제와 고구려 멸망	백제의 신라 공격 → 나 · 당 동맹 체결(648) → 나 · 당 연합군의 공격으로 백제 멸망(660), 고구려 멸망(668)
백제와 고구려의 부흥 운동	• 백제: 복신 · 도침(주류성), 흑치상지(임존성) 주도 → 실패 • 고구려: 검모잠 · 안승(한성) 주도 → 실패

나 · 당 전쟁과 삼국 통일	당의 한반도 지배 야욕(웅진 도독부, 계림 도독부, 안동 도호부 설치), 신라의 고구려 부흥 운동 지원, 사비에 주둔한 당군 격파 → 매소성 · 기벌포 전투에서 당에 승리 → 신라의 삼국 통일(676)

06 난도 ★★☆ 정답 ②

고대 > 정치사

정답의 이유

㉠ 삼국의 관등과 관직은 신분제에 의해 철저한 제약을 받았다. 특히 신라의 경우 골품제와 결합하여 개인이 승진할 수 있는 관등 승진의 상한을 골품에 따라 정하였고, 일정한 관직을 맡을 수 있는 관등의 범위를 한정하였다.

㉢ 백제는 중앙을 5부로, 지방을 5방으로 나누고, 방(方) 아래 군(郡)을 두어 지방을 통치하였다. 방에는 방령을, 군에는 군장을 두어 다스리게 하였다.

오답의 이유

㉡ 고구려는 지방을 대성, 중성, 소성 3단계로 나누어 통치하였으며, 대성에는 욕살을, 중성에는 처려근지를 장관으로 두었다.

㉣ 통일 신라 신문왕은 중앙군을 9서당, 지방군을 10정으로 편성하여 군사 조직을 정비하였다.

더 알아보기

고대 국가의 통치 체제

구분	고구려	백제	신라	통일 신라	발해
관등	10관등 → 14관등	16관등	17관등	–	–
수상	대대로	상좌평	상대등	시중, 중시	대내상
중앙 관제	대대로가 총괄	6좌평 – 22부	10부	14부	3성 6부
귀족 회의	제가 회의	정사암 회의	화백 회의		정당성
중앙	5부	5부	6부	–	–
지방	5부 (욕살)	5방 (방령)	5주 (군주)	9주(총관 → 도독)	15부 (도독) – 62주 (자사)
특수 구역	3경	22담로	2소경	5소경	5경
군사 제도	대모달, 말객	방령, 군장	1서당 6정	9서당 10정	10위, 대장군

시대 통합 > 정치사

정답의 이유

① 고구려는 국정을 총괄하는 수상으로 대대로를 두었고, 발해는 정당성의 장관 대내상이 국정을 총괄하는 수상의 역할을 담당하였다.

오답의 이유

② 중정대는 발해의 감찰 기구이고, 승정원은 조선 시대 왕명의 출납을 담당한 국왕 비서 기구이다.

③ 2성 6부는 고려의 중앙 관제이고, 5경 15부는 발해의 지방 행정 제도이다. 발해의 중앙 관제는 3성 6부이다.

④ 기인 제도는 고려 태조 때 지방 호족 세력을 견제하기 위한 제도이고, 녹읍 제도는 귀족의 경제 기반을 강화하기 위한 토지 제도이다.

08 난도 ★★★ 정답 ④

시대 통합 > 문화사

정답의 이유

④ 덕수궁 석조전은 서울의 덕수궁 안에 위치한 근대 르네상스 양식의 서양식 건물로, 당시 조선에서 건축된 서양식 건물 중 규모가 가장 컸고 1946년에는 제1차 미 · 소 공동 위원회가 개최되기도 하였다. 서양 고딕 양식의 대표적인 건물은 명동 성당이다.

오답의 이유

① 화엄사 각황전은 17세기 대표적인 건축물로, 이 시기의 건축물은 규모가 큰 다층 건물에 내부가 하나로 통하는 구조가 특징이다. 이는 불교의 사회적 지위 향상과 양반 지주층의 경제적 성장을 반영하는 것이다.

② 수덕사 대웅전은 충남 예산군 수덕사에 위치한 고려 시대 건물로 국보 제49호로 지정되어 있다. 정면 3칸, 측면 4칸의 단층으로, 맞배지붕이며 주심포 양식의 건물이다.

③ 고려 시대의 목조 건축물인 영주 부석사 무량수전은 부석사의 중심 건물로 국보 제18호로 지정되어 있다. 기둥 중간이 굵은 배흘림기둥이 사용되었으며, 공포를 기둥 위에만 짜올린 주심포 양식으로 축조되었다.

09 난도 ★★☆ 정답 ④

근대 태동기 > 문화사

자료해설

농학과 박물학을 집대성하고, 둔전 설치를 제안하였다는 내용을 통해 제시문에서 설명하고 있는 인물은 조선 후기의 실학자 서유구임을 알 수 있다.

정답의 이유

④ 조선 후기 실학자 서유구는 농업과 임업, 의식주를 포함한 일상 문화를 집대성하여 당시의 농업 정책과 자급자족의 경제론에 대한 내용을 백과사전 형식으로 기술한 『임원경제지』를 편찬하였다.

오답의 이유

① 박세당의 『색경』은 지방의 농경법을 연구하여 저술한 농법 기술서로, 상품 작물 재배법과 함께 상업적 농업 경영에 대해 소개하였다.

② 조선 숙종 때 홍만선이 인삼, 고추 등 상품 작물 농법과 일상생활에 관한 내용을 기록한 『산림경제』를 저술하였다.

③ 박지원은 『과농소초』를 통해 중국 농법의 도입과 재래 농사 기술의 개량을 주장하였다.

10 난도 ★★★   정답 ①

중세 > 문화사

정답의 이유

① 환구단은 천자(天子)가 하늘에 제를 드리는 둥근 단으로 된 제천단으로, 『고려사』에는 고려 성종 때 왕이 환구단에서 풍년 기원제를 드렸다는 기록이 남아 있다. 이러한 제천 의례는 조선 시대에도 계승되었는데, 실록의 기록에 따르면 조선 태조 때 원단(후일 환구단)에 제를 행했다고 한다. 그 뒤 고종이 대한제국의 황제로 즉위하면서 환구단에서 제천 의식을 행하였다.

오답의 이유

② 사직은 토지와 곡식의 신을 지칭하는데, 국가에서는 이들에게 정기적인 제향을 통해 국가의 안녕과 곡식의 풍요를 기원하였다. 우리나라에서는 문헌 기록상 신라 선덕왕 때 처음으로 사직단을 세웠던 것으로 알려졌고, 그 뒤 고려는 성종, 조선은 태조 때 각각 사직단을 세워 제사를 지냈다고 한다.

③ 『고려사』 기록에 따르면 고려 숙종 때 기자 사당의 건립과 제사가 시행되었다고 한다. 조선 광해군 때에는 기자 사당을 숭인전(崇仁殿)으로 고쳐 사액하였다.

④ 복원궁은 고려 예종 때 건립된 우리나라 최초의 도교 사원(도관)이다.

11 난도 ★★☆   정답 ①

근대 태동기 > 문화사

자료해설

제시문의 '병자년 일', '북녘 오랑캐를 섬겼던 일' 등의 내용을 통해 밑줄 친 '대의'는 병자호란 이후 북벌론임을 파악할 수 있다.

정답의 이유

① 어영청은 인조 때 처음 창설되어 효종 때 북벌 정책의 일환으로 크게 확장되었다. 효종은 군사 전문가인 이완을 어영대장으로 삼아 어영군의 증강을 도모하였으며, 성곽과 무기를 정비하고 군제를 개편하여 군사 훈련을 강화하였다.

오답의 이유

② 숙종은 금위영을 창설하여 5군영 체제를 확립하고 궁궐 경비와 수도 방어를 강화하였다(1682).

③ 조선 광해군은 명의 요청으로 강홍립의 부대를 파견하였으나 후금에 즉시 항복을 명령하는 등 명과 후금 사이에서 중립 외교 정책을 펼쳤다.

④ 인조는 서울 도성의 방어와 국방력 강화를 위해 호위청(1623), 총융청(1624), 수어청(1626) 등의 부대를 설치하였다.

더 알아보기

광해군의 중립 외교 이후 조선과 청의 관계

광해군의 중립 외교	• 명과 후금 사이에서 중립 외교(실리 외교) • 국내 서인들의 반발 → 인조반정

↓

인조의 친명배금 정책	• 서인 정권 중심 • 명에 대한 의리를 지켜야 한다고 주장, 금 배척

↓

정묘호란	• 배경: 인조의 친명배금 정책, 이괄의 난 • 전개: 후금의 침입, 정봉수·이립의 활약 • 후금과 화의 체결(형제 관계)

↓

병자호란	• 배경: 후금이 국호를 청으로 바꾼 뒤 조선에 사대 요구 → 조선 내부에서 주화파와 척화파로 나뉘어 대립 → 사대 요구 거부 • 전개: 청의 침입 → 인조의 남한산성 항전 → 조선 항복(삼전도의 굴욕) → 소현 세자, 봉림 대군 등이 청에 볼모로 압송

↓

북벌론 대두	• 배경: 귀국한 봉림 대군이 효종으로 즉위하여 북벌 준비 → 성곽 보수, 무기 정비, 군대 양성 • 나선 정벌: 청의 요청으로 조종 부대 출병 • 효종의 죽음으로 좌절

↓

북학론 대두	• 중상 학파 실학자 중심 • 18세기 이후 청의 선진 문화를 받아들여야 한다는 북학론 대두

12 난도 ★★☆   정답 ②

근대 > 정치사

정답의 이유

② 대한제국은 광무개혁 때 양지아문을 설치하여 양전 사업을 실시하였고(1898), 지계아문을 통해 토지 소유 문서인 지계를 발급하여 근대적 토지 소유권을 확립하고자 하였다(1901).

오답의 이유

① 1882년 임오군란 직후 재집권한 흥선 대원군은 통리기무아문과 신식 군대인 별기군을 폐지하고 삼군부와 5군영을 복구하였다.

③ 고종은 국내외 군국 기무와 개화 정책을 총괄하는 업무를 맡은 관청인 통리기무아문을 설치하고 그 아래 12사(司)를 두어 행정 업무를 맡게 하였다(1880).

④ 제1차 갑오개혁 당시 신식 화폐 발행 장정(1894)이 공포되어 은본위 화폐 제도가 채택되었다.

13 난도 ★☆☆　　　　　　　　　　　　정답 ③

일제 강점기 > 정치사

자료해설

제시문의 ㉠ 조직은 의열단이다. 제시된 자료는 1922년 의열단의 황푸탄 의거와 1921년 의열단원 김익상의 조선 총독부 폭탄 투척 의거에 대한 자료이다. 의열단 소속의 김익상은 1921년 조선 총독부에 투탄을 하였고, 일본 경찰은 범인 색출에 실패하였다. 그리고 이듬해인 1922년 황푸탄 의거(일본 육군 대장 타나카 암살 저격 의거)로 김익상이 조선 총독부 투탄 의거의 범인임이 밝혀지게 된다. 황푸탄 의거는 의열단 소속의 오성륜, 김익상, 이종암이 맡았으나 실패하였다.

정답의 이유

③ 의열단은 1920년대 후반부터 개인 의열 투쟁에 한계를 느끼고 조직적 무장 투쟁 노선으로 전환하여, 중국의 제일 군사 학교인 황푸 군관 학교에 일부 구성원을 보내 군사 훈련을 받도록 하였다.

오답의 이유

① 신규식 등 해외에 거주하던 독립운동가 14명은 국내외 여러 독립운동 단체를 하나의 통합된 조직으로 결성하고 민족 대회를 개시하기 위해 상하이에서 대동 단결 선언을 발표하였다(1917).

② 한인 애국단원 이봉창은 도쿄에서 일본 국왕의 행렬에 폭탄을 투척하는 의거를 거행하였다(1932).

④ 노인 동맹단(대한민국 노인 동맹단) 소속의 강우규가 3 · 1 운동 이후 조선 총독으로 부임하였던 사이토에게 폭탄을 투탄하였다(1919).

14 난도 ★☆☆　　　　　　　　　　　　정답 ④

근대 태동기 > 문화사

정답의 이유

④ 안정복의 『동사강목』은 고조선부터 고려까지의 역사를 치밀하게 고증한 통사로 고증 사학의 토대를 마련하였다. 『동사강목』은 중국 중심의 세계관에서 탈피하여 마한을 중시하고 삼국을 무통으로 보는 독자적 정통론의 입장에서 우리 역사를 체계화하였다.

오답의 이유

① 허목의 『동사』는 고조선에서 삼국 시대까지 서술한 기전체 사서로, 붕당 정치를 비판하고 중화주의의 역사 의식에서 탈피하여 독자적 역사 의식을 주장하였다.

② 17세기에 편찬된 유계의 『여사제강』은 서인의 입장에서 고려사를 강목체 형식으로 재정리한 편년체 사서로, 후삼국 시기를 무정통(無正統)의 시기로 보았다.

③ 『해동역사』는 조선 후기의 실학자 한치윤이 500여 종의 인용서를 참고하여 단군 조선부터 고려 시대까지의 역사를 기전체로 서술한 역사서이다.

더 알아보기

조선 후기 역사서

역사서	저자	특징
『휘찬여사』	홍여하	조선 초기의 『고려사』를 강목체로 재정리한 기전체 사서로 '기자 – 마한 – 신라'의 정통 체계를 강조
『여사제강』	유계	서인의 입장에서 고려를 강목체로 재정리한 편년체 사서
『동사찬요』	오운	• 신라를 중심으로 삼국과 고려의 역사를 서술한 기전체 사서 • 한국사의 시작을 기자로부터 시작, 역대 명장 소개
『동사』	허목	고조선에서 삼국 시대까지 서술한 기전체 사서로, 붕당 정치 비판
『동국역대 총목』	홍만종	단군 조선에서 조선에 이르기까지의 역사를 엮은 편년체 사서로, 단군 정통론을 강조
『동사강목』	안정복	고조선부터 고려까지의 역사를 다룬 강목체 사서로, 독자적 정통론인 마한(삼한) 정통론의 입장에서 서술
『연려실 기술』	이긍익	조선 시대의 정치 · 사회 · 문화를 야사 중심으로 실증적 · 객관적으로 정리한 기사본말체 사서
『해동역사』	한치윤	고조선부터 고려까지의 역사를 중국과 일본의 다양한 자료를 참고하여 정리한 기전체 사서로, 민족사 인식의 폭을 넓히는 데 기여
『동사』	이종휘	고조선부터 고려까지의 역사를 다룬 기전체 사서로, 고구려사 전통과 발해사 강조
『발해고』	유득공	사료를 통한 실증을 바탕으로 발해사를 한국사로 편입, 신라와 발해가 공존했던 시기를 '남북국 시대'라 할 것을 제안
『금석과 안록』	김정희	북한산비가 진흥왕 순수비임을 고증, 황초령 비문 판독

15 난도 ★★☆　　　　　　　　　　　　정답 ④

근세 > 정치사

자료해설

제시문의 사건이 발생한 순서는 ㉢ 행주 대첩 – ㉡ 선조의 한성 귀환 – ㉣ 칠천량 해전 – ㉠ 명량 해전이다.

정답의 이유

㉢ 조 · 명 연합군이 평양성을 공격하여 탈환하자 후퇴한 왜군은 행주산성을 공격하였다. 이에 권율을 중심으로 한 조선 군대와 백성들이 항전하여 왜군에 승리를 거두었다(행주 대첩, 1593.2.).

㉡ 조 · 명 연합군의 반격으로 왜군이 철수하자 의주로 피난했던 선조도 한성으로 돌아왔다(1593.10.).

㉣ 휴전 협상이 결렬되자 20만 명의 왜군이 재침입하는 정유재란이 일어났다. 이에 원균은 160여 척의 삼도 수군을 이끌고 칠천량에서 전투를 벌였으나 대패하였다(1597.7.).

⊙ 이순신 장군이 열두 척의 배로 울돌목(명량)에서 왜군을 대파하였다(명량 해전, 1597.9.).

16 난도 ★★★　　　　　　　　　　정답 ③

중세 > 정치사

정답의 이유
③ 고려 초기에는 중앙 무반에게 문산계가 제수되었다.

오답의 이유
① · ④ 중국과 달리 문산계는 문신 및 무신 양반에게도 주었으며, 무산계는 무신뿐만 아니라 귀화한 여진 추장, 탐라 왕족, 향리에게도 제수하였다.
② 고려 성종 때 관리들의 서열 체계로 당의 문산계와 무산계를 도입하여 정비하였다.

더 알아보기

고려의 무산계

- 고려 초기에는 문 · 무산계의 구분이 없었으나 성종 때 문산계와 무산계를 정비하면서 구분되었으며, 품외직, 이직, 이속이라고도 한다.
- 무산계는 중국과 달리 무신뿐 아니라 향리, 노병, 탐라 왕족, 여진 추장, 공장, 악인 등에게도 주는 관계(官階)로 사용되었다.
- 무산계는 입사직과 미입사직으로 나뉘는데, 입사직은 품관으로 진입이 가능한 서리와 향리 등을 의미하며, 미입사직은 문산계 품계로 진입이 어려운 잡류와 장고(掌固)와 같은 직책을 의미한다.

17 난도 ★★☆　　　　　　　　　　정답 ①

일제 강점기 > 정치사

자료해설
'신민회', '안악 사건', '국민 대표 회의 해산', '한국 국민당 조직' 등을 통해 제시문의 밑줄 친 '그'가 백범 김구임을 알 수 있다.

정답의 이유
① 1948년 2월 UN 소총회에서 선거가 가능한 지역(남한)에서만 총선거를 실시하도록 결정하고 남북이 분열될 위기에 처하자 김구와 김규식은 북한의 김일성, 김두봉에게 남북 협상을 제의(1948.2.)하고 평양에서 열린 남북 협상 회의에 참석하였다(1948.4.).

오답의 이유
② 김원봉은 민족 혁명당을 조선 민족 혁명당으로 개편(1937)하고, 군사조직으로 조선 의용대(1938)를 이끌었다.
③ 안재홍과 함께 조선 건국 준비 위원회를 주도적으로 조직한 인물은 여운형이다. 조선 건국 동맹의 여운형은 일본인의 안전한 귀국을 보장하는 조건으로 조선 총독부로부터 행정권의 일부를 이양받아 조선 건국 준비 위원회를 결성하였다(1945).
④ 이승만과 자유당은 재선을 목적으로 대통령 · 부통령 직선제, 민의원과 참의원의 양원제 국회 등의 내용을 포함한 발췌 개헌을 단행하였다(1952).

더 알아보기

백범 김구(金九, 1876~1949)

- 1876년: 황해도 해주에서 출생
- 1894년: 동학 농민 운동에 참가
- 1896년: 을미사변에 분노하여 우연히 마주친 일본군을 처단하여 구속
- 1905년: 을사늑약이 체결되자 이의 폐기를 요청하는 상소를 올림
- 1910년: 비밀 결사 조직인 신민회에 가입하여 황해도 간부로 활동
- 1911년: 안악 사건으로 체포, 1915년 출옥
- 1919년: 3 · 1 운동 이후 상하이로 망명, 대한민국 임시정부의 경무 국장에 임명
- 1922년: 한국 노병회를 조직하여 이사장에 선임
- 1926년: 대한민국 임시정부 국무령에 취임
- 1930년: 한국 독립당 창당
- 1931년: 한인 애국단 조직
- 1940년: 대한민국 임시정부 국무위원회 주석에 취임, 충칭에서 한국 광복군 조직
- 1948년: 남북 협상을 위해 평양 방문
- 1949년: 안두희에게 암살 당함

18 난도 ★★☆　　　　　　　　　　정답 ③

일제 강점기 > 정치사

자료해설
제시문의 ⊙ 부대는 1930년대 만주에서 활동한 한국 독립군이다. 지청천이 이끌었던 한국 독립군은 중국의 호로군과 연합하여 쌍성보 전투, 사도하자 전투, 대전자령 전투, 동경성 전투 등에서 일본군에 승리하였다.

정답의 이유
③ 한국 독립당 산하 부대로 1931년 결성된 한국 독립군은 북만주 지역에서 중국 호로군과 연합 작전을 전개하였다.

오답의 이유
① 박용만은 하와이에 대조선 국민 군단을 조직하여 독립군 사관 양성을 바탕으로 한 무장 투쟁을 준비하였다(1914).
② · ④ 조선 혁명군에 대한 설명이다. 남만주 지역에서 조직된 조선 혁명군은 양세봉의 지휘하에 중국 의용군과 연합하여 영릉가 전투(1932), 흥경성 전투(1933)를 승리로 이끌었다.

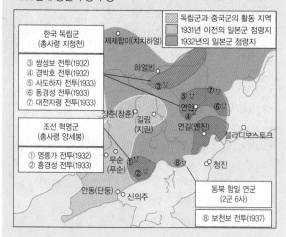

더 알아보기

1930년대 항일 무장 투쟁

| | 독립군과 중국군의 활동 지역
1931년 이전의 일본군 점령지
1932년의 일본군 점령지 |

한국 독립군
(총사령 지청천)

③ 쌍성보 전투(1932)
④ 경박호 전투(1932)
⑤ 사도하자 전투(1933)
⑥ 동경성 전투(1933)
⑦ 대전자령 전투(1933)

조선 혁명군
(총사령 양세봉)

① 영릉가 전투(1932)
② 흥경성 전투(1933)

동북 항일 연군
(2군 6사)

⑧ 보천보 전투(1937)

19 난도 ★★☆　　　　　　　　　정답 ④

근대 > 정치사

자료해설

제시문에서 '군대의 해산', '해산된 군인의 의병 합류' 등을 통해 밑줄 친 '이 협약'은 1907년에 체결된 한·일 신협약(정미 7조약)임을 알 수 있다.

정답의 이유

④ 일본은 고종의 헤이그 특사 파견을 구실로 1907년 한·일 신협약을 체결함으로써 통감이 추천하는 일본인을 한국 관리에 임명하여 차관정치를 실시하고 군대를 강제로 해산시키는 등 한국에 내정 간섭을 강화하였다.

오답의 이유

① 고종은 을사늑약(1905)의 불법성과 부당함을 국제 사회에 알리기 위해 이상설, 이준, 이위종을 헤이그에 특사로 파견하였다.

② 1905년 을사늑약이 체결되자 최익현은 조약을 체결한 오적(이완용, 박제순 등) 처단을 요구하는 상소(청토오적소)를 올리고 전북 태인에서 의병 활동을 전개하였다.

③ 제1차 한·일 협약(1904)의 결과 고문 정치가 실시되었고, 메가타가 재정 고문으로 임명되었다. 이후 메가타는 대한제국의 경제권을 장악하기 위해 탁지부를 중심으로 화폐 정리 사업을 시작하였다.

20 난도 ★★☆　　　　　　　　　정답 ②

현대 > 정치사

자료해설

제시된 합의문은 1972년에 발표된 7·4 남북 공동 성명에 대한 설명이다.

정답의 이유

② 박정희 정부 시기 남북 간의 교류를 제의하여 서울과 평양에서 7·4 남북 공동 성명(1972)이 발표되었고, 발표 이후 남북 조절 위원회가 설치되어 통일 방안을 논의하게 되었다. 이 성명은 통

일 원칙 문제에 대해 최초로 합의하였으며, 자주·평화·민족적 대단결의 통일 3원칙을 제시하였다.

오답의 이유

① 노태우 정부 때 남북한의 유엔 동시 가입이 이루어졌으며 남북 기본 합의서와 한반도 비핵화에 관한 공동 선언이 채택되었다(1991).

③ 김대중 정부는 북한과의 화해 협력 기조를 유지하며 교류를 확대하였다. 또한, 평양에서 최초로 남북 정상 회담을 개최하고 6·15 남북 공동 선언을 발표하였다(2000).

④ 금강산 관광은 1998년 김대중 정부의 햇볕 정책이 추진되던 시기에 현대 정주영 회장이 방북하여 '금강산 남북 공동 개발 의정서'를 체결하면서 논의되었고, 금강산 해로 관광이 시작되었다.

더 알아보기

현대 정부의 통일 노력

박정희 정부	• 남북 적십자 회담(1971): 이산가족 문제 협의 • 7·4 남북 공동 성명(1972): 자주·평화·민족 대단결의 3대 통일 원칙 제시(서울과 평양에서 동시 발표) → 남북 조절 위원회 설치 • 6·23 평화 통일 선언(1973): 남북 동시 유엔 가입 제의, 공산권에 문호 개방 제시
전두환 정부	• 민족 화합 민주 통일 방안(1982): 민족 통일 협의회 구성 • 남북 적십자 회담 재개: 북한의 수해 물자 제공이 계기 → 최초의 이산가족 고향 방문(1985)
노태우 정부	• 북방 외교 추진: 국제 정세 변화 → 동유럽 사회주의 국가들과 수교, 소련(1990)·중국(1992)과 외교 관계 수립 • 남북 관계 진전: 남북 고위급 회담 개최, 한민족 공동체 통일 방안 제안(1989), 남북한 유엔 동시 가입(1991) • 남북 기본 합의서 채택(1991): 남북한 정부 간 최초의 공식 합의서 • 한반도 비핵화 공동 선언(1991)
김영삼 정부	• 한민족 공동체 건설을 위한 3단계 통일 방안 제시(1994) • 북한 경수로 원자력 발전소 건설 사업 지원
김대중 정부	• 대북 화해 협력 정책(햇볕 정책) 추진 → 금강산 관광 사업 전개(1998) • 남북 정상 회담과 6·15 남북 공동 선언 발표(2000) → 경의선 복구 사업, 금강산 육로 관광 등 추진, 개성 공단 조성 합의
노무현 정부	• 대북 화해 협력 정책 계승 • 제2차 남북 정상 회담 개최(2007)
이명박 정부	• 남북 관계 경색: 금강산 관광 중단(2008), 천안함 피격 사건, 연평도 포격 사건 • 북한의 핵 개발, 미사일 발사 실험 등
박근혜 정부	• 남북 관계 악화 • 대북 강경 정책 지속: 개성 공단 폐쇄(2016)
문재인 정부	• 평화 공존, 공동 번영의 통일 정책 추진 • 4·27 남북 정상 회담 개최, 4·27 판문점 선언 발표(2018)

PART 3

서울시

한국사 | 2024년 제1회 서울시 9급

한눈에 훑어보기

 영역 분석

선사 시대와 국가의 형성 01 14
2문항, 10%

고대 06 13
2문항, 10%

중세 03 07 17 19
4문항, 20%

근세 04 15
2문항, 10%

근대 태동기 10 18
2문항, 10%

근대 05 09 11 12
4문항, 20%

일제 강점기 02 16
2문항, 10%

현대 08 20
2문항, 10%

빠른 정답

01	02	03	04	05	06	07	08	09	10
③	③	①	④	③	②	②	①	③	①
11	12	13	14	15	16	17	18	19	20
②	④	③	②	④	①	④	②	③	④

점수 체크

구분	1회독	2회독	3회독
맞힌 문항 수	/ 20	/ 20	/ 20
나의 점수	점	점	점

---

01 난도 ★☆☆　　　　　　　　　　　정답 ③

선사 시대와 국가의 형성 > 선사 시대

[정답의 이유]
㉠ 청동기 시대에 들어와 농기구가 더욱 정교해지면서 농업 생산력이 높아졌으나 농기구는 여전히 돌이나 나무로 만들어 사용하였다. 청동은 무기나 제사용 도구, 장신구 등에만 제한적으로 사용하였다.
㉢ 청동기 시대에는 거푸집으로 비파형 동검을 제작하였고, 미송리식 토기, 민무늬 토기, 붉은 간 토기, 팽이형 토기 등을 사용하였다.
㉣ 청동기 시대에는 구릉에 마을을 형성하고 주변에 도랑을 파는 환호와 목책을 둘러 방어 시설을 갖추었다.

[오답의 이유]
㉡ 철기 시대에는 중국과의 교류가 활발하여 중국 화폐인 명도전과 반량전이 사용되었다.

02 난도 ★☆☆　　　　　　　　　　　정답 ③

일제 강점기 > 정치사

[자료해설]
제시된 자료에서 '무력 항쟁을 기본으로 하여 독립군을 양성', '대한 제국의 회복을 추구하는 대표적 단체', '임병찬' 등의 내용으로 보아 밑줄 친 (가)에 들어갈 단체는 독립의군부이다.

[정답의 이유]
③ 독립의군부는 임병찬이 고종의 밀지를 받고 국내 잔여 의병 세력과 유생을 규합하여 조직한 단체이다(1912). 독립의군부는 조선 왕조를 부활시킨다는 복벽주의를 추구하며 일본 총리와 조선 총독에게 국권 반환 요구서를 제출하고 국권 회복을 위해 끝까지 저항할 것임을 알렸다.

[오답의 이유]
① 신민회는 안창호와 양기탁 등이 일제에게 빼앗긴 국권 회복과 공화정체에 바탕을 둔 근대 국가 수립을 목표로 서울에서 조직한 항일 비밀 결사 단체이다(1907).
② 대한광복회는 대한제국의 국권을 회복하고 공화정체의 근대 국민 국가를 세우고자 경상북도 대구에서 대한광복단(풍기 광복단)과 조선 국권 회복단의 일부 인사가 중심이 되어 조직되었다(1915).
④ 이상설은 연해주에서 공화정을 목표로 하는 대한광복군정부를 조직하였다(1914). 이후 정통령 이상설, 부통령 이동휘를 선출하여 독립운동을 전개하였다.

03 난도 ★★☆ 정답 ①

중세 > 정치사

정답의 이유

㉠ 고려 성종 때 거란이 침략하자 서희가 소손녕과의 외교 담판을 통해 강동 6주를 획득하였다(거란의 1차 침입, 993).

㉡ 거란은 강조의 정변을 구실로 고려를 침입하여 흥화진을 공격하였다(거란의 2차 침입, 1010).

㉢ 거란의 2차 침입으로 개경이 함락되자 현종은 나주까지 피난하였다(1011).

㉣ 거란의 3차 침입 때 강감찬이 10만 대군에 맞서 귀주에서 대승을 거두었다(귀주대첩, 1019).

더 알아보기

거란의 고려 침입

원인	• 고구려 계승의식에 의한 친송 · 북진 정책 • 만부교 사건, 강조의 정변
전개	• 1차 침입(993): 서희의 외교 담판(vs 소손녕) → 강동 6주 획득 • 2차 침입(1010): 양규의 흥화진 전투 • 3차 침입(1018): 강감찬의 귀주 대첩(1019)
결과	• 고려 · 송 · 거란의 세력 균형 유지 • 개경에 나성 축조, 강감찬의 건의로 천리장성 축조(압록강~동해안 도련포)

04 난도 ★★★ 정답 ④

근세 > 경제사

정답의 이유

④ (라)에 들어갈 것은 직전법이다. 세습 토지가 증가하면서 신진 관리에게 지급할 토지가 부족해지자 세조 때 현직 관리에게만 수조권을 지급하는 직전법이 시행되었다. 이에 따라 수신전과 휼양전도 폐지되었다.

오답의 이유

① (가)에 들어갈 것은 과전법이다. 조선 시대의 과전법은 전 · 현직 관리에게 토지를 지급하고, 수신전과 휼양전의 명목으로 세습까지 가능하였다.

② (나)에 들어갈 것은 수신전이다. 수신전은 과전법에서 토지를 받은 관직자가 사망한 이후 그의 처에게 재가를 하지 않는 조건으로 죽은 남편의 것을 지급받도록 한 토지이다.

③ (다)에 들어갈 것은 휼양전이다. 휼양전은 과전을 받은 관료들 중 부모가 다 죽고 자손이 어린 경우 이들을 보살피기 위해 아버지가 받은 과전을 상속하도록 한 토지이다.

더 알아보기

조선 시대 토지 제도의 변화

과전법(공양왕)	• 고려 말 신진 사대부의 토지 개혁 → 조선 시대 관리의 경제적 기반 • 경기 지역 토지에 한정 • 전 · 현직 관리에게 수조권 지급 • 수신전과 휼양전 지급
직전법(세조)	• 현직 관리에게만 수조권 지급 • 세습 가능한 수신전과 휼양전 폐지
관수 관급제(성종)	국가가 수조권 행사
직전법 폐지(명종)	수조권 폐지, 녹봉만 지급

05 난도 ★★☆ 정답 ③

근대 > 문화사

정답의 이유

㉠ 한용운은 독립운동가이자 승려로, 불교의 현실 참여를 주장하였으며, 『조선불교유신론』을 저술하여 조선의 근대적인 불교 개혁론을 주장하였다.

㉢ 신채호는 『독사신론』을 발표하여 한국의 고대사를 반도 중심으로 보았던 종래의 역사 인식 체계에서 벗어나 만주와 부여족 중심으로 서술하였다.

㉣ 주시경은 우리 말과 글을 연구하고 보급하기 위한 목적으로 국어연구학회를 창립하고(1908), 우리 말을 통해 민족의식을 고취시키기 위한 많은 노력을 하였다. 이후 주시경의 제자인 임경재, 최두선 등이 주시경의 의지를 이어 국어연구학회를 계승하는 조선어연구회를 결성하였다(1921). 『말의 소리』는 1914년 발간된 주시경의 마지막 저서이다.

오답의 이유

㉡ 장지연은 을사늑약이 체결되자 황성신문에 논설 「시일야방성대곡」을 게재하여 조약의 부당성을 비판한 인물이다. 『동사강목』은 조선 후기 안정복이 쓴 역사서로 단군 조선부터 고려 공양왕까지의 역사를 정리한 것이다.

06 난도 ★★☆ 정답 ②

고대 > 정치사

정답의 이유

㉠ 고구려 고국천왕은 국상인 을파소의 건의에 따라 먹을거리가 부족한 봄에 곡식을 빌려주고 겨울에 갚게 하는 진대법을 실시하였다(194).

㉡ 백제의 최전성기를 이끌었던 근초고왕은 고구려의 평양성을 공격하여 고국원왕을 전사시켰다(371).

㉣ 신라 지증왕 때 이사부는 왕의 명령으로 우산국(울릉도)과 우산도(독도)를 정복하고 실직주의 군주가 되었다(512).

㉢ 신라 진흥왕은 이사부와 사다함을 보내 대가야를 병합하여 영토를 확장하였다(562).

07 난도 ★★☆   정답 ②

중세 > 문화사

자료해설

제시된 사료는 보조국사 지눌이 저술한 『권수정혜결사문』의 일부이다. 지눌은 팔공산 거조사에서 정혜쌍수를 닦는 정혜결사를 결성하였고, 이후 근거지를 순천 송광사로 옮겨 수선결사로 이름을 바꾸었다.

정답의 이유

② 고려의 승려 지눌은 정혜쌍수를 사상적 바탕으로 하여 철저한 수행을 강조하였으며, 내가 곧 부처라는 깨달음을 위한 노력과 함께 꾸준한 수행으로 이를 확인하는 돈오점수를 강조하였다.

오답의 이유

① 고려 승려 일연에 대한 설명이다. 일연이 서술한 『삼국유사』는 불교사를 중심으로 고대의 설화나 야사를 수록하였으며, 단군을 우리 민족의 시조로 보는 자주 의식을 나타내었다.

③ 고려 승려 의천에 대한 설명이다. 의천은 송에서 유학하고 돌아와 개경(개성) 흥왕사에서 교종과 선종의 불교 통합 운동을 전개하였다. 또한, 국청사를 중심으로 해동 천태종을 개창하였으며, 이후 숙종 때 대각국사로 책봉되었다.

④ 고려 승려 각훈에 대한 설명이다. 각훈이 왕명을 받아 저술한 『해동고승전』은 삼국 시대 이래의 승려 30여 명의 전기를 수록하는데, 현재는 일부만 남아있다.

08 난도 ★★☆   정답 ①

현대 > 정치사

자료해설

제시된 자료는 1995년 김영삼 정부 때 발표된 '지방선거 실시에 즈음한 대통령 특별담화문'의 일부이다. 김영삼 대통령은 특별담화문 발표에서 "지방선거는 실시 그 자체보다도 그 본연의 뜻을 살리는 것이 중요하며, 지방자치는 지역주민이 주체가 되어 삶의 질을 향상시키고, 지역 발전을 이룩하는 주민자치"라고 규정하였다.

정답의 이유

① 김영삼 정부는 1993년에 부정부패와 탈세를 뿌리 뽑기 위해 대통령 긴급 명령으로 금융실명제를 실시하여 경제 개혁을 추진하였다. 또한, 취임 직후 문민정부의 기초를 다지기 위해 12 · 12 사건에 관련된 군의 사조직인 '하나회'를 해체시켰다.

오답의 이유

② 노태우 정부 시기에 여소야대에서 벗어나기 위해 3당 합당(민주정의당, 통일 민주당, 신민주 공화당)을 하여 거대 여당인 민주자유당이 탄생하였다(1990).

③ 김대중 정부 시기에 북한과의 화해 협력 기조 유지와 교류 · 확대를 발판으로, 평양에서 최초로 남북정상회담을 개최하고 6 · 15 남북공동선언을 발표하였다(2000).

④ 노무현 정부 시기에 '일제강점하 반민족행위 진상규명에 관한 특별법'이 제정(2004)되면서, 친일반민족행위의 진상규명에 관한 업무를 수행하기 위하여 대통령 소속으로 친일반민족행위 진상규명위원회가 조직되었다(2005).

09 난도 ★☆☆   정답 ③

근대 > 정치사

자료해설

제시된 자료에서 '안창호, 양기탁, 이승훈이 중심이 되어 조직한 비밀 결사 단체', '공화정체 국가 수립'으로 보아 1907년에 서울에서 조직된 비밀 결사 단체인 신민회에 대한 내용이다. 안창호와 양기탁 등이 결성한 신민회는 일제에게 빼앗긴 국권 회복과 공화정체에 바탕을 둔 근대 국가 수립을 목표로 하였다. 신민회는 국내에서 경제적 · 문화적 실력 양성 운동을 전개하며 점차 국외의 독립군 기지 건설 등 군사적 실력 양성을 추진하였으나 조선 총독부가 데라우치 총독 암살 미수 사건을 조작하여 많은 민족 운동가들을 체포한 105인 사건으로 해체되었다.

정답의 이유

③ 신민회는 인재 양성을 위해 평양에 대성학교와 평안북도 정주에 오산학교를 세워 민족 교육을 실시하였다.

오답의 이유

① 보안회는 일본이 대한제국에 황무지 개간권을 요구하자 반대 운동을 전개하여 이를 저지하였다.

② 대한자강회는 교육과 산업의 진흥을 통한 국권 회복을 목표로 전국 각지에 지회를 설치하였고, 월보를 간행하면서 활동하였으나 고종의 강제 퇴위 반대 운동을 전개하다가 일제의 탄압으로 해산되었다.

④ 국채 보상 운동은 김광제, 서상돈 등의 제안으로 대구에서 시작된 경제적 주권 수호 운동으로, 일본에서 도입한 차관 1,300만 원을 갚아 주권을 회복하고자 하였다. 이에 따라 국채 보상 기성회가 조직되었고 국민들은 금연과 금주로 모은 돈과 반지, 비녀 등을 성금으로 냈다.

10 난도 ★☆☆   정답 ①

근대 태동기 > 정치사

자료해설

제시된 자료에서 '규장각 설치', '화성 건설', '금난전권 폐지', '신해통공 추진'으로 보아 정조 때 실시한 정책들이다. 정조는 적극적인 탕평책으로 고른 인재 등용을 실시하였고, 왕권 강화 정책의 일환으로 초계문신제 시행, 규장각 설치 및 육성, 장용영 설치, 수원 화성 건설 등을 실시하였다. 또한, 신해통공을 시행하여 육의전을 제외한 시전 상인들의 금난전권을 폐지하고 일반 상인들의 자유로운 상업 활동을 도모하였다.

정답의 이유

① 『병학통』과 『무예도보통지』 편찬은 조선 정조의 명에 따라 편찬된 것이다. 『병학통』은 장지항 등이 편찬한 군사학서이며, 『무예도보통지』는 이덕무, 박제가 등이 군사의 무예 훈련을 위해 선조 때 편찬한 『무예제보』와 영조 때 간행된 『무예신보』의 내용에 새로운 훈련법을 더하여 편찬한 것이다.

오답의 이유

② 『속대전』, 『속오례의』는 조선 영조 때 문물제도 정비를 위해 편찬된 것이다.

③ 조선 숙종 때 간도 지역을 두고 청과 국경 분쟁이 발생하자 두 나라 대표가 백두산 일대를 답사하고 국경을 확정하여 백두산정계비를 세웠다.

④ 조선 영조는 당시 수도에 잦은 홍수로 피해가 막심하자 이를 해결하기 위해 도성 안에 하수도 역할을 할 청계천을 준설하도록 하였고, 상설 기구로 준천사를 신설하여 개천의 관리를 책임지게 하였다.

11 난도 ★★☆   정답 ②

근대 > 정치사

자료해설

- 병인박해(1866.1.): 흥선대원군은 프랑스 천주교 선교사를 통해 프랑스와 조약을 체결하고 러시아의 남하 정책을 견제하려 하였으나 실패하였고, 국내외에서 천주교에 대한 반발이 생겨나자 프랑스 선교사들을 처형하는 병인박해가 발생하였다.
- 문수산성(1866.9.)·정족산성 전투(1866.10.): 병인박해를 구실로 강화도를 공격한 프랑스 군대는 양화진을 공격하여 외규장각을 불태우고 의궤 등을 약탈해갔다. 이때 정족산성에서 양헌수 부대가, 문수산성에서 한성근 부대가 활약하였다.
- 신미양요(1871): 제너럴셔먼호 사건을 구실로 미국 함대가 강화도에 침입하여 신미양요가 발생하였다. 미국 군대가 초지진을 함락하고 광성보를 공격하였으나 어재연이 이끄는 조선 군대가 미국 군대를 막아냈다.

정답의 이유

(가) 제너럴셔먼호 사건(1866.8.): 미국 상선인 제너럴셔먼호의 선원들은 평양에서 통상을 요구하며 평양 주민을 약탈하였고, 이에 분노한 평양 주민들은 당시 평안도의 관찰사였던 박규수의 지휘하에 제너럴셔먼호를 불태워버렸다.

(나) 오페르트 도굴 사건(1868): 독일상인이었던 오페르트가 통상을 요구하다 거절당하자, 충남덕산에 있는 남연군(대원군 아버지)의 묘를 도굴하여 유해를 미끼로 통상을 요구하려 하였으나, 실패하고 도주하는 사건이 발생하였다.

(다) 척화비 건립(1871): 신미양요가 종결된 직후 흥선대원군은 서양과의 통상 수교 반대 의지를 알리기 위해 종로와 전국 각지에 척화비를 세웠다.

12 난도 ★★☆   정답 ④

근대 > 정치사

자료해설

제시된 자료에서 ㉠ '변란'은 임오군란을 말한다. 고종 때 신식 군대인 별기군과 차별 대우를 받던 구식 군대가 선혜청과 일본 공사관을 습격하면서 임오군란이 발생하였다(1882). 구식 군인들은 흥선대원군을 찾아가 지지를 요청하였고, 정부 고관들의 집과 일본 공사관을 공격하였다. 이 사태를 수습하기 위해 흥선대원군이 다시 집권하게 되었다. 또한, ㉡ '큰일'은 갑신정변을 말한다. 김옥균, 박영효, 서광범 등을 중심으로 한 급진 개화파는 일본의 군사적 지원을 약속받고 우정총국 개국 축하연 자리에서 갑신정변을 일으켰다

(1884). 이들은 국왕과 왕후를 경우궁으로 옮기고 수구파 고관들을 살해하여 정권을 장악하였다. 이후 14개조 개혁 정강을 발표하여 입헌 군주제, 청과의 사대 관계 폐지, 능력에 따른 인재 등용 등의 개혁을 추진하였다. 그러나 청군이 이를 진압하기 위해 개입하고 일본의 군사 지원이 약속대로 이행되지 않아 3일 만에 실패하였다.

정답의 이유

④ 임오군란의 결과로 청의 내정 간섭이 심화되었고, 청은 조·청 상민 수륙 무역 장정을 체결하여 치외 법권과 함께 양화진의 점포 개설권, 내륙 통상권, 연안 무역권을 인정받았다.

오답의 이유

① 임오군란 때 조선 조정의 요청으로 군대를 보낸 청은 군란을 진압하고 책임을 물어 흥선대원군을 청으로 압송하였다.

② 조선은 임오군란의 피해를 보상하라는 일본의 요구로 일본인 교관 피살에 대한 사과 사절단 파견, 주모자 처벌, 배상금 지불, 공사관 경비병 주둔 등을 명시한 제물포 조약을 체결하였다.

③ 갑신정변 이후 청과 일본은 톈진 조약을 체결하여 향후 조선에 군대를 파견할 때 상호 통보하고 한쪽이라도 조선에 군대를 파견하면 다른 쪽도 바로 군대를 파견할 수 있도록 규정하였다.

더 알아보기

임오군란과 갑신정변의 진행 과정

구분	임오군란(1882)	갑신정변(1884)
배경	신식 군대인 별기군과 구식 군대에 대한 차별 대우	• 임오군란 이후 청의 내정 간섭 심화, 친청 세력의 개화당 탄압 • 청불 전쟁으로 조선 내 청군 철수 • 일본 공사의 군사적·재정적 지원 약속
전개	선혜청 습격 → 일본 공사관 습격, 일본인 교관 살해 → 민씨 세력 축출 → 흥선대원군 재집권(군란 수습 목적) → 청군 개입(민씨의 요청) 후 군란 진압 → 흥선대원군 청으로 압송	우정총국 개국 축하연에서 급진 개화파의 정변 → 고종과 명성황후를 경우궁으로 이동시킴 → 14개조 개혁 정강 발표(청 사대 관계 폐지, 입헌 군주제, 능력에 따른 인재 등용 등) → 청군 개입 → 김옥균, 박영효, 서재필 등 일본으로 망명
결과	• 조·청 상민 수륙 무역 장정 체결(1882): 청 상인의 내지 통상권 허용 • 제물포 조약 체결(1882): 일본 공사관에 경비병 주둔, 배상금 지불 • 민씨 세력 재집권 → 청에 대한 의존 심화 • 청의 내정 간섭: 마젠창(정치 고문), 묄렌도르프(외교 고문) 파견	• 한성 조약 체결(1884): 일본 공사관 신축 부지 제공 및 비용 지불 • 톈진 조약 체결(1885): 청·일본 군대 동시 철수, 추후 조선에 군대 파병 시 상대국에 사전 통보 • 청과 일본의 대립·견제 구도 격화 • 조선 중립화론 대두: 부들러, 유길준

13 난도 ★☆☆   정답 ③

고대 > 정치사

[자료해설]

주어진 자료에서 '지금으로부터 1,800여 년 전', '섬을 정벌', '13년', '우산국' 등으로 보아 (가)에 들어갈 왕은 지증왕이다. 신라 지증왕은 이사부를 시켜 우산국(울릉도)과 우산도(독도)를 복속하고 실직주의 군주로 삼았다(512).

[정답의 이유]

③ 신라 지증왕은 당시 사로국이었던 국호를 신라(新羅)로 확정하고 마립간 대신 왕(王)의 칭호를 사용하였다.

[오답의 이유]

① 신라 법흥왕은 이차돈의 순교를 계기로 불교를 국교로 공인하였다.

② 백제 근초고왕은 남쪽으로 진출해 마한 세력을 통합하고 정치적으로 복속시켰다.

④ 고구려 장수왕은 수도를 국내성에서 평양성으로 옮기면서 적극적인 남진 정책을 추진하였다.

14 난도 ★☆☆   정답 ②

선사 시대와 국가의 형성 > 국가의 형성

[자료해설]

제시된 자료에서 '10월', '제천 행사 동맹', '서옥' 등으로 보아 고대 국가 중 고구려에 해당하는 내용이다. 고구려에는 매년 10월에 추수감사제인 동맹이라는 제천 행사를 열었으며, 혼인하면 신랑이 신부 집 뒤에 서옥이라는 집을 짓고 생활하다가 자식을 낳아 장성하면 신랑 집으로 돌아가는 서옥제라는 풍습이 있었다.

[정답의 이유]

② 고구려는 5부족 연맹체 국가로 왕 아래 상가, 고추가 등의 대가들이 사자, 조의, 선인 등의 관리를 거느렸고, 귀족 회의인 제가 회의를 통해 국가의 중대사를 결정하였다.

[오답의 이유]

① 옥저에 대한 내용이다. 옥저는 동해안에 위치해 있어 어물과 소금 등 해산물이 풍부하고 토지가 비옥하여 농경이 발달하였고, 혼인 풍습으로 민며느리제가 있다.

③ 동예에 대한 내용이다. 동예는 매년 10월 무천이라는 제천 행사를 열었으며, 족외혼, 책화 등이 풍습이 있었다. 또 단궁, 과하마, 반어피 등의 특산물이 유명하여 이를 낙랑과 왜에 수출하기도 하였다.

④ 부여에 대한 내용이다. 부여에는 왕 아래 가축의 이름을 딴 마가 · 우가 · 저가 · 구가의 가(加)들이 있어 행정 구역인 사출도를 다스렸고 왕이 통치하는 중앙과 합쳐 5부를 구성하였다.

15 난도 ★☆☆   정답 ④

근세 > 문화사

[정답의 이유]

④ 『향약구급방』은 고려 고종 때 대장도감에서 향약, 즉 우리나라에서 생산되는 약재로 질병을 치료하는 방법과 처방을 모아 간행한 우리나라에 전해져 오는 가장 오래된 의방서이다.

[오답의 이유]

① · ② 조선 전기 세종은 부국강병과 민생 안정을 위해 과학 기술 발전에 힘썼다. 이에 따라 장영실은 물시계인 자격루와 해시계인 앙부일구, 강우량을 측정하는 측우기를 제작하는 등 과학 기술 분야에서 뚜렷한 성과를 남겼다.

③ 조선 세종 때 집현전 학자들은 당시까지 전해 오던 동양의 여러 의서의 의학 이론을 수집 · 정리하여 집대성한 의학 백과 사전인 『의방유취』를 편찬하였다.

> **더 알아보기**
>
> **조선 전기 각종 분야의 발전**
>
> | 과학 | • 발달 배경: 부국강병과 민생 안정 중시
• 천문학: 혼의, 간의, 자격루, 앙부일구, 측우기, 인지의
• 역법: 『칠정산』 편찬 → 수시력+회회력
• 의학: 『향약집성방』, 『의방유취』 |
> | --- | --- |
> | 농업 | • 농서: 『농사직설』, 『금양잡록』
• 농업 기술: 2년 3작, 모내기법, 시비법, 건경법, 수경법 등 |
> | 기타 기술 | • 인쇄술: 활자 개량(계미자, 갑인자), 주자소 설치
• 제지술: 조지서 설치 → 대량 인쇄 가능 |

16 난도 ★★☆   정답 ①

일제 강점기 > 정치사

[자료해설]

제시된 자료는 1921년 조선총독 사이토 마코토가 취임 1년을 되돌아보고 그동안의 조선 통치정책인 '문화정치'를 보완하고자 세운 방침인 '조선 통치에 대하여' 중 일부이다. 일제는 3 · 1 운동 이후 국제 여론의 악화를 의식하고, 무단 통치의 한계를 인식하여 기만적 문화 통치로 전환하였다.

[정답의 이유]

① 1920년대 사회주의가 확산되자 일제는 치안유지법을 시행하여 식민지 지배에 저항하는 민족 해방 운동과 사회주의 운동 및 독립운동을 탄압하였다(1925).

[오답의 이유]

② 일제는 1938년 제3차 조선 교육령을 발표하여 학교명을 보통학교에서 (심상) 소학교로 바꾸고 수업 연한은 6년으로 정했으나 지방의 형편에 따라 4년을 그대로 존속하게 하기도 하였다.

③ 일제는 민족 말살 통치기인 1936년 독립운동 관련자, 치안유지법 위반자들을 보호 관찰한다는 명목으로 조선사상범 보호 관찰령을 시행하였다.

④ 일제는 1910년대 무단 통치기에 조선형사령과 조선태형령을 제정하였다. 조선형사령은 1912년에 제정되어 1953년 형법이 제정될 때까지 효력을 유지하였고, 조선태형령은 1912년 제정되어 1920년에 폐지되었다.

17 난도 ★★☆

정답 ④

중세 > 정치사

정답의 이유

④ 고려가 가진 독립된 왕조로서의 지위를 박탈하고 고려를 원의 내지로 만들기 위해 지방행정기구인 성(省)으로 편입시키려는 입성책동(立省策動) 운동이 고려 충선왕 복위 때부터 시작하여 충혜왕 복위 때까지 여러 차례 일어났다.

오답의 이유

① 고려 원 간섭기에 친원파 및 권문세족이 백성들의 토지를 빼앗아 대농장을 소유하는 등 정치적·사회적 혼란이 극에 달했다. 이에 충목왕은 폐정 개혁을 목표로 정치도감을 설치하였으나 정동행성 이문소의 방해로 개혁이 제대로 이루어지지 못하였다.

② 응방은 고려와 조선 때 매의 사육과 매사냥을 맡아 보던 관청이다.

③ 원 간섭기 때에는 몽골풍이 유행하여 변발, 몽골식 복장, 몽골어가 궁중과 지배층을 중심으로 널리 퍼졌다.

18 난도 ★★☆

정답 ②

근태 태동기 > 경제사

정답의 이유

㉠ 유형원은 『반계수록』에서 토지는 국가가 공유하며 사·농·공·상 신분에 따라 토지를 차등 분배하고, 자영농을 육성하여 민생의 안정과 국가 경제를 바로잡아야 한다는 내용의 균전론을 주장하였다.

㉢ 18세기 이후 청의 선진 문화를 받아들여야 한다는 북학론이 대두하면서 청과의 관계는 새로운 국면을 맞았다.

㉣ 박지원은 『과농소초』를 저술하여 영농 방법의 혁신, 상업적 농업의 장려, 농기구의 개량 등 농업 생산력을 높이는 데 관심을 가졌다.

오답의 이유

㉡ 전라도 부안의 우반동에서 제자들을 양성한 인물은 반계 유형원이다. 성호 이익은 안산의 성호라는 호수 근처에서 은거하면서 『성호사설』, 『곽우록』을 저술하여 여러 분야의 개혁론을 제시하였다. 특히, 고리대의 근원으로 농촌 경제를 위협할 수 있는 화폐 제도 폐지를 주장하였으며 나라를 좀먹는 6가지의 폐단(노비제, 과거제, 양반 문벌제, 사치와 미신, 승려, 게으름)을 6좀이라 칭하며 비판하였다.

㉤ 『우서』는 유수원이 저술하였다. 유수원은 상공업의 진흥과 기술의 혁신을 강조하고, 사농공상의 직업적 평등을 주장하였다. 반면, 홍대용은 『의산문답』을 통해 지전설과 무한 우주론을 주장하며 중국 중심의 성리학적 세계관을 비판하였다.

19 난도 ★★★

정답 ③

중세 > 정치사

자료해설

• 고려 건국(918): 태조 왕건은 궁예를 몰아내고 왕위에 오른 뒤 고구려를 계승한다는 의미로 국호를 고려라 하였다.

• 후삼국 통일(936): 견훤의 귀순 후 신검의 후백제군과 왕건의 고려군이 일리천 일대에서 전투를 벌여 고려군이 크게 승리하였고, 후백제가 멸망하여 고려가 후삼국을 통일하였다.

• 노비안검법 실시(956): 고려 광종은 다양한 개혁을 통해 공신과 호족의 세력을 약화시키고 왕권을 강화하고자 하였다. 이에 노비안검법을 실시하여 억울하게 노비가 된 사람들을 구제하고, 호족 세력을 견제하는 동시에 국가 재정을 확충하고자 하였다.

• 시정 전시과 시행(976): 고려 경종 때 처음 시행된 시정 전시과는 관직 복무와 직역의 대가로 토지를 나눠 주는 제도였다. 관리부터 군인, 한인까지 인품과 총 18등급으로 나눈 관등에 따라 곡물을 수취할 수 있는 전지와 땔감을 얻을 수 있는 시지를 주었고, 수급자들은 지급된 토지에 대해 수조권만 가졌다.

• 거란의 1차 침입(993): 10세기 초 통일 국가를 세운 거란(요)은 송과의 대결에서 유리한 위치를 차지하기 위해 고려를 여러 차례 침략하였다. 고려 성종 때 거란이 고려가 차지하고 있는 옛 고구려 땅을 내놓고 송과 교류를 끊을 것을 요구하였으나 서희가 소손녕과의 외교 담판을 통해 강동 6주를 획득하였다.

정답의 이유

③ 고려 광종은 후주 출신 쌍기의 건의에 따라 과거 제도를 시행하여 신진 세력을 등용하였다(958).

오답의 이유

① 고려 태조는 후삼국 통일에 공을 세운 공신들에게 관등에 관계 없이 공로, 인품 등을 기준으로 차등을 두어 역분전을 지급하였다(940). 따라서 역분전을 지급한 것은 (나) 시기에 있었던 사실이다.

② 고려 성종은 최승로가 건의한 시무 28조를 받아들여 전국 주요 지역에 12목을 설치하고 지방관인 목사를 파견하였다(983). 따라서 12목을 설치한 것은 (라) 시기에 있었던 사실이다.

④ 고려 정종 때 최광윤의 의견을 받아들여 거란의 침입을 대비하기 위해 광군을 조직하고, 광군사를 설치하여 이를 관장하였다(947). 따라서 광군을 설치한 것은 (나) 시기에 있었던 사실이다.

20 난도 ★★☆

정답 ④

현대 > 정치사

정답의 이유

㉣ 이승만 정부는 장기 집권을 위해 3·15 부정선거를 자행하였다(1960.3.15.). 이로 인해 마산에서 부정선거와 이승만의 장기 집권에 저항하는 대규모 시위가 일어나자 정부는 이를 강경 진압하였고, 시위 도중 경찰의 최루탄에 맞은 채로 마산 해변가에 버려진 학생 김주열의 시신이 발견되며 4·19 혁명이 전국적으로 확산되었다(1960.4.19.).

㉢ 4·19 혁명의 결과 이승만이 하야하고 임시적으로 허정 과도 정부가 수립되었다(1960.4.27.).

㉡ 제3차 개헌을 통해 내각 책임제 개헌안이 의결되어(1960.6.15.) 제5대 국회 의원 총선거가 실시되었다(1960.7.29.). 이를 통해 내각책임제와 양원제가 적용된 장면 내각이 출범하였다.

㉠ 윤보선 대통령이 제2공화국 초대 대통령에 당선되었고(1960.8.12.), 다음날 정식 취임하였다.

한눈에 훑어보기

✔ 영역 분석

선사 시대와 국가의 형성   05
1문항, 5%

고대   01   02   03
3문항, 15%

중세   04   06   07   08
4문항, 20%

근세   11
1문항, 5%

근대 태동기   09   10   12
3문항, 15%

근대   13   14
2문항, 10%

일제 강점기   15   16   17
3문항, 15%

현대   18   19   20
3문항, 15%

✔ 빠른 정답

01	02	03	04	05	06	07	08	09	10
③	①	①	③	②	④	①	②	④	④

11	12	13	14	15	16	17	18	19	20
③	④	②	②	③	③	④	①	②	①

✔ 점수 체크

구분	1회독	2회독	3회독
맞힌 문항 수	/ 20	/ 20	/ 20
나의 점수	점	점	점

01 난도 ★★☆   정답 ③

고대 > 정치사

자료해설

제시문의 사건은 ⓒ 근초고왕의 평양성 공격(371) − ㉠ 장수왕의 한성 점령(475) − ㉡ 진흥왕의 한강 유역 장악(553) − ㉢ 대가야 멸망(562) 순으로 발생하였다.

정답의 이유

ⓒ 백제 근초고왕(346~375)은 남으로는 마한을 통합하였으며, 북으로는 정예군 3만 명을 거느리고 고구려 평양성을 공격하여 고구려 고국원왕을 전사시켰다.

㉠ 고구려 장수왕(394~491)은 남진 정책을 추진하여 국내성에서 평양성으로 천도하였으며, 백제의 수도 한성을 함락시키고 죽령 지역까지 영토를 확장하였다.

㉡ 신라 진흥왕(540~576)은 백제와 함께 고구려를 공격하여 한강 상류 지역을 차지하였으며(551), 이후 나 · 제 동맹을 깨고 백제가 장악했던 한강 하류 유역까지 점령하였다(553).

㉢ 진흥왕은 한강 유역을 차지한 후 이사부를 파견하여 대가야를 병합하며 영토를 확장하였다. 이로 인해 후기 가야 연맹이 완전히 해체되었다.

02 난도 ★★☆   정답 ①

고대 > 정치사

자료해설

제시문은 통일 신라 진성 여왕(887~897) 때 발생한 원종 · 애노의 난에 대한 내용이다. 당시 귀족 간의 권력 다툼으로 왕권이 약화되고 귀족들의 녹읍이 확대되며 자영농이 몰락하는 등 백성들의 생활이 더욱 어려워졌다. 이에 공물과 조세가 제대로 걷히지 않아 중앙 정권이 강압적으로 조세를 징수하자 원종 · 애노의 난(889), 적고적의 난(896) 등 전국 각지에서 농민 봉기가 발생하였다.

정답의 이유

① 후백제 견훤은 신라 수도 금성(경주)을 공격하여 경애왕을 죽이고 경순왕을 즉위시켰다(927).

오답의 이유

② 당나라는 백제와 고구려 멸망 후 공주에 웅진도독부, 평양에 안동도호부, 경주에 계림도독부를 설치하여 한반도를 지배하고자 하였다. 하지만 신라 문무왕이 이에 반발하여 백제 및 고구려 유민과 협력해 나 · 당 전쟁(670~676)을 일으키자 당나라는 문무왕의 동생 김인문을 신라왕으로 임명하고 대군을 동원하여 신라를 공격하였다(674).

③ 백제 의자왕은 활발한 정복 활동을 전개하여 신라의 대야성을 비롯한 서쪽 40여 개의 성을 함락시켰다(642). 이에 신라는 김춘추를 고구려로 보내 동맹 체결을 시도하였으나 실패하고, 당나라와 동맹을 체결하여 당 태종으로부터 군사 원조를 약속받았다.

④ 신라 혜공왕은 어린 나이로 즉위하여 수많은 진골 귀족들의 반란을 겪은 끝에 아찬 김지정의 반란군에 의해 피살되었다(780). 혜공왕을 마지막으로 무열왕부터 시작된 무열왕계 진골이 단절되고, 다음 왕인 선덕왕부터 내물왕계 진골이 왕위를 계승하게 되었다.

03 난도 ★★☆   정답 ①

고대 > 정치사

자료해설

제시문의 사건은 ㉠ 장문휴의 산둥 지방 원정(발해 무왕) – ㉡ 정혜 공주 · 정효공주 묘 건설(발해 문왕) – ㉢ 해동성국(발해 선왕) 순으로 발생하였다.

정답의 이유

㉠ 발해 무왕(719~737)은 당나라가 흑수말갈과 연합하여 발해를 압박하자 장문휴의 수군을 보내 당의 산둥 지방(덩저우)을 선제공격하였다(732).

㉡ 발해 문왕(737~793) 때 고구려 문화의 영향을 받아 굴식 돌방무덤에 모줄임 천장 구조를 가진 정혜 공주 무덤과, 당의 영향을 받은 벽돌무덤인 정효공주 무덤을 만들었다.

㉢ 발해 선왕(818~830)은 말갈족을 복속시키고 요동으로 진출하여 고구려 옛 땅을 대부분 회복하는 등 최대 영토를 확보하였으며, 전성기를 누리면서 당에서 '해동성국'이라 불렸다.

04 난도 ★★☆   정답 ③

중세 > 정치사

자료해설

• 고려 의종이 무신들을 천대하고 향락에 빠져 실정을 일삼자 무신들의 불만이 쌓여갔다. 그러던 중 대장군 이소응이 문신 한뢰에게 뺨을 맞는 사건이 발생하였고, 이를 계기로 무신들의 분노가 폭발하여 정변이 일어났다(무신 정변, 1170). 정중부와 이의방을 중심으로 정권을 장악한 무신들은 의종을 폐위하고 명종을 즉위시켰다.

정답의 이유

㉡ 정중부 등 정권을 장악한 일부 무인들은 기득권을 유지하기 위해 왕실과 혼인을 시도하기도 하였으며, 특히 최씨 무신 정권은 왕실 및 문벌 세력과의 혼인을 거듭하며 권력을 키웠다.

㉢ 무신 정권 시기 최충헌의 뒤를 이어 집권한 최우는 서방을 설치하여 능력 있는 문신들을 등용하였다.

오답의 이유

㉠ 무신 정권 시기 최충헌이 설치한 국정 총괄 최고 기구는 '교정도감'이다. 최충헌은 정권을 잡은 후 무신 정권의 최고 권력 기관인 교정도감을 설치하였으며(1209), 스스로 기구 최고 관직인 교정별감이 되어 인사 및 재정을 장악하였다.

㉣ 개태사는 충남 논산에 있는 사찰로, 고려 태조 왕건이 후백제를 멸망시킨 일리천 전투를 기념하기 위해 건립하였다. 따라서 무신정변 이전에 발생한 사건이다.

05 난도 ★☆☆   정답 ②

선사 시대와 국가의 형성 > 국가의 형성

자료해설

제시문은 부여에 대해 설명하고 있다. 부여는 매년 12월 '영고'라는 제천행사를 열었으며, 형이 죽으면 동생이 형수를 아내로 삼는 형사취수제, 지배 계급이 죽으면 그 부인이나 노비 등 산 사람을 함께 묻던 순장, 여름에 사람이 죽으면 얼음을 넣어 장사지내는 풍습이 있었다.

정답의 이유

② 부여에는 왕 아래 가축의 이름을 딴 마가, 우가, 저가, 구가의 가(加)들이 있었다. 이들은 행정 구역인 사출도를 다스렸으며, 왕이 통치하는 중앙과 합쳐 5부를 구성하였다.

오답의 이유

① 삼한은 국읍마다 천신에 대한 제사를 주관하는 천군이 있었으며, 정치적 지배자인 신지 · 읍차 등과 제사장인 천군이 별도로 존재했던 제정 분리 사회였다.

③ 옥저에는 혼인 풍습으로 어린 여자를 남자 집에서 대가를 주고 데려다 길러 며느리로 삼는 민며느리제가 있었다.

④ 고구려는 왕 아래 상가, 대로, 패자, 고추가 등의 대가들이 사자, 조의 선인 등의 관리를 거느렸다.

06 난도 ★★☆   정답 ④

중세 > 정치사

정답의 이유

④ 고려 시대 향리는 신라 말 · 고려 초기의 중소 호족 출신으로 속현과 특수 행정 구역에서 조세와 공물의 징수, 노역 징발 등의 실질적 운영을 담당하였으며, 향역의 대가로 외역전을 지급받았다. 향리 조직의 우두머리 계층인 호장, 부호장 등은 지방의 실질적 지배자로 강한 권한을 가지고 있었다.

오답의 이유

① 전민변정도감은 권문세족이 부당하게 빼앗은 토지 및 노비를 판정하고 관련 소유권 소송을 처리하여 원래 소유주에게 돌려주거나 양민으로 해방시키기 위한 임시 관서였다. 고려 원종 때 처음 설치되었으며, 이후 충렬왕, 공민왕 등 총 7차례에 걸쳐 설치되었다.

② 고려 충렬왕 때 원에서 요구하는 조공품인 사냥용 매를 사육하기 위해 처음 설치된 응방은 매 사육뿐 아니라 매와 관련한 각종 행사에 참여하고 왕과 왕비에게 자주 향연을 베풀며 왕실의 총애를 받았다. 응방은 왕의 권력을 배경으로 면역 · 면세의 특권을 가지고 많은 사전과 노비 · 소작인을 거느렸으며, 왕실도 응방을 통해 막대한 경제적 이익을 추구하였다.

③ 고려 경종 때 실시된 시정 전시과는 전 · 현직 관리를 대상으로 인품과 관등을 반영하여 전지와 시지를 지급하였다.

07 난도 ★★☆　　　　　　　　　　　　　　　　정답 ①

중세 > 정치사

자료해설

〈보기 1〉은 고려 시대 몽골의 1차 침입 과정에서 발발한 충주성 전투에 대한 내용이다(1232). 몽골이 사신 저고여 살해 사건을 빌계로 1차 침입을 단행하여 개경을 포위하고 충주까지 공격하였다. 당시 충주성을 방어하던 장수들이 먼저 도망가고, 노군(공노비)과 잡류별초(잡역 담당 천민)를 중심으로 항전하여 몽고군을 격퇴하였다.

〈보기 2〉는 공민왕이 반원 자주 정책의 일환으로 원의 연호를 폐지한 내용이다. 원은 고려를 부마국으로 삼아 왕실 호칭과 관제를 격하하여 국왕 묘호에 '충' 자를 사용하고 2성 6부는 1부 4사로 격하하였으며, 원의 연호를 사용하도록 하였다. 하지만 공민왕이 반원 자주 정책을 펼치면서 원나라에 의해 격하된 왕실 호칭과 관제를 복구하고 원 연호를 폐지하였다(1356).

정답의 이유

① 고려 말 우왕 때 최무선은 화통도감을 설치(1377)하여 화약과 화포를 제조하였다. '화통도감 설치'는 〈보기 2〉의 '원 연호 폐지' 이후에 발생하였다.

오답의 이유

② 고려 원 간섭기 충렬왕 때 원은 고려를 일본 원정에 동원하기 위해 정동행성을 설치하였다(1280). 이후 원정이 실패하였으나 이를 폐지하지 않고 내정 간섭 기구로 삼았다.

③ 권문세족은 원과의 친분 관계를 통해 형성된 가문으로, 고려 말 원 간섭기에 새로운 지배 계층으로 자리잡았다.

④ 원 간섭기 충렬왕 때 이승휴의 『제왕운기』, 일연의 『삼국유사』 등 단군을 우리 민족의 시조로 서술한 역사서가 편찬되었다.

08 난도 ★★☆　　　　　　　　　　　　　　　　정답 ②

중세 > 정치사

자료해설

제시문은 고려 성종에게 유학자인 최승로가 건의한 '시무 28조'의 일부이다(982). 성종은 이를 받아들여 전국 주요 지역에 12목을 설치하고 지방관을 파견하는 등 통치 체제를 정비하였다.

정답의 이유

② 오가작통제와 호패법은 조선 시대에 시행되었다. 오가작통제는 군현 아래 말단 행정 조직으로 면, 리, 통을 두고 다섯 집을 1통으로 편제하는 제도이고, 호패법은 조세 징수와 군역 부과를 위한 호구 파악을 위해 16세 이상 남자들에 호패를 발행하는 제도였다.

오답의 이유

① 고려 현종은 지방을 일반 행정 구역인 5도와 군사적 특수 지역인 양계로 나누고 5도에는 4도호부, 8목, 주·군·현을, 양계에는 진을 설치하였다.

③ 고려 시대에는 지방 행정 조직을 지방관이 상주한 지역인 주현, 지방관이 상주하지 않은 지역인 속현으로 구분하였으며, 속현과 향·소·부곡 등 특수 행정 구역은 주현을 통해 간접적으로 중앙 정부의 통제를 받았다.

④ 향·부곡·소는 고려 시대 특수 행정 구역으로 조세·공물 징수·노역 징발 등 실제적인 행정 사무를 향리가 담당하였다.

09 난도 ★☆☆　　　　　　　　　　　　　　　　정답 ④

근대 태동기 > 문화사

자료해설

제시문은 중상주의 실학자인 홍대용이 저술한 『의산문답』의 내용이다. 홍대용은 『의산문답』을 통해 지전설과 무한 우주론을 주장하며 중국 중심의 성리학적 세계관을 비판하였다.

정답의 이유

④ 조선 후기 실학자 이긍익은 조선 시대의 정치·사회·문화를 실증적·객관적으로 서술하여 백과사전식으로 정리한 『연려실기술』을 저술하였다.

오답의 이유

① 홍대용은 중국이 세계의 중심이라는 세계관을 거부하고 지구 자전설(지전설)을 주장했다.

② 정약용은 서양 서적인 『기기도설』을 참고하여 거중기를 제작하였으며, 이는 수원 화성 축조 시 사용되어 공사 기간과 비용을 줄이는 데 큰 역할을 하였다.

③ 박지원은 청에 다녀온 뒤 견문록인 『열하일기』를 저술하여 청 문물을 소개하며 상공업 진흥과 화폐 유통, 수레 사용의 필요성을 주장하였다.

10 난도 ★★★　　　　　　　　　　　　　　　　정답 ④

근대 태동기 > 정치사

자료해설

제시문의 (가) 시기는 세도 정치 시기이다. 조선 정조 사후 순조·헌종·철종 3대에 걸친 세도 정치기에 안동 김씨, 풍양 조씨 등 왕실과 혼인을 맺은 소수의 가문이 정권을 장악하였다. 이 시기에 세도 가문의 부정부패로 삼정의 문란이 극에 달하고 백성에 대한 수탈이 심화되었다.

정답의 이유

④ 노비종모법은 아버지가 노비여도 어머니가 양민이면 그 자녀도 양민으로 삼는 것으로, 신분 결정에 모계를 따르도록 한 법이다. 조선 후기 양인이 줄어들며 군역 부담자가 감소하자 현종 때 양인의 숫자를 늘리기 위해 적용하였으나 번복이 거듭되다가 영조 때 최종적으로 확정되었다.

오답의 이유

① 세도 정치기인 철종 때 최제우가 창시한 동학은 인간 존중과 평등 사상을 바탕으로 한 인내천 사상을 강조하였으며, 삼남 지방을 중심으로 교세를 확장하였다.

② 조선 후기 군역의 부담이 과중해지자 부농들은 신분 매매나 족보 위조 등을 통해 양반 신분을 사들이고 군역을 기피하는 경향이 심해졌다.

③ 순조 때 삼정의 문란으로 어려움을 겪던 농민들과 서북 지역 차별 대우에 불만을 품은 평안도 사람들이 홍경래의 난을 일으켰으며, 철종 때 경남 진주 지역의 농민들이 수탈에 견디다 못해

임술 농민 봉기를 일으키는 등 평안도와 삼남 지방 농민들의 불만이 민중 봉기로 표출되었다.

11 난도 ★★☆ 정답 ③

근세 > 정치사

정답의 이유

③ 명나라가 후금과의 교역을 단절하자 후금은 조선을 통해 물자를 확보하고자 하였으며, 시장을 열어 교역할 것을 지속적으로 요구하였다. 이에 조선은 두만강과 압록강변에 회령개시, 경원개시, 중강개시 등을 열었다.

오답의 이유

① 인조의 친명배금 정책으로 후금이 조선을 침략하여 의주를 함락시킨 뒤 평산까지 남진하자 인조는 강화도로 피난하고 정봉수와 이립이 용골산성에서 후금에 항전하였다(정묘호란, 1627). 이에 후금이 조선에 강화를 제의하여 형제의 맹약을 맺었다.

② · ④ 정묘호란 이후 후금이 국호를 청으로 고치고 스스로 황제국으로 칭하자 조선 조정 내부에 이에 대한 반발이 점점 커져갔다. 청은 용골대를 조선에 사신으로 보내어 군신 관계를 강요하였으나 조선 조정이 이를 거절하자 용골대는 도망쳐 돌아갔다. 청의 요구를 거절한 인조는 청에 대해 명과의 논의 없이 단독으로 선전포고의 교지를 작성하였으며, 이후 청 태종이 10만 대군을 거느리고 조선을 침략하였다(병자호란, 1636).

12 난도 ★★★ 정답 ④

근대 태동기 > 사회사

정답의 이유

④ 조선 고종 때 '사가노비절목'을 제정(1886)하여 노비 세습제를 폐지하였으며, 이후 갑오개혁(1894) 때 노비제가 폐지되었다.

오답의 이유

① · ② 공노비는 본래 소속된 국가기관에 노동력을 직접 제공(선상 · 입역)하거나 입역 대신 일정한 신공전을 납부(신공납부)하는 형태였다. 그런데 조선 후기 공노비의 선상 · 입역이 폐지되면서 이들은 신공납부의 의무만 지는 '납공노비'로 바뀌었다. 이후 공노비의 신공 부담이 지속해서 줄어들면서 공노비의 신공과 양인의 군역 부담이 군포 1필로 동일해지게 되었고 결국 공노비 유지의 실익이 없어졌다.

③ 천민 아버지와 양인 어머니 사이의 자식은 모계의 신분을 따라 양인으로 규정하는 종모법에 따라 양인이 증가하였다. 더불어 종모법 실시로 노비의 신분 세습이 제한되고 순조 때 공노비를 해방하면서 노비 제도 붕괴가 가속화되었다.

13 난도 ★★☆ 정답 ②

근대 > 정치사

자료해설

제시문은 독립협회가 1898년 10월 개최한 관민 공동회에서 결의한 국정 개혁안인 '헌의 6조'에 대한 내용이다. 독립협회는 중추원 개편을 통한 의회 설립 방안이 담겨 있는 헌의 6조를 고종에게 건의하였다.

정답의 이유

② 을미사변 이후 을미개혁(제3차 갑오개혁)이 추진되어 '건양'이라는 독자적인 연호를 제정하고 태양력을 사용하게 되었으며, 단발령이 시행되었다(1895).

오답의 이유

① 독립협회는 국권신장을 위해 자주독립의 상징물인 독립문을 건립하고, 우리나라 최초의 민간 신문인 『독립신문』을 발간하였다.

③ '중대 범죄를 공판하되 피고의 인권을 존중할 것' 역시 독립협회의 주도로 결의된 헌의 6조에 속하는 조항이다.

④ 독립협회는 만민공동회를 개최하여 러시아 내정 간섭을 규탄하고 러시아의 절영도 조차 요구를 저지하는 등 반러 운동을 전개하였다.

더 알아보기

갑오개혁(1, 2차 갑오개혁)과 을미개혁(3차 갑오개혁)의 주요 내용

제1차 갑오개혁	• 개국 기원 사용, 과거제 폐지, 6조를 80아문으로 개편 • 재정 일원화, 은 본위제, 도량형 통일, 조세 금납제 • 공사 노비법 혁파, 고문 · 연좌제 폐지, 조혼 금지, 과부 재가 허용
제2차 갑오개혁	• 8도를 23부로 개편, 재판소 설치(사법권 독립) • 한성 사범 학교 설립, 관제 공포
을미개혁 (제3차 갑오개혁)	• 건양 연호 사용, 친위대 · 진위대 설치 • 단발령 실시, 태양력 사용, 종두법 실시, 소학교 설치, 우편 사무 실시

14 난도 ★★★ 정답 ②

근대 > 정치사

자료해설

제시문은 이만손 등 영남 유생들이 황쭌셴(황준헌)의 『조선책략』 유포에 반대하며 올린 영남만인소 중 러시아에 대해 평가한 내용으로, (가) 나라는 러시아이다. 김홍집에 의해 『조선책략』이 국내에 유포되자 유생들은 서양과의 통상을 반대하며 상소 운동을 전개하였다. 이만손을 중심으로 한 영남 유생들은 만인소를 올려 청, 일본, 미국, 러시아와 관련한 『조선책략』의 내용을 조목조목 비판하며 서양 열강과의 수교를 반대하였다(1881).

정답의 이유

② 러시아는 러 · 일 전쟁 패배 후 일본과 포츠머스 강화 조약을 체결하여 대한제국에 대한 일본의 지배권을 인정하였다(1905).

오답의 이유

① 영국은 조선에 대한 러시아의 세력 확장을 저지하기 위하여 남해의 전략 요충지인 거문도를 불법 점령하였다(1885).

③ 병인양요 때 강화도에 침입한 프랑스군은 퇴각하면서 외규장각을 불태우고 조선 왕조 의궤 등 문화유산을 약탈하였다(1866).

④ 미국의 함대가 제너럴셔먼호 사건을 구실로 강화도 초지진을 점령한 후 광성보를 침공하자 조선은 어재연을 중심으로 결사 항전하였다(신미양요, 1871).

15 난도 ★★☆ 정답 ③

일제 강점기 > 정치사

자료해설

제시문은 황성신문의 주필인 장지연이 작성한 논설 「시일야방성대곡」이다. 제2차 한·일 협약(을사늑약)이 체결된 직후 황성신문은 제2차 한·일 협약에 대한 항일 논설인 「시일야방성대곡」을 게재하여 조약의 부당성을 비판하였다(1905. 11).

정답의 이유

③ 러·일 전쟁은 1904년 2월, 「시일야방성대곡」 게재 이전에 발생하였다. 일본은 제물포에 있는 러시아 군함을 기습 공격하며 러·일 전쟁을 일으켰으며, 러·일 전쟁에서 유리해지자 한국을 식민지화하기 위한 계획안을 확정한 뒤 강제로 제1차 한·일 협약을 체결하였다(1904).

오답의 이유

① 고종은 헤이그에서 개최되는 만국평화회의에 특사를 파견하여 을사늑약의 불법성과 일제의 침략 행위의 부당성을 호소하려 하였으나 영국과 일본의 방해로 실패하였다(1907).

② 제2차 한·일 협약으로 대한제국의 외교권이 박탈되고 통감부가 설치되었다. 이후 초대 통감으로 이토 히로부미가 파견되면서 일제의 내정 간섭이 본격화되었다(1906).

④ 일본은 헤이그 특사 파견을 구실로 고종을 폐위시키고 순종을 즉위시킨 후 한·일 신협약(정미 7조약)을 체결하여 대한제국의 군대를 강제 해산시켰다(1907).

16 난도 ★★☆ 정답 ③

일제 강점기 > 정치사

정답의 이유

㉡ 임병찬은 고종의 밀명을 받아 대한 독립 의군부를 조직하여 (1912), 조선 총독부에 국권 반환 요구서를 보내고 복벽주의를 내세워 의병 전쟁을 준비하였다.

㉢ 신채호는 의열단 단장 김원봉의 요청을 받아 「조선 혁명 선언」을 작성하였다(1923). 「조선 혁명 선언」에서 신채호는 민중의 직접 혁명을 통한 무장 독립 투쟁의 필요성을 강조하였으며, 의열단은 이를 기본 행동 강령으로 하여 직접적인 투쟁 방법인 암살·파괴·테러 등을 통해 독립운동을 전개하였다.

오답의 이유

㉠ 민족 유일당 운동의 일환으로 사회주의 세력과 민족주의 세력이 연대하여 신간회가 결성되었다(1927). 그러나 국제 공산당 코민테른이 조선 공산당 재조직에 관한 결정서인 「조선의 농민 및 노동자의 임무에 관한 테제」를 발표(1928.12)하여 민족주의자들과의 합동 전선을 파기하고 노동자·농민을 기반으로 한 조직 구성 방침을 강조하자 사회주의 계열 인사들이 신간회 해체를 주장하게 되었다.

㉣ 대한민국 임시 정부는 조소앙의 삼균주의를 바탕으로 한 「대한민국 건국 강령」을 발표하였다(1941). 조소앙의 삼균주의는 개인과 개인, 민족과 민족, 국가와 국가 사이의 완전한 균등을 전제로 정치·경제·교육의 균등이 실현되어야 한다는 것이다.

17 난도 ★★★ 정답 ④

일제 강점기 > 정치사

자료해설

제시문은 민족 혁명당의 강령으로, 민족 혁명당은 중국 난징에서 중국 관내 지역의 민족주의·사회주의 세력의 연합 정당으로 결성되었다(1935). 효과적인 항일 투쟁을 위한 민족 독립운동의 단일 정당을 목표로 의열단, 한국독립당, 조선혁명당 등 5개 단체가 중심이 되어 조소앙의 삼균주의를 강령으로 삼고 '정치, 경제, 교육의 평등에 기초를 둔 민주공화국 건설'을 내세웠다.

정답의 이유

④ 김구 등 임시정부를 고수하려는 한국독립당 내 일부 세력은 탈당이 아니라 처음부터 불참하였다. 이후 조직 내부 갈등으로 조소앙·지청천 등이 탈당하면서 통일전선 정당으로서의 성격이 약해졌다.

오답의 이유

① 민족 혁명당은 의열단·조선혁명당·한국독립당·신한독립당·대한독립당의 5당 대표가 모여 결성되었다.

② 민족 혁명당은 민족 유일당 운동을 목표로 민족주의 계열과 사회주의 계열의 여러 단체들이 통합하여 만든 중국 관내 최대 규모의 통일전선 정당이었다.

③ 민족 혁명당은 삼균주의를 표방하였으며, 민주공화국 수립, 토지 및 대규모 생산기관 국유화, 민주적 권리 보장 등을 내걸고 항일 운동을 전개하였다.

18 난도 ★★☆ 정답 ①

현대 > 정치사

자료해설

제시문은 대한민국 제헌 헌법의 전문(前文)으로, 헌법의 제정 이유 및 나아가야 할 방향을 제시하고 있다. 5·10 총선거를 통해 구성된 제헌 국회는 대통령 중심제의 단원제 국회, 임기 4년의 대통령 간선제 등을 내용으로 하는 제헌 헌법을 제정(1948.7.)하였으며, 이를 바탕으로 이승만을 대통령, 이시영을 부통령으로 선출하고 대한민국 정부 수립을 선포하였다(1948.8.).

정답의 이유

① 제주 4·3 사건은 남한만의 단독 정권 수립에 반대한 남로당 제주도당의 무장 봉기와 이에 대한 미군정 및 경찰 토벌대의 강경 진압이 원인이 되어 발생하였다(1948.4.). 제주 4·3사건 발생 뒤 5·10 총선거가 실시되었고, 이를 통해 대한민국 정부가 수립되었다.

오답의 이유

② 제헌 국회에서 친일파 청산을 목적으로 하는 「반민족 행위 처벌법」이 제정 및 공포되었으며(1948.9.) 이에 의거하여 반민족 행위 특별 조사 위원회(반민 특위)가 구성되었다(1948.10.).

③ 1948년 9월 9일 북한에서 조선 민주주의 인민 공화국이 공식적으로 선포되었다.

④ 1949년 6월 제헌 국회에서 유상매수·유상분배의 원칙, 3정보 크기 제한 등의 내용을 담은 농지 개혁법이 제정되었으며, 이에 따라 1950년부터 농지개혁이 시행되었다.

19 난도 ★★☆   정답 ②

현대 > 정치사

자료해설

제시문의 사건은 ⓒ 부마 민주 항쟁(1979.10.) - ⓛ 12·12 군사
반란(1979.12.) - ⓐ 5·18 민주화 운동(1980.5.) - ⓔ 4·13 호
헌 조치(1987.4.) 순으로 발생하였다.

정답의 이유

ⓒ 부마 민주 항쟁: YH 무역 노동자들의 폐업 항의 농성이 신민당
　 사 앞에서 일어나자 박정희 정부가 신민당 총재 김영삼을 국회
　 의원직에서 제명하였다. 이에 김영삼의 정치적 근거지인 부산·
　 마산에서 유신 정권에 반대하는 부마 민주 항쟁이 전개되었다.

ⓛ 12·12 군사 반란(12·12 사태): 10·26 사태로 박정희가 피살
　 된 후 전두환을 중심으로 한 신군부 세력이 군사 반란을 일으켜
　 정권을 장악하였다.

ⓐ 5·18 민주화 운동: 신군부의 비상계엄 확대에 항거하여 광주에
　 서 5·18 민주화 운동이 일어났다. 신군부는 공수부대를 동원하
　 여 무력 진압을 강행하였고 학생과 시민들이 시민군을 결성하여
　 대항하면서 시위가 격화되었다.

ⓔ 4·13 호헌 조치: 민중의 민주화 요구가 확산되며 대통령 직선
　 제로의 개헌 논의가 활발해지자 전두환 정부는 이를 거부하고
　 대통령 간선제를 유지하겠다는 4·13 호헌 조치를 발표하였다.
　 이와 더불어 박종철 고문치사 사건이 불거지면서 6월 민주 항쟁
　 이 전국적으로 전개되었다.

20 난도 ★★★   정답 ①

현대 > 정치사

자료해설

제시문의 사건은 ⓔ 남북조절위원회 설치(1972.11) - ⓒ 남북 동
시 유엔 가입(1991.9.) - ⓐ 남북 기본 합의서 채택(1991.12) - ⓛ
6·15 남북 공동 선언(2000.6.) 순으로 발생하였다. 따라서 세 번
째로 발생한 사건은 ⓐ 남북 기본 합의서 채택이다.

정답의 이유

ⓔ 남북조절위원회 설치: 박정희 정부는 남북 간의 교류를 제의하
　 여 서울과 평양에서 7·4 남북 공동 성명을 발표하고 남북 조절
　 위원회를 설치하였다.

ⓒ 남북 동시 유엔 가입: 노태우 정부 때 적극적인 북방 외교 정책
　 을 추진하여 남북한 동시 유엔 가입이 이루어졌다.

ⓐ 남북 기본 합의서 채택: 노태우 정부 때 남북한 화해 및 불가침,
　 교류·협력 등에 관한 공동 합의서인 남북 기본 합의서가 채택
　 되었다. 남북 기본 합의서는 남북한 정부 간 최초의 공식 합의서
　 이다.

ⓛ 6·15 남북 공동 선언: 김대중 정부 때 평양에서 최초로 남북
　 정상 회담이 이루어져 6·15 남북 공동 선언이 발표되었다.

한눈에 훑어보기

 영역 분석

✔ **빠른 정답**

01	02	03	04	05	06	07	08	09	10
①	④	④	④	③	④	②	④	①	②
11	12	13	14	15	16	17	18	19	20
②	④	②	③	③	③	①	③	①	①

✔ **점수 체크**

구분	1회독	2회독	3회독
맞힌 문항 수	/ 20	/ 20	/ 20
나의 점수	점	점	점

---

01 난도 ★☆☆　　　　　　　　　　정답 ①

선사 시대와 국가의 형성 > 선사 시대

[정답의 이유]

① 청동기 시대에는 돌도끼나 홈자귀, 괭이 등 돌이나 나무로 만든 농기구를 사용하였다. 청동은 귀했기 때문에 농기구로 사용하지 못하고, 무기와 종교 의식에 쓰이는 의기를 만들어 사용했으며, 철기 시대 이후 호미, 쇠스랑, 쟁기 등의 철제 농기구가 널리 사용되면서 농업 생산량이 늘어났다.

[오답의 이유]

② 청동기 시대에는 거푸집으로 비파형 동검을 제작하여 사용하고, 청동 거울이나 방울 등을 제작하여 의례를 주관할 때 사용하였다.

③ 청동기 시대에는 생산 경제의 발달로 사유 재산과 계급이 발생하였고, 정치권력과 경제력을 가진 지배자인 군장이 등장하였다.

④ 청동기 시대에는 민무늬 토기를 널리 사용하였다. 이외에도 청동기 시대 토기로는 미송리식 토기, 부여 송국리형 토기, 붉은 간 토기 등이 있다.

02 난도 ★★☆　　　　　　　　　　정답 ④

고대 > 문화사

[정답의 이유]

④ 백제 무왕 때 건립된 익산 미륵사지 석탑은 현존하는 삼국 시대의 석탑 중 가장 크며, 국보 제11호로 지정되어 있다. 석탑 해체 복원 과정 중 1층 첫 번째 심주석에서 금제 사리봉영(안)기가 발견되어 건립 연도가 백제 무왕 때(639)임이 명확하게 밝혀졌다. 세계 최고(最古)의 목판 인쇄물인 무구정광대다라니경은 경주 불국사 삼층 석탑에서 발견되었다.

[오답의 이유]

① 무령왕릉은 널길과 널방을 벽돌로 쌓은 벽돌 무덤으로, 이 고분 양식을 통해 백제가 중국 남조와 교류하며 영향을 받았음을 알 수 있다.

② 영광탑은 발해 때 세워진 5층 벽돌탑으로, 당의 영향을 받았다.

③ 강서대묘는 굴식 돌방 무덤의 형태로 축조되었다. 내부에는 청룡, 백호, 주작, 현무 등의 사신도가 그려져 있어 도교의 영향을 받았음을 알 수 있다.

03 난도 ★☆☆

정답 ④

중세 > 정치사

자료해설

제시문의 '최우', '백관의 인사를 다루었는데', '문사(文士)를 뽑아' 등을 볼 때 ⊙은 정방임을 알 수 있다. '정방'은 1225년 최우가 자신의 집에 설치한 인사 행정 기관이다.

정답의 이유

④ 정방은 무신 정권 시기 최충헌의 뒤를 이어 집권한 최우가 자신의 집에 설치하였다. 최우는 정방을 인사 행정 담당 기관으로 삼아 인사권을 완전히 장악하였다.

오답의 이유

① 교정도감은 고려 무신 정권 시기 최충헌이 설치한 국정을 총괄하는 중심 기구이다. 최충헌은 스스로 기구 최고 관직인 교정별감이 되어 인사 및 재정 등을 장악하였다.

② 도방은 경대승이 신변 보호를 위해 설치한 무신 정권의 사병 기관이다. 이후 경대승의 호위뿐 아니라 반대 세력의 움직임을 탐지하여 형벌을 내리거나 숙청하는 역할 등을 담당하였다. 도방은 경대승 사후 해체되었다가 최충헌이 정권을 잡은 이후 전보다 더 큰 규모로 재건되기도 하였다.

③ 중방은 원래 궁궐과 도성의 수비, 치안 문제를 다루는 기관이었으나 1170년 이의방·정중부의 무신 정변 이후 무신 집권자들이 국정 전반을 논의하는 핵심 권력 기관이 되었다. 이후 최충헌이 권력을 잡고 교정도감·정방·도방 등이 갖추어지면서 중방의 기능이 약화되었다.

04 난도 ★★☆

정답 ④

근세 > 문화사

자료해설

제시문의 '원나라의 『수시력』을 사용하였다', '세종이 명하여 추보하도록 하니' 등의 내용을 통해 ⊙은 『수시력』 등을 참고하여 세종 때 제작된 역법서, 『칠정산내외편』임을 알 수 있다.

정답의 이유

④ 원나라는 1281년 『수시력』을 반포하고 사용하였는데, 고려에서 이를 받아들여 사용하였다. 조선이 건국된 이후에도 『수시력』을 사용했지만 조선의 실정과 다른 부분이 많았다. 이에 따라 세종은 정인지·정초·정흠지 등에게 명하여 조선에 맞는 역법서를 만들라 명하였고, 이에 편찬된 것이 『칠정산』이다. 『칠정산』은 내외편으로 구분되는데, 『칠정산내편』은 원나라의 수시력과 명나라의 대통력을 한양의 위도에 맞게 수정·보완한 것이며, 『칠정산외편』은 아라비아 천문학의 영향을 받아 원나라에서 편찬한 회회력을 조선에 맞게 고친 것이다.

오답의 이유

① 『향약채취월령』은 조선 세종 때 향약 채취에 실질적인 도움을 주기 위해 편찬된 의서로, 1년 12개월 동안 전국 각지에서 생산되는 약재와 약명, 산지, 말리는 법 등을 기록하였다.

② 『의방유취』는 조선 세종 때 동양의 여러 의학 서적과 이론을 수집·정리하여 집대성한 의학 백과사전이다.

③ 『농사직설』은 조선 세종 때 우리나라의 풍토에 맞는 농사 기술과 농민의 실제 경험을 토대로 우리의 독자적 농법을 최초로 정리한 농서이다.

더 알아보기

세종 시기 편찬 서적

『칠정산』	중국의 수시력과 아라비아의 회회력을 참고하여 만든 우리나라 역사상 최초로 서울을 기준으로 천체 운동을 계산한 역법서
『삼강행실도』	모범이 될 만한 충신, 효자, 열녀 등의 행적을 그림으로 그리고 설명한 윤리서
『농사직설』	우리 실정에 맞는 최초의 농서. 우리나라 풍토에 맞는 씨앗의 저장법, 토질 개량법, 모내기법 등 농민의 실제 경험을 종합함
『향약집성방』	우리 풍토에 맞는 7백여 종의 국산 약재와, 1천여 종의 병에 대한 치료 예방법을 소개한 의서
『의방유취』	동양 의학을 집대성한 의학 백과사전

05 난도 ★☆☆

정답 ③

근대 태동기 > 정치사

자료해설

제시문에 있는 '장용영을 설치'를 통해 밑줄 친 '이 왕'이 정조임을 알 수 있다. 정조는 왕권을 뒷받침하는 군사적 기반을 갖추기 위해 국왕 친위 부대인 장용영을 설치하였다.

정답의 이유

ⓛ 정조는 상공업 진흥을 위해 육의전을 제외한 시전 상인들의 금난전권을 폐지하여 상공업 활동의 자유를 보장하는 통공 정책을 실시하였다(신해통공).

ⓒ 정조는 새롭게 관직에 오른 자 또는 기존 관리 중 능력 있는 관리들을 규장각에서 재교육시키는 초계문신제를 시행하였다.

오답의 이유

⊙ 영조는 붕당 정치의 폐해를 막고 능력에 따른 인재를 등용하기 위해 탕평책을 실시하였고, 성균관에 탕평비를 건립하였다.

06 난도 ★★★

정답 ④

일제 강점기 > 사회사

자료해설

제시문은 신고산 타령을 개작한 '화물차 가는 소리'의 일부이다. 가사 중 '쇠붙이 쇠붙이 밥그릇마저 모조리 긁어 갔고요'를 통하여 1930~40년대 일제의 민족 말살 통치 시기의 사회상이 반영된 것임을 알 수 있다. 1930년대 이후 일제는 대륙 침략 전쟁 수행을 위해 한반도를 병참 기지화하여 침략 전쟁에 필요한 인적·물적 자원을 수탈하였다.

정답의 이유

④ 일제가 조선 어업령(1911), 조선 삼림령(1911), 조선 광업령(1915)을 제정하여 한반도의 각종 자원을 독점하고 한국인의 소유나 경영을 억제한 시기는 1910년대 무단 통치 시기이다.

① 일제는 '조선식량관리령'을 제정·공포하고(1943) 그 실행 기관으로 '조선식량영단'을 설립하였다. '조선식량영단'은 주요 식량의 전 유통 과정을 장악하고 식량 통제 업무를 수행하였고, 일제는 이를 통하여 한반도의 식량을 강제 공출하고 수탈하였다.

② 일제는 여자 정신 근로령(1944)을 공포하여 젊은 여성들을 군수물자 생산에 동원하였고, 이 중 일부 여성들을 일본군 '위안부'로 삼는 만행을 저질렀다.

③ 일제는 1940년대 초 '기업허가령'과 '기업정비령'을 공포하여 조선인이 기업을 설립할 때 일제의 허가를 받도록 하거나, 조선인 기업을 강제로 해산시키거나 일본인 기업에 흡수시키는 등의 방식으로 조선인 기업의 통제를 강화하였다.

조선 식량 관리령

- 정의: 1943년 일제가 침략 전쟁 수행을 위한 곡물 공출을 강제하기 위해 제정한 법률
- 제정 배경
  - 중일 전쟁 이후 군수 식량 확보를 위해 식량 증산 정책을 실시했으나, 전쟁의 장기화와 전황 악화로 식량 생산을 위한 조건은 점점 더 열악해짐
  - 1939년 큰 가뭄으로 인한 흉작이 미곡 사정을 더욱 더 악화시킴
- 내용
  - 일제는 미곡의 통제와 공출을 제도화하기 위해서 1939년 12월 27일 제령 제23호 「조선 미곡 배급 조정령」과 부령 제226호 「미곡 배급 통제에 관한 건」을 공포함
  - 1943년 8월 9일에는 제령 제44호로 「조선 식량 관리령」과 9월 11일 부령 제280호로 「조선 식량 관리령 시행 세칙」을 공포함
- 결과
  - 가혹한 일제의 공출에 농민들의 저항도 갈수록 높아져 갔음
  - 농민들의 저항에도 불구하고 공출의 강도가 더욱 심해져 결국 경작 포기 및 이농 발생 → 다시 생산량 감소로 이어지며 농촌의 피폐화를 가속화시킴

07 난도 ★★☆   정답 ②

현대 > 정치사

㉠ 대한민국 임시정부 주석 김구와 외무부장 조소앙은 장제스를 찾아가 제2차 세계 대전 종전을 앞두고 개최될 카이로 회담에서 한국의 독립이 다루어지도록 요청하였다. 이후 열린 카이로 회담의 결과 한국 독립을 명기한 카이로 선언이 발표되었다(1943.11.).

㉣ 얄타 회담(1945.2.)은 미국·영국·소련 3국이 참여한 것으로, 소련의 대일 참전 결정과 한국의 신탁 통치 등 전후 처리 문제가 논의되었다.

㉢ 포츠담 선언(1945.7.)은 미국·영국·중국·소련이 참여하여 일본의 무조건 항복 요구, 한국의 독립을 재확인한 선언이다.

㉡ 모스크바 3국 외상회의(1945.12.)는 세계 대전 전후 문제를 처리하기 위해 소련 모스크바에서 열린 회의이다. 이 회의에서 한반도 내의 미·소 공동 위원회 설치와 최대 5년간의 신탁 통치 협정안이 결정되었다.

㉤ 1948년 2월, 유엔 소총회에서 선거가 가능한 지역에서만 선거를 시행하고 임시 위원단이 선거를 감시하라는 결정을 내렸다. 이에 따라 유엔의 감시 아래 남한 단독 총선거가 실시되었다(1948.5.10.).

연합국의 한국 독립 논의

카이로 선언 (1943.11.)	미국·영국·중국 3국 수뇌, 한국의 독립을 최초로 약속
얄타 회담 (1945.2.)	미국·영국·소련 수뇌, 소련의 대일전 참전 결정. 한국 신탁 통치 등 전후 처리 문제 논의
포츠담 선언 (1945.7.)	미국·영국·중국 3국 수뇌 + 소련(8월에 추가 서명). 한국 독립 약속 재확인

08 난도 ★☆☆   정답 ④

근대 태동기 > 문화사

제시문의 '여전(閭田)의 법', '공동으로 경작', '노동량 기록', '수확물을 모두 여장의 집으로 보내어 그 식량을 분배' 등의 내용을 통해 밑줄 친 '나'는 중농주의 실학자 '정약용'임을 알 수 있다. 정약용은 한 마을을 단위로 하여 토지를 공동으로 소유하고 경작하여 그 수확량을 노동량에 따라 분배하는 내용의 '여전론'을 주장하였다.

④ 『목민심서』는 중농주의 실학자 정약용이 목민관이 지켜야 할 지침을 밝히면서 관리들의 폭정을 비판한 저서이다.

① 『북학의』는 중상주의 실학자 박제가가 청에 다녀온 후 저술한 저서이다. 박제가는 이 책을 통해 청의 문물을 적극적으로 수용할 것과 절약보다는 적절한 소비를 통해 생산을 발전시켜야 한다는 내용을 주장하였다.

② 『성호사설』은 중농주의 실학자 이익이 백과사전식으로 저술한 저서이다. 이익은 이 책을 통해 한 가정의 생활을 유지하는 데 필요한 규모의 토지를 영업전으로 정하고, 영업전의 매매를 금지하는 한전론을 주장하였다.

③ 『반계수록』은 중농주의 실학자 유형원이 통치 제도에 관한 개혁안을 중심으로 저술한 책이다. 유형원은 이 책을 통해 신분에 따라 차등 있게 토지를 재분배하고 자영농을 육성하는 균전론을 주장하였다.

09 난도 ★★☆   정답 ①

근대 > 정치사

자료해설

제시문 (가)의 '개화당', (나)의 '임오군란 이후', '이 사건을 일으켰던 이는 일본 당으로 지목되었다' 등의 내용을 통해 밑줄 친 '이 사건'은 1884년에 개화당(급진 개화파)이 주도한 갑신정변임을 알 수 있다. 김옥균을 중심으로 한 급진 개화파는 일본의 군사적 지원을 받아 우정국 개국 축하연 자리에서 갑신정변을 일으키고 청과의 사대 관계 폐지, 입헌 군주제, 능력에 따른 인재 등용 등을 주장하였다.

정답의 이유

① 임오군란 이후 조·청 상민 수륙 무역 장정을 체결하였다 (1882). 조선 정부는 임오군란을 진압하기 위해 청군의 출병을 요청하였다. 청은 임오군란을 진압한 이후 조선과 '조·청 상민 수륙 무역 장정'을 체결하여 치외 법권과 함께 양화진에 점포 개설권, 내륙 통상권, 연안 무역권을 인정받았다.

오답의 이유

② 김옥균, 박영효 등 개화당은 일본의 군사적 지원을 약속받고 우정총국의 낙성 축하연 자리에서 갑신정변을 일으켰다.

③ 개화당은 갑신정변을 일으켜 정권을 장악한 뒤 14개조 개혁 정강을 발표하였다. 여기에는 청과의 사대 관계 폐지, 입헌 군주제, 능력에 따른 인재 등용 등의 내용이 포함되어 있었다.

④ 갑신정변 직후 청과 일본은 조선에 군대를 파견할 경우 상대국에 사전 통보할 것 등을 내용으로 한 톈진 조약을 체결하였다.

10 난도 ★★☆   정답 ②

시대 통합 > 경제사

자료해설

제시문의 '조준 등이 또 상소하여', '토지를 지급하는 법' 등을 통하여 밑줄 친 '법'이 고려 공양왕 때 시행한(1391) '과전법'임을 알 수 있다. 관원들에게 토지를 지급하는 제도인 '과전법'은 고려 말 신진 사대부 세력과 급진 개혁파의 주도로 시행되었는데, 이후 조선까지 이어져 사대부 관리들의 경제 기반을 보장하고 국가의 재정을 유지하는 토대가 되었다.

정답의 이유

② 고려 공양왕 때 신진 사대부 조준 등의 건의로 토지 개혁법인 과전법을 실시(1391)하였는데 지급 대상 토지를 원칙적으로 경기 지역에 한정하였다.

오답의 이유

① 고려 경종 때 관리의 관등과 인품에 따라 전지와 시지를 지급하는 시정 전시과가 시행되었다(976).

③ 조선 세조 때 관리의 토지 세습 등으로 지급할 토지가 부족해지자 수신전·휼양전을 폐지하고 현직 관리에게만 수조권을 지급하는 직전법이 시행되었다(1466).

④ 조선 인조 때 개간을 권장하여 경작지를 확충하고 농민 부담을 줄이기 위해 영정법을 실시하여 풍흉에 관계없이 토지 1결당 쌀 4~6두로 전세를 고정하였다(1635).

11 난도 ★★☆   정답 ②

고대 > 정치사

자료해설

제시문의 '호암사에 있는 바위에 두었다', '도장이 찍혀 있는 사람을 재상으로 삼았다' 등의 내용을 통하여 〈보기〉의 제도가 백제의 '정사암 회의'라는 것을 알 수 있다. 백제의 귀족들은 정사암이라는 바위에서 회의를 통해 재상을 선출하고 국가의 중대사를 논의하고 결정하였다.

정답의 이유

② 백제는 성왕 때 관등제, 중앙 정치 제도, 지방 제도를 대대적으로 정비하고 통치 조직을 완비하였으며, 지방 제도로 방(方)이라는 최상위 행정 단위를 두고, 전국을 동, 서, 남, 북, 중 5방으로 나누었다. 방의 장관은 '방령'이라 칭했는데 방령은 각 방의 행정 책임자인 동시에 군사 지휘관이었다.

오답의 이유

① 고구려는 지방을 대성, 중성, 소성 3단계로 나누어 통치하였으며, 대성에는 욕살을, 중성에는 처려근지를 장관으로 두었다.

③ 신라는 새로 점령한 지역의 주요 거점을 최상위 행정 단위인 주(州)로 삼고, 그곳에 지방 단위에 주둔하는 군단인 정(停)을 두고 진골 출신의 장군이 지휘하도록 하였다.

④ 고구려에서는 국가의 중대사를 귀족들이 회의를 통해 결정하였는데, 제1관등인 '대대로'를 임명할 때에는 귀족들인 가(加)들이 모여 선출하였으며, 주요 국사는 제5관등인 조의두대형 이상 귀족들의 회의에서 처리하였다.

12 난도 ★★☆   정답 ④

중세 > 경제사

자료해설

제시문의 '해동통보'를 보아 〈보기 1〉의 시대는 고려 숙종(1095~1105) 때임을 알 수 있다.

정답의 이유

ⓛ·ⓡ 고려 숙종 때 승려 의천의 건의에 따라 화폐 주조를 전담하는 주전도감을 설치하고, 해동통보와 삼한통보, 해동중보 등의 동전과 활구(은병)를 발행·유통하였다.

오답의 이유

ⓖ 조선통보는 조선 세종 때 발행한 화폐이다(1423).

ⓔ 십전통보는 조선 효종 때 발행한 화폐이다(1651).

고려 · 조선 시대의 화폐

고려	• 성종: 건원중보 • 숙종: 삼한통보, 해동통보, 해동중보, 활구(은병) • 충렬왕: 쇄은 • 충혜왕: 소은병 • 공양왕: 저화
조선	• 세종: 조선통보 • 인조: 상평통보 • 숙종: 상평통보를 법화로 지정 • 효종: 십전통보 • 고종: 당백전(흥선 대원군)

13 난도 ★★☆   정답 ②

근대 > 정치사

정답의 이유

ⓒ '외국인에게 의지하지 말고 관민이 협력하여 전제황권을 공고히 한다.'는 독립 협회의 주도로 결의된 헌의 6조에 속하는 조항이다. 독립 협회는 최초의 근대적 민중 집회인 만민 공동회와 개혁적인 정부 대신들과 학생, 시민이 함께 참석한 관민 공동회를 개최하였으며, 헌의 6조를 건의하여 고종이 이를 채택하였다.

ⓜ '중대 범죄를 공판하되 피고의 인권을 존중한다.' 역시 독립 협회의 주도로 결의된 헌의 6조에 속하는 조항이다.

오답의 이유

ⓐ · ⓛ · ⓔ 동학 농민군은 정부와 전주 화약을 맺어 자치 개혁 기구인 집강소를 설치하여 탐관오리 처벌, 부패한 지배층 징벌, 잡세 폐지 등의 내용이 담긴 폐정 개혁안을 실시하였다.

14 난도 ★★☆   정답 ③

일제 강점기 > 정치사

자료해설

제시문의 '충칭', '이범석 장군', 'OSS 특별 훈련' 등의 내용을 볼 때 '한국 광복군'에 대한 내용임을 알 수 있다.

정답의 이유

③ 충칭에서 대한민국 임시정부의 직할 부대로 창설된 한국 광복군 (1940)은 총사령관 지청천, 부대장 이범석 등을 중심으로 편성되었다. 한국 광복군은 영국군의 요청을 받아 인도 · 미얀마 전선에 파견되었으며 중국에 주둔한 미군(OSS부대)과 연합하여 특수 훈련을 실시하는 등 한반도 진공 작전을 준비하였다. 그러나 일본이 전쟁에서 항복하면서 작전은 무산되었다.

오답의 이유

① 대한민국 임시정부에 편입되지 않은 조선 의용대 중 일부가 중국 화북지대로 이동한 후 조선 독립 동맹으로 확대 · 개편되었으며, 산하에 조선 의용군이 조직되었다(1942). 조선 의용군은 중국 팔로군과 함께 항일 투쟁을 전개하였다.

② 김구는 대한민국 임시정부가 겪던 곤경을 타개하고 침체된 독립운동의 새로운 활로를 모색하기 위해 상하이에서 한인 애국단을 결성하여 적극적인 투쟁 활동을 전개하였다(1931).

④ 중국 공산당은 1933년 항일 세력의 규합과 노동자의 주도권 강화를 강조하면서 만주에서 활동하고 있는 조선인과 중국인의 유격대를 통합하여 동북 인민 혁명군을 편성하였다(1933). 이후 동북 항일 연군으로 개편(1936)하여 유격 활동을 계속하였다.

15 난도 ★★☆   정답 ③

일제 강점기 > 정치사

자료해설

제시문은 황국 신민 서사의 내용이다. 일제는 1930년대 이후 대륙 침략을 위해 한반도를 병참 기지화하고 중일 전쟁과 태평양 전쟁을 일으켰다. 이 시기 일제는 국가 총동원법(1938)을 시행하여 우리 민족을 전쟁에 강제 동원하였다. 또한 민족의 정체성을 말살하기 위해 황국 신민화 정책을 시행하고 내선일체의 구호를 내세워 황국 신민 서사 암송(1937)과 창씨 개명(1939), 신사 참배 등을 강요하였다.

정답의 이유

③ 일제는 민족 말살 통치기에 조선 사상범 예방 구금령을 공포하여 사상 및 행동을 관찰한다는 명목으로 조선인들의 독립운동을 탄압하였다(1941). 이 법령은 치안 유지법 위반으로 형을 마친 자를 석방된 이후에도 법원의 영장 없이 검경이 자의적으로 계속 구금하거나 일정한 제재를 할 수 있도록 한 반인권적 조치였다.

오답의 이유

① 조선 총독부는 토지 조사국을 설치하고 토지 조사령을 발표하여 일정 기간 내 토지를 신고하도록 하는 토지조사사업을 실시하였다(1912). 총독부는 짧은 신고 기간, 복잡한 절차 등의 이유로 신고되지 않은 토지를 몰수하여 일본인에게 헐값으로 불하하였다.

② 일제는 국내의 치안 유지를 빙자하여 치안 유지법을 공포하여 (1925) 식민지 지배에 저항하는 독립운동가와 사회주의 세력을 탄압하였다.

④ 일제는 도시화 등의 이유로 일본 본토에서 식량 부족 문제가 발생하자, 부족한 쌀을 조선에서 수탈하기 위해 산미증식계획을 실시하였다(1920). 이에 따라 품종 개량, 수리 시설 구축, 개간 등을 통해 쌀 생산을 대폭 늘리려 하였으나 증산량은 계획에 미치지 못하였다. 하지만 일제는 증산량보다 많은 양의 쌀을 일본으로 보냈고, 조선 농민들의 경제 상황은 더욱 악화되었다.

16 난도 ★★★   정답 ③

고대 > 정치사

자료해설

제시문의 '견대당매물사(遣大唐賣物使)'를 통하여 ㉠ 인물이 장보고라는 것을 알 수 있다. '견대당매물사'는 통일 신라 때 청해진 대사 장보고가 무역을 하기 위하여 당나라에 파견한 무역 사절이다. 제시된 사료 『입당구법순례행기』는 일본 승려 엔닌이 당의 불교 성지를 돌아보고 기록한 여행기로, 당 입국과 귀국을 도와준 장보고의 은혜에 깊은 경의를 표하는 내용이 포함되어 있다.

정답의 이유
③ 장보고는 중국 산둥성 적산촌에 법화원이라는 사찰을 건립하고 지속적으로 지원하였다. 이 절은 이 지역 거주 신라인들을 포함한 지역 사회의 중심지로 기능하였다.

오답의 이유
① 김대문은 통일 신라 진골 귀족 출신의 문장가로, 화랑들의 전기인 『화랑세기』와 승려들의 전기인 『고승전』 등을 저술하였다.
② 발해 무왕은 장문휴의 수군을 보내 당의 등주 지역을 공격하였다.
④ 통일 신라 헌덕왕 때 웅천주 도독 김헌창은 아버지인 김주원이 왕위를 계승하지 못한 데 불만을 품고 국호를 '장안', 연호를 '경운'이라고 하여 반란을 일으켰으나 관군에 진압되어 실패하였다.

더 알아보기
장보고의 활동

국제 무역 주도	완도에 청해진을 설치하여 해적들을 소탕하고 해상 무역권을 장악하면서 당·신라·일본을 잇는 국제 무역을 주도
법화원 건립	산둥 반도 적산촌에 법화원 건립, 신라원 중 가장 유명한 사찰
무역 사절 파견	당에 견당매물사 파견, 일본에 회역사 파견
장보고의 난	해상 무역권 장악 후 문성왕이 자신의 딸을 왕비로 삼기로 한 것을 철회하자 이에 분노하여 반란을 일으켰으나, 신라 왕실과 귀족들이 장보고를 살해

17 난도 ★★★   정답 ①

근대 > 정치사

자료해설
제시문은 '한·일 의정서' 제4조의 내용이다. 러·일 양국 간의 전운이 감돌자 대한 제국은 우리 영토가 전쟁터로 변하는 것을 막고자 국외 중립을 선언(1904.1.)하였다. 그러나 러·일 전쟁을 일으킨 일제는 이를 무시하고 한·일 의정서를 강제로 체결(1904.2.)하였다. 이로 인해 일제는 한반도의 군사적 요충지와 시설을 강제로 점유하였으며 대한제국의 외교권을 제한하였다.

정답의 이유
① 1904년 2월 일본이 제물포에 있는 러시아 군함을 기습 공격하며 러·일 전쟁을 일으켰다.

오답의 이유
② 일본은 러·일 전쟁 중 군사적 목적을 위해 조선 정부 몰래 독도를 시마네현에 불법 편입하였다(1905).
③ 일제는 을사늑약 체결 이후 고종의 헤이그 특사 파견을 구실로 한·일 신협약(정미 7조약)을 체결하여 대한제국의 군대를 강제 해산시키고 내정을 완전히 장악하고자 하였다(1907).
④ 네덜란드 헤이그에서 만국 평화 회의가 개최되자 고종은 특사(이준, 이상설, 이위종)를 파견하여 을사늑약의 무효를 알리고자 하였다. 그러나 을사늑약으로 인해 외교권이 없던 대한 제국은

일본의 방해와 주최국의 거부로 큰 성과를 거두지 못하였다. 이후 일본은 헤이그 특사 사건을 빌미로 고종을 강제로 퇴위시켰다(1907).

더 알아보기
한·일 의정서 6개조 전문
제1조 한일 양 제국간에 오래도록 변하지 않는 친교를 유지하고 동양평화를 확립함을 위하여 대한제국정부는 대일본제국정부를 확신하여 시정개선에 관하여 그 충고를 들을 것
제2조 대일본제국정부는 대한제국의 황실을 확실한 친의(親誼)로써 안전·강녕케 할 것
제3조 대일본제국정부는 대한제국의 독립과 영토 보전을 확실히 보증할 것
제4조 제3국의 침해나 혹은 내란으로 인해 대한제국의 황실 안녕과 영토 보전에 위험이 있을 경우 대일본제국정부는 속히 임기 응변의 필요한 조치를 행하며, 대한제국정부는 대일본제국정부의 행동이 용이하도록 충분히 편의를 제공할 것. 대일본제국정부는 전항(前項)의 목적을 성취하기 위해 군략상 필요한 지점을 임기 수용할 수 있을 것
제5조 대한제국정부와 대일본제국정부는 상호의 승인을 경유하지 않고 훗날 본 협정의 취지에 위반할 협약을 제3국간에 정립(訂立)할 수 없을 것
제6조 본 협약에 관련된 미비한 세부조항은 대한제국 외부대신과 대일본제국 대표자 간에 형편에 따라 협정할 것

18 난도 ★★★   정답 ③

중세 > 문화사

자료해설
제시문의 '귀법사의 주지', '『보현십원가』를 지었다', '화엄 교학을 정비' 등의 내용을 볼 때 〈보기〉의 인물이 '균여'임을 알 수 있다. 균여는 고려 광종(949~975) 때의 승려이다. 광종은 왕권을 강화하기 위해 개경에 화엄종 계열의 귀법사를 창건하고 균여를 주지로 임명하여 불교 세력을 통합하고자 하였다.

정답의 이유
③ 고려 광종은 교종과 선문으로 분산된 불교 교단의 정비 작업을 추진하는 한편, 선교일치의 경향을 띠고 있던 법안종을 수용하기 위해 중국에 승려들을 보내는 노력을 하였다.

오답의 이유
① 고려 현종 때 거란의 성종은 강조의 정변을 구실로 40만 대군을 이끌고 2차로 침입하였다. 거란의 2차 침입으로 개경이 함락되기도 하였으나, 양규가 이끄는 고려군이 강화를 맺고 물러가는 거란군을 크게 격파하였다(흥화진 전투).
② 고려 문종의 넷째 아들인 승려 의천은 대장경의 보완을 위하여 송·요·일본의 주석서를 모아 흥왕사에 교장도감을 설치하고 교장(속장경)을 간행하였다.
④ 고려 현종은 부모의 명복을 빌기 위해 현화사를 크게 창건하였으며, 성종 대에 중단되었던 연등회와 팔관회를 부활시켰다.

19 난도 ★★☆　　　　　　　　　　　　　　　정답 ①

근세 > 정치사

정답의 이유

ⓛ 1592년 7월, 한산도 앞바다에서 전라 좌수사 이순신, 전라 우수사 이억기, 경상 우수사 원균 등이 연합한 조선 수군이 일본 수군을 대파하였다(한산도 대첩).

ⓔ 1592년 10월, 약 2만 명의 일본군이 진주성을 공격해오자 진주목사 김시민이 격전 끝에 진주성을 지켜냈다(제1차 진주성 전투, 진주 대첩).

ⓐ 1593년 1월, 조선군과 이여송을 장수로 한 명나라 지원군이 연합(조·명 연합군)하여 일본군으로부터 평양성을 탈환하는 데 성공하였다.

ⓒ 1593년 2월, 조·명 연합군이 평양성을 공격하여 탈환하자 후퇴한 왜군은 행주산성을 공격하였다. 이에 권율을 중심으로 한 조선 군대와 백성들이 항전하여 왜군에 승리를 거두었다(행주대첩).

20 난도 ★★★　　　　　　　　　　　　　　　정답 ①

일제 강점기 > 정치사

자료해설

제시문의 '집단지도체제인 국무위원제를 채택했다', '주석을 선출하되 권한을 갖지 않고' 등의 내용을 볼 때 〈보기〉의 체제 개편은 임시정부 제3차 개헌임을 알 수 있다. 임시정부는 제3차 개헌(1927)을 통해 국무위원 중심의 집단 지도 체제로 변경하였다.

정답의 이유

① 제2차 개헌의 결과로 이승만이 탄핵되었고, 박은식이 임시 대통령으로 추대되었으며 국무령 중심의 의원 내각제로 개편되었다(1925). 당시 국무령은 김구가 맡았다.

오답의 이유

② 대한민국 임시정부는 제4차 개헌으로 김구 주석의 단일 지도 체제로 전환하고(1940), 조소앙의 삼균주의를 받아들인 대한민국 건국강령을 반포하였다(1941).

③ 김구는 대한민국 임시정부의 곤경을 타개하고 침체된 독립운동의 새로운 활로를 모색하기 위해 상하이에서 한인 애국단을 결성하여 적극적인 투쟁 활동을 전개하였다(1931).

④ 김구를 중심으로 한 대한민국 임시정부의 핵심 인사들은 항저우에서 한국 국민당을 창당하여 정당 정치를 운영하였다(1935).

한국사 | 2022년 제1회 서울시 9급

한눈에 훑어보기

✅ 영역 분석

선사 시대와 국가의 형성   01
1문항, 5%

고대   03   05   07
3문항, 15%

중세   08   10   11   17
4문항, 20%

근세   02
1문항, 5%

근대 태동기   09   12   14
3문항, 15%

근대   04   16   20
3문항, 15%

일제 강점기   06   13   15   19
4문항, 20%

현대   18
1문항, 5%

✅ 빠른 정답

01	02	03	04	05	06	07	08	09	10
④	③	④	②	②	④	③	①	④	②

11	12	13	14	15	16	17	18	19	20
③	③	②	④	②	③	①	①	③	②

✅ 점수 체크

구분	1회독	2회독	3회독
맞힌 문항 수	/ 20	/ 20	/ 20
나의 점수	점	점	점

---

01 난도 ★☆☆   정답 ④

선사 시대와 국가의 형성 > 국가의 형성

자료해설

제시문의 밑줄 친 '이 나라'는 동예이다. 동예는 읍군이나 삼로라는 군장들이 부족을 다스렸다. 매년 10월에는 무천이라는 제천 행사를 열었으며, 단궁, 과하마, 반어피 등의 특산물이 유명하여 이를 낙랑과 왜에 수출하기도 하였다.

정답의 이유

④ 동예에는 읍락 간의 영역을 중요시하여 다른 부족의 경계를 침범하는 경우 노비와 소, 말로 변상하게 하는 책화 제도가 있었다.

오답의 이유

① 부여에는 왕 아래 가축의 이름을 딴 마가, 우가, 저가, 구가의 가(加)들의 관직이 있었다. 이들은 행정 구역인 사출도를 다스렸고 왕이 통치하는 중앙과 합쳐 5부를 구성하였다.

② 삼한 중 변한 지역은 철 생산이 활발하여 낙랑과 왜에 수출하기도 하였다.

③ 고구려는 소노부, 계루부, 절노부, 순노부, 관노부 5부족 연맹체로서 계루부는 왕족, 절노부는 왕비족, 소노부는 계루부 이전의 왕족이었다.

더 알아보기

동예의 특징

정치	읍군, 삼로(군장)
경제	명주, 삼베, 단궁, 과하마, 반어피 등
풍속	족외혼, 책화
제천 행사	10월 무천

---

02 난도 ★★☆   정답 ③

근세 > 정치사

정답의 이유

③ 조선 시대에는 중앙에서 경재소를 통해 지방의 유향소를 통제하였는데, 중앙의 고위 관리가 그 출신 지역의 경재소를 관장하고 그 지역의 유향소 품관을 임명, 감독하였다.

오답의 이유

① 조선은 전국을 8도로 나누고 모든 군현에 수령을 파견하였는데 원칙적으로 고관을 출신지에 임명하지 않는 제도인 상피제의 적용을 받았다.

② 조선 시대 지방 행정 조직에는 향리들이 중앙의 6조에 상응하는 6방의 조직을 갖추어 수령을 보좌하여 지방의 행정 실무를 수행하였다.

④ 수령의 업무를 평가하는 '수령칠사'에는 농상성(농사와 양잠의 흥성), 사송간(송사의 간명한 처리), 간활식(간사하고 교활한 풍속을 없애는 일), 호구증(호구의 증가), 학교흥(학교 교육의 진흥), 군정수(군정의 바른 처리), 부역균(부역의 균등한 부과) 등이 있었는데, 이 중 호구증은 지방의 인구를 늘리는 것으로 수령의 중요한 임무 중 하나였음을 알 수 있다.

03 난도 ★☆☆　　　　　　　　　　　　정답 ④

고대 > 정치사

자료해설

제시문에서 박사 고흥에게 역사서인 『서기』를 편찬하게 한 백제의 왕은 근초고왕이다. 근초고왕은 백제의 13대 왕으로 재위기간은 346~375년이다.

정답의 이유

④ 백제의 근초고왕이 평양성을 공격하여 고구려의 고국원왕이 전사하였다(371). 고국원왕은 고구려의 제16대 왕으로 재위기간은 331~371년이다.

오답의 이유

① 동천왕: 고구려의 11대 왕으로 재위기간은 227~248년이다.
② 장수왕: 고구려의 20대 왕으로 재위기간은 413~491년이다.
③ 문자명왕: 고구려의 21대 왕으로 재위기간은 491~519년이다.

04 난도 ★★★　　　　　　　　　　　　정답 ②

근대 > 사회사

자료해설

제시문은 서울 북촌의 양반 여성들이 모여 발표한 『여권통문(여학교 설치통문)』이다(1898).

정답의 이유

② 한국 최초의 여성 인권 선언서인 『여권통문』을 통해 여성이 정치에 참여할 권리, 남성과 평등하게 직업을 가질 권리, 교육을 받을 권리 등을 주장하였으며, 이후 현실적인 여성 교육을 실현하기 위해 최초의 근대적 여성 단체인 찬양회를 조직하기도 하였다.

오답의 이유

① 서울 북촌에 거주하는 양반 부인들이 『여권통문』을 발표하였다.
③ · ④ 1895년 교육 입국 조서의 반포에 따라 한성 사범 학교가 설립되었다. 『여권통문』은 그 이후인 1898년에 발표되었다. 『여권통문』의 발표 후 최초의 근대적 여성 단체인 찬양회를 조직하여 여성 교육 실시와 여학교 설립을 주장하였다. 이후 찬양회는 1899년 2월 순성 여학교를 개교하여 운영하게 되었다.

05 난도 ★★☆　　　　　　　　　　　　정답 ②

고대 > 정치사

자료해설

제시문의 녹읍 폐지와 관료전 지급의 내용을 통해 신문왕이라는 것을 알 수 있다.

정답의 이유

② 통일 신라 신문왕은 유교 정치를 확립시키기 위해 유학 교육 기관인 국학을 설치하였다.

오답의 이유

① 통일 신라 원성왕은 국학의 학생들을 대상으로 독서삼품과를 실시하여 유교 경전의 이해 수준에 따라 관리를 채용하였다.
③ 통일 신라 경덕왕은 국학을 태학감으로 개편하고 박사와 조교를 두어 논어와 효경을 가르쳤다.
④ 통일 신라 성덕왕 때에는 당에서 공자(孔子) · 10철(哲) · 72제자의 화상을 들여와 국학에 안치하였다.

더 알아보기

신라 국왕의 업적

신문왕	• 김흠돌의 난 진압 → 귀족 숙청, 왕권 강화 • 제도 정비(9주 5소경), 관료전 지급, 녹읍 폐지, 국학 설립
성덕왕	정전 지급 → 국가의 토지 지배력 강화, 수취 체제 정비
원성왕	독서삼품과 설치
경덕왕	• 녹읍 부활, 왕권 약화 → 귀족 연합 정치 • 국학을 태학으로 개편(박사와 조교)

06 난도 ★★★　　　　　　　　　　　　정답 ④

일제 강점기 > 정치사

자료해설

제시문에서 밑줄 친 '이 단체'는 대한 광복회이다. 이 단체는 경상북도의 풍기 광복단과 대구의 조선 국권 회복단 중 일부 인사들이 이탈하여 함께 조직한 것이었다.

정답의 이유

④ 박상진은 공화정체의 근대 국민 국가의 수립을 지향하는 대한 광복회(1915)의 초대 총사령으로 활동하면서 독립군 양성에 힘쓰는 한편, 친일 세력들을 처단하는 의협 투쟁도 전개하였다.

오답의 이유

① 신민회의 이회영 등이 중심이 되어 만주 삼원보에 민족 운동 단체인 경학사를 조직하고 항일 무장 투쟁의 필요성을 인식하여 독립군 양성 학교로 신흥 강습소를 설립하였다.
② 러시아에 거주하던 한인들은 연해주 우수리스크에 본부를 둔 전로 한족회 중앙 총회를 조직하였다. 이후 3 · 1 운동 직후에 국내외를 통해 임시 정부 성격을 띤 최초의 조직인 대한 국민 의회로 개편되었다.
③ 대한 독립 선언서(무오 독립 선언서)는 만주 · 러시아 등 해외에 나가 있던 독립 운동가 39인이 조선 독립을 선언을 발표한 것으로 무장 투쟁을 독립 운동의 방향으로 설정하였다.

07 난도 ★★☆　　　　　　　　　　　　정답 ③

고대 > 문화사

자료해설

제시문의 '진성왕'과 '시무 10여 조'를 통해 (가)의 인물이 최치원임을 알 수 있다.

정답의 이유

③ 『제왕연대력』은 최치원이 당에서 배운 역사 지식으로 신라의 역사를 나름대로 해석하여 편찬한 역사서이다. 현재 전해지지는 않으나 그 내용의 일부가 『삼국사기』에 인용되었으며, 책 제목을 보았을 때 연표 형식일 것으로 추측되는 문헌이다.

오답의 이유

① · ② 김대문 - 『화랑세기』, 『고승전』, 『한산기』, 『계림잡전』, 『악본』 등

④ 최치원 - 『계원필경』, 『토황소격문』, 『사산비명』, 『중산복궤집』, 『제왕연대력』 등

08 난도 ★★☆　　　　　　　　　　　　정답 ①

중세 > 정치사

자료해설

제시문의 밑줄 친 인물은 고려의 현종이다. 고려의 강조는 천추 태후와 그의 정부 김치양으로 인한 국가의 혼란을 바로잡기 위해 정변을 일으켜 목종을 폐위시키고 현종(대량원군)을 즉위시켰다(1009).

정답의 이유

① 고려의 현종은 부모의 명복을 빌고 불교의 진흥을 위해 현화사를 창건하고, 연등회와 팔관회를 부활하였다.

오답의 이유

② 고려 정종 때 최광윤의 의견을 받아들여 거란의 침입에 대비하기 위한 광군을 조직하였다.

③ 고려 성종 때 거란의 소손녕이 80만 대군을 이끌고 침략해오자, 서희가 소손녕을 찾아가 고려가 고구려의 후예임을 내세워 현재 거란이 가진 땅이 고려의 영토임을 주장하였다(993). 이 외교 담판에서 친송 관계를 끊고 거란과 적대하지 않는다는 조건으로 강화를 성사시키고, 강동 6주(흥화, 용주, 통주, 철주, 귀주, 곽주)를 획득하여 영토를 확장하였다.

④ 재조대장경(팔만대장경)은 고려 고종 때 몽골의 침략을 막아 내기 위하여 강화에서 조판에 착수(1236)하여 1251년 완성하였다.

09 난도 ★★☆　　　　　　　　　　　　정답 ④

근대 태동기 > 문화사

정답의 이유

ⓔ 『택리지』는 영조 때의 실학자 이중환이 현지 답사를 기초로 저술한 우리나라의 지리서이다. 이 책의 복거총론 생리편에는 경제 조건 등에 대한 내용이 담겨 있다.

ⓜ 허준이 선조의 명으로 집필한 『동의보감』은 우리나라와 중국 의서의 각종 의학 지식과 치료법을 집대성한 의서로 광해군 때 완성되었다. 이 의학 서적은 '동양 의학의 정수'라고 불린다.

오답의 이유

㉠ 영조 때 정상기가 최초로 100리 척을 사용하여 제작한 지도는 『동국지도』이다.

㉡ 조선 후기 국어에 대한 연구로는 신경준의 『훈민정음운해』, 유희의 『언문지』, 이의봉의 『고금석림』 등이 있다.

㉢ 조선 후기 안정복의 『동사강목』 등은 고조선부터 고려 말까지의 역사를 정리하여 편찬한 역사서이다. 유득공은 『발해고』를 집필하였다.

더 알아보기

근대 태동기의 문화

역사	『동사강목』(안정복), 『발해고』(유득공), 『동사』(이종휘), 『연려실기술』(이긍익), 『해동역사』(한치윤), 『금석과안록』(김정희)
지리	『동국지리지』(한백겸), 『아방강역고』(정약용), 『택리지』(이중환), 『대동지지』(김정호)
지도	『동국지도』(정상기), 『대동여지도』(김정호)
국어	『훈민정음운해』(신경준), 『언문지』(유희), 『고금석림』(이의봉)
의학	『동의보감』(허준), 『침구경험방』(허임), 『마과회통』(정약용), 『동의수세보원』(이제마)

10 난도 ★☆☆　　　　　　　　　　　　정답 ②

중세 > 정치사

자료해설

제시문은 고려 태조 왕건이 남긴 '훈요 10조'이다.

정답의 이유

② 고려 태조 왕건은 호족 통합의 일환으로 개국 공신과 지방 호족을 관리로 등용하였으며 역분전 등을 지급하였다. 또한 지방 호족과의 혼인 정책, 왕씨 성을 하사하여 친족으로 포섭하는 사성 정책, 호족 자치권의 인정 등 통합을 위한 회유책 등을 시행하였다.

오답의 이유

① 고려 광종은 호족의 세력을 약화시키기 위해 노비안검법을 실시하였고, 후주 출신 쌍기의 건의를 받아들여 과거 제도를 시행하기도 하였다.

③ 고려 경종에 의해 처음 시행된 전시과는 관직 복무와 직역의 대가로 관료에게 토지를 나눠 주는 제도였다. 관리부터 군인, 한인까지 총 18등급으로 나누어 곡물을 수취할 수 있는 전지와 땔감을 얻을 수 있는 시지를 주었고, 수급자들은 지급된 토지에 대해 수조권만 가졌다.

④ 고려 광종은 관료 지배층의 위계 질서를 확립하기 위해 백관의 공복(자색, 단색, 비색, 녹색)을 제정하였다.

11 난도 ★☆☆　　　　　　　　　　　　정답 ③

중세 > 정치사

자료해설

'적들이 모두 말을 탔고', '우리는 보병으로 전투한 까닭에'와 『고려사』 등을 통해 제시문은 윤관이 별무반을 조직하게 된 이유를 설명하는 내용임을 유추할 수 있다.

③ 고려 숙종 때 부족을 통일한 여진족이 고려의 국경을 자주 침입하자 윤관이 왕에게 건의하여 별무반을 조직하였다. 신기군(기병), 신보군(보병), 항마군(승병)으로 구성된 별무반은 이후 여진을 정벌하고 예종 때 동북 9성을 설치하였다.

오답의 이유

① 고려 정종 때 최광윤의 의견을 받아들여 거란의 침입에 대비하기 위한 광군을 조직하였다.

② 도방은 무신 정권 시기의 경대승이 신변 보호를 위해 처음 실시한 것으로, 최씨 정권은 이를 계승·확대하여 사병 관리에 활용하였다.

④ 최우가 치안 유지를 위해 설치한 야별초가 확대되어 좌별초와 우별초로 나뉘고, 몽골의 포로가 되었다가 탈출한 신의군과 함께 삼별초를 구성하였다. 최씨 무신 정권의 군사적 기반이었던 삼별초는 무신 정권 해체 이후 강화도에 있던 고려 조정이 개경으로 환도하면서 몽골과의 강화가 성립되자 이에 반발하여 배중손의 지휘 하에 진도로 이동하여 대몽 항쟁을 전개하였다.

12 난도 ★★★　　　　　　　　　　　정답 ③

근대 태동기 > 사회사

자료해설

제시된 자료의 사건 순서는 ⓒ『천주실의』 소개 - ㉠ 최초의 천주교 영세신자 이승훈 - ㉡ 윤지충의 진산 사건 - ㉣ 황사영의 백서 사건이다.

정답의 이유

ⓒ 이수광이 백과사전식으로 저술된 『지봉유설』에서 『천주실의』 2권을 소개하면서 천주교의 교리와 교황에 대해 기술하였다(1614).

㉠ 이승훈은 북경(베이징)에서 한국 교회 최초로 그라몽 신부에게 베드로라는 세례명을 받고 한양으로 돌아왔다(1784).

㉡ 정조 때 진산의 양반 윤지충이 신주를 불사르고 천주교 의식으로 모친상을 치르자 강상죄를 저지른 죄인으로 비난을 받았다(신해박해, 1791).

㉣ 조선 순조 때 신유박해 이후 황사영이 베이징에 있는 프랑스 주교에게 조선으로 군대를 보내 달라는 내용의 청원서를 보내려다 발각된 사건으로 이로 인해 천주교에 대한 탄압이 더욱 심화되었다(1801).

13 난도 ★☆☆　　　　　　　　　　　정답 ②

일제 강점기 > 정치사

자료해설

제시문에서 '국가 총동원상 필요할 때', '칙령이 정하는 바에 따라' 등을 통해 1938년 제정된 국가 총동원법이라는 것을 알 수 있다.

정답의 이유

② 일제는 1910년대 무단 통치기에 강압적 통치를 목적으로 헌병 경찰 제도를 실시하였고, 조선 태형령을 공포하여 곳곳에 배치된 헌병 경찰들이 조선인들에게 태형을 가하였다(1912).

오답의 이유

①·③·④ 1930년대 이후 대륙 침략을 위해 한반도를 병참 기지화하고 중일 전쟁과 태평양 전쟁을 일으킨 일제는 국가 총동원법(1938)을 시행하여 우리 민족을 전쟁에 강제 동원하였다. 물적 수탈을 위해 양곡 배급제와 미곡 공출을 실시하였고, 국민 징용령(1939), 학도 지원병 제도(1943), 징병 제도(1944) 등을 실시하여 젊은이들을 전쟁터로 강제 징집하였으며, 여자 정신 근로령(1944)을 공포하여 젊은 여성들을 일본군 '위안부'로 삼는 만행을 저질렀다. 또한, 민족의 정체성을 말살하기 위해 황국 신민화 정책을 시행하고 내선일체의 구호를 내세워 한글을 사용하지 못하게 하였으며, 황국 신민 서사 암송(1937)과 창씨 개명(1939), 신사 참배 등을 강요하였다.

14 난도 ★★☆　　　　　　　　　　　정답 ④

근대 태동기 > 정치사

자료해설

제시문은 송시열이 효종에게 올린 『기축봉사』의 일부로 임진왜란 때 조선을 도운 명(신종)에 대한 은혜를 갚고 청에 대한 수모를 갚기 위해 북벌을 주장하였다.

정답의 이유

④ 18세기 이후 중상주의 실학자를 중심으로 청의 선진 문화를 받아들여야 한다는 북학론이 대두되었다. 북학론은 청의 정벌을 주장하는 북벌론과는 거리가 멀다.

오답의 이유

①·②·③ 송시열은 노론의 영수로, 명에 대한 의리를 지키고 청에게 당한 수모를 갚자는 북벌론을 주장하며 효종에게 『기축봉사』를 올려 북벌 계획의 핵심 인물이 되었다.

더 알아보기

북벌 운동과 북학론

북벌 운동 (17세기)	• 배경: 병자호란 이후 청에 대한 복수심 고조 • 전개: 효종이 송시열, 이완 등과 함께 청 정벌 계획 추진 → 군대 양성, 성곽 수리 • 결과: 효종의 죽음 등으로 좌절
북학론 (18세기)	• 배경: 청이 대륙 장악 후 국력 크게 신장, 서양의 문물 받아들여 문화 국가로서의 면모를 갖춤 • 전개: 조선 사신들의 기행문이나 보고서를 통해 청의 새로운 문물 소개 • 결과: 청의 선진 문물을 수용하여 부국강병을 이루자는 주장 → 북학파 실학자들이 주도

15 난도 ★★☆　　　　　　　　　　정답 ②

일제 강점기 > 문화사

자료해설

제시문에서 '나라는 형체이고 역사는 정신' 등을 통해 민족주의 사학자 박은식이 저술한 『한국통사』 서문인 것을 알 수 있다.

정답의 이유

② 백남운은 『조선사회경제사』와 『조선봉건사회경제사』를 통해 사적 유물론의 원리를 적용하여 주체적으로 역사를 해석함으로써 한국사가 세계사의 보편적인 발전 법칙에 맞게 발전하였음을 강조하면서 식민주의 사관의 정체성론을 반박하였다.

오답의 이유

① 박은식은 서우학회를 조직하고 『유교구신론』을 저술하여 실천적인 유교 정신의 회복을 강조하는 등 애국 계몽 운동을 전개하였다.

③ 1925년에 이승만이 임시 정부 대통령에서 탄핵되면서 박은식이 제2대 임시 정부 대통령으로 선출되었다.

④ 박은식은 갑신정변부터 3 · 1 운동까지의 역사에 초점을 맞춰 민족의 항일 운동 역사를 다룬 『한국독립운동지혈사』를 저술하였다(1920).

16 난도 ★☆☆　　　　　　　　　　정답 ③

근대 > 정치사

자료해설

제시된 자료의 역사적 사건 순서는 ⓒ 강화도 조약 – ⓐ 임오군란 – ⓒ 갑신정변 – ⓔ 톈진 조약이다.

정답의 이유

ⓒ 강화도 조약(1876): 우리나라 최초의 근대적 조약이자 일본인에 대한 치외 법권과 해안 측량권을 포함한 불평등 조약으로, 일본의 요구에 따라 부산, 원산, 인천을 개항하였다.

ⓐ 임오군란(1882): 신식 군대인 별기군과 차별 대우를 받던 구식 군대가 임오군란을 일으켜 선혜청과 일본 공사관을 습격하였다.

ⓒ 갑신정변(1884): 김옥균을 중심으로 한 급진 개화파는 일본의 군사적 지원을 받아 우정총국 개국 축하연 자리에서 갑신정변을 일으켰다.

ⓔ 톈진 조약(1885): 갑신정변 후 청과 일본 사이에 체결된 조약으로, 청과 일본 양국은 조선에서 군대를 동시 철수하고, 장차 조선에 파병 시 상대국에 사전 통보하는 것을 주요 내용으로 하고 있다.

17 난도 ★★☆　　　　　　　　　　정답 ①

중세 > 문화사

정답의 이유

ⓐ 고려 충선왕은 왕위에서 물러난 뒤 원의 연경에 만권당을 세우고, 고려에서 이제현 등의 성리학자들을 데려와 원의 학자들과 교류하게 하였다.

오답의 이유

ⓒ 이색 – 공민왕 때 판개성 부사와 성균관 대사성을 겸직하였다.

ⓒ 안향 – 충렬왕 때 고려에 성리학을 본격적으로 소개하였다.

ⓔ 이제현 – 성리학적 유교 사관에 입각한 역사서 『사략』을 저술하였다.

18 난도 ★★☆　　　　　　　　　　정답 ①

현대 > 정치사

자료해설

〈보기 1〉의 '제1조 상호 체제의 인정, 제4조 상호 불가침' 등의 내용을 통해 노태우 정부(1988~1992) 시기에 있었던 '남북 기본 합의서(1991)'에 대한 내용임을 알 수 있다.

정답의 이유

ⓐ · ⓒ 노태우 정부는 자본주의 국가와 공산주의 국가가 함께 참여한 서울 올림픽 대회를 성공적으로 개최(1988)하며 적극적인 북방 외교 정책을 추진하였다. 이에 공산권 국가와 수교를 체결하였으며, 남북한의 유엔 동시 가입과 남북 기본 합의서 채택, 한반도 비핵화에 관한 공동 선언 등이 이루어졌다.

오답의 이유

ⓒ 김영삼 정부 때 경제적 부정부패와 탈세를 없애기 위해 대통령 긴급 명령으로 금융 실명제를 실시하였다(1993).

ⓔ 6월 민주 항쟁이 일어나자 전두환 정부는 국민의 민주화 열망에 굴복하여 민주 정의당의 차기 대통령 후보인 노태우를 통해 대통령 직선제 개헌을 포함한 기본권 보장 등의 6 · 29 선언을 발표하였다(1987).

더 알아보기

현대 정부의 정책

전두환 정부	• 이산가족 최초 상봉, 예술 공연단 교환 방문 • 3저 호황(저유가, 저달러, 저금리)
노태우 정부	• 서울 올림픽 대회 개최 • 북방 외교 추진 • 남북 유엔 동시 가입 • 남북 기본 합의서 • 한반도 비핵화 공동 선언
김영삼 정부	• 금융 실명제 도입 • 경제 협력 개발 기구(OECD) 가입 • 외환 위기: 국제 통화 기금(IMF)의 구제 금융

19 난도 ★★☆

일제 강점기 > 정치사

자료해설

제시문에서 '김원봉', '1920년대에 국내와 상하이 중심의 활발한 의거 활동 전개'등을 통해 밑줄 친 '이 조직'은 김원봉이 이끈 의열단임을 알 수 있다.

정답의 이유

③ 김구가 1931년 조직한 한인 애국단 소속의 윤봉길은 상하이 홍커우 공원에서 열린 일본군 전승 축하 기념식장에 폭탄을 투척하였다(1932).

오답의 이유

①·②·④ 김원봉이 결성한 의열단은 신채호가 작성한 조선 혁명 선언을 기본 행동 강령으로 하여 직접적인 투쟁 방법인 암살, 파괴, 테러 등을 통해 독립운동을 전개하였다. 의열단원들은 황푸 군관 학교에서 군사 훈련을 받기도 하였으며 그중 김익상은 조선 총독부(1921), 김상옥은 종로 경찰서(1923)에 폭탄을 투척하였다. 나석주는 조선 식산 은행에 폭탄을 투척하였으나 불발하자 곧이어 동양 척식 주식회사에 들어가 일본인들을 사살하였다(1926).

더 알아보기

의열 투쟁

의열단 (1919)	• 만주에서 김원봉이 조직 • 활동 지침: 신채호의 조선 혁명 선언 • 의거: 박재혁(부산 경찰서 투탄 의거, 1920), 김익상(조선 총독부 투탄 의거, 1921), 김상옥(종로 경찰서 투탄 사건, 1923), 나석주(식산 은행·동양 척식 주식회사 투탄 의거, 1926)
한인 애국단 (1931)	• 상하이에서 김구가 조직 • 의거: 이봉창(도쿄에서 일왕 마차에 폭탄 투척, 1932), 윤봉길(상하이 홍커우 공원에서 폭탄 투척, 1932)

20 난도 ★★☆
정답 ②

근대 > 정치사

자료해설

제시문에서 '일시적인 전쟁 때문에 설치한 것', '오늘에 와서 의정부와 6조는 그 직임을 상실'의 내용을 통해 (가)에 해당하는 기구가 비변사임을 알 수 있다. 비변사는 중종 때 삼포왜란이 발생하자 외적의 침입에 대비하기 위한 임시 기구로 처음 설치하였으나, 명종 때 을묘왜변을 계기로 상설 기구화되었다.

정답의 이유

② 고종이 즉위하자 흥선 대원군은 국왕 중심의 통치 체제를 위해 비변사를 폐지하고 의정부의 권한을 강화하였으며, 삼군부를 부활시켜 군사 및 국방 문제를 전담하게 하였다.

오답의 이유

①·③·④ 중종 때 삼포왜란을 계기로 임시 기구로 처음 설치된 비변사는 명종 때 을묘왜변을 계기로 상설 기구화되었고, 임진왜란을 거치면서 권한과 기능이 확대되어 중앙 기구로 자리 잡았다. 왜란과 호란 이후에는 군사 문제뿐만 아니라 외교, 재정, 인사 등 국정 전반을 총괄하면서 기능이 더욱 강화되었다.

더 알아보기

비변사의 변천

중종	임시 기구로 설치(1510, 삼포왜란)
명종	상설 기구화(1555, 을묘왜변)
선조	중요 핵심 기구(1592, 임진왜란)
19세기	최고 권력 기구(세도 정치기)
고종	폐지(1865, 흥선 대원군)

한국사 | 2022년 제2회 서울시 9급

한눈에 훑어보기

✔ 영역 분석

선사 시대와 국가의 형성 01
1문항, 5%

고대 02 18 20
3문항, 15%

중세 05 13 14
3문항, 15%

근세 06 09
2문항, 10%

근대 태동기 15 16
2문항, 10%

근대 07 10 12
3문항, 15%

일제 강점기 03 08 19
3문항, 15%

현대 04 17
2문항, 10%

시대 통합 11
1문항, 5%

✔ 빠른 정답

01	02	03	04	05	06	07	08	09	10
④	③	②	①	①	③	①	②	③	③

11	12	13	14	15	16	17	18	19	20
④	②	①	④	④	②	④	③	④	②

✔ 점수 체크

구분	1회독	2회독	3회독
맞힌 문항 수	/ 20	/ 20	/ 20
나의 점수	점	점	점

01 난도 ★☆☆　　　　　　　　　　　정답 ④

선사 시대와 국가의 형성 > 선사 시대

자료해설

제시문의 '이 시대'는 조 · 기장 · 수수 등의 밭농사 재배, 한반도 남부 벼농사 보급 시작, 빈부 차이, 계급 발생 등의 지문을 통해 청동기 시대임을 알 수 있다.

정답의 이유

④ 슴베찌르개는 뗀석기의 일종으로 주로 사냥할 때 창의 용도로 쓰는 도구이며, 후기 구석기 시대의 유물이다.

오답의 이유

① 고인돌은 청동기 시대 때 지배 계급의 무덤이다.

② 반달 돌칼은 청동기 시대 때 곡식을 추수하는 데 사용한 석기이다.

③ 민무늬 토기는 청동기 시대에 제작된 토기로, 이외에도 청동기 시대 토기로는 미송리식 토기, 부여 송국리형 토기, 붉은 간 토기가 있다. 민무늬 토기는 신석기 시대의 이른 민무늬 토기와 구별하여 알아두어야 한다.

02 난도 ★☆☆　　　　　　　　　　　정답 ③

고대 > 정치사

자료해설

제시문의 '병부 설치', '상대등 설치', '금관가야 정복' 등의 내용을 통해 신라 법흥왕임을 알 수 있다.

정답의 이유

③ 신라 법흥왕은 상대등과 병부를 설치하고, 관등을 정비하여 중앙 집권적 국가 체제를 갖추었다. 특히 율령 반포와 17관등 및 공복의 제정으로 귀족들을 관료화함으로써 중앙 국가 체제의 형태를 갖추었다.

오답의 이유

① 신라 진흥왕은 백제의 성왕과 동맹(나 · 제 동맹)하여 고구려가 장악했던 한강 유역을 차지하였다.

② 신라 지증왕은 이사부를 시켜 우산국(울릉도)과 우산도(독도)를 복속하고 그를 실직주의 군주로 삼았다.

④ 신라 진흥왕은 한강 유역을 차지하여 단양 적성비와 북한산비를 세웠으며, 대가야를 병합한 후에는 창녕비를 세웠다. 또 함경도 지역까지 영토를 확장하여 마운령비, 황초령비 등으로 경계를 정하는 등 신라 역사상 가장 활발한 정복 활동으로 최대 영토를 확보했다.

한국사 9급

03 난도 ★★☆　　　　　　　　　　　　　　　　　　정답 ②

일제 강점기 > 정치사

자료해설

일제가 문화 통치를 시행한 1920년대의 사실로 옳은 것을 찾는 문제이다. 일제는 3·1 운동 이후 국제 여론의 악화를 의식하고, 무단 통치의 한계를 인식하여 기만적 문화 통치로 전환하였다.

정답의 이유

② 1920년대에는 일본 본토에서 자본주의 발전에 따른 인구 급증과 도시화의 진행으로 쌀값이 폭등하는 등 식량 부족 문제가 발생하였다. 이에 부족한 쌀을 조선에서 수탈하기 위해 산미 증식 계획을 실시하게 되었다.

오답의 이유

① 조선 총독부는 토지 조사국을 설치하고 토지 조사령을 발표하여 일정 기간 내 토지를 신고하도록 하는 토지 조사 사업을 실시하였다(1912).

③ 일제는 대륙 침략을 본격화한 1930년대에 일본의 과잉 자금을 조선에 투자하고, 전쟁 물자를 조달하기 위해 군수 공업 위주의 조선 공업화 정책을 추진하였다.

④ 일제는 황국 신민화 정책을 시행하고 내선 일체의 구호를 내세워 한글 사용을 금지하였으며, 황국 신민 서사 암송(1937), 창씨 개명(1939), 신사 참배 등을 강요하는 등 민족 말살 정책을 펴서 우리 민족을 일본 천황에 충성하는 백성으로 동화시키고자 하였다.

04 난도 ★☆☆　　　　　　　　　　　　　　　　　　정답 ①

현대 > 정치사

자료해설

제시된 자료는 6·25 전쟁의 전개 과정 순서를 찾는 문제이다.

정답의 이유

① ㉠ 인천 상륙 작전(1950.9.15.) 성공 - ㉡ 중공군 병력 파견(1950.10.) - ㉢ 휴전 회담 개최(1951.7.) - ㉣ 반공 포로 석방(1953.6.)

더 알아보기

6·25 전쟁의 전개 과정

북한의 남침 (1950.6.25.)	북한군의 서울 점령 → 유엔군 참전 → 낙동강을 사이에 두고 공방전

↓

국군·유엔군의 반격	인천 상륙 작전으로 전세 역전(1950.9.15.) → 압록강까지 진격(1950.10.)

↓

중공군 개입 (1950.10.25.)	흥남 철수 작전(1950.12.15.) → 1·4 후퇴, 서울 함락(1951.1.4.) → 서울 재탈환(1951.3.15.) → 38선 일대 교착 상태

↓

정전 회담 개최 (1951.7.)	소련이 유엔에 휴전 제의(1951.6.) → 이승만 정부의 휴전 반대, 범국민 휴전 반대 운동 → 반공 포로 석방(1953.6.)

↓

휴전 협정 체결 (1953.7.27.)	유엔·공산군 휴전 협정 체결 → 한미 상호 방위 조약 체결(1953.10.)

05 난도 ★★☆　　　　　　　　　　　　　　　　　　정답 ①

중세 > 정치사

정답의 이유

① 고려 숙종 때 비서성에 보관하던 책판이 많아지자, 관학 진흥을 위해 최고 국립 교육 기관인 국자감에 서적포를 설치하여 모든 책판을 옮기고 인쇄와 출판을 담당하게 하였다.

오답의 이유

② 고려 문종 때 최충의 9재 학당이 설치되었으며, 이후 9재 학당을 비롯한 사학 12도가 융성하였다. 9재 학당은 사학 12도 중 가장 번성하였다.

③ 고려 예종은 관학 교육의 진흥을 위해 국자감을 재정비하고 장학 재단인 양현고를 설치하였다.

④ 국자감은 고려 충렬왕 때 원나라의 간섭을 받아 국학으로 개칭되었다가, 충선왕 때 다시 성균관으로 개칭되었다.

더 알아보기

국자감의 명칭 변경

구분	명칭의 변천
예종	국자감 → 국학(일시적)
충렬왕	국자감 → 국학
충선왕	국학 → 성균감 → 성균관
공민왕	성균관 → 국자감 → 성균관

06 난도 ★★☆　　　　　　　　　　　　　　　　　　정답 ③

근세 > 정치사

정답의 이유

③ 조선 시대에도 음서 제도가 유지되었으나, 그 범위에 제한이 있어 음서를 통한 관직 진출이 크게 축소되었다(2품 이상 자제에 적용, 고위관직으로 승진 불가).

오답의 이유

① 조선 시대 생원과 진사를 선발하는 사마시의 1차 시험(초시)에서는 각 도의 인구 비율로 강제 배분하였으나, 2차 시험인 복시에서는 도별 안배를 없애고 성적순으로 33명을 뽑았다.

② 조선 시대에는 현직 관료들이 문과 및 무과에 응시할 수 있었고, 합격할 경우 현재의 직급에서 1~4계를 올려주었다.

④ 문과의 경우 탐관오리의 아들, 재가한 여자의 자손, 서얼은 응시 제한이 있었으나 무과는 천민을 제외한 양민 누구에게나 특별한 제한이 없었다. 또한, 무과에도 문과와 마찬가지로 3년마다 한 번씩 실시되는 정기시험인 식년시와 부정기 시험인 별시가 있었다.

07 난도 ★★☆   정답 ①

근대 > 정치사

자료해설

제시문에 있는 '최초의 민간 신문', '한글판 · 영문판 발행', '만민 공동회의 정치적 활동 옹호' 등의 내용을 통해 독립신문임을 알 수 있다. 이 신문은 독립 협회의 만민 공동회 · 관민 공동회 개최 등과 같은 활동을 옹호하고 대변하는 역할을 수행하였다.

정답의 이유

① 고종은 광무개혁을 통해 대한국 국제를 반포하였다. 이는 전제 황권의 강화를 추구하는 개혁이었다. 반면, 독립 협회는 중추원 개편을 통한 의회 설립과 서구식 입헌 군주제 실현을 목표로 하였다.

오답의 이유

② 독립 협회는 만민 공동회를 개최하고 이권 수호 운동을 전개하여 러시아의 절영도 조차 요구를 저지하는 등 반러 운동을 전개하였다.

③ 독립 협회는 자주독립의 상징물로서 청의 사신을 맞던 영은문을 철거한 자리에 독립문을 건립하였고, 독립공원 건설 조성계획을 세웠으나 기금 부족으로 원래대로는 진행되지 못했다.

④ 독립 협회는 민주주의적 기본 사상을 소개하는 강연회와 배재학당 토론회 등 다양한 강연과 토론회를 개최하여 민중을 계몽하고 정치적 의식을 높이고자 하였다.

08 난도 ★★★   정답 ②

일제 강점기 > 정치사

자료해설

제시된 자료는 일제 강점기의 혼란을 피해 러시아 연해주(블라디보스토크)로 건너간 고려인들이 1937년 스탈린의 강제 이주 정책으로 중앙 아시아로 대규모 강제 이주된 상황을 회고하고 있다. 그러므로 ㉠ 지역은 연해주이다. 스탈린은 만주 지역이 일본의 침략을 받기 시작하자 극동 지방의 안보를 우려하여 국경 지방에 거주하는 한인을 강제로 이주시키는 정책을 실시하였다(1937). 이로 인해 연해주에 살고 있던 한인 약 20만 명이 중앙 아시아로 강제 이주되었다.

정답의 이유

② 1905년 이후 많은 조선 사람들이 연해주로 이주하여 한인 집단촌이 형성되었으며 민족 운동가들도 연해주로 망명하여 대한 광복군 정부 조직(1914)과 13도 의군(1910)을 창설하여 독립운동과 대규모 항일 운동을 전개하였다. 또한, 성명회(1910), 권업회(1911) 등의 단체가 설립되어 학교, 도서관 등을 건립하였다.

오답의 이유

① 간도 지역에서 있었던 사건이다. 일제는 봉오동 전투와 청산리 전투의 패배에 대한 보복으로 독립군 근거지 소탕을 명분으로 간도 지역에서 수많은 한국인을 학살하는 만행을 저질렀는데 이를 간도 참변(경신 참변)이라 한다(1920).

③ 관동 대학살은 1923년 관동 대지진 당시 일본 관동 지방 일대에서 일본 군경과 무장한 민중들이 조선인을 학살한 사건이다. 당시 일본 정부는 '조선인이 우물에 독을 탄다', '조선인이 폭동을 일으킨다'는 유언비어를 사실 확인 없이 유포하였고 일본 민중의 조선인 학살을 방조하다시피 하였다.

④ 1941년 일본의 진주만 공격으로 태평양 전쟁이 발발하자 미주 지역에 있던 조선 청년들이 미군에 입대하여 일본과 싸웠다.

09 난도 ★★☆   정답 ③

근세 > 정치사

자료해설

제시문의 '진관 체제 실시', '직전법 시행', '호패법 강화', '보법' 등을 통해 세조에 대한 설명임을 알 수 있다.

정답의 이유

③ 세조는 수양 대군 시절 계유정난을 일으켜 황보인, 김종서 등을 제거하고 권력을 장악하였으며 조카인 단종을 몰아내고 왕으로 즉위하였다.

오답의 이유

① 태종은 왕자들의 권력 투쟁이 발생한 법궁(法宮)인 경복궁을 피해 이궁(離宮)인 창덕궁을 새로 건설하였다(1405). 이후 임금들은 창덕궁을 더 선호하였고, 임진왜란 이후에는 소실된 경복궁을 복구하지 못하면서 창덕궁이 실질적인 법궁의 기능을 하게 되었다.

② 조선 전기 왜구의 약탈이 빈번하자 세종은 이종무를 쓰시마 섬으로 보내 왜구를 토벌하였다(1419).

④ 『경국대전』은 세조 때 편찬을 시작하여 성종 때 완성 · 반포하였으며, 『동국통감』 역시 세조 때 편찬을 시작하여 성종 때 완성하였다.

더 알아보기

세조의 업적

왕권 강화	집현전 폐지, 6조 직계제 부활, 경연 폐지
정치적 안정 노력	『경국대전』 편찬 시작, 직전법 시행(현직 관료에게만 지급), 진관 체제 실시

10 난도 ★★☆   정답 ③

근대 > 정치사

자료해설

제시된 자료에서 '1894년 신설 기관', '개혁 법령 입법 기구', '김홍집 등 주도' 등의 내용을 통해 군국기무처임을 알 수 있다.

정답의 이유

③ 김홍집과 박정양 등을 중심으로 한 군국기무처를 통해 제1차 갑오개혁이 실시되었다(1894). 청의 연호를 폐지하면서 개국 연호를 사용하였고, 공사 노비법을 혁파하여 신분제가 법적으로 폐지되었다.

오답의 이유

① 교전소는 1897년 신법과 구법의 절충 문제 논의와 그에 관한 법전을 편찬하기 위하여 중추원 내에 설치된 기관이었다. 후에 이 기관은 대한제국 국제를 제정하기 위하여 법규교정소로 개편되었다.

② 동학 농민 운동이 발생하자 조정에서 이들을 진압하기 위해 청에 원군을 요청하였고 톈진 조약에 의거하여 일본도 군대를 파견하였다. 이에 청과 일본의 군대 개입을 우려한 농민군은 정부와 전주 화약을 맺고 자치 개혁 기구인 집강소를 설치하여 폐정 개혁안을 실천하였다.

④ 조선 철종 때 삼정의 문란과 경상 우병사 백낙신의 가혹한 수탈 때문에 진주 지역 농민들이 임술 농민 봉기를 일으키자, 이를 조사하기 위해 안핵사로 파견된 박규수는 삼정이정청을 설치하여 삼정의 문란을 해결하고자 하였으나 삼정의 문란을 시정하는 데 실패했다.

11 난도 ★★☆   정답 ④

시대 통합 > 문화사

자료해설

제시된 자료의 '국정 운영을 매일 기록', '국왕의 일기', '유네스코 세계 기록 유산 등재' 등을 통해 정조의 세손 시절부터 순종에 이르기까지의 국왕의 국정 운영 기록물인 『일성록』임을 알 수 있다.

정답의 이유

④ 『일성록』은 1760년부터 1910년까지 151년 동안의 국정 운영 내용을 매일 정리한 국왕의 일기이다. 임금의 입장에서 펴낸 일기의 형식을 갖추고 있으나 실질적으로는 정부의 공식적인 기록물로 정조가 세손 시절부터 쓴 『존현각 일기』가 그 모태이다.

오답의 이유

① 『승정원 일기』는 편년체로 서술된 조선 왕조 최대의 기밀 기록으로, 왕의 비서 기관으로 왕명의 출납을 담당했던 승정원에서 왕과 신하 사이에 오고 간 문서와 왕의 일과를 매일 기록한 책이다. 이는 『조선왕조실록』을 편찬할 때 기본 자료로 활용하였기 때문에 실록보다 오히려 가치 있는 자료로 평가되기도 한다. 현재 1부밖에 없는 원본은 국보 제303호로 지정되어 있으며, 2001년 유네스코 세계 기록 유산으로 등재되었다.

② 『비변사등록』은 조선 중·후기 국가 최고 회의 기관이었던 비변사의 활동을 기록한 자료이며, 『비국등록』이라고도 한다. 조선 시대 정치, 군사, 경제, 사회, 문화 등 다양한 분야의 방대한 정보가 담겨 있는 중요한 역사적 기록 유산으로, 국보 제152호에 지정되어 있다.

③ 『조선왕조실록』은 조선 태조 때부터 철종 때까지의 역사를 편년체 형식으로 기록한 것으로, 1997년 유네스코 세계 기록 유산으로 등재되었다.

12 난도 ★☆☆   정답 ②

근대 > 정치사

자료해설

제시된 자료에서 '오늘날의 조선의 책략은 러시아를 막는 일 …(중략)… 중국과 친하고 일본과 맺고, 미국과 연결'의 내용을 통해 『조선책략』임을 알 수 있다.

정답의 이유

② 일본은 임오군란 직후 군란으로 인한 일본 공사관의 피해와 일본인 교관 피살에 대한 사과 사절단 파견, 주모자 처벌, 배상금

지불, 공사관 경비병 주둔 등을 요구하며 제물포 조약을 체결하였다(1882).

오답의 이유

①·③ 김홍집이 『조선책략』을 들여온 이후 미국과 외교 관계를 맺어야 한다는 여론이 형성되자, 이만손을 중심으로 한 영남 유생들이 만인소를 올려 이를 비판하였다(1881). 이에 고종은 유생들의 상소에 대한 회유책으로 천주교를 배척한다는 내용을 담은 척사윤음을 발표하였다. 윤음은 임금이 신하나 백성에게 내리는 말을 의미한다.

④ 『조선책략』은 청의 황준헌이 러시아의 남하 정책에 대비하기 위한 조선, 일본, 중국 등 동양 3국의 외교 정책 방향과 미국과의 수교 필요성을 저술한 책이다.

더 알아보기

영남 만인소

영남 유생 이만손(李晩孫) 등 1만 명이 연명으로 상소하여 수신사(修信使) 김홍집(金弘集)의 죄를 논하고 이어 척사(斥邪)를 청하니, 임금께서 비답을 내리셨다.

…(중략)… 또 하물며 러시아와 미국과 일본은 모두 같은 오랑캐들이니 그 사이에 누가 더하고 덜하다는 차이를 두기 어렵습니다. …(중략)… 황제께서 비답(批答)하기를, "간사한 것을 물리치고 바른 것을 지키는 일(闢邪衛正)에 어찌 너희들의 말을 기다리겠는가. 다른 나라 사람의 『사의조선책략』은 애당초 깊이 파고들 것도 없지만, 너희들도 또 잘못 보고 지적함이 있도다."

– 『일성록』 –

13 난도 ★★☆   정답 ①

중세 > 정치사

정답의 이유

① 중서문하성과 추밀원의 합좌 기구인 식목도감은 법률·제도, 격식 문제 등을 논의하였다. 고려 시대의 삼사는 화폐, 곡식의 출납, 재정 회계 등을 담당하였다.

오답의 이유

②·④ 고려의 정치 중심 기구는 국정 총괄과 정책 결정을 담당하는 최고 중앙 관서인 중서문하성과 6부를 관리하는 상서성의 2성으로 이루어졌으며, 수상은 문하시중이 맡았다. 6부에는 이부, 병부, 호부, 형부, 예부, 공부 등이 있어 정책의 실무를 집행하였다.

③ 추밀원은 고려 중추원의 후신으로 추부라고도 하였으며, 왕명 출납, 군사 기무 관장, 임금의 숙위(宿衛) 등을 담당하였다.

14 난도 ★☆☆   정답 ④

중세 > 정치사

자료해설

제시된 자료의 순서는 ㉣ 위나라의 침략으로 환도성 함락 – ㉢ 낙랑군·대방군 축출 – ㉡ 백제군의 평양성 공격 – ㉠ 고구려의 평양 천도이다.

정답의 이유

ㄹ 동천왕은 요동 진출로를 놓고 위(魏)를 선제 공격하였으나 유주 자사 관구검의 침입을 받아 환도성이 함락되었다(244~245).

ㄷ 고구려 미천왕은 낙랑군과 대방군을 축출하여 한반도 내에서 한 의 세력을 모두 몰아냈다(313~314).

ㄴ 백제의 최전성기를 이끌었던 근초고왕은 고구려의 평양성을 공 격하여 고국원왕을 전사시켰다(371).

ㄱ 장수왕은 국내성에서 평양으로 천도하고(427) 남진 정책을 추진 하여 백제의 수도 한성을 함락시키고 죽령 지역까지 영토를 확 장하였다.

15 난도 ★★☆   정답 ④

근대 태동기 > 정치사

자료해설

제시된 〈보기 1〉 자료는 '방납의 폐단'에 대한 내용이다. 대동법은 방납의 폐단을 해결하기 위해 기존 지역의 특산품을 현물로 납부하 던 공납을 전세화하여 쌀이나 베, 동전 등으로 납부하게 하는 제도 로, 광해군 때 경기도에서 처음 시행되었다. 이후 강원도, 충청도, 전라도, 경상도의 순으로 확대되었으며 평안도와 함경도를 제외한 전국에서 시행되었다.

정답의 이유

ㄴ · ㄷ 광해군 때 공납의 폐단을 해결하기 위해 경기도부터 대동법 을 실시하였다. 공납을 전세화하여 공물 대신 쌀 · 무명 · 동전을 납부하도록 하였으며 이로 인해 국가에 필요한 물품을 공인이 조달하게 되면서 상품 화폐 경제가 발달하게 되었다.

오답의 이유

ㄱ 조선 인조는 공법의 농민 부담을 줄이기 위해 영정법을 실시하 여 풍흉에 관계 없이 토지 1결당 쌀 4~6두로 전세 부담액을 고 정하였다.

더 알아보기

조선 전 · 후기 수취 제도

구분	전기	후기
전세	공법 (연분 9등법, 전분 6등법)	영정법 (토지 1결당 쌀 4~6두)
군역	양인 개병제 → 방군수포제, 군적수포제 등 폐단 발생	균역법 (1년에 군포 2필 → 1필)
공납	가호별 수취	대동법 (토지 1결당 쌀 12두)

16 난도 ★★★   정답 ②

근대 태동기 > 정치사

자료해설

조선 후기에 노론 성리학자들 사이에서 인물성동이론(인성과 물성 을 같은 것으로 보는지 다른 것으로 보는지에 대한 이론)을 두고 학 파의 지역적 특성에 따라 나뉘어 대립한 호락 논쟁이 벌어졌다.

정답의 이유

ㄴ 조선 후기 실학 운동으로 이어진 것은 낙론이다. 이간, 김창협 등의 낙론(서울 및 기호 지방 학자)은 인성과 물성이 같다고 보 는 인물성동론(낙론)을 주장하였으며, 북학 사상과 개화 사상에 영향을 주었다.

오답의 이유

ㄱ · ㄷ · ㄹ 영조 때 한원진 · 윤봉구 등의 호론(충청도 및 호서 지 방 학자)은 인성(人性)과 물성(物性)이 다르다고 보는 인물성이 론을 주장하였다. 이는 청을 오랑캐로 조선을 중화로 분류하려 는 명분론이 밑바탕에 깔려 있는 것으로 훗날 위정척사 사상으 로 계승되었다.

더 알아보기

호락 논쟁

충청도 지방의 노론과 서울 지방의 노론 간에 벌어진 인간과 사물 의 본성 논쟁

구분	주장
충청도(호론)	인물성이론(한원진 등) → 위정척사 사상으로 계승
서울(낙론)	인물성동론(이간 등) → 북학 사상(개화 사상)으로 계승

17 난도 ★★☆   정답 ④

현대 > 정치사

자료해설

제시된 자료의 '40년 독재 정치 청산', '4 · 13 폭거를 철회' 등으로 보아 6월 민주 항쟁 전개 과정에서 발표된 6 · 10 국민 대회 선언문 임을 알 수 있다.

정답의 이유

④ 전두환 정부 때 박종철 고문 치사 사건과 4 · 13 호헌 조치에 반 발하여 대통령 직선제 개헌과 민주 헌법 개정을 요구하는 시위 가 전개되었으며 그 와중에 이한열이 최루탄에 맞아 사망하자, 전두환 정부를 규탄하며 개최된 6 · 10 국민 대회를 기폭제로 하 여 6월 민주 항쟁이 전국적으로 확산되었다. 이에 정부는 6 · 29 민주화 선언을 발표하여 5년 단임의 대통령 직선제 골자로 하는 개헌을 단행하였다(1987).

오답의 이유

① 한 · 일 회담을 진행하던 박정희 정부는 한 · 일 협정(한 · 일 기 본 조약)을 체결하여 한 · 일 국교 정상화를 추진하였다(1965).

② 허정 과도 정부는 의원 내각제를 기본으로 민의원과 참의원의 양원제 국회를 구성하는 3차 개헌을 단행하였다(1960).

③ 경제 개발 5개년 계획은 1960~1970년대 박정희 정부의 주도로 본격적으로 추진되었다.

6월 민주 항쟁(1987)

배경	• 전두환 정부의 군사 독재, 대통령 간선제 유지 • 부천 경찰서 성 고문 사건, 박종철 고문 치사 사건(1987.1.) → 정부의 사건 은폐·조작, 4·13 호헌 조치(대통령 직선제 논의 금지)
전개	대통령 직선제 개헌 및 전두환 정권 퇴진 운동 → 시위 도중 이한열이 경찰의 최루탄 피격 → 민주 헌법 쟁취 국민운동 본부 민주 항쟁 선언, '호헌 철폐, 독재 타도' 구호를 내세워 전국적 시위 전개(1987.6.10)
결과	여당 대통령 후보 노태우의 6·29 민주화 선언 발표(대통령 직선제 개헌 요구 수용)

18 난도 ★☆☆   정답 ③

고대 > 정치사

자료해설

제시된 사료에서 '재위 12년 신미년에 백제와 더불어 고구려 공격' 등을 통하여 551년 신라 진흥왕이 거칠부 등에게 고구려를 공격할 것을 명령한 내용임을 알 수 있다.

정답의 이유

③ 신라 선덕 여왕 때 승려 자장이 주변 9개 민족의 침략을 부처의 힘으로 막기 위한 목탑 건립을 건의하여 황룡사 9층 목탑을 건립하였다(645). 진흥왕 때는 황룡사를 건립하였다.

오답의 이유

① 대가야는 진흥왕에 의해 신라에 복속되었고 이로 인해 후기 가야 연맹이 해체되었다.

② 신라 진흥왕 때 화랑도를 국가적인 조직으로 정비하였다.

④ 신라 진흥왕은 거칠부에게 역사서인 『국사』를 편찬하게 하였다.

19 난도 ★★★   정답 ④

일제 강점기 > 사회사

정답의 이유

㉠ 일제 강점기에는 일본인 이주자들이 감칠맛을 내기 위해 왜간장, 화학 조미료를 사용했으며, 오뎅, 초밥, 소바 등의 일본 음식도 시장에서 팔리기 시작했다.

㉡ 일제의 토지 수탈로 농민들이 대도시로 몰리면서 주택난이 심각해지자, 도시 빈민층은 서울 변두리나 성벽 아래에 토막집을 짓고 살았다. 토막집은 땅을 파고 그 위에 짚이나 거적 따위로 지붕과 출입구를 만든 움막집이다.

㉢ 1940년대 일제가 전시 체제에 돌입하자, 여성들에게 작업복인 몸뻬 착용을 강요하였다. 몸뻬는 여성의 노동력을 얻기 위해 고안해 낸 하의이다.

㉣ 일제 시대에 서울 청계천을 중심으로 이북에는 조선인이 거주하고, 남쪽에는 일본인이 거주하였다. 이들을 구분하기 위해 북촌과 남촌이라 하였다.

20 난도 ★★★   정답 ②

고대 > 정치사

자료해설

제시된 사료는 신라 최치원이 '쟁장 사건(爭長事件)'에서 발해 사신을 신라보다 위에 앉히지 않은 일'에 대해 당 황제에게 감사함을 전한 글이다. '하정사인 왕자 대봉예', '그들이 우리보다 위에 있도록 허락해 주기를' 등을 통해 ㉠에 들어갈 나라는 발해이다.

정답의 이유

② 발해는 선왕 때 영토를 크게 확장하여 지방 행정 체제를 5경 15부 62주로 정비하였고, 이후 전성기를 누리면서 해동성국이라 불렸다.

오답의 이유

① 마진, 태봉 등의 국호를 사용한 나라는 후고구려이다. 궁예는 송악에 도읍을 정하고 후고구려를 건국하였고, 이후 영토를 확장하여 천도하고 국호를 마진으로 바꿨다가 다시 태봉으로 바꾸기도 하였으며 무태라는 연호를 사용하였다.

③ 견훤은 세력을 키워 완산주(현재 전주)에 도읍을 정하고 후백제를 건국하였다.

④ 통일 신라 선덕왕 때에는 황해도 평산에 패강진을 설치하여 예성강 이북 땅을 군정 방식으로 통치하였다.

최치원의 사불허북국거상표(謝不許北國居上表)

신라의 대문장가 최치원이 발해 사신을 신라보다 위에 앉히지 않은 일에 대해 당 소종(昭宗)에게 감사하는 글이다. 897년(발해 대위해 4년)에 당나라에 사신으로 파견된 발해 왕자 대봉예(大封裔)는 발해의 국세가 신라보다 강성함을 들어 발해가 신라보다 우선해야 한다고 당 소종에게 요구하였다. 그런데 소종은 이를 거절하고 신라를 우선하는 옛 관습대로 하였고, 이러한 소식을 접한 신라(최치원)에서 당 소종에게 감사의 글을 보낸 것이다.

한눈에 훑어보기

✔ 영역 분석

선사 시대와 국가의 형성   01
1문항, 5%

고대   05   06   12   13
4문항, 20%

중세   08   10   16   17
4문항, 20%

근세   18
1문항, 5%

근대 태동기   03   15   19
3문항, 15%

근대   04   11   20
3문항, 15%

일제 강점기   07   14
2문항, 10%

현대   02   09
2문항, 10%

✔ 빠른 정답

01	02	03	04	05	06	07	08	09	10
④	①	①	③	④	②	①	④	②	②
11	12	13	14	15	16	17	18	19	20
④	④	①	②	①	③	②	③	②	③

✔ 점수 체크

구분	1회독	2회독	3회독
맞힌 문항 수	/ 20	/ 20	/ 20
나의 점수	점	점	점

---

01 난도 ★☆☆   정답 ④

선사 시대와 국가의 형성 > 선사 시대

자료해설

제시된 자료에서 '움집', '농경 생활 시작' 등을 통해 신석기 시대임을 알 수 있다. 농경 생활이 시작된 신석기 시대에는 조 · 피 등을 재배하였고 갈돌과 갈판으로 곡식을 갈아서 음식을 만들어 먹었으며, 가락바퀴로 실을 뽑아 뼈바늘로 옷을 지어 입었다.

정답의 이유

④ 신석기 시대에는 빗살무늬 토기를 이용하여 음식을 조리하거나 저장하였다.

오답의 이유

① 고인돌은 청동기 시대에 정치 권력과 경제력을 가진 군장이 등장하면서 생긴 족장의 무덤으로, 당시 지배층의 권력을 짐작할 수 있다.

② 세형 동검은 청동기 시대 후반부터 초기 철기 시대 때 거푸집을 이용하여 제작되었다.

③ 거친무늬 거울은 청동기 시대에 사용된 청동제 거울이다.

더 알아보기

신석기 시대

도구	간석기, 빗살무늬 토기, 가락바퀴, 뼈바늘
생활	정착 생활, 강가나 바닷가 움집 거주
경제	농경과 목축 시작, 사냥과 채집
사회	씨족 마을 형성, 계급 없는 평등 사회

---

02 난도 ★☆☆   정답 ①

현대 > 정치사

자료해설

제시된 자료는 대한민국 헌법 개정 과정을 나열한 것으로, (가) 시기에는 전두환 등 신군부 세력이 대통령 간선제를 골자로 하는 8차 개헌을 추진하였고, (나) 시기에는 대통령의 임기를 5년 단임으로 하는 대통령 직선제를 명시하였다.

정답의 이유

(가) 전두환 신군부 세력은 제8차 개헌을 단행하여 대통령 선거인단에서 7년 단임의 대통령을 선출하는 대통령 간선제를 실시하였다.

(나) 전두환 정부가 대통령 간선제를 유지하겠다는 4 · 13 호헌 조치를 발표하자, 이에 반대한 국민들이 6월 민주 항쟁을 전개하

였고, 그 결과 정부는 6 · 29 민주화 선언을 발표하여 5년 단임의 대통령 직선제를 골자로 하는 9차 개헌을 단행하였다.

03 난도 ★★☆ 정답 ①

근대 태동기 > 정치사

자료해설

제시된 자료에서 '군포를 징수하여 1년에 2필 납부' 등의 내용을 통해 영조 때의 균역법에 대한 내용임을 알 수 있다.

정답의 이유

① 영조는 『경국대전』 편찬 이후에 시행된 법령을 통합한 『속대전』을 편찬하여 통치 체제를 정비하였다.

오답의 이유

② 정조 때 문물 제도 및 통치 체제를 정리한 『대전통편』을 편찬하여 왕조의 통치 규범을 재정비하였다.

③ 흥선 대원군은 법전인 『대전회통』을 편찬하여 통치 체제를 정비하였다.

④ 조선 세조 때 편찬되기 시작한 『경국대전』은 조선의 기본 법전으로 성종 때 완성되어 반포되었다.

더 알아보기

조선 시대 법전

명칭	시기	내용
『조선경국전』	태조	정도전이 조선의 유교적 이념을 성문화하고 통치 제도를 정비하기 위해 저술
『경제문감』	태조	정도전이 재상 중심의 정치 제도를 제시하기 위해 편찬
『경제육전』	태조	정도전과 조준이 주도한 최초의 성문 법전
『경국대전』	성종	세조 때 편찬되기 시작하여 성종 때 완성 · 반포, 이 · 호 · 예 · 병 · 형 · 공 6전으로 구성
『속대전』	영조	『경국대전』 편찬 이후에 시행된 법령을 통합하여 편찬, 통치 체제를 정비
『대전통편』	정조	『경국대전』과 『속대전』 등 다른 여러 규정들을 하나로 통합하여 편찬
『대전회통』	고종	흥선 대원군이 편찬한 것으로 『대전통편』 이후 수교 및 각종 조례 등을 보완 · 정리한 마지막 법전

04 난도 ★☆☆ 정답 ③

근대 > 정치사

자료해설

제시된 자료는 동학 농민 운동 전개 과정을 표로 나타낸 것이다. 고부현 봉기(1894.1., 전봉준 중심), 황토현 전투(1894.4., 농민군 승리), 전주 화약 체결(1894.5.), 삼례 2차 봉기(1894.9., 남접 · 북접 연합), 우금치 전투(1894.11.)이다.

정답의 이유

③ 동학 농민 운동으로 농민군이 전라도 일대를 장악하자 조정에서는 이들을 진압하기 위해 청에 원군을 요청하였다. 그러나 톈진 조약에 의해 일본군까지 군대를 파견하였고, 결국 1894년 6월 청 · 일 양국 간의 전쟁이 발발하였다.

더 알아보기

동학 농민 운동의 제2차 봉기(1894.9.)

배경	전주 화약 체결 후 조선 정부가 청군과 일본군의 철수 요구 → 일본이 내정 개혁을 요구하며 경복궁 기습 점령, 청일 전쟁 발발(1894.6.)
전개	동학 농민군의 재봉기 → 논산 집결(남 · 북접 연합) → 공주 우금치 전투에서 관군과 일본군에게 패배 → 전봉준 등 동학 농민군 지도자 체포

05 난도 ★★☆ 정답 ④

고대 > 정치사

자료해설

제시된 사료에서 '고구려 왕 거련(장수왕)이 군사를 이끌고 한성 포위', '고구려인이 쫓아가 그(개로왕)를 살해' 등을 보아 475년 고구려 장수왕이 백제 개로왕을 죽이고 한성을 함락한 사건임을 알 수 있다.

정답의 이유

④ 5세기 고구려 장수왕은 평양으로 천도하여 남진 정책을 추진하였고, 중국 남 · 북조와 동시에 교류하면서 두 나라가 서로 견제하도록 유도하는 등 실리 위주의 외교 정책을 펼쳤다.

오답의 이유

① 백제 성왕은 신라 진흥왕이 나 · 제 동맹을 깨고 백제가 차지한 지역을 점령한 것에 분노하여 신라를 공격하였으나 관산성 전투에서 전사하였다(554).

② 신라 법흥왕은 건원이라는 독자적인 연호를 사용하였다(536).

③ 고구려 영양왕 때 수 양제가 우중문의 30만 별동대로 평양성을 공격하였으나 을지문덕이 살수에서 2,700여 명을 제외한 수군을 전멸시켰다(살수 대첩, 612).

06 난도 ★★☆ 정답 ②

고대 > 문화사

정답의 이유

㉠ · ㉢ 발해 문화가 고구려 문화를 계승하였음을 보여 주는 것으로는 일본과 주고 받은 외교 문서, 발해 석등, 굴식 돌방 무덤과 모줄임 천장 구조로 된 정혜공주 묘, 발해 수도인 상경성 내 궁궐 터의 온돌 장치 등이 있다.

오답의 이유

㉡ 발해의 벽돌 무덤은 중국(당)의 무덤 양식의 영향을 받았다.

㉣ 주작대로는 발해의 수도 상경에 있는 큰 도로로 당의 장안성에 있는 도로를 모방하여 만들었다.

일제 강점기 > 정치사

자료해설

(가) 한국 광복군은 1940년 9월 충칭에서 대한민국 임시 정부의 직할 부대로 창설되었다.

(나) 한인 애국단은 김구가 임시 정부의 위기 타개 목적으로 상하이에서 조직(1931)하였으며, 적극적인 항일 무장 투쟁을 전개하였다.

(다) 한국 독립군은 1931년 지청천을 중심으로 북만주에서 결성되었다.

(라) 조선 혁명군은 1929년 양세봉이 주도하여 남만주에서 조직되었다.

정답의 이유

① 한국 광복군은 미 전략 사무국(OSS)과 협력하여 국내 진공 작전을 계획하였으나, 일본의 무조건 항복으로 무산되었다.

오답의 이유

② 중국 관내 최초의 한인 무장 부대는 조선 의용대로 김원봉이 주도하였으며, 중국 국민당의 지원을 받았다.

③ 양세봉이 주도하여 영릉가 전투와 흥경성 전투에서 일본군을 격퇴하여 승리로 이끈 부대는 조선 혁명군이다.

④ 지청천을 중심으로 한 한국 독립군은 쌍성보 전투, 동경성 전투에서 일본군을 격퇴하였다.

더 알아보기

1930년대 독립운동 단체

조선 혁명군 (1929)	조선 혁명당 산하 군사 조직. 총사령관 양세봉. 중국 의용군과 연합 작전, 영릉가 · 흥경성 전투에서 승리
한국 독립군 (1931)	한국 독립당 산하 군사 조직. 총사령관 지청천. 북만주 일대에서 중국 호로군과 연합 작전 전개. 쌍성보 · 사도하자 · 동경성 전투 · 대전자령 전투 등에서 승리
동북 인민 혁명군 (1933)	중국 공산당이 만주 주변의 항일 유격대를 통합하여 조직 → 동북 항일 연군으로 개편
한인 애국단 (1931)	• 위축된 대한민국 임시 정부의 활로를 모색하기 위해 김구가 상하이에서 조직 • 이봉창은 도쿄에서 일본 국왕에게 폭탄 투척(실패, 1932), 윤봉길은 상하이 홍커우 공원 전승 축하 기념식장에 폭탄 투척(1932)
민족 혁명당 (1935)	의열단, 한국 독립당, 조선 혁명당 등이 모여 결성(민족주의 · 사회주의 계열 연합)
조선 의용대 (1938)	김원봉을 중심으로 중국 국민당 정부의 지원을 받아 조직, 중국 관내 결성된 최초 한인 무장 부대
한국 광복군 (1940)	• 충칭에서 대한민국 임시 정부의 직할 부대로 창설 • 영국군의 요청으로 인도 · 미얀마 전선에 파견, 미 전략 사무국(OSS)과 협조하여 국내 진공 작전 추진, 일본의 항복으로 무산

중세 > 정치사

자료해설

제시된 사료에서 '아버지는 소금을 팔고 어머니는 노비'와 '중랑장으로 임명되었다가 장군으로 승진' 등으로 보아 집권자는 천민 출신인 이의민에 대한 내용이다.

정답의 이유

④ 이의민은 고려 무신 정권기의 집권자로 김보당의 난 때 의종을 살해하였고, 경대승이 병사 후 집권하였으나, 최충헌에 의해 제거되었다.

오답의 이유

① 최충헌은 고려 무신 정권 시기에 권력을 장악하고 있던 이의민을 몰아내고 최고 권력자가 되었고, 국정을 총괄하는 교정도감을 설치하였다.

② 김준은 무신 집권 시기 무오정변을 일으켜 최씨 정권을 붕괴시켰다. 그러나 이후 임연 일파에 의해 제거되었다.

③ 임연은 김준을 제거하고 집권한 인물로, 원종을 폐위시키고 안경공 창을 왕위에 올렸으나, 몽골의 위협으로 원종을 다시 복위시켰다.

더 알아보기

무신 집권자의 변화

정중부(중방 중심) → 경대승(도방 설치) → 이의민(천민 출신, 의종 시해) → 최충헌(교정도감 설치) → 최우(정방 · 서방 설치, 강화도 천도) → 김준(무오정변) → 임연(김준 제거) → 임유무(무신 정권의 붕괴)

현대 > 정치사

자료해설

제시된 자료에서 '9차례 발표된 법령', '헌법을 부정 · 반대 또는 개정을 요구, 보도하면 영장 없이 체포' 등으로 보아 유신 체제 때 발표된 긴급조치이다.

정답의 이유

② 3 · 1 민주 구국 선언은 박정희 정부 시기에 김대중 등의 정치인, 기독교 목사, 대학 교수 등이 유신 독재 체제에 저항하여 긴급 조치 철폐 등을 요구한 것이다(1976).

오답의 이유

① 1969년 박정희는 대통령 3선 연임을 허용하는 헌법 개정을 추진하였다. 이에 야당인 신민당 의원들은 재야 인사들과 함께 3선 개헌 반대 범국민 투쟁 위원회를 결성하고 반대 투쟁을 전개하였다.

③ 민주헌법쟁취 국민운동본부는 1987년 전두환 정부가 대통령 간선제를 그대로 유지한다는 내용의 4 · 13 호헌 조치를 발표하자, 4 · 13 호헌 조치 철회와 대통령 직선제로의 개헌을 위해 야당 정치인, 시민 단체, 학생운동권, 종교계 등 민주 세력들이 결성한 단체이다.

④ 신민당은 직선제 개헌론을 12대 국회의 중요 의제로 공식화하였으며, 김대중과 김영삼은 '민주화 추진 협의회(민추협)'을 중심으로 '민주제 개헌 1천만 명 서명 운동'을 추진하였다(1986).

더 알아보기

유신 체제의 전개와 붕괴

유신 반대 운동	김대중 납치 사건 → 장준하·함석헌 등이 개헌 청원 100만 인 서명 운동 전개 → 긴급 조치 발표, 제2차 인혁당 사건 조작 → 명동 성당에서 유신 체제 반대 3·1 민주 구국 선언 발표(1976)
유신 체제 붕괴	• 배경: YH 무역 사건에 항의하는 야당(신민당) 총재 김영삼 국회 의원직 제명. 부마 민주 항쟁 발생(1979) • 전개: 시위 진압을 두고 정권 내 갈등 발생 → 중앙정보부장 김재규가 박정희 암살(10·26 사태, 1979)

10 난도 ★☆☆   정답 ②

중세 > 정치사

자료해설

제시된 자료에서 '노비를 안검하고 시비를 살펴 분별하게 하였다'로 보아 밑줄 친 왕은 광종이다. 광종은 노비안검법을 실시하여 억울하게 노비가 된 사람들을 구제하고 호족 세력의 경제적·군사적 기반을 약화시키고자 하였다.

정답의 이유

② 고려 광종은 다양한 개혁을 통해 공신과 호족의 세력을 약화시키고 왕권을 강화하고자 국왕을 황제라 칭하고 광덕, 준풍 등의 독자적 연호를 사용하였다.

오답의 이유

① 고려 정종은 개경 호족들의 반대에도 풍수지리설을 내세워 서경 천도를 추진했지만 정종이 사망하면서 무산되었다.

③ 고려 성종은 지방 행정 조직을 정비하여 주요 지역에 12목을 설치하고 지방관을 파견하였으며, 향리 제도를 마련하여 지방 세력을 견제하였다.

④ 고려 태조는 지방 호족 세력을 견제하기 위해 기인 제도를 실시하였다.

11 난도 ★★☆   정답 ④

근대 > 정치사

자료해설

제시된 (가)는 고종 때 공포된 대한국 국제이며, (나)는 독립 협회가 관민 공동회를 개최하여 채택한 헌의 6조이다.

정답의 이유

④ 독립 협회가 민의를 국정에 반영하려는 운동으로 추진한 의회 설립 운동(1898)은 대한국 국제 공포(1899) 이전에 전개한 것이다.

오답의 이유

① 고종은 대한국 국제를 통해 황제의 통치권을 강조하고, 입법·사법·행정권을 황제가 모두 장악하도록 규정하였다.

② 헌의 6조에서는 국가의 모든 재정은 탁지부에서 관할하게 하고, 정부의 예산과 결산을 인민들에게 공표할 것을 주장하였다.

③ 고종은 관민 공동회의 헌의 6조를 수용하고 조칙 5조를 추가로 반포하여 향후 권력 기구의 정비와 개혁 정책의 추진을 약속하였다.

더 알아보기

대한국 국제(國制)

제1조 대한국은 세계 만국의 공인되온 바 자주독립한 제국(帝國)이니라.

제2조 대한제국의 정치는 과거 오백년 전래하시고 앞으로 만세 불변하오실 전제정치(專制政治)이니라.

제3조 대한국 대황제께옵서는 무한한 군권(君權)을 향유하옵시나니 공법(公法)에 이른 바 자립정체(自立政體)이니라.

제4조 대한국 신민(臣民)이 대황제의 향유하옵시는 군권을 침손(侵損)하는 행위가 있으면 이미 행했건 행하지 않았건 막론하고 신민의 도리를 잃은 자로 인정할지니라.

제5조 대한국 대황제께옵서는 국내 육해군을 통솔하옵셔 편제를 정하옵시고 계엄과 해엄(解嚴)을 명하옵시나니라.

···(이하 중략)···

－『고종실록』 관보1346호 「대한국 국제」 －

12 난도 ★☆☆   정답 ④

고대 > 정치사

자료해설

자료 (가)에서 '고국원왕 전사'의 내용으로 보아 371년의 일이다. 고구려 고국원왕은 먼저 백제를 공격했으나 패한 후 백제 근초고왕이 평양성을 침략하였을 때 전사하였다. (나)에서 '신라의 구원'과 '낙동강 하류 진출'로 보아 400년의 일이다. 고구려 광개토 대왕은 신라의 원군 요청을 받고 군대를 보내 신라에 침입한 왜를 격퇴하였다.

정답의 이유

④ 소수림왕은 372년에 교육 기관인 태학을 설립하여 인재를 양성하였고, 373년에는 율령을 반포하여 중앙 집권 체제를 확립하였다.

오답의 이유

① 고구려 장수왕은 427년 수도를 국내성에서 평양성으로 옮기면서 남진 정책을 추진하였다.

② 고구려 미천왕은 313년 낙랑군을 축출하고 대동강 유역을 차지하였으며, 314년 대방군을 축출하여 한반도 내의 한의 세력을 모두 몰아냈다.

③ 고구려 영양왕은 598년 수나라와 갈등이 깊어지자 이를 견제하기 위해 수나라의 요서 지방을 선제 공격하여 군사적 대결을 결행하였다.

13 난도 ★☆☆   정답 ①

고대 > 정치사

자료해설

제시된 자료에서 '태조가 공산에서 크게 싸웠으나 패했다'는 내용으로 보아 (가)는 견훤임을 알 수 있다.

정답의 이유

① 견훤은 중국의 후당과 오월에 외교 사절을 보내 외교를 맺는 등 국제적으로 인정받고자 하였다.

오답의 이유

②·③ 신라 왕족 출신인 궁예는 기훤과 양길의 부하로 들어가 세력을 키워 송악에 도읍을 정하고 후고구려를 세웠다(901). 이후 영토를 확장하여 도읍을 철원으로 옮기고 국호를 마진으로 바꿨다가 다시 태봉으로 바꾸기도 하였다.

④ 왕건은 예성강의 해상 세력과 힘을 합하여 그 일대의 지배 세력으로 성장하였으며, 궁예의 휘하에서 공을 세워 높은 자리에 오른 후 포악한 궁예를 몰아내고 왕으로 추대되어 고려를 건국하였다.

더 알아보기

후삼국의 통일 과정

견훤의 후백제 건국(900) → 궁예의 후고구려 건국(901) → 왕건의 궁예 축출과 고려 건국(918) → 발해 멸망(926) → 신라 항복(경순왕)과 견훤의 귀순(935) → 후백제 정복(936)

14 난도 ★★☆   정답 ②

일제 강점기 > 정치사

자료해설

제시된 사건의 순서는 ⓒ 2·8 독립 선언서 발표 – ㉠ 동아일보·조선일보 창간 – ⓒ 6·10 만세 운동 – ㉣ 한글 맞춤법 통일안 발표이다.

정답의 이유

ⓒ 일본 도쿄 유학생들이 중심이 되어 결성된 조선 청년 독립단은 도쿄에서 2·8 독립 선언서를 발표하였다(1919).

㉠ 3·1 운동에서 발현된 우리 민족의 강렬한 독립 의지에 놀란 일제는 문화 통치를 표방하면서 동아일보와 조선일보의 창간을 허용하였다(1920).

ⓒ 순종의 국장일에 사회주의자들과 학생들이 대규모 만세 운동을 준비하였으나 사회주의자들이 일제에 발각되면서 학생들을 중심으로 6·10 만세 운동을 전개하였다(1926).

㉣ 조선어 학회는 한글의 연구와 통일을 목적으로 한글 맞춤법 통일안과 표준어를 제정하였다(1933).

더 알아보기

한글 연구 단체

국문 연구소(1907)	• 정음청 이후 최초의 한글 연구 기관 • 주시경, 지석영 등 활동
조선어 연구회(1921)	• 가갸날 제정 • 잡지 『한글』 간행
조선어 학회(1931)	• 『조선말 큰사전』 편찬 시작 • 한글 맞춤법 통일안, 표준어 제정 • 조선어 학회 사건(1942): 일제가 관련 인사 체포, 학회 강제 해산
한글 학회(1949)	『조선말 큰사전』 완성

15 난도 ★☆☆   정답 ①

근대 태동기 > 정치사

자료해설

제시된 사건의 순서는 ㉠ 제2차 갑인예송 – ⓒ 경신환국 – ㉣ 기사환국 – ⓒ 갑술환국이다.

정답의 이유

㉠ 현종 때 효종비(인선 왕후) 국상 당시 인조의 계비인 자의 대비의 복상 문제로 9개월을 주장(대공설)하는 서인과 1년을 주장(기년설)하는 남인이 대립하였고, 남인의 주장이 채택되어 남인이 집권하게 되었다(갑인예송, 1674).

ⓒ 숙종 때 남인인 허적이 궁중에서 쓰는 천막을 허락 없이 사용한 문제로 왕과 갈등을 겪은 후 허적의 서자 허견의 역모 사건으로 첫 환국이 발생하여 허적, 윤휴 등의 남인이 대거 축출되고 서인이 집권하게 되었다(경신환국, 1680).

㉣ 숙종 때 희빈 장씨 소생의 원자 책봉을 반대하는 송시열의 관작을 삭탈하고 제주도로 유배시켜 사사(賜死)하였다. 이때 서인 세력이 대거 축출되고 남인이 집권하였다(기사환국, 1689).

ⓒ 서인 세력을 중심으로 인현 왕후 복위 운동이 전개되자 남인인 민암 등이 서인들을 무고하다 도리어 숙종의 불신을 받게 되어 몰락하고 다시 서인이 집권하게 되었다(갑술환국, 1694).

더 알아보기

예송 논쟁

구분		기해예송	갑인예송
시기		효종 사후	효종비 사후
내용		자의 대비의 복상 기간	
서인		1년설	9개월설
서인		• 효종은 적장자가 아님 • 왕과 사대부에게 적용되는 예가 같음 → 신권 강조	
남인		3년설	1년설
남인		• 효종이 적장자가 될 수 있음 • 왕과 사대부에게 적용되는 예는 다름 → 왕권 강조	
결과		서인 승리	남인 승리

16 난도 ★★★   정답 ③

중세 > 문화사

정답의 이유

ⓒ 영주 부석사 조사당 벽화는 부석사 조사당 안쪽 벽면에 사천왕과 제석천, 범천을 6폭으로 나누어 그린 그림으로 율동감 넘치는 유려한 선에서 고려 말 불화의 특징이 잘 표현되고 있다. 현재 우리나라에 남아 있는 벽화 가운데 가장 오래된 작품이다.

ⓒ 예성강도는 고려 초 화가 이령이 그린 작품으로 예성강의 경관을 그린 실경산수화이다. 문헌상의 기록으로 전할 뿐 작품은 남아 있지 않다.

오답의 이유

㉠ 고사관수도는 조선 전기 강희안의 작품으로 깎아지른 듯한 절벽을 배경으로 바위 위에 양팔을 모아 턱을 괸 채 수면을 바라보며 명상을 하는 선비의 모습을 묘사하였다.

㉣ 송하보월도는 조선 전기 이상좌의 작품으로 바위틈에 뿌리박고 거친 비바람을 이겨 내고 있는 늙은 소나무를 통하여 강인한 정신과 굳센 기개를 표현하였다.

17 난도 ★★★   정답 ②

중세 > 정치사

자료해설

제시된 자료에서 충주에 몽골군이 쳐들어오자 양반들은 도망가고 노군·잡류별초가 몽골을 물리친다는 내용으로 보아 1231년 몽골의 1차 침입 과정에서 발발한 충주성 전투임을 알 수 있다.

정답의 이유

② 진주의 공·사노비와 합주(합천)의 부곡민이 합세하여 일으킨 난은 1200년(최충헌 집권기)에 일어난 광명·계발의 난이다.

오답의 이유

① 몽골의 2차 침입 때 승장 김윤후가 이끄는 민병과 승군이 처인성에서 몽골군에 대항하여 적장 살리타를 사살하고 승리를 거두었다(1232).

③ 집권자인 최우는 몽골의 침입에 대항하기 위해 강화도로 천도하고 장기 항쟁을 준비하였다(1232).

④ 몽골의 3차 침입 때 경주 황룡사 9층 목탑 등의 문화재가 소실되었다(1238).

더 알아보기

몽골의 침입과 전개 과정

침입	내용
1차	• 몽골 사신 저고여의 피살(1225)로 몽골 침입 • 박서의 귀주성 전투 항전(1231) • 충주성 전투에서 노비·잡류별초 항전(1231)
2차	• 최우 정권 때 강화도로 천도(1232) • 김윤후가 처인성에서 적장 살리타를 사살하고 승리(1232) • 대구 부인사 대장경 소실(1232)
3차	• 팔만대장경 조판 시작(1236) • 경주 황룡사 9층 목탑 등의 문화재 소실(1238)
4차	몽골 정종의 죽음으로 몽골군 철수(1247)
5차	충주성 전투에서 김윤후의 승리(1253)
6차	충주 다인철소의 주민들이 몽골에 항전(1254)

18 난도 ★★☆   정답 ③

근세 > 정치사

자료해설

제시된 자료에서 '군사에 보인을 지급하는 데 차등이 있다', '장정 2인을 1보'를 통해 조선 전기 군사 제도에 대한 내용임을 알 수 있다. 조선 시대에는 16~60세의 양인에게 군역이 부과되었으며 군역 대상자는 군사 활동을 하는 현역 군인인 정군과 군역 수행에 필요한 비용을 부담하는 보인으로 구분되었는데, 조선 전기 세조 때 2정(장정 2인)을 1보로 하는 보법을 제정하였다.

정답의 이유

③ 조선 전기 세조 때 지역 단위의 방위 체제는 진관 체제로 개편되었다. 진관 체제는 '읍(邑)'을 군사 조직 단위인 '진(鎭)'으로 편성하고, 각 읍의 수령이 군사 지휘권을 가지도록 규정한 제도이다.

오답의 이유

① 조선 후기에는 훈련도감, 어영청, 총융청, 수어청, 금위영이 설치되면서 중앙군으로서 5군영 체제가 편성되었다.

② 고려의 중앙군은 국왕 친위대인 2군과 수도 및 국경 방어를 담당하는 6위로 구성되었다.

④ 속오군은 임진왜란 중에 정비된 지방 방어 체제로, 양반에서부터 노비에 이르기까지 편제되어 평상시에는 생업에 종사하다 적이 침입해 오면 전투에 동원되었다.

19 난도 ★☆☆   정답 ②

근대 태동기 > 문화사

자료해설

제시된 자료에서 '토지 소유를 제한하는 법령', '제한된 토지보다 많은 자는 더 가질 수 없다', '적발하면 관아에서 몰수' 등으로 보아 박지원의 한전론에 대한 내용이다. 박지원의 한전론은 토지 소유 상한선을 규정하여 대토지 소유를 막으려고 했던 개혁안이었다.

② 박지원은 「양반전」, 「허생전」, 「호질」 등을 통해 양반의 무능과 허례를 풍자하고 비판하였다.

① 박제가는 『북학의』를 저술하여 청의 문물을 적극적으로 수용할 것과 수레와 배의 이용, 적극적인 소비를 권장하였다.

③ 이익은 『성호사설』을 통해 폐전론을 주장하였다. 이익은 『곽우록』에서 화폐는 재화의 유통 및 매개를 위해 필요하지만 고리대의 근원이 되며 농촌 경제를 위협한다고 여겨 화폐 제도 폐지를 주장하였다.

④ 정약용은 여전론을 통해 마을 단위로 토지의 공동 소유, 공동 경작, 노동력에 따른 수확물의 분배를 주장하였다.

20 난도 ★★☆   정답 ③

근대 > 정치사

제시된 자료는 제2차 갑오개혁 때 발표한 홍범 14조이다. 김홍집 내각은 홍범 14조를 반포하고 개혁의 기본 방향을 제시하였다.

③ 제2차 갑오개혁에서 중앙 행정 기구인 의정부와 8아문을 각각 내각과 7부로, 지방 행정 구역을 8도에서 23부로 개편하였고, 재판소를 설치하여 사법권을 행정권에서 분리하였다.

① 을미사변 이후 을미개혁이 추진되어 건양이라는 독자적인 연호를 제정하고, 중앙군인 친위대와 지방군인 진위대를 설치하였다.

② 갑신정변 때 발표된 정강 14조의 내용에 내각 제도의 수립, 인민 평등 확립, 조세 개혁 등이 제시되어 있다.

④ 청과 일본의 군대 개입을 우려한 농민군은 정부와 전주 화약을 맺고 전라도의 53개 군에 자치적 민정 기구인 집강소를 설치하여 폐정 개혁안을 실천하였다.

한국사 | 2020년 서울시 9급

한눈에 훑어보기

영역 분석

선사 시대와 국가의 형성 12 13
2문항, 10%

고대 01 15 16
3문항, 15%

중세 05 06 08
3문항, 15%

근세 10 18
2문항, 10%

근대 태동기 03 04 09 11
4문항, 20%

근대 07 17 19
3문항, 15%

일제 강점기 14 20
2문항, 10%

현대 02
1문항, 5%

빠른 정답

01	02	03	04	05	06	07	08	09	10
②	③	②	①	④	①	②	③	④	①
11	12	13	14	15	16	17	18	19	20
③	④	①	④	①	③	①	③	②	④

점수 체크

구분	1회독	2회독	3회독
맞힌 문항 수	/ 20	/ 20	/ 20
나의 점수	점	점	점

01 난도 ★☆☆ 정답 ②

고대 > 문화사

자료해설

제시된 자료에 밑줄 친 '그'는 원효이다. 원효는 신라의 승려로 일심(一心)과 화쟁(和諍) 사상을 중심으로 불교의 대중화에 힘썼으며 수많은 저술을 남겨 불교 사상의 발전에 크게 기여하였다.

정답의 이유

② 현전하고 있는 원효의 저술은 『금강삼매경론』, 『대승기신론소』, 『십문화쟁론』 등이 있다.

오답의 이유

① 『해동고승전』은 고려 후기 승려 각훈이 삼국 시대 이래 승려들의 전기를 모아 편찬한 사서로, 현재는 일부만 남아 있다.
③ 『왕오천축국전』은 신라의 승려 혜초가 인도를 비롯해 현재의 카슈미르 지역, 파키스탄, 아프가니스탄 등 중앙 아시아 지역을 답사한 뒤 편찬한 순례기이다.
④ 의상은 당에 가서 지엄으로부터 화엄에 대한 가르침을 받고 돌아와 신라에서 화엄 사상을 펼치고 부석사를 중심으로 수많은 제자들을 양성하였으며 『화엄일승법계도』를 저술하여 화엄 교단을 세웠다.

02 난도 ★★★ 정답 ③

현대 > 정치사

자료해설

제시된 사건의 순서는 ⓒ 제1차 개헌(발췌 개헌) – ㉠ 제6차 개헌(3선 개헌) – ㉣ 제7차 개헌(유신 헌법) – ㉡ 제9차 개헌(현행 헌법)이다.

정답의 이유

ⓒ 6 · 25 전쟁 중 자유당은 이승만 대통령의 재선을 위해 부산 지역에 비상계엄을 선포하고 대통령 간선제를 직선제로, 국회 단원제를 양원제(내각 책임제)로 고치는 개헌안을 국회에 제출하여 토론 없이 기립 표결로 통과시키는 제1차 개헌(발췌 개헌)을 단행하였다(1952).
㉠ 박정희 정권 때 대통령 직선제, 대통령 3회 연임 허용, 국회 의원의 국무위원 겸직 등을 허용하는 제6차 개헌을 실시하였다(1969).
㉣ 박정희 정권 때 대통령의 임기를 6년으로 조정하면서 대통령의 중임 · 연임 제한 철폐, 통일 주체 국민 회의를 통한 대통령 간선제, 대통령 권한 강화, 국회 권한 축소, 대통령의 국회 의원 1/3 추천권 등을 골자로 한 제7차 개헌(유신 헌법)을 단행하였다(1972).

ⓒ 6월 민주 항쟁의 결과로 여야의 합의에 의해 5년 단임의 대통령 직선제, 국회의 권한 강화를 주 골자로 하는 제9차 개헌이 이루어졌다(1987).

더 알아보기

대한민국 헌법 개정

제헌 헌법	1948	• 대통령 간선제, 대통령 임기 4년, 1회에 한해 중임 가능 • 단원제 국회
제1차 개헌 (발췌 개헌)	1952	• 대통령, 부통령 직선제 → 이승만 재선 목적(전쟁 중) • 민의원 · 참의원의 양원제 국회 • 국회의 국무위원 불신임 제도
제2차 개헌 (사사오입 개헌)	1954	초대 대통령에 한해 중임 제한 철폐 → 이승만 3선 목적
제3차 개헌	1960.6.	• 국회에서 대통령 선출 • 의원 내각제, 양원제(장면 내각) • 국회의 국무위원 불신임 제도
제4차 개헌	1960.11.	• 3 · 15 부정 선거 관련자 처벌 • 특별 재판소, 검찰부 설치
제5차 개헌	1962	• 대통령 직선제 • 단원제 국회 • 5 · 16 군사 정변 → 공화당 정권 수립
제6차 개헌 (3선 개헌)	1969	• 대통령 직선제, 대통령 3선 허용 • 국회 의원의 국무위원 겸직 허용
제7차 개헌 (유신 헌법)	1972	• 대통령 간선제(통일 주체 국민 회의) • 대통령 임기 6년, 중임 및 연임 제한 철폐 • 대통령 권한 강화, 국회 권한 축소 • 대통령의 국회 의원 1/3 추천권
제8차 개헌	1980	• 7년 단임의 대통령 간선제(선거인단) • 12 · 12 사태로 비상계엄 발령
제9차 개헌	1987	• 5년 단임의 대통령 직선제 • 국회 권한 강화 • 6월 민주 항쟁의 결과로 여야의 합의 개헌

03 난도 ★★☆ 정답 ②

근대 태동기 > 경제사

자료해설

제시된 자료에서 '검소하다는 것은 물건이 있어도 남용하지 않는 것을 말하는 것이지 자신에게 물건이 없다 하여 스스로 단념하는 것을 말하는 것이 아니다.' 등의 내용을 통해 소비를 강조한 박제가의 주장임을 알 수 있다.

정답의 이유

② 박제가는 청에 다녀온 후 청의 문물을 적극적으로 수용할 것을 주장하며 상공업의 발달, 청과의 통상 강화, 수레와 선박의 이용 등을 제안하였다. 그는 생산과 소비와의 관계를 우물물에 비유

하면서 생산을 자극하기 위해서는 절약보다 소비를 권장해야 한다고 주장하였다.

오답의 이유

① 유형원은 균전론을 내세워 직업에 따라 토지를 차등 지급하고, 조세 및 요역을 토지에 일괄 부과함으로써 농민의 최저 생활 보장, 국가 재정의 안정적 확보를 주장하였다.

③ 정약용은 처음에는 여전론을 주장하였으나, 이후 현실적인 정전제를 내세워 자영농 육성을 위한 토지 제도 개혁을 주장하였다.

④ 유득공은 『발해고』에서 발해와 신라를 병립시켜 '남북국 시대'로 부를 것을 제안하였다.

더 알아보기

중농 학파와 중상 학파의 비교

구분	중농주의(18세기 전반)	중상주의(18세기 후반)
학파	경세치용 학파	이용후생 학파, 북학파
목표	농민 생활의 안정 (토지 제도 개혁)	적극적 부국 강병
문제점	대토지 소유의 증가 → 자영농 몰락	국가의 소극적 경제 발전 → 상업 발전 미약
해결책	토지의 균등 분배, 자영농 육성, 지주제 부정적, 화폐 사용 부정적	청과 교역 증가, 수레와 선박의 이용, 지주제 긍정적, 화폐 사용 긍정적, 국가 통제하의 상공업 육성
주요 학자	• 유형원: 『반계수록』, 균전론 • 이익: 『성호사설』, 한전론 • 정약용: 『목민심서』, 『경세유표』, 여전론, 정전제	• 유수원: 『우서』, 사농공상의 직업 평등화 • 홍대용: 『임하경륜』, 『의산문답』, 지전설 • 박지원: 『열하일기』, 수레 · 선박 이용, 「양반전」 · 「허생전」 · 「호질」 • 박제가: 『북학의』, 소비 권장
공통점	부국 강병, 민생 안정, 자유 상공업 비판, 농업 진흥	

04 난도 ★★☆ 정답 ①

근대 태동기 > 경제사

정답의 이유

① 조선 후기에는 광업에 대한 정부의 통제가 해이해지고, 국가의 허가 없이 몰래 채굴하는 잠채가 성행하였다.

오답의 이유

② 조선 후기 광산 경영은 경영 전문가인 덕대가 상인 물주에게 자본을 조달받아 채굴업자와 채굴 노동자, 제련 노동자 등을 고용하여 광물을 채굴하는 것이 일반적이었다.

③ · ④ 조선 후기 청과의 무역이 활발해지는 과정에서 은의 수요가 증대되면서 은광 개발이 활기를 띠게 되자, 정부는 국가 재정의 확충을 위하여 17세기 중엽부터 민간인에게 광산 채굴을 허용하고 세금을 받는 정책을 실시하였다(설점수세제).

05 난도 ★★☆ 정답 ④

중세 > 정치사

정답의 이유

ⓒ 주현(主縣)은 지방관이 상주한 지역을, 속현(屬縣)은 지방관이 상주하지 않은 지역을 통칭하는데, 고려 전기에는 주현이 130개, 속현이 374개 정도로 지방관이 파견되지 않은 속현의 수가 더 많았다.

ⓒ 고려 성종 때 지방의 주요 지역에 12목을 설치하고 지방관인 목사를 파견하였다.

ⓔ 고려 시대에는 향·소·부곡 등의 특수 행정 조직이 있었다. 이곳의 주민들은 신분상 양민이었으나 일반적인 양민과 달리 국자감 입학과 과거 응시가 불가하였고, 거주 이전의 자유가 없는 등 차별을 받았다.

오답의 이유

ⓐ 고려 시대에 군사 행정 구역인 양계(동계, 북계)에는 병마사를 파견하였다. 계수관은 지방의 행정 구역을 담당하는 수령을 가리키는 말로, 고려 시대에는 양계 지역을 제외한 경·목·도호부 등의 유수, 목사, 도호부사 등이 계수관으로 칭해졌다.

더 알아보기

고려의 지방 행정 조직

5도	• 상설 행정 기관이 없는 일반 행정 단위로, 안찰사 파견 • 도 아래에 주·군·현이 설치되고 지방관이 파견됨(주·군에는 자사, 현에는 현령이 파견되나 모든 지역에 다 파견되지는 못함) • 지방관이 파견된 주현보다 파견되지 않은 속현이 더 많음 • 지방관이 파견되지 않은 속현과 향·소·부곡 등 특수 행정 구역은 주현을 통하여 간접적으로 중앙 정부의 통제를 받았으며, 조세, 공물 징수, 노역 징발 등 실제적인 행정 사무는 향리가 담당
양계	북방의 국경 지대에 동계·북계의 양계를 설치, 병마사 파견
8목, 4도호부	• 성종 때 지방 주요 지역에 12목 설치, 현종 때 8목으로 정비 • 4도호부는 군사적 요충지에 설치
향·소·부곡	특수 행정 구역으로, 일반적인 양민과 달리 차별을 받음

06 난도 ★☆☆ 정답 ①

중세 > 정치사

자료해설

제시된 자료에 나오는 '만적'은 최충헌의 사노비이므로, ㉠에 해당하는 인물은 최충헌이다.

정답의 이유

① 최충헌은 1209년에 무신 정권의 최고 권력 기관인 교정도감을 설치하였다. 또한, 경대승 때 설치되었던 사병 집단인 도방을 다시 확대 설치하여 군사적 기반을 강화하였다.

오답의 이유

② 고려 광종은 노비안검법을 실시하여 호족의 세력을 약화시키고 국가의 수입 기반을 확대하였다(956).

③ 묘청은 풍수지리설을 내세워 서경에 대화궁을 짓고, 황제를 칭하며 연호를 사용하는 등 자주적인 개혁을 시행하였고, 금의 정벌을 주장하였다(1135).

④ 이자겸은 자신의 딸들을 예종과 인종에게 시집 보냄으로써 권력을 장악해 나갔으며, 척준경과 함께 자신을 반대하던 왕의 측근 세력을 제거한 뒤 모든 실권을 장악하였다(1126).

07 난도 ★★☆ 정답 ②

근대 > 정치사

자료해설

제시문은 황성신문 주필인 장지연이 일제의 침략과 매국노 규탄, 을사늑약에 대한 굴욕적인 내용을 폭로한 항일 논설 「시일야방성대곡」이다.

정답의 이유

② 러·일 전쟁에서 일본이 유리해지자 한국을 식민지화하기 위한 계획안을 확정한 뒤 강제로 제1차 한·일 협약을 체결하고(1904), 1905년 11월 제2차 한·일 협약(을사늑약)을 체결하여 조선의 외교권을 박탈하고 통감부를 설치하였다.

오답의 이유

① 을미사변 이후 신변 보호 명목으로 고종은 러시아 공사관으로 거처를 옮겼고(1896, 아관파천), 이로 인해 친러 내각이 구성되었으며, 이후 러시아 등 열강의 이권 침탈이 심화되었다.

③ 헤이그 특사 파견 사건을 빌미로 고종을 강제 퇴위시키고 순종을 즉위시킨 일본은 한·일 신협약을 체결하여 대한제국 군대를 강제 해산시켰다(1907).

④ 1910년 8월 총리 대신 이완용과 데라우치 조선 통감 사이에 한·일 병합 조약이 체결되어 국권을 상실하였다.

더 알아보기

제2차 한·일 협약(을사늑약)

제2조 일본국 정부는 한국과 타국 간에 현존하는 조약의 실행을 완수하는 임무를 담당하고 한국 정부는 지금부터 일본국 정부의 중개를 거치지 않고서는 국제적 성질을 가진 어떤 조약이나 약속을 맺지 않을 것을 서로 약속한다.

제3조 일본국 정부는 그 대표자로 한국 황제 폐하 밑에 1명의 통감을 두되 통감은 오로지 외교에 관한 사항을 관리하기 위하여 경성에 주재하고 친히 황제 폐하를 알현할 수 있는 권리를 가진다.

－ 「고종실록」 권46, 42년(광무9년) 11월 17일 －

08 난도 ★★☆ 정답 ③

중세 > 경제사

자료해설

제시문에서 (가)는 태조 때 지급한 역분전, (나)는 경종 때의 시정 전시과, (다)는 목종 때의 개정 전시과, (라)는 문종 때의 경정 전시과를 설명한 것이다.

정답의 이유

③ (다) – 목종 때 시행된 개정 전시과는 시정 전시과와 함께 전·현직 관리를 대상으로 과전을 지급하였다. 실직이 없는 산관이 지급 대상에서 제외된 것은 경정 전시과이다.

오답의 이유

① (가) – 고려 태조 때 시행된 역분전은 후삼국 통일 후, 통일 과정에 기여한 공신들에게 그 공로에 대한 보상으로 토지를 분배한 것이다.

② (나) – 고려 경종 때 시행된 시정 전시과는 관품과 인품을 기준으로 토지의 수조권을 지급하였다.

④ (라) – 고려 문종 때 시행된 경정 전시과에서는 산관이 지급 대상에서 제외되고 현직 관리만을 지급 대상으로 하였으며, 문·무 차별이 완화되었다.

09 난도 ★☆☆ 정답 ④

근대 태동기 > 정치사

자료해설

제시된 자료에서 백성들이 육의전(六矣廛) 이외에 허가받은 시전 상인들과 같이 장사를 할 수 있도록 했다는 것을 통해 이는 정조 때 시행한 신해통공(1791)임을 알 수 있다.

정답의 이유

④ 정조는 초계문신제를 시행하여 신진 인물이나 중·하급 관리 가운데 유능한 인사를 재교육시켜 등용하였다.

오답의 이유

① 조선 영조는 『속대전』과 더불어 『속병장도설』, 『동국문헌비고』 등의 서적을 편찬하였다.

② 조선 숙종은 1712년 백두산정계비를 세워 조선과 청 사이의 국경을 정하였다.

③ 조선 인조는 풍흉에 관계없이 전세를 토지 1결당 미곡 4~6두로 고정시킨 영정법을 시행하였다.

더 알아보기

정조의 개혁 정치

탕평책	적극적인 탕평책(준론탕평): 붕당과 신분을 가리지 않고 인재 등용
왕권 강화 정책	• 초계문신제 시행: 새로운 관리 및 하급 관리 중 유능한 인재들의 재교육 목적 • 규장각 설치 및 육성: 인재 양성, 정책 연구 기능. 왕실 도서관이자 왕을 보좌하는 업무 담당 • 장용영 설치: 왕의 친위 부대. 왕권의 군사적 기반 강화 • 수원 화성 건립: 정치적·군사적 기능 부여. 상업 활동 육성
문물 제도 정비	• 서얼 차별 완화: 서얼 출신을 규장각 검서관에 등용(유득공, 이덕무, 박제가 등) • 신해통공: 육의전을 제외한 시전 상인의 금난전권 폐지 • 편찬: 『대전통편』, 『동문휘고』, 『무예도보통지』 등

10 난도 ★☆☆ 정답 ①

근세 > 문화사

자료해설

제시문에서 '세종 대 편찬', '각종 병론과 처방', '전통적 경험', '조선의 약재 중시' 등의 내용을 통해 『향약집성방』인 것을 알 수 있다.

정답의 이유

① 조선 세종은 왕명으로 우리 풍토에 알맞은 약재와 치료 방법을 개발·정리한 『향약집성방』을 편찬하게 하였다.

오답의 이유

② 선조의 명으로 허준이 집필하기 시작한 『동의보감』은 우리나라와 중국 의서의 각종 의학 지식과 치료법을 집대성한 의서로 광해군 때 완성되었다.

③ 조선 성종 때 강희맹은 사계절의 농법과 농작물에 대한 주의사항 등에 대해 직접 경험한 것을 종합하여 『금양잡록』을 저술하였다.

④ 세종 때 이순지와 김담은 중국의 수시력과 아라비아의 회회력을 참고로 내편(內篇)과 외편(外篇)으로 이루어진 역법서 『칠정산』을 완성하였다.

더 알아보기

『향약집성방』의 편찬

명의가 병을 진찰하고 약을 쓸 때, 모두 기질에 따라 처방하지 처음부터 한 가지 방법에 매달리지 않았다. 대개 백 리만 떨어져 있어도 풍속이 같지 않고 천 리가 떨어져 있으면 풍토가 다르다. …(중략)… 그러므로 옛 성인은 모든 풀과 나무의 맛을 보고 각 지역의 환경에 따라 병을 고쳤다. 우리나라 역시 동방의 한 지역으로 자리 잡아 산과 바다에는 여러 가지 보호가 있고, 풀과 나무와 약재들이 자란다. 무릇 백성들의 생명을 기르고 병자를 치료할 만한 조건을 갖추지 못한 것이 아니다.

– 『세종실록』 15년, 6월 11일 –

11 난도 ★☆☆　　　　　　　　　　정답 ③

근대 태동기 > 경제사

[자료해설]

제시된 자료에서 밑줄 친 '이 법'은 공납의 모순인 방납의 폐단을 시정하기 위해 광해군 때 시행한 대동법이다.

[정답의 이유]

ⓒ 대동법은 광해군 때 경기도에서 처음 시험적으로 시행되었고, 숙종 때 평안도와 함경도를 제외한 전국에서 실시되었다.

ⓒ 대동법은 가호를 기준으로 공물을 징수하던 방식을 토지의 결수에 따라 쌀, 삼베나 무명, 동전 등으로 납부하게 바꾼 것으로, 공납의 전세(田稅)화가 이루어졌다.

[오답의 이유]

㉠ 대동법이 실시된 뒤에도 농민들은 부정기적인 진상이나 별공을 통해 토산물이나 특산물을 여전히 부담하였다.

㉣ 풍흉의 정도에 따라 조세 액수를 조정한 것은 조선 전기의 답험 손실법이다.

12 난도 ★☆☆　　　　　　　　　　정답 ④

선사 시대와 국가의 형성 > 선사 시대

[자료해설]

제시된 자료에서 '이른 민무늬 토기, 빗살무늬 토기' 등의 내용으로 보아 유물들이 발견되는 시대는 신석기 시대이다.

[정답의 이유]

④ 갈돌과 갈판은 신석기 시대부터 출현하였고, 열매나 씨앗의 껍질을 벗기거나 가루를 만드는 도구로 사용되었다.

[오답의 이유]

① 세형 동검과 잔무늬 거울은 후기 청동기 시대와 초기 철기 시대에 사용되었던 유물이다.

② 고인돌과 돌널무덤은 청동기 시대의 무덤 양식이다. 고인돌은 청동기 시대가 계급 사회였음을 입증하는 유물이기도 하다.

③ 공주 석장리 유적, 청원 두루봉 동굴 및 단양 수양개, 연천 전곡리 등은 구석기 시대의 대표적인 유적지이다.

13 난도 ★☆☆　　　　　　　　　　정답 ①

선사 시대와 국가의 형성 > 국가의 형성

[자료해설]

제시된 자료에서 영고(迎鼓)라는 제천 행사를 시행한다는 내용을 통해 설명하는 나라가 부여임을 알 수 있다.

[정답의 이유]

① 남에게 상처를 입힌 자는 곡식으로 갚게 한 것은 고조선의 8조법의 내용이다.

[오답의 이유]

② 부여는 남의 물건을 훔쳤을 때 물건 값의 12배를 배상하게 하는 1책 12법이 존재하였다.

③ 부여는 형벌이 엄격하여 살인자는 사형에 처하고, 그 집안 사람은 노비로 삼는 연좌 제도가 있었다.

④ 부여는 남녀 간에 간음을 하거나 투기가 심한 부인은 사형에 처하고, 시체를 가져가려고 할 때에는 소와 말을 바쳐야 했다.

14 난도 ★★☆　　　　　　　　　　정답 ④

일제 강점기 > 문화사

[자료해설]

제시문에서 '조선의 역사적 발전이 세계사적 역사 법칙에 의해 다른 민족과 같은 궤도로 발전 과정을 거쳤다'는 내용을 통해 사회 경제 사학자 백남운의 주장임을 알 수 있다.

[정답의 이유]

④ 백남운의 사회 경제 사학은 일제 식민 사관의 정체성 이론을 비판하면서 사적 유물론을 바탕으로 한국사의 발전 과정을 세계사적 보편성 위에 체계화할 수 있다고 주장하였다.

[오답의 이유]

① · ② 민족주의 사학은 우리 민족의 자주성과 우수성, 한국사의 주체적 발전을 강조하려는 연구 활동을 전개하였다. 신채호는 민족을 역사 서술에 중심에 두고 우리 고대 문화의 우수성과 독자성을 강조하는 등 민족주의 사학의 기반을 마련하였으며, 박은식은 독립운동의 수단으로 민족사 연구에 몰두하여 나라가 망하였으나 국혼(國魂)을 유지하면 부활할 수 있음을 강조하였다.

③ 친일 단체인 청구학회의 왜곡된 한국사 연구에 반발하여 이병도, 손진태, 이윤재 등은 진단학회를 조직하고 『진단학보』를 발행하였다. 이들은 개별적인 사실을 객관적으로 밝히려는 순수 학술 활동을 목표로 실증 사학을 도입하였다.

> **더 알아보기**
>
> **일제 강점기 한국사 연구**
>
> | 민족주의
사학 | • 역사 연구를 독립운동의 한 방법으로 인식. 민족사의 자주성과 주체성 강조
• 대표 학자: 박은식, 신채호, 정인보, 문일평, 안재홍 등 |
> | --- | --- |
> | 사회 경제
사학 | • 사적 유물론을 바탕으로 한국사가 세계사적 발전 과정과 같다고 강조, 일제의 식민 사관(정체성론) 비판
• 대표 학자: 백남운, 이청원 등 |
> | 실증주의
사학 | • 문헌 고증의 방법을 통해 한국사를 실증적으로 연구, 진단학회 조직(1934), 『진단학보』 발행, 청구학회(친일 단체)에 대항
• 대표 학자: 이병도, 손진태, 이윤재 등 |

15 난도 ★★☆　　　　　　　　　　정답 ③

고대 > 정치사

[자료해설]

제시된 자료를 시간순으로 나열하면 ㉢ 고구려의 낙랑군 축출 – ㉣ 백제의 웅진 천도 – ㉠ 신라의 건원 연호 제정 – ㉡ 대가야 멸망이다.

[정답의 이유]

㉢ 4세기 고구려 미천왕은 서안평을 점령(311)하고 낙랑군(313)과 대방군(314)을 축출하였다.

㉣ 5세기 백제 문주왕은 웅진으로 천도하였다(475).

ⓒ 6세기 신라 법흥왕은 처음으로 건원이라는 독자적인 연호를 사용하였다(536).

ⓒ 6세기 신라 진흥왕이 파견한 장군 이사부에 의해 대가야가 멸망하면서 가야 연맹이 완전히 해체되었다(562).

16 난도 ★☆☆ 정답 ②

고대 > 정치사

자료해설

제시된 자료에서 만파식적이 언급되고 있으므로, 밑줄 친 왕은 신문왕이다.

정답의 이유

② 신문왕은 전국을 9주로 나누고, 수도가 동남쪽으로 치우쳐 있는 것을 보완하기 위하여 행정·군사상 요충지에 5소경을 설치하였다.

오답의 이유

① 신문왕은 귀족의 경제기반을 약화시키기 위해 녹읍을 폐지하고 관료전을 지급하였으나, 이후 경덕왕 때 관료전을 폐지하고 녹읍을 부활시켰다.

③ 성덕왕은 농민에게 정전(丁田)을 지급하여 국가의 토지 지배권을 강화하였다.

④ 문무왕은 고구려 유민들을 금마저(익산)에 자리잡게 하고, 안승을 보덕국 왕으로 임명하여 고구려 부흥군을 지원했으며, 고구려 유민을 모아 당의 세력을 축출하는 데 이용하였다.

더 알아보기

통일 신라 주요 국왕의 업적

문무왕	· 고구려 멸망(668) · 나·당 전쟁 승리 → 삼국 통일 완수(676) · 외사정 파견(지방 감시)
신문왕	· 김흠돌의 난 진압 → 귀족 숙청, 왕권 강화 · 제도 정비(9주 5소경), 관료전 지급, 녹읍 폐지, 국학 설립
성덕왕	정전 지급 → 국가의 토지 지배력 강화, 수취 체제 정비
경덕왕	· 녹읍 부활, 왕권 약화 → 귀족 연합 정치 · 국학을 태학으로 개편(박사와 조교)
혜공왕 이후	· 김헌창의 난 · 장보고의 청해진 설치 · 6두품의 사회 비판, 개혁 시도 · 왕위 쟁탈전 → 지방 통제 약화 → 호족 등장, 선종 발달

17 난도 ★☆☆ 정답 ①

근대 > 정치사

자료해설

제시된 자료에서 '조선은 자주국이며 일본과 평등한 권리 보유', '일본이 조선 해안 측량권을 가짐' 등을 통해 1876년에 체결된 강화도 조약(조·일 수호 조규)임을 알 수 있다.

정답의 이유

① 만동묘 철폐(1865)는 흥선 대원군 집권기 때 이루어진 것으로, 강화도 조약 체결 이전의 사실이다. 흥선 대원군은 만동묘를 비롯하여 붕당의 온상으로 인식되어 온 서원을 47개소만 남긴 채 대폭 정리하였다.

오답의 이유

② 이범윤은 1902년 간도에 시찰원으로 파견되어 간도에 관청을 세워 간도 백성의 권익을 보호할 것을 조정에 건의하였고, 이듬해에는 북간도에 간도 관리사(북변도관리)로 파견되었다.

③ 고종은 강화도 조약 이후 국내외 정세에 대응하기 위해 개화 정책 전담 기구인 통리기무아문을 설치하였다(1880).

④ 황쭌셴(황준헌)의 『조선책략』의 유포에 반대한 이만손 등의 영남 유생들이 영남 만인소를 올렸다(1881).

18 난도 ★★☆ 정답 ③

근세 > 정치사

자료해설

제시된 사건을 시간순으로 나열하면 ⓒ 계유정난(1453) - ② 무오사화(1498) - ⓒ 기묘사화(1519) - ⓒ 을묘왜변(1510)이다.

정답의 이유

ⓒ 계유정난(1453): 수양대군(세조)이 왕위를 찬탈하기 위해 정변을 일으켜 김종서, 황보인 등을 제거하고 정권을 장악한 사건이다.

② 무오사화(1498): 연산군 때 사관 김일손이 영남 사림과 스승인 김종직의 조의제문을 사초에 기록하였다. 그러자 사림 세력과 대립 관계였던 유자광, 이극돈 등의 훈구 세력이 이를 문제 삼아 연산군에게 알리면서 무오사화가 발생하였다.

ⓒ 기묘사화(1519): 중종 때 조광조가 반정 공신들의 비리를 척결하기 위해 공신의 위훈을 삭제하자 이에 반발하여 일어났으며, 조광조를 비롯한 사림들이 제거되었다.

ⓒ 을묘왜변(1555): 명종 때 왜선 70여 척이 전라남도 연안을 습격해 온 사건이다. 을묘왜변 이후 조선과 일본의 국교는 단절되었으며, 삼포왜란(1510)을 계기로 설치되었던 임시 군사 기구인 비변사는 상설 기구화되었다.

더 알아보기

김종직의 『조의제문』

정축 10월 어느 날에 나는 밀성으로부터 경산으로 향하면서 답계역에서 자는데, 그날 밤 꿈에 한 신인(神人)이 나타나, "나는 초나라 회왕의 손자인데 우리 조부께서 항우에게 죽임을 당하였다."라고 말하고는 갑자기 사라져 보이지 않았다. 나는 꿈을 깨어 놀라 '회왕은 남초 사람이요, 나는 동이 사람으로, 거리가 만여 리가 될 뿐만 아니라, 세대의 전후도 역시 천 년이 훨씬 넘는데, 꿈속에 나오다니, 이 것이 무슨 일일까?'라고 생각하였다.

– 『연산군일기』 –

근대 > 정치사

자료해설

제시된 폐정 개혁안 12개조 일부 내용 중 갑오개혁에 반영된 것은
㉠, ㉣이다.

정답의 이유

㉠ 무명의 잡다한 세금은 일체 거두지 않는다는 내용은 '인민의 조
　세는 모두 법령으로 정한 비율에 따르고, 함부로 명목을 더 만들
　어 과도하게 징수할 수 없다(제2차 갑오개혁, 홍범 14조 제6조)'
　는 내용으로 반영되었다.

㉣ 젊어서 과부가 된 여성의 재혼을 허용한다는 내용은 '과부가 재혼
　하는 것은 귀천을 막론하고 자신의 의사대로 하게 한다(제1차 갑
　오개혁, 군국기무처에서 제정한 법령)'는 내용으로 반영되었다.

오답의 이유

㉡·㉢ 토지의 균등 분배, 왜와 통하는 자의 엄중 징벌은 폐정 개혁
　안 12조에는 제시되었으나 갑오개혁에는 반영되지 않았다.

더 알아보기

폐정 개혁안 12개조

조항	개혁 내용
1. 동학교도는 정부와의 원한을 씻고 서정에 협력한다.	조선 왕조 체제 유지
2. 탐관오리는 그 죄상을 조사하여 엄징한다.	부패한 봉건 세력 타도
3. 횡포한 부호를 엄징한다.	
4. 불량한 유림과 양반의 무리를 징벌한다.	
5. 노비 문서를 불태운다.	봉건적 신분 질서 폐지, 봉건적 폐습 개선 (갑오개혁에서 반영)
6. 칠반천인의 대우를 개선하고 백정이 쓰는 평량갓을 없앤다.	
7. 청상 과부의 재혼을 허가한다.	
9. 관리 채용에는 지벌을 타파하고 인재를 등용한다.	
10. 왜와 통하는 자는 엄하게 징벌한다.	반침략 · 반외세 성격
8. 공사채를 물론하고 기왕의 것을 무효로 한다.	조세 제도 개혁, 농가 부채 탕감, 토지 평균 분작(토지 개혁)
11. 무명의 잡세는 일절 폐지한다.	
12. 토지는 균등히 나누어 경작한다.	

일제 강점기 > 정치사

자료해설

제시된 자료의 독립운동 단체의 결성 시기를 순서대로 나열하면 ㉣
대한 광복회 – ㉡ 의열단 – ㉢ 참의부 – ㉤ 근우회 – ㉠ 조선 의용
대이다.

정답의 이유

㉣ 대한 광복회(1915): 대구에서 박상진 등이 군대식으로 비밀리에
　조직한 무장 독립 단체이다.

㉡ 의열단(1919): 만주 길림에서 김원봉, 윤세주 등이 중심이 되어
　조직하였으며, 일제의 요인 암살, 주요 기관 폭파 등의 무장 투
　쟁 운동을 전개하며 1920년대의 의열 투쟁을 이끌었다.

㉢ 참의부(1924): 남만주에서 대한민국 임시정부의 직할대로 설립
　된 무장 독립군 단체이다.

㉤ 근우회(1927): 신간회의 자매 단체로 조직되어 여성 계몽 활동
　과 여성 지위 향상 운동을 전개하였다.

㉠ 조선 의용대(1938): 김원봉이 주도하여 중국 국민당의 지원을
　받아 중국 관내에서 결성된 최초의 한인 무장 부대로 정보 수집,
　교란, 선전 등의 활동을 하였고, 중국군과 함께 항일 전쟁에 참
　가하는 등 활발한 독립운동을 전개하였다.

한국사 | 2019년 서울시 9급

✓ 빠른 정답

01	02	03	04	05	06	07	08	09	10
②	②	④	③	②	①	④	②	①	①
11	12	13	14	15	16	17	18	19	20
③	①	③	④	③	④	④	③	④	②

✓ 점수 체크

구분	1회독	2회독	3회독
맞힌 문항 수	/ 20	/ 20	/ 20
나의 점수	점	점	점

---

01 난도 ★☆☆　　　　　　　　　　　정답 ②

선사 시대와 국가의 형성 > 국가의 형성

[정답의 이유]

② 진대법은 빈민 구제를 목적으로 실시된 곡물 대여 제도로, 고구려의 고국천왕과 관련된 내용이다.

[오답의 이유]

① 위만은 중국의 진·한 교체기에 1,000여 명의 유이민을 이끌고 고조선에 이주하였는데, 고조선의 준왕의 신임을 받아 서쪽 변경을 수비하는 임무를 맡게 되었다. 이후 위만은 세력을 확대하여 준왕을 몰아내고 왕위를 차지하였다(기원전 194).

③ 고조선의 관습법인 8조법은 『한서』, 「지리지」를 통해 일부 조목이 기록되어 있는데, 이를 통해 노동력(생명) 존중과 형벌 제도의 존재, 농경 사회, 사유 재산 인정, 화폐 사용 등 고조선의 사회상을 유추할 수 있다.

④ 고조선의 세력 범위는 거친무늬 거울, 미송리식 토기, 탁자식 고인돌, 비파형 동검 등의 출토 범위와 일치하는데, 이 유물들을 바탕으로 국가가 성립했음을 짐작할 수 있다.

[더 알아보기]

고조선의 8조법

낙랑 조선민의 범금 8조는, 남을 죽이면 즉시 죽음으로 갚고, 남을 상해하면 곡식으로 배상하며, 남의 물건을 훔친 자가 남자이면 그 집의 노(奴)로 삼으며 여자이면 비(婢)로 삼는데, 자신의 죄를 용서받으려는 자는 1인에 50만(전)이었다. 그러나 비록 죄를 사면받아 민(民)이 된다 할지라도 풍속에서는 오히려 이를 꺼려 결혼하려고 할 때 짝하려는 자가 없었다. 이 때문에 그 민들은 끝내 도둑질하지 않아 집의 문을 닫아 놓지 않았다.

－ 『한서』 「지리지」 －

---

02 난도 ★★☆　　　　　　　　　　　정답 ②

고대 > 정치사

[자료해설]

백제의 발전 과정을 순서대로 나열하면 ㉠ 6좌평제, 16관등제 및 백관의 공복 제정 － ㉡ 평양성 공격 － ㉣ 불교 수용 － ㉢ 지방에 22담로 설치이다.

[정답의 이유]

㉠ 3세기 무렵 고이왕은 율령을 반포하여 6좌평 제도를 실시하고 16관등제와 백관의 공복을 제정하였다.

㉡ 4세기 후반 근초고왕은 평양성을 공격하여 고구려의 고국원왕을 전사시켰다(371).

② 4세기 후반 침류왕 때 동진의 승려 마라난타에 의해 불교가 전파되어 이를 수용하였다(384).

© 6세기 초 무령왕은 지방 주요 거점에 22담로를 설치하고 왕족을 파견하여 지방에 대한 통제를 강화하였다.

더 알아보기

백제 국왕의 활동

고이왕	• 율령 반포(관등, 관복제 정비) • 한강 유역 장악(목지국 공격)
근초고왕	• 마한 정복 • 해외 진출(요서, 산둥, 규슈) • 왕위의 부자 상속제 확립 • 고구려 평양성 공격 → 고국원왕 전사
침류왕	불교 수용 및 공인
무령왕	22담로 설치(왕족 파견) → 지방 통제 강화
성왕	• 사비 천도, 국호 변경(남부여), 중앙 22부 정비 • 불교 진흥(노리사치계 일본 파견) • 나·제 동맹 결렬 → 관산성 전투로 사망
무왕	• 『삼국유사』에 기록된 서동 설화의 주인공 • 익산에 미륵사 창건
의자왕	• 신라 40여 개의 성 차지(대야성 함락) • 백제 멸망(660) ↔ 신라 김춘추(무열왕)

03 난도 ★★☆　　　　　　　　　　　　　　정답 ④

고대 > 경제사

자료해설

제시된 자료는 『삼국유사』에 기록된 가야의 건국 설화이다. '황금색 알 여섯 개' 등의 내용을 통해 밑줄 친 '이 나라'가 금관가야임을 알 수 있다.

정답의 이유

④ 금관가야는 철이 풍부했던 낙동강 하류 유역의 변한 땅에서 일어난 국가이다. 특히 김해 지방에는 질 좋은 철이 많이 나서 각종 철제 무기를 만들어 사용하였고, 덩이쇠를 만들어 화폐와 같은 교환 수단으로 이용하기도 하였다.

오답의 이유

① 백제 침류왕 때 중국 동진의 승려 마라난타에 의해 불교가 전파되었으며, 침류왕은 불교를 공인하여 왕실의 권위를 높였다.

② 재상을 뽑을 때 정사암에 후보 이름을 써서 넣은 상자를 봉해두었던 나라는 백제이다. 백제의 정사암 회의는 재상의 선출 등 국가의 주요 사항을 의논하고 결정하던 귀족 회의이다.

③ 화백 제도는 신라에서 국가의 중요한 일을 논하던 귀족 회의체로, 만장일치제로 의사 결정을 하였으며, 회의의 의장은 상대등이었다.

04 난도 ★☆☆　　　　　　　　　　　　　　정답 ③

고대 > 정치사

정답의 이유

③ 발해는 당, 신라, 거란, 일본과 활발히 교류했는데, 가장 활발한 교역국은 당이었다. 문왕 이후 당과 수교하면서 해로와 육로를 통해 활발하게 무역이 전개되었으며, 산둥 반도의 덩저우에 발해 사신들의 숙소인 발해관을 설치하여 발해인들이 이용하기도 하였다.

오답의 이유

① 발해의 주민은 고구려 유민과 말갈인으로 구성되었는데, 지배층은 대부분 고구려 계열의 귀족들이었고, 피지배층은 대부분 말갈인이었다. 말갈인 중 일부는 지배층이 되거나 자신이 거주하는 촌락의 우두머리가 되어 국가 행정을 보조하기도 하였다.

② 발해의 중앙 문화는 고구려 문화를 바탕으로 당의 선진 문화를 수용하였다.

④ 발해는 최고 국립 교육 기관이자 유학 교육 기관인 주자감을 설치하여 귀족 자제들에게 유교 경전을 가르쳤다.

05 난도 ★★☆　　　　　　　　　　　　　　정답 ②

고대 > 문화사

정답의 이유

② 원측은 통일 신라의 승려로, 당에 유학하여 유식학을 배우고 당의 수도에 있는 서명사에서 스스로 학설을 강의하며 서명학파를 형성하였다. 원측의 유식학은 법상종 성립에 영향을 주었다.

오답의 이유

① 고구려 영양왕 때 태학 박사 이문진이 역사서 『유기』 100권을 『신집』 5권으로 집약하여 편찬하였다.

③ 신라 진흥왕은 자기 자신을 전륜성왕이라 칭하고, 두 아들의 이름을 동륜과 금륜(진지왕)이라 하였다.

④ 백제에서는 6세기 이후부터 미륵 신앙이 성행하였으며, 많은 지역에 미륵과 관련된 사찰들이 지어졌다. 그 대표적인 것이 무왕 때 건립된 미륵사이다.

06 난도 ★☆☆　　　　　　　　　　　　　　정답 ①

중세 > 정치사

정답의 이유

① 고려 시대 지방군은 일반 행정 구역인 5도에는 주현군, 군사 행정 구역인 양계에는 주진군이 편성되었다. 양계의 주진군은 좌군, 우군, 초군으로 구성되어 있으며, 최고 지휘관은 도령이라 하였다.

오답의 이유

② 중앙군 중 2군은 응양군과 용호군으로 구성되어 있으며, 왕의 호위를 담당하는 친위 부대였다.

③ 중앙군 중 6위의 감문위는 궁성과 성문 수비를 담당하였다. 그리고 좌우위, 신호위, 흥위위는 수도 경비와 국경 방어 임무를 맡았고, 금오위는 수도의 치안, 천우위는 의장대의 역할을 담당하였다.

④ 중앙군의 직업 군인인 경군(군반씨족)은 직역 세습의 대가로 국가로부터 군인전이라는 토지를 지급받았다.

> **더 알아보기**
>
> **고려 시대 군사 제도**
>
> | | |
> |---|---|
> | 중앙군 | • 국왕의 친위 부대인 2군과 수도 · 국경을 방위하는 6위(좌우위, 신호위, 흥위위, 금오위, 천우위, 감문위)로 구성
• 중앙군은 직업 군인으로 군적에 등록되어 군인전을 지급받았으며 역은 자손에게 세습 |
> | 지방군 | • 의무군(16세 이상 장정), 주진군(양계, 상비군), 주현군(5도, 예비군)
• 군적에 오르지 못한 일반 농민 중 16세 이상의 장정으로 구성, 토지 미지급 |
> | 특수군 | 광군(정종, 거란), 별무반(숙종, 여진), 삼별초(고종, 몽골), 연호군(우왕, 왜구) |

07 난도 ★☆☆　　　　　　　　　　　　　　　정답 ④

중세 > 정치사

자료해설

제시문에서 (가) 외관(지방관) 파견을 청한 부분, (나) 유교 정치를 강조한 부분을 볼 때, 최승로가 고려 성종에게 건의한 '시무 28조'의 일부 내용임을 알 수 있다.

정답의 이유

④ 고려 성종은 시무 28조의 내용을 받아들여 연등회를 축소하고, 팔관회를 폐지하는 등 불교 행사를 억제하였다.

오답의 이유

① 고려 태조는 호족과의 혼인 정책을 추진하여 호족 세력을 회유 · 포섭함으로써 지지 기반을 확보하였다.

② 고려 광종은 노비안검법을 실시하여 호족의 경제력을 약화시키고 국가의 수입 기반을 확대하였다.

③ 고려 예종은 국학에 장학 재단인 양현고를 설치하고, 도서관 및 학문 연구소인 청연각과 보문각을 세워 유학을 진흥하고자 하였다.

> **더 알아보기**
>
> **최승로의 시무 28조**
>
> 고려 유학자인 최승로가 유교 사상에 입각한 28조의 개혁안을 성종에게 건의하였는데, 그중 22개조가 전해진다.
>
> 7조　태조께서는 나라를 통일한 뒤에 외관(外官)을 두고자 하였으나 … 청컨대 외관을 두도록 하십시오.
>
> 13조　봄에는 연등을 설치하고 겨울에는 팔관(八關)을 베푸는데, 사람을 많이 동원하고 노역이 심히 번다하니, 원컨대 이를 더 덜어서 백성의 힘을 펴주소서.
>
> 20조　불교를 행하는 것은 수신의 근본이며, 유교를 행하는 것은 치국의 근원이니, 수신은 내세를 위한 것이며, 치국은 곧 현세의 일입니다.

08 난도 ★★☆　　　　　　　　　　　　　　　정답 ②

중세 > 문화사

정답의 이유

② 1232년 몽골의 2차 침략으로 초조대장경이 소실된 후, 몽골의 침입을 격퇴하려는 의지를 담은 재조대장경이 1251년에 완성되었다. 판수가 8만여 장에 달하기 때문에 팔만대장경(八萬大藏經)이라고도 하며, 고려 시대에 두 번째로 판각한 대장경이라 하여 재조대장경(再雕大藏經)이라고도 한다.

오답의 이유

① 무신 정권 시기 요세는 참회와 수행에 중점을 둔 법화 신앙을 설파하고 강진의 만덕사(백련사)에서 백련결사를 조직하였다.

③ 각훈은 『해동고승전』에 삼국 시대의 명승들의 전기를 수록하였는데, 우리나라의 불교사를 중국과 대등한 입장에서 서술하여 불교의 발전을 토대로 한 민족 문화에 대한 자긍심을 표현하였다. 『해동고승전』은 화엄종(교종) 중심의 불교사를 정리하였다.

④ 지눌은 깨달음과 더불어 실천과 수행을 강조한 돈오점수를 제창하며 전남 순천의 송광사를 중심으로 수선사 결사 운동을 전개하였다.

> **더 알아보기**
>
> **고려의 대표적 승려**
>
> | | |
> |---|---|
> | 의천 | • 교단 통합 운동: 해동 천태종 창시
• 교관겸수 · 내외겸전 주장: 이론 연마와 실천 강조 |
> | 지눌 | • 수선사 결사 운동(송광사): 독경과 선 수행, 노동에 힘쓰자는 운동
• 돈오점수 · 정혜쌍수 제창: 참선(선종)과 지혜(교종)를 함께 수행 |
> | 요세 | 백련결사 제창: 자신의 행동을 진정으로 참회하는 법화 신앙 강조 |
> | 혜심 | 유 · 불 일치설 주장: 심성의 도야를 강조하여 장차 성리학 수용의 사상적 토대 마련 |
> | 균여 | • 화엄종, 화엄 사상 정비
• 향가 「보현십원가」 저술 |

09 난도 ★★☆　　　　　　　　　　　　　　　정답 ①

중세 > 정치사

자료해설

제시문의 '장수와 재상이 어찌 씨가 따로 있으랴.' 등을 통해 무신 집권기에 일어난 만적의 난에 대한 사료이며, 밑줄 친 '그'가 만적임을 알 수 있다. 만적은 무신 집권기 권력자인 최충헌의 사노비이다.

정답의 이유

① 최충은 문종 대(1046~1083)의 문신으로 벼슬에서 물러난 후 자신의 집에 9재(九齋)라는 사립 학교를 열어 후진을 양성하였는데, 이후 이것이 확대되어 사학 12도가 설립되었다. 사학 12도가 융성한 것은 고려 중기이며, 만적의 난은 최충헌(무신) 집권기(1196~1219)에 일어난 사건(1198)이다.

② 최충헌(무신) 집권기에 경주 일대에서 이비·패좌의 난 등 고려 왕조를 부정하는 신라 부흥 운동이 발생하기도 하였다.

③ 지눌은 13세기 초 최충헌 집권기에 순천 송광사를 거점으로 수선사 결사 운동을 전개하였으며, 정혜쌍수와 돈오점수 등을 주장하였다.

④ 향·소·부곡민은 법제상으로는 양민이었으나 천민과 유사한 사회적 대우를 받았다. 이들은 거주 이전의 금지, 국자감 입학 금지, 과거 응시 불허 등 차별 대우를 받았다. 향·부곡민은 주로 농업에 종사하였고, 소의 주민들은 주로 수공업과 광업에 종사하였다. 향·소·부곡은 1176년 무신 집권기에 일어난 공주 명학소의 난을 계기로 점차 사라졌으며, 조선 시대에 이르러서는 완전히 소멸되었다.

10 난도 ★★☆   정답 ①

근세 > 경제사

① 고려 말 공양왕 때 '자섬저화고'를 설치하고 우리나라 최초의 지폐인 저화를 처음 발행했으나 곧 중단되었다. 이후 조선 태종이 사섬서를 설치하여 저화를 다시 발행하였다. 그러나 화폐 가치의 불안정 등으로 널리 유통되지는 못하였다.

② 상평통보는 조선 후기 인조 때 처음 주조되었고, 숙종 때 법화로 지정되어 전국적으로 유통되었다.

③ 고종은 국가 재정을 확보하기 위해 양전 사업을 실시하고, 토지 소유자에게 지계(地契)를 발급하였다. 이에 따라 실제 경작 농지의 넓이를 정확히 파악하여 안정적으로 조세 수입을 늘리고, 근대적인 토지 소유권을 확립하였다.

④ 조선 초 세종은 공법을 제정하고 실시하기 위해 전제상정소를 설립하였다. 이에 따라 풍흉과 토지 비옥도에 따라 전세를 차등 징수하는 연분 9등법과 전분 6등법을 전라도부터 시행하기 시작하였고, 성종 때 함경도를 마지막으로 전국에서 실시되었다.

조선 태종의 주요 정책

왕권 강화	• 도평의사사를 없애고 의정부를 설치(6조 직계제 시행) • 사간원 독립(대신 견제) • 사원전 몰수 • 사병을 철폐하여 군사 지휘권 장악
사회·문화 제도 정비	• 신문고 설치, 억울한 노비 해방 • 양전 사업 실시(20년마다 토지 측량하여 양안 작성) • 호패법 실시 • 서얼차대법(서얼의 관직 진출 제한)과 재가금지법 제정

11 난도 ★★☆   정답 ③

근대 태동기 > 경제사

제시문은 공납의 모순인 방납의 폐단을 비판한 것으로, 이를 시정하기 위해 광해군 때 대동법이 시행되었다.

③ 조선 후기에 광산 개발이 활발해짐에 따라 등장한 덕대는 광산 채굴의 전문적 경영자로서, 물주에게 자본을 조달받아 광산의 주인과 계약을 맺고 노동자를 고용하여 광산을 경영하였다.

① 대동법은 광해군 원년인 1608년에 경기도에서 시작하여, 100년 뒤인 1708년 숙종 때 평안도와 함경도를 제외한 전국에서 실시되었다.

② 각 가호마다 부과하던 것을 토지 결수를 기준으로 토지 1결당 12두를 부과하면서 공납의 전세화가 이루어졌다.

④ 대동법의 실시로 공인이라는 상인이 성장하였는데, 이들은 중앙 관청에서 공가를 미리 받아 필요한 물품을 사서 납부하였다. 공인의 활동이 활발해지고 지방의 장시가 발전하면서 수요품이 증가하였고, 이에 따라 상품 화폐 경제가 크게 발달하였다.

12 난도 ★★☆   정답 ①

근대 태동기 > 경제사

㉠ 1여의 토지는 1여의 사람들로 하여금 공동으로 경작하게 한다는 내용을 통해 정약용이 주장한 '여전론'임을 알 수 있다.

㉡ 전(田) 몇 부(負)를 한정하여 1호(戶)의 영업전(永業田)을 삼기를 당나라의 조제(租制)처럼 해야 한다 등의 내용을 통해 이익이 주장한 '한전론'임을 알 수 있다.

㉠ 정약용은 30가구 기준의 1여(閭)에서 여장(閭長)의 지휘하에 공동으로 생산하고 노동량에 따라 수확량을 여민에게 분배하는 이상적인 토지 제도인 '여전론'을 주장하였다.

㉡ 이익은 한 가정의 생활을 유지하는 데 필요한 규모의 토지를 영업전으로 정한 후 영업전은 법으로 매매를 금지하고, 나머지 토지만 매매를 허용하여 자영농을 육성하려는 토지 제도인 '한전론'을 주장하였다.

더 알아보기

조선 후기 대표적 실학자

중농주의 실학 (18세기 전반)	유형원	『반계수록』, 균전론, 신분제 비판(직업적 차별)
	이익	『성호사설』, 『곽우록』, 한전론, 나라를 좀먹는 여섯 가지 폐단, 폐전론
	정약용	강진 유배(신유박해), 여전론, 정전제, 『여유당전서』, 『목민심서』, 『경세유표』
중상주의 실학 (18세기 후반)	유수원	『우서』, 상공업 강조, 사농공상의 직업적 평등화 · 전문화
	홍대용	『임하경륜』, 『의산문답』, 『담헌서』, 중화사상 비판(지전설)
	박지원	『열하일기』, 수레와 선박의 이용, 화폐 유통, 양반 비판
	박제가	『북학의』, 청 문물 수용, 수레와 선박의 이용, 소비 권장

13 난도 ★★☆　　　　　　　　　정답 ③

시대 통합 > 문화사

자료해설

제시된 자료의 의서 편찬 순서는 ② 『향약구급방』 - © 『의방유취』 - ⊙ 『동의보감』 - ⓒ 『마과회통』이다.

정답의 이유

② 『향약구급방』은 현전하는 우리나라 최고의 의학 서적으로 고려 강화도 천도 시기에 강화도의 대장도감(大藏都監)에서 조판되었으며, 우리 실정에 맞게 저술되었다(1236).

© 『의방유취』는 조선 세종 때 전순의 등이 왕명으로 저술한 의학 백과 사전이다(1445).

⊙ 『동의보감』은 조선 광해군 때 허준이 편찬한 동양 의학 백과 사전이다(1610). 17세기 동아시아 의학을 집대성하였기 때문에, 일본과 청에서도 여러 차례 간행되었다.

ⓒ 『마과회통』은 조선 정조 때 정약용이 편찬한 의학서이다(1798). 정약용은 박제가와 함께 종두법을 연구하여 『마과회통』을 통해 제너의 종두법을 처음으로 소개하였으며, 홍역에 관련된 이전의 잘못된 치료법을 비판하고 새로운 의학 지식과 치료 방법 등을 소개하였다.

14 난도 ★★★　　　　　　　　　정답 ④

근대 태동기 > 문화사

정답의 이유

④ 「대동여지도」가 완성되자 나라의 기밀을 누설시킬 우려가 있다고 하여 판목을 압수 소각했다는 것은 일제 강점기에 일본이 조작한 내용으로 역사적 사실이 아니다.

오답의 이유

① 김정호는 답사를 통해 1834년에 제작한 「청구도」를 수정 및 보완하고 목판본으로 「대동여지도」를 제작하여 지도의 대량 생산 보급에 공헌하였다.

② 영조 때 정상기는 최초로 백리척이라는 축척을 사용하여 「동국지도」를 완성하였다.

③ 18세기 중국에서 방안(모눈)법이 도입되어 지형을 보다 정확하게 그려낼 수 있게 되었다. 방안 위에 그린 지도로는 김정호가 1861년에 만든 「대동여지도」가 대표적이다.

더 알아보기

조선 후기의 지도

정상기의 「동국지도」	• 우리나라 최초로 백리척 사용 • 정확하고 과학적인 지도 제작에 공헌
김정호의 「대동여지도」	• 거리를 알 수 있게 10리마다 눈금 표시 • 산맥 · 하천 · 포구 · 도로망 표시 • 목판으로 인쇄

15 난도 ★★☆　　　　　　　　　정답 ③

근대 > 정치사

정답의 이유

③ 김홍집이 유포시킨 황쭌셴(황준헌)이 쓴 『조선책략』의 영향으로 영남 만인소를 올린 사람은 이만손이다.

오답의 이유

① 1870년대 최익현은 일본과 서양은 같으므로 개항할 수 없다는 왜양일체론을 내세우며 개항 반대 운동을 전개하였다.

② 1860년대 이항로와 기정진 등 유생들은 척화주전론을 내세우며 흥선 대원군의 통상 수교 거부 정책을 지지하였다.

④ 1880년대 이만손은 영남 만인소, 홍재학은 만언척사소를 상소하였으며, 정부의 개화 정책과 『조선책략』의 내용에 반발하는 유생들의 집단적 상소 운동이 전개되었다.

더 알아보기

위정척사 운동의 전개 과정

통상 반대 운동 (1860년대)	• 이항로, 기정진 등 중심 • 척화주전론 • 흥선 대원군의 통상 수교 거부 정책 지지
개항 반대 운동 (1870년대)	• 최익현 중심 • 왜양일체론, 개항불가론
개화 반대 운동 (1880년대)	• 정부의 개화 정책 추진과 『조선책략』 유포에 반발 • 이만손의 영남 만인소, 홍재학의 만언척사소 등 상소 운동 전개
항일 의병 운동 (1890년대)	을미의병 전개(유인석, 이소응)

근대 > 정치사

자료해설

제시문에서 '보빙사'를 통해 밑줄 친 (가) 국가가 미국임을 알 수 있다. 조선 정부는 조 · 미 수호 통상 조약이 체결된 후 미국에 민영익을 단장으로 외교사절단 '보빙사'를 파견하였다.

정답의 이유

④ 미국은 이익금의 일부를 조선 왕실에 내놓는다는 조건으로 평안도 운산의 금광 채굴권을 획득하였다.

오답의 이유

① 삼국 간섭은 러시아, 프랑스, 독일이 일본을 압박한 사건으로 미국과는 관련이 없다.

② 용암포를 강제로 점령하며 조차를 요구한(용암포 사건) 나라는 러시아이다.

③ 러시아의 남하를 견제하기 위해 거문도를 불법으로 점령한 나라는 영국이다.

더 알아보기

열강의 경제적 이권 침탈

일본	• 경인선 철도 부설권(미국에서 인수, 1897) • 경부선 철도 부설권(1898) • 경의선 철도 부설권(프랑스에서 인수, 1904) • 직산 금광 채굴권(1900)
미국	• 전등 · 전화 · 전차 부설권 • 평안도 운산 금광 채굴권(1896)
러시아	• 경원 · 종성 광산 채굴권(1896) • 압록강, 두만강, 울릉도 삼림 채벌권(1896)
독일	강원도 당현 금광 채굴권(1897)
영국	평안도 은산 광산 채굴권(1900)
프랑스	평북 창성 금광 채굴권(1901)

근대 > 정치사

자료해설

제시된 자료에서 이미 통감이 설치되었음을 알 수 있고, 제5조에서 통감이 추천하는 일본인을 한국 관리에 임명한다는 내용을 통해 차관 정치를 강요하였던 한 · 일 신협약(정미 7조약, 1907.7.)임을 알 수 있다.

정답의 이유

④ 고종은 을사늑약의 부당성을 국제 사회에 알리기 위해 네덜란드 헤이그에서 개최된 만국 평화 회의에 이상설, 이위종, 이준을 특사로 파견하였다(1907.6.). 그러나 일본은 이를 빌미로 고종을 강제 퇴위시키고 한 · 일 신협약을 체결하였다. 따라서 만국 평화 회의에 이상설 등이 파견된 것은 한 · 일 신협약 이전에 발생한 것이다.

오답의 이유

① · ② 일본은 한 · 일 신협약을 체결하여 각 부에 일본인 차관을 임명하여 내정을 간섭하였고, 군대마저 해산하였다.

③ 한 · 일 신협약 체결 이후인 1909년 7월 기유각서를 통해 사법권이 박탈되었으며, 1910년 6월에는 경찰권까지 빼앗겼다.

더 알아보기

을사늑약 이후의 일제의 국권 침탈 과정

1905.11.	제2차 한 · 일 협약 (=을사늑약)	외교권 피탈, 통감부 설치(초대 통감 이토 히로부미)
1907.6.	헤이그 특사 파견	제2차 만국 평화 회의에 특사 파견(이상설, 이위종, 이준)
1907.7.20.	고종의 강제 퇴위	헤이그 특사 파견의 문제, 순종 즉위
1907.7.24.	한 · 일 신협약 (정미 7조약)	차관 통치, 통감부가 인사권 · 외교권 장악
1907.8.	군대 해산	• 한 · 일 신협약 부수 각서, 해산 군인의 의병 가담 • 시위 대장 박승환 자결
1909.7.	기유각서	사법권, 감옥 사무권 피탈, 언론 · 출판 · 집회 · 결사 자유 박탈
1910.6.	경찰권 피탈	경찰권 위탁 각서로 경찰권 강탈
1910.8.29.	경술국치 (국권 피탈)	한 · 일 강제 병합, 국권 피탈, 조선 총독부 설치, 헌병 무단 통치 실시

일제 강점기 > 정치사

자료해설

제시된 사건의 발생순서는 ㉡ 3 · 1 운동 – ㉠ 물산 장려 운동 – ㉣ 6 · 10 만세 운동 – ㉢ 광주 학생 항일 운동이다.

정답의 이유

㉡ 3 · 1 운동(1919): 고종의 인산일을 계기로 일어난 전국적인 민족 운동으로, 민족 대표 33인이 독립 선언서를 발표하여 국내외에 독립을 선언하였다. 3 · 1 운동 이후 일제는 기존의 무단 통치 방식을 문화 통치로 바꾸게 되었다.

㉠ 물산 장려 운동(1920): 민족 기업을 통해 경제 자립을 이루자는 운동으로, 조만식, 이상재 등을 중심으로 평양에서 조선 물산 장려회가 발족되면서 전개되었다. 민족 자본 육성을 통한 경제 자립을 위해 자급 자족, 국산품 애용, 소비 절약 등을 내세웠으며 자작회, 토산 애용 부인회 등의 단체가 활동하였다.

㉣ 6 · 10 만세 운동(1926): 사회주의자와 학생들은 순종의 인산일인 6월 10일을 기하여 만세 운동을 계획하였으나 사회주의자들이 사전에 발각되어 학생들을 중심으로 서울 시내에서 만세 시위를 전개하였다.

ⓒ 광주 학생 항일 운동(1929): 한국인 학생과 일본인 학생 간의 충돌 사건을 계기로 식민 차별 교육 철폐, 한국인 본위의 교육 제도 확립 등을 주장한 운동이다. 광주 학생 항일 운동은 3·1 운동 이후 가장 큰 규모의 항일 운동이었다.

19 난도 ★★☆   정답 ④

현대 > 정치사

[자료해설]

제시된 자료는 4·19 혁명(1960) 당시 서울대 문리과 학생들의 선언문이다.

[정답의 이유]

④ 조봉암이 진보당을 결성한 것은 4·19 혁명 이전이다(1956). 조봉암은 이승만 정부 당시 제3대 대통령 선거에 출마하였으나 낙선한 이후 진보당을 창당하고 평화 통일론을 주장하였다. 이후 이승만 정부는 조봉암을 간첩 혐의로 구속하고, 진보당을 탄압하였다.

[오답의 이유]

① 4·19 혁명의 결과 이승만 대통령이 하야하였다(1960).

② 4·19 혁명 후 허정 과도 정부가 구성되어 내각책임제와 양원제를 골자로 하는 3차 개헌이 실시되었고, 이에 의거하여 장면 내각이 수립되었다(1960).

③ 민족 자주 통일 중앙 협의회는 4·19 혁명 이후 혁신계 인사들이 조직한 단체이다(1961).

더 알아보기

4·19 혁명의 배경과 전개 과정

배경	• 이승만 정부의 독재와 부정 부패 • 3·15 부정 선거
전개 과정	각 지역에서 부정 선거 규탄 시위 → 마산에서 김주열 학생의 시신 발견(4.11.), 전국으로 시위 확산 → 학생·시민 대규모 시위 → 경찰 발포로 여러 사상자 발생, 비상 계엄령 선포(4.19.) → 서울 시내 대학 교수단 시국 선언문 발표 및 시위(4.25.)
결과	이승만 대통령 하야 성명 발표(4.26.), 허정 과도 정부 구성

20 난도 ★☆☆   정답 ②

현대 > 정치사

[자료해설]

제시문에서 '대통령은 통일 주체 국민 회의에서 선거한다.', '통일 주체 국민 회의는 국회 의원 정수의 1/3에 해당하는 수의 국회 의원을 선거한다.' 등을 통해 제7차 개헌인 유신 헌법(1972)임을 알 수 있다.

[정답의 이유]

② 1976년 유신 체제에 대한 저항으로, 명동 성당에 모인 윤보선, 김대중 등 재야 인사들이 긴급 조치의 철폐, 박정희 정권의 퇴진 등을 요구하는 '3·1 민주 구국 선언'을 발표하였다.

[오답의 이유]

① 1964년 굴욕적인 한·일 회담에 반대하는 학생 시위가 전개되었으나, 정부는 계엄령을 선포하여 이를 진압하고 한·일 협정을 체결하였다(1965).

③ 제헌 국회는 친일파 청산을 위해 반민족 행위 처벌법을 제정하고, 반민족 행위 특별 위원회를 설치하였다(1948).

④ 5·16 군사 정변으로 정권을 장악한 박정희 군정 시기에 민생 안정을 위한 농가 부채 탕감, 화폐 개혁 등이 단행되었다.

한눈에 훑어보기

✓ **빠른 정답**

01	02	03	04	05	06	07	08	09	10
②	①	④	①	②	④	④	③	①	④
11	12	13	14	15	16	17	18	19	20
④	③	②	②	④	②	②	③	③	④

✓ **점수 체크**

구분	1회독	2회독	3회독
맞힌 문항 수	/ 20	/ 20	/ 20
나의 점수	점	점	점

01 난도 ★☆☆ 정답 ②

중세 > 문화사

정답의 이유

② 고려는 세계 최초로 금속 활자를 발명하여 『상정고금예문』, 『직지심체요절』 등의 금속 활자본을 편찬하였다. 1234년 몽골과 전쟁 중이던 강화도 피난 시에 금속 활자로 『상정고금예문』을 인쇄하였다는 기록이 이규보의 『동국이상국집』에 남아있으며, 『직지심체요절』은 1377년 충북 청주 흥덕사에서 간행된 것으로 현존하는 세계 최고의 금속 활자본으로 현재는 프랑스 국립 도서관에 소장되어 있다.

오답의 이유

① 고려의 귀족 문화를 대표하는 자기는 청자로, 특히 12세기 중엽에는 고려의 독창적인 기법인 상감 기법이 개발되어 무늬를 다양하고 화려하게 넣을 수 있었다.

③ 고려는 몽골의 침입을 불심으로 극복하고자 16년에 거쳐 팔만대장경을 만들었다. 현존 최고(最古)의 대장경으로 유네스코 세계 기록 문화 유산으로 등재되었다. 거란의 침입을 물리치기 위한 염원을 담아 만든 것은 초조대장경이다.

④ 고려 시대에 유교는 정치와 관련한 치국의 도로서, 불교는 신앙과 관련한 수신의 도로서 서로 보완 기능을 수행하며 함께 발전하였다. 대표적으로 성종은 최승로의 시무 28조 내용을 받아들여 유교 정치를 구현하였다.

더 알아보기

고려 금속 인쇄물

『상정고금예문』 (1234)	• 인종 때 강화도에서 금속 활자로 인쇄하였다는 기록이 『동국이상국집』에 존재 • 서양보다 200여 년이나 앞서 이루어진 것 • 오늘날 전해지지 않고 있다.
『직지심체요절』 (1377)	• 고려 우왕 때 충북 청주 흥덕사에서 금속 활자로 인쇄 • 독일의 구텐베르크 성서보다 78년이나 앞서 만들어진 것임을 공인받아 현존하는 세계 최고(最古)의 금속 활자본으로서 유네스코 세계 기록 유산으로 등재 • 현재 프랑스 국립 도서관에 소장

02 난도 ★☆☆　　　　　　　　　　　　　　　　정답 ①

근세 > 문화사

정답의 이유

① 『본조편년강목』은 고려 충숙왕 때 민지가 편찬한 우리나라 최초의 강목체 역사서이다.

오답의 이유

② 『의방유취』는 세종 때 편찬한 의학 백과사전으로 동양 의학을 집대성한 의서이다.

③ 『삼국사절요』는 성종 때 서거정, 노사신 등이 단군 조선부터 삼국의 멸망까지를 자주적 입장에서 편년체로 서술한 역사서이다.

④ 『농사직설』은 세종 때 정초, 변효문 등이 왕명에 의해 편찬한 농서로, 농민의 실제 경험을 종합하여 우리의 실정에 맞는 농법을 수록하였다.

03 난도 ★★☆　　　　　　　　　　　　　　　　정답 ④

고대 > 경제사

자료해설

순서대로 나열하면 ② 관료전 지급(687) - ⓒ 녹읍 폐지(689) - ⓒ 정전 지급(722) - ⑦ 녹읍 부활(757)이다.

정답의 이유

② 관료전 지급(687): 신문왕은 문무 관료들에게 관료전을 지급하였다.

ⓒ 녹읍 폐지(689): 신문왕은 관리에게 지급하던 녹읍을 폐지하고 해마다 조세를 차등 있게 지급하였으며, 이를 일정한 법으로 삼았다.

ⓒ 정전 지급(722): 성덕왕은 백성들에게 정전(丁田)을 지급하여 국가의 토지 지배권을 강화하였다.

⑦ 녹읍 부활(757): 경덕왕은 귀족들의 반발로 녹봉을 없애고 다시 녹읍을 지급하였다.

더 알아보기

통일 신라 토지 제도

• 식읍: 국가에서 왕족, 공신 등에게 지급하는 토지와 가호(조세 수취권 + 노동력 징발권)

• 녹읍: 국가에서 관료 귀족에게 지급하는 일정 지역의 토지(조세 수취권 + 노동력 징발권)

• 관료전: 국가에서 관료에게 관직 복무의 대가로 수조권을 지급하는 토지(조세 수취권만 지급)

• 정전: 국가에서 백성에게 지급하는 토지(국가의 토지 지배권 강화)

04 난도 ★★☆　　　　　　　　　　　　　　　　정답 ①

중세 > 정치사

정답의 이유

① 백제 부흥 운동은 전남 담양에서 이연년 형제가 일으켰으며, 고려 왕조를 부정하는 단계까지 발전하였다(1237). 조위총은 무신 정권에 대항하여 서경에서 반란을 일으켰던 인물이다(1174).

오답의 이유

② 망이 · 망소이는 특수 행정 구역인 '소(所)'가 일반 군현과 달리 차별을 받는데 반발하여 1176년 충남 공주 명학소에서 난을 일으켰다.

③ 1193년 김사미 · 효심은 경상도 운문과 초전에서 신라 부흥을 내걸고 반란을 일으켰다.

④ 1198년 최충헌의 사노비였던 만적은 사람이면 누구나 공경대부가 될 수 있다고 주장하며 개경에서 신분 해방 운동을 일으켰으나 사전에 발각되어 실패하였다.

05 난도 ★☆☆　　　　　　　　　　　　　　　　정답 ②

근대 > 정치사

자료해설

시간순으로 나열하면 ⓒ 전주 화약 체결(1894.5.) - ② 군국기무처 설치(1894.6.) - ⓒ 홍범 14조 발표(1895.1.) - ⑦ 아관파천(1896.2.)이다.

정답의 이유

ⓒ 전주 화약 체결(1894.5.): 동학 농민 운동을 진압하기 위해 조정에서 청에 원군을 요청하자 톈진 조약에 의거하여 일본도 군대를 파견하였다. 이에 청과 일본의 군대 개입을 우려한 동학 농민군과 정부는 외국 군대 철수와 폐정 개혁을 조건으로 전주 화약을 체결하였다.

② 군국기무처 설치(1894.6.): 동학 농민군과 전주 화약을 체결한 후 조선 정부에서는 교정청을 설치하여 자주적인 내정 개혁을 시도하였으나, 일본군이 경복궁을 포위하고 고종을 협박하여 내정 개혁 기구인 군국기무처를 설치하여 제1차 갑오개혁을 추진하였다.

ⓒ 홍범 14조 발표(1895.1.): 고종은 종묘에서 청의 종주권 배제, 왕실과 국정 사무 분리 등의 내용을 담은 홍범 14조를 발표하여 제1차 갑오개혁 내용을 재확인하고 제2차 갑오개혁의 방향을 제시하였다.

⑦ 아관파천(1896.2.): 을미사변으로 신변의 위협을 느낀 고종은 러시아 공사관으로 거처를 옮기는 아관파천을 단행하였다.

06 난도 ★★★　　　　　　　　　　　　　　　　정답 ④

현대 > 정치사

자료해설

제시된 자료는 박정희 정부가 일본과의 국교 정상화를 추진하여 체결한 한 · 일 기본 조약(한 · 일 협정)의 일부 내용이다.

정답의 이유

④ 1965년 6월 22일 체결된 한 · 일 기본 조약(한 · 일 협정)의 부속 협정으로, 청구권 · 경제 협력에 관한 협정, 재일 교포의 법적 지위와 대우에 관한 협정, 어업에 관한 협정, 문화재 · 문화 협력에 관한 협정 등이 함께 체결되었다.

오답의 이유

① 한 · 일 기본 조약은 일제 강점에 대한 사죄와 보상을 제대로 받지 못한 굴욕적인 회담으로 징용, 징병, 위안부 등에 대해 전혀 언급되지 않았다.

② 정부가 한·일 기본 조약을 추진하려 하자 이에 반대하는 6·3 항쟁이 일어났으나, 박정희 정부는 계엄령을 선포하여 이를 강경하게 진압하고 한·일 기본 조약을 체결하였다.

③ 중앙정보부장 이후락이 특사로 파견된 것은 1972년 7·4 남북 공동 성명 때이다. 한·일 기본 조약 체결을 위한 비밀 회담은 당시 중앙정보부장이었던 김종필이 파견되었다.

더 알아보기

한·일 기본 조약(한·일 협정)

개념	1965년 대한민국과 일본 간의 기본 관계에 관한 조약(기본 조약)과 이에 부속된 4개의 협정 및 25개 문서의 총칭
배경	• 제1차 경제 개발 5개년 계획을 수립하면서 자금 필요 • 동아시아의 안보에 대한 질서를 강화하기 위한 미국의 적극적 권고
체결 과정	• 김종필·오하라 비밀 메모 회동(1962): 청구권 문제가 경제 협력 방식으로 타결 • 한·일 회담에서 굴욕적 대일 외교에 반대하는 6·3 시위 전개(6·3 항쟁) → 정부 비상계엄령을 선포(1964)하고 진압 • 1965년 6월 한·일 기본 조약을 체결하고 일본과 국교 정상화
내용	일본으로부터 8억 달러의 경제 협력 자금 제공 받기로 합의
부속 협정	• 청구권·경제 협력에 관한 협정 • 재일 교포의 법적 지위와 대우에 관한 협정 • 어업에 관한 협정 • 문화재 및 문화 협력에 관한 협정
결과	• 식민 지배에 대한 사과와 배상 없이 독립 축하금 명목으로 얻어낸 것에 불과함 • 청구권 문제, 어업 문제, 문화재 반환 문제 등에 대해 우리나라가 지나치게 양보 • 청구권·경제 협력에 관한 협정은 일제 강점기 피해자 보상과 위안부 보상 문제 등과 관련하여 발생한 갈등의 원인이 됨

07 난도 ★★☆　　　　　　　　　　　　　　　정답 ④

중세 > 경제사

정답의 이유

④ ㉠, ㉡, ㉢, ㉣ 모두 옳은 설명이다.

㉠ 성종은 우리나라 최초의 화폐이자 철전인 건원중보를 주조해 전국적으로 사용하게 하려 했으나 성공하지 못하였다.

㉡ 고려 전기에는 관수품 위주의 관청 수공업과 소(所) 수공업이 발달했으나, 후기에는 관청 수공업이 쇠퇴하고 농민이나 사원을 중심으로 한 민간 수공업과 사원(寺院) 수공업이 발달하였다.

㉢ 고려 시대에 국내 상업이 안정적으로 발전하면서 외국과의 무역도 활발해졌다. 예성강 어귀의 벽란도는 대외 무역의 발전과 함께 국제무역항의 역할을 하며 발전하였다.

㉣ 원 간섭기에는 원의 지폐인 지원보초와 중통보초가 들어와 유통되기도 하였다.

더 알아보기

고려의 수공업 발달

고려 전기	• 관청 수공업: 중앙과 지방에 있던 관청에서 그곳에서 일할 기술자를 장부에 올리고 물품을 생산 • 소(所) 수공업: 소에서는 금·은·철·구리와 실 등 각종 옷감 및 종이, 먹, 차, 생강 등을 생산하여 공물로 납부
고려 후기	• 민간 수공업: 가내 수공업 형태로, 삼베, 모시, 명주 등 생산 • 사원(寺院) 수공업: 베·모시, 기와, 술, 소금 등 생산

08 난도 ★★★　　　　　　　　　　　　　　　정답 ③

근대 태동기 > 정치사

자료해설

시간순으로 나열하면 ㉢ 하멜을 통한 서양식 무기 제조(효종) − ㉡ 5군영 제도 성립(숙종) − ㉣ 『수성윤음』 반포(영조) − ㉠ 네 유수부 체제 구축(정조)이다.

정답의 이유

㉢ 효종은 제주도에 표류하던 하멜 일행을 훈련도감에 배치하고(1653), 하멜이 가져온 조총 기술을 도입하여 신식무기를 제조하였다.

㉡ 숙종 때 금위영을 설치하면서(1682), 5군영 체제(훈련도감, 어영청, 총융청, 수어청, 금위영)가 완성되었다.

㉣ 영조는 훈련도감·어영청·금위영이 도성을 나누어 방위하게 하는 『수성윤음』을 반포하여 도성 방어 체계를 강화하였다(1751).

㉠ 조선 시대의 유수부는 옛 도읍지나 행행지 및 군사적인 요지에 설치되었던 관서로, 서울 주변에 네 유수부(개성, 강화, 광주, 수원)가 설치되었다. 세종 때 개성, 인조 때 강화, 정조 때 광주와 수원에 설치되어 네 유수부가 서울을 엄호하는 체제로 구축되었다(1793).

09 난도 ★☆☆　　　　　　　　　　　　　　　정답 ①

선사 시대와 국가의 형성 > 선사 시대

정답의 이유

① 구석기 시대에는 이동 생활을 하며 주로 동굴이나 바위그늘에서 생활하였다. 후기에 이르면서는 강가에 막집을 짓고 살았는데, 막집에서 담 자리, 불 땐 자리가 발견되어 이 시기에 불을 사용했음을 알 수 있다.

오답의 이유

② 단양 수양개, 연천 전곡리, 공주 석장리는 구석기 시대의 유적지가 맞지만, 밭농사는 신석기 시대에 시작되었다.

③ 고인돌과 돌널무덤은 청동기 시대의 대표적인 무덤 양식이다.

④ 주먹도끼와 가로날도끼는 구석기 시대의 유물이지만, 민무늬 토기는 청동기 시대의 토기이다.

더 알아보기

구석기 시대

시기	약 70만 년 전
유적지	경기 연천 전곡리, 충남 공주 석장리, 충북 단양 수양개, 충북 청원 두루봉, 평남 상원 검은모루 동굴 등
유물	주먹도끼, 찍개, 긁개, 밀개, 팔매돌 등
사회	• 무리 생활, 사냥과 채집, 동굴이나 바위그늘 · 강가에 지은 막집, 이동 생활 • 평등한 공동체

---

10 난도 ★★☆   정답 ④

고대 > 정치사

정답의 이유

④ 신라는 삼국 통일 후 수도의 편재성을 극복하고 지방의 균형적인 발전을 목적으로 5소경을 설치하였다.

오답의 이유

① 9서당은 진골 귀족이 아닌 백제 · 고구려 · 말갈인 등의 여러 유민들을 포함한 통일 신라의 중앙 군사 조직으로, 반(反)신라 세력을 억제하는 동시에 민족 융합의 성격을 내포한 조직이었다. 지방군으로는 10정을 두었다.

② 통일 신라의 불교는 삼국의 불교를 기반으로 중국과의 교류 속에 더욱 다양하게 발달하고, 불교 사상을 본격적으로 이해할 수 있는 토대를 마련하였다. 신라 중대에는 5교를 중심으로 교종의 유행과 함께 원효, 의상 등이 불교 대중화 운동을 활발히 전개하였고, 하대에는 9산 선문을 중심으로 선종이 유행하였다. 천태종은 고려 중기 의천에 의해 창시된 종파이다.

③ 신라 중대 때는 무열왕(김춘추)의 후손들이 즉위하면서 강력한 왕권을 확립하였으며, 신라 하대에 원성왕이 무열왕의 후손인 김주원을 밀어내고 즉위한 이후 원성왕의 후손들이 왕위에 올랐다.

더 알아보기

통일 신라의 통치 체제

수상	시중, 중시
중앙 관제	14관청(집사부 중심)
귀족 회의	화백회의
지방	9주(총관 → 도독)
특수구역	5소경(사신)
군사제도	9서당(중앙), 10정(지방)

---

11 난도 ★★☆   정답 ④

고대 > 사회사

자료해설

제시된 보기의 인물들은 모두 신라 하대에 활약한 6두품 출신의 학자들이다. 특히, 최치원, 최언위, 최승우는 함께 '일대삼최(一代三崔)'라 불리었다.

자료해설

④ 김운경, 최치원, 최언위, 최승우는 모두 당의 외국인 대상 시험인 빈공과에 합격하고 귀국했다는 공통점이 있다.

오답의 이유

① 모두 고려 출신이 아니라 신라 하대의 유학자들이다.

② 김운경은 9세기 중반, 최치원, 최언위, 최승우는 9세기 후반에 주로 활동한 문장가들이다.

③ 숙위 학생은 중국 당나라의 국자감에서 수학한 유학생을 가리키는 말로 도당 유학생, 견당 유학생이라고도 하며, 대개 당나라의 빈공과에 합격한 문인들을 가리킨다. 김운경, 최치원, 최언위, 최승우는 숙위 학생은 맞지만 당 황제의 호위무사가 된 것은 아니다.

---

12 난도 ★★☆   정답 ③

일제 강점기 > 정치사

자료해설

제시된 자료에서 '대전자령의 공격'이라는 내용을 통해 한국 독립군의 총사령관인 지청천의 어록임을 알 수 있다. 대전자령 전투(1933)는 지청천이 이끌었던 한국 독립군과 중국 호로군이 연합하여 일본군을 크게 무찌른 전투이다.

정답의 이유

③ 지청천은 한국 독립군을 이끌고 중국 호로군과 연합하여 쌍성보 전투(1932), 대전자령 전투(1933), 동경성 전투(1933), 사도하자 전투(1933)에서 일본군을 격파하였다.

오답의 이유

① 화북 조선 독립 동맹의 주석으로 선출되어 활동한 것은 김두봉이다(1942). 화북 조선 독립 동맹은 중국 화북 태항산 지역에서 한인 사회주의자들과 조선 의용대 화북지대가 중심이 되어 결성된 한인 독립운동 단체이다.

② 조선 혁명군을 이끌고 영릉가 전투에서 대승을 거둔 것은 양세봉이다. 양세봉은 조선 혁명군의 총사령관으로, 중국 의용군과 연합하여 영릉가 전투(1932)와 흥경성 전투(1933)에서 일본군을 격파하였다.

④ 조선 의용대를 결성하고 대적 심리전 등에서 크게 활약한 것은 김원봉이다. 조선 의용대는 조선 민족 전선 연맹의 산하 군사 조직으로, 중국 관내에서 결성되었다.

---

13 난도 ★★☆   정답 ②

중세 > 정치사

자료해설

제시된 자료의 빈칸에 공통으로 들어갈 국가는 '금'이다. 여진은 부족을 통일하여 금을 건국하고(1115), 고려에 군신 관계를 맺을 것을 요청하였다. 당시 권력을 쥐고 있었던 이자겸은 정권을 유지하고 금과의 무력 충돌을 피하기 위해 금의 사대 요구를 수용하였다(1126).

② 묘청은 보수적인 개경의 문벌 귀족 세력을 누르고 왕권을 강화하고 자주적인 혁신 정치를 시행하려 했으며, 이에 따라 대내적으로는 칭제건원, 대외적으로는 금국 정벌을 주장하였다.

① 거란의 2차 침입 때 국왕(현종)이 나주로 피난하였다. 거란의 성종은 강조의 정변을 구실로 고려를 침입하였으며, 개경이 함락되면서 현종은 나주까지 피난하였다.

③ 대요수국의 거란족 일부가 몽골에 쫓겨 고려 영토로 들어오자 고려는 거란을 강동성에 포위시켰다. 이때 거란을 뒤따라온 몽골과 함께 강동성에 포위된 거란을 격퇴하였다(강동의 역, 1219). 이후 몽골은 거란을 격퇴해 준 은인임을 자처하며 고려에 지나친 공물을 요구하였다.

④ 고려 정종 때 거란의 침입에 대비하기 위하여 광군을 설치하였다(947).

14 난도 ★★☆   정답 ②

현대 > 정치사

(가)는 1972년에 체결된 7·4 남북 공동 성명이다. 7·4 남북 공동 성명에서는 한반도의 통일은 자주·평화·민족적 대단결의 원칙에 입각하여 이루어져야 한다는 점을 천명하였다.

(나)는 2000년에 체결된 6·15 남북 공동 선언이다. 6·15 남북 공동 선언에서는 남측의 연합제 안과 북측의 낮은 단계의 연방제 안이 서로 공통점이 있다는 합의점을 도출하였다.

② 1972년~2000년 사이에 있었던 사실을 모두 고르면 ㉠, ㉡, ㉣이다.

㉠ 1998년 현대그룹의 정주영 명예 회장의 소떼 방북을 계기로 금강산 해로 관광이 시작되었다. 2003년에는 금강산의 육로 관광이 시작되었다.

㉡ 1972년 7·4 남북 공동 성명의 합의사항을 추진하고 통일 문제를 해결하기 위해 1972년 11월에 남북 조절 위원회가 설치되었다.

㉣ 1991년 제46차 UN 총회에서 대한민국과 조선 민주주의 인민공화국은 동시에 그리고 각각 UN 가입국이 되었다.

㉢ 2000년 6·15 남북 공동 선언 이후 남북 분단으로 단절되었던 경의선과 동해선 연결을 위한 복원 공사가 착수되었다.

15 난도 ★☆☆   정답 ④

근대 태동기 > 정치사

④ 조선 후기에 청과의 교역이 활발해지면서 은의 수요가 늘어났고, 이에 따라 은광 개발이 활발해졌다.

① 세종 때 여진을 몰아낸 뒤 최윤덕이 압록강 상류 지역에 4군을 설치하고, 김종서가 두만강 하류 지역에 6진을 설치하여 영토를 확장하였다.

② 임진왜란 이후 수립된 일본의 에도 막부는 먼저 조선에 국교 재개와 사절 파견을 요청하였다. 이에 조선은 선조 때인 1607년부터 1811년까지 12회에 걸쳐 일본에 통신사를 파견하여 조선의 선진 문물을 전파하였다.

③ 조선 후기 북벌 운동의 한계를 느낀 지식인들은 북학 운동을 전개하였다. 정묘호란과 병자호란 이후 청에 대한 적개심과 소중화주의에 입각하여 북벌론이 대두되었으나 청의 문물이 발달함에 따라 18세기 후반에는 청의 우수한 문물을 받아들이자는 북학 운동이 대두되었다.

16 난도 ★☆☆   정답 ②

근대 > 정치사

② 미국 상선인 제너럴셔먼호의 선원들은 평양에서 통상을 요구하며 평양 주민을 약탈하였고, 이에 분노한 평양 주민들은 당시 평안도의 관찰사였던 박규수의 지휘하에 제너럴셔먼호를 불태워버렸다(1866). 이후 미국은 이 사건을 구실로 조선에 통상을 요구하며 강화도를 공격하였다(1871, 신미양요).

① 어재연이 이끄는 조선군은 신미양요 때 미군을 상대로 광성보에서 항전하였으나 패배하였고, 어재연은 이 전투에서 전사하였다. 이때 미국에 약탈당한 어재연 장군의 수(帥)자기는 2007년에 장기 대여 방식으로 대한민국에 돌아왔다.

③ 병인양요가 일어나자 양헌수 부대는 프랑스군을 상대로 정족산성에서, 한성근 부대는 문수산성에서 결사 항전하였다. 전투에서 사상자가 발생하자 프랑스군은 강화도에서 철수하였다.

④ 박규수는 제너럴셔먼호의 선원들이 평양 주민을 약탈하자 화공 작전을 펴서 미국 상선 제너럴셔먼호를 불태워버렸다.

더 알아보기

병인양요(1866)

배경	천주교 확산, 흥선 대원군이 프랑스 선교사를 통해 러시아 남하 견제 시도(실패) → 천주교 배척 여론 고조 → 병인박해(천주교 신자와 프랑스 선교사 처형, 1866)
과정	프랑스군이 강화도 침공(강화부 점령, 재물 약탈) → 한성근 부대(문수산성), 양헌수 부대(정족산성)의 활약으로 프랑스군 격퇴
결과	프랑스군이 철수하면서 외규장각 의궤 등 문화 유산 약탈, 천주교 탄압 심화, 통상 수교 거부 정책 강화

17 난도 ★☆☆ 　　　　　　　　　　　　　　　　　 정답 ②

근대 태동기 > 사회사

정답의 이유

② 서얼은 서얼금고(차대)법에 의하여 문과 응시와 등용이 금지되었으나, 무과나 잡과 등에 응시하여 관직에 진출할 수 있었다.

오답의 이유

① 고려 시대의 향리 중 입사직에 해당하는 상층 향리들은 과거 응시 자격이 부여되어 문벌 귀족으로 성장하기도 하였으나, 조선 시대의 향리는 세력이 약화되고 수령의 행정실무를 보좌하는 세습적인 아전으로 격하되었다.
③ 뱃사공, 백정 등은 『경국대전』에 의하면 양인으로 분류되었으나 이 직업들이 사회적으로 천시되면서 그 직업에 종사하는 사람까지 천시되어 점차 노비와 같은 천민 취급을 받게 되었다.
④ 순조 때 중앙 관서의 노비 6만 6천여 명을 양인으로 해방시켜 주었다(1801).

더 알아보기

조선 시대 서얼

- 조선 시대 서얼은 양반의 첩에서 난 소생들을 말하며, 중인과 같은 대우를 받았다.
- 서얼은 영·정조 시기에 청요직 진출을 허용해 줄 것을 요청하는 신분 상승 운동을 전개하였고, 정조 때에는 서얼들이 규장각 검서관으로 등용되기도 하였다.
- 대표적인 서얼 출신 규장각 검서관으로 유득공, 이덕무, 박제가 등이 있다.

18 난도 ★★★ 　　　　　　　　　　　　　　　　　 정답 ③

근대 > 문화사

자료해설

③ 경신학교는 미국 초대 선교사 언더우드에 의해 설립된 언더우드 학당(1886)이 확대 발전한 우리나라 근대 학교이다. 고종의 교육 입국 조서 반포(1895)에 따라 설립된 관립 학교로는 한성 사범 학교, 각종 소학교 등이 있다.

오답의 이유

① 배재학당은 선교사 아펜젤러가 서울에 설립한 사립 학교로 한국 최초의 근대식 중등 교육 기관이다(1885).
② 동문학은 정부가 설립한 통역관 양성소이다(1883).
④ 원산학사는 함경도 덕원(원산) 주민들이 설립한 우리나라 최초의 근대적 사립 학교이다(1883).

더 알아보기

근대의 교육 기관

기관명	설립연도	특징
원산학사	1883	• 함경도 덕원(원산) 주민들이 설립한 최초의 근대식 사립 학교 • 근대 학문과 무술 교육 실시
동문학	1883	묄렌도르프의 건의로 정부가 설립한 통역관 양성소
배재학당	1885	• 선교사 아펜젤러가 서울에 설립 • 선교사가 세운 최초의 사립 학교이자 한국 최초의 근대식 중등 교육 기관
경신학교	1886	선교사 언더우드가 서울에 설립한 최초의 전문 실업 교육 기관
이화학당	1886	선교사 스크랜턴이 서울에 설립한 최초의 여성 전문 교육 기관
육영공원	1886	정부가 설립한 최초의 근대적 관립 학교
정신 여학교	1887	선교사 엘레스가 서울에 설립
한성 사범 학교	1895	교육 입국 조서 반포 이후 소학교 교관 양성을 위해 설립된 관립 학교
숭실 학교	1897	선교사 베어드가 평양에 설립한 최초의 지방 사립 교육 기관
흥화 학교	1898	민영환이 서울에 세운 사립 학교
순성 여학교	1898	• 북촌의 양반집 부인들이 주축이 되어 조직된 찬양회가 설립 • 여성들이 설립한 한국 최초의 사립 여학교
점진 학교	1899	안창호가 평안남도 강서에 설립한 최초의 남녀 공학 학교
서전서숙	1906	이상설이 북간도 지역에 설립한 국외 항일 교육 기관
오산 학교	1907	신민회 소속의 이승훈이 실력 양성 운동의 목적으로 정주에 설립
대성 학교	1908	신민회 소속의 안창호가 실력 양성 운동의 목적으로 평양에 설립
신흥 강습소	1911	신흥 무관 학교(1919)의 전신으로, 이시영이 서간도에 독립군 양성을 목적으로 설립

19 난도 ★★☆   정답 ③

자료해설

『성학십도』를 집필한 인물은 이황이다. 『성학십도』는 군왕의 도에 대해 10개의 도식으로 설명하였다.

정답의 이유

③ 이황은 주자의 이기이원론을 계승하여 불안전한 기(氣)보다 완전한 이(理)를 중시한 주리론을 집대성하였다. 또한 경북 안동 예안 지방을 중심으로 중국의 여씨 향약을 토대로 예안향약을 만들었다.

오답의 이유

① 아동용 수신서인 『동몽선습』은 중종 때 박세무가 저술하였다.

② 이이의 학설을 따르는 이들이 서인의 학파를 형성하였다. 이황, 조식, 서경덕 등의 학문을 계승한 이들은 동인이다.

④ 기대승이 주자의 중요 서찰인 『주자대전』의 중요 대목을 발췌한 『주자문록』을 편찬하였고, 이황은 『주자대전』의 일부를 추려 『주자서절요』를 편찬하였다.

더 알아보기

이황과 이이의 비교

이황 (1501~1570)	• 주리론(主理論) / 영남 학파(동인) • 관념적 도덕 세계 중시, 근본적·이상적 • 기대승과 사단 칠정 논쟁 • 위정척사 사상, 일본 성리학에 영향 • 『주자서절요』, 『성학십도』, 『전습록변』 등 저술
이이 (1536~1584)	• 주기론(主氣論) / 기호 학파(서인) • 경험적 현실 세계 중시, 현실적·개혁적 • 성혼과의 인심도심 논쟁 • 실학 사상, 개화 사상에 영향 • 『동호문답』, 『성학집요』, 『만언봉사』 등 저술

20 난도 ★☆☆   정답 ④

정답의 이유

④ 1997년 12월에 실시된 제15대 대통령 선거에서 야당이었던 새정치국민회의 김대중 후보가 당선됨에 따라 최초로 여당과 야당의 평화적 정권 교체가 이루어졌다.

오답의 이유

① 박정희 정부는 장기 집권을 위해 3선 개헌(1969), 유신 개헌(1972) 등을 추진하였고, 이에 맞서 학생들과 재야 인사들이 반대투쟁을 전개하였다. 장기 집권을 획책하여 사사오입 개헌(1954)을 추진한 인물은 이승만이며, 사사오입 개헌은 초대 대통령에 한하여 중임 제한을 철폐하는 내용을 담은 개헌안이다.

② 1972년 10월에 추진된 유신 개헌은 박정희가 장기 집권을 할 수 있는 법률적 기틀을 제공하였다. 유신 개헌에는 대통령 임기 6년, 중임 제한 철폐, 통일 주체 국민 회의에서 대통령 선출 등의 내용이 포함되었으며, 대통령이 국회의원 3분의 1을 임명할 수 있었고 대통령에게 국회 해산권, 법관 인사권, 긴급 조치권 등의

권한을 부여하였다.

③ 1987년 6월 민주 항쟁을 통해 6·29선언이 발표되고 9차 개헌으로 5년 단임의 대통령 직선제가 수용되었으나 제13대 대통령 선거에서 노태우 후보가 당선되면서 군사 정권을 완전히 종식시키지는 못했다. 1992년 제14대 대통령 선거에서 민주 자유당의 김영삼 후보가 당선되면서 군사정권이 완전히 종식되었다. 김영삼 정부는 5·16 군사정변 이후 33년 만에 세워진 문민 정부였다.

PART 4

법원직

한눈에 훑어보기

영역 분석

선사 시대와 국가의 형성 08
1문항, 4%

고대 01 06 09 17 18
5문항, 20%

중세 05 13 14 16 19 24
6문항, 24%

근세 03 07
2문항, 8%

근대 태동기 10 11 23 25
4문항, 16%

근대 12 15 20 21
4문항, 16%

일제 강점기 02 22
2문항, 8%

시대 통합 04
1문항, 4%

빠른 정답

01	02	03	04	05	06	07	08	09	10
①	③	①	③	③	③	③	③	④	②
11	12	13	14	15	16	17	18	19	20
④	④	①	②	④	②	②	②	①	③
21	22	23	24	25					
③	②	①	②	①					

점수 체크

구분	1회독	2회독	3회독
맞힌 문항 수	/ 25	/ 25	/ 25
나의 점수	점	점	점

---

01 난도 ★★☆ 정답 ①

고대 > 정치사

자료해설

(가) 백제 근초고왕(346~375) 대의 지도이다. 한성을 도읍으로 하여 백제의 전성기를 이끈 근초고왕은 남으로 마한을 통합하였으며, 북으로는 황해도를 놓고 고구려와 대항하며 평양성을 공격하여 고국원왕을 전사시켰다(371).

(나) 활발한 정복 활동으로 신라 최대 전성기를 이끈 진흥왕(540~576) 대의 지도이다. 진흥왕은 북으로는 고구려가 차지하고 있던 한강 유역을 빼앗고 함경도까지 진출하였으며, 남으로는 대가야를 병합하는 등 신라 역사상 최대 영토를 확보하였다.

정답의 이유

① 고구려 태조왕(53~146)이 옥저를 복속시키고 영토를 확장한 것은 56년의 일로, (가) 시기 이전에 발생하였다.

오답의 이유

② 신라 진흥왕 때 화랑도가 국가적인 조직으로 정비되었다.

③ 고구려 장수왕(413~491)은 남진 정책을 추진하여 수도를 평양으로 천도하였으며, 백제 수도 한성을 함락하고 한강 유역을 차지하였다.

④ 신라 지증왕(500~514)은 사로국이었던 국호를 '신라'로 확정하고 마립간 대신 왕이라는 칭호를 사용하였다.

02 난도 ★★★ 정답 ③

일제 강점기 > 정치사

자료해설

제시된 자료는 대한민국 임시 정부의 건국 강령이다. 대한민국 임시 정부는 충칭 시기에 삼균주의를 정치 이념으로 삼고 독립운동의 방향과 독립 후 건국 과정을 명시한 대한민국 건국 강령을 제정·공포하였다(1941). 건국 강령은 조소앙의 삼균주의에 입각하여 새로운 민주주의 확립, 사회 계급 타파, 경제적 균등주의 실현을 주창하였다.

정답의 이유

③ 대한민국 임시 정부에 편입되지 않은 조선의용대 중 일부가 중국 화북지대로 이동한 후 조선 독립 동맹으로 확대·개편되었으며, 산하에 조선의용군이 조직되었다(1942).

오답의 이유

① 대한민국 임시 정부는 충칭에서 총사령관 지청천, 부대장 이범석을 중심으로 직할 부대인 한국광복군을 창설하였다(1940).

② 대한민국 임시 정부는 충칭 시기에 일본군의 진주만 기습 공격으로 태평양 전쟁이 발발하자 일본에 대한 선전포고를 명문화한 대일 선전 성명서(대일 선전 포고문)를 발표하였다(1941).

④ 민족혁명당 출신 김원봉을 비롯한 민족혁명당과 다른 사회주의 계열 단체 인사들도 적극적인 대일 항전을 위하여 대한민국 임시 정부에 합류하였다(1942).

더 알아보기

1930년대 이후 무장 투쟁

조선 혁명군 (1929)	• 양세봉 주도로 창설, 중국 의용군과 연합 • 영릉가 전투(1932), 흥경성 전투(1933)
한국 독립군 (1931)	• 지청천 주도로 창설, 중국 호로군과 연합 • 쌍성보 전투(1932), 사도하자·대전자령 전투 (1933)
조선 의용대 (1938)	• 김원봉 주도로 창설 • 중국 관내 최초의 한인 무장 부대
한국 광복군 (1940)	• 대한민국 임시 정부 직할 부대 • 인도·미얀마 전선에 파견 • 국내 진공 작전 준비
조선 의용군 (1942)	• 조선 독립 동맹 소속 군대 • 중국 공산당 팔로군에 편제되어 항일 전선 참여

03 난도 ★★☆ 　　　　　　　　　정답 ①

근세 > 정치사

자료해설

(가) 임진왜란 당시 조·명 연합군의 평양성 탈환에 대한 내용이다. 임진왜란으로 수도 한양까지 함락되자 조선은 명에 군사를 요청하였고, 조·명 연합군이 결성되어 왜군을 물리치고 평양성을 탈환하였다(1593).

(나) 청과 화친해야 한다는 최명길 등의 '주화론'에 반대하여 청과 싸워야 한다는 '주전론'을 주장한 척화파 윤집의 상소문이다. 정묘호란 후 후금은 국호를 청으로 바꾸고 군신 관계를 강요하였다. 이에 주화론과 주전론의 극렬한 대립 끝에 주전론이 대세가 되면서 청의 제의를 거절하였고, 결국 청은 조선을 다시 침입하는 병자호란을 일으켰다(1636).

정답의 이유

① 광해군은 명의 요청으로 강홍립 부대를 파견하였으나, 명과 후금 사이에서 중립 외교 정책을 펼치면서 강홍립에게 후금과 무모하게 싸우지 말라고 명하였다. 이에 강홍립 부대는 사르후 전투에서 싸움을 계속하지 않고 후금에 항복하였다(1619).

오답의 이유

② 임진왜란 당시 신립 장군은 충주 탄금대에서 배수진을 치고 왜군에 대항하였으나 일본군에게 패배하였다(1592).

③ 병자호란 당시 청나라군의 공격으로 인조는 남한산성으로 피신하여 항전하였으나 강화도로 피신한 왕족과 신하들이 인질로 잡히자 결국 삼전도에서 굴욕적인 항복을 하였다(1637).

④ 조선 세종 때 왜구의 약탈이 빈번해지자 이종무를 왜구의 소굴인 쓰시마(대마도)로 보내 왜구를 토벌하였다(1419).

더 알아보기

임진왜란의 전개 과정

시기		전투 내용
1592	4.13.	임진왜란 발발(부산포)
	4.14.	부산진성 전투(첫 전투)
	4.28.	충주 전투 패배(신립) → 선조 의주 피난
	5.2.	한양 함락
	5.7.	옥포 해전(이순신) → 첫 승리
	5.29.	사천포 해전(거북선 사용)
	7.	한산도 대첩(학익진 전법)
	10.	진주 대첩 승리 → 김시민 전사
1593	1.	평양성 탈환(조·명 연합군)
	2.	행주 대첩 승리(권율)
1597	1.	정유재란
	9.	명량 해전(이순신)
1598	11.	노량 해전 → 이순신 전사

04 난도 ★★☆ 　　　　　　　　　정답 ③

시대 통합 > 경제사

자료해설

제시문은 조선 후기 정민교의 한시 「군정탄(군정을 탄식하며)」 중 일부 내용으로, 군정의 폐단 중 군역의 대상이 아닌 15세 이하의 어린아이에게도 군포를 징수하는 '황구첨정(黃口簽丁)'의 문제점을 다루었다. 조선 후기 군정의 문란으로 군역으로 인한 농민들의 부담이 가중되자 영조는 균역법을 제정하여 기존 1년에 2필이었던 군포를 1필만 부담하게 하였다.

정답의 이유

③ 균역법의 실시로 줄어든 군포 수입을 보충하기 위해 지주에게 토지 1결당 쌀 2두씩 결작을 부과하고 부유한 양민에게 선무군관의 칭호를 주어 선무군관포를 거두었으며, 어장세·선박세·염세 등의 잡세를 부과하였다.

오답의 이유

① 통일 신라 신문왕은 귀족 세력을 약화시키고 왕권을 강화하기 위하여 귀족의 경제 기반인 녹읍을 폐지하고 관료전을 지급하였다.

② 조선 인조 때 농민들의 부담을 줄이기 위해 영정법을 실시하여 풍흉에 관계없이 토지 1결당 쌀 4~6두로 전세를 고정하였다.

④ 조선 광해군 때 방납의 폐단을 해결하기 위해 경기도부터 대동법을 실시하였다. 이에 따라 공납을 기존에 현물(토산물)로 납부하던 방식에서 토지의 결수에 따라 쌀·삼베·무명·동전 등으로 납부하게 하였다.

중세 > 정치사

자료해설

- 첫 번째 제시문은 고려 광종 때 왕권 강화를 위하여 실시한 노비 안검법에 대한 내용이다(956). 광종은 노비안검법을 실시하여 억울하게 노비가 된 사람을 구제하고, 호족 세력을 견제하는 동시에 국가의 재정을 확충하였다.
- 두 번째 제시문은 고려 성종 때 실시한 노비환천법에 대한 내용이다(987). 성종은 최승로가 신분제의 문란을 들어 노비안검법의 폐단을 지적하자 이를 받아들여 노비환천법을 실시하고 면천된 노비들 중 옛 주인을 경멸하는 자를 다시 노비 신분으로 환원시키도록 하였다.

정답의 이유

③ 고려 경종 때 전시과(시정 전시과)가 처음으로 제정되어, 전지와 시지를 관리의 관등과 인품에 따라 지급하도록 하였다(976).

오답의 이유

① 고려 목종 때 강조는 천추 태후와 그의 정부 김치양으로 인한 국가의 혼란을 바로잡고자 정변을 일으켜 목종을 폐위시키고 현종 (대량원군)을 즉위시켰다(1009).

② 고려 현종 때 거란의 성종이 강조의 정변을 구실로 고려에 2차 침입을 단행하였다(1010). 거란의 2차 침입으로 개경이 함락되면서 현종은 나주로 피난하였다.

④ 고려 태조 왕건은 후삼국 통일에 기여한 공신들에게 관등에 관계없이 공로, 인품 등으로 차등을 두어 역분전을 지급하였다(940).

고대 > 정치사

자료해설

제시문은 2023년 9월 한국의 16번째 유네스코 세계 문화 유산으로 등재된 가야 고분군에 대한 내용으로, (가) 국가는 가야이다.

정답의 이유

③ 신라는 골품제라는 특수한 신분 제도를 운영하여, 개인이 승진할 수 있는 관등 승진의 상한을 골품으로 정하고 관직을 맡을 수 있는 관등의 범위를 한정하였다.

오답의 이유

① 삼한 중 하나인 변한이 위치한 낙동강 하류 유역에서 철기를 바탕으로 농경문화가 발달하면서 여러 정치 집단이 나타나게 되었고, 2~3세기경 김해 지방에 위치한 금관가야를 중심으로 연맹 왕국으로 발전하였다.

② 금관가야가 위치한 김해 지방에는 질 좋은 철이 많이 나서 각종 철제 무기를 만들어 사용하였으며, 풍부한 철 생산과 해상교통이 유리한 지역적 특색을 통해 낙랑과 왜에 철을 수출하였다.

④ 금관가야는 2~3세기경 전기 가야 연맹을 주도하였다. 하지만 고구려 광개토 대왕의 군대가 신라의 요청을 받고 왜구를 격퇴하는 과정에서 고구려의 영향력이 확대되면서 쇠퇴하게 되었고, 5세기 이후 고령 지역의 대가야가 가야 연맹의 중심이 되었다.

근세 > 정치사

자료해설

(가) 조선 초기 왕위 계승권을 둘러싸고 발생한 제1차 왕자의 난에 대한 내용이다. 정도전·남은 등이 태조의 막내 아들인 방석을 세자로 임명하려 하자 이방원이 난을 일으켜 이들을 제거하였으며, 2대 정종이 왕위에 올랐다(1398).

(나) 조선 세종 때 이루어진 대마도 정벌에 관한 내용이다. 세종 초기 왜구의 약탈이 빈번하자 당시 상왕으로서 병권을 갖고 있던 태종이 명을 내려 이종무를 삼군 도체찰사로 임명하고 대마도를 토벌하도록 하였다(1419).

정답의 이유

③ 조선 태종은 국왕 중심의 통치 체계를 강화하기 위하여 6조에서 의정부를 거치지 않고 국왕이 바로 재가를 내리는 6조 직계제를 실시하였다(1414).

오답의 이유

① 조선 세조는 사육신들이 단종 복위를 계획하다가 발각되자 관련 신하들을 모두 사형에 처하였으며, 집현전을 없애고 경연을 폐지하였다(1456).

② 조선 성종은 집현전을 계승한 홍문관을 설치하여 왕의 자문 역할과 경연·경서·사적 관리 등의 업무를 담당하도록 하였다(1478).

④ 고려 우왕 때 우왕과 최영에 의해 요동 정벌이 강행되었다. 이성계는 4불가론을 내세워 반대하였으나 결국 왕명에 따라 요동 정벌을 위해 출병하였고, 의주 부근의 위화도에서 말을 돌려 개경으로 회군하였다(1388). 회군 후 이성계는 최영을 제거하고 우왕을 폐위시키며 정권을 장악하였다.

선사 시대와 국가의 형성 > 국가의 형성

자료해설

제시문의 (가) 국가는 삼한으로, 삼한은 신지, 견지, 읍차와 같은 정치적 지배자와 더불어 천군이라는 제사장을 둔 제정 분리 사회였다.

정답의 이유

③ 삼한은 마한·진한·변한의 여러 소국으로 구성된 연맹 왕국이었다. 삼한 중 마한의 세력이 가장 강력하였으며, 마한을 이루고 있는 소국 중 하나인 목지국의 지배자가 삼한을 대표하였다.

오답의 이유

① 동예는 매년 10월 무천이라는 제천행사를 개최하였다.

② 신라는 귀족 합의체인 화백회의를 만장일치제로 운영하여 국가의 중대사를 결정하였다.

④ 부여에는 왕 아래 가축의 이름을 딴 마가·우가·저가·구가의 가(加)들이 있었다. 이들은 행정 구역인 사출도를 독자적으로 다스렸으며, 왕이 통치하는 중앙과 합쳐 5부를 구성하였다.

09 난도 ★★☆　　　　　　　　　　　　　정답 ④

고대 > 정치사

자료해설

제시문은 백제·가야·왜 연합군이 신라를 침략하여 내물왕이 원병을 요청하자 고구려 광개토 대왕이 5만 명의 병사를 신라에 보내 토벌하게 한 내용이다(400). 따라서 밑줄 친 '왕'은 고구려의 광개토 대왕이다.

정답의 이유

④ 광개토 대왕은 숙신과 비려(거란)를 정벌하여 만주 일대를 장악하고, 후연(선비)을 공격하여 요동을 확보하였다.

오답의 이유

① 고구려 소수림왕은 국가 교육 기관인 태학을 설립하여 인재를 양성하고자 하였으며, 율령을 반포하여 국가 조직을 정비하였다.

② 백제 근초고왕은 남으로는 마한을 통합하였으며, 북으로는 고구려 평양성을 공격하여 고국원왕을 전사시켰다.

③ 신라 내물왕은 '가장 높은 우두머리'라는 뜻을 지닌 '마립간'이라는 칭호를 처음으로 사용하였다. '마립간' 칭호는 17대 내물왕부터 22대 지증왕까지 사용되었으며, 지증왕 때 마립간 대신 '왕(王)'의 칭호를 사용하게 되었다.

10 난도 ★★★　　　　　　　　　　　　　정답 ②

근대 태동기 > 정치사

자료해설

제시문은 조선 현종 때 서인과 남인 사이에서 효종의 정통성과 관련하여 전개된 예송 논쟁에 대한 내용이다. 효종의 국상 당시 자의 대비의 복상 문제를 놓고 효종의 왕위 계승에 대한 정통성과 관련하여 서인과 남인 사이에 두 번의 예송이 발생하였다. 서인은 효종의 정통성을 인정하지 않고 장자가 아닌 둘째 아들로 대우함으로써 신권을 강화하려 하였으며, 반면 남인은 효종의 정통성을 인정하여 장자로 대우함으로써 왕권을 강화하려 하였다. 따라서 효종이 적장자가 아니므로 왕과 사대부에게 같은 예가 적용되어야 한다고 주장한 (가) 집단은 서인, 왕은 사대부와 다른 예를 적용하여 장자로 대우해야 한다고 주장한 (나) 집단은 남인이다.

정답의 이유

② 숙종 때 남인의 영수였던 허적이 궁중에서 쓰는 천막을 허락 없이 사용한 문제로 왕과 갈등을 겪은 후 허적의 서자 허견의 역모 사건으로 환국이 발생하여(경신환국) 허적, 윤휴 등 남인이 대거 축출되고 서인이 정권을 장악하였다.

오답의 이유

① 광해군 시기 북인의 집권으로 정계에서 밀려났던 서인 세력은 인조반정을 주도하여 광해군을 폐위시키고 인조를 왕위에 올리며 집권 세력이 되었고, 북인 세력인 이이첨·정인홍 등은 처형되었다.

③ 숙종 때 발생한 경신환국 이후 서인은 남인에 대한 처벌 문제로 강경파인 노론과 온건파인 소론으로 분화되었다.

④ 서인에 뿌리를 둔 노론은 송시열을 영수로 하여 세력을 확대하였다.

11 난도 ★★★　　　　　　　　　　　　　정답 ④

근대 태동기 > 사회사

자료해설

제시문의 사건은 (다) 윤지충의 진산 사건(1791) – (나) 신유박해(1801) – (가) 황사영 백서 사건(1801) 순으로 발생하였다.

정답의 이유

(다) 윤지충의 진산 사건(신해박해): 정조 때 진산의 양반 윤지충이 신주를 불사르고 천주교 의식으로 모친상을 치르자 강상죄를 저지른 죄인으로 비난받았다. 이에 천주교인이었던 권상연이 이를 옹호하자 모두 사형에 처해졌다.

(나) 신유박해: 순조 때 노론 벽파가 남인 시파를 탄압하기 위한 목적으로 천주교에 대한 대대적인 탄압을 가해 이승훈, 최창현, 홍낙민, 정약종 등 300여 명의 천주교 신자들이 처형되는 신유박해가 발생하였다.

(가) 황사영 백서 사건: 신유박해 발생 후 황사영이 베이징에 있는 프랑스 주교에게 조선으로 군대를 보내 달라는 내용의 백서(청원서)를 보내려다가 발각되었다. 이로 인해 천주교에 대한 탄압이 더욱 심화되었다.

더 알아보기

조선 후기 천주교 박해

신해박해 (1791)	진산 사건: 천주교 의식으로 모친상을 치름. 신주 소각 → 윤지충, 권상연 처형
신유박해 (1801)	• 본격적인 천주교 탄압: 노론 벽파가 남인 시파 제거 • 주문모(중국인 신부), 이승훈, 정약종 처형 • 정약용, 정약전 유배 • 황사영 백서 사건: 천주교 탄압
기해박해 (1839)	• 벽파인 풍양 조씨가 시파인 안동 김씨 공격 • 프랑스 선교사 3명 처형
병오박해 (1846)	최초의 한국인 신부 김대건 순교
병인박해 (1866)	• 배경: 흥선 대원군이 러시아 견제를 위해 프랑스와 접촉 → 실패, 천주교 반대 여론 확산 → 천주교 신자, 프랑스 신부 처형 • 결과: 로즈 제독이 이끄는 프랑스 군함이 강화도 침공 (병인양요, 1866)

12 난도 ★★☆　　　　　　　　　　　　　정답 ④

근대 > 정치사

자료해설

제시문은 고종 때 해외 시찰을 위해 파견한 사절단에 관한 내용이다. 조선은 강화도 조약 이후 개화 정책을 추진하며 일본의 발전상을 시찰하기 위해 1차 김기수(1876), 2차 김홍집(1880) 등을 수신사로 파견하였으며, 청에는 근대 무기 제조 기술과 군사 훈련법을 배우기 위해 김윤식을 영선사로 파견하였다(1881). 또한 조·미 수호 통상 조약 체결 이후 미국에 민영익, 홍영식, 서광범을 중심으로 한 사절단인 보빙사를 파견하였다(1883). 따라서 (가) 국가는 일본, (나) 국가는 청, (다) 국가는 미국이다.

④ 일본과 청은 갑신정변 직후 조선에 군대를 파견할 경우 상대국에 사전 통보할 것 등을 내용으로 한 톈진 조약을 체결하였다(1885).

① 청은 조선 조정의 요청으로 임오군란을 진압한 후, 군란을 부추긴 혐의로 흥선 대원군을 체포하여 톈진으로 압송하였다(1882).
② 일본은 조선의 해안을 조사한다는 구실로 군함 운요호를 강화 해역 깊숙이 들여보내 조선군의 발포를 유도하고 초지진과 영종도를 포격하였다(1875). 이에 조선이 방어적 공격을 하자 이를 구실로 조선에 통상 조약 체결을 요구하여 강화도 조약이 체결되었다(1876).
③ 영국은 러시아의 한반도 남하를 견제하기 위하여 거문도를 불법으로 점령하고 포대를 설치하였다(1885).

13 난도 ★★☆   정답 ①

중세 > 정치사

제시문은 고려 태조가 신라의 마지막 왕인 경순왕이 스스로 투항하자 그를 경주의 사심관으로 임명한 내용이다. 고려를 건국한 태조는 지방의 호족을 견제하고 지방 통치를 보완하기 위하여 지방에 연고가 있는 중앙의 고관을 자기 출신지의 사심관으로 임명하여 향촌 사회에서의 지배권을 부분적으로 인정해 주었다. 이를 통해 사심관은 부호장 이하의 향리를 임명하고 감독할 수 있었으며, 풍속 교정·지방 치안에 대한 연대 책임 등의 임무도 맡았다.

① 고려 태조는 지방의 호족을 견제하기 위하여 지방 호족의 자제를 수도인 개경에 인질로 잡아 관리하는 기인제도를 실시하였다. 태조는 기인제도와 사심관 제도를 활용하여 지방 호족을 견제하고 지방 통치를 원활하게 하였다.

② 고려 태조는 고구려 계승 의식을 가지고 강력한 북진정책을 추구하여 고구려의 수도였던 평양을 '서경'이라 하며 북진정책의 전진 기지로 삼았다.
③ 고려 승려 지눌은 무신 정권 최충헌 집권기에 순천 송광사를 거점으로 수선사 결사 운동을 전개하였으며, 정혜쌍수를 사상적 바탕으로 하여 철저한 수행을 강조하였다.
④ 통일 신라 원성왕은 국학 학생들을 대상으로 독서삼품과를 실시하여 유교 경전의 이해 수준에 따라 관리를 채용하였다.

14 난도 ★★☆   정답 ②

중세 > 정치사

제시문은 고려의 중앙 통치 기구 중 '대간'에 대한 설명이다.

② 중서문하성의 2품 이상인 재신과 중추원의 2품 이상인 추밀은 합좌 기구인 식목도감에서 법률·제도, 격식 문제 등을 논의하였다.

①·③·④ 고려 시대 중서문하성의 낭사와 어사대의 소속 관원은 '대간'으로 불리며 왕의 잘못을 논하는 간쟁, 잘못된 왕명을 시행하지 않고 되돌려 보내는 봉박권과 함께 관리 임명에 대한 서경권을 가지고 있었다.

15 난도 ★★☆   정답 ④

근대 > 정치사

제시문의 사건은 (나) 만석보 파괴(고부 농민 봉기, 1894.1) – (가) 집강소 설치(1894.6) – (다) 시모노세키 조약 체결(1895) 순으로 발생하였다.

(나) 고부 농민 봉기: 전라도 고부 군수 조병갑이 농민들을 동원하여 만석보를 쌓아 수세를 강제로 징수하자 견디다 못한 농민들이 동학교도 전봉준을 중심으로 봉기를 일으켜 고부 관아를 점령하고 만석보를 파괴하였다.
(가) 집강소 설치: 동학 농민 운동 발생 후 조정에서 이를 진압하기 위해 청에 원군을 요청하자 일본도 톈진 조약에 의거하여 군대를 파견하였다. 이에 청과 일본의 군대 개입을 우려한 동학 농민군은 정부와 전주 화약을 맺고 자치 개혁 기구인 집강소를 설치하여 탐관오리 처벌, 부패한 지배층의 징벌, 잡세 폐지 등의 내용이 담긴 폐정 개혁안을 실시하였다.
(다) 시모노세키 조약 체결: 청·일 전쟁에서 승리한 일본은 청과 시모노세키 조약을 체결하여 요동 반도와 타이완을 장악하였다.

16 난도 ★★★   정답 ②

중세 > 정치사

제시문의 사건은 (나) 의천의 천태종 창시(1097) – (가) 망이·망소이의 난(1176) – (다) 성균관 정비(1367) 순으로 발생하였다.

(나) 고려 승려 의천은 송에서 유학하고 돌아와 개경 흥왕사에서 교종과 선종의 불교 통합 운동을 전개하였고, 고려 숙종 때 국청사를 중심으로 해동 천태종을 개창하였다. 또한 고려 선종 때 대장경의 보완을 위하여 송과 요·일본의 주석서를 모아 흥왕사에 교장도감을 설치하고 『속장경(교장)』을 간행하였다.
(가) 고려 무신 정권기에 공주 명학소에서 망이·망소이가 과도한 부역과 소·부곡민에 대한 차별대우에 항거하여 농민 반란을 일으켰다. 당시 조위총의 난을 진압하면서 어려움을 겪고 있던 고려 조정은 반란 세력을 진압하려고 하였으나 실패하고 명학소를 충순현으로 승격시켜 현령을 파견하는 등 저항 세력을 회유하였다. 그러나 망이·망소이가 재차 봉기하자 군대를 보내 다시 토벌하였다.
(다) 고려 공민왕은 성리학자인 이색을 판개성 부사 겸 성균관 대사성으로 삼고 성균관을 대대적으로 개혁하여 유학 교육을 전담하는 최고 학부로 개편하였다(1367).

17 난도 ★★☆　　　　　　　　　정답 ②

고대 > 정치사

자료해설

- 첫 번째 제시문은 중국 사서인 『구당서』에 실린 내용으로, 고구려 출신 대조영이 유민들을 이끌고 고구려 계루부의 옛 땅이었던 지린성 동모산에서 발해를 건국한 일을 말한다. 따라서 (가)는 '대조영'이다.
- 두 번째 제시문은 유득공의 『발해고』 서문에 기술된 내용으로, 발해를 우리의 역사로 인식하여 신라를 남국, 발해를 북국으로 일컬으며 최초로 '남북국'이라는 용어를 사용하였다. 따라서 (나)는 '발해'이다.

정답의 이유

ⓒ 발해는 제14대 경애왕(대인선) 때에 이르러 거란 야율아보기의 침략으로 멸망하였다(926).

오답의 이유

㉠ 대조영은 고구려의 유민이지만 왕족 출신은 아니다.

ⓛ 당의 산둥반도를 공격한 것은 대조영의 뒤를 이은 제2대 무왕 때의 일이다. 발해 무왕은 영토 확장을 위해 동북방의 여러 세력을 복속하고 북만주 지역을 장악하였으며, 장문휴의 수군으로 당의 등주(산둥반도) 등을 공격하였다.

ⓔ 통일 신라 신문왕은 군사 조직을 정비하여 중앙군을 9서당, 지방군을 10정으로 편성하였다.

18 난도 ★★☆　　　　　　　　　정답 ②

고대 > 정치사

자료해설

제시문의 밑줄 친 왕은 '진성 여왕'으로, 제시문의 내용은 9세기 말(통일 신라 하대) 진성 여왕(887~897) 때의 사회상을 설명하고 있다. 당시 귀족 간의 권력 다툼이 심화되어 왕권이 약화되고 귀족들의 녹읍이 확대되며 자영농이 몰락하는 등 백성들의 생활이 더욱 어려워졌다. 이에 공물과 조세가 제대로 걷히지 않아 중앙 정권이 강압적으로 조세를 징수하자 농민들이 반발하며 곳곳에서 봉기를 일으켰다.

정답의 이유

㉠ 진성 여왕 때 서남쪽 지방에서 붉은 바지를 입고 다닌다 하여 '적고적'이라고 불리는 도적들이 반란을 일으켜 수도인 경주 근방까지 진출하였다(적고적의 난, 896).

ⓔ 진성 여왕 때 원종과 애노가 사벌주에서 중앙 정권의 무분별한 조세 징수에 반발하여 농민 봉기를 일으켰다(원종·애노의 난, 889).

오답의 이유

ⓛ 통일 신라 헌덕왕 때 웅천주 도독 김헌창은 아버지인 김주원이 왕위를 계승하지 못한 데 불만을 품고 반란을 일으켰으나 실패하였다(822).

ⓒ 고려 무신 정권기에 최충헌의 사노비였던 만적이 사람은 누구나 공경대부가 될 수 있다고 주장하며 개경에서 신분 해방 운동을 일으켰으나 사전에 발각되어 실패하였다(1198).

19 난도 ★★☆　　　　　　　　　정답 ①

중세 > 문화사

자료해설

제시문의 밑줄 친 '후(煦)'는 고려 왕족 출신으로 승려가 된 대각국사 의천이다. 의천은 고려 문종의 넷째 아들로 태어나 자원하여 11세에 출가하였다. 이후 조정의 반대를 무릅쓰고 송에 유학하여 화엄종과 천태종의 교리를 배웠으며, 귀국 후 개경 흥왕사에서 교종과 선종의 불교 통합 운동을 전개하고 국청사에서 해동 천태종을 개창하였다.

정답의 이유

① 의천은 교종과 선종의 통합 운동을 전개하며 그 사상적 바탕으로 이론의 연마와 꾸준한 실천을 강조하는 교관겸수를 제시하였다.

오답의 이유

② 신라 승려 혜초는 인도와 중앙아시아 지역을 답사한 뒤 여행기인 『왕오천축국전』을 저술하였다.

③ 고려 승려 혜심은 유교와 불교가 다르지 않다는 유·불 일치설을 주장하여 장차 성리학을 수용할 수 있는 사상적인 토대를 마련하였다.

④ 고려 승려 지눌은 순천 송광사를 중심으로 수선사 결사 운동을 전개하여 불교의 타락을 비판하고 승려 본연의 자세로 돌아가 독경과 선 수행·노동에 힘쓸 것을 주장하였다.

20 난도 ★★☆　　　　　　　　　정답 ③

근대 > 정치사

자료해설

제시문의 사건은 (나) 병인양요(1866) - (가) 오페르트 도굴 사건(1868) - (다) 신미양요(1871) - (라) 강화도 조약 체결(1876) 순으로 발생하였다.

정답의 이유

(나) 병인양요: 프랑스군이 병인박해를 구실로 강화도를 침공하자 양헌수 군대는 정족산성에서, 한성근 부대는 문수산성에서 결사 항전하였다. 이로 인해 사상자가 발생하자 프랑스군은 강화도에서 철수하였다.

(가) 오페르트 도굴 사건: 독일이 조선 정부에 통상 수교를 요구하였으나 거절당하자, 독일 상인 오페르트가 흥선 대원군의 아버지인 남연군 묘 도굴을 시도하다가 잡혔다. 이에 흥선 대원군은 통상 수교 거부 정책을 더욱 강하게 추진하였다.

(다) 신미양요: 제너럴셔먼호 사건을 구실로 미국 함대가 강화도에 침입하여 초지진을 점령하고 광성보를 공격하였다. 어재연이 이끄는 조선군이 미군을 상대로 항전하였으나 패배하고 어재연은 전사하였다.

(라) 강화도 조약 체결: 일본은 운요호 사건을 구실로 조선에 통상 조약 체결을 요구하여 우리나라 최초의 근대적 조약인 강화도 조약이 체결되었다. 강화도 조약은 일본인에 대한 치외법권과 해안 측량권 허용 등을 포함한 불평등 조약으로, 일본의 요구에 따라 부산, 원산, 인천 3개 항을 개항하였다.

21 난도 ★★★ 　　　　　　　　　　　　　정답 ③

근대 > 정치사

자료해설

(가) 제1차 한·일 협약의 조문으로, 대한 제국에서 고문 정치를 실시하겠다는 내용을 담고 있다. 일본은 러·일 전쟁에서 유리해지자 대한 제국을 식민지화하기 위한 계획안을 확정한 뒤 강제로 제1차 한·일 협약을 체결하였다(1904.8.). 제1차 한·일 협약의 결과 고문 정치가 실시되었고, 메가타가 재정 고문으로, 스티븐스가 외교 고문으로 파견되어 일본의 내정 간섭이 본격화되었다.

(나) 제2차 한·일 협약(을사늑약) 제2조로 대한 제국의 외교권을 제한하는 내용을 담고 있다. 일본은 제2차 한·일 협약을 체결하여 외교권을 박탈하고 통감부를 설치하였다(1905.11.).

(다) 포츠머스 조약 제2조로, 일제가 대한 제국에 대한 독점적 우위권을 갖는 데에 러시아가 동의한다는 내용을 담고 있다. 일본은 러·일 전쟁 승리 후 러시아와 포츠머스 조약을 체결하여 열강들로부터 사실상 대한 제국에 대한 지배권을 인정받았다(1905.9.).

정답의 이유

③ 일본은 러·일 전쟁 중에 군사적 목적을 위하여 조선 정부 몰래 독도를 시마네 현에 불법 편입하였다(1905.2.). (다) 포츠머스 조약은 러·일 전쟁 이후에 체결되었다.

오답의 이유

① 제1차 한·일 협약에 의해 재정 고문으로 임명된 메가타는 대한 제국의 경제권을 장악하기 위하여 화폐 정리 사업을 추진하여 백동화를 제일 은행권으로 교환하였다(1905).

② 제2차 한·일 협약(을사늑약) 체결로 대한 제국의 외교권을 박탈한 일제는 대한 제국의 의사를 무시하고 만주 안봉선 철도부설권과 푸순 탄광 채굴권을 얻는 대가로 간도를 청의 영토로 인정하는 간도 협약을 체결하였다(1909).

④ (가) 제1차 한·일 협약(1904) − (다) 포츠머스 조약 − (나) 제2차 한·일 협약(을사늑약) 순서로 조약이 체결되었다.

22 난도 ★★☆ 　　　　　　　　　　　　　정답 ②

일제 강점기 > 정치사

자료해설

제시문은 일제가 한국 내에서 회사 설립을 제한하기 위해 제정한 '회사령'이다. 1910년대 무단 통치 시기 일제는 민족 자본 성장을 억제하기 위해 회사 설립 시 총독의 허가를 받도록 하는 회사령을 제정하였다(1910). 무단 통치 시기에는 한국인을 억압하기 위해 헌병 경찰제, 조선 태형령 등이 자행되었으며, 토지조사사업, 회사령 실시 등의 경제적인 침탈이 있었다.

정답의 이유

② 일제는 1910년대 무단 통치기에 강압적인 통치를 목적으로 헌병에게 경찰 업무를 부여한 헌병 경찰 제도를 실시하였다. 대한 광복회는 대구에서 박상진 등이 공화 정체의 근대 국민 국가 수립을 지향하며 비밀리에 조직한 무장 독립 단체(1915)로, 무단 통치기에 활동하였다.

오답의 이유

① 일제는 중·일 전쟁(1937) 이후 황국 신민화 정책(민족 말살 통치)을 실시하였으며, 국민학교령을 제정하여 소학교를 '황국 신민의 학교'라는 의미인 국민학교로 개칭하였다(1941).

③ 1920년대 문화통치기에 일제는 국내의 치안 유지를 빙자하여 치안 유지법을 공포하였으며(1925), 이를 통해 식민지 지배에 저항하는 독립운동가와 사회주의 세력을 탄압하였다.

④ 일제는 소작농들의 불만을 무마하기 위해 춘궁 퇴치, 농가 부채 근절 등을 목표로 내세우며 농촌 진흥 운동을 실시하였다(1932).

23 난도 ★★☆ 　　　　　　　　　　　　　정답 ①

근대 태동기 > 정치사

자료해설

제시문은 조선 순조 때 발생한 홍경래의 난(1811)에 대한 내용이다. 세도 정치로 인한 삼정의 문란과 평안도 사람(서북 지역민)에 대한 차별에 항거하여 몰락 양반 홍경래를 중심으로 난이 일어났다.

정답의 이유

① 조선 정조 사후 순조·헌종·철종 3대에 걸친 세도 정치기에 안동 김씨, 풍양 조씨 등 왕실과 혼인을 맺은 소수의 가문이 정권을 장악하였다. 이 시기에 세도 가문의 부정부패로 삼정의 문란이 극에 달하고 백성에 대한 수탈이 심화되었다.

오답의 이유

② 조선 정조는 유득공·이덕무·박제가 등 학문이 뛰어난 서얼 출신 인사들을 규장각 검서관에 등용하였다.

③ 조선 광해군 때 공납의 폐단을 해결하기 위해 대동법을 실시하여, 공납을 가호에 따라 공물(현물)로 부과하던 방식을 바꾸어 토지의 결수에 따라 쌀·무명·동전 등으로 납부하도록 하였다. 대동법은 광해군 때 경기도에서 처음 시험적으로 시행되었고, 이후 숙종 때 평안도·함경도를 제외한 전국에서 실시되었다.

④ 정조는 신해통공을 시행하여 육의전을 제외한 시전 상인들의 금난전권을 폐지하고 일반 상인들의 자유로운 상업 활동을 도모하였다.

24 난도 ★★☆ 　　　　　　　　　　　　　정답 ②

중세 > 정치사

자료해설

제시문은 고려 무신 정권기에 최충헌이 동생 최충수와 함께 당시 권력을 장악하고 있던 이의민 일파를 제거하는 과정을 설명한 내용이다. 제시문에 등장하는 이지영, 이지순, 이지광은 이의민의 아들들로, 최충헌 형제는 이의민과 그 아들들을 제거하여 정권을 장악하고 명종을 폐위시켰다.

정답의 이유

② 최충헌은 정권을 장악하여 최고 권력자가 된 후 국정을 총괄하는 교정도감을 설치하고 스스로 기구 최고 관직인 교정별감이 되어 인사 및 재정 등을 장악하였다.

① 하층민 출신의 권력자는 이의민이다. 이의민은 아버지가 소금 장수, 어머니가 노비인 천민 출신이었다.

③ 최충헌은 권력을 장악한 후 명종에게 봉사 10조라는 사회 개혁안을 제시하였다.

④ 정방은 무신 정권 시기 최충헌의 뒤를 이어 집권한 최우가 자신의 집에 설치하였다. 최우는 정방을 인사 행정 담당 기관으로 삼고 인사권을 완전히 장악하였다.

25 난도 ★★☆ 정답 ①

근대 태동기 > 정치사

자료해설

제시문의 밑줄 친 '국왕'은 조선 정조로, 제시문의 내용은 정조가 사도세자의 묘인 현륭원을 방문할 때 한강을 건너기 위해 만든 주교(배다리)와 관련된 것이다. 정조는 아버지인 사도 세자의 묘를 수원으로 옮기고 자주 행차하였는데, 그곳을 방문할 때 한강을 건너는 비용 및 노력을 줄이기 위해 옛 규례에서 사용한 용배(부교) 대신 배를 이용한 주교를 설치하게 하고, 친히 주교의 설치 관련하여 새로운 운영 방안을 제시한 『주교지남(舟橋指南)』을 편찬하였다.

정답의 이유

① 조선 영조는 붕당 정치의 폐해를 막고 능력에 따른 인재를 등용하기 위해 탕평책을 실시하고 성균관에 탕평비를 건립하였다.

오답의 이유

② 정조는 왕권을 뒷받침하는 군사적 기반을 갖추기 위하여 국왕 친위 부대인 장용영을 설치하였다.

③ 정조는 군사의 무예 훈련을 위하여 이덕무, 박제가 등에 명을 내려 선조 때 편찬된 『무예제보』, 영조 때 간행된 『무예신보』에 새로운 훈련법을 더한 훈련 교범인 『무예도보통지』를 간행하였다.

④ 정조는 새롭게 관직에 오른 자 또는 기존 관리 중 능력 있는 자들을 규장각에서 재교육시키는 초계문신제를 시행하였다.

한눈에 훑어보기

✓ **빠른 정답**

01	02	03	04	05	06	07	08	09	10
②	②	④	③	③	②	③	③	②	②
11	12	13	14	15	16	17	18	19	20
④	②	④	③	④	④	①	②	④	③
21	22	23	24	25					
③	①	④	③	②					

✓ **점수 체크**

구분	1회독	2회독	3회독
맞힌 문항 수	/ 25	/ 25	/ 25
나의 점수	점	점	점

---

01 난도 ★★☆   정답 ②

근대 > 정치사

자료해설

제시문은 헌의 6조에 대한 내용으로, 밑줄 친 '이 단체'는 독립 협회임을 알 수 있다. 독립 협회는 관민 공동회를 개최하고, 여기서 중추원 개편을 통한 의회 설립 방안이 담겨 있는 헌의 6조를 건의하여 고종이 이를 채택하였다(1898.10).

정답의 이유

㉠ 독립 협회는 자주 국권 확립을 촉구하는 구국 선언 상소문(1898.2.)을 지어 고종에게 올리고, 만민 공동회를 열어 자주 국권 운동을 전개하였다.

㉣ 독립 협회는 러시아 재정·군사 고문 철수 요구, 러시아의 절영도 조차(租借) 요구 저지 등 반·러 운동을 전개하였다.

오답의 이유

㉡ 고종의 강제 퇴위 반대 운동에 앞장선 단체는 대한 자강회이다. 대한 자강회는 교육과 산업 활동을 바탕으로 한 국권 회복을 목표로 활동하였고, 고종의 강제 퇴위 반대 운동을 전개하다가 일제의 탄압으로 해산되었다(1907).

㉢ 일제의 황무지 개간권 요구에 반대한 단체는 보안회이다. 보안회는 일본이 대한 제국에 황무지 개간권을 요구하자 반대 운동을 전개하여 이를 저지하였다(1904).

더 알아보기

헌의 6조

1. 외국인에게 의지하지 말고 관민이 한마음으로 힘을 합하여 전제 황권을 공고히 할 것
2. 외국과의 이권에 관한 계약과 조약은 각 대신과 중추원 의장이 합동 날인하여 시행할 것
3. 국가 재정은 탁지부에서 전관하고, 예산과 결산을 국민에게 공포할 것
4. 중대 범죄를 공판하되, 피고의 인권을 존중할 것
5. 칙임관을 임명할 때에는 황제가 정부에 그 뜻을 물어서 중의에 따를 것
6. 정해진 규정을 실천할 것

---

02 난도 ★★☆   정답 ②

일제 강점기 > 정치사

자료해설

제시된 자료는 1912년 8월에 제정된 토지 조사령 제1조와 제4조 내용이다. 조선 총독부는 토지 조사국을 설치하고 1912년 토지 조

사령을 발표하여 일정 기간 내 토지를 신고하게 하는 토지조사사업(1910~1918)을 실시하였다.

정답의 이유

② 1914년 이상설은 러시아 연해주에서 공화정을 목표로 하는 대한 광복군 정부를 조직하였다. 이후 정통령 이상설, 부통령 이동휘를 선출하여 독립운동을 전개하였다.

오답의 이유

① 조선 혁명당은 1929년 국민부가 기존의 민족유일당 조직동맹을 개편함에 따라 결성된 단체이다.

③ 『신여성』은 1923년 천도교의 주도로 발행된 잡지이고, 『삼천리』는 1929년 대중지를 표방하며 창간된 월간 잡지이다.

④ 1937년 러시아 스탈린은 만주 지역이 일본의 침략을 받기 시작하자 극동 지방의 안보를 우려하여 국경 지방에 거주하는 한인을 강제로 이주시키는 정책을 실시하였다. 이로 인해 러시아 연해주에 살고 있던 한인 약 20만 명이 중앙 아시아로 강제 이주되었다.

03 난도 ★★☆ 정답 ④

중세 > 정치사

정답의 이유

(다) 이자겸 · 척준경의 난(인종, 1126): 인종은 1126년 이자겸의 권력에 불안을 느껴 그를 제거하려 했으나 실패하고, 이자겸이 이에 반발하여 척준경과 함께 난을 일으켰다. 그러나 얼마 후 인종은 이자겸의 부하인 척준경을 시켜 이자겸을 제거하였다.

(나) 묘청의 난(인종, 1135): 고려 인종 때 묘청은 서경 천도와 칭제 건원, 금 정벌 등을 주장하였으나 받아들여지지 않자 서경에서 반란을 일으켰고, 1136년에 김부식의 관군에 의해 진압되었다.

(가) 정중부의 난(무신정변, 1170): 고려 의종이 무신들을 천대하고 향락에 빠져 실정을 일삼자 무신들의 불만이 쌓여갔으며, 그러던 중 보현원에서 대장군 이소응이 문신 한뢰에게 뺨을 맞는 사건이 발생하였다. 이를 계기로 분노가 폭발한 무신들이 정변을 일으켰으며, 정중부와 이의방을 중심으로 조정을 장악한 무신들은 의종을 폐위하여 거제도로 추방한 뒤 명종을 즉위시켰다.

더 알아보기

무신정변(1170)

배경		고려 의종의 무신에 대한 차별과 하급 군인들의 불만 고조
과정		정중부와 이의방을 중심으로 조정 장악 → 문신 제거와 의종 폐위, 명종 즉위로 정권 장악(중방을 중심으로 권력 행사) → 무신 집권에 반발한 김보당, 조위총 난 진압
변천		무신들이 토지 · 사병 · 노비를 늘려 세력 확대 → 무신 간 권력 싸움 발생
최씨 무신 정권	최충헌	이의민 제거 후 권력 장악, 명종에게 봉사 10조 올림, 교정도감(최고 권력 기구) 설치, 도방(사병 기관) 확대
	최우	정방 설치(인사권 장악), 문신 등용

04 난도 ★★☆ 정답 ③

근대 > 정치사

자료해설

(가) 1881년 황쭌셴(황준헌)의 『조선책략』 유포에 반대한 이만손 등의 영남 유생들이 올린 영남 만인소의 내용이다.

(나) 1895년 10월 명성황후를 시해한 을미사변과 단발령(11월)에 대한 반발로 전국의 유생들이 주도하고 농민들이 가담하여 일으킨 을미의병에 대한 내용이다.

정답의 이유

ⓛ 1895년 2월 제2차 갑오개혁 당시 고종은 교육의 기본 방향을 제시한 교육 입국 조서를 반포하여 교육의 중요성을 강조하였다.

ⓒ 1885년 조선에 대한 러시아의 세력 확장에 불안을 느낀 영국이 이를 저지하기 위해 거문도를 불법으로 점령하였다.

오답의 이유

㉠ 1898년 독립 협회는 만민 공동회와 관민 공동회를 개최하여 민중에게 근대적 국권 · 민권 사상을 고취시켰다.

㉣ 나철은 한 · 일 병합 조약으로 국권을 완전히 빼앗기자, 1909년 대종교를 창시하고 단군 숭배를 통해 민족의식을 고취하며 교세를 확장하였다.

05 난도 ★★☆ 정답 ③

중세 > 정치사

자료해설

제시문에서 '향리', '중방', '원종' '도병마녹사' 등이 언급되는 것으로 보아 고려 시대에 대한 내용이다. 고려 성종 때 최승로의 시무 28조를 받아들여 지방 세력을 견제하기 위해 지방관을 파견하고 향리제를 마련하였다. 도병마녹사는 고려 시대 도병마사의 한 벼슬에 해당한다.

정답의 이유

㉠ 고려 시대 주현은 지방관이 상주한 지역을, 속현은 지방관이 상주하지 않은 지역을 통칭하는데, 고려 시대는 지방관이 파견되지 않은 속현의 수가 더 많았다.

ⓒ 고려 시대 어사대의 관원과 중서문하성의 낭사는 대간으로 불리며 간쟁 · 봉박권과 함께 관리 임명에 대한 서경권을 가지고 있었다.

오답의 이유

ⓛ 모든 군현에 수령이 파견된 것은 조선 시대이다. 조선 시대 수령은 지방의 행정 · 사법 · 군사권을 행사하였다.

ⓒ 전국을 8도로 나누고, 그 밑에 부 · 목 · 군 · 현을 둔 것은 조선 시대이다.

더 알아보기

조선 초기 중앙 집권 체제 강화

지방 행정 조직	8도 - 부·목·군·현 - 면리제 실시
지방관 파견	• 관찰사: 8도에 파견되어 관할 지역의 수령을 감찰 • 수령: 모든 군현에 파견되어 행정·사법·군사권을 행사 • 향리: 고려 때와 달리 수령을 보좌하는 세습적 아전으로 격하
유향소 설치	수령의 통치를 돕거나 향리를 감찰하고 풍속을 바로잡기 위해 지방 품관들이 자발적으로 설치한 조직
경재소 설치	중앙의 지방 통치 체제 강화를 위해 설치한 기구. 중앙 고위 관리가 출신 지역 경재소를 관장하고 그 지역 유향소 품관을 임명·감독

06 난도 ★★☆   **정답 ②**

근대 태동기 > 경제사

자료해설

제시문은 담배가 추위를 막지도 못하고 요깃거리도 못 되면서 심는 땅은 기름져야 하므로 매우 재배하기가 까다롭고, 전황(錢荒)도 담배에서 비롯되었으니 담배 재배를 철저히 금해달라는 상소문이다. 담배는 '조선 후기'에 상품화되어 재배가 활발하게 이루어졌다.

정답의 이유

㉠ 조선 후기에는 이수광의 『지봉유설』, 이익의 『성호사설』, 이덕무의 『청장관전서』, 서유구의 『임원경제지』, 이규경의 『오주연문장전산고』, 홍봉한의 『동국문헌비고』 등의 백과사전이 널리 편찬되었다.

㉡ 조선 후기에는 평시조보다 글이 길고 형식이 자유로운 사설시조가 유행하였다. 사설시조는 서민 작가의 참여가 많아지면서 남녀 간의 사랑, 양반에 대한 풍자 등이 솔직하게 표현되었다.

오답의 이유

㉢ 주자소를 설치하고 계미자를 주조하여 금속 활자 인쇄술이 한층 더 발전한 것은 조선 초기 태종 때이다.

07 난도 ★★☆   **정답 ③**

시대 통합 > 지역사

자료해설

제시문은 고려 최씨 무신 정권 시기 권력을 장악하고 있던 최우가 몽골의 침입에 대비하여 강화도로 천도하고자 대신들을 모아 놓고 논의할 때 신하 참지정사 유승단이 강화도 천도를 반대하고 있는 내용이다. 따라서 (가) 지역은 강화도이다.

정답의 이유

㉡ 조선 효종 때 전주사고본이 보관되어 있던 마니산 사고가 실록각의 실화 사건으로 많은 사적들이 불타게 되자 강화도 정족산성 안 전등사 서쪽에 정족산 사고를 새로 건립하였다. 이후 마니산 사고에 보관되었던 조선왕조실록과 서책들을 정족산성의 정족산 사고로 옮겼다.

오답의 이유

㉠ 동녕부는 고려 원종 때부터 충렬왕 때까지 서경을 포함한 고려 서북면 일대에 설치되었던 원의 통치기관이다.

㉢ 고려 무신 정권기에 공주 명학소에서 망이·망소이가 과도한 부역과 소 주민에 대한 차별 대우에 항의하여 농민 반란을 일으켰다.

08 난도 ★★☆   **정답 ③**

일제 강점기 > 문화사

자료해설

제시문에서 '최현배', '표준어 및 외래어 표기법 통일안' 등이 언급되는 것으로 보아 (가) 단체는 조선어 학회(1931~1942)이다.

정답의 이유

㉡·㉢ 조선어 학회는 한글 맞춤법 통일안과 외국어 표기법 통일안을 제정하고 우리말의 체계화를 위해 노력하였으며, 우리나라 최초의 국어학 학술지인 『한글』을 발행하였다. 이후 『조선말 큰사전(우리말 큰사전)』의 편찬을 시작하였으나 일제는 조선어 학회를 독립운동 단체로 간주하여 관련 인사를 체포한 후 학회를 강제 해산시켰고(조선어 학회 사건, 1942), 이때 이극로, 최현배 등이 구속되어 옥고를 치렀다. 이로 인해 중단되었던 『조선말 큰사전』의 편찬은 해방 이후 완성되었다.

오답의 이유

㉠ 국문 연구소는 1907년 학부대신 이재곤의 건의로 대한 제국 학부 안에 설치된 것으로, 지석영과 주시경을 중심으로 한글의 정리와 국어의 이해 체계 확립에 힘썼다.

㉣ 천도교는 3·1 운동 이후 제2의 3·1 운동을 계획하여 자주독립 선언문을 발표하였고, 『개벽』, 『신여성』, 『어린이』 등의 잡지를 간행하여 민족의식을 높였다.

09 난도 ★★★   **정답 ②**

근대 > 정치사

자료해설

제시문은 1905년 을사늑약 강제 체결로 인해 고종 황제가 대프랑스 대통령에게 보낸 친서의 내용이다. 포츠머스 조약을 통해 열강들로부터 사실상 한국에 대한 지배를 인정받은 일본은 을사늑약을 체결하여 대한 제국의 외교권을 박탈하였고, 한국을 식민지로 만들려는 계획을 진행하였다.

정답의 이유

② 을사늑약 강제 체결(1905.11.) 이후 일제는 통감부 설치와 함께 한국의 각 지방에서 일본인들의 활동과 이익을 보장하고, 지방 행정을 장악하기 위해 이사청을 설치, 운용하였다.

오답의 이유

① 일본은 러·일 전쟁에서 승리하자 러시아와 포츠머스 조약을 체결(1905.9.)하여 국제 사회로부터 대한 제국에 대한 지배권을 인정받았다.

③ 만주에 주둔하고 있던 러시아군이 군사적 근거지 확보를 위해 용암포와 압록강 하구를 강제 점령하여 대한 제국에 조차를 요

구하였다. 일본과 영국의 간섭으로 성공하지 못하였지만 이후 이 사건은 러·일 전쟁의 발단이 되었다(1903).

④ 러·일 전쟁에서 일본이 유리해지자 일본은 한국을 식민지화하기 위한 계획안을 확정한 뒤 강제로 제1차 한·일 협약을 체결하였다(1904).

10 난도 ★★☆ 　　　　　　　　　　정답 ②

고대 > 정치사

자료해설

(가) 사료의 '영락 5년', '패려', '친히 군사를 이끌고' 등으로 보아 광개토 대왕 때이다. 광개토 대왕은 숙신(여진)과 비려(거란)를 정벌하여 만주 일대를 장악하고 후연(선비)을 공격하여 요동을 확보하였다(391~413).

(나) 사료의 '고구려왕 거련', '한성을 포위', '고구려 병사에게 살해' 등으로 보아 장수왕 때이다. 고구려 장수왕은 백제의 수도 한성을 함락하고 백제 개로왕을 전사시킨 뒤 한강 유역을 차지하였다(475).

정답의 이유

② 고구려 장수왕은 수도를 국내성에서 평양성으로 옮기고 남진 정책을 추진하였다(427).

오답의 이유

① 신라에 병부가 설치된 것은 법흥왕(514~540) 때이다. 신라 법흥왕은 병부와 상대등을 설치하였고 공복 제정, 율령 반포를 통해 국가 통치 체제를 갖추었다.

③ 백제 고이왕(234~286)은 6좌평제와 16관등제를 정비하여 중앙 집권 국가의 기틀을 마련하였다.

④ 백제의 최전성기를 이끈 근초고왕은 정예군 3만 명을 거느리고 고구려 평양성을 공격하였고, 이때 고구려 고국원왕이 전사하였다(371).

11 난도 ★★★ 　　　　　　　　　　정답 ④

근세 > 경제사

자료해설

제시된 사료에서 임금은 수령에게 '수령칠사'에 대한 내용을 묻고 있다. 수령칠사는 수령이 힘써야 할 일곱 가지의 임무에 대한 것이다.

정답의 이유

〈수령칠사〉
- 농상성(農桑盛): 농업과 양잠 장려
- 호구증(戶口增): 호구의 증가
- 학교흥(學校興): 학교 교육의 진흥
- 군정수(軍政修): 군정의 바른 처리
- 부역균(賦役均): 부역의 균등 부과
- 사송간(詞訟簡): 소송의 간명한 처리
- 간활식(奸猾息): 간교한 풍속을 없앰

따라서 ㉠, ㉡, ㉢, ㉣ 모두 해당된다.

12 난도 ★★☆ 　　　　　　　　　　정답 ②

현대 > 정치사

자료해설

제시된 조약의 내용은 한·미 상호 방위 조약(1953)의 내용이다. 한·미 상호 방위 조약은 전문(前文)과 본문 6개 조로 구성되며, 외부로부터의 무력 공격에 대한 공동방위 결의가 전문에 명시되어 있다.

- 대한민국 정부 수립(1948)
- 6·25 발발(1950)
- 제2차 개정헌법 공포(1954)
- 5·16 군사 정변(1961)
- 한일 기본 조약 조인(1965)

정답의 이유

② 이승만 정부 때 한국과 미국 간 경제 및 군사 원조에 관한 협약인 한·미 상호 방위 원조 협정이 체결되었다(1950). 그러나 1950년 6월 북한의 남침으로 6·25 전쟁이 발발한 당시에 한·미 상호 방위 원조 협정은 겨우 실현 단계에 이르렀고, 이후 1953년 실질적인 군사동맹인 한·미 상호 방위 조약이 조인되었다.

더 알아보기

한·미 상호 방위 조약(6조)

제1조 당사국은 관련될지도 모르는 어떠한 국제적 전쟁이라도 국제 평화와 안전과 정의를 위태롭게 하지 않는 방법으로 평화적 수단에 의하여 해결하고 또한 국제관계에 있어서 국제연합의 목적이나 당사국이 국제연합에 대하여 부담한 업무에 배치되는 방법으로 무력에 의한 위협이나 무력의 행사를 삼갈 것을 약속한다.

제2조 당사국 중 어느 1국의 정치적 독립 또는 안전이 외부로부터의 무력 공격에 의하여 위협을 받고 있다고 어느 당사국이든지 인정할 때에는 언제든지 당사국은 서로 협의한다. 당사국은 단독으로나 공동으로 자조(自助)와 상호 원조에 의하여 무력 공격을 저지하기 위한 적절한 수단을 지속 강화시킬 것이며 본 조약을 이행하고 그 목적을 추진할 적절한 조치를 협의와 합의하에 취할 것이다.

제3조 각 당사국은 타 당사국의 행정 지배하에 있는 영토와 각 당사국이 타 당사국의 행정 지배하에 합법적으로 들어갔다고 인정하는 금후의 영토에 있어서 타 당사국에 대한 태평양 지역에 있어서의 무력 공격을 자국의 평화와 안전을 위태롭게 하는 것이라 인정하고 공통한 위험에 대처하기 위하여 각자의 헌법상의 수속에 따라 행동할 것을 선언한다.

제4조 상호적 합의에 의하여 미합중국의 육군, 해군과 공군을 대한민국의 영토 내와 그 부근에 배치하는 권리를 대한민국은 이를 허여(許與)하고 미합중국은 이를 수락한다.

제5조 본 조약은 대한민국과 미합중국에 의하여 각자의 헌법상의 수속에 따라 비준되어야 하며 그 비준서가 양국에 의하여 워싱턴에서 교환되었을 때 효력을 발생한다.

제6조 본 조약은 무기한으로 유효하다. 어느 당사국이든지 타 당사국에 통고한 후 1년 후에 본 조약을 종지(終止)시킬 수 있다.

13 난도 ★★☆　　　　　　　　　　정답 ④

현대 > 경제사

자료해설

제시된 자료는 김영삼 대통령이 취임 직후 발표한 금융실명제에 대한 내용이다. 김영삼 정부는 부정부패와 탈세를 뿌리 뽑기 위해 대통령 긴급명령으로 금융실명제를 실시하여 경제 개혁을 추진하였다 (1993).

정답의 이유

④ 김영삼 정부는 국제 경제의 세계화와 개방 경제 체제 확산에 따른 대응을 위해 경제 협력 개발 기구(OECD)에 가입하였다 (1996).

오답의 이유

① YH 무역 사건은 YH 무역 노동자들이 폐업에 대한 항의로 신민당사 앞에서 농성 시위를 벌이던 중 경찰의 강제 진압으로 해산당한 사건(1979)으로 박정희 정부 때의 일이다. 이 사건으로 박정희 정부는 야당 총재인 김영삼을 국회의원직에서 제명하였고, 이로 인해 부산 · 마산에서 유신 정권에 반대하는 부마 민주 항쟁이 전개되었다.

② 박정희 정부는 제4차 경제개발 5개년 계획을 1977~1981년에 추진하였으며, 이때 중화학 공업 비중이 경공업을 앞질렀다.

③ 국민 기초 생활 보장법은 생활이 어려운 사람에게 필요한 급여를 실시하여 이들의 최저생활을 보장하고 자활을 돕는 것을 목적으로 김대중 정부 시기인 1999년 9월 7일에 제정되어 2000년 10월 1일에 시행되었다.

14 난도 ★☆☆　　　　　　　　　　정답 ③

고대 > 정치사

정답의 이유

(다) 고구려 광개토 대왕은 신라의 원군 요청을 받고 군대를 보내 신라에 침입한 왜를 격퇴하였다(400).

(나) 신라 신문왕은 귀족 세력을 약화시키기 위해 관료전을 지급하였다(687).

(라) 발해 선왕(818~830) 때 국력이 강성하여 주변국들로부터 해동성국이라 불렸다.

(가) 신라의 군인 출신인 견훤은 세력을 키워 완산주(현재 전주)에 도읍을 정하고 후백제를 건국하였다(900).

15 난도 ★☆☆　　　　　　　　　　정답 ④

선사 시대와 국가의 형성 > 국가의 형성

자료해설

제시된 자료는 고조선의 8조법에 대한 내용이다. 고조선은 사회 질서를 유지하기 위해 8개의 조항으로 이루어진 범금 8조를 만들었으나 현재는 3개의 조항만 전해진다.

정답의 이유

④ 고조선은 위만의 손자인 우거왕 때 한 무제의 침공으로 왕검성이 함락되면서 멸망하였다.

오답의 이유

① 고구려에는 혼인을 하면 신랑이 신부 집 뒤에 서옥이라는 집을 짓고 생활하다가 자식을 낳아 장성하면 신랑 집으로 돌아가는 서옥제라는 풍습이 있었다.

② 부여는 매년 12월 수확에 대한 감사제의 성격을 지닌 영고라는 제천행사를 열었다.

③ 삼한 중 마한의 세력이 가장 셌으며, 마한을 이루고 있는 소국 중 하나인 목지국의 지배자가 삼한을 대표하였다.

16 난도 ★★☆　　　　　　　　　　정답 ④

중세 > 정치사

자료해설

제시문은 고려 성종 993년 거란의 1차 침입이 있었을 때 서희가 벌인 협상의 내용이다. 거란 장수 소손녕이 옛 고구려의 영토가 거란의 소유라고 하자, 서희는 고려는 고구려를 계승하였고, 거란이 동경으로 삼고 있는 요양(遼陽)도 고구려의 땅이었으므로 고려에 복속되어야 한다고 주장하였다.

정답의 이유

④ 고려 성종은 당의 제도를 모방하여 2성 6부로 이루어진 중앙 관제를 구성하였고, 전국의 주요 지역에 12목을 설치하고 목사를 파견하였다.

오답의 이유

① 고려 태조 때, 발해는 거란의 침략으로 멸망하였다(926).

② 고려 인종은 문벌 귀족 이자겸이 최고 권력을 누리며 왕의 자리까지 넘보자 그를 제거하려고 시도하였으나 실패하였다. 이에 이자겸은 척준경과 함께 난을 일으켰다(1126).

③ 고려 문종 때 최충이 세운 9재 학당은 사학 12도 중 가장 번성하여 많은 후진을 양성하였다.

17 난도 ★★★　　　　　　　　　　정답 ①

일제 강점기 > 경제사

자료해설

제시된 사료는 백남운이 집필한 『조선사회경제사』 서문의 일부이다. 백남운은 후쿠다 도쿠조가 주장한 한국 사회의 정체성 논리에 맞서 마르크스주의 역사학의 관점에서 『조선사회경제사』를 저술하여 식민사관을 극복하고, 한국사의 보편적 발전 과정을 증명하려 하였다.

정답의 이유

① 백남운은 『조선사회경제사』를 통해 유물 사관을 토대로 식민 사학의 정체성론을 반박하였다.

오답의 이유

② 이병도, 손진태, 이윤재 등은 친일 단체인 청구학회의 왜곡된 한국사 연구에 반발하여 진단학회를 조직하였고 『진단학보』를 발행하면서 한국사 연구에 힘썼다.

③ 조선사 편수회는 1925년 조선 총독부가 한국사의 왜곡과 식민 지배의 합리화를 위해 설치하였으며, 1930년에 조선사 편수회 출신 어용 역사학자들이 청구학회를 조직하였다.

④ 신채호는 대한매일신보에 『독사신론』을 발표하여 민족을 역사 서술의 중심에 두었으며, 민족주의 사학의 기반을 마련하였다.

18 난도 ★☆☆   정답 ②

고대 > 문화사

[자료해설]

제시된 사료에서 '당에서 유학', '부석사', '관음 신앙 전파' 등이 언급되는 것으로 보아 (가)는 의상임을 알 수 있다. 의상은 당에 가서 승려 지엄으로부터 화엄에 대한 가르침을 받고 돌아와 신라에서 화엄 사상을 펼치고 부석사를 중심으로 수많은 제자들을 양성하였으며, 현세에서 고난을 구제받고자 하는 관음 신앙을 강조하였다.

[정답의 이유]

② 신라 승려 의상은 당에서 돌아와 『화엄일승법계도』를 저술하여 모든 존재는 상호 의존적인 관계에 있으면서 서로 조화를 이루고 있다는 화엄 사상을 정립하였다.

[오답의 이유]

① 신라 승려 원효는 불교의 대중화를 위해 불교의 교리를 쉬운 노래로 표현한 『무애가』를 지었다.

③ 고려 승려 의천은 송에서 유학하고 돌아와 개경(개성) 흥왕사에서 교종과 선종의 불교 통합 운동을 전개하였고, 국청사를 중심으로 해동 천태종을 개창하였다.

④ 신라 승려 혜초는 인도와 중앙아시아 지역을 답사한 뒤 『왕오천축국전』을 저술하였다.

19 난도 ★★★   정답 ④

근세 > 경제사

[자료해설]

제시된 사료는 조선 세종 때 전제상정소에서 올린 최종 공법 내용 중 일부이다. 전제상정소는 세종 때 공법의 제정과 실시를 위해 설치된 관서로, 이를 통해 전분 6등법과 연분 9등법을 시행하였다.

[정답의 이유]

④ 경시서는 고려 문종 때 개경에 설치되어 시전을 관리 · 감독하던 기관으로, 조선 건국 후에도 불법적인 상행위를 감시하기 위해 계속 경시서를 두었다. 세조 때는 경시서의 이름을 평시서로 변경하였다.

[오답의 이유]

① 조선 중종 때 왜구가 조선 정부의 통제에 반발하며 삼포왜란을 일으켰다(1510).

② 고려의 국제 무역항인 벽란도는 예성강 하구에 위치하였고 이곳을 통해 송, 아라비아 상인들과도 교역을 전개하였다.

③ 조선 효종 때 신속은 『농가집성』을 펴내 벼농사 중심의 농법을 소개하고, 이앙법의 보급에 공헌하였다.

20 난도 ★☆☆   정답 ③

근대 태동기 > 경제사

[자료해설]

제시된 자료는 성호 이익의 한전론에 대한 내용이다. 중농학파 실학자 이익은 『성호사설』을 통해 한 가정의 생활을 유지하는 데 필요한 규모의 토지를 영업전으로 정하고, 영업전의 매매를 금지하는 한전론을 주장하였다.

[정답의 이유]

③ 이익은 나라를 좀먹는 6가지의 폐단(노비제, 과거제, 양반 문벌제, 사치와 미신, 승려, 게으름)을 6좀이라 칭하며 비판하였다.

[오답의 이유]

① 안정복은 『동사강목』을 저술하여 독자적 정통론을 체계화하였다. 안정복의 『동사강목』에서는 삼국을 무통으로 하고 단군-기자-마한-통일 신라를 정통으로 하였다.

② 정약용은 조선 후기의 대표적인 실학자로 지방 행정 개혁 방향을 제시한 『목민심서』, 형법 개혁에 대한 『흠흠신서』, 중앙 행정 개혁에 대한 내용을 다룬 『경세유표』, 홍역에 대해 연구한 의서인 『마과회통』 등을 저술하였다.

④ 유형원은 균전론을 내세워 직업에 따라 토지를 차등 지급하고, 조세 및 요역을 토지에 일괄 부과함으로써 농민의 최저 생활 보장, 국가 재정의 안정적 확보를 주장하였다.

21 난도 ★★☆   정답 ③

근세 > 정치사

[자료해설]

제시된 사료는 1504년에 일어난 갑자사화에 대한 내용이다. 연산군이 생모인 폐비 윤씨 사건의 전말을 알게 되면서 갑자사화가 발생하였다. 이로 인해 김굉필 등 당시 폐비 윤씨 사건에 관련된 인물들과 무오사화 때 피해를 면했던 훈구 세력까지 큰 화를 입었다.

[정답의 이유]

③ 연산군은 생모인 폐비 윤씨 사건의 전말을 알게 되면서 생모 윤씨를 폐비하는 데 동조한 김굉필 등의 사림파를 제거하고, 이미 죽은 훈구파 한명회 등을 부관참시하였다.

[오답의 이유]

① 세조는 수양대군 시절 계유정난을 일으켜 황보인, 김종서 등을 제거하고 권력을 장악하였으며 조카인 단종을 몰아내고 왕으로 즉위하였다(1453).

② 중종 때 조광조가 반정 공신들의 비리를 척결하기 위해 공신의 위훈을 삭제하자 이에 반발하여 기묘사화가 일어났으며, 조광조를 비롯한 사림들이 제거되었다(1519).

④ 선조 때 사림 세력은 이조 전랑 임명권을 놓고 김효원을 중심으로 한 동인과 심의겸을 중심으로 한 서인으로 분화되었다(1575).

중세 > 정치사

자료해설

제시된 자료에서 '짐은 미천한 가문에서 일어나 그릇되게 사람들의 추대를 받아', '19년 만에 삼한을 통일', '훈요를 지어 후세에 전하니' 등의 내용으로 보아 밑줄 친 ㉠ 기간은 고려 태조(왕건) 시기(918~943)임을 알 수 있다.

정답의 이유

① 공산 전투(927)는 후백제의 견훤이 경주를 기습 공격하자 고려 태조 왕건이 신라를 돕기 위해 출전하였으나, 대구 팔공산 근처에서 후백제군의 기습 공격을 받아 크게 패한 전투이다. 이때 후백제군에게 포위된 왕건을 대신하여 왕건의 옷을 입고 맞서던 신숭겸과 장수 김락 등이 전사하였다.

오답의 이유

② 고려 광종은 다양한 개혁을 통해 공신과 호족의 세력을 약화시키고 왕권을 강화하고자 노비안검법을 실시하여(956) 억울하게 노비가 된 사람들을 구제하고, 호족 세력을 견제하는 동시에 국가 재정을 확충하고자 하였다.

③ 후고구려를 세운 궁예는 철원으로 천도 후 국호를 태봉, 연호를 수덕만세로 정하였다(911).

④ 고려 성종 때 최승로는 시무 28조를 건의하였고(982), 성종은 이를 받아들여 다양한 제도를 시행하면서 통치 체제를 정비하였다.

고대 > 정치사

자료해설

제시된 (가)는 대가야의 멸망과 관련 있는 사료이다. 신라 진흥왕은 활발한 정복 활동을 전개하여 고구려가 차지하고 있던 한강 유역을 빼앗았으며, 또한 이사부와 사다함을 보내 대가야를 병합(562)하여 영토를 확장하였다.

제시된 (나)는 백제의 멸망과 관련 있는 사료이다. 백제 계백의 결사대는 황산벌에서 당의 장수 소정방과 김유신이 이끄는 나당 연합군에 맞서 항전하였으나 패배하였다. 결국 수도 사비가 함락되고 의자왕과 태자 융이 당으로 송치되면서 백제는 멸망하였다(660).

정답의 이유

④ 고구려 영양왕 때 수 양제가 우중문의 30만 별동대로 평양성을 공격하였으나 을지문덕이 살수에서 2,700여 명을 제외한 수군을 전멸시켰다(살수 대첩, 612).

오답의 이유

① 백제는 고구려의 남진 정책으로 수도 한성이 함락되고 개로왕이 전사하자, 이후 즉위한 문주왕이 웅진(공주)으로 천도하였다(475).

② 고구려 소수림왕은 중국 전진으로부터 불교를 수용하고 이를 통해 왕실의 권위를 높이고자 하였다(4세기 후반).

③ 신라 문무왕은 기벌포 전투에서 설인귀가 이끄는 당군에 승리하고 당의 세력을 한반도에서 몰아내면서 삼국을 통일하였다(676).

현대 > 정치사

자료해설

제시된 자료는 3선에 성공한 박정희의 장기 집권을 위해 1972년 10월에 개정하여 1980년 9월까지 시행된 유신 헌법의 일부이다. 유신 헌법은 3권 분립을 무시하고 대통령의 초법적 권한을 부여하기 위해 긴급 조치권을 부여하였으며, 국회의원 1/3 추천권, 국회 해산권, 대법원장과 헌법 위원회 위원장 임명권, 정당 및 정치 활동 금지 등을 규정하였다.

정답의 이유

③ 국가보위비상대책위원회는 신군부가 5 · 18 민주화 운동을 무력으로 진압한 후 국가 주요 조직을 장악하고, 대통령을 보좌하기 위해 설치한 임시 행정 기구이다(1980.5.).

오답의 이유

① 광주 대단지 사건은 1971년 박정희 정부 때 정부의 무계획적인 도시 정책과 졸속 행정에 반발하여 경기도 광주 대단지(현재 경기도 성남시) 주민들이 대규모 시위를 전개한 것을 말한다.

② 1972년 박정희 정부는 남북 간의 교류를 제의하여 서울과 평양에서 7 · 4 남북 공동 성명을 발표하고 남북 조절 위원회를 설치하였다.

④ 1970년 박정희 정부 때 서울 청계천 평화시장의 노동자였던 전태일은 저임금과 열악한 노동 환경을 사회에 알리기 위해 근로 기준법 준수를 요구하며 분신하였다.

근대 태동기 > 정치사

자료해설

제시된 자료는 조선 현종 때 발생한 기해예송 때 허목의 상소 일부이다. 조선 현종 때 효종의 국상 당시 자의 대비의 복상 문제를 놓고 효종의 왕위 계승에 대한 정통성과 관련하여 서인과 남인 사이에 예송 논쟁이 발생하였다(기해예송). 서인은 효종이 둘째 아들이므로 자의 대비의 복상 기간을 1년으로 해야 한다고 주장하였고, 남인은 효종을 장자로 대우하여 3년 복상을 주장하였다. 따라서 밑줄 친 '신(臣)'은 상소를 올린 남인의 허목이다.

정답의 이유

② 조선 숙종 때 희빈 장씨의 소생에 대한 원자 책봉 문제로 기사환국이 발생하여 서인이 물러나고 남인이 재집권하였다. 이때 서인 세력의 영수인 송시열이 사사되고 중전이었던 인현 왕후가 폐위되었다(1689).

오답의 이유

① 숙종 시기인 1680년 경신환국 이후 서인은 남인에 대한 처벌 문제로 노론과 소론으로 나뉘었다.

③ 북인 정권은 광해군과 함께 왕권의 안정을 위하여 영창 대군의 생모인 인목대비의 폐위를 주장하였다.

④ 성혼 학파는 17세기 후반 서인이 노론과 소론으로 갈라질 때 소론의 학문적 기반이 되었다.

한국사 | 2022년 법원직 9급

한눈에 훑어보기

✓ 영역 분석

선사 시대와 국가의 형성   19 25
2문항, 8%

고대   03 14 16
3문항, 12%

중세   01 09 11 15 23
5문항, 20%

근세   02 08 10 24
4문항, 16%

근대 태동기   17 21
2문항, 8%

근대   04 07 18
3문항, 12%

일제 강점기   12 20
2문항, 8%

현대   05
1문항, 4%

시대 통합   06 13 22
3문항, 12%

✓ 빠른 정답

01	02	03	04	05	06	07	08	09	10
②	④	④	①	②	①	①	③	③	①
11	12	13	14	15	16	17	18	19	20
①	①	②	②	②	④	②	④	①	②
21	22	23	24	25					
③	③	③	②	①					

✓ 점수 체크

구분	1회독	2회독	3회독
맞힌 문항 수	/ 25	/ 25	/ 25
나의 점수	점	점	점

01 난도 ★★☆   정답 ②

중세 > 정치사

자료해설

제시된 자료에서 (가)는 충렬왕(1274)부터 충정왕(1351)까지 원 간섭기에 포함되는 시기이다.

정답의 이유

② 충렬왕 때 원은 고려를 일본 원정에 동원하기 위해 정동행성을 설치(1280)하였으나, 원정 실패 이후에도 폐지하지 않고 내정 간섭 기구로 삼았다. 정동행성의 부속 관서인 이문소는 본래 범죄를 단속하는 기관이었으나 반원 세력을 억압하는 역할을 수행하였다.

오답의 이유

① 무신 집권기에 서경 유수 조위총이 난을 일으켰다(1174).

③ 홍건적의 제2차 침입 때 공민왕은 복주(안동)로 피신하였다(1361).

④ 고려 원종 때 강화도에서 개경으로 환도하자 배중손, 김통정을 중심으로 한 삼별초가 이에 반대하여 강화도, 진도, 제주도로 이동하며 대몽 항쟁을 전개하였다(1270~1273).

더 알아보기

공민왕의 반원 자주 정책

원의 내정 간섭	
• 일본 원정에 동원	• 영토 상실
• 관제 격하	• 정동행성 이문소 설치
• 인적 · 물적 수탈(공물, 공녀)	• 몽골풍 유행(변발, 호복 등)

↓

공민왕의 반원 자주 정책	
• 친원 세력 숙청(기철 등)	• 쌍성총관부 수복
• 관제 복구	• 정동행성 이문소 폐지
• 원의 연호 폐지	• 몽골풍 금지

02 난도 ★★☆   정답 ④

근세 > 사회사

자료해설

제시문에서 '아전을 견제하고 풍속을 바로 잡는 것', '좌수 · 별감' 등의 내용을 통해 밑줄 친 '이 기구'가 유향소임을 알 수 있다.

정답의 이유

④ 향약에 대한 설명이다. 향약은 지방의 향인들이 공동체 생활을 하면서 서로 돕는 풍습으로 조선 시대에 들어 전통적 공동 조직

과 미풍양속을 계승하면서 삼강오륜을 중심으로 한 유교적 가치를 더하여 백성들의 교화 및 질서 유지에 알맞게 재편하였다.

오답의 이유
① 중앙의 고위 관리에게 출신 지역의 경재소를 관장하게 하고 그 지역의 유향소 품관을 임명·감독하게 하여 조선 전기 중앙의 지방 통치 체제를 강화하였다.
②·③ 유향소는 조선 초기 지방 수령의 통치를 돕거나 향리를 감찰하고 풍속을 교화하기 위해 지방 품관들이 자발적으로 설치한 조직으로, 좌수와 별감 등의 향임이 회의를 주도하였다.

03 난도 ★★☆ 　　　　　　　　　　 정답 ④

고대 > 정치사

자료해설
제시문에서 이차돈이 왕에게 "자신의 목을 베어 여러 사람들의 논의를 진정시키십시오."라고 아뢰는 내용을 통해 밑줄 친 왕이 법흥왕임을 알 수 있다. 법흥왕은 이차돈의 순교를 계기로 불교를 신라의 국교로 공인하였다.

정답의 이유
④ 신라 법흥왕은 병부와 상대등을 설치하였고 공복 제정, 율령 반포를 통해 국가 통치 체제를 갖추었다.

오답의 이유
① 신라 지증왕 때 이사부는 왕의 명령으로 우산국(울릉도)과 우산도(독도)를 복속하고 실직주의 군주가 되었다.
② 백제와 가야, 왜가 연합하여 신라에 침입하고 금성을 공격하는 등 많은 피해를 입혔다. 그러자 신라 내물왕은 고구려 광개토 대왕에게 원군을 요청하여 왜구를 격퇴하였다.
③ 신라 진흥왕은 활발한 정복 활동을 전개하여 고구려가 차지하고 있던 한강 유역을 빼앗고 대가야를 병합하여 영토를 확장하였다.

더 알아보기

신라 국왕의 업적

내물왕	• 김씨에 의한 왕위 계승권 확립 • 고구려 광개토 대왕의 도움으로 왜를 물리침 • 마립간 칭호 사용
지증왕	• 국호 '신라', '왕' 칭호 사용 • 우경 실시, 동시전 설치 • 전국의 주·군·현 정비 • 우산국 복속(이사부)
법흥왕	• '건원' 연호 사용 • 불교 공인, 율령 반포, 병부 설치 • 골품제 정비, 상대등 제도 마련 • 금관가야 복속
진흥왕	• 화랑도를 국가 조직으로 개편 • 불교 정비, 황룡사 건립 • 한강 유역 차지(나·제 동맹 결렬, 관산성 전투로 백제 성왕 전사) → 단양 적성비, 북한산비 • 대가야 정복 → 창녕비 • 함경도 지역까지 진출 → 마운령비, 황초령비

04 난도 ★☆☆ 　　　　　　　　　　 정답 ①

근대 > 정치사

자료해설
제시문의 별기군을 창설한 시기는 1881년이다. 고종은 개화 정책의 일환으로 기존 5군영을 무위영과 장어영의 2영으로 개편하고 신식 군대인 별기군을 창설하였다. 별기군은 군사 기술을 가르칠 일본인 교관을 초빙하였는데 이로 인해 별기군은 '왜별기', 즉 일본의 별기군이라는 비난을 받기도 하였다.

정답의 이유
① 주어진 연표는 통리기무아문 설치(1880) - (가) - 기기창 설치(1883) - (나) - 군국기무처 설치(1894) - (다) - 원수부 설치(1899) - (라) - 통감부 설치(1906) 순으로, 제시문의 별기군 설치(1881) 시기는 (가)에 해당한다.

05 난도 ★★☆ 　　　　　　　　　　 정답 ②

현대 > 정치사

자료해설
(가) '상대방을 무력으로 침략하지 아니한다', '경제 교류와 협력' 등으로 보아 남북한 화해 및 불가침, 교류·협력 등에 관한 공동 합의서인 남북 기본 합의서(1991)임을 알 수 있다(노태우 정부).
(나) '남측의 연합제 안과 북측의 연방제 안이 서로 공통성', '통일을 지향'을 통해 6·15 남북 공동 선언 발표(2000)임을 알 수 있다(김대중 정부).

정답의 이유
② 김대중 정부는 햇볕 정책을 실시하여 화해와 협력을 통한 평화 통일을 추구하였다. 이러한 정책의 일환으로 해로를 통한 금강산 관광을 추진하여 금강산 관광선인 금강호가 처음으로 출항하였다(1998).

오답의 이유
① 박정희 정부는 남북 간의 교류를 제의하여 서울과 평양에서 7·4 남북 공동 성명을 발표하고 남북 조절 위원회를 설치하였다(1972).
③ 노무현 정부는 제2차 남북 정상 회담을 진행하여 남북의 경제 협력을 강조하면서 10·4 남북 공동 선언을 발표하였다(2007).
④ 전두환 정부 때 서울과 평양에서 최초로 남북 이산 가족 상봉이 이루어졌다(1985).

현대 정부의 통일 정책

이승만 정부	북진 통일론, 반공 정책
박정희 정부	• 남북 적십자 회담 • 7 · 4 남북 공동 성명: 자주 · 평화 · 민족 대단결의 3대 통일 원칙 합의, 남북 조절 위원회 설치(1972)
전두환 정부	이산 가족 최초 상봉, 예술 공연단 교환 방문
노태우 정부	• 북방 외교 추진 • 남북 유엔 동시 가입 • 남북 기본 합의서(1991) • 한반도 비핵화 공동 선언
김대중 정부	• 대북 화해 협력 정책(햇볕 정책): 금강산 관광 사업 전개 • 제1차 남북 정상 회담 개최(2000) 　– 6 · 15 남북 공동 선언 　– 개성 공단 조성 합의, 금강산 육로 관광 추진
노무현 정부	• 제2차 남북 정상 회담 개최(2007) 　– 10 · 4 남북 공동 선언 　– 개성 공단 착공식

06 난도 ★☆☆　　　　　　　　　정답 ①

시대 통합 > 경제사

자료해설

제시된 제도의 시행 순서는 (가) 역분전(태조) – (나) 전시과(경종) – (다) 과전법(공양왕) – (라) 공법(세종)이다.

정답의 이유

(가) 고려 태조는 후삼국 통일에 공을 세운 공신들에게 관등에 관계 없이 공로, 인품 등을 기준으로 차등을 두어 역분전을 지급하였다(940).

(나) 고려 경종 때 처음 시행된 전시과는 관직 복무와 직역의 대가로 토지를 나눠 주는 제도였다. 관리부터 군인, 한인까지 총 18등급으로 나누어 곡물을 수취할 수 있는 전지와 땔감을 얻을 수 있는 시지를 주었고, 수급자들은 지급된 토지에 대해 수조권만 가졌다(976).

(다) 고려 말 공양왕 때 신진 사대부 조준 등의 건의로 실시된 토지 개혁법인 과전법은 지급 대상 토지를 원칙적으로 경기 지역에 한정하였다(1391). 이후 조선 시대 사대부 관리들의 경제 기반을 보장하고 국가의 재정을 유지하는 기반이 되었다.

(라) 조선 세종은 공법의 제정과 실시를 위해 전제상정소를 설립하였고, 세제 개혁에 대한 논의가 더욱 진전되면서 토지의 비옥도에 따라 전세를 차등 징수하는 전분 6등법을 제정하여 시행하였다(1444).

07 난도 ★★☆　　　　　　　　　정답 ①

근대 > 정치사

자료해설

(가) 안핵사 이용태가 고부 농민 봉기의 참가자와 주도자를 탄압하자 전봉준, 김개남 등은 보국안민, 제폭구민의 기치를 내걸고 농민군을 재조직하였고, 백산에서 봉기하여 4대 강령을 발표하였다(1차 봉기, 1894.3.).

(나) 일본군이 경복궁을 점령하는 등 일본의 내정 간섭이 심해지자 외세를 몰아내기 위해 동학 농민군의 남접과 북접이 연합하여 다시 봉기하였다(2차 봉기, 1894.9.).

정답의 이유

㉠ 동학 농민군과 전주 화약을 체결한 후 조선 정부에서는 교정청을 설치하여 자주적인 내정 개혁을 시도하였다(1894.6.). 그러나 일본군이 경복궁을 포위하고 고종을 협박하여 내정 개혁 기구로 군국기무처를 설치하였다.

㉡ 동학 농민군은 백산 봉기 이후 황토현 전투에서 관군에 승리(1894.4.)하고 전주성을 점령하면서 전라도 일대를 장악하였으며, 이후 정부와 전주 화약을 맺고 해산하였다(1894.5.).

오답의 이유

㉢ 전라도 고부 군수 조병갑의 횡포에 견디다 못한 농민들이 동학교도 전봉준을 중심으로 고부에서 봉기를 일으켜 고부 관아를 점령하였다. 보고를 받은 조선 정부는 조병갑을 파면하고 박원명을 신임 고부 군수로 임명하였다(1894.1.).

㉣ 동학교도들은 삼례 집회에서 혹세무민의 죄로 처형당한 최제우의 교조 신원 운동을 전개하였다(1892).

08 난도 ★★☆　　　　　　　　　정답 ②

근세 > 정치사

자료해설

제시문에서 정몽주의 난(정몽주 선죽교 살해)과 정도전의 난(1차 왕자의 난)에 공을 세우고, 임금의 "나의 동복(同腹) 아우인 그를 세자로 삼겠다."라는 말을 통해 임금은 '정종'이고 밑줄 친 '그'는 태종 이방원임을 알 수 있다.

정답의 이유

㉡ 태종은 정확한 호구 파악을 통한 조세 징수와 군역 부과를 위해 16세 이상의 남자들에게 호패를 발행하는 호패법을 실시하였다.

㉣ 태종은 6조에서 의정부를 거치지 않고 국왕이 바로 재가를 내리는 6조 직계제를 시행하여 의정부의 권한을 약화시키고 왕권을 강화하였다.

오답의 이유

㉠ 인조는 개간을 권장하여 경작지를 확충하고 농민 부담을 줄이기 위해 영정법을 실시하여 풍흉에 관계없이 토지 1결당 쌀 4~6두로 전세를 고정하였다.

㉢ 조선의 기본 법전인 『경국대전』은 세조 때 편찬되기 시작하여 성종 때 완성 · 반포되었다.

09 난도 ★☆☆   정답 ③

중세 > 정치사

자료해설

제시문의 '여진을 정벌한 후 동북쪽에 9개의 성을 쌓았다'는 내용을 통해 밑줄 친 왕이 고려 예종임을 알 수 있다. 고려 숙종 때 부족을 통일한 여진족이 고려의 국경을 자주 침입하자 윤관이 왕에게 건의하여 별무반을 편성하였다(1104). 이후 예종 때 윤관은 별무반을 이끌고 여진을 토벌하여 동북 9성을 설치하였다(1107).

정답의 이유

③ 고려 중기 최충의 문헌공도를 대표로 하는 사학 12도의 발전으로 과거 응시를 희망하는 사람들이 대부분 사학으로 모여들자 예종은 관학 교육의 진흥을 위해 국자감을 재정비하고 장학 재단인 양현고를 설치하였다.

오답의 이유

① 고려 광종은 다양한 개혁을 통해 공신과 호족의 세력을 약화시키고 왕권을 강화하고자 하였으며, 국왕을 황제라 칭하고 광덕, 준풍 등의 독자적 연호를 사용하였다.

② 고려 성종은 최승로의 시무 28조를 받아들여 중앙의 통치 기구를 개편하고, 전국 12목에 지방관을 파견하여 지방 세력을 견제하였다.

④ 고려 숙종 때 승려 의천의 건의에 따라 화폐 주조를 전담하는 주전도감을 설치하고 해동통보와 삼한통보, 해동중보 등의 동전과 활구(은병)를 발행·유통하였다.

더 알아보기

고려의 교육 제도

사학	최충의 문헌공도(9재 학당) 등 사학 12도 융성

관학	• 중앙-국자감, 지방-향교
	• 관학 진흥책 실시
	  – 숙종: 서적포(도서 출판)
	  – 예종: 국학(국자감)에 7재(전문 강좌) 설치, 양현고
	    (장학 재단)
	  – 인종: 경사 6학(개경) 정비
	  – 충렬왕: 섬학전(교육 기금), 국학의 대성전 완공

10 난도 ★☆☆   정답 ①

근세 > 정치사

자료해설

제시문에서 '사림의 여론을 바탕으로 왕도 정치를 실현하고자 하였으나 훈구 대신들의 반발로 사사(기묘사화)되었다'는 내용을 통해 밑줄 친 '개혁'은 조선 중종 때 조광조의 개혁 정치임을 알 수 있다.

정답의 이유

① 중종 때 등용된 조광조는 천거제의 일종인 현량과를 실시하여 사림이 대거 등용될 수 있는 발판을 마련하였으며 소격서 폐지, 위훈 삭제 등의 급진적인 개혁을 실시하였으나, 이에 반발한 훈구 세력들이 주초위왕 사건을 일으켜 기묘사화가 발생하면서 조광조를 비롯한 사림들이 피해를 입었다(1519).

오답의 이유

② 고종 즉위 이후 정치적 실권을 잡은 흥선 대원군은 비변사를 폐지하고 의정부의 권한을 강화하였으며, 삼군부를 부활시켜 군사 및 국방 문제를 전담하게 하였다.

③ 고려 문종 때 최충이 세운 9재 학당은 사학 12도 중 가장 번성하여 많은 후진을 양성하였으며, 최충의 사후 그의 시호를 바탕으로 문헌공도라 칭하였다.

④ 임술 농민 봉기를 수습하기 위해 안핵사로 파견된 박규수는 민란의 원인이 삼정의 문란에 있다고 보고 삼정이정청을 설치하였으나 근본적인 문제를 해결하지는 못하였다.

더 알아보기

조선 시대의 사화

무오사화 (연산군)	• 원인: 김일손이 김종직의 조의제문을 사초에 기록 → 이극돈이 이를 고함 • 결과: 훈구파의 사림파 탄압
갑자사화 (연산군)	• 원인: 연산군 생모 폐비 윤씨 사건 • 결과: 연산군에 의해 사림파 및 훈구파 일부까지 피해
기묘사화 (중종)	• 원인: 조광조의 급진적 개혁 정책(현량과 실시, 위훈 삭제 등) • 결과: 훈구파의 반발로 조광조를 비롯한 사림파 제거
을사사화 (명종)	• 원인: 왕실 외척 간의 권력 다툼 • 결과: 소윤(윤원형)이 대윤(윤임)을 몰아내고 정권 장악 → 양재역 벽서 사건

11 난도 ★★☆   정답 ①

중세 > 정치사

자료해설

제시문에서 '주전도감, 은병을 만들어 화폐로 사용하였고 민간에서는 이를 활구로 불렀다'는 내용 등을 통해 밑줄 친 '왕'은 고려 숙종임을 알 수 있다.

정답의 이유

㉠·㉡ 고려 시대에는 상업 활동이 활발해지면서 국가 재정 관리의 효율성을 위해 화폐 발행의 필요성이 대두되었다. 이에 따라 숙종은 승려 의천의 건의에 따라 화폐주조를 전담하는 관서인 주전도감을 설치하고 삼한통보, 해동통보, 해동중보 등의 동전과 활구(은병)를 만들어 통용을 추진하였다.

오답의 이유

㉢ 지원보초는 원 황제 세조의 연호인 '지원'을 원나라 화폐인 '보초' 앞에 붙인 화폐명으로, 고려 후기 원 간섭기에는 지원보초, 중통보초 등의 원나라의 화폐가 유입되어 통용되었다.

㉣ 저화는 고려 말 공양왕 때 처음 등장하였으나 제대로 사용되지 못하다가, 조선 전기 태종 때 제작되어 사용되던 지폐이다.

12 난도 ★★☆ 　　　　　　　　　　정답 ①

일제 강점기 > 정치사

자료해설

제시문의 '진주성 내 동포들이 궐기하여 형평사라는 조직을 조직하였다'는 내용을 통해 일제 강점기 때의 형평 운동임을 알 수 있다.

정답의 이유

① 갑오개혁 이후 공사 노비법이 혁파되어 법적으로는 신분제가 폐지되었으나 일제 강점기 때 백정에 대한 사회적 차별은 더욱 심해졌다. 백정들은 이러한 차별을 철폐하기 위해 진주에서 조선 형평사 창립 대회를 개최하고 형평 운동을 전개하였다(1923).

오답의 이유

② 김홍집과 박정양 등을 중심으로 한 군국기무처를 통해 제1차 갑오개혁이 실시되었다(1894). 이때 문벌을 폐지하고 재능에 따라 인재를 등용하기 위해 과거제를 폐지하였고, 공사 노비법을 혁파하여 신분제가 법적으로 폐지되었다.

③ 고려의 특수 행정 구역이었던 향·부곡·소는 조선 전기에 들어와 일반 군현으로 승격되거나 일반 군현에 포함되어 소멸되었다.

④ 조선 순조 때 세도 정치와 삼정의 문란으로 인해 어려움을 겪던 농민들과 서북 지역 차별 대우에 불만을 품은 평안도 지방 사람들이 몰락 양반 출신 홍경래를 중심으로 봉기를 일으켰다(홍경래의 난, 1811).

13 난도 ★★☆ 　　　　　　　　　　정답 ②

시대 통합 > 정치사

자료해설

제시문의 '건주의 여진족이 왜적을 무찌르는 데 병력을 지원하겠다', '명과 조선의 병력, 조선의 산천 형세를 알 수 있어 거절했다'는 내용을 통해 임진왜란에 대한 설명임을 알 수 있다.

정답의 이유

② 임진왜란 당시 많은 도공과 활자 기술자 등이 일본에 납치되었고 이 도공들에 의해 만들어진 도자기가 유럽에서 크게 인기를 끌게 되면서 일본의 도자기 문화가 발달하였다.

오답의 이유

① 조선 세종 때 여진족을 몰아낸 뒤 최윤덕이 압록강 상류 지역에 4군을 설치하고(1443), 김종서가 두만강 하류 지역에 6진을 설치하였다(1449).

③ 조선 세종은 대마도주의 요구를 받아들여 부산포, 제포, 염포를 개방하였고(1426), 이곳에 왜관이 형성되어 일본인의 숙박과 무역이 이루어졌다. 이렇게 일본과의 교류를 확대해 나가다가 제한된 범위 내에서 무역을 허락하는 계해약조를 체결하였다(1443).

④ 신라 선덕 여왕 때 승려 자장의 건의로 황룡사 9층 목탑이 세워졌으나(645), 몽골의 고려 침입 당시 소실되어(1238) 지금은 경주에 터만 남아 있다.

14 난도 ★★☆ 　　　　　　　　　　정답 ②

고대 > 정치사

자료해설

(가) '백제왕이 군사 3만 명을 거느리고 평양성 공격', '방어하다가 왕이 죽었다' 등으로 볼 때 백제의 최전성기를 이끌던 근초고왕 때이다. 근초고왕은 고구려의 평양성을 공격하여 고국원왕을 전사시켰다(371).

(나) '신라를 습격', '왕이 살해되었다', '시호를 성이라 하였다' 등으로 볼 때 백제의 중흥을 도모한 성왕 때이다. 성왕은 신라 진흥왕이 나·제 동맹을 깨고 백제가 차지한 지역을 점령하자 이에 분노하여 신라를 공격하였으나 관산성 전투에서 전사하였다(554).

정답의 이유

② 고구려 장수왕은 평양으로 천도하며 남진 정책을 추진하였다(427). 이를 바탕으로 백제의 수도 한성을 함락하고 백제 개로왕을 전사시킨 뒤 한강 유역을 차지하였다.

오답의 이유

① 고구려 영양왕은 군사적으로 유리한 지역을 차지하기 위해 요서 지방을 공격하였으나 수나라의 방어로 실패하였다. 이에 수나라 문제가 30만의 병력을 이끌고 고구려를 침입하였다(598).

③ 신라와 당의 연합군은 백제를 공격하여 황산벌에서 계백의 결사대를 물리치고 백제를 멸망시켰다(660).

④ 신라 문무왕은 매소성 전투(675)와 기벌포 전투(676)에서 승리하여 당의 세력을 한반도에서 몰아내고 삼국 통일을 완성하였다.

15 난도 ★★☆ 　　　　　　　　　　정답 ②

중세 > 사회사

자료해설

제시문에서 '부호정, 호정, 부호장, 호장' 등의 신분과 『고려사』 등을 통해 밑줄 친 '이들'은 고려 시대의 향리임을 알 수 있다.

정답의 이유

② 고려 시대 향리는 속현과 특수 행정 구역에서 조세와 공물의 징수, 노역 징발 등의 실질적인 운영을 담당하였다.

오답의 이유

① 음서 제도는 귀족의 자손들을 시험 없이 관리에 등용하는 것으로서 공신과 종실의 자손, 5품 이상 고위 관료의 아들, 동생, 친·외손자, 사위, 조카 등이 혜택을 받았다.

③ 칠반천역은 신분은 조선 시대 양인이지만 천한 역을 담당했던 계층으로 신량역천이라고도 하며, 수군, 조례, 역졸, 조졸 등 힘든 일에 종사하였다.

④ 고려 시대의 토착 세력이었던 향리는 조선 시대에 아전으로 격하되어 수령의 행정 실무를 보좌하였다.

더 알아보기

칠반천역

개념	조선 시대 양인이지만 천한 역을 담당했던 신분(신량역천)
부류	수군(해군), 조례(관청의 잡역 담당), 나장(형사 업무 담당), 일수(지방 고을 잡역), 봉수군(봉수 업무), 역졸(역에 근무), 조졸(조운 업무) 등

16 난도 ★★☆   정답 ④

고대 > 문화사

자료해설

제시문의 '불로장생과 신선이 되기를 추구'하였으며, '연개소문이 귀족과 연결된 불교 세력을 억누르기 위해 장려했다'는 내용을 통해 (가)의 종교가 도교임을 알 수 있다.

정답의 이유

④ 충남 부여 능산리 고분군 절터에서 출토된 백제 금동 대향로는 불교 유물이지만 도교적 이상향을 표현한 것으로, 국보 제287호로 지정되어 있다.

오답의 이유

① 전라남도 화순군 쌍봉사에 있는 철감 선사 승탑은 신라 말에 만들어졌으며, 국보 제57호로 지정되어 있다. 승탑은 통일 신라 후기 지방 호족 세력의 지원으로 선종 불교가 유행하면서 발달하였다.

② 일본에서 발견된 칠지도는 백제 근초고왕이 왜에 하사하였다고 알려져 있다. 이를 통해 백제가 왜와 교류하면서 다양한 선진 문물을 제공하였다는 것을 확인할 수 있다.

③ 금동 미륵보살 반가 사유상은 머리에 3면이 둥근 산 모양의 관을 쓰고 있어서 삼산 반가 사유상으로도 불리는 삼국 시대의 불상이며, 국보 제83호로 지정되어 있다.

17 난도 ★★★   정답 ②

근대 태동기 > 정치사

자료해설

제시문의 '반정을 주도하여 정권을 잡았다', '훈련도감, 어영청, 총융청, 수어청의 병권을 장악하였다'는 내용을 통해 임진왜란 이후 발생한 인조반정이라는 것을 알 수 있다. 그러므로 (가)는 인조반정을 주도하여 정권을 잡은 서인이다.

정답의 이유

㉠ 인조반정을 주도한 서인 세력은 두 호란과 명의 멸망으로 조선의 정통성이 크게 손상되자 명에 대한 의리를 지키고 청에게 당한 수모를 갚자는 북벌론을 주장하였다.

㉢ 현종 때 효종과 효종비의 국상 당시 자의 대비의 복상 문제로 두 번의 예송 논쟁이 발생하여 서인과 남인 사이의 대립이 심화되었다.

오답의 이유

㉡ 광해군과 북인 정권은 왕권의 안정을 위하여 영창 대군의 생모인 인목 대비의 폐위를 주장하였다.

㉢ 조식 학파와 서경덕 학파를 중심으로 북인이 형성되었다.

18 난도 ★★☆   정답 ④

근대 > 정치사

자료해설

제시된 사건의 순서는 (라) 병인양요 – (나) 오페르트 도굴 사건 – (다) 신미양요 – (가) 운요호 사건이다.

정답의 이유

(라) 병인박해를 구실로 강화도를 공격한 프랑스 군대는 양화진을 공격하여 외규장각을 불태우고 의궤 등을 약탈해갔다(병인양요, 1866).

(나) 오페르트를 비롯한 서양인들이 덕산에 위치한 흥선 대원군의 아버지 남연군의 묘를 도굴하려다가 실패하였다(오페르트 도굴 사건, 1868).

(다) 제너럴셔먼호 사건을 구실로 미국 함대가 강화도에 침입하여 신미양요가 발생하였다. 미국 군대가 초지진을 함락하고 광성보를 공격하였으나 어재연이 이끄는 조선 군대가 미국 군대를 막아냈다(신미양요, 1871).

(가) 일본 군함 운요호가 강화도 초지진에 침입해 공격한 후 영종도에 상륙해 조선인들을 죽이거나 약탈하는 등의 만행을 저질렀다(운요호 사건, 1875).

더 알아보기

흥선 대원군 집권 시기의 역사적 사건

병인박해 (1866.1.)	프랑스의 천주교 선교사 9명과 신도 8천여 명 처형
제너럴셔먼호 사건 (1866.8.)	미국 상선 제너럴셔먼호의 통상 요구 → 평양 관민들의 저항(평안도 감사 박규수)
병인양요 (1866.9.)	병인박해를 구실로 프랑스군이 강화도 양화진 침략 → 정족산성에서 양헌수 부대 활약 → 외규장각 의궤 등 약탈
오페르트 도굴 사건 (1868)	독일 상인 오페르트가 충남 예산의 남연군 묘 도굴 시도
신미양요 (1871)	미군의 강화도 초지진, 덕진진 침략 → 광성보의 어재연 부대 활약 → 수(帥)자기 약탈 → 전국에 척화비 건립

19 난도 ★☆☆   정답 ①

선사 시대와 국가의 형성 > 국가의 형성

자료해설

제시문의 '소노부에서 왕이 나왔으나 계루부에서 왕위를 차지하고 있다', '대인은 고추가의 칭호를 더하였다' 등을 통해 (가) 국가가 고구려임을 알 수 있다.

정답의 이유

① 고구려에는 혼인을 하면 신랑이 신부 집 뒤에 서옥이라는 집을 짓고 생활하다가 자식을 낳아 장성하면 신랑 집으로 돌아가는 서옥제라는 풍습이 있었다.

오답의 이유

② 삼한은 제정 분리 사회였으며, 소도라는 신성 지역을 따로 두어 제사장인 천군이 이를 관리하였다.

③ 부여는 매년 12월 수확에 대한 감사제의 성격을 지닌 영고라는 제천 행사를 열었다.

④ 동예에는 읍락 간의 영역을 중요시하여 다른 부족의 경계를 침범하는 경우 노비와 소, 말로 변상하게 하는 책화 제도가 있었다.

20 난도 ★☆☆   정답 ②

일제 강점기 > 정치사

자료해설

제시문에서 '이 날은 태황제의 인산날이었으며 만세 소리가 울려 퍼졌다', '융희제(순종)와 두 분의 친왕' 등의 내용을 통해 3·1 운동임을 알 수 있다.

정답의 이유

② 국내외 독립운동가들은 3·1 운동을 계기로 민족의 주체성을 확인하고 조직적인 독립운동을 전개하기 위해 중국 상하이에 모여 대한민국 임시 정부를 수립하였다(1919).

오답의 이유

①·④ 한국인 학생과 일본인 학생 간의 충돌 사건을 계기로 조선인 학생에 대한 차별과 식민지 교육에 저항한 광주 학생 항일 운동이 발생하였다(1929). 이에 당시 신간회 중앙 본부는 진상 조사단을 파견하여 지원하기도 하였다.

③ 조선 공산당을 중심으로 한 사회주의 세력과 천도교를 중심으로 한 민족주의 세력이 연대하여 순종의 인산일을 기회로 삼아 6·10 만세 운동을 준비하였다(1926).

21 난도 ★★☆   정답 ③

근대 태동기 > 정치사

자료해설

(가) 영조는 붕당 정치의 폐해를 막고 능력에 따른 인재를 등용하기 위해 탕평책을 실시하였고, 성균관에 탕평비를 건립하였다(1742).

(나) 정조는 인재 양성을 위하여 새롭게 관직에 오르거나 기존 관리들 중 능력 있는 문신들을 규장각에서 재교육시키는 초계문신제를 실시하였다(1781).

정답의 이유

③ 정조 때 문물제도 및 통치 체제를 정리한 『대전통편』을 편찬하여 왕조의 통치 규범을 재정비하였다(1785).

오답의 이유

① 정조는 왕권을 뒷받침하는 군사적 기반을 갖추기 위해 친위 부대인 장용영을 설치하고 서울 도성에는 내영, 수원 화성에는 외영을 두었다(1793).

② 숙종 때 간도 지역을 두고 청과 국경 분쟁이 발생하자 두 나라 대표가 백두산 일대를 답사하고 국경을 확정하여 백두산정계비를 세웠다(1712).

④ 철종 때 발생한 임술 농민 봉기에 안핵사로 파견된 박규수는 삼정이정청을 설치하여 삼정의 문란을 해결하고자 하였다(1862).

더 알아보기

영조와 정조의 업적

영조	• 탕평책 실시: 탕평비 건립 • 민생 안정책: 균역법 실시, 신문고 부활 • 문물제도 정비: 『속대전』, 『속오례의』 편찬
정조	• 탕평책 실시 • 왕권 강화 정책: 장용영 설치, 수원 화성 건립 • 인재 등용: 규장각 설치, 초계문신제 시행 • 문물제도 정비: 『대전통편』, 『동문휘고』 편찬

22 난도 ★★★   정답 ③

시대 통합 > 문화사

자료해설

제시문을 순서대로 나열하면 (다) 『농상집요』 도입(원 간섭기) − (라) 『농사직설』 편찬(세종) − (가) 『금양잡록』 편찬(성종) − (나) 『농가집성』 편찬(효종)이다.

정답의 이유

(다) 고려 충정왕 때 이암이 중국 화북 지방 농법을 소개한 『농상집요』를 처음 들여왔으나 한반도 농업의 실정과 맞지 않았다.

(라) 조선 세종은 정초, 변효문 등을 시켜 우리 풍토에 맞는 농법을 기술한 『농사직설』을 간행하였다.

(가) 조선 성종 때 강희맹은 사계절의 농법과 농작물에 대한 주의사항 등에 대해 직접 경험한 것을 종합하여 『금양잡록』을 저술하였다.

(나) 조선 효종 때 신속에 의해 편찬된 『농가집성』은 모내기법을 소개하였고 이후 조선 후기 모내기법의 보급과 수리 시설의 확충으로 농업 생산량이 증가하였다.

23 난도 ★☆☆   정답 ③

중세 > 문화사

자료해설

제시문의 '일연의 저서', '기이(紀異)', '불교사와 관련된 일화를 중심으로 서술하였다'는 내용 등을 통해 밑줄 친 '이 책'은 『삼국유사』임을 알 수 있다.

③『삼국유사』는 불교사를 중심으로 왕력과 함께 기이(紀異)편을 두어 전래 기록을 수록하였으며, 특히 단군을 우리 민족의 시초로 여겨 단군 왕검의 건국 설화를 수록하였다.

① · ② 고려 인종의 명을 받아 김부식이 편찬한 『삼국사기』는 현존하는 우리나라 최고(最古)의 역사서이다. 이는 유교적 사관을 바탕으로 본기, 연표, 지, 열전 등으로 구성된 기전체 형식으로 서술되었다.

④ 고려 공민왕 때 이제현을 중심으로 편찬한 『사략』은 성리학적 유교 사관에 입각하여 임금들의 치적을 정리하였다.

24 난도 ★★☆　　　　　　　　　　　정답 ②

근세 > 정치사

제시문에서 '김종서 등이 반란을 꾀하였으나 한명회 등이 그 기미를 밝혀 그들을 제거했다(계유정난)', '집현전을 없애고 경연을 정지한다'는 내용 등을 통해 (가)의 인물이 세조임을 알 수 있다.

② 세조는 간경도감을 설치하여 『석보상절』, 불교 경전 등을 한글로 번역하여 간행하고 보급하는 등 적극적인 불교 진흥책을 펼쳐 일시적으로 불교가 중흥되기도 하였다.

① 고려 말 공민왕은 신돈을 등용하고 전민변정도감을 설치하여 권문세족에 의해 점탈된 토지를 돌려주고 억울하게 노비가 된 자를 풀어주는 등 개혁을 단행하였다.

③ 조선 세종은 숭유억불 정책을 펼쳐 7개의 불교 종단 중 조계 · 천태 · 총남종을 선종으로 합치고, 화엄 · 자은 · 중신 · 시흥종을 교종으로 묶었다. 선종과 교종에 각각 18개, 총 36개의 사찰만을 공식적으로 인정하였다.

④ 조선 선조 때 발생한 정여립 모반 사건으로 기축옥사가 일어나 서인이 정국을 주도하였고, 이때 피해를 입은 동인이 북인과 남인으로 분화되었다.

25 난도 ★☆☆　　　　　　　　　　　정답 ①

선사 시대와 국가의 형성 > 국가의 형성

제시된 자료는 '비파형 동검'과 '고인돌'로, (가)의 나라가 고조선임을 알 수 있다.

① 고조선은 왕 밑에 상 · 대부 · 장군 등의 관직을 두었다.

② 옥저와 동예는 읍군이나 삼로라는 군장들이 부족을 다스렸다.

③ 고구려는 5부족 연맹체 국가로 왕 아래 상가, 고추가 등의 대가들이 사자, 조의, 선인 등의 관리를 거느렸으나, 점차 왕권이 성장하면서 태조왕 이후에는 계루부 고씨에 의한 왕위의 독점적 세습이 이루어지게 되었다.

④ 옥저는 가족이 죽으면 가매장하였다가 나중에 큰 목곽에 함께 안치하는 가족 공동묘의 풍습이 있었다.

고조선

성립	• 청동기 문화를 바탕으로 건국 • 제정 일치 사회: 단군(제사장)+왕검(정치적 지도자인 군장)
성장	• 부왕, 준왕 때 왕권 강화(왕위 세습) • 연과 대립할 만큼 강성(진개의 공격) • 정치 체제: 왕 밑에 상 · 대부 · 장군 등의 관직 존재
위만 조선	• 준왕을 몰아내고 위만이 고조선 계승 • 철기 문화 본격적 수용
발전	• 중계 무역 • 범금 8조를 통해 사회 질서 유지
멸망	한 무제의 공격으로 왕검성 함락 → 멸망(기원전 108년)
유물	비파형 동검, 고인돌

한눈에 훑어보기

✔ 영역 분석

선사 시대와 국가의 형성 05 06 07
3문항, 12%

고대 14 18
2문항, 8%

중세 13 19 21
3문항, 12%

근세 04 10
2문항, 8%

근대 태동기 24
1문항, 4%

근대 02 15 17 25
4문항, 16%

일제 강점기 01 08 11 16 22 23
6문항, 24%

현대 03 09 12 20
4문항, 16%

✔ 빠른 정답

01	02	03	04	05	06	07	08	09	10
③	③	③	①	①	④	③	①	②	③
11	12	13	14	15	16	17	18	19	20
①	②	③	①	③	③	②	②	③	③
21	22	23	24	25					
①	②	③	②	④					

✔ 점수 체크

구분	1회독	2회독	3회독
맞힌 문항 수	/ 25	/ 25	/ 25
나의 점수	점	점	점

01 난도 ★★☆ 정답 ③

일제 강점기 > 정치사

자료해설

제시문은 1938년에 제정된 국가 총동원법이다. 1930년대 이후 대륙 침략을 위해 한반도를 병참 기지화하고 중·일 전쟁과 태평양 전쟁을 일으킨 일제는 국가 총동원법을 시행하여 인적·물적 자원을 수탈하였다.

정답의 이유

③ 조선 사상범 예방 구금령은 국가 총동원법의 제정 이후인 1941년에 제정되었다. 이 법령은 치안 유지법 위반으로 형을 마친 자를 석방된 이후에도 법원의 영장 없이 검경이 자의적으로 계속 구금하거나 일정한 제재를 할 수 있도록 한 반인권적 조치였다.

오답의 이유

① 중·일 전쟁은 중국과 일본 양국 간에 벌어진 전쟁으로 1937년 중국 베이징 서남부에 있는 루거우차오에서 시작하였다 (1937~1945).

② 백남운은 『조선사회경제사』를 통해 유물 사관을 토대로 식민 사학의 정체성론을 반박하였다(1933).

④ 1930년대 초 남만주 지역에서 조선 혁명군을 이끈 양세봉은 중국 의용군과 연합하여 영릉가 전투에서 일본군에 승리하였다 (1932).

02 난도 ★★★ 정답 ③

근대 > 정치사

자료해설

제시문은 한·일 신협약 체결 이후 해산된 군인들이 정미의병으로 활약하면서 서울 진공 작전을 추진한 내용이다.

정답의 이유

ⓛ 한·일 신협약(정미 7조약) 체결과 군대 해산에 반발하여 이인영을 총대장으로 두는 13도 창의군이 결성되었다. 이들은 1908년 서울 진공 작전을 전개하였으나 실패하였다.

ⓒ 13도 창의군 총대장 이인영은 서울 진공 작전을 앞두고 서울 주재 각국 영사관에 의병을 국제법상의 교전 단체로 인정해 줄 것을 요구하는 서신을 발송하였다.

오답의 이유

㉠ 고종의 해산 권고 조칙에 따라 해산한 것은 을미의병이다. 을미의병은 단발령의 철회와 고종의 해산 권고 조칙에 따라 대부분 해산하였다.

㉣ 을미의병의 잔여세력들이 활빈당을 조직하여 충청도와 경기도 지방을 중심으로 활동하였다(1900~1905).

항일 의병 활동

구분	배경	활동
을미의병	• 을미사변 • 단발령	• 동학 농민군 잔여 세력 참여 • 고종의 해산 조칙으로 자진 해산
을사의병	을사늑약	대표적 의병장: 신돌석(최초의 평민 의병장), 최익현(대마도 유배 중 사망), 민종식(홍주성 점령)
정미의병	• 고종 강제 퇴위 • 군대 강제 해산	• 해산 군인 참여 이후 의병 전쟁화 • 각국 공사관에 국제법상 교전 단체 승인 요구 • 서울 진공 작전 시도(실패) • 만주, 연해주로 이동 → 독립군으로 계승

03 난도 ★☆☆   정답 ③

현대 > 정치사

자료해설

제시문은 '이 헌법 공포 당시의 대통령에 한해서는 중임 제한 규정을 적용하지 않는다(제55조 단서 제한)'는 내용을 통해 이승만 정부의 제2차 개헌(사사오입 개헌)임을 알 수 있다(1954).

정답의 이유

③ 이승만 정부는 진보당의 조봉암 등을 북한의 주장과 유사한 평화 통일 방안을 주장하였다는 혐의로 1958년에 체포하였고, 조봉암은 이듬해 사형에 처해졌다.

오답의 이유

① 노태우 정부는 북방 외교 정책을 추진해 소련, 중국과의 교류를 확대하였다. 이를 토대로 소련(1990) · 중국(1992)과의 외교 관계를 수립하였다.

② 박정희 정부는 경제 개발 계획에 필요한 자본 확보를 위해 일본과의 국교 정상화를 추진하여 한 · 일 협정을 체결하였다(1965).

④ 김영삼 정부에 들어서서 지방 자치 단체장 선거를 포함한 지방 자치제가 전면적으로 시행되었다(1995). 장면 정부 때도 지방 자치제가 전면적으로 시행되었지만, 5 · 16 군사 정변으로 중단되었다.

진보당 사건의 재심 무죄 판결

피고인은 일제 강점기에 독립운동가로서 조국의 독립을 위하여 투쟁하였다. 광복 이후 제헌 국회의 국회 의원, 제2대 국회 의원과 국회 부의장을 역임하였으며, 1952년과 1956년 제2, 3대 대통령 선거에 출마하기도 하였다. 또한, 초대 농림부 장관 재직 시에는 농지 개혁의 기틀을 마련하여 우리나라 경제 체제의 기반을 다진 정치인이다. 그러나 재심 대상 판결로 사형이 집행되었다. 이 사건 재심에서 피고인에 대한 공소 사실 대부분이 무죄로 밝혀졌으므로 이제 뒤늦게나마 재심 판결로서 그 잘못을 바로잡고, 형의 선고를 유예한다.

– 대법원 종합 법률 정보: 2011.1.20. 2008재도11 –

04 난도 ★★☆   정답 ①

근세 > 정치사

자료해설

제시된 자료의 (가)는 1519년 발생한 기묘사화, (나)는 1623년 발생한 인조반정에 대한 내용이다.

정답의 이유

① 선조 대 정여립 모반 사건(1589)과 건저의 사건(1591)을 계기로, 동인은 온건파인 남인과 강경파인 북인으로의 분파가 이루어졌다.

오답의 이유

② 숙종 시기인 1680년 경신환국 이후 서인은 남인에 대한 처벌 문제로 노론과 소론으로 나뉘었다.

③ 1차 예송은 현종 때 일어난 기해예송(1659)이다. 당시 서인은 신권을 강조하며 1년설을, 남인은 왕권 강화를 강조하며 3년설을 주장하였다. 그 결과 서인이 주장한 기년복(1년설)이 채택되었다.

④ 기묘사화(1519)의 배경이다. 조광조가 훈구 세력의 위훈 삭제를 주장한 것이 기묘사화의 직접적 원인으로 작용하였다.

4대 사화

무오사화	김종직, 조의제문
갑자사화	폐비 윤씨
기묘사화	위훈 삭제, 조광조 제거
을사사화	윤임(대윤)과 윤원형(소윤)

05 난도 ★☆☆   정답 ①

선사 시대와 국가의 형성 > 선사 시대

자료해설

제시된 자료의 유물은 신석기 시대의 유물인 가락바퀴와 갈돌 · 갈판이다.

정답의 이유

① 신석기 시대에는 조 · 피 등을 재배하는 농경 생활이 시작되었으며, 갈돌과 갈판으로 곡식을 갈아서 음식을 만들어 먹었다. 또한 가락바퀴로 실을 뽑아 뼈바늘로 옷을 지어 입었다.

오답의 이유

② 청동기 시대에 정치권력과 경제력을 가진 군장이 등장하였는데, 이들의 무덤인 고인돌의 규모를 통해 당시 지배층의 권력을 확인할 수 있다.

③ 구석기 시대에는 주먹도끼, 찍개, 긁개 등의 뗀석기를 제작하여 사용하였다.

④ 구석기 시대 사람들은 주로 동굴이나 막집에 거주하였으며 계절에 따라 이동 생활을 하였다. 신석기 시대 사람들은 강가나 바닷가에 움집을 짓고 정착생활을 하였다.

06 난도 ★☆☆   정답 ④

선사 시대와 국가의 형성 > 국가의 형성

자료해설

제시문의 밑줄 친 '나라'는 동예이다. '북쪽으로는 고구려 · 옥저와 맞닿아 있었다.'는 것과 '대군장이 없고 후 · 읍군 · 삼로가 하호를 다스렸다.'는 내용을 통해 이를 파악할 수 있다.

정답의 이유

④ 동예는 읍군이나 삼로라는 군장들이 부족을 다스렸다. 매년 10월에는 무천이라는 제천 행사를 열었으며, 단궁, 과하마, 반어피 등의 특산물이 유명하여 이를 낙랑과 왜에 수출하기도 하였다.

오답의 이유

① 1세기 초 왕호를 사용한 나라는 부여와 고구려이다.

② 민며느리제는 옥저의 혼인 풍습이다. 여자가 어렸을 때 남자 집으로 가서 생활하다가 성장한 후에 남자가 예물을 치르고 혼인하는 제도로, 일종의 신부 매매혼 풍습이다. 동예의 혼인 풍습으로는 족외혼이 있다.

③ 삼한 중 마한의 세력이 가장 셌으며, 마한을 이루고 있는 소국 중 하나인 목지국의 지배자가 삼한을 대표하였다.

07 난도 ★☆☆   정답 ③

선사 시대와 국가의 형성 > 국가의 형성

자료해설

제시문은 고조선의 단군 건국 신화의 내용이다.

정답의 이유

③ 특정 동물을 수호신으로 여기는 원시 신앙은 토테미즘이다. 샤머니즘은 인간과 영혼, 하늘을 연결해 주는 존재인 무당을 믿는 원시 신앙이다.

오답의 이유

① 고조선 건국 설화에서는 환웅이 하늘의 아들이라는 천손 사상을 내세워 자기 부족의 우월성을 과시했다.

② 환웅이 인간 세상에 내려올 때 거느렸던 풍백(바람) · 우사(비) · 운사(구름)는 농경과 밀접한 관계가 있는 날씨를 주관하는 존재이다. 이를 통해 고조선이 농경이 매우 발달한 사회였음을 알 수 있다.

④ 단군은 제사장, 왕검은 정치적 지배자를 의미한다. 단군 왕검이라는 이름을 통해 고조선이 제정 일치 사회였음을 알 수 있다.

더 알아보기

고조선의 건국과 멸망

단군 조선	• 건국: 선민 사상, 농경 사회, 사유 재산과 계급 분화, 홍익인간, 제정 일치 사회
	• 관련 문헌: 『삼국유사』, 『제왕운기』, 『동국여지승람』, 『응제시주』
	• 세력 범위: 비파형 동검, 미송리식 토기 출토 지역과 일치
위만 조선	• 집권: 기원전 194
	• 성격: 유이민 집단(철기 문화)과 토착 세력의 연합 정권
	• 성장: 본격적인 철기 문화 수용, 영토 확장, 중계 무역
	• 멸망: 한의 침입으로 멸망(기원전 108)

08 난도 ★★☆   정답 ①

일제 강점기 > 정치사

자료해설

(가) 임시정부의 위기 상황: 교통국과 연통제 조직이 일제에 발각되어 임시정부의 위기 상황

(나) 독립운동의 노선 갈등: 무장 투쟁론, 외교 독립론, 실력 양성론 등의 갈등 심화

(다) 개조파와 창조파의 대립: 무장 투쟁론자로 구성된 창조파의 외교 활동 비판

(라) 지도 체제의 개편: 국무령 중심의 내각 책임제

정답의 이유

㉠ 일제의 탄압으로 임시정부의 교통국과 연통제 조직이 일제에 발각되어 와해되었다(1921). 그로 인해 자금난과 인력난의 어려움을 겪기도 하였다.

㉡ 외교 활동에 대한 무장 투쟁론자들의 비판이 거세지면서 임시정부 내에서 무장 투쟁론, 외교 독립론, 실력 양성론 등의 독립운동 방향에 대한 노선 갈등이 심화되었다.

오답의 이유

㉢ 외교론을 비판하는 무장 투쟁론자들로 구성된 것은 창조파였다. 창조파인 신채호, 박용만, 박은식 등은 임시정부의 해체와 연해주에 새로운 공화국 수립을 주장하였다. 안창호 등 외교 독립론을 주장한 개조파는 임시정부의 개편과 실력 양성론 등을 주장하였다.

㉣ 국민 대표 회의 결렬 이후, 임시정부는 2차 개헌(1925)을 통해 대통령 중심 체제에서 국무령 중심의 내각 책임제로 개편되었다.

09 난도 ★★☆   정답 ②

현대 > 정치사

자료해설

제시문은 조선 건국 준비 위원회가 발표한 강령 내용이다.

정답의 이유

② 조선 건국 준비 위원회는 미군과의 협상에서 유리한 입장을 차지하기 위해 1945년에 '조선 인민 공화국의 수립'을 선포하고 각 지방에 인민 위원회를 조직하였다.

오답의 이유

① 자유당은 이승만 계열의 보수 정당으로 1951년에 창당하여 반공을 구실로 반대파를 탄압하였으며, 독재 정치의 기반을 구축하였다.

③ 독립 촉성 중앙 협의회는 이승만을 중심으로 한 민족주의 정당과 단체들이 조직한 정치 단체이다(1945).

④ 유엔 소총회에서 선거가 가능한 지역에서만 총선거를 실시하라는 결정이 내려진 후 남북 분단을 우려한 김구와 김규식은 평양으로 가서 김일성과 남북 협상을 전개하였으나 큰 성과를 거두지는 못하였다(1948).

조선 건국 준비 위원회 강령
- 우리는 완전한 독립 국가의 건설을 기한다.
- 우리는 전 민족의 정치적 경제적 사회적 기본 요구를 실현할 수 있는 민주주의적 정권의 수립을 기한다.
- 우리는 일시적 과도기에 있어서 국내 질서를 자주적으로 유지하며 대중생활의 확보를 기한다.

– 『조선해방연보』 –

10 난도 ★☆☆   정답 ③

근세 > 정치사

자료해설

제시문의 (가)는 환국, (나)는 탕평책이다.

정답의 이유

ⓒ 정조는 영조의 탕평 정치를 계승하여 붕당을 가리지 않고 인재를 등용하였다. 영조가 비교적 온건한 탕평책(완론 탕평)을 실시하였다면, 정조는 특권 정치 세력을 배제하고 적극적인 탕평책(준론 탕평)을 실시하였다. 이에 따라 노론과 소론을 가리지 않았을 뿐만 아니라 학문이 뛰어난 서얼 출신들을 규장각 검서관으로 기용하기도 하였다.

ⓒ 숙종은 희빈 장씨 소생의 원자 책봉을 반대하는 송시열의 관작을 삭탈하고 제주도로 유배시켜 사사(賜死)하였으며, 송시열을 비롯한 서인 세력이 대거 축출되고 남인이 집권하는 기사환국이 발생하였다(1689).

오답의 이유

㉠ (가)에 들어갈 용어는 환국이다. 숙종 대에 일어난 환국으로는 남인의 영수 허적이 궁중의 천막을 무단으로 사용한 문제로 발생한 경신환국(1680), 희빈 장씨의 소생을 원자로 책봉하는 문제로 발생한 기사환국(1689), 인현 왕후의 복위 문제로 발생한 갑술환국(1694) 등이 있다. 예송 논쟁은 현종 때 효종의 왕위 계승에 대한 정통성과 관련하여 자의 대비의 복상 문제를 놓고 서인과 남인 사이에 두 차례 전개되었다.

㉣ 숙종은 금위영을 창설하여 5군영 체제를 확립하고 국왕 수비와 수도 방어를 강화하였다(1682). 5군영 설치는 영·정조 시기의 탕평책과는 관련이 없다.

11 난도 ★★★   정답 ①

일제 강점기 > 정치사

자료해설

(가)는 충칭, (나)는 류저우, (다)는 창사, (라)는 상하이이다. 제시된 자료는 대한민국 임시정부가 충칭 시기에 발표한 대일 선전 포고문의 내용이다.

정답의 이유

① 대한민국 임시정부 충칭 시기(1940~1945)에 일본군의 진주만 기습 공격으로 태평양 전쟁이 발발하자, 대한민국 임시정부의 김구 주석과 조소앙 외교부장 명의로 일본에 대한 선전 포고를 명문화한 자료(대일 선전 포고문)이다(1941.12.).

오답의 이유

② (나)는 류저우로 1938~1939년 임시정부의 수도였다.

③ (다)는 창사로 1937~1938년 임시정부의 수도였다.

④ (라)는 상하이로 1919~1932년 임시정부의 수도였다.

대한민국 임시정부 이동 경로

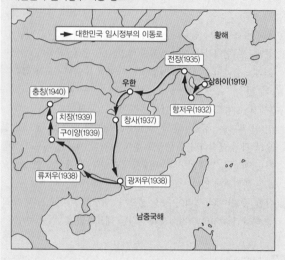

12 난도 ★★☆   정답 ②

현대 > 정치사

자료해설

제시문의 밑줄 친 ㉠은 1972년에 제정된 유신 헌법, ㉡은 1980년에 이루어진 8차 개헌이다.

정답의 이유

② 박정희는 장기 집권을 위해 제7차 개헌(유신 헌법)을 선포하여 대통령에게 국회의원 1/3 추천 임명권, 국회 해산권, 헌법 효력을 정지시킬 수 있는 긴급 조치권 등 강력한 권한을 부여하였다(1972).

오답의 이유

① 박정희는 장기 집권을 위해 대통령의 3선 연임을 허용하는 제6차 개헌(3선 개헌)을 강행하여 통과시켰다(1969). 유신 헌법에서는 대통령의 연임 제한이 없었다.

③ 전두환 정권은 제8차 개헌을 단행하여 대통령 선거인단에서 7년 단임의 대통령을 선출하는 대통령 간선제를 실시하였다(1980).

④ 박정희 정부는 유신 헌법을 발표하여 대통령 임기 6년과 중임 제한 조항 삭제 및 통일 주체 국민 회의를 통한 대통령 간선제의 내용을 담은 제7차 헌법 개정(유신 헌법)을 단행하였다(1972).

13 난도 ★★☆   정답 ③

중세 > 경제사

자료해설

제시된 자료는 (나) 시정 전시과(경종) – (가) 은병 주조(숙종) – (다) 과전법(공양왕) 시행에 대한 내용이다.

(나) 경종 대의 시정 전시과(976)에 대한 내용이다. 사료에는 '관품의 높고 낮음은 따지지 않는다.'라고 되어 있으나, 실제로는 관등과 인품을 고려하여 전 · 시지를 분급하였다.

(가) 고려 숙종 때 은병을 주조하였으나(1101), 널리 유통되지는 못하였다. 은병은 은(銀) 1근으로 우리나라 지형을 병(瓶) 양식을 본떠 만들었다.

(다) 고려 말 공양왕 때 신진 사대부 조준 등의 건의로 실시된 과전법은 지급 대상 토지를 원칙적으로 경기 지역에 한정하였다(1391). 이후 과전법은 조선 시대 사대부 관리들의 경제 기반을 보장하고 국가의 재정을 유지하는 기반이 되었다.

14 난도 ★☆☆   정답 ①

고대 > 정치사

자료해설

제시된 지도는 백제 근초고왕 대의 대외 진출 모습이다.

정답의 이유

㉠ 근초고왕은 남으로 마한을 통합하였으며, 북으로는 고구려 평양성을 공격하여 고국원왕을 전사시켰다.

㉡ 4세기 근초고왕 대 부자 상속에 의한 왕위 계승을 확립하였다.

오답의 이유

㉢ 백제 성왕에 대한 설명이다. 성왕은 중앙 관청을 22부로 확대하고, 수도를 5부로 지방을 5방으로 정비하였다.

㉣ 백제 고이왕에 대한 설명이다. 고이왕은 6좌평 16관등제를 정비하고 관복제를 도입하는 등 중앙 집권 국가의 토대를 형성하였다.

15 난도 ★★☆   정답 ③

근대 > 경제사

자료해설

제시문의 (ㄱ)은 개항장에서의 일본 화폐 사용을 명시한 조 · 일 수호 조규 부록(1876.7.), (ㄴ)은 일본인의 양곡 유출 허용 등을 내용으로 하는 조 · 일 무역 규칙(1876.7.)이다.

(ㄱ) 조 · 일 수호 조규 부록은 개항장에서 일본 화폐의 유통을 허용하였으며, 일본 상인의 거류지를 설정하고 일본 외교관의 여행의 자유를 허용하였다.

(ㄴ) 조 · 일 무역 규칙은 일본에 양미와 잡곡의 무제한 유출을 허용하였으며, 일본 상선에 대한 무항세와 일본 상품에 대한 무관세 조항을 포함하였다.

정답의 이유

③ (다) 시기인 1876년에 조선과 일본 사이에 강화도 조약(조 · 일 수호 조규)이 체결되었다. 이후 부속 조약인 조 · 일 수호 조규 부록과 조 · 일 무역 규칙이 체결되었다.

더 알아보기

강화도 조약(조 · 일 수호 조규, 1876)

배경	운요호 사건
내용	• 조선이 자주국임을 명시(청의 간섭 배제 의도) • 부산 · 원산 · 인천 개항, 해안 측량권 허용, 영사 재판권(치외 법권) 인정
성격	외국과 맺은 최초의 근대적 조약, 불평등 조약
부속 조약	• 조 · 일 수호 조규 부록: 개항장 내 일본인 거류지(외국인 무역 활동과 거주가 허용된 지역) 설정, 일본 화폐 유통 • 조 · 일 무역 규칙: 양곡의 무제한 유출, 일본의 수출입 상품에 대한 무관세 허용

16 난도 ★★☆   정답 ③

일제 강점기 > 문화사

자료해설

제시문은 백남운이 저술한 『조선사회경제사』의 일부로, 사회 경제 사학에 대한 내용이다.

정답의 이유

③ 백남운은 사회 경제 사학의 대표적인 학자로, 한국사를 세계사적 보편성 위에 체계화하는 과정에서 식민 사학의 정체성론을 비판하였다.

오답의 이유

① 일선 동조론은 일제가 한국 지배를 정당화 · 합리화하기 위해 한국인의 저항을 무마시키려는 의도로 만든 식민 사관의 일종으로 조선인과 일본인의 조상이 같다는 주장이다.

②·④ 실증 사학은 이병도, 손진태, 이윤재 등이 문헌 고증의 방법을 통해 한국사를 실증적으로 연구한 학문으로, 이에 영향을 받은 것은 진단학회이다. 진단학회는 1934년 조직되었으며 진단학보 등을 발행하여 청구학회(친일 단체)에 대항하였다.

17 난도 ★☆☆   정답 ②

근대 > 정치사

자료해설

제시문에서 '만동묘', '큰 서원의 철폐' 등의 내용을 통해, (가)는 흥선 대원군이며, 서원 철폐에 관한 내용임을 알 수 있다.

정답의 이유

② 흥선 대원군은 삼정의 문란을 개혁하고자 하였다. 첫째 전정의 문란은 양전 사업 시행, 은결 색출, 토지 겸병 금지로, 둘째 군정의 문란은 호포제 실시, 양반에게 군포를 징수하는 것으로, 셋째 환곡의 문란은 환곡제를 사창제로 개편하였다.

오답의 이유

① 고종은 개화 반대 여론을 의식해 암행어사 형태로 비밀리에 조사 시찰단을 일본에 파견하였다. 이때 파견된 박정양 등은 일본의 근대 문물을 시찰하고 돌아왔다(1881). 조사 시찰단은 흥선 대원군이 하야한 이후의 일이다.

③ 조선 영조는 붕당 정치의 폐해를 막기 위해 탕평파를 중심으로 국정을 운영하였고, 성균관에 탕평비를 건립하였다(1742).

④ 정조 때 문물제도 및 통치 체제를 정리한 『대전통편』을 편찬하여 왕조의 통치 규범을 재정비하였다(1785).

18 난도 ★★☆　　　　　　　　　　정답 ②

고대 > 정치사

자료해설

제시문의 사건을 일어난 순서대로 배열하면 (나) 백제 건국 - (다) 고구려 옥저 복속 - (라) 신라 법흥왕 통치 체제 정비 - (가) 백제 성왕 한강 하류 수복이다.

정답의 이유

(나) 온조는 한강 유역의 토착 세력과 고구려 계통의 유이민을 규합하고 하남 위례성에 백제를 건국(기원전 18)하였다.

(다) 고구려 태조왕은 동옥저를 복속(56)시키고 영토를 확장하였다.

(라) 신라 법흥왕은 병부와 상대등 설치, 공복 제정, 율령 반포(520) 등을 통해 통치 질서를 확립하였다.

(가) 백제 성왕은 신라 진흥왕과 함께 고구려를 공격(551)하여 한강 하류 지역을 차지하면서 백제의 중흥을 도모하였다.

19 난도 ★★★　　　　　　　　　　정답 ③

중세 > 정치사

자료해설

제시된 표는 고려 건국(918) - (가) - 후백제 멸망 및 후삼국 통일(936)에 대한 내용으로 두 사건 사이에 발생한 사건을 찾는 문제이다.

정답의 이유

③ 궁예의 수하로 들어간 왕건은 한강을 점령한 후 수군을 이끌고 후백제의 금성(나주)을 점령하였다(903).

오답의 이유

① 고려 왕건이 고창(안동) 전투에서 후백제군에 크게 승리하여 경상도 일대에서 견훤 세력을 몰아내고 후삼국 통일의 기반을 마련하였다(930).

② 신라 경순왕 김부가 스스로 고려에 투항하면서 신라가 멸망하였고(935), 경순왕은 경주의 사심관으로 임명되었다.

④ 발해 멸망 직후 세자 대광현은 유민들과 고려에 망명하였다(934). 태조 왕건은 이들을 받아들이고 관직을 하사하였으며 대광현에게 왕씨 성을 하사하였다.

20 난도 ★★☆　　　　　　　　　　정답 ③

현대 > 정치사

자료해설

제시된 자료는 1948년 2월에 발표된 김구의 '삼천만 동포에게 읍고함'으로 이 성명서는 남한만의 단독 정부 수립에 반대한다는 내용이 담겨 있다.

순서대로 나열하면 8·15 광복(1945.8.) - (가) - 정읍 발언(1946.6.) - (나) - 제2차 미·소 공동 위원회 개최(1947.5.) -

(다) - 5·10 총선거(1948.5.) - (라) - 대한민국 정부 수립(1948.8.)이다.

정답의 이유

③ 김구의 '삼천만 동포에게 읍고함' 성명서가 발표된 시점은 (다)이다. 유엔 총회에서 결의한 전체 한반도 내 선거가 무산되자 유엔 소총회에서 가능한 지역에서만 선거를 실시하라는 결정이 내려졌다. 이에 남북 분단을 우려한 김구는 북한에서 김일성을 만나 남북 협상을 개최하였으나 큰 성과를 거두지는 못하였다(1948.4.).

더 알아보기

남북 협상(1948)

배경	이승만·한국 민주당 등이 남한만의 단독 선거 결정 찬성. 좌익 세력은 반대 → 김구와 중도 세력이 통일 정부 수립을 위한 남북 정치 지도자 회담 제의
전개	김구, 김규식 등이 평양 방문 → 남북 주요 정당 및 사회 단체 연석회의와 남북 지도자 회의 개최(1948.4.) → 단독 정부 수립 반대. 미·소 양군 철수 요구 등을 담은 결의문 채택
결과	미국과 소련이 합의안 미수용. 남북에서 각각 단독 정부 수립 절차 진행. 김구 피살로 남북 협상 중단

21 난도 ★★☆　　　　　　　　　　정답 ①

중세 > 정치사

자료해설

제시된 표에서 고려 지배층의 변화 중 (가) 세력은 신진 사대부이다.

정답의 이유

① 신진 사대부는 사상적으로 성리학을 수용하여 학문적 기반으로 삼았으며, 불교를 배척하여 불교의 폐단을 시정하려 하였다.

오답의 이유

② 신진 사대부는 대체로 과거를 통해 중앙의 관리로 진출하였다.

③ 신진 사대부는 주로 지방 향리 출신이거나 중소 지주층이었다.

④ 친원적 성향을 가지고 도평의사사를 장악한 것은 권문세족이다. 신진 사대부는 권문세족을 비판하고 친명적인 성향을 가지고 있었다.

22 난도 ★★☆　　　　　　　　　　정답 ②

일제 강점기 > 정치사

자료해설

제시문은 광주 학생 항일 운동 당시의 격문이다. 광주 학생 항일 운동은 한·일 학생 간의 우발적 충돌 사건을 계기로 발생하였으나, 한국인 학생에 대한 차별과 식민지 교육에 저항하는 항일 운동으로 발전하였다(1929).

정답의 이유

② 광주 학생 항일 운동은 전국적으로 확산되었고 이듬해까지 학생들이 동맹 휴학을 단행하기도 하였다. 이로써 광주 학생 항일 운동은 3·1 운동 이후 최대 규모의 민족 운동으로 발전하였다.

① 원산 노동자 총파업은 일제 강점기에 영국인이 경영하는 회사에서 일본 감독관이 조선인 노동자를 구타한 사건을 계기로 시작되어 노동 조건 개선을 요구하는 노동 운동으로 발전하였다 (1929).

③ 평양에서 조만식을 중심으로 조직된 조선 물산 장려회는 '조선 사람 조선 것'을 주장하며, 국산품 장려 운동을 통해 물산 장려 운동을 전개하였다(1920).

④ 순종의 인산일에 사회주의자들과 학생들이 대규모 만세 운동을 준비하였으나 사회주의자들이 일제에 발각되면서 학생들을 중심으로 6·10 만세 운동을 진행하였다(1926).

---

23 난도 ★★★　　　　　　　　　　　정답 ②

일제 강점기 > 정치사

제시된 자료는 (나) 청산리 전투(백운평·천수평·어랑촌 전투) − (다) 간도 참변 − (가) 자유시 집결과 참변 − (라) 혁신 의회와 국민부 재편 순으로 발생 하였다.

(나) 청산리 전투의 일부로서 김좌진의 북로군정서군이 길림성 백운평 전투(1920.10.21.), 천수평·어랑촌 전투(1920.10.22.)에서 대승을 거두었다.

(다) 일제는 봉오동 전투와 청산리 전투의 패배에 대한 보복으로 독립군의 근거지를 소탕하기 위해 간도 지역의 수많은 한국인을 학살하는 만행을 저질렀는데 이를 간도 참변이라 한다 (1920.10.~1921.4.).

(가) 대한 독립 군단은 간도 참변으로 인해 러시아 자유시로 근거지를 옮겼으나 독립군 내부의 지휘권을 둘러싼 갈등과 적색군에 의한 무장 해제 요구 과정에서 다수의 사상자가 발생하는 자유시 참변을 겪었다(1921.6.).

(라) 1920년대 후반 3부 통합 운동이 시작됐다. 이로 인해 참의부·정의부·신민부가 북만주의 혁신 의회(1928)와 남만주의 국민부(1929)로 재편되었다.

무장 독립 투쟁의 전개

봉오동 전투(1920.6.) → 훈춘 사건 → 청산리 대첩(1920.10.) → 간도 참변(1920.10.) → 대한 독립 군단 조직(1920) → 자유시 참변(1921) → 3부 설립(1923~1925) → 미쓰야 협정(1925) → 3부 통합 운동(1929) → 만주사변(1931) → 한·중 연합 작전(1931~1934)

---

24 난도 ★★☆　　　　　　　　　　　정답 ③

근대 태동기 > 경제사

제시문은 조선 후기의 경제 상황을 그린 박지원의 『허생전』 중 일부 내용이다.

③ 조선 후기, 관영 수공업이 쇠퇴하고 민영 수공업이 발달하였다. 특히 민간 수공업자들이 상인들로부터 원료와 자금을 미리 받아 물품을 생산하는 선대제가 유행하였다.

① 조선 후기의 지대 납부 방식은 타조법(수확량의 일정한 비율을 지대로 납부)에서 도조법(일정한 액수의 지대 납부)으로 변화되어 갔다. 그렇지만 여전히 일반적 지대 납부 방식은 타조법이었다.

② 조선 후기에 상업의 발달로 담배, 면화, 인삼 등 상품 작물의 재배가 활발해졌다. 특히 쌀의 상품화가 활발해지고 그 수요가 크게 증가되어 밭을 논으로 바꾸는 현상이 발생하기도 하였다.

④ 조선 후기에는 광산 경영 전문가인 덕대가 물주에게서 자본을 조달받고, 채굴업자·채굴 노동자·제련 노동자 등을 고용하여 광물을 채굴하고 제련하였다.

조선 후기 수공업과 광업

수공업	• 관영 수공업 쇠퇴: 장인세를 내고 물품을 직접 만들어 판매 • 민영 수공업 발달: 상인 자본의 지원을 받아 제품을 만드는 선대제 유행. 임노동자를 고용해 공장제 수공업 형태로 물품 생산. 독립 수공업자가 등장하여 생산과 판매까지 주관(18세기 후반)
광업	• 설점수세제(민간인의 광산 채굴을 허용하고 세금 징수), 잠채(광물을 몰래 채굴) 성행 • 전문 광산 경영인 덕대 등장

---

25 난도 ★★☆　　　　　　　　　　　정답 ④

근대 > 정치사

제시된 내용은 러·일 전쟁 후 러시아와 일본 간에 체결된 포츠머스 조약에 대한 내용이다. 연표를 순서대로 나열하면 임오군란(1882) − (가) − 거문도 사건(1885) − (나) − 갑오개혁(1894) − (다) − 대한제국 설립(1897) − (라) − 국권 강탈(1910)이다.

④ 한반도와 만주 지역에 대한 지배권을 두고 제국주의 전쟁인 러·일 전쟁이 벌어졌다. 일본은 인천 제물포에 있던 러시아 군함을 격침시키고 선전 포고한 뒤 압록강을 거쳐 만주까지 진입하였다. 결국 미국의 중재로 러·일 양국이 포츠머스 강화 조약을 체결하였고 이를 통해 일본은 한국과 만주 지역에 대한 지배권을 확립하며 승리를 거두었다(1905).

한눈에 훑어보기

✓ 영역 분석

선사 시대와 국가의 형성   18   21
2문항, 8%

고대   14   24
2문항, 8%

중세   04   13   16   25
4문항, 16%

근세   09   23
2문항, 8%

근대 태동기   02   05   08   11   17
5문항, 20%

근대   01   06
2문항, 8%

일제 강점기   19   20
2문항, 8%

현대   03   07   22
3문항, 12%

시대 통합   10   12   15
3문항, 12%

✓ 빠른 정답

01	02	03	04	05	06	07	08	09	10
④	①	③	②	②	③	①	①	②	②
11	12	13	14	15	16	17	18	19	20
①	①	③	④	④	③	④	①	③	①
21	22	23	24	25					
④	④	④	②	①					

✓ 점수 체크

구분	1회독	2회독	3회독
맞힌 문항 수	/ 25	/ 25	/ 25
나의 점수	점	점	점

01   난도 ★★☆   정답 ④

근대 > 정치사

자료해설

제시문을 반포된 순서대로 나열하면 (다) 갑신정변 14개조 개혁 정강 − (나) 제1차 갑오개혁의 법령 − (가) 관민 공동회에서 결의한 헌의 6조이다.

정답의 이유

(다) 갑신정변의 14개조 개혁 정강이다(1884). 김옥균 등의 급진 개화파는 일본의 군사적 지원을 받아 우정총국 개국 축하연에서 갑신정변을 일으켜 정권을 장악한 뒤 14개조 개혁 정강을 발표하였다. 입헌 군주제, 청과의 사대 관계 폐지, 능력에 따른 인재 등용 등의 개혁을 추진하였으나 청군의 개입으로 3일 만에 실패하였다.

(나) 제1차 갑오개혁 때 발표한 법령 내용이다(1894). 김홍집 내각은 1차 갑오개혁을 통해 국정과 왕실 사무를 분리하고, 개국 연호를 사용하였으며 과거제를 폐지하였다. 또한, 탁지아문이 재정 사무를 관장하게 하고 은 본위 화폐 제도와 조세 금납제를 시행하였다.

(가) 독립 협회의 헌의 6조이다(1898). 독립 협회는 만민 공동회와 관민 공동회를 개최하여 민중에게 근대적 지식과 국권, 민권 사상을 고취시켰으며, 헌의 6조를 결의하여 고종에게 건의하였다.

더 알아보기

갑신정변 14개조 개혁 정강

1. 대원군을 조속히 귀국시키고 청에 대한 조공 허례를 폐지할 것
2. 문벌을 폐지하고 백성의 평등권을 제정하여 재능에 따라 인재를 등용할 것
3. 전국의 지조법(地租法)을 개혁하고 간리(奸吏)를 근절하며 빈민을 구제하고 국가 재정을 충실히 할 것
4. 내시부를 폐지하고 재능 있는 자만을 등용할 것
5. 전후 간리와 탐관오리 가운데 현저한 자를 처벌할 것
6. 각도의 환상미(還上米)는 영구히 면제할 것
7. 규장각을 폐지할 것
8. 시급히 순사를 설치하여 도적을 방지할 것
9. 혜상공국(惠商公局)을 폐지할 것
10. 전후의 시기에 유배 또는 금고된 죄인을 다시 조사하여 석방시킬 것

11. 4영을 합하여 1영으로 하고 영 가운데서 장정을 뽑아 근위대를 급히 설치할 것. 육군 대장은 왕세자로 할 것
12. 일체의 국가 재정은 호조에서 관할하고 그 밖의 재정 관청은 금지할 것
13. 대신과 참찬은 날을 정하여 의정부에서 회의하고 정령을 의정·집행할 것
14. 정부 6조 외에 불필요한 관청을 폐지하고 대신과 참찬으로 하여금 이것을 심의 처리하도록 할 것

02 난도 ★★★   정답 ①

근대 태동기 > 사회사

자료해설

제시된 표는 조선 후기 사회·경제적 변화로 인한 신분 변화를 나타낸 것이다. 제시된 표에 의하면 시기별로 양반 수가 꾸준히 증가된 반면 상민·노비 호수는 감소함으로써 봉건적 신분 질서가 점차 해체되어 가고 있는 사회 현상을 보여준다.

정답의 이유

㉠ 납속책은 나라의 재정이 곤란할 때, 재물을 납부한 부유한 상민에게 관직, 면천, 면역 등의 특혜를 준 정책이다.

㉡ 공명첩은 돈이나 곡식 등을 받고 부유층에게 관직을 팔아 발급해주던 명예직 임명장(매관직첩)이다.

오답의 이유

㉢ 선무군관포는 영조 때 균역법 시행으로 부족해진 세원을 보충하기 위해 지방의 일부 상류층에게 선무군관의 칭호를 주고 거두던 군포로서, 1년에 1필을 징수하였다.

㉣ 조선 후기에는 양반들이 자신들의 지위를 지키기 위해 문중을 중심으로 서원과 사우를 많이 세웠다.

더 알아보기

조선 후기 신분제의 동요

양반층 분화	• 배경: 붕당 정치의 변질 → 일당 전제화 • 권반: 집권 세력 • 향반: 향촌의 토호 • 잔반: 빈궁한 생활을 하는 양반 • 신향의 등장 • 양반층의 자기 도태
양반 수 증가	• 배경: 부농의 지위 향상과 역 부담 모면 추구 • 납속책, 공명첩 • 족보 매입 및 위조 • 양반의 사회 권위 하락 • 양반 중심의 신분제 동요
중간 계층의 성장	• 배경: 조선 후기의 사회·경제적 변화 • 서얼: 납속책·공명첩, 상소운동 • 기술직: 소청 운동 전개 • 역관: 외래 문화 수용의 선구적 역할 • 규장각 검서관 기용(정조) • 전문직으로서의 역할 부각 • 성리학적 가치 체계에 도전

노비 감소	• 재정상·국방상 목적으로 해방 • 공노비: 입역 노비 → 납공 노비화 • 사노비: 납속, 도망 등으로 신분 상승 • 노비종모법 시행 • 공노비 해방(순조, 1801) • 사노비 해방(갑오개혁 → 신분제 폐지)

03 난도 ★★☆   정답 ③

현대 > 정치사

자료해설

제시된 자료에서 7·4 남북 공동 선언(1972) 발표와 남북 기본 합의서(1991.12.9.) 채택 사이에 있었던 사실을 찾는 문제이다.

정답의 이유

③ 노태우 정부 때 적극적인 북방 외교를 바탕으로 남북한의 유엔 동시 가입이 이루어졌다(1991.9.).

오답의 이유

① 김대중 정부 시기 평양에서 최초의 남북 정상 회담이 이루어져 개성 공단 건설 운영에 관한 합의서를 체결하였으나, 노무현 정부에 이르러서 비로소 개성 공단 착공식이 진행되었다(2003).

② 김대중 정부는 햇볕 정책을 실시하여 화해와 협력을 통한 평화 통일을 추구하였으며, 이러한 정책의 일환으로 금강산 해로 관광 사업을 시작하였다(1998).

④ 노태우 정부 시기에 북한의 핵개발 노력을 저지하기 위한 마무리 조치로 북한에 요구하여 남북한의 한반도 비핵화 공동 선언을 채택시켰다(1991.12.31.).

04 난도 ★☆☆   정답 ②

중세 > 정치사

자료해설

제시문에서 '공녀', '자녀들이 원나라로 끌려가' 등의 내용을 통해 원 간섭기임을 알 수 있다.

정답의 이유

② 원 간섭기(1270~1356)에 원과의 친분 관계를 통해 성장한 가문이 점차 발전하여 형성된 권문세족은 사패를 위조하거나 받은 것처럼 속여 사유지를 늘리며 농민의 토지를 빼앗아 농장을 점차 확대하여 갔다.

오답의 이유

① 무신 집권기인 몽골의 2차 침입 때 고려의 승장 김윤후가 처인성 전투에서 적장 살리타를 사살하였다(1232).

③ 『삼국사기』는 고려 인종의 명을 받아 김부식이 편찬한 현존하는 우리나라 최고(最古)의 역사서이다(1145).

④ 고려 숙종 때 부족을 통일한 여진족이 고려의 국경을 자주 침입하자 윤관이 왕에게 건의하여 별무반을 편성하였다. 이후 예종 때 윤관은 별무반을 이끌고 여진을 토벌하여 동북 9성을 설치하였다(1107).

05 난도 ★★☆ 　　　　　　　　　　정답 ②

근대 태동기 > 경제사

자료해설

제시된 사료는 대표적인 중상 학파 실학자인 박제가가 저술한 『북학의』의 '소비론'에 대한 내용이다.

정답의 이유

㉠ · ㉢ 박제가는 『북학의』를 저술하여 청의 문물 수용과 적극적인 소비를 주장하고 수레와 선박의 이용을 권장하였다.

오답의 이유

㉡ 유수원은 『우서』를 저술하여 상공업의 진흥과 기술의 혁신을 강조하고, 사농공상의 직업적 평등을 주장하였다.

㉣ 유형원은 『반계수록』에서 토지는 국가가 공유하며 신분에 따라 토지를 차등 분배하고, 자영농을 육성하여 민생의 안정과 국가 경제를 바로잡아야 한다는 내용의 균전론을 주장하였다.

06 난도 ★☆☆ 　　　　　　　　　　정답 ③

근대 > 정치사

자료해설

제시문은 제2차 수신사로 일본을 다녀온 김홍집이 국내에 소개한 황준헌의 『조선책략』으로, (가)는 러시아이다.

정답의 이유

③ 을미사변으로 인해 신변의 위협을 느낀 고종은 러시아 공사관으로 피신하였다(1896).

오답의 이유

① 영국은 조선에 대한 러시아의 세력 확장을 저지하기 위해 남해의 전략 요충지인 거문도를 불법으로 점령하였다(1885).

② 프랑스 군대는 자국의 선교사를 처형한 병인박해를 빌미로 강화도를 침략하였다(1866).

④ 조선은 서양 열강 중 미국과 최초로 조 · 미 수호 통상 조약을 체결하였다(1882).

07 난도 ★★★ 　　　　　　　　　　정답 ①

현대 > 정치사

자료해설

제시된 사료는 이승만 정권 시기에 제정 · 공포된 귀속 재산 처리법이다(1949). 이승만 정부는 이 법을 제정하여 일제가 남긴 재산을 민간인 연고자에게 분배하였다.

정답의 이유

① 이승만 정부 시기인 1950년대에는 6 · 25 전쟁 이후 미국의 원조에 기반을 두고 면화, 설탕, 밀가루를 중심으로 한 삼백 산업이 활성화되어 소비재 공업이 성장하였다.

오답의 이유

② 김영삼 정부는 부정부패와 탈세를 뿌리 뽑겠다는 의지로 금융 실명제를 실시하여 경제 개혁을 추진하였다(1993).

③ 박정희 정부 때 수출의 증대로 수출액 100억 달러를 달성하였다(1977).

④ 김영삼 정부 때 한국 경제의 세계화를 위해 경제 협력 개발 기구(OECD)에 가입하였다(1996).

08 난도 ★★☆ 　　　　　　　　　　정답 ①

근대 태동기 > 사회사

자료해설

제시된 사료는 조선 후기 정조 때 서얼들이 청요직 통청을 바라며 제기한 상소문이다.

정답의 이유

① 조선 후기 역관들은 청과의 외교 업무에 종사하면서 서학을 비롯한 외래 문화 수용에 있어서 선구적 역할을 수행하였다.

오답의 이유

② 포구에서 상품 매매를 중개하며 성장한 것은 덕대가 아니라 객주나 여각이다. 이들은 포구를 거점으로 활발한 상행위를 하였다. 덕대는 조선 후기 광산 경영 전문가이다.

③ 「혼일강리역대국도지도」는 조선 전기 태종 때 편찬된 현존하는 동양 최고의 세계 지도이다.

④ 서얼 허통에 자극받은 기술직 중인들은 대규모 통청 운동을 벌였으나 실패하였다.

조선 후기 중인층의 신분 상승

서얼	• 영 · 정조의 개혁 분위기에 편승하여 적극적인 신분 상승 시도(상소 운동) → 서얼들의 청요직 통청 요구 수용 • 정조 때 유득공, 이덕무, 박제가 등 서얼 출신이 규장각 검서관에 기용
기술직 중인	• 축적된 재산과 실무 경력을 바탕으로 신분 상승 운동 추구 • 철종 때 관직 진출 제한을 없애 달라는 대규모 소청 운동 전개 → 실패(전문직의 역할 부각)

09 난도 ★☆☆   정답 ②

근세 > 정치사

자료해설

제시문은 삼사에 관한 설명이다. 사간원, 사헌부, 홍문관을 삼사로 불렀으며, 이 기관은 조선 시대 정치 체제에서 권력의 독점과 부정을 방지하기 위해 존재하였다.

정답의 이유

㉠ · ㉢ 사간원은 국왕에 대한 간쟁과 논박을 담당하였고, 사헌부는 관리의 비리를 감찰하며 정책을 감시하는 역할을 하였다. 사간원과 사헌부를 합쳐 양사 또는 대간이라고 하였으며 이들은 권력을 견제하는 역할을 하였다.

오답의 이유

㉡ 승정원은 왕명을 출납하는 왕의 비서 기관으로 의금부와 함께 왕권을 뒷받침하는 역할을 하였다.

㉣ 춘추관은 역사서 편찬 및 보관 업무를 담당하였다.

10 난도 ★★☆   정답 ②

시대 통합 > 경제사

자료해설

제시된 자료는 (나) 신라 신문왕 관료전 지급 – (가) 신라 신문왕 녹읍 폐지 – (라) 고려 경종 시정 전시과 실시 – (다) 고려 공양왕 과전법 실시의 시대적 순서를 묻는 문제이다.

정답의 이유

(나) 통일 신라 신문왕은 왕권을 강화하기 위해 다양한 정치 개혁을 단행하여 관료전을 지급하였다(687).

(가) 통일 신라 신문왕은 귀족 세력을 약화시키기 위해 녹읍을 폐지하였다(689).

(라) 고려 경종에 의해 처음 시행된 시정 전시과는 관직 복무와 직역의 대가로 관료들에게 토지를 나누어 주는 제도였다(976).

(다) 고려 공양왕 때 신진 사대부 조준 등의 건의로 토지 개혁법인 과전법을 실시하였으며, 지급 대상 토지를 원칙적으로 경기 지역에 한정하였다(1391).

고려 전시과의 종류

과전	문무 관리에게 관등에 따라 차등 지급
한인전	6품 이하 하급 관료의 자제로서 관직에 오르지 못한 사람에게 지급
구분전	하급 관료와 군인의 유가족에게 지급
공음전	5품 이상의 관료에게 지급. 세습 가능. 음서제와 함께 고려 귀족 사회의 경제적 기반
군인전	군역의 대가로 지급. 세습 가능
내장전	왕실 운영 경비 충당을 위해 지급. 세습 가능
공해전	지방 관청 운영을 위해 지급
사원전	사원 운영을 위해 지급
외역전	향리에게 지급
공신전	공신에게 지급

11 난도 ★★☆   정답 ①

근대 태동기 > 정치사

자료해설

제시문에서 '균역법(1750)을 시행했다'는 것을 통해 밑줄 친 '그'가 영조임을 알 수 있다.

정답의 이유

㉠ 영조는 조선 건국 초기부터 수해가 심했던 청계천 준설 작업과 유료 변경 사업을 통해 치수 사업을 본격적으로 추진하였다.

㉡ 영조는 제도와 권력 구조의 개편 내용을 정리한 『속대전』을 편찬하였다.

오답의 이유

㉢ 호조의 사례를 모아 엮은 책인 『탁지지』는 정조 때 편찬되었다.

㉣ 정조는 초계문신 제도를 실시하여 37세 이하의 참상 · 참하의 당하관 중 젊고 재능 있는 문신들을 의정부에서 초선하여 규장각에 위탁 교육을 시키고, 40세가 되면 졸업시키는 인재 양성의 장치를 강구하였다.

12 난도 ★★☆   정답 ①

시대 통합 > 문화사

자료해설

제시된 사료는 신채호의 『조선사연구초』의 내용이다. (가)는 지방의 신진개혁 세력(서경파)인 묘청이고, (나)는 중앙 귀족의 보수 세력(개경파)인 김부식이다.

정답의 이유

① 고려 인종은 이자겸의 난 이후 왕권을 회복시키고자 정치 개혁을 추진하였다. 이 과정에서 묘청, 정지상을 중심으로 한 서경 세력과 김부식을 중심으로 한 개경 세력 간의 대립이 발생하였다. 서경 세력은 서경 천도와 칭제건원, 금 정벌을 주장하였는데 받아들여지지 않자 국호를 대위, 연호를 천개로 하여 서경에서 반란을 일으켰으나(1135) 김부식의 관군에 의해 진압되었다.

② 고려 후기 권문세족이 점탈한 토지를 돌려주고 억울하게 노비가 된 자를 풀어주기 위해 설치된 전민변정도감은 공민왕 때 신돈의 건의로 설치되었다.

③ 성리학은 충렬왕 때 안향을 통해 처음 들어왔다.

④ 김부식은 인종 때 왕명에 따라 『삼국사기』를 편찬하였다.

더 알아보기

이자겸의 난(1126)

원인	경원 이씨의 권력 장악 → 인종과 측근 세력의 이자겸 제거 시도
전개	이자겸이 척준경과 함께 난을 일으켜 권력 장악 → 인종의 척준경 포섭으로 이자겸 세력 제거 → 척준경 탄핵
결과	국왕 권위 실추, 문벌 사회 분열

13 난도 ★☆☆ 정답 ③

중세 > 경제사

자료해설

제시된 자료는 고려 시대에 시행된 토지 제도로, 이를 순서대로 나열하면 (다) 역분전 – (가) 시정 전시과 – (라) 개정 전시과 – (나) 경정 전시과이다.

정답의 이유

(다) 역분전은 태조 때 개국 공신 등에게 충성도와 인품에 따라 지급된 토지이다(940).

(가) 경종 때 실시한 시정 전시과는 관리의 관등과 인품을 고려하여 전지와 시지를 지급하였다(976).

(라) 목종 때 실시한 개정 전시과는 지급 기준에서 인품을 배제하고 관등에 따라 18등급으로 구분하여 토지를 지급하였다(998).

(나) 문종 때 실시한 경정 전시과는 산직을 배제하고 현직 관리에게만 토지를 지급하였다(1076).

더 알아보기

전시과 제도

- 태조 23년(940)에 처음으로 역분전(役分田) 제도를 설정하였는데, 삼한을 통합할 때 조정의 관료와 군사에게 그 관계(官階)의 높고 낮음을 논하지 않고 그 사람의 성품과 행동의 착하고 악함과 공로가 크고 작은가를 참작하여 차등 있게 주었다.
  …(중략)…
- 경종 원년 11월에 비로소 직관(職官)·산관(散官)의 각 품(品)의 전시과를 제정하였는데 관품(官品)의 높고 낮은 것은 논하지 않고 다만 인품(人品)만 가지고 전시과의 등급을 결정하였다.
  …(중략)…
- 목종 원년 3월 각 군현의 안일호장(安逸戶長)에게 직전(職田)의 절반을 주었다. 12월 문무 양반 및 군인들의 전시과를 개정하였다.
  …(중략)…
- 문종 30년에 양반 전시과를 다시 개정하였다.
  – 『고려사』 –

14 난도 ★☆☆ 정답 ④

고대 > 정치사

자료해설

제시된 사료는 관산성 전투에 관한 내용으로 (가)에 해당하는 왕은 백제 성왕이다.

정답의 이유

④ 백제 성왕은 웅진에서 사비로 도읍을 천도하고 국호를 남부여로 고쳐 새롭게 중흥을 도모하였다.

① 고구려 장수왕의 남하 정책에 대비하기 위해 백제의 비유왕과 신라의 눌지왕 사이에 나·제 동맹이 성립되었고, 이를 더욱 강화하기 위해 백제의 동성왕과 신라의 소지왕이 결혼 동맹을 맺었다.

② 백제 무령왕은 지방에 22담로를 설치하고 왕족을 파견하여 지방에 대한 통제를 강화하였다.

③ 신라 진흥왕은 화랑도를 국가적인 조직으로 정비하였고, 이들은 원광의 세속 5계를 생활 규범으로 삼아 명산대천을 찾아다니며 수련을 하였다.

15 난도 ★★☆ 정답 ④

시대 통합 > 문화사

제시된 자료는 각 시대를 대표하는 토기로, 이를 순서대로 나열하면 (라) 빗살무늬 토기 – (가) 청자 상감운학무늬 매병 – (나) 분청사기 철화어문 항아리 – (다) 백자 청화 '홍치2년'명 송죽문 항아리이다.

정답의 이유

(라) 빗살무늬 토기는 신석기 시대의 대표적인 토기로, 이를 이용하여 음식을 조리하거나 저장하였다.

(가) 청자 상감운학무늬 매병은 고려 시대의 상감청자로, 그릇 표면을 파낸 자리에 백토나 흑토 등을 메워 무늬를 내는 고려의 상감 기법이 잘 드러나는 청자이다.

(나) 분청사기 철화어문 항아리는 조선 전기의 작품이다. 분청사기는 고려 말에 등장한 기법으로 청자에 백토의 분을 칠하는 방식으로 제작되었으며, 조선 전기 궁중이나 관청에서 널리 사용되었다.

(다) 백자 청화 '홍치2년'명 송죽문 항아리는 조선 성종(1489) 때 만들어진 청화 백자로, 조선 중후기에는 백자에 회회청(코발트) 또는 토청 등의 안료를 사용한 청화 백자가 널리 보급되었다.

16 난도 ★★☆   정답 ③

중세 > 정치사

자료해설

제시문은 고려 문종 때 최충이 세운 9재 학당으로 사학 12도 중 가장 번성하여 많은 후진을 양성하였다.

정답의 이유

③ 최충의 문헌공도를 대표로 하는 사학 12도의 발전으로 관학이 위축되자 고려 예종은 관학 교육의 진흥을 위해 국자감을 재정비('국학'으로 고침)하고 장학 재단인 양현고를 설치하였다.

오답의 이유

① 성리학은 원 간섭기인 충렬왕 때 안향의 소개로 도입되었고, 백이정, 이제현, 이색 등을 통해 신진 사대부들에게 전래되어 새로운 국가 지도 이념으로 발전하게 되었다.

② 신진 사대부는 성리학을 학문뿐만 아니라 유교를 생활 속에서 실천하여 재현하고자 하는 의지로 『소학』과 『주자가례』를 이해하여 널리 보급하였다.

④ 고려 충선왕은 왕위에서 물러난 뒤 원의 연경에 만권당을 세우고 이제현 등 성리학자들을 고려에서 데려와 원의 학자들과 교류하게 하였다.

더 알아보기

고려 시대 교육 기관의 변화

관학 장려	• 국자감 정비(중앙): 유학부, 기술학부 • 향교 설치(지방): 지방 관리와 서민의 자제 교육
사학의 융성	사학 12도(최충의 9재 학당) → 관학 위축
관학 진흥책	• 숙종: 서적포 설치 • 예종: 국학 7재, 양현고, 청연각, 보문각 설치 • 인종: 경사 6학 정비, 유학 교육 강화 • 충렬왕: 섬학전, 문묘 건립 • 공민왕: 성균관 부흥(순수 유교 교육)

17 난도 ★☆☆   정답 ④

근대 태동기 > 문화사

자료해설

제시된 사료에서 '공동 경작', '공동 소유', '노동량에 비례한 수확물 분배' 등의 내용을 통해 정약용이 주장한 여전론에 대한 설명임을 알 수 있다.

정답의 이유

④ 『목민심서』는 조선 후기의 실학자 정약용이 목민관이 지켜야 할 지침을 밝히면서 관리들의 폭정을 비판한 저서이다.

오답의 이유

① 『열하일기』는 조선 후기 실학자 박지원이 청나라에 다녀온 후에 작성한 견문록이다.

② 『반계수록』은 조선 중기 학자 유형원이 통치 제도에 관한 개혁안을 중심으로 저술한 책이다.

③ 『성호사설』은 조선 후기 실학자인 이익이 백과사전식으로 저술한 저서이다.

18 난도 ★☆☆   정답 ①

선사 시대와 국가의 형성 > 국가의 형성

자료해설

제시된 사료의 (가) 국가는 부여이다.

정답의 이유

① 부여에서는 매년 12월에 풍성한 수확제이자 추수 감사제의 성격을 지닌 영고라는 제천 행사가 열렸다.

오답의 이유

② 고구려에는 혼인을 하면 신랑이 신부 집 뒤에 서옥이라는 집을 짓고 생활하다가 자식을 낳아 장성하면 신랑 집으로 돌아가는 서옥제라는 풍습이 있었다.

③ 동예에서 생산되는 특산물로는 단궁, 과하마, 반어피 등이 유명하였다.

④ 삼한은 마한, 진한, 변한으로 구성된 연맹 왕국으로 신지, 견지, 읍차와 같은 정치적 지배자가 있었다.

19 난도 ★☆☆   정답 ③

일제 강점기 > 정치사

자료해설

제시된 자료를 순서대로 나열하면 국권 피탈(1910) - (가) - 3·1 운동(1919) - (나) - 만주 사변(1931) - (다) - 중·일 전쟁(1937) - (라) - 8·15 해방(1945)이다. 지도에 표시된 전투는 지청천이 이끈 한국 독립군의 '쌍성보 전투(1932), 대전자령 전투(1933)'와 양세봉이 이끈 조선 혁명군의 영릉가 전투(1932), 흥경성 전투(1933)'이다. 모두 만주 사변 이후인 (다) 시기에 일어난 사건이다.

정답의 이유

③ 일제는 1931년 만주 사변을 일으켜 중국 동북부를 점령하였고, 청의 마지막 황제였던 푸이를 황제로 삼아 일본의 괴뢰 정권인 만주국을 세우게 되었다. 이로 인해 중국 내 일제에 대한 반일 감정이 고조되었고, 한·중 연합 작전이 추진되었다. 지청천이 이끄는 한국 독립군은 쌍성보(1932), 대전자령(1933) 전투에서, 양세봉이 이끄는 조선 혁명군은 영릉가(1932), 흥경성(1933) 전투에서 승리를 거두었다.

20 난도 ★★☆   정답 ①

일제 강점기 > 정치사

자료해설

제시된 자료의 (가) 단체는 1907년 서울에서 조직된 비밀 결사 단체인 신민회이다.

정답의 이유

① 신민회는 남만주 삼원보, 밀산부 한흥동 등에 독립운동 기지를 건설하고, 삼원보에 사관 양성 기관인 신흥 강습소를 설립하였다.

오답의 이유

② 고종의 강제 퇴위와 군대 해산에 반발하여 정미의병이 전국적으로 전개되었고, 해산 군인들이 의병 활동에 가담하며 의병 부대가 조직화되었다.

③ 신민회는 국권 회복과 공화정체의 근대 국민 국가 건설을 목표로 활동하였다.

④ 나철·오기호 등은 을사늑약을 체결하는 데 협력한 친일파 을사오적(박제순, 이지용, 이근택, 이완용, 권중현)을 암살하기 위해 자신회를 조직하여 활동하였다.

21 난도 ★☆☆   정답 ④

선사 시대와 국가의 형성 > 국가의 형성

[자료해설]

제시된 사료는 고조선의 8조법이다. 고조선은 사회 질서를 유지하기 위해 8개의 조항으로 이루어진 8조법(=범금 8조)을 만들었으나 현재는 3개의 조항만 전해진다.

[정답의 이유]

④ 고조선은 기원전 3세기경 강력한 왕이 등장하여 왕위를 세습하였으며, 그 밑에 상, 대부, 장군 등의 관직도 두었다.

[오답의 이유]

① 동예는 매년 10월에 무천이라는 제천 행사를 열었으며, 특산물로는 단궁, 과하마, 반어피 등이 있었다.

② 부여와 고구려 지배층의 혼인 풍습으로 형이 죽으면 동생이 형수를 아내로 삼는 형사취수제가 있었다.

③ 고구려는 귀족 회의인 제가 회의를 통해 국가의 중대 문제를 결정하였고, 중대한 범죄자가 있으면 사형에 처하였다.

22 난도 ★☆☆   정답 ④

현대 > 정치사

[자료해설]

제시된 (가)는 1969년의 제6차 개헌(3선 개헌)으로 대통령의 3선 연임을 허용하였다.

[정답의 이유]

④ 제6차 개헌의 주요 내용은 대통령 직선제, 대통령의 장기 집권을 위한 3선 연임 허용, 대통령에 대한 탄핵 소추 결의의 요건을 강화, 국회 의원의 행정부 장·차관의 겸직 허용 등이다.

[오답의 이유]

① 제6차 개헌은 대통령 직선제를 규정하였다.

② 1954년에 이승만 정권은 제2차 개헌(사사오입 개헌)을 통해 초대 대통령에 한해 중임 제한을 폐지하여 장기 집권을 시도하였다.

③ 4·19 혁명 이후 허정을 내각 수반으로 하는 과도 정부가 구성되었다(제3차 개헌). 이 정부에서는 내각 책임제와 양원제를 골자로 하여 헌법을 개정하고 총선거를 실시하였다.

[더 알아보기]

대한민국 개헌 과정

1차 개헌 (발췌 개헌, 1952)	대통령 직선제, 부통령제, 양원제 국회, 국무위원에 대한 국회의 불신임 결의 등
2차 개헌 (사사오입 개헌, 1954)	대통령 직선제, 초대 대통령의 중임 제한 철폐, 국민 투표제 신설, 부통령의 대통령 지위 승계권 부여 등
3차 개헌 (1960)	내각 책임제, 양원제 국회, 지방 자치 단체장의 선거제 채택, 경찰의 중립 규정 등
4차 개헌 (1960)	소급 특별법 제정(3·15 부정 선거 관련자 및 부정 축재자들을 소급하여 처벌)
5차 개헌 (1962)	• 5·16 군사 정변 • 대통령 직선제, 단원제 국회
6차 개헌 (3선 개헌, 1969)	대통령의 3선 허용, 국회 의원 정수 증원, 국회 의원의 각료 겸임 등
7차 개헌 (유신 헌법, 1972)	대통령 간선제, 6년 임기, 중임 제한 철폐, 대통령 권한 강화, 법률 유보 조항을 통한 기본권 제한 용이, 통일 주체 국민 위원회·설치
8차 개헌 (1980)	• 12·12 사태 • 대통령 간선제, 7년 단임제
9차 개헌 (1987)	• 6월 민주 항쟁 • 대통령 직선제, 5년 단임제, 국군의 정치적 중립 • 대한민국 임시 정부의 법통 계승, 4·19 민주 이념의 계승 명시

23 난도 ★☆☆   정답 ④

근세 > 문화사

[자료해설]

제시된 사료의 밑줄 친 '그'는 이황이다. 이황은 왕 스스로 성학 군주가 되어야 한다는 성학 군주론을 주장하였고 일본 성리학에도 영향을 주었다. 그는 '동방의 주자'라고 불리기도 하였다.

[정답의 이유]

④ 이황은 군주의 도를 도식으로 설명한 『성학십도』에서 왕권을 강조하여 왕과 신하는 같은 예가 적용될 수 없으며, 군주 스스로 성학을 따라 성학 군주가 되어야 함을 강조하였다.

[오답의 이유]

① 이황의 사상은 김성일, 유성룡 등에게 계승되어 영남 학파를 형성하였고, 이이의 사상은 조헌, 김장생으로 이어져 기호 학파를 형성하였다.

② 조선 후기 정제두는 지행합일을 중요시하는 양명학을 체계적으로 연구하였고, 강화도에서 후진 양성에 힘을 기울여 강화 학파를 발전시켰다.

③ 『성학집요』는 이이의 저술로, 이이는 이 책에서 현명한 신하가 군주에게 성학을 가르쳐서 군주의 기질을 변화시켜야 한다고 주장하였다.

24 난도 ★★☆ 정답 ②

고대 > 정치사

자료해설

제시문은 백제가 신라를 지속적으로 공격하면서 대야성까지 함락시키자 위기감을 느낀 김춘추가 선덕 여왕에게 고구려 보장왕을 만나 원병을 요청하고자 하는 내용이다(642). 따라서 밑줄 친 '왕'은 선덕 여왕이다.

정답의 이유

② 신라 선덕 여왕 때 승려 자장이 주변 9개 민족의 침략을 부처의 힘으로 막기 위한 목탑 건립을 건의하여 황룡사 9층 목탑이 세워졌다(645).

오답의 이유

① 진흥왕은 한강 상류 지역을 점령한 후 단양 적성비를 세웠다.

③ 고구려가 멸망한 후 검모잠이 보장왕의 아들 안승을 왕으로 추대하고 고구려 부흥 운동을 전개하였다. 이후 내분이 일어나자 안승은 검모잠을 죽인 뒤 고구려 유민을 이끌고 신라로 망명하였다. 이에 신라 문무왕은 안승을 보덕국의 왕으로 임명하고 금마저(전북 익산)에 땅을 주어 고구려 부흥 운동을 지원하였다(674).

④ 법흥왕은 이차돈의 순교를 계기로 불교를 신라의 국교로 공인하였다(527).

25 난도 ★★☆ 정답 ①

중세 > 정치사

자료해설

제시된 (가)는 노비안검법을 실시한 고려 광종이다. 고려 광종은 노비안검법을 실시하여 억울하게 노비가 된 사람들을 구제하고 국가 재정을 확충하면서 호족 세력을 약화시키고자 하였다.

정답의 이유

㉠ 고려 광종은 신구 세력을 교체하고 새로운 관리 선발 기준을 마련하기 위해 과거제를 실시하였다.

㉡ 고려 광종은 강화된 왕권을 배경으로 국왕을 황제라 칭하고 광덕, 준풍 등 독자적인 연호를 사용하였으며 개경을 황도, 서경을 서도라 부르도록 하였다.

오답의 이유

㉢ 고려 성종 때는 태조 때 흑창의 명칭을 의창으로 고쳐 빈민을 구제하고자 하였고, 물가 조절을 위한 상평창을 개경, 서경, 12목에 설치하였다.

㉣ 고려 현종은 전국을 5도와 양계, 경기로 나누고 일반 행정 구역인 5도에 지방관인 안찰사를 파견하였다.

교육은 우리 자신의 무지를 점차 발견해 가는 과정이다.

– 윌 듀란트 –

PART 5
고난도 기출문제

한눈에 훑어보기

✓ 빠른 정답

01	02	03	04	05	06	07	08	09	10
③	③	④	③	②	③	②	④	②	②
11	12	13	14	15	16	17	18	19	20
②	①	②	④	③	④	②	③	②	②
21	22	23	24	25	26	27	28	29	30
③	③	①	④	④	①	④	①	③	②
31	32	33	34	35	36	37	38	39	40
③	③	③	①	③	③	③	④	①	④

✓ 점수 체크

구분	1회독	2회독	3회독
맞힌 문항 수	/ 40	/ 40	/ 40
나의 점수	점	점	점

01 난도 ★★☆   정답 ③

선사 시대와 국가의 형성 > 선사 시대

자료해설

(가) 신석기 시대에 사용된 가락바퀴로, 이 도구를 이용하여 실을 뽑았다.

(나) 청동기 시대에 사용된 반달 돌칼로, 이 도구로 곡물을 수확하였다.

정답의 이유

ⓒ 함경북도 웅기 굴포리 유적은 구석기 중기 유적지이다.

ⓔ 신석기 시대에 조 · 피 · 수수 등 밭농사 중심의 농경 생활이 시작되었다.

ⓜ 청동기 시대에 미송리식 토기와 민무늬 토기가 사용되었으며, 검은 간 토기와 덧띠 토기는 철기 시대에 사용된 토기이다.

오답의 이유

⊙ 신석기 시대에는 가락바퀴와 뼈바늘을 사용하여 의복 및 그물을 제작하였다.

ⓒ 동심원, 십자형, 가면 모양 등 기하학무늬 모양의 그림이 새겨진 경북 고령 장기리 암각화는 청동기나 철기 시대의 암각화로 추정한다.

더 알아보기

신석기 시대와 청동기 시대

구분	신석기 시대	청동기 시대
시기	기원전 8000년경 시작	기원전 2000~기원전 1500년경
유적지	제주 한경 고산리, 서울 암사동, 김해 수가리, 부산 동삼동 조개더미	충남 부여 송국리, 울산 검단리, 경기 여주 흔암리, 울산 무거동 옥현, 평북 의주 미송리 동굴, 춘천 중도 등
유물	• 석기: 간석기(갈돌, 갈판), 가락바퀴 • 토기: 이른민무늬 토기, 덧무늬 토기, 눌러찍기무늬 토기, 빗살무늬 토기 • 토우, 동물 모양을 새긴 조각품, 짐승의 이빨 · 뼈로 만든 장신구, 조개껍데기 가면, 치레걸이 등	• 석기: 반달 돌칼, 바퀴날 도끼, 홈자귀 등 • 청동기: 비파형 동검, 거친무늬 거울 등 • 토기: 미송리식 토기, 민무늬 토기, 붉은 간 토기 등 • 고인돌: 지배층의 무덤 → 계급 사회였음을 보여줌

02 난도 ★★★　　　　　　　　　　　　　정답 ③

근세 > 정치사

자료해설

제시된 자료의 시기 순서는 ㉣ 조광조 – ㉡ 서경덕 – ㉢ 이황과 기대승 – ㉠ 이이이다.

정답의 이유

㉣ 조광조(1482~1519)는 성리학적 사회 질서를 정착하고자 윤리적 생활 규범을 강조한 『소학』 교육을 장려하였으며, 향촌 자치를 실현하기 위해 향약 보급 운동을 추진하였다.

㉡ 서경덕(1489~1546)의 주기 철학에 관한 내용이다. 태허설은 서경덕이 중종 말기에 쓴 논문으로 우주 공간은 비어있으면서도 비어있지 않고 영원 불멸한 무한의 존재라고 하였다.

㉢ 사단칠정론(四端七情論)은 이황과 기대승의 왕복 논변에서 비롯한, 조선 후기 성리학계에서 지속적으로 토론된 인간의 심성에 대한 이기론적 해석을 말한다. 이 논쟁은 정지운의 『천명도』를 이황이 수정하면서 시작되었으며, 이황과 기대승 사이의 편지를 통해 1559년부터 1566년까지 지속되었다.

㉠ 이이는 나라에 정치 · 사회적으로 폐단이 누적되면 그 나라의 정신과 문화를 새롭게 개혁해야 한다고 주장하였는데 그것을 경장(更張)이라 하였다. 이이는 저서 『동호문답』이나 『만언봉사』 등을 통해 나라의 공허를 채우기 위해서도 근본적인 경장이 필요함을 역설하였다.

03 난도 ★★☆　　　　　　　　　　　　　정답 ④

고대 > 정치사

자료해설

제시된 자료는 신문왕이 '김흠돌의 난'을 진압하고 내린 교서이다. 통일 신라 신문왕은 장인이었던 김흠돌의 난을 진압한 뒤 진골 귀족 세력을 숙청하여 왕권을 강화하였다.

정답의 이유

④ 통일 신라 신문왕은 유교 정치를 확립시키기 위해 유학 교육 기관인 국학을 설립하였다(682).

오답의 이유

① 신라 문무왕은 매소성 전투(675)와 기벌포 전투(676)에서 승리하여 당의 세력을 한반도에서 몰아내고 삼국 통일을 완성하였다.

② 신라 성덕왕은 토지가 없는 백성들에게 정전을 지급하였는데(722), 이는 국가의 토지 지배력을 강화하고 수취 체제를 정비하려는 목적이었다.

③ 신라 원성왕은 국학의 학생들을 대상으로 독서삼품과를 실시하여 유교 경전의 이해 수준에 따라 관리를 채용하였다(788).

더 알아보기

김흠돌의 난

배경	무열왕 계열의 전제 왕권 수립을 위한 강화 정책에 대한 반발(681)
발생	신문왕이 즉위하던 해 신문왕의 장인인 김흠돌이 모역 사건을 일으킴
결과	귀족들의 대대적 숙청, 왕권 전제화

04 난도 ★★☆　　　　　　　　　　　　　정답 ③

고대 > 문화사

정답의 이유

㉠ 김대문은 통일 신라 진골 귀족 출신으로, 화랑들의 전기인 『화랑세기』와 승려들의 전기인 『고승전』 등을 저술하였다. 『계원필경』은 최치원의 저서로 시 · 별지 · 격서 · 표 등의 작품을 간추려 만든 시문집이다.

㉣ 6두품 출신 유학자 최치원은 당에서 빈공과에 급제하여 관리 생활을 하다가 귀국하여, 진성 여왕에게 시무 10조를 건의하였으나 받아들여지지 않았다.

오답의 이유

㉡ 통일 신라 6두품 출신 설총은 한자의 음과 훈으로 우리말을 표기하는 이두를 정리하였고, 신문왕에게 「화왕계(花王戒)」를 지어 올렸다.

㉢ 통일 신라의 유학자 강수는 고구려, 백제, 당에 보내는 외교 문서 작성을 전담하였으며, 당시 당나라에 갇혀 있던 김인문의 석방을 청한 『청방인문표』, 당나라 행군총관이던 설인귀의 서신에 대한 답서인 『답설인귀서』 등을 쓴 것으로 추정된다.

05 난도 ★★☆　　　　　　　　　　　　　정답 ②

일제 강점기 > 정치사

자료해설

대한민국 임시정부의 체제는 제5차 개헌으로 주석 · 부주석 중심제로 변경되었다(1944).

정답의 이유

② 한국 광복군은 1945년에 국내 정진군 총지휘부를 설립하고, 미군의 미국 전략 정보국(OSS)의 협조를 받아 국내 진공 작전을 준비하였으나 일본이 무조건 항복함에 따라 무산되었다.

오답의 이유

① 대한민국 임시정부는 충칭에서 조소앙의 삼균주의를 정치 이념으로 하여 광복 운동의 방향과 독립 후의 건국 과정을 명시한 건국 강령을 공포하였다(1941).

③ 김원봉이 이끈 조선 의용대 중 일부 대원은 임시정부의 한국 광복군에 합류하였다(1942).

④ 김구는 대한민국 임시정부가 겪던 곤경을 타개하고 침체된 독립 운동의 새로운 활로를 모색하기 위해 상하이에서 한인 애국단을 결성하여 적극적인 투쟁 활동을 전개하였다(1931).

대한민국 임시 정부의 체제 변화

개헌	정치 체제	정부 수반
1차(1919)	대통령 중심제	대통령: 이승만
2차(1925)	내각 책임제(국무령 중심)	국무령: 김구
3차(1927)	집단 지도 체제	국무위원 중심제
4차(1940)	주석 중심 체제	주석: 김구
5차(1944)	주석·부주석 중심 체제	주석: 김구, 부주석: 김규식

06 난도 ★★★　　　　　　　　　　정답 ③

고대 > 문화사

자료해설

제시된 자료의 '멀고 험한 길', '이 눈으로 똑똑히 보오리'의 기행문적 문장을 통해 혜초가 지은 『왕오천축국전』이라는 것을 알 수 있다.

정답의 이유

③ 혜초는 당과 인도, 중앙 아시아 지역을 답사하고 그 행적을 기록한 기행문인 『왕오천축국전』을 저술하였다.

오답의 이유

① 의상은 현세에서 고난을 구제받고자 하는 관음 신앙을 강조하였고, 부석사를 중심으로 수많은 제자들을 양성하였다. 또한 『화엄일승법계도』를 저술하여 화엄 사상을 정립하고 화엄 교단을 세웠다.

② 원효는 불교 종파의 대립과 분열을 종식시키고 화합을 이루기 위한 화쟁 사상을 주장하였으며, 이러한 사상을 담은 『십문화쟁론』을 저술하였다.

④ 신라 진평왕 때 원광은 화랑도의 생활 규범으로 사군이충·사친이효·교우이신·임전무퇴·살생유택의 내용을 담은 세속 5계를 제시하였다.

더 알아보기

신라의 대표적인 승려

원광	세속 5계 확립: 화랑도의 생활 규범
원효	• 불교의 사상적 이해 기준 확립(『금강삼매경론』, 『대승기신론소』) • 종파 간의 사상적 대립 극복·조화(『십문화쟁론』) • 불교의 대중화(나무아미타불, 「무애가」), 정토종, 법성종 창시
의상	• 화엄 사상 정립(『화엄일승법계도』) • 관음 신앙: 현세에서의 고난 구제 • 부석사 건립, 불교 문화의 폭 확대
혜초	인도, 중앙 아시아 기행기(『왕오천축국전』)

07 난도 ★★★　　　　　　　　　　정답 ②

고대 > 문화사

자료해설

제시된 자료의 '경전 외우는 데만 마음이 쏠려 (가)를 비웃었다', '자취를 감추고 북산에 은둔하다'는 내용을 통해 〈보기〉의 (가)는 선종이라는 것을 알 수 있다.

정답의 이유

㉠ 도의는 37년간 당에서 머무르다 헌덕왕 때인 821년 귀국하여 선법(禪法)을 펴고자 하였으나 당시 사람들이 교학만을 숭상하여 실패하였다.

㉡ 실상산문(實相山門)을 개척한 홍척은 당에서 귀국 후 신라 왕실에서 마조선(馬祖禪)을 강의하였다. 또한 홍척의 제자 수철은 신라 왕실(경문왕, 헌강왕, 진성 여왕)과 밀접한 관계를 맺기도 하였다.

오답의 이유

㉢ 선종 승려들은 6두품 및 지방 호족 세력들의 지원을 바탕으로 대표적 승려 집단인 9산 선문을 형성하였다.

㉣ 선종은 신라 말기에 유행하였는데, 특히 왕건이 고려를 건국하는 과정에서 사상적 바탕이 되어 지방 호족과 백성들을 포용하는데 이용되었다.

08 난도 ★★★　　　　　　　　　　정답 ④

고대 > 문화사

자료해설

비석은 ㉢ 영일 냉수리비(443 또는 503 추정) - ㉠ 울진 봉평비(524) - ㉡ 단양 적성비(551 추정) - ㉣ 남산 신성비(591) 순으로 건립되었다.

정답의 이유

㉢ 영일 냉수리비: 신라 지증왕 때 진이마촌(珍而麻村)에서 재물의 소유권 갈등과 분쟁의 해결 과정을 기록한 자료이다.

㉠ 울진 봉평비: 법흥왕 때 신라에 새로 편입된 거벌모라는 지역 산성에서 일어난 화재 사건 해결과 관련하여 6부 회의(귀족 회의)를 열고 그 지역 주민 및 지배자를 대상으로 관련자에게 책임을 물어 벌을 주었다는 것을 기록하였다.

㉡ 단양 적성비: 진흥왕 때 신라가 한강 상류를 점령한 것을 기념하기 위해 기록한 비석이다.

㉣ 남산 신성비: 진평왕 당시 남산에 산성을 쌓을 때 그 공사에 관여한 지방관 및 지방민들에 관하여 기록한 비석이다.

오답의 이유

① 진흥왕 때 동해안 방면으로 북진하면서 세운 비는 마운령비, 황초령비이다. 울진 봉평비는 귀족 회의를 통해 신라 거벌모라 지역의 화재로 인한 관련 책임자를 중앙에서 응징한 내용을 담고 있다.

② 지방민들 사이에 벌어진 재산 분쟁에 대한 처결 내용을 적은 것은 영일 냉수리비이다. 단양 적성비는 신라가 한강 상류를 점령한 것을 기념하기 위한 비석이다.

③ 영일 냉수리비는 지방민들 사이의 재물의 소유권 분쟁 및 그 처결 내용을 기록한 비석이다. 화재 사건의 책임자 처벌 내용을 담고 있는 것은 울진 봉평비이다.

09 난도 ★★☆ 정답 ②

중세 > 정치사

자료해설

고려를 건국한 태조는 지방관이 파견되는 주현보다 파견되지 않은 속현이 더 많자 민심을 수습하고 지방 통치를 원활하게 하기 위해 지방 호족 출신자를 그 지역의 사심관으로 임명하거나, 지방 호족의 자제를 일정기간 수도에 머물게 하는 기인 제도를 이용하였다.

정답의 이유

② 성종은 중앙에 최고 교육 기구인 국자감을 설치하고 지방에 경학 박사와 의학 박사를 파견하여 유학 교육을 활성화하고자 하였다.

오답의 이유

① 고려 태조는 지방 호족을 견제하고 지방 통치를 원활하게 하기 위해 지방 호족 출신자를 그 지역의 사심관으로 임명하여 향촌 사회에서의 지배권을 부분적으로 인정해 주었다.

③ 고려 태조는 빈민을 구제하기 위하여 춘궁기에 곡식을 대여해 주고 추수 후에 회수하는 흑창을 설치하였다.

④ 고려 태조 때 거란이 발해를 멸망시켰기 때문에 화친할 수 없다는 이유로 거란에서 보낸 낙타를 만부교에 묶어 굶어 죽게 하였다.

10 난도 ★★★ 정답 ②

시대 통합 > 문화사

정답의 이유

② 『통항일람』은 19세기 중반에 일본에서 기록한 사서로, 안용복에게 독도가 조선의 땅임을 인정해 주었다는 사료가 기록되어 있다.

오답의 이유

① 『은주시청합기』는 일본 이즈모(현 시마네현 동부)의 지방 관료인 사이토 도요노부(사이토 호센)가 쓴 저서이다. 이는 독도와 관련한 최초의 기록이 있는 일본 서적(1667)으로 '일본과의 서북쪽 경계는 오키섬(은주)을 한계로 한다'고 하여 독도를 고려(한국)의 땅으로 보았다.

③ 1877년 3월 일본 정부 최고 행정기관인 태정관에서 내무성에 내린 지령 안에는 '울릉도(다케시마)와 독도(일도) 건은 일본과 전혀 관계가 없음을 명심할 것'을 하달하여 울릉도와 독도가 일본 영토가 아님을 분명히 하였다.

④ 1870년 『조선국교제시말내탐서』는 일본 메이지 정부의 외무성 관리가 독도와 울릉도에 조선에서 사람을 파견하여 거류한 정황과 어획량, 생태 등을 내탐하여 작성한 보고서로 독도와 울릉도가 조선의 부속이 된 경위를 나타내고 있다.

더 알아보기

독도의 기록

• 신라 지증왕 때 이사부를 시켜 우산국(울릉도)과 우산도(독도)를 정벌하였다.

• 조선 숙종 때 동래에 살던 안용복이 울릉도와 독도에 왕래하던 일본 어부들을 쫓아내고 일본에 건너가 우리나라의 영토임을 확인받았다.

• 조선 왕조의 관찬 사서인 『세종실록 지리지』에는 '신라 때 우산국이라고 칭했다'는 기록이 남아 있다.

• 『동국문헌비고』의 기록을 통해 우산. 즉 독도는 에도 시대에 일본이 말하는 마쓰시매[松島]로, 삼국 시대부터 우리 땅이었음을 재확인할 수 있다.

• 1906년 일본이 독도를 불법으로 편입하였다는 사실을 통보받은 울도 군수 심흥택은 독도가 울도군의 관할이라는 내용의 문서를 정부에 보고하였다.

• 대한제국은 울릉도, 독도의 행정 관리를 강화하기 위해 대한제국 칙령 제41호를 통해 울릉도를 군으로 승격시키고 독도를 관할하게 하여 우리의 영토임을 명시하였다.

• 일본 기록 중 독도가 우리 영토임을 기록한 것으로는 『은주시청합기』, 『통항일람』, 권력 기관인 태정관의 지령문, 『삼국접양지도』, 『조선국교제시말내탐서』 등이 있다.

『조선국교제시말내탐서』

죽도(竹島: 울릉도) · 송도(松島: 독도)가 조선의 부속이 된 경위

송도(독도)는 죽도(울릉도) 옆에 있는 섬이다. 송도에 관해서는 지금까지 기록된 바가 없으나, 죽도에 관한 기록은 원록 연간(元祿年間)에 주고받은 서한에 있다. 원록 연간 이후 한동안 조선이 사람을 파견해 거류하게 했으나 이제는 이전처럼 무인도가 됐다. 대나무와 대나무보다 두꺼운 갈대가 자라고 인삼도 저절로 나며 그 외 어획도 어느 정도 된다고 들었다. 이상은 조선의 사정을 현지에서 정찰한 내용으로 그 대략적인 것은 서면에 기록한 대로다.

1870년 4월 외무성 출사(外務省出仕) 사다 하쿠보 등

11 난도 ★★☆ 정답 ②

중세 > 정치사

정답의 이유

② 고려 현종은 전국을 5도와 양계, 경기로 나누고 일반 행정 구역인 5도에 지방관인 안찰사를 파견하였다. 최초로 지방관을 파견한 것은 고려 성종 때이다.

오답의 이유

① 고려 성종은 최승로의 시무 28조를 받아들여, 전국의 주요 지역에 12목을 설치하고 지방관인 목사를 파견하였다.

③ · ④ 고려의 일반 행정 구역 5도(서해도, 교주도, 양광도, 경상도, 전라도)에는 지방관인 안찰사를 파견하였으나, 그 아래에는 주 · 군 · 현이 설치되어 지방관이 파견되었다. 그러나 전국에 실제로 지방관이 파견된 주현보다 지방관이 파견되지 않은 속현이 더 많아 실질적인 조세, 공물, 노역 등의 행정 실무는 향리가 담당하였다.

12 난도 ★★☆

중세 > 정치사

자료해설

제시문의 사건이 일어난 순서는 ② 『상정고금예문』 간행(1234) – ⓜ 원종의 개경 환도(1270) – ㉠ 『삼국유사』 편찬(1281) – ㉢ 쌍성총관부 탈환(1356) – ㉡ 화통도감 설치(1377)이다.

정답의 이유

② 『상정고금예문』은 12세기 인종 때 최윤의 등이 지은 의례서이다. 이규보의 『동국이상국집』에 강화도에서 금속 활자로 인쇄(50권을 28부 인쇄)하였다는 관련 기록이 있으나, 현존하지는 않는다.

ⓜ 고려 정부(원종)는 몽골과 강화를 맺고(1259) 개경으로 환도하였다(1270).

㉠ 『삼국유사』는 고려 원 간섭기인 충렬왕 때 승려 일연이 저술하였다(1281).

㉢ 고려 공민왕은 반원 자주 정책을 실시하여 유인우, 이자춘, 이인임 등으로 하여금 동계 지역의 쌍성총관부를 공격하게 하여 원에 빼앗긴 철령 이북의 땅을 수복하였다(1356).

㉡ 고려 말 우왕 때 최무선은 화통도감을 설치(1377)하여 화약과 화포를 제작하였고, 이를 활용하여 진포 대첩에서 왜구를 격퇴하였다(1380).

13 난도 ★★★

정답 ②

근세 > 정치사

정답의 이유

㉠ 유럽에서 개발된 조총은 16세기 중엽 포르투갈 상인을 통해 일본에 전해져, 임진왜란 당시 일본은 포르투갈로부터 구입한 조총으로 무장하고 조선을 침략하였다.

② 세종 때 제작된 신기전은 화살대의 윗부분에 약통을 달아 로켓처럼 날아갈 수 있도록 한 로켓형 화기이다(1448). 화차는 바퀴가 달린 수레 위에 철화살을 장전하고 화약을 사용하여 발사하는 무기로 태종 때 최초로 개발되었고, 문종 때에는 신기전을 100발 연속 발사할 수 있는 화차를 만들어 냈다(1451).

오답의 이유

㉡ 비격진천뢰는 군사 목적의 폭탄으로 조선 선조 때 이장손이 처음 발명하였다. 둥근 박 모양의 무쇠 안에 화약과 빙철(철 조각)을 장전한 인마살상용 폭탄이다.

㉢ 불랑기포는 임진왜란 때 명나라에서 도입한 서양식 대포로 이후 조선군의 주력 화포로 많이 쓰였다.

ⓜ 태종 때에는 병선 제조 기술이 개량되어 작고 날쌘 비거도선이라는 전투선을 제조하여 수군의 전투력을 크게 향상시켰다.

㉥ 임진왜란 발발 이후 일본군의 조총 전술에 잇따라 참패를 거듭한 조선은 전쟁 중 어렵게 입수한 조총을 모방하여 제작하려는 노력을 기울였다. 그 결과 임진왜란 중 일본 조총을 모방하여 우수한 성능을 지닌 조총을 제조하는 데 성공하면서 대량 제작되었다.

14 난도 ★★★

정답 ④

중세 > 정치사

자료해설

무신 집권기의 봉기가 발생한 순서는 ㉠ 망이·망소이의 난(1176) – ㉢ 전주 관노의 난(1182) – ⓜ 김사미·효심의 난(1193) – ㉡ 만적의 난(1198) – ② 최광수의 난(1217) – ㉥ 이연년 형제의 난(1237)이다.

정답의 이유

㉠ 정중부 집권기에 공주 명학소에서 망이·망소이가 과도한 부역과 소·부곡민에 대한 차별 대우에 항거하여 반란을 일으켰다(1176).

㉢ 전주 관노의 난은 경대승 집권기 때 공노비들이 일으킨 난이다(1182).

ⓜ 이의민 집권기에 운문과 초전에서 김사미와 효심의 난이 발생하였다(1193).

㉡ 최충헌의 사노비 만적은 개성에서 노비들을 규합하여 신분 차별에 항거하는 반란을 도모하였으나 사전에 발각되어 실패하였다(1198).

② 최광수는 서경에서 고구려 부흥을 표방하며 난을 일으켰다(1217).

㉥ 최우 집권기에 일어난 이연년 형제의 난은 나주목의 속현인 원률과 담양에서 발생했다(1237).

더 알아보기

무신 집권기의 민란

반(反)무신난	김보당의 난(1173)	무신 정권 타도, 의종 복위 주장
	조위총의 난(1174)	서경에서 반란, 많은 농민 가세, 무신 정권 타도, 고위층의 난
	교종 승려들의 난	무신 정권의 교종 불교 탄압 → 귀법사·흥왕사·경복사 등 승려들의 난
하층민 봉기	망이·망소이의 난 (1176)	공주 명학소에서 봉기, 진압 이후 충순현으로 승격 → 향·소·부곡이 소멸되는 계기
	김사미·효심의 난 (1193)	경상도 운문과 초전 → 신라 부흥 표방
	만적의 난(1198)	최충헌의 사노비로 개경에서 노비들을 규합하여 신분 해방과 정권 장악까지 시도
	최광수의 난(1217)	서경 → 고구려 부흥 표방
	이연년의 난(1237)	담양 → 백제 부흥 표방

15 난도 ★★☆

정답 ③

중세 > 정치사

자료해설

제시된 지도 자료에서 짙은 색으로 표시된 부분은 공민왕 때 수복된 쌍성총관부이다. 고려 공민왕은 개혁 정치를 실시하면서 반원 자주 정책의 일환으로 쌍성총관부를 공격하여 철령 이북 지역의 영토를 수복하였다(1356).

[정답의 이유]
③ 고려 충선왕은 왕위를 물려준 뒤 원의 연경에 만권당을 세우고 (1314) 고려에서 이제현 등의 성리학자들을 데려와 원의 학자들과 교류하게 하였다.

[오답의 이유]
① 공민왕은 원의 내정 간섭을 배제하기 위하여 정동행성 이문소를 폐지하였다.
② 공민왕은 신돈을 등용하고 전민변정도감을 설치하여 권문세족에 의해 점탈된 토지를 돌려주고 억울하게 노비가 된 자를 풀어주는 등 개혁을 단행하였다.
④ 공민왕은 성균관을 순수한 유교 교육 기관으로 개편하고 유교 교육을 강화하였으며, 성균관에서 수학한 신진 사대부들을 대거 관직에 진출하게 하였다.

16 난도 ★☆☆   정답 ③

중세 > 사회사

[정답의 이유]
㉠ 고려 시대 노비는 일천즉천(一賤則賤)의 원칙을 적용하여 부모의 신분과 관련 없이 한쪽이 노비이면 그 자녀는 노비가 되었다.
㉢ 공역 노비는 국가로부터 급료를 지급받아 독자적인 가계를 형성할 수 있고, 결혼, 가정 생활도 비교적 자유롭게 유지할 수 있었으며, 60세가 되면 역이 면제되어 사노비보다는 부담이 적은 편이었다.

[오답의 이유]
㉡ 공노비 중 입역 노비는 국가로부터 일정한 급료를 받아 가계를 꾸리는 등 독립된 생활을 할 수 있었지만, 솔거 노비는 주인의 관리에 속해 최소한의 의식주를 공급받고, 무제한 노동력을 제공하는 등 독자적인 경제 생활이 불가능했다.
㉣ 고려 광종은 노비안검법을 실시하여 억울하게 노비가 된 사람들을 구제하고 호족 세력을 약화시키고자 하였다. 다시 노비 신분으로 환원되는 노비환천법은 성종 때 실시되었다.

더 알아보기

고려의 신분 구조

양인	양반	• 최상위 지배층: 왕족, 문반, 무반 • 특징: 문벌 형성(고위 관직 세습, 상호 혼인 관계)
	중간 계층	• 구성: 서리, 남반, 향리, 하급 장교 등 • 특징: 향리가 지방 행정을 실질적으로 담당(속현), 직역의 대가로 토지를 받음, 신분 세습
	양민 (평민)	• 일반 군현민: 농민(백정), 상인, 수공업자 • 특수 행정 구역민: 향·부곡·소의 거주민, 일반 군현민에 비해 조세 차별받음, 이주 금지
천인		• 대다수가 노비: 공노비(국가 소유), 사노비(개인 소유) • 특징: 일천즉천의 원칙 적용, 매매·증여·상속의 대상

17 난도 ★★☆   정답 ②

중세 > 문화사

[자료해설]
㉠ 이규보의 「동명왕편」으로 고려 무신 정권기에 저술된 『동국이상국집』에 수록된 한국 문학 최초의 서사시이다.
㉡ 김부식의 『삼국사기』에 대한 설명이다.
㉢ 일연의 『삼국유사』로 고려 원 간섭기인 충렬왕 때 저술되었다.

[정답의 이유]
② ㉡ 『삼국사기』는 고려 인종의 명을 받아 김부식이 편찬한 현존하는 우리나라 최고(最古)의 역사서이다. 이는 유교적 사관을 바탕으로 본기, 연표, 지, 열전 등으로 구성된 기전체 형식으로 서술되었으며, 신라 계승 의식을 반영하였다.

[오답의 이유]
① ㉠ 「동명왕편」은 고구려를 건국한 동명왕의 업적을 칭송하고 고려가 고구려를 계승하였다는 고려인의 자부심을 표현하였다.
③ ㉢ 『삼국유사』는 불교사를 중심으로 왕력과 함께 기이(紀異)편을 두어 고대의 민간 설화나 전래 기록을 수록하였다. 특히 단군을 우리 민족의 시조로 여겨 단군 왕검의 건국 설화를 수록하였다. 불교 승려의 전기를 수록한 고승전으로는 교종의 승려인 각훈이 편찬한 『해동고승전』이 있다.
④ 고려 무신 정변 이후 사회적 혼란과 몽골 침입으로 민족적 자주 의식을 바탕으로 전통 문화를 바르게 이해하려는 경향이 나타났으며, 이를 바탕으로 저술된 역사서로는 이규보의 「동명왕편」, 일연의 『삼국유사』, 이승휴의 『제왕운기』 등이 있다. 김부식의 『삼국사기』는 사대주의에 입각한 역사서로 고려 중기에 저술되었다.

18 난도 ★★☆   정답 ①

고대 > 정치사

[자료해설]
제시된 자료는 신라 지증왕 때 이사부가 왕명을 받아 우산국과 우산도를 복속시킨 내용이다.

[정답의 이유]
① 소경은 신라의 지방 행정 단위로, 최초의 소경은 지증왕 15년 (514)에 함안에 설치된 아시촌 소경이다.

[오답의 이유]
② 6세기 진흥왕 때 고구려 출신 승려 혜량이 신라에 귀화해 최초의 승통이 되었다.
③ 고구려의 장수왕이 남진 정책을 추진하여 신라와 백제를 공격하자 백제의 비유왕과 신라의 눌지왕이 나·제 동맹을 맺어 이에 대항하였다.
④ 광개토 대왕의 군대가 신라의 요청을 받고 왜구를 격퇴하는 과정에서 고구려의 영향력이 확대되면서 전기 가야 연맹의 맹주였던 금관가야가 쇠퇴하기 시작하였고, 이후 고령 지역의 대가야가 가야 연맹의 중심이 되었다.

19 난도 ★★☆

정답 ③

근세 > 사회사

정답의 이유

③ 향교에서는 매년 자체적으로 정기 시험을 치러 성적 우수자는 소과(생원과 · 진사과)의 1차 시험인 초시를 면제하여 바로 복시에 응시할 수 있게 하였다.

오답의 이유

① 향교는 8세 이상의 양인 남성이 입학할 수 있었으며, 향교마다 학전(學田)을 지급하여 향교 운영의 재원으로 삼게 하여 학비가 없었다.

② 향교는 유학을 향촌 사회에 보급하고 백성을 교화하기 위한 목적으로 설립되었으며, 부 · 대도호부 · 목은 90명, 도호부는 70명, 군은 50명, 현은 30명의 학생을 수용하게 하였다.

④ 향교의 교생(校生)에게는 군역을 면제하는 특권이 주어져 유생들의 군역 회피 수단으로서의 입학이 늘면서 점차 교육 기능이 약화되었다.

더 알아보기

조선의 교육 기관

교육 기관	역할
성균관	생원, 진사시 합격자에게 입학 자격 부여
향교	중등 교육 기관 → 전국 대부분의 군현에 설립
4부 학당	수도 한양에 설치한 중등 교육 기관
서원	지방 사림이 세운 사립 교육 기관
서당	초등 사립 교육 기관

20 난도 ★★☆

정답 ②

중세 > 경제사

정답의 이유

② 목종 때 시행된 개정 전시과는 현직 관리인 직관뿐 아니라 전직 관리인 산관에게도 품계에 따라 토지가 분급되었다. 현직 관료에게만 품계에 따라 토지를 지급한 것은 문종 때 실시한 경정 전시과이다.

오답의 이유

① 경종 때 실시된 시정 전시과는 전 · 현직 문무 관리에게 지급되었으며, 인품과 관등을 반영하여 전지와 시지를 지급하였다.

③ 문종 때 실시된 경정 전시과에서는 무반과 일반 군인에 대한 대우가 전반적으로 향상되었다.

④ 한인전은 6품 이하 하급 관료의 자제로서 관직에 오르지 못한 사람에게 지급한 토지이다.

더 알아보기

고려 시대의 토지 제도

구분	지급 대상	지급 기준	지급 성격
역분전 (태조, 940)	전직 · 현직 관리	인품, 공로 기준 (관등 ×)	논공행상
시정 전시과 (경종, 976)	전직 · 현직 관리	인품, 품계 기준	• 전지와 시지 지급 • 수조권만 지급
개정 전시과 (목종, 998)	전직 · 현직 관리	품계 기준 (인품 ×)	• 무반 차별 • 현직 우대 • 한외과 지급
경정 전시과 (문종, 1076)	현직 관리	품계 기준	• 무반 차별 시정 • 한외과 폐지 • 무산계전시, 별사 전시

21 난도 ★★☆

정답 ③

중세 > 정치사

정답의 이유

③ 고려 시대 제술과는 한시와 문장을 짓는 능력을 평가하는 시험이었고, 명경과는 유교 경전에 대한 이해와 해석을 평가하였다. 조선 시대 문과에 해당되는 제술과와 명경과는 문관 등용 시험으로 중요시되었으며, 특히 제술과를 명경과보다 더 우대하여 합격 인원도 많이 배출하였다.

오답의 이유

① 고려 광종은 후주에서 온 쌍기의 건의를 받아들여 과거제를 도입하였다(958).

② 고려의 과거 제도는 과거라는 시험을 통해 관리를 등용하는 제도로 문과(문관) · 잡과(기술관) · 승과(승려)로 나뉘어 시행되었다. 무과는 예종부터 인종 때까지 일시적으로 시행되었으나 폐지되었다가 공양왕 때 정식으로 실시되었다(1390).

④ 고려 시대의 과거는 3년마다 정기적으로 시행하는 식년시가 원칙이었으나 실제로는 그보다 자주 시행되기도 하고 3년이 지나 시행된 적도 있었다.

더 알아보기

고려 시대 과거 제도

원칙		광종 때(958) 쌍기의 건의로 과거 시행, 양인 이상 응시 가능, 식년시(3년마다 정기 시험) 원칙이었으나 실제 1년, 2년 등 수시로 시행
종류	문과	• 제술과: 한문학 · 정책 시험 • 명경과: 유교 경전 시험
	잡과	법률 · 회계 · 지리 등 실용 기술학 시험, 신분상 한계로 실제 백정 농민이 응시
	승과	승려들이 보는 시험, 선종시에 합격하면 법계 지급

22 난도 ★★★   정답 ③

시대 통합 > 문화사

자료해설

해외 견문 기록이 편찬된 순서는 ㉣『해동제국기』 – ㉠『표해록』 – ㉤『간양록』 – ㉡『열하일기』 – ㉢『서유견문』이다.

정답의 이유

㉣ 조선 세종 때 통신사로 일본에 다녀온 신숙주는 일본의 지리와 국정, 외교 관계 등을 기록한 『해동제국기』를 성종 때 왕명을 받아 편찬하였다(1471).

㉠ 『표해록』은 최부가 제주에서 추쇄경차관으로 재직하던 중 부친상을 당해 배를 타고 가다 풍랑으로 중국에 표류하여 국내로 돌아오기까지의 과정을 기록한 기행문이다(1488).

㉤ 『간양록』은 조선 시대 강항이 정유재란(1597) 때 2년 7개월 간 포로로 일본에 끌려가 겪었던 참상과 그곳의 실정, 전란 대비책까지 기록한 책이다.

㉡ 박지원은 연행사를 따라 청에 다녀온 뒤 『열하일기』를 저술하여 상공업 진흥과 화폐 유통의 필요성을 주장하였다(1780).

㉢ 유길준은 미국 유학을 다녀온 뒤 서양 각국의 지리, 역사, 정치, 교육 등을 다룬 『서유견문』을 집필하여 서양 근대 문물을 소개하였다(1895).

23 난도 ★★★   정답 ①

근세 > 정치사

자료해설

제시된 자료에서 대원군 집권 시기(1863~1873)에 발생한 사실로 옳은 것은 모두 2개이다.

정답의 이유

㉤ 대원군 집권 시에 조선 정부는 동학이 세상을 어지럽히고 백성을 현혹한다는 죄로 제1대 교주 최제우를 처형하였다(1864). 이후 동학교도인 이필제는 제2대 교주 최시형과 함께 영해에서 동학 최초 교조 신원 운동이자 반봉건적 성격을 지닌 이필제의 난을 일으켰다(1871).

㉥ 1868년 메이지 유신을 단행한 일본 신정부가 왕정 복고를 통고하는 서계(국서)를 발송했으나, 조선 정부는 서계의 격식이 이전과 다르다는 이유로 접수를 거부했다. 이에 서계(국서) 문제로 조선과 갈등이 심화되자 일본 신정부에서는 조선 정벌론(정한론)이 제기되었다(1870).

오답의 이유

㉠ 조선에 대한 서구의 최초 통상 요구는 순조 때 영국의 동인도회사 소속 상선 로드 암허스트(Lord Amherst)호에 의해 처음으로 시도되었다(1832).

㉡ 흥선 대원군은 왕실의 권위 회복을 위해 임진왜란 때 소실된 경복궁 중건을 무리하게 강행하였고, 이에 필요한 재원 확보를 위해 당백전을 발행하였다(1866). 그러나 화폐량의 과도한 증가가 물가 폭등의 부작용을 야기시켜 당백전의 통용은 중단되었다. 이에 정부는 재원 확보를 위한 다른 방안으로 청전(중국 동전)을 대량 수입(1868)하여 유통시켰으나 이 또한 인플레이션을 유발하여 통용을 중단하였다.

㉢ 병인양요(1866) 때 양헌수 부대는 강화도를 공격한 프랑스 군대를 상대로 정족산성에서 크게 활약하여 승리를 거두었으나, 한성근 부대는 김포 문수산성에서 프랑스에 맞서 항쟁하였지만 무기와 병력의 열세로 후퇴하고 말았다.

㉣ 대원군이 집권할 당시 통상 수교 거부 정책을 시행했지만, 1866년 미국 서프라이즈호가 풍랑으로 평안도 철산에 표착하였을 때 선원 등에게 치료 및 물자 공급을 지원해준 후 중국에 무사히 갈 수 있도록 지원하였다.

24 난도 ★★☆   정답 ④

시대 통합 > 문화사

자료해설

제시된 의서가 편찬된 순서는 ㉢『향약구급방』(1236). – ㉤『향약채취월령』(1431) – ㉣『향약집성방』(1433) – ㉠『의방유취』(1445) – ㉡『동의보감』(1610)이다.

정답의 이유

㉢ 『향약구급방』은 고려 고종 때 대장도감에서 향약, 즉 우리나라에서 생산되는 약재로 질병을 치료하는 방법과 처방을 모아 간행한 우리나라에 전해져 오는 가장 오래된 의방서이다(1236 추정).

㉤ 『향약채취월령』은 조선 세종 때 향약 채취에 실질적인 도움을 주기 위해 편찬된 의서로 1년 12개월 동안 전국 각지에서 생산되는 약재와 약명, 산지, 말리는 법 등을 기록하였다(1431).

㉣ 조선 세종 때 우리 풍토에 맞는 약재와 치료 방법을 개발하여 정리한 의학서인 『향약집성방』을 편찬하였다(1433).

㉠ 『의방유취』는 조선 세종 때 동양의 여러 의학 서적과 이론을 수집 · 정리하여 집대성한 의학 백과사전이다(1445).

㉡ 조선 선조의 명으로 허준이 집필하기 시작한 『동의보감』은 우리나라와 중국 의서의 각종 의학 지식과 치료법을 집대성한 의서로 광해군 때 완성되었다(1610).

25 난도 ★★☆   정답 ③

일제 강점기 > 정치사

정답의 이유

③ 1913년 안창호는 국권 회복을 위해 샌프란시스코에서 민족 운동 단체인 흥사단을 창립하였다.

오답의 이유

① 대동 보국단은 신규식, 박은식이 중심이 되어 중국 상하이에서 조직된 독립운동 단체이다(1915).

② 조선 산직 장려계는 이용우 외 서울 교사가 중심이 되어 민족의 경제 자립을 통한 국권 회복을 목적으로 조직한 비밀 결사 단체이다(1915).

④ 임병찬은 고종의 밀명을 받아 대한 독립 의군부를 조직하였다(1912). 이후 조선 총독부에 국권 반환 요구서를 보내고, 복벽주의를 내세워 의병 전쟁을 준비하였다.

26 난도 ★★☆ 정답 ④

시대 통합 > 문화사

자료해설

제시된 사진 자료는 ㉠ 안동 봉정사 극락전, ㉡ 영주 부석사 소조 아미타여래 좌상, ㉢ 개성 경천사지 10층 석탑, ㉣ 화순 쌍봉사 철감 선사탑이다.

정답의 이유

④ ㉣ 화순 쌍봉사 철감 선사탑은 신라 하대에 유행한 전형적인 팔각원당형의 승탑으로 기단(基壇)이 세 부분으로 되어 있는데 밑돌과 윗돌의 장식이 특히 화려하다. 기단과 탑신에 부조로 불상을 새긴 탑은 양양 진전사지 3층 석탑이다.

오답의 이유

① ㉠ 안동 봉정사 극락전은 경북 안동시 봉정사에 위치한 고려 시대 건축물로 우리나라에 현존하는 가장 오래된 목조 건물이다. 이 사원은 지붕 처마를 받치기 위한 구조인 공포를 기둥 위에만 배열하는 주심포 양식으로 지어졌으며, 지붕의 형태는 맞배지붕이다.

② ㉡ 영주 부석사 소조 아미타여래 좌상은 통일 신라 양식을 계승한 고려 초기 불상으로 나무로 골격을 만들어 진흙을 붙여가면서 만든 소조 불상 중 가장 크고 오래된 작품이다.

③ ㉢ 개성 경천사지 10층 석탑은 고려 원 간섭기에 원의 석탑 양식에 영향을 받아 대리석으로 만들어진 석탑이다. 이 탑은 조선 세조 때 대리석으로 제작된 서울 원각사지 10층 석탑에 영향을 주었다.

27 난도 ★★☆ 정답 ①

근대 > 정치사

자료해설

제시문에서 선왕의 뜻을 이어간다는 '계지술사', '육의전을 제외한 금난전권 폐지' 등의 내용으로 보아 밑줄 친 '왕'은 정조임을 알 수 있다. 정조는 '계지술사(繼志述事)'라는 기치 아래 개혁 및 문화 사업을 추진하기 위한 공간으로 창덕궁 후원에 규장각을 설치하였으며, 채제공의 건의에 따라 신해통공을 시행하여 육의전을 제외한 시전 상인들의 금난전권이 폐지되었다.

정답의 이유

㉡ 정조는 인조 이후의 청과 일본에 대한 외교 관계 문서를 집대성하여 『동문휘고』를 편찬하였다.

㉣ 정조 대에는 국가 차원에서 활자의 주조가 적극적으로 추진되었는데, 임진자, 정유자, 임인자, 한구자, 생생자, 정리자 등 다수의 활자가 만들어졌다.

오답의 이유

㉠ 고종은 통리기무아문을 설치하여 기존 5군영을 무위영과 장어영의 2영으로 개편하고 신식 군대인 별기군을 설치하였다.

㉢ 수성윤음은 영조가 도성 수비를 위해 한성부 5부의 백성들이 훈련도감, 금위영, 어영청 등에 소속되어 유사시 수도를 방어하도록 지시한 교서이다.

㉥ 영조 때 신경준이 왕명을 받아 동국여지도를 편찬하였다.

㉥ 영조 때 노비공감법을 시행하여 외거노비의 공납품을 반으로 줄여 노비가 도망하는 것을 방지하였다.

28 난도 ★★☆ 정답 ③

근대 > 정치사

자료해설

제시문의 '우리 황조가 우리 왕조를 세우고 503년', '문화의 개화', '14개조 규범' 등을 통해 고종의 제2차 갑오개혁의 시작을 알리는 『종묘 서고문(宗廟 誓誥文)』임을 알 수 있다. 고종은 종묘에서 『종묘 서고문』을 낭독하고 홍범 14조를 발표하여 제1차 갑오개혁 내용을 재확인하고 제2차 갑오개혁의 방향을 제시하였다(1895.1.).

정답의 이유

③ 일제는 무단 통치 시기에 식민지 교육 방침을 규정한 제1차 조선 교육령을 통해 보통·실업·전문 기술 교육과 일본어 학습을 강요하면서 보통 교육의 수업 연한을 4년으로 단축하였다 (1911).

오답의 이유

①·②·④ 김홍집 내각은 제2차 갑오개혁을 추진하며 홍범 14조를 반포하여, 개혁의 기본 방향을 제시하였다. 이에 따라 중앙 행정 기구인 의정부와 8아문을 각각 내각과 7부로, 지방 행정 구역을 8도에서 23부로 개편하였고, 재판소를 설치하여 사법권을 행정권에서 분리하였다.

29 난도 ★★☆ 정답 ④

일제 강점기 > 정치사

자료해설

제시된 자료에서 '민족 의식과 독립 사상 고취', '국민 운동 역량 축척', '상공업 기관 건설', '교육 기관 설립' 등의 내용을 통해 관련된 단체가 신민회임을 알 수 있다. 조선 총독부는 데라우치 총독 암살 미수 사건을 조작한 105인 사건으로 많은 민족 운동가들을 체포하였고 이로 인해 신민회는 해산되었다(1911).

정답의 이유

④ 1905년 을사늑약이 체결되고 통감부가 설치되면서 정치적 집회가 금지됨에 따라, 입헌 정체 수립을 목적으로 일진회를 규탄하던 헌정연구회(1905)와 교육과 산업 활동을 바탕으로 한 국권 회복 활동과 고종의 강제 퇴위 반대 운동을 전개하던 대한 자강회가 강제 해산되었다(1907).

오답의 이유

① 신민회는 민족의 실력 양성을 위해 평양에 대성 학교, 정주에 오산 학교, 의주에 양실 학교 등을 세워 민족 교육을 실시하였다.

② 신민회는 민족 산업 자본의 발흥을 위한 실업 장려 운동을 전개했는데, 그 일환으로 평양 마산동에 자기 제조 주식회사를 세운 것을 비롯하여 협성동사·상무동사·조선실업회사 등의 회사를 세웠으며, 소규모의 모범 방직 공장과 연초 공장을 설립·운영하였다.

③ 신민회는 항일 무장 투쟁의 필요성을 인식하여 서간도 삼원보 지역에 독립 운동 기지로 신한민촌을 건설하고 한인 자치 기관

인 경학사를 조직(1911)하였으며, 독립군 양성 학교인 신흥 강습소(1919년 본부를 옮기면서 신흥 무관 학교로 명칭 교체)를 설립하였다.

더 알아보기

신민회의 활동

교육 구국 운동	평양 대성 학교, 정주 오산 학교, 의주 양실 학교 등을 세워 민족 교육을 실시 → 민족 실력 양성을 위한 목적
계몽 강연 및 서적 · 잡지 출판 운동	• 애국주의, 국권 회복, 민권 사상, 구습 타파, 자발적 의무 교육 실시, 민족 단합 의식 등을 고취 • 대한매일신보를 기관지로 이용, 잡지 소년 신민회 입장 대변 • 평양 · 서울 · 대구에 각각 태극서관 운영
민족 산업 진흥 운동	• 민족 산업 자본의 발흥을 위한 실업 장려 운동을 전개 • 평양 자기 제조 주식회사를 설립하여 자기 생산 • 협성동사 · 상무동사 · 조선실업회사 등의 상회사 설립 • 작은 방직 공장과 소연초 공장 설립
독립군 양성 운동	• 국권 회복을 위해 의병 운동 지원 • 국외에 무관 학교 설립하고 독립군 기지 창설 → 서간도 삼원보에 신흥 강습소(후에 신흥 무관 학교) 설립

30 난도 ★★★   정답 ②

일제 강점기 > 문화사

자료해설

제시된 자료는 '일제 식민 사관'의 일부 내용이다. 일제는 우리나라 식민지 지배와 침략을 정당화할 목적으로 타율성, 정체성, 당파성을 주장하는 식민주의 사관을 내세워 우리나라 역사의 자율성과 독창성을 철저히 왜곡하였다. 일제가 식민 정책을 정당화하기 위해 만든 왜곡된 식민 사관에는 정체성론, 타율성론, 당파성론, 일선동조론 등이 있다.

정답의 이유

② 정체성론은 우리 민족의 역사가 왕조의 교체만 있을 뿐 사회경제적 구조에 있어 능동적으로 발전하지 못하고 정체되어 근대 사회로 이행하기 위한 조건을 갖추지 못한 낙후된 상태라는 주장이다. 그러나 제시된 자료에는 이러한 내용이 언급되어 있지 않다.

오답의 이유

① 타율성론은 우리 민족은 항상 역사 발전에서 주체적이지 못하고 타율적으로 주변국에 종속되어 왔다는 주장이다. 제시문에서는 '이제 그 역사를 돌아볼 때~얻었던 것이다'를 통해 타율성을 주장하고 있다.

③ 임나일본부설은 왜가 4~6세기 중엽까지 가야 지역에 임나일본부라는 통치기관을 두고 한반도 남부를 경영했다는 학설로, 식민사관의 타율성론의 대표적인 주장이다. 제시문에서는 '고대에는~애호적인 지배라고 할 수 있다'를 통해 임나일본부설을 주장하고 있다.

④ 반도적 성격론은 우리나라가 반도라는 지리적 특성으로 인해 대륙 변동의 영향을 많이 받아 타율적이며 의존적일 수밖에 없으며, 때문에 주변국에 종속되는 역사가 전개되었다는 주장이다. 제시문에서는 '아시아 대륙의 ~ 벗어나 있었다'로 반도적 성격론을 주장하고 있다.

더 알아보기

민족 사학

민족주의 사학	박은식	혼 사상: 민족 정신을 혼(魂)으로 파악하여 혼이 담겨 있는 민족사의 중요성을 강조
	신채호	낭가 사상: 민족 정신으로 화랑도의 낭가 사상을 강조
	정인보	얼 사상: 「5천년간 조선의 얼」을 동아일보에 연재하여 '얼사상'을 강조
	문일평	심 사상: 민족 문화의 근본을 세종대왕으로 두고 '조선심'의 결정체를 훈민정음으로 봄
실증주의 사학		친일 단체 청구학회의 왜곡된 한국사 연구에 반발하여 손진태, 이윤재, 이병도 등이 진단학회를 조직
사회 경제 사학		• 백남운: 사적유물론을 바탕으로 최초로 한국사를 체계적으로 정리함 • 대표적인 학자로는 백남운, 이청원, 전석담, 박극채 등이 있음
신민족주의 사학		• 사회 계층 간의 대립과 갈등을 비판하고 민족적 자유와 평등을 실현한다는 입장에서 역사를 재평가하고 체계화 함 • 대표적인 학자로는 손진태, 안재홍, 홍이섭 등이 있음

31 난도 ★★☆   정답 ③

고대 > 정치사

자료해설

제시된 자료의 역사적 사건의 순서는 ⓒ 당의 건국 − ⓛ 백제의 멸망 − ⓗ 백강 전투 − ⓖ 고구려의 멸망 − ⓜ 신라의 소부리주 설치 − ⓔ 신라의 삼국 통일이다.

정답의 이유

ⓒ 당의 건국(618)

ⓛ 백제의 멸망(660)

ⓗ 백강 전투(663)

ⓖ 고구려의 멸망(668)

ⓜ 신라의 소부리주 설치(671): 백제 멸망 후 수도 부여에 설치한 주

ⓔ 신라의 삼국 통일(676)

32 난도 ★★★   정답 ③

근세 > 문화사

자료해설

제시된 자료는 사단 칠정 논쟁 당시 퇴계 이황이 주장한 내용이다. 이황은 이와 기가 근본은 다르나, '사단은 이가 발하는 것이며, 칠정은 기가 발한 것'이라며 이(理)와 기(氣) 모두가 발동하는 것이라 하는 이기호발설을 주장하였다.

정답의 이유

ⓛ 이황은 조선의 성리학이 발전하는 데 크게 기여하였으며, 군주의 도를 도식으로 설명한 『성학십도』를 저술하였다.

ⓔ 주리론자인 이황은 도덕적인 행위의 근거라고 할 수 있는 인간의 심성을 중시하여 근본적이며 이상주의적인 성격이 강하였다.

ⓜ 이황과 기대승은 유학의 수양론 중 사단 칠정의 개념에 대해 논쟁을 벌였다. 이황은 '사단은 이가 발하고 기가 따르는 것, 칠정은 기가 발하고 이가 따르는 것'이라며 사단과 칠정을 각각 이와 기의 발현으로 구분한 이기호발설 · 이발기수설을 주장한 반면, 기대승은 '칠정이 사단을 내포한 것'이라며 이와 기는 분리되지 않고 같이 발현한다는 이기겸발성을 주장하였다.

오답의 이유

ⓘ 율곡 이이는 이(理)는 형체가 없고, 기(氣)는 형체가 있으며, 이는 통(通)하고 기는 국(局)한다는 이통기국설을 주장하였다.

ⓒ 서경덕은 형이상과 형이하를 모두 기로 본 반면 율곡 이이는 이(理)는 형이상이고, 기(氣)는 형이하라고 하여, 현실 세계를 기가 능동적으로 변화하는 것으로 보고 새로운 혁신, 즉 경장론을 주장하였다.

33 난도 ★★☆　　　　　　　　　　　정답 ③

근대 태동기 > 경제사

자료해설

제시된 자료에서 '응역의 폐단', '어(漁) · 염(鹽) · 선(船)세로 감액 보충' 등을 통해 영조 대에 실행된 균역법에 대한 내용임을 알 수 있다.

정답의 이유

③ 영조 때 창경궁 홍화문에서 당시 논의되던 호포론(군포를 가호 기준으로 양반에게도 징수하자는 주장)과 결포론(군포를 폐지하고 토지에 부과세를 부과하자는 주장)을 백성에게 제시하고 의견을 물었다. 그 결과 호포론의 지지가 압도적으로 커 채택되는 듯했으나, 양반층의 반대로 군포를 반으로 줄이자는 감필론이 대두되었다가, 양역을 절충하여 군포를 2필에서 1필로 감해주는 균역법을 채택하게 되었다.

오답의 이유

① 현종 때 효종과 효종비의 국상에 대한 자의 대비의 복상 문제로 두 번의 예송이 발생하여 서인과 남인 사이의 대립이 심화되었다.

② 광해군은 명의 요청으로 강홍립 부대를 파견하였으나 명과 후금 사이에서 중립 외교 정책을 추진하였다. 이에 따라 강홍립의 부대는 후금과의 사르후 전투에서 무모한 싸움을 계속하지 않고 투항하였다.

④ 『자휼전칙』은 흉년으로 걸식하거나 버려진 아이들을 구호하기 위해 정조 때 만들어진 구휼법이다.

34 난도 ★★☆　　　　　　　　　　　정답 ①

근세 > 문화사

자료해설

제시된 자료의 '경상우도를 대표하는 유학자', '경(敬)과 의(義)의 생활철학' 등의 내용을 통해 밑줄 친 '이 사람'이 남명 조식이라는 것을 알 수 있다. 조식은 경과 의를 근본으로 학문의 실천성을 강조했다.

정답의 이유

① 경상우도의 남명 학파 문하 중에 정인홍의 문인들이 가장 성장하였는데, 이들을 따라 남명 학파의 다수가 북인 계열의 정치적 입장을 지지하였다.

오답의 이유

② 조선 중기의 기대승은 유학자 이황과 유학의 수양론 중 사단과 칠정의 개념에 대해 편지를 통해 논쟁을 벌였다.

③ 율곡 이이는 왕도 정치의 이상을 문답식으로 저술한 『동호문답』, 왕께 올리는 상소인 「만언봉사」, 군주가 수양해야 할 덕목을 정리한 『성학집요』 등을 저술하였다.

④ 이황은 기대승과의 논쟁을 통해 성리학의 이해를 심화하였으며, 그의 사상은 제자에 의해 일본으로 전해져 일본 유학의 발전에 영향을 끼쳤다.

35 난도 ★★★　　　　　　　　　　　정답 ③

근대 태동기 > 정치사

자료해설

5군영은 조선 후기 수도와 그 외곽을 방어하기 위해 설치된 중앙 군영이다.

정답의 이유

③ 총융청은 1624년 이괄의 난 당시, 수도 외곽인 경기도를 제대로 방어하지 못한 것을 계기로 서울과 경기도 일대를 방어하기 위해 설치하였다.

오답의 이유

① 남한산성을 중심으로 광주 및 그 부분을 방어한 것은 1626년 설치한 수어청이다.

② 금위영은 1682년 숙종 때 설치되었으며, 총포병과 기병을 위주로 한 정예부대로 수도를 방위하였다.

④ 임진왜란 중 유성룡의 건의에 따라 포수, 사수, 살수의 삼수병으로 편제된 훈련도감을 창설하였고(1593), 후에 수도와 그 외곽을 방어하기 위해 인조 때 어영청(1623), 총융청(1624), 수어청(1626)이 설치되고 숙종 때 금위영(1682)이 설치되면서 중앙군으로서 5군영 체제가 완비되었다.

5군영

구분	시기	위치	역할
훈련도감	선조 26 (1593)	서울	• 임진왜란 당시 왜군의 조총에 대항하기 위해 설치 • 직업적인 상비군 편성, 삼수병(포수, 사수, 살수)
어영청	인조 1 (1623)	서울	• 왕실 호위, 후금 대비, 기병 위주, 총포병, 번상병 • 북벌의 중심 군영(효종 때)
총융청	인조 2 (1624)	북한산성	이괄의 난 직후 설치, 경기 북부 일대 방어, 후금 대비, 경기도 속오군
수어청	인조 4 (1626)	남한산성	수도 남부 방어, 후금 대비, 경기도 속오군
금위영	숙종 8 (1682)	서울	왕실의 호위 강화, 정초병(기병)과 훈련 별대를 합쳐 구성

36 난도 ★★☆   정답 ③

중세 > 경제사

정답의 이유

③ 고려 전기는 관영 수공업과 소(所) 수공업에서 관수품과 공물을 납부하였으나, 고려 후기에는 민영 수공업과 사원 수공업이 발달하였다.

오답의 이유

① 이앙법(모내기법)은 고려 후기 남부 지방 일부에 보급되기 시작하였다.

② 고려 문종 때 개경에 시전을 설치하였고, 경시서를 두어 시전을 관리하고 감독하도록 하였는데 주로 물가의 조절 및 상인들의 감독, 세금 등에 관한 업무를 담당하였다.

④ 고려 충선왕 때 국가 재정 수입 확충을 위해 소금 전매제를 시행하였다.

37 난도 ★★★   정답 ③

일제 강점기 > 정치사

정답의 이유

③ 박자혜에 대한 설명이다. 박자혜는 민족주의 사학자 신채호의 부인으로 항일 투쟁 활동을 전개한 독립운동가이다. 1917년 조선 총독부의 간호부로 근무하다가 1919년 3·1 운동 당시 간우회(看友會)를 조직하여 동료 간호부들과 만세 운동을 벌였다. 권기옥은 우리나라 최초의 여성 비행사이다.

오답의 이유

① 박차정은 근우회에서 활동하다가 만주로 건너가 김원봉과 결혼하였고, 남경 조선 혁명 군사 정치 간부 학교 여자부 교관으로 교양 교육과 훈련을 담당했다. 또한, 남경 조선 부녀회를 결성하여 여성 독립운동가를 양성하였으며, 1938년 조선 의용대 부녀복무 단장으로 무장 투쟁을 전개하기도 하였다.

② 김마리아는 일본 유학 중 2·8 독립운동에 가담하였으며, 3·1 운동 이후 대한민국 애국 부인회를 조직하여 임시 정부 후원 활동을 벌이는 등 여러 여성 독립운동 단체에서 활동하였다.

④ 윤희순은 을미사변과 단발령이 강행되어 춘천에서 의병 활동이 일어나자 「안사람의 의병가」, 「병정의 노래」 등 의병가를 지어 의병의 사기를 진작시키고 직·간접으로 의병 활동을 적극 후원하였다.

38 난도 ★★☆   정답 ④

일제 강점기 > 정치사

자료해설

제시된 자료는 황현의 절명시의 일부로 황현은 1910년 8월 일제에 의해 한·일 병합이 되자 통분하여 시 4수를 남기고 자결하였다.

정답의 이유

④ 데라우치는 한·일 병합을 단행한 인물이다. 1910년 한·일 병합 조약을 통해 대한제국의 주권이 일제에 의해 완전히 상실되었다. 일제는 대한제국을 조선으로 개칭하고, 정무 일체를 관할하는 조선 총독부를 설치하였으며, 초대 총독으로 데라우치를 임명하여 헌병 경찰에 의한 무단 통치를 실시하였다.

오답의 이유

① 일본은 미국과 가쓰라·태프트 밀약 체결(1905.7.)로 미국으로부터 조선의 지배를 인정받았으며, 영국과 제2차 영·일 동맹을 체결(1905.8.) 후 러·일 전쟁에서 승리하자 러시아와 포츠머스 조약을 체결(1905.9.)하여 국제 사회로부터 대한제국에 대한 지배권을 인정받았다.

② 일제는 고종 황제와 대신들을 협박하여 제2차 한·일 협약(을사늑약) 체결을(1905.11.) 강행하였으나, 고종은 끝까지 서명을 거절하였고 조약의 체결이 무효임을 선언하였다.

③ 일제는 헤이그 특사 사건을 빌미로 한·일 신협약을 체결하여 (1907.7.) 국가 법령 제정, 중요 행정 처분, 고위직 관리 임명 등에 대해 사전에 통감의 승인을 받게 하였고, 통감이 추천한 일본 관리를 임명토록 하였다.

39 난도 ★★★   정답 ①

근대 태동기 > 정치사

자료해설

제시된 〈보기〉에서 '인물성이론', '인물성동론', '호론과 낙론의 주장' 등 호락 논쟁의 주장을 명확하게 이해하여야 정답을 찾을 수 있다.

정답의 이유

ⓒ 호론은 중화와 오랑캐를 구별하려는 배타적 입장을 띠고 있었으며, 이후 위정척사 사상과 항일 의병으로 계승되었다.

오답의 이유

ⓐ 인성(人性)과 물성(物性)이 다르다고 보는 인물성이론은 한원진, 권상하 등 충청도(호서) 지방의 노론 학자들이 주로 지지하여 호론이라 하였다.

ⓒ 인성과 물성이 같다고 보는 인물성동론은 이간, 김창협 등 낙하 (지금의 서울) 및 경기 지방 노론 학자들이 주로 주장하여 낙론 이라고 하였다.

ⓔ 인물성동론을 주장하던 낙론 사상은 이용후생의 북학파 사상으로 이어졌으며, 이후 개화사상의 기반이 되었다.

더 알아보기

호락 논쟁

'이통기국(理通氣局)' 네 글자는 율곡 선생께서 이와 기의 큰 근원을 통찰하신 것으로 이기론에 대한 탁월한 길잡이이다. 선생의 주장은 우계 선생과 주고받은 편지에 갖추어져 있는데, "이와 기는 원래 서로 떨어져 있는 것이 아니다"라는 문장이 바로 그 핵심이다.

원래 서로 떨어져 있지 않으면서 형체·본말·선후가 없는 것이 이의 '통'이고, 형체·본말·선후가 있는 것이 기의 '국(局)'이다. 이것이 바로 이통기국의 핵심에 대해 8글자로 명명백백하게 밝힌 것이다. 율곡 선생의 뜻은 천지 만물은 기국(氣局)이고 천지 만물의 이는 이통(理通)이지만, 이른바 '이통'이라는 것은 기국과 떨어질 수 있는 것이 아니니 기국에 나아가 기국과 섞이지 않는 그 본체를 가리켜 말하는 것일 따름이라는 것이다.

− 『외암유고』 −

---

40 난도 ★★☆　　　　　　　　　　　정답 ④

중세 > 문화사

자료해설

제시된 자료와 관련된 인물은 '유(儒)와 도(道)의 종(宗)은 부처님의 법에서 나온 것이며 방편은 다르나 진실은 같다'라는 내용을 통해 유·불 일치설을 주장한 혜심임을 알 수 있다.

정답의 이유

④ 지눌의 제자인 혜심은 유교와 불교가 다르지 않다는 유·불 일 치설을 주장하였으며, 심성의 도야를 강조하여 장차 성리학을 수용할 수 있는 사상적 토대를 마련하였다.

오답의 이유

① 혜초는 인도와 중앙 아시아 지역을 답사하고 여행기인 『왕오천 축국전』을 지었다.

② 지눌은 정혜쌍수를 사상적 바탕으로 철저한 수행을 강조하였으며, 내가 곧 부처라는 깨달음을 위한 노력과 함께 꾸준한 수행으로 깨달음을 확인하는 돈오점수를 강조하였다.

③ 의천은 교관겸수, 내외겸전을 주장하여 이론 연마와 꾸준한 실 천을 강조하였다.

한국사 │ 2021년 해경간부후보생

한눈에 훑어보기

✔ 영역 분석

역사 학습 01
1문항, 2.5%

선사 시대와 국가의 형성 02 03 04 05
4문항, 10%

고대 06 07 08 09 10 11 12 13
8문항, 20%

중세 14 15 16 19 20
5문항, 12.5%

근세 21 22 23 26
4문항, 10%

근대 태동기 24 34 37 38
4문항, 10%

근대 27 28 29 30 31
5문항, 12.5%

일제 강점기 25 32 33
3문항, 7.5%

현대 35 36 39
3문항, 7.5%

시대 통합 17 18 40
3문항, 7.5%

✔ 빠른 정답

01	02	03	04	05	06	07	08	09	10
①	②	③	③	③	①	④	②	①	④
11	12	13	14	15	16	17	18	19	20
②	①	②	②	④	④	④	②	③	③
21	22	23	24	25	26	27	28	29	30
①	①	②	③	③	④	②	④	③	③
31	32	33	34	35	36	37	38	39	40
③	①	②	④	①	②	①	②	①	②

✔ 점수 체크

구분	1회독	2회독	3회독
맞힌 문항 수	/ 40	/ 40	/ 40
나의 점수	점	점	점

01 난도 ★★★ 정답 ①

역사 학습 > 역사와 역사학

[자료해설]

㉠은 독일의 사학자 랑케가 '사실로서의 역사(History as Past)'를 주장한 사료이다. '사실로서의 역사'는 객관적 사실, 즉 시간적으로 현재에 이르기까지 일어났던 모든 과거 사건을 의미한다.

㉡은 이탈리아의 사학자 크로체가 '기록으로서의 역사(History as Historiography)'를 주장한 사료이다. '기록으로서의 역사'는 과거의 사실을 토대로 역사가가 이를 조사하고 연구하여 주관적으로 재구성한 것이다.

[정답의 이유]

① ㉠은 독일의 사학자 랑케의 역사관으로 '사실로서의 역사(History as Past)'를 강조한 것이다. 랑케는 역사학의 임무는 과거의 사실을 그대로 밝히는 것으로, 역사 연구에 개인적인 견해나 해석을 가미할 수 없다고 보았다.

[오답의 이유]

② 크로체는 "과거의 역사는 죽은 역사이고 모든 역사는 현재의 역사이다."라면서 기록으로서의 역사는 시대가 바뀌면 과거에 대한 인식도 바뀌게 된다는 견해가 성립한다고 보았다.

③ 사실로서의 역사를 주장한 랑케는 실증주의 역사 연구 방법을 발전시켰으며, 기록으로서의 역사를 주장한 크로체, 콜링우드는 상대주의 역사 연구 방법을 발전시켰다.

④ 역사를 연구함에 있어 ㉠은 과거 관점에서 과거 사실을 있는 그대로 서술해야 하므로 사료(史料)를 바탕으로 연구하며, ㉡은 역사가의 주관적 가치관을 통해 현재적 과점에서 과거를 재해석하므로 역사를 해석하고 설명하는 가설인 사관(史觀)을 중시하며 연구한다.

[더 알아보기]

역사의 의미

사실로서의 역사	기록으로서의 역사
• 의미: 사실로서의 역사(객관적 사실, 실증주의 사관) • 연구범위: 과거의 모든 사실 • 특징: 절대성(역사가에 의해 바뀌지 않음) • 주요 학자: 랑케 → 역사가는 자신을 숨기고 사실로 하여금 말하게 하라(주관 배제)	• 의미: 조사에 의해 기록된 자료(주관적 사실, 상대주의 사관) • 연구범위: 재구성 강조, 사관을 보다 중시 • 특징: 주관성, 상대성 • 주요 학자: 크로체 → 과거의 역사는 죽은 역사이고 모든 역사는 현재의 역사

고난도 기출
한국사

02 난도 ★★★
정답 ②

선사 시대와 국가의 형성 > 선사 시대

[정답의 이유]
ⓒ 청원 두루봉 동굴에서 어린아이 유골(흥수아이)이 출토되었다. 흥수아이는 최초 발견자인 김흥수의 이름을 따서 붙인 구석기인의 화석이다.
ⓜ 서울 암사동 유적지는 신석기 시대 대표적 유적지로 원형 움집의 집터가 있고, 여기서 출토된 빗살무늬 토기는 아가리가 넓고 바닥이 뾰족한 첨저(尖底)를 특징으로 한다.

[오답의 이유]
㉠ 흑요석 석기는 구석기 시대 유적으로 강원도 양구 상무룡리 유적지에서 출토되었다. 흑요석은 용암이 굳어지면서 생기는 검은색의 천연 유리로 입자가 매우 곱고 타격에 의해 날카로운 날을 얻을 수 있어 구석기 시대 후기의 석기 제작에 적합한 재료가 되었다.
ⓒ 부산 동삼동 패총은 대표적인 신석기 시대의 패총 유적지로, 패총뿐만 아니라 독무덤, 주거지, 화덕 자리, 탄화된 조와 기장 등 각종 생활 시설물을 포함한 대규모 복합 유적이 발견되었다.
ⓔ 아슐리안형 주먹도끼는 연천 전곡리에서 발견된 구석기 시대의 대표적인 유물이다.
ⓗ 평안남도 덕천 승리산 동굴은 우리나라에서 처음으로 구석기 시대의 인류 화석이 출토된 곳이다.

03 난도 ★★☆
정답 ③

선사 시대와 국가의 형성 > 선사 시대

[정답의 이유]
③ 청동기 시대 후기 이후 한반도 내에서는 비파형 동검이 세형 동검으로, 거친무늬 거울이 잔무늬 거울로 발전하면서 그 형태가 변하여 갔다.

[오답의 이유]
① 청동기 시대에는 생산력이 증가해 잉여 생산물을 축적하면서 사유 재산 제도가 나타났고, 그 결과 빈부 격차 및 계급의 분화가 발생했다.
② 붉은 간 토기, 민무늬 토기, 미송리식 토기, 팽이형 토기는 청동기 시대의 대표적인 토기들이다.
④ 간석기 가운데 양날과 손잡이를 지닌 간돌검은 청동기 시대에 등장하여 철제 칼이 보편적으로 사용되기 전까지 사용되었다.

04 난도 ★★☆
정답 ③

선사 시대와 국가의 형성 > 국가의 형성

[정답의 이유]
③ 위만은 중국의 진 · 한 교체기에 유이민을 이끌고 고조선에 이주하였는데, 고조선 준왕의 신임을 받아 서쪽 변경을 수비하는 임무를 맡게 되었다. 이후 위만은 세력을 확대하여 준왕을 몰아내고 왕위를 차지하였고(기원전 194), 우거왕 때 한의 침입으로 멸망(기원전 108)하였다.

[오답의 이유]
① 중국의 『관자』는 조선이라는 명칭이 들어간 최초의 역사서로 춘추 시대 제나라와 고조선 간의 교역 내용 등이 담겨 있어, 기원전 7세기경에 고조선의 존재가 중국인들에게 인식되고 있었음을 보여준 사료이다.
② 고조선은 기원전 3세기경 부왕, 준왕과 같은 강력한 왕이 등장하여 왕위를 세습하였으며, 그 밑에 상, 대부, 장군 등의 관직도 두었다.
④ 고려 시대 이승휴의 『제왕운기』와 일연의 『삼국유사』, 조선 세조 때 간행된 『응제시주』, 조선 성종 때 편찬된 『동국통감』(우리나라 최초의 관찬 통사) 등에는 단군왕검이 고조선을 건국하였다는 사실이 기록되어 있다.

05 난도 ★★☆
정답 ③

선사 시대와 국가의 형성 > 국가의 형성

[정답의 이유]
㉠ 고구려는 초반부터 강력한 왕권으로 시작하여 1세기 초에 이미 왕호를 사용하였다. 한편, 부여도 왕권은 미약했지만 이미 1세기 초부터 왕호를 사용하였다.
ⓔ 옥저는 어물과 소금 등 해산물이 풍부하고 토지가 비옥하여 농경이 발달하였으며, 풍속으로는 가족 공동묘와 민며느리제가 있었다.

[오답의 이유]
ⓛ 부여는 매년 12월 수확에 대한 감사제의 성격을 지닌 영고라는 제천 행사를 열었다.
ⓒ 부여에는 왕 아래 가축의 이름을 딴 마가, 우가, 저가, 구가의 가(加)들이 있었다. 이들은 행정 구역인 사출도를 다스렸으며, 왕이 통치하는 중앙과 합쳐 5부를 구성하였다. 왕의 권력은 미약하여 다른 군장이 다스리는 부족의 일에 간섭하지 못하였다.
ⓜ 삼한 중 변한에서는 철이 많이 생산되어 낙랑, 왜 등에 수출하였다.
ⓗ 삼한은 신지, 읍차와 같은 정치적 지배자와 천군이라는 제사장을 두는 제정 분리 사회였다.

06 난도 ★★☆
정답 ①

고대 > 정치사

[정답의 이유]
ⓛ 관구검과의 전쟁: 고구려 동천왕은 요동 진출로를 놓고 위(魏)를 선제 공격하였으나 유주자사 관구검의 침입을 받아 환도성이 함락되었다(244~245).
ⓒ 고국원왕의 전사: 고구려 고국원왕은 백제 근초고왕이 평양성을 침략하자 이에 항전하다가 전사하였다(371).
ⓔ 광개토 대왕릉비의 건립: 광개토 대왕이 사망한 2년 후 아들 장수왕이 부왕의 능을 조성하며 건립하였다(414).
㉠ 평양 천도: 고구려 장수왕은 수도를 국내성에서 평양성으로 천도하였다(427).

07 난도 ★★☆ 　　　　　　　　　　　　　　　　정답 ④

고대 > 정치사

자료해설

제시문에서 '이차돈'과 '옥리(獄吏)가 목을 베니 허연 젖이 한 길이나 솟았다.'의 내용으로 보아 신라 법흥왕 때 불교가 공인되는 과정에서 발생한 이차돈의 순교 장면이다. 법흥왕은 이차돈의 순교를 계기로 불교를 신라의 국교로 공인하였다(527).

정답의 이유

④ 고구려 장수왕이 수도를 국내성에서 평양성으로 옮기고, 남진 정책을 추진하여 신라와 백제를 공격하자 백제의 비유왕과 신라의 눌지왕이 나·제 동맹을 맺어 이에 대항하였다(433). 이후, 백제 동성왕은 신라 소지왕과 결혼 동맹을 맺어 비유왕 때 이루어진 기존의 나·제 동맹을 더욱 강화하였다(493). 그러나 553년 신라 진흥왕이 백제와의 동맹을 깨고 한강 하류 유역을 장악하면서 나·제 동맹은 결렬되었다. 따라서 법흥왕(514~540) 때에는 나·제 동맹으로 고구려를 견제하였음을 알 수 있다.

오답의 이유

① 신라 지증왕은 당시 사로국이었던 국호를 신라(新羅)로 확정하고 마립간 대신 왕(王)의 칭호를 사용하였다.

② 신라 진흥왕은 연호를 세 번 고쳐 개국(開國), 홍제(鴻濟), 대창(大昌)이라 하였으며, 거칠부에게 역사서인 『국사』를 편찬하게 하였다.

③ 분황사와 영묘사는 선덕여왕 때 창건되었다.

08 난도 ★★☆ 　　　　　　　　　　　　　　　　정답 ②

고대 > 정치사

정답의 이유

ⓒ 신라 법흥왕은 공복 제정, 율령 반포(520)를 통해 국가 통치 체제를 갖추었다.

㉠ 백제 성왕은 신라 진흥왕이 나·제 동맹을 깨고 백제가 차지한 지역을 점령하자 이에 분노하여 신라를 공격하였으나 관산성 전투에서 전사하였다(554).

ⓔ 신라 진흥왕이 파견한 장군 이사부에 의해 대가야가 멸망하면서 가야 연맹이 완전히 해체되었다(562).

ⓓ 고구려 영양왕 때 수 양제가 우중문의 30만 별동대로 평양성을 공격하였으나 을지문덕이 살수에서 2,700여 명을 제외한 수군을 전멸시켰다(612).

09 난도 ★★☆ 　　　　　　　　　　　　　　　　정답 ①

고대 > 정치사

정답의 이유

① 가야의 무덤은 널무덤 – 덧널무덤 – 구덩식돌덧널무덤 – 돌방무덤의 형태로 변화하였으며, 전기 가야 연맹 시대에는 널무덤과 덧널무덤이, 후기 가야 연맹 시대에는 구덩식돌덧널무덤과 굴식돌방무덤이 유행하였다.

오답의 이유

② 6세기 초에 대가야는 백제, 신라와 대등하게 세력을 다투게 되었고, 신라 법흥왕 때 결혼 동맹을 맺어 국제적 고립에서 벗어나려 하였다.

③ 금관가야는 풍부한 철 생산과 해상 교통에 유리한 지역적 특색을 통해 낙랑과 왜의 규슈 지방을 연결하는 중계 무역이 번성하였다.

④ 금관가야는 낙동강 하류의 해상(수상) 교통을 기반으로 낙랑, 왜 등과 교류하면서 다양한 문화를 수용하였다.

10 난도 ★★☆ 　　　　　　　　　　　　　　　　정답 ④

고대 > 정치사

정답의 이유

㉠ 발해 영광탑은 중국 지린성에 있는 발해의 오층 전탑으로, 당의 영향을 받았다.

ⓛ 발해는 당, 신라, 거란, 일본 등과 무역을 하였으며, 일본과 활발한 무역을 위해 대규모 사절단을 파견하기도 하였다.

ⓒ 발해는 유학 교육을 실시하기 위해 주자감을 설립하여 귀족 자제에게 유교 경전을 가르쳤다.

ⓔ 발해의 주민 구성은 고구려계와 말갈계로 구성되었고 다수는 말갈인이며, 지배층은 왕족 대씨와 귀족 고씨 등 고구려계가 큰 비중을 차지하였다.

더 알아보기

발해의 성립과 발전

건국	• 대조영이 고구려 유민과 말갈인을 이끌고 동모산 기슭에 건국(698) • 고구려를 계승하여 만주에서 활동한 우리 민족의 국가
발전	• 무왕(8세기 전반): 당과 대결(장문휴의 등주 원정), 돌궐·일본과 친교 → 당과 신라 견제 • 문왕(8세기 후반): 당과 친선 관계, 신라와 사신 교환, 3성 6부 중앙 관제와 지방 관제 조직 정비 • 선왕(9세기): 해동성국이라 불림. 5경 15부 62주 지방 행정 체제 확립 • 독자적 연호 사용 → 인안, 대흥, 건흥 등 연호 사용
통치 체제	• 중앙 조직: 3성 6부제, 주자감(최고의 교육기관, 유교 교육 실시), 중정대(관리 감찰 담당) • 지방 체제: 5경 15부 62주 체제 정비 • 주민 구성: 고구려계와 말갈계로 구성(지배층은 왕족 대씨와 귀족 고씨, 주민 중 다수는 말갈인)
문화	• 고구려 문화: 정혜 공주 무덤(굴식 돌방무덤의 모줄임 천장 구조), 집터 유적(고구려와 비슷한 온돌, 막새기와의 무늬가 고구려의 것과 비슷) • 당 문화: 상경성(당의 장안성을 본떠 건설), 정효 공주 무덤(당의 영향을 받은 벽돌무덤), 영광탑(벽돌 탑)

한국사

11 난도 ★★★　　　　　　　　　　　　정답 ②

고대 > 정치사

자료해설

자료는 신라 6두품에 대한 내용이다. 6두품(득난)은 학문적 식견과 실무 능력을 바탕으로 국왕을 보좌하면서 정치적 진출을 활발히 한 세력이다. 이들은 골품제에 따라 제6관등인 아찬까지만 오를 수 있었으며, 학문적 식견이 뛰어남에도 골품제로 인한 한계로 고위 관직에 진출할 수 없었다. 이로 인하여 6두품 세력은 당으로 건너가 유학하여 당에서 관직 생활을 하는 경우가 많았다.

정답의 이유

② 6두품은 차관직인 집사부 시랑직(侍郞職)에 임명될 수 있었으며, 장관직인 집사부 시중직은 진골 귀족만이 임명되었다.

오답의 이유

① 6두품의 대표적 인물로는 최치원, 설총, 강수가 있다. 최치원은 통일 신라 말 6두품 출신 유학자로 당의 빈공과에 합격하였고, 이후 신라로 돌아와 진성 여왕에게 시무 10여 조를 건의하였다. 설총은 한자의 음과 훈으로 우리말을 표기하는 이두를 정리하였으며, 강수는 고구려, 백제, 당에 보내는 외교 문서 작성을 전담하였다.

③ 중위제는 진골 중심의 골품제를 유지하면서 6두품 이하의 관료제를 활성화하기 위한 제도로, 중위제를 설치하여 6두품의 승진에 대한 불만을 무마하고자 하였다.

④ 신라 말 골품제를 비판하던 6두품은 반신라 세력으로 성장하였고 지방 호족 세력과 결탁하여 중앙 정부에 대항하였다.

12 난도 ★☆☆　　　　　　　　　　　　정답 ①

고대 > 문화사

자료해설

제시문과 관련이 있는 인물은 원효이다. 원효는 스스로를 소성거사로 불렸으며, 아미타 신앙을 직접 전도하고 불교의 교리를 쉬운 노래로 표현한 「무애가」를 지어 불교 대중화의 길을 열었다.

정답의 이유

ⓒ·② 원효는 불교 종파의 대립과 분열을 종식시키고 화합을 이루기 위한 화쟁 사상을 주장하였고, 불교의 사상적 이해 기준을 확립한 『금강삼매경론』, 『대승기신론소』, 『화엄경소』 등을 저술하여 일심 사상을 완성하였다.

오답의 이유

ⓘ 현세에서 고난을 극복하고자 하는 관음 신앙을 이끈 인물은 의상이다.

ⓒ 교종과 선종의 대립을 통합하고자 한 대표적 인물은 고려 시대의 의천과 지눌이다.

13 난도 ★★★　　　　　　　　　　　　정답 ②

고대 > 정치사

정답의 이유

② 통일 신라는 중앙 행정 기구인 집사부를 중심으로 그 아래 13개 관부가 병렬적으로 위치하여 행정 업무를 분담하였으며, 각 부의 장관은 여러 명인 경우가 많았다.

오답의 이유

① 통일 신라의 군사 조직은 핵심인 중앙군 9서당과 기병 부대 중심으로 편성된 지방군 10정이 있었다.

③ 통일 신라 때에는 지방 세력을 견제하기 위해 지방 호족의 자제 1명을 뽑아 중앙에 머물게 하는 상수리 제도를 실시하였다. 사심관 제도는 고려 태조 때 시행된 것이다.

④ 통일 신라 원성왕 때 국학의 졸업생을 성적에 따라 3등급으로 나누어 관리로 채용하는 독서삼품과를 실시하였으나, 골품제의 한계와 귀족(진골)들의 반발로 제대로 시행되지 못하였다.

14 난도 ★★☆　　　　　　　　　　　　정답 ②

중세 > 정치사

자료해설

제시된 자료는 고려 중기 사학의 발전으로 관학이 위축되었다는 내용이다. 고려 중기 최충의 문헌공도를 대표로 하는 사학 12도의 발전으로 과거 응시를 희망하는 사람들이 대부분 사학으로 모여들자 관학이 위축되었다. 이에 정부는 관학을 진흥시키기 위해 여러 시책을 추진하였다.

정답의 이유

ⓘ·ⓒ 예종 때 국자감을 재정비하여 전문 강좌인 7재를 설치하고, 장학기관인 양현고를 설립하는 등 관학 진흥책을 추진하였다.

오답의 이유

ⓒ 최충의 9재 학당은 사학의 일종이다. 고려 정부는 사학으로 인해 위축된 관학을 진흥시키기 위해 노력하였다.

② 경당은 고구려 장수왕 때 지방에 설치된 사설 교육 기관으로 평민 자제들에게 글과 활쏘기를 등을 가르쳤다.

15 난도 ★★☆　　　　　　　　　　　　정답 ④

중세 > 정치사

자료해설

제시문은 고려 최승로가 성종에게 건의한 '시무 28조'의 일부이다. 고려 성종 때의 유학자 최승로는 국가에 필요한 개혁을 제시한 시무 28조를 올렸다. 성종은 최승로의 시무 28조를 받아들여 중앙의 통치 체제를 개편하고 다양한 제도를 시행하였다.

정답의 이유

ⓘ·ⓒ 고려 성종은 전국의 주요 지역에 12목을 설치하고 지방관인 목사를 파견하여 지방 세력을 견제하였으며, 개경에 국립 대학인 국자감을 설치하고 지방에는 경학박사와 의학박사를 파견하여 유학 교육을 활성화하고자 하였다.

ⓒ 유교적 중앙집권 통치를 추구한 고려 성종은 2성 6부제를 중심으로 하는 중앙 관제를 마련하였다. 서경 천도는 고려 인종 때 묘청 등을 중심으로 한 서경 세력이 추진하고자 하였다.

ⓔ 중추원과 삼사는 송의 관제를 모방하여 설치한 것이다.

16 난도 ★☆☆   정답 ④

중세 > 경제사

자료해설

벽란도가 국제 무역항으로 발달하였던 것은 고려 때이다. 국제 무역항인 벽란도는 예성강 하구에 위치하였고 이곳을 통해 송·아라비아 상인들과도 교역을 전개하였다.

정답의 이유

④ 고려 시대에는 소를 이용한 깊이갈이가 일반화되고 시비법의 발달과 2년 3작의 윤작법이 점차 보급되었다.

오답의 이유

① 통일 신라 시대 때 시행된 정전에 대한 설명이다. 정전은 농민에 대한 국가의 지배력을 강화하기 위한 목적으로 일반 백성에게 지급된 토지이다.

② 조선 후기 때 지방 장시가 성장함에 따라 큰 상업 도시에는 판매업, 창고업, 운송업, 숙박업, 금융업 등에 종사하는 객주나 여각 등이 나타났다.

③ 15세기 후반부터 등장하기 시작한 장시(장문)는 서울 근교와 지방에서 농업 생산력의 발달에 힘입어 증가하였고, 조선 후기에 이르러 전국적으로 확대되었다.

17 난도 ★★☆   정답 ④

시대 통합 > 정치사

정답의 이유

ⓔ 왕건은 홍유, 신숭겸 등과 함께 궁예를 몰아내고 국호를 고려, 수도를 송악으로 하여 나라를 건국하였다(918).

ⓒ 발해는 제14대 대인선 대에 이르러 거란 야율아보기의 침략으로 멸망하였다(926).

㉠ 견훤은 신라 금성(경주)을 공격하여 경애왕을 죽이고 경순왕을 즉위시켰다(927).

ⓜ 고려 왕건이 고창 전투에서 후백제군에 크게 승리하여 경상도 일대에서 견훤 세력을 몰아내고 후삼국 통일의 기반을 마련하였다(930).

ⓒ 고려 태조 때 신라 경순왕 김부가 스스로 고려에 투항하면서 신라가 멸망하였다(935).

18 난도 ★★★   정답 ②

시대 통합 > 정치사

자료해설

A는 호족에 대한 설명이다. 호족은 신라 말 고려 초의 사회변동을 주도적으로 이끈 지방 세력으로 낙향한 중앙 귀족, 지방관, 해상 세력, 촌주 등 다양한 세력으로 구성되어 있었다. 이들은 대토지소유로 막대한 경제력과 사병을 가지고 지역민을 통치하면서 스스로를 성주나 장군으로 자처했다.

B는 문벌 귀족에 대한 설명이다. 문벌 귀족은 고려 전기 지배 계층인 5품 이상의 관리로, 정치적으로 음서제도, 경제적으로 공음전의 특권이 주어졌으며, 왕실과의 혼인을 통해 권력을 유지하였으나 무신정변으로 몰락하였다.

C는 권문세족에 대한 설명이다. 권문세족은 고려 말의 지배 계층으로, 원의 세력에 힘입어 성장한 계층이다. 이들은 무신 정권 붕괴 이후 도평의사사를 이용하여 정치권력을 행사하고 농장을 소유한 최고의 권력층이었다.

D는 사림에 대한 설명이다. 조선 중기 성리학을 바탕으로 정치를 주도한 세력으로 홍문관, 사헌부, 사간원 등 언관직을 장악하고 훈구 세력의 횡포를 비판하였다. 향촌에서 서원과 향약을 기반으로 세력을 키우면서 학문을 연구하였고, 여러 세력들이 갈라져 붕당을 형성하였다.

정답의 이유

㉠ 신라 말기 호족은 선종을 옹호하였고 선종사원도 경제적으로 후원하였다.

ⓒ 권문세족은 주로 음서를 통해 관직에 진출하여 고위 관직을 독점하였으며, 경제적 기반인 농장을 확대하여 대규모 농장을 소유하였다. 이들의 농장 확대로 국가 재정은 궁핍해지고, 농민들의 생활은 더욱 어려워졌다.

오답의 이유

ⓒ 중방이 최고 권력 기구가 된 것은 무신 정권 시기이므로, 무신정변으로 몰락한 문벌 귀족과는 시기적으로 맞지 않다.

ⓔ 사림은 15세기 말 성종 때부터 정치 무대에 등장하기 시작하였으므로, 고려 말 혁명파 사대부의 등장과는 시기적으로 맞지 않다.

더 알아보기

고려의 문벌 귀족과 권문세족

문벌 귀족	• 출신 유형: 지방 호족 출신의 중앙 관료, 신라 6두품 유학자 • 특징: 과거·음서를 통해 관직 독점 → 고위 관리가 되어 정치 주도, 과전·공음전 등으로 경제적 혜택과 토지 소유 확대 • 문벌 귀족 사회의 동요: 귀족 사회 내부 분열(12세기 이후 정치 권력과 경제적 혜택을 둘러싼 귀족 사회 내부 분열), 이자겸의 난과 묘청의 서경 천도 운동 발생
권문세족	• 등장: 원 간섭기에 원의 세력을 배경으로 등장(친원적 성향) • 정치: 음서로 관직 진출, 도평의사사 장악 • 경제: 대농장 차지, 농민을 궁핍하게 하여 노비로 삼음

19 난도 ★★☆　정답 ③

중세 > 정치사

【자료해설】

『고려사』 두 사료에서 각각 잘못을 저지른 관리에 대해 '탄핵'과 '심문' 등이 언급되는 것으로 보아 괄호 안에 들어갈 정치 기구는 '어사대'임을 알 수 있다. 고려의 어사대는 정치의 잘잘못을 논의하고 풍속을 교정하며 관리의 비리를 규찰하고 탄핵하였다.

【정답의 이유】

③ 법과 시행 규정을 다루는 것은 귀족 합의 제도인 식목도감이다. 중서문하성과 추밀원의 합좌 기구인 식목도감은 법률 · 제도, 격식 문제 등을 논의하였다.

【오답의 이유】

① · ② · ④ 어사대는 정치의 잘잘못을 따지고 풍속을 교정하며, 관리의 불법행위 탄핵과 국왕에 대한 간쟁(왕의 잘못이나 정책의 잘못을 비판할 수 있는 권리)을 하였다. 또한 주요 정책이나 관리 인사에 대한 서경(관리들의 임명이나 법령의 개정 · 폐지를 인준하는 권리)과 봉박(잘못된 명령을 시행하지 않고 거부할 수 있는 권리)의 권한을 행사하는 정치 기구였다.

20 난도 ★★☆　정답 ③

중세 > 정치사

【자료해설】

자료는 원 간섭기 충렬왕 때의 사건이다. 이 시기의 왕은 원의 공주와 결혼하여 원 황제의 부마가 되었고, 고려 왕실의 호칭과 관제도 부마국의 지위에 맞게 격하되었다. 중서문하성과 상서성의 2성은 첨의부로 통합되었고, 6부는 4사로 통폐합되었으며, 중추원(추밀원)은 밀직사로 격하되었다. 또한 원은 고려를 일본 원정에 동원하기 위해 정동행성을 설치하고 여몽 연합군을 구성하였다.

【정답의 이유】

③ 고려의 도병마사는 재신(중서문하성의 2품 이상)과 추밀(중추원의 2품 이상)이 국방 및 군사 문제를 논의하는 임시적인 회의 기구였다. 그러나 원 간섭기인 충렬왕 때 도평의사사로 명칭이 바뀌었고 최고 정무 기구로서 국사 전반에 관여하게 되었다.

【오답의 이유】

① 공민왕은 기철 등 친원 세력 숙청을 실시하고 내정 간섭 기구로 유지되었던 정동행성 이문소를 폐지하였으며, 쌍성총관부를 공격하여 원에 빼앗긴 철령 이북의 땅을 수복하였다.

② 고려 충선왕은 폐단이 많았던 정방을 폐지하고 사림원을 설치하여 왕명 출납과 고문 등을 담당하게 하며 왕권 강화를 추진하였다.

④ 원 간섭기 충목왕 때 고려의 개혁을 위해 정치도감을 설치하였으나 정동행성 이문소의 방해로 개혁이 제대로 이루어지지 못하였다.

21 난도 ★★★　정답 ①

근세 > 정치사

【자료해설】

제시된 사료는 세종이 실시한 노비의 출산 휴가와 연관된 것이다. 출산 휴가는 세종 8년에 처음 실시되었다. 여자 노비가 입역(立役) 중에 출산하여도 7일 후에 바로 입역하기 때문에 갓난애를 돌보지 못하여 어린애를 상하게 하는 사태가 발생하므로 그 대책으로 출산 후 100일 휴가가 지급되었다. 이후 세종 12년에는 해산이 임박하여 입역에 어려움을 겪는 여자 노비의 고통을 덜어주기 위하여 산후 100일 외에 산전 1개월도 입역을 면제해 주도록 하였다.

【정답의 이유】

① 세종은 사형 판결에 금부삼복법(의금부삼심제)을 적용해 판결에 억울함이 없도록 하였다.

【오답의 이유】

② 조선 태종 때 왕명으로 주자소를 설치하여 금속 활자인 계미자를 주조하였고, 세종 때는 갑인자가 주조되었다.

③ 조선 세조 때 전국의 지방 군사 조직을 여러 개의 진관으로 개편한 진관 체제를 완성하여 국방을 강화하였다.

④ 조선 정종 때 사병의 혁파와 함께 도평의사사를 개편하여 의정부를 설치하였다.

22 난도 ★★☆　정답 ①

근세 > 정치사

【자료해설】

제시문의 밑줄 친 '국왕'은 중종을 말하는 것으로, 중종의 명을 받고 조신이 편찬한 『이륜행실도』는 연장자와 연소자, 그리고 친구 사이의 도덕적 윤리를 강조한 윤리서이다.

【정답의 이유】

① 조선 중종 때 풍기군수 주세붕이 성리학을 전래한 고려 말의 학자 안향을 기리기 위해 최초로 백운동 서원을 건립하였다 (1543).

【오답의 이유】

② 『금오신화』는 세조 때 김시습이 지은 우리나라 최초의 한문 단편 소설집이다.

③ 성종 때 오례(五禮)의 예법과 절차 등을 그림과 함께 정리한 『국조오례의』와 각 도의 지리, 풍속, 인물 등을 기록한 관찬 지리지 『동국여지승람』이 편찬되었다.

④ 세종은 집현전을 설치하고 학문 연구와 경연, 서연을 담당하게 하여 유교 정치의 활성화를 꾀하였다.

23 난도 ★☆☆　정답 ②

근세 > 정치사

【정답의 이유】

㉠ 조선 초기 왕위 계승권을 둘러싸고 태조 이성계의 왕자들 사이에서 두 차례 왕자의 난(제1차 1398, 제2차 1400)이 발생하였다.

ⓒ 조선 세종은 공법(貢法)을 제정하면서 백성들에게 찬반 여부를 조사(1430)하였으며, 1443년 전제상정소가 설치되면서 세제 개혁에 대한 논의가 더욱 진전되었다.

ⓔ 조선 세조는 수양 대군 시절 계유정난(1453)을 일으켜 황보인, 김종서 등을 정계에서 축출하고 권력을 장악하여 왕권을 강화시켜 나갔다.

ⓛ 조선 성종 때 조선의 법전인 『경국대전』이 완성되어 반포(1485)되었고, 서거정 등이 『동국통감』을 편찬(1485)하였다.

24 난도 ★★★　　　　　　　　　　　　정답 ③

근대 태동기 > 사회사

정답의 이유

㉠ 조선 시대에는 군현 아래에 말단 행정 조직으로 면, 리, 통을 두고 다섯 집을 1통으로 편제하는 오가작통법을 시행하였다.

㉡ 조선 시대에는 상피제를 실시하여 일정한 범위의 친족 간에는 같은 관서나 직속 관서의 관원이 되지 못하도록 하고, 자기 출신 지역으로 임명되는 것을 금지하였다. 이러한 상피제는 인사권을 가지고 있는 관리, 비리를 감찰하는 관리, 지방의 수령 등이 적용받았다. 그리고 각 도에 파견된 관찰사는 관할 수령의 청렴과 부정을 고찰하였으며, 수령들의 실적을 조사해 중앙에 보고하였다.

㉢ 조선 시대의 향리는 수령의 행정 실무를 보좌하는 지방 말단직이었으며, 세습적인 아전으로 신분이 격하되었다.

오답의 이유

㉣ 경재소는 조선 시대 지방의 유향소를 관리 및 통제하기 위해 설치한 중앙 기구이다. 중앙의 고위 관리에게 출신 지역의 경재소를 관장하게 하고 그 지역의 유향소 품관을 임명·감독하게 하였다.

25 난도 ★★☆　　　　　　　　　　　　정답 ③

일제 강점기 > 정치사

정답의 이유

ⓒ 일제는 1920년 6월 봉오동 전투 이후 무장 독립 세력을 탄압할 명분으로 중국 마적단을 매수하여 훈춘의 일본 영사관을 공격하게 하였고(훈춘 사건, 1920.10.), 이를 빌미로 간도로 출병하였다. 이후 청산리 전투에서 대패하면서 그 보복으로 간도 지역의 동포들을 무차별 살해하는 간도 참변을 일으켰다.

㉠ 간도 참변 이후 독립군은 밀산부에 집결하여 서일을 총재로 하는 대한 독립 군단을 결성하였다(1920.12.). 대한 독립 군단은 러시아의 지원을 기대하고 자유시로 근거지를 옮겼으나 자유시 참변(1921.6.)으로 큰 타격을 입었다.

㉡ 일본은 만주 지역의 독립운동을 탄압하기 위해 1925년 만주 군벌 장쭤린(장작림)과 미쓰야 협정을 체결하였다.

㉣ 한국 독립군은 1931년 지청천을 총사령관으로 북만주에서 결성되었다. 한국 독립군은 중국 호로군과 연합하여 쌍성보 전투(1932), 사도하자 전투(1933), 대전자령 전투(1933)에서 일본군에 승리하였다.

독립군의 시련

간도 참변 (1920. 10.)	일제가 청산리 대첩 전후로 독립군의 기지를 없앤다는 명분을 내세워 간도 지역의 동포들을 무차별 학살
대한 독립 군단 조직 (1920. 12.)	독립군 주력 부대 4,000여 명이 밀산부에 집결하여 서일을 총재로 조직, 연해주로 이동
자유시 참변 (1921.6.)	러시아 적군이 독립군의 지휘권 양도를 거부하는 한인 부대를 공격하여 무장 해제, 많은 독립군이 희생
미쓰야 협정 (1925)	일제가 무장 독립 세력을 진압하기 위해 만주 군벌과 체결

26 난도 ★★★　　　　　　　　　　　　정답 ④

근세 > 정치사

정답의 이유

㉠ 의정부는 삼정승이 국왕을 보좌하며 정사를 총괄하던 조선 시대 최고 행정기구로 중국의 영향을 받지 않은 독자적인 것이었다.

㉡ 6조 가운데 이조·병조의 정랑(정5품)·좌랑(정6품)은 각각 문관과 무관의 인사권을 행사하였는데, 조선 시대에는 무관보다 문관이 중시되었으므로 이조 전랑이 병조 전랑보다 중요하게 인식되었다.

㉣ 춘추관은 국가의 당대 시정을 기록하고 역사를 편찬하는 역할을 맡은 관서이다. 춘추관에서는 사관이 작성한 국왕의 언동이나 신하와의 정치 논의 등을 기록한 사초를 정리하여 『시정기』를 편찬하고, 실록을 편찬할 때 기본 자료로 활용하였다.

㉤ 예문관은 왕의 명령을 글로 작성하는 일을 주로 맡았던 관서로, 임금의 교지와 회의록을 작성하였다.

오답의 이유

㉢ 조선 태조 때는 사헌부만 존재하였고, 태종 때 문하부를 폐지하고 의정부를 두면서 문하부 낭사를 사간원으로 독립시켜 대신들을 견제하는 역할을 하였다. 홍문관은 세조 때 폐지된 집현전을 계승하여 성종 때 설치되었다.

27 난도 ★★☆　　　　　　　　　　　　정답 ②

근대 > 정치사

자료해설

자료에서 나오는 '신포(身布)', '동포(洞布)' 등의 내용은 흥선 대원군이 실시한 호포제에 대한 내용이므로 밑줄 친 '그'는 흥선 대원군이다.

정답의 이유

② 순무영은 변란이나 외적의 침입을 물리치기 위해 임시로 설치하여 운영하던 군대로, 1866년 병인양요 당시 프랑스군을 격퇴하기 위해 흥선 대원군이 설치하였다.

① 조선 후기 철종 때 발생한 임술 농민 봉기에 안핵사로 파견된 박규수는 삼정이정청을 설치하여 삼정의 문란을 해결하고자 하였다.
③ 김홍집은 갑오개혁을 실시하기 위해 설치한 군국기무처의 총재관을 맡아 개혁을 주도하였다.
④ 갑신정변 당시 청군의 원조를 요청하였던 것은 민씨 정권이다.

28 난도 ★☆☆   정답 ②

근대 > 정치사

ⓛ 김홍집은 제2차 수신사로 일본에 파견되어 청나라 황쭌셴의 『조선책략』을 가지고 돌아왔다(1880).
㉠ 고종은 개화 반대 여론을 의식해 암행어사 형태로 비밀리에 박정양 등 조사 시찰단을 일본에 파견하였다(1881.4.).
㉣ 김윤식을 중심으로 청에 파견된 영선사는 톈진에서 근대 무기 제조 기술과 군사 훈련법을 배워 돌아왔다(1881.9.).
㉢ 조선 정부는 조·미 수호 통상 조약 체결 이후 민영익, 홍영식, 서광범을 중심으로 한 사절단인 보빙사를 미국에 파견하였다(1883).

해외 시찰 파견
• 수신사 파견: 1차 김기수(1876), 2차 김홍집(1880), 3차 조병호(1881), 4차 박영효(1882)
• 조사 시찰단(1881.4.): 비밀리에 일본 파견, 박문국·전환국 설치
• 영선사(1881.9.): 청에 김윤식 파견, 기기창 설치(1883)
• 보빙사(1883): 조·미 수호 통상 조약 체결 이후 민영익, 홍영식, 서광범을 미국에 파견

29 난도 ★★★   정답 ③

근대 > 정치사

제시된 자료에서 '황제께서 조칙을 내리시길'을 보아 대한 제국 시기인 광무개혁 당시 발표한 고종의 '편민이국(便民利國) 조칙(1898)'임을 알 수 있다.

③ 공무아문은 교통, 체신, 건축, 광산 등의 사무를 관장하던 중앙 관청으로 갑오개혁(1894) 때 설치된 8아문 중 하나이다. 제2차 갑오개혁 때 농상아문과 함께 농상공부로 통합되었다.

① 광무개혁 당시 양잠전습소와 잠업시험장을 설립하여 양잠산업을 장려하는 등 양잠기술을 발전시켰다.
② 대한 제국 광무 정권은 독자적인 금본위제를 수립하고자 하였으나 금 준비를 위한 차관도입 실패와 일본의 방해로 불발되었다.
④ 광무개혁 때 새로운 기술자와 경영인의 양성을 위해 상공학교, 광무학교 등의 실업학교와 의학교 등 각종 학교를 설립하였다.

30 난도 ★★★   정답 ③

근대 > 정치사

제시된 보기의 사건들은 러·일 전쟁에서부터 한·일 의정서를 체결할 때까지의 사건을 제시한 것이다.

㉡ 러·일 협상이 결렬로 치닫고 러·일 전쟁이 필연적인 사실로 되어가자 고종은 1904년 1월 21일 대한 제국의 국외 중립을 선언하였고, 이 선언으로 전쟁의 위험에서 탈피할 것으로 판단하였다.
㉠·㉢ 1904년 2월 8일 일본 함대가 뤼순 군항을 기습하였고, 2월 9일 인천 앞바다에 있던 2척의 러시아 군함을 격침하고 이튿날인 10일에야 일본은 러시아에 선전포고를 하였다.
㉣ 러·일 전쟁을 일으킨 일제는 1904년 2월 23일 대한 제국의 국외 중립 선언을 무시하고 서울을 점령한 후, 대한 제국 내에서 군사 기지를 마음대로 사용할 수 있도록 하는 한·일 의정서를 체결하였다.

전시 국외 중립 선언 내용
러·일 간에 발생하고 있는 미묘한 관계를 보거나 또는 그 문제를 평화적으로 해결하려면 당면하지 않으면 안 될 것 같이 보이는 어려운 문제들을 생각할 때에 한국 정부는 그 두 국가와 한국과의 사전 협의가 어떻게 되든지를 불문하고 엄정 중립을 지킬 확고한 결심을 하였음을 황제 폐하의 어명을 받들어 선언하는 바이다.

31 난도 ★★☆   정답 ③

근대 > 정치사

㉠ 1907년 7월 체결된 한·일 신협약(정미7조약) 제1조의 내용이다. 이 조약으로 일본은 통감의 권한을 강화하였고, 우리 정부의 각 부에 일본인 차관을 두게 함으로써 내정을 완전히 장악하였다.
㉡ 1910년 8월에 체결된 한·일 병합 조약 제1조의 내용이다. 이 조약으로 대한 제국의 주권이 일제에 의해 완전히 상실되었다.

③ 1904년 제1차 한·일 협약을 통해 재정 고문으로 임명된 메가타는 경제권을 장악하기 위해 1905년 화폐 정리 사업을 추진하여 백동화를 제일 은행권으로 교환하였다.

① 1908년 일제는 사립학교들에 대한 전면적인 탄압을 감행할 수 있는 법적 근거를 위해 사립학교령을 제정하였다.
② 1909년 안중근은 하얼빈역에서 을사늑약의 원흉이자 조선의 초대 통감을 지낸 이토 히로부미를 사살하였다.
④ 일본은 고종의 헤이그 특사 파견을 구실로 1907년 한·일 신협약을 체결함으로써 차관정치를 실시하고, 군대를 강제로 해산시키는 등 한국에 내정 간섭을 강화하였다.

더 알아보기

한국병합에 관한 조약

제1조 한국 황제폐하는 한국 전부에 관한 일체의 통치권을 완전하고도 영구히 일본국 황제폐하에게 양여한다.

제2조 일본국 황제폐하는 이 양여를 수락하고 한국전부를 일본제국에 병합하는 것을 허락한다.

제3조 일본국 황제폐하는 한국 황제폐하 · 태황제폐하 · 황태자전하 및 后妃 · 後裔에게 각기 지위에 상당한 존칭 · 위엄 및 명예를 향유하게 하고 또 이를 보유하는데 충분한 歲費를 공급할 것을 약속한다.

제4조 일본국 황제폐하는 前條 이외에 한국 황족 및 그 후예에 대해 각기 상당한 명예 및 대우를 향유하게 하고 또 이를 유지하는데 필요한 자금을 제공할 것을 약속한다.

제5조 일본국 황제폐하는 勳功있는 한국인으로서 특히 표창하기에 적당하다고 인정되는 자에 대해서는 榮爵을 주고 恩金을 공여한다.

제6조 일본국정부는 병합의 결과로서 전연 한국시정을 담임해 同地에 시행하는 법규를 준수하는 한인의 신체 및 재산에 대해 충분히 보호를 제공하고 또 그 복리 증진을 도모한다.

제7조 일본국정부는 성실 충실히 신제도를 존중하는 한국인으로서 상당한 자격 있는 자를 사정이 허락하는 한 관리에 등용한다.

제8조 본 조약은 일본국 황제폐하와 한국 황제폐하의 재가를 얻어서 공포하는 날로부터 시행한다.

---

32 난도 ★★☆   정답 ①

일제 강점기 > 정치사

자료해설

제시된 자료는 의열단의 강령인 신채호의 「조선 혁명 선언」이다. 김원봉이 결성한 의열단은 신채호가 작성한 「조선 혁명 선언」을 기본 행동 강령으로 하여 직접적인 투쟁 방법인 암살, 파괴, 테러 등을 통해 독립운동을 전개하였다.

정답의 이유

① 1922년 의열단원 오성륜, 김익상, 이종암 등은 중국 상해에서 일본군 육군대장 다나카 기이치를 암살하고자 저격했지만 실패하였다(황포탄 의거).

오답의 이유

② 1932년 한인 애국단 소속의 윤봉길은 상하이 훙커우 공원에서 열린 일본군 전승 축하 기념식장에 폭탄을 투척하였다.

③ 1933년 일본 공사 아리요시가 친일 성향의 중국 인사들을 상하이에 있는 음식점 '육삼정'으로 초청한다는 정보를 입수한 흑색공포단 소속 백정기, 이강훈, 원심창 등은 연회장을 습격하여 일본 공사를 사살하려고 계획했으나 밀정의 고발로 거사 직전에 현장에서 검거됐다.

④ 1932년 한인 애국단원 이봉창은 도쿄에서 일본 국왕의 행렬에 폭탄을 투척하는 의거를 거행하였다.

---

33 난도 ★★☆   정답 ②

일제 강점기 > 문화사

자료해설

제시된 자료는 1926년에 상영되었던 '아리랑'의 줄거리이다. 나운규가 제작과 감독, 주연을 맡은 영화 「아리랑」은 단성사에서 개봉하면서 한국 영화가 비약적으로 발전하는 데에 기여하였다.

정답의 이유

② 1920년대 중반에는 신경향파 문학이 대두되었다. 신경향파 문학은 3 · 1 운동 이후 노동자, 농민들이 활발히 조직화되는 추세에서 문학의 사회적 기능이 강조되면서 등장하였으며, 이후 카프(KAPF, 조선 프롤레타리아 예술가 동맹)를 결성하여 민족적 저항 문학으로 발전하였다.

오답의 이유

① 1934년 정인보, 문일평, 안재홍 등은 『여유당전서』 교정에 참여하였으며, 이를 계기로 민족주의 역사학자들 사이에서 조선학 운동이 전개되었다.

③ 1930년대에 일본의 대중음악(엔카)의 영향을 받아 트로트 양식이 정립되었다.

④ 1940년 일제는 우리 영화에 대한 탄압을 강화하고 전쟁을 옹호하고 선전하는 수단으로 사용하기 위해 조선영화령을 제정하였다.

---

34 난도 ★★★   정답 ④

근대 태동기 > 문화사

자료해설

제시된 자료는 하곡 정제두가 저술한 『하곡집(荷谷集)』 22책본 중 정집(正集) 권9에 해당하는 『존언』의 내용 중 일부이다. 18세기 초에 정제두는 몇몇 소론 학자가 명맥을 이어가던 양명학을 체계적으로 연구하여 학파로 발전시켰다.

정답의 이유

④ 조선 후기 정제두는 지행합일을 중요시하는 양명학을 체계적으로 연구하였고, 강화도에서 후진 양성에 힘을 기울여 강화학파를 형성하였다.

오답의 이유

① 이수광은 『지봉유설』을 저술하여 중국과 우리나라의 문화 전통을 폭넓게 정리하였고, 서양의 기상, 풍속 등과 같은 문물을 비롯해 동남아시아 여러 나라들의 지리, 풍속 등도 소개하여 당대 지식인들의 세계관 확대에 큰 기여를 하였다.

② 송시열은 서인(노론)의 영수로, 명에 대한 의리를 지키고 청에게 당한 수모를 갚자는 북벌론을 주장하며 효종에게 『기축봉사』를 올려 북벌 계획의 핵심 인물이 되었다.

③ 윤휴, 박세당은 교조화된 주자학을 비판하다가 서인(노론)에게 사문난적으로 몰렸다.

35 난도 ★★☆   정답 ①

현대 > 정치사

정답의 이유

ⓔ 박정희 정부는 국민 교육 헌장을 제정하여 우리나라 교육이 지향해야 할 이념과 근본 목표를 세우고자 하였다(1968).

ⓑ 7·4 남북 공동 성명은 제3공화국 시기로 박정희 정부가 유신 헌법을 공포하기 직전 서울과 평양에서 공동으로 발표되었고, 이때 남북 조절 위원회 설치에 합의하였다(1972.7.).

ⓒ 박정희 정부는 유신 헌법을 국민 투표에 부친 결과 압도적인 찬성으로 확정되었다. 이 헌법이 통과됨에 따라 대통령은 국회의원 1/3 추천 임명권, 국회 해산권, 긴급 조치권 등 강력한 대통령의 권한을 부여받았다(1972.11.).

ⓛ 김대중은 일본에서 유신 반대 운동을 벌이던 중 중앙정보부에 의해 납치당하여 한국으로 연행되었다가 서울의 자택 부근에서 풀려났다(1973.8.).

ⓖ·ⓐ YH 무역 노동자들의 폐업 항의 농성이 신민당사 앞에서 일어나자 박정희 정부는 야당 총재 김영삼을 국회의원직에서 제명하였다. 이로 인해 김영삼의 정치적 근거지인 부산, 마산에서 유신 정권에 반대하는 부마 민주 항쟁이 전개되었다(1979.10.). 집권층 내에서 부마 민주 항쟁 진압 문제를 두고 대립하던 도중 박정희 대통령이 피살되는 10·26 사태가 일어나면서 유신 체제도 막을 내렸다.

36 난도 ★★★   정답 ②

현대 > 정치사

자료해설

제시된 자료는 좌우 합작 위원회 수립에 대한 내용이다. 해방 이후 좌우 대립이 격화되면서 분단의 위기를 느낀 중도파 세력들은 여운형, 김규식을 중심으로 좌우 합작 위원회를 수립하였다. 이후 중도적 사상의 통일 정부를 수립하는 것을 목적으로 좌우 합작 7원칙을 합의하여 제정하였다(1946).

정답의 이유

ⓒ 좌우 합작 위원회 7원칙에는 '친일파 민족반역자를 처리할 조례를 본 합작 위원회에서 입법 기구에 제안하여 입법 기구로 하여금 심리 결정하여 실시하게 한다.'로 되어 있다.

더 알아보기

좌우 합작 위원회 7원칙

1. 조선의 민주 독립을 보장한 삼상 회의 결정에 의하여 남북을 통한 좌우 합작으로 민주주의 임시 정부를 수립할 것

2. 미소 공동 위원회 속개를 요청하는 공동 성명을 발표할 것

3. 토지 개혁에 있어서 몰수, 유조건 몰수, 체감매상(遞減買上) 등으로 토지를 농민에게 무상으로 나누어 주며, 시가지의 기지와 큰 건물을 적정 처리하며, 중요 산업을 국유화하며, 사회 노동 법령과 정치적 자유를 기본으로 지방 자치제의 확립을 속히 실시하며, 통화와 민생 문제 등등을 급속히 처리하여 민주주의 건국 과업 완수에 매진할 것

4. 친일파 민족반역자를 처리할 조례를 본 합작 위원회에서 입법 기구에 제안하여 입법 기구로 하여금 심리 결정하여 실시케 할 것

5. 남북을 통하여 현 정권하에 검거된 정치 운동가의 석방에 노력하고 아울러 남북 좌우의 테러 행동을 일절 즉시로 제지토록 노력할 것

6. 입법 기구에 있어서는 일체 그 권능과 구성 방법 운영에 관한 대안을 본 합작 위원회에서 작성하여 적극적으로 실행을 기도할 것

7. 전국적으로 언론, 집회, 결사, 출판, 교통, 투표 등 자유를 절대 보장되도록 노력할 것

37 난도 ★★☆   정답 ①

근대 태동기 > 정치사

정답의 이유

㉠ 경신환국: 숙종 때 남인인 허적이 궁중에서 쓰는 천막을 허락 없이 사용한 문제로 왕과 갈등을 겪은 후 허적의 서자 허견의 역모 사건으로 첫 환국이 발생하여 허적, 윤휴 등의 남인이 대거 축출되고 서인이 집권하게 되었다(1680).

ⓒ 기사환국: 숙종 때 희빈 장씨 소생의 원자 정호(定號)를 반대하는 송시열의 관작을 삭탈하고 제주도로 유배시켜 사사(賜死)하였다. 이때 서인 세력이 대거 축출되고 남인이 집권하였다(1689).

ⓛ 갑술환국: 서인 세력을 중심으로 인현 왕후 복위 운동이 전개되자 남인인 민암 등이 서인들을 무고하다 도리어 숙종의 불신을 받게 되어 몰락하고 다시 서인이 집권하게 되었다(1694).

ⓔ 신임사화: 경종 신축년(1721)과 임인년(1722) 두 해에 걸쳐 일어난 사건으로, 경종이 병약하여 노론이 연잉군 세제 책봉을 주장하여 관철되었다. 이후 연잉군의 대리청정까지 주장했으나 충역시비로 번져 실패하게 되고 이로 인해 노론 4대신 김창집, 이이명, 조태채, 이건명을 비롯한 노론의 대다수 인물이 소론의 공격을 받고 화를 입게 되었다.

38 난도 ★★☆   정답 ②

근대 태동기 > 정치사

자료해설

조선 명종 때 외척 간의 갈등과 관리들의 수탈이 심화되어 민생이 어려워지자 양주의 백정 출신 임꺽정이 이끄는 도적 무리가 등장하였다. 이들은 경기도와 황해도 일대의 관아 창고를 털어 백성들에게 나누어 주는 등 의적 활동을 벌이다가 약 3년 만에 관군에게 잡혀 처형되었다.

정답의 이유

② 명종이 어린 나이로 즉위하자 명종의 어머니 문정왕후가 수렴청정을 하였다. 인종의 외척인 윤임을 중심으로 한 대윤 세력과 명종의 외척인 윤원형을 중심으로 한 소윤 세력의 대립으로 을사사화가 발생하였고, 윤임을 비롯한 대윤 세력과 사림들이 큰 피해를 입었다(1545).

① 조선 후기 군역으로 인한 농민들의 부담이 가중되자 영조는 균역법을 제정하였다. 이에 따라 농민들은 1년에 2필이었던 군포를 1필만 부담하게 되었다.

③ 조선 후기 농업 기술이 발달하고 이앙법이 전국적으로 확대되면서 수확량이 증대되고 광작이 유행하였다. 이에 따라 지주와 일부 농민들은 부농으로 성장하였다.

④ 조선 후기 일부 부농층이 양반으로 신분 상승을 하게 되어 향촌 사회에서 기존 양반인 구향과 새롭게 형성된 부농층인 신향이 대립하는 향전이 발생하였다.

39 난도 ★★☆ 　　　　　　　　　　　　　　　 정답 ①

현대 > 정치사

자료해설

제시된 자료는 김구가 연설한 '삼천만 동포에게 읍고함'의 내용이다. 김구는 광복 이후 모스크바 3국 외상 회의 결정에 따른 신탁 통치를 반대하였으며, 남한만의 단독 정부를 추진한 이승만과 달리 통일 정부 수립을 위해 평양으로 가서 남북 협상까지 시도하였으나 결국 실패하였다.

오답의 이유

㉠·㉤ 김구는 남한만의 단독 정부 수립에 반대하여 5·10 총선거에 불참하였으며, 당연히 제헌 국회의원에도 선출되지 않았다.

㉡ 좌우 합작 운동은 김규식, 여운형 등의 중도파 인사를 중심으로 전개되었다.

㉢ 이승만은 정읍에서 남한 단독 정부 수립을 주장(정읍발언)하였으나, 남한 단독 정부 수립을 반대한 김구는 정읍발언을 부정하였다.

㉣ 김구는 유엔에서 결정한 남한만의 단독 선거에 반발하여 남북 협상을 추진하였으나 실패하였다.

40 난도 ★★★ 　　　　　　　　　　　　　　　 정답 ②

시대 통합 > 정치사

자료해설

제시된 자료에서 '중외의 군국 기무를 모두 관장한다', '이·호·예·병·형조 판서, 유수, 대제학 등이 겸직한다' 등의 내용으로 보아 (가)에 들어갈 정치 기구는 비변사임을 알 수 있다.

비변사는 중종 때 왜구와 여진족의 침입에 대비하기 위한 임시 기구로 설치되었고, 을묘왜변(1555)을 계기로 상설 기구가 되었다. 그리고 임진왜란을 거치면서 구성원이 3정승을 비롯한 고위 관원으로 확대되었으며 그 기능도 군사 문제뿐 아니라, 외교, 재정 등 거의 모든 정무를 총괄하였다. 이와 같이 비변사의 기능이 강화되자 의정부와 6조 중심의 행정 체계는 유명무실해졌고, 이에 흥선 대원군은 세도 가문이 장악하고 있던 비변사를 축소, 폐지하였다.

정답의 이유

㉠ 『비변사등록』은 비변사에서 논의되고 결정된 회의 내용을 수록한 일기체 기록이다.

㉣ 고종 즉위 후 정치적 실권을 잡은 흥선 대원군은 군사와 정치를 분리하기 위해 비변사를 폐지하고 의정부의 권한을 강화하였다.

오답의 이유

㉡ 비변사에서는 당상 상호 간이나 도제조 사이에 상피 규정을 적용받지 않았기 때문에 권세가들이 비변사 당상의 최상석을 장기간 차지하고 그 친인척들이 도제조와 전임 당상이 되어 정치력을 발휘하였다. 이로 인해 혈연관계로 맺어진 권력 집단이 중앙 정치를 좌우할 수 있었다.

㉢ 정치적 권력이 소수의 세도 가문(안동 김씨, 풍양 조씨)에 집중되었을 때인 세도 정치 기간 때 비변사는 조직과 기능 면에서 절대적인 위치를 차지하며 핵심적인 정치 기구로 자리 잡았다.

한국사 | 2020년 국가직 7급

한눈에 훑어보기

✔ 영역 분석

선사 시대와 국가의 형성 01
1문항, 5%

고대 4 17
2문항, 10%

중세 02 14
2문항, 10%

근세 11
1문항, 5%

근대 태동기 13
1문항, 5%

근대 05 08 10 16
4문항, 20%

일제 강점기 09 19
2문항, 10%

현대 15 20
2문항, 10%

시대 통합 03 06 07 12 18
5문항, 25%

✔ 빠른 정답

01	02	03	04	05	06	07	08	09	10
①	④	④	③	③	①	③	①	④	②

11	12	13	14	15	16	17	18	19	20
③	①	④	③	④	②	①	②	②	③

✔ 점수 체크

구분	1회독	2회독	3회독
맞힌 문항 수	/ 20	/ 20	/ 20
나의 점수	점	점	점

---

01 난도 ★☆☆ 정답 ①

선사 시대와 국가의 형성 > 선사 시대

[정답의 이유]

① 청동기 시대에는 농경의 발달로 잉여 생산물과 사유 재산이 축적되면서 빈부 격차가 발생하였으며, 부족 사회의 규모가 점차 커지면서 정치 권력과 경제력을 갖는 군장이라 불리는 부족장이 출현하였다.

[오답의 이유]

② 신석기 시대에는 빗살무늬 토기를 이용하여 음식을 조리하거나 저장하였다.

③ 철기 시대 이후 쟁기, 쇠스랑, 호미 등의 철제 농기구가 널리 사용되기 시작하면서 농업 생산량이 늘어났으며, 철제 무기의 발전으로 정복 전쟁이 활발해졌다.

④ 구석기 시대에는 이동 생활을 하며 동굴이나 강가에 막집을 짓고 살았으며, 주로 사냥이나 채집 생활을 하였다.

[더 알아보기]

청동기 시대 생활상

도구	• 반달 돌칼 • 비파형 동검, 거친무늬 거울 • 미송리식 토기, 민무늬 토기
경제	벼농사 시작, 밭농사 중심
주거	움집: 지상 가옥화
사회	• 생산력 증대로 사유 재산 발생 • 계급 사회: 족장(군장) 출현
무덤	고인돌: 지배층의 무덤
유적지	부여 송국리, 울주 검단리, 창원 덕천리

02 난도 ★★☆ 정답 ④

중세 > 사회사

[자료해설]

제시문에서 '노비를 조사하여 그 시비를 가려내게 했다', '그 주인을 등지는 자가 많아졌다' 등을 통해 밑줄 친 '왕'은 노비안검법을 실시한 광종임을 알 수 있다. 고려 광종은 노비안검법을 실시하여 양민 중 억울하게 노비가 된 사람들을 해방시켜 국가 재정을 튼튼히 하는 동시에 호족 세력의 경제력을 약화시켰다.

정답의 이유

④ 고려 성종은 최승로의 건의를 수용하여 전국 주요 지역에 12목을 설치하고 지방관인 목사를 파견하였다.

오답의 이유

① 고려 광종 때 제위보를 운영하여 기금을 모았다가 백성에게 빌려주고 그 이자로 빈민을 구제하도록 하였다.

② 고려 광종은 왕권을 강화하기 위해 개경에 화엄종 계열의 귀법사를 창건하고 균여를 주지로 임명하여 불교 세력을 통합하고자 하였다.

③ 고려 광종은 공신 세력을 약화시키고 왕권을 강화하고자 국왕을 황제라 칭하고 광덕, 준풍 등의 독자적 연호를 사용하였으며, 개경을 황도(皇都), 서경을 서도(西都)라 부르도록 하여 황제 국가의 면모를 국내외에 과시하였다.

03 난도 ★☆☆   정답 ④

시대 통합 > 경제사

정답의 이유

④ 고려 경종 때 인품과 공복을 기준으로 토지를 지급하는 시정 전시과(976)를 시행하였고, 목종 때 전·현직(직·산관)에게 인품을 배제하고 관품만을 고려해 수조권을 지급하는 개정 전시과(998)가 실시되었다.

오답의 이유

① 고려 태조 왕건은 후삼국 통일에 공을 세운 공신들에게 관등에 관계없이 공로, 인품 등을 기준으로 역분전을 지급하였다.

② 통일 신라 신문왕은 왕권을 강화하기 위해 다양한 정치 개혁을 단행하여 관료전을 지급하고, 귀족의 경제 기반인 녹읍을 폐지하였다.

③ 조선 세조는 과전의 세습화로 수조지 부족 등을 초래하였던 과전법의 폐단을 바로잡기 위해 현직 관리에게만 수조권을 지급하는 직전법을 실시하였다.

더 알아보기

고려 시대의 토지 제도 변화

역분전 (태조 왕건)	고려 태조 때 후삼국 통일 공신에게 지급
시정 전시과 (경종)	• 전시과 처음 시행(전지, 시지 지급) • 관등과 인품에 따라 지급
개정 전시과 (목종)	18과로 구분한 관등에 따라 지급
경정 전시과 (문종)	• 현직 관리에게만 지급 • 토지 지급액 감소, 무신 차별 완화

04 난도 ★★☆   정답 ③

고대 > 정치사

자료해설

제시된 시기의 순서는 고구려 진대법 시행(194, 고국천왕) - (가) - 백제 불교 공인(384, 침류왕) - (나) - 신라 율령 반포(520, 법흥왕) - (다) - 고구려 살수 대첩(612, 영양왕) - (라) - 백제 주류성 함락(663)이다.

정답의 이유

③ (다) 백제 성왕은 웅진(공주)에서 사비(부여)로 천도하고 국호를 남부여로 고쳐 새롭게 중흥을 도모하였다(538).

오답의 이유

① 신라 진흥왕은 활발한 정복 활동을 전개하여 고구려가 차지하고 있던 한강 유역을 빼앗고 대가야를 병합하여 영토를 확장하였다(562).

② 고구려 미천왕은 낙랑군을 축출(313)하고 한의 군현을 모두 몰아내어 영토를 확장하였다.

④ 신라 진흥왕은 백제가 차지하고 있던 한강 유역을 장악한 후 북한산을 순행하면서 순수비를 건립하였다(555).

05 난도 ★★☆   정답 ③

근대 > 정치사

자료해설

제시문에서 '비록 왜인이라고 하나 실은 양적입니다(왜양일치론)'을 통해 최익현이 개항을 반대하며 주장한 '5불가소'의 일부임을 알 수 있다.

정답의 이유

③ 어린 나이에 즉위한 고종을 대신하여 흥선 대원군이 섭정을 실시한 지 10년째인 1873년에 최익현이 흥선 대원군의 서원 철폐 등의 정책을 총체적으로 비판하는 내용의 계유상소를 올렸다. 이에 고종은 최익현을 호조 참판에 임명하며 흥선 대원군과 대립하기 시작하였고, 결국 성인이 된 고종이 친정을 선포하면서 흥선 대원군은 실각하였다.

오답의 이유

① 제2차 수신사로 일본에 파견되었던 김홍집은 청의 황준헌이 저술한 『조선책략』을 국내에 처음 소개하였다. 이는 러시아의 남하 정책에 대비하기 위한 조선, 일본, 청 등 동양 3국의 외교 정책 방향을 제시한 내용으로, 미국과 외교 관계를 맺어야 한다는 여론이 형성되는 계기가 되었다.

② 독립 의군부(1912)는 임병찬이 고종의 밀명을 받아 조직한 단체이다. 최익현은 1906년(양력 1907.1.1.) 쓰시마 섬에 끌려가 순절했기 때문에 1912년 임병찬이 결성한 독립 의군부와 관계없다.

④ 민족주의 사학자 박은식은 갑신정변부터 3·1 운동까지의 역사에 초점을 맞춰 민족의 항일 운동 역사를 다룬 『한국독립운동지혈사』를 저술하였다.

더 알아보기

최익현의 5불가소

1. 이번 강화는 일본의 강요에 의해서 이루어지는 것이므로 이는 눈 앞의 고식일 뿐 그들의 탐욕을 당해낼 수 없을 것이다.
2. 일단 강화를 맺게 되면 물자를 교역하게 되는데 저들의 상품은 모두 사치스럽고 기이한 노리개이고 또 수공업품이므로 무한한 것이나, 우리의 물화는 필수품이며 땅에서 생산되는 유한한 것이 므로 곧 우리는 황폐해질 것이다.
3. 그들이 비록 왜인이나 실은 바로 양적(洋賊)이므로 한번 강화가 이루어지면 사교의 서적들이 교역을 타고 끼어 들어와 온 나라에 퍼져 인륜이 쇠퇴할 것이다.
4. 일본인이 왕래하여 우리 재산을 탈취하고 부녀자를 능욕하는 등 인간의 도리가 땅에 떨어지고 백성이 안주할 수 없을 것이다.
5. 왜적들은 물욕만 높을 뿐 조금도 사람된 도리가 없는 금수와 같 으니 인류가 금수와 더불어 같이 살 수 없을 것이다.

– 최익현, 『면암집』 –

06 난도 ★★☆ 　　　　　　　　　　　 정답 ①

시대 통합 > 정치사

자료해설

제시문에서 중앙과 지방의 군국 기무를 관장하고 주요 관리들이 참 여한다는 내용을 통해 비변사에 대한 설명임을 알 수 있다.

정답의 이유

① 조선 중종 때 삼포왜란(1510)이 일어나자 외적의 침입에 대비하 기 위한 임시 기구로 비변사를 처음 설치하였고, 명종 때 을묘왜 변(1555)을 계기로 상설 기구화되었다.

오답의 이유

② 고종 즉위 이후 정치적 실권을 잡은 흥선 대원군은 비변사를 폐 지하고 의정부의 권한을 강화하였으며, 삼군부를 부활시켜 군사 및 국방 문제를 전담하게 하였다.

③ 비변사는 삼포왜란을 계기로 여진족과 왜구의 침입에 대비하기 위해 임시 기구로서 설치되었다.

④ 비변사는 임진왜란과 병자호란을 거치며 군사 문제뿐만 아니라 외교, 재정, 인사 등 거의 모든 정무를 총괄하였다. 비변사의 기 능이 강화되면서 의정부와 6조 중심의 행정 체계는 유명무실해 졌고, 세도 정치기에는 비변사를 중심으로 요직을 독점한 유력 가문들이 권력을 장악하였다.

07 난도 ★★☆ 　　　　　　　　　　　 정답 ③

시대 통합 > 정치사

정답의 이유

③ 인조 때 정묘호란이 발발하자 정봉수와 이립이 용골산성에서 의 병을 이끌며 후금에 맞서 항전하며 크게 활약하였다(1627).

오답의 이유

① 을사늑약이 체결되자 유생 출신 최익현, 민종식, 평민 출신 신돌 석 등의 의병장이 주도하여 을사의병을 전개하였다(1905).

② 한 · 일 신협약으로 대한제국 군대가 해산되자 이에 반발하여 정 미의병이 전국적으로 전개되었고, 해산 군인들이 의병 활동에 가담하며 의병 부대가 조직화되었다. 이후 이인영을 총대장으로 한 13도 창의군이 결성되어 서울 진공 작전을 전개하였다 (1908).

④ 임진왜란(1592)이 발발하자 곽재우, 정문부, 고경명, 휴정 등 전 직 관리와 사림 양반 및 유생, 승려들이 이끄는 의병들이 지리에 밝은 이점과 향토 조건을 이용한 유격 전술을 활용하여 왜군에 타격을 주었다.

08 난도 ★★★ 　　　　　　　　　　　 정답 ①

근대 > 경제사

자료해설

통감부는 1910년 조선 총독부가 설치될 때까지 한국의 국정 전반 을 사실상 모두 장악했던 식민 통치 준비 기구로, 1905년 체결된 을사늑약에 근거해 1906년에 설치되었다.

정답의 이유

① 제1차 한 · 일 협약을 통해 재정 고문으로 임명된 메가타는 경제 권을 장악하기 위해 화폐 정리 사업을 추진하여 기존 백동화와 엽전을 폐지하고 일본 제일 은행권을 본위 화폐로 삼았다 (1905). 이 결과 국내 경제가 악화되고 많은 기업이 일제 소유가 되었다.

오답의 이유

② 통감부는 대한제국 황실 재정을 정부 재정으로 편입시키기 위해 내장원의 역둔토와 궁장토의 수조를 탁지부로 위탁시키고 홍삼 전매 사업과 잡세도 모두 정부 재정으로 이관하거나 폐지시켰다.

③ 통감부는 대한제국의 토지와 자원을 수탈하기 위해 동양 척식 주식회사를 설립하여 일본인들의 조선 이주를 돕고 토지를 늘릴 수 있도록 지원하였다(1908).

④ 일제는 토지 가옥 증명 규칙을 제정해 일본인 등 외국인의 대한 제국 토지 소유권을 인정하고 증명할 수 있도록 하였다(1906).

09 난도 ★☆☆ 　　　　　　　　　　　 정답 ④

일제 강점기 > 정치사

자료해설

제시문은 1931년 안공근(안중근의 동생)의 집에서 행했던 선서식 을 묘사하고 있다. '폭탄을 가지고 동경으로 간다'는 내용을 통하여 밑줄 친 선생이 이봉창임을 알 수 있다.

정답의 이유

④ 한인 애국단원인 이봉창이 도쿄에서 일본 국왕의 행렬에 폭탄을 투척하였다(1932). 이 의거는 비록 실패로 끝났지만 우리 민족 에게는 희망을 주었고, 일본 민족에게는 두려움을 안겨 주었다. 한인 애국단은 상하이에서 김구가 결성(1931)한 단체로 적극적 인 항일 무장 투쟁을 전개하였다.

① 윤봉길은 상하이 훙커우 공원에서 열린 일본군 전승 기념식장에 폭탄을 투척하여 일본 고위 관료와 군사 지휘관 다수를 살상하였다(1932).

② 김원봉은 만주에서 윤세주 등과 함께 항일 비밀 결사 조직인 의열단을 결성하여 일제 요인 암살, 기관 파괴, 테러 등 직접적 투쟁 방식으로 독립운동을 전개하였다(1919).

③ 안중근은 하얼빈 역에서 을사늑약의 원흉이자 조선의 초대 통감을 지낸 이토 히로부미를 사살하였다(1909).

10 난도 ★★★   정답 ②

근대 > 경제사

제시문에서 '전국 토지 일체에 대한 조사를 목표로 하였다', '소유권을 확인해 주기 위해 지계를 발행하는 사업을 전개하였다'는 내용을 통해 대한제국 시기에 추진한 양전 사업(1898~1904)에 대한 설명임을 알 수 있다.

② 조사한 토지의 지적도와 토지 대장을 작성한 것은 일제가 실시한 토지조사사업이다(1910~1918).

① 대한제국은 광무개혁 때 양지아문(1898)을 설치하여 양전 사업을 실시하였다.

③ 대한제국은 지계아문(1901)을 통해 토지 소유 문서인 지계를 발급하여 근대적 토지 소유권을 확립하고자 하였다.

④ 러·일 전쟁(1904)의 발발로 대한제국의 근대적 토지 소유권 제도 확립 시도는 중단되었다.

11 난도 ★★☆   정답 ③

근세 > 문화사

제시문의 (가)에 들어갈 것은 세종 때 간행된 『농사직설』로 우리나라의 풍토에 맞는 농사 기술과 농민의 실제 경험을 토대로 우리의 독자적 농법을 최초로 정리한 농서이다.

③ 조선 세종은 여민락 등 악곡을 짓고, 소리의 장단과 높낮이를 표현할 수 있는 정간보를 창안하였다.

① 대보단은 조선 후기 숙종 때 쌓은 제단으로, 임진왜란 때 일본의 침략을 막기 위해 지원군을 보내준 명나라 신종을 제사 지내기 위해 만들었다(1704).

② 조선 태종 때 주자소를 설치하고 계미자를 주조하여 조선의 금속 활자 인쇄술이 한층 더 발전하였다(1403).

④ 기유약조는 1609년 광해군 때 일본과의 통교를 허용하기 위해 대마도주와 맺은 강화 조약이다. 이 약조의 체결로 임진왜란으로 끊겼던 일본과의 국교가 재개되고 부산에 왜관이 설치되었다.

12 난도 ★★☆   정답 ①

시대 통합 > 경제사

정책의 시행 순서는 (가) 대동법 시행(1608) – (다) 영정법 시행(1635) – (라) 신해통공 시행(1791) – (나) 호포법 시행(1871)이다.

(가) 광해군 때 공납의 폐단을 해결하기 위해 경기도부터 대동법을 실시하였다. 공납을 전세화하여 공물 대신 쌀을 납부하도록 하였으며 이로 인해 국가에 필요한 물품을 공인이 조달하게 되면서 상품 화폐 경제가 발달하게 되었다.

(다) 인조는 개간을 권장하여 경작지를 확충하고 농민 부담을 줄이기 위해 영정법을 실시하여 풍흉에 관계없이 토지 1결당 쌀 4~6두로 전세를 고정하였다.

(라) 정조는 신해통공을 시행하여 육의전을 제외한 시전 상인들의 금난전권을 폐지하고 일반 상인들의 자유로운 상업 활동을 도모하였다.

(나) 흥선 대원군은 상민에게만 거두었던 군포를 양반들에게도 징수하는 호포법을 실시하였다.

조선 후기 수취 제도의 변화

전세	영정법(인조): 풍흉에 관계없이 토지 1결당 쌀 4~6두
군역	균역법(영조): 1년에 군포 2필 → 1필. 상류층에 선무군관포, 결작 징수
공납	대동법(광해군): 토지 1결당 쌀 12두, 공납의 전세화(공물 대신 쌀로 납부), 공인 등장

13 난도 ★★☆   정답 ④

근대 태동기 > 정치사

제시문에서 '진주민 수만 명이 무리를 지어 봉기하였다', '우병사' 등의 내용을 통해 임술 농민 봉기(진주 민란)임을 알 수 있다. 조선 철종 때, 삼정의 문란과 경상 우병사 백낙신의 가혹한 수탈에 견디다 못한 진주 지역의 농민들이 몰락 양반 유계춘을 중심으로 임술 농민 봉기를 일으켜 진주성을 점령하였다(1862).

④ 임술 농민 봉기를 수습하기 위해 안핵사로 파견된 박규수는 민란의 원인이 삼정의 문란에 있다고 보고 삼정이정청을 설치하였으나 근본적인 문제를 해결하지는 못하였다(1862).

① 신유박해는 순조 즉위 후 정권을 장악한 노론 벽파가 남인 시파를 탄압하기 위한 목적으로 천주교에 대대적인 탄압을 가하면서 일어난 사건이다(1801).

② 이필제의 난은 고종 때 향반(鄕班) 출신 동학교도 이필제가 동학 제2대 교주 최시형과 함께 경북 영해에서 봉기한 사건이다(1871).

③ 고부 농민 봉기는 전봉준이 고부 군수 조병갑의 수탈에 맞서 사
  발통문을 보내 봉기를 호소한 사건이다(1894).

14 난도 ★★☆   정답 ③

중세 > 정치사

자료해설

(가) 윤관이 동북 9성을 설치한 것은 1107년의 일이다. 고려 숙종
    때 부족을 통일한 여진이 고려의 국경을 자주 침입하자 윤관
    이 왕에게 건의하여 별무반을 조직하였다. 별무반은 신기군,
    신보군, 항마군으로 구성되었으며, 이후 여진족을 물리치고 예
    종 때 동북 9성을 설치하였다.

(나) 최충헌이 교정도감을 설치한 것은 1209년의 일이다. 고려 무
    신 정권 시기에 최충헌은 국정을 총괄하는 중심 기구인 교정도
    감을 설치하고 스스로 기구의 최고 관직인 교정별감이 되어 인
    사 및 재정 등을 장악하였다.

정답의 이유

ⓒ 고려 인종 때 문벌 귀족 이자겸이 왕의 외척으로서 최고 권력을
  누리며 왕의 자리까지 넘보자 인종은 이자겸을 제거하려 하였으
  나 실패하였다. 이에 이자겸은 척준경과 함께 난을 일으켰다
  (1126).

ⓒ 고려 인종 때 묘청과 정지상을 중심으로 한 서경 세력은 서경 천
  도와 칭제건원, 금 정벌을 주장하였는데 받아들여지지 않자 서
  경에서 반란을 일으켰다(1135).

오답의 이유

ⓒ 고려 최씨 무신 정권 시기 최우는 몽골의 침입에 대항하기 위해
  강화도로 천도(1232)하고 장기 항쟁을 준비하였다.

ⓒ 거란의 3차 침입 때 고려의 강감찬이 거란의 소배압이 이끄는
  10만 대군에 맞서 귀주에서 대승을 거두었다(1019).

15 난도 ★★★   정답 ④

현대 > 정치사

자료해설

제시문에서 조선 총독부 엔도 정무총감을 만나 다섯 가지 요구 사
항을 제시했다는 내용을 통해 (가)의 인물이 여운형임을 알 수 있
다. 일본의 패전이 기정 사실화되자 여운형은 조선총독부 엔도 정
무총감을 만나 일본으로부터 치안권과 행정권을 넘겨받는 조건으
로 일본인의 무사 귀환 요청을 받아들였다.

정답의 이유

④ 여운형은 1947년 7월 서울 혜화동 로터리에서 19세의 극우파
  청년에게 암살되어 1948년 평양에서 개최된 전조선제정당사회
  단체연석회의(남북 협상)에 참석하지 못하였다.

오답의 이유

① 여운형은 일제의 패망에 대비하여 광복 이후 민주주의 국가 건
  설을 목표로 조선 건국 동맹을 결성하였다(1944).

② 여운형은 1차 미 · 소 공동 위원회의 휴회와 이승만의 단독 정부
  수립 운동으로 인한 남북 분단을 우려하여 김규식 등과 함께
  좌 · 우 합작위원회를 발족하였다(1946).

③ 여운형은 조선 건국 동맹을 주축으로 고려 국민 동맹과 인민 동
  지회 등 군소 정당을 규합하여 조선인민당을 결성하였다(1945).

16 난도 ★★☆   정답 ②

근대 > 경제사

자료해설

제시문에서 '종점이 초량(부산)'이라 했으므로 밑줄 친 '철도'가 경부
선임을 알 수 있다.

정답의 이유

② 한성 전기 회사는 전등과 전차 등 근대적 시설을 설치하기 위한
  목적으로 대한제국 황실과 미국인 콜브란의 합자로 설립되었다
  (1898).

오답의 이유

① 경부선은 러 · 일 전쟁 당시에 군사적 목적으로 일본에 의해서
  부설되었다.

③ · ④ 일본은 철도 부설에 따른 각종 이권을 얻기 위해 군사적 위
  협을 가하기도 하였고, 주변 토지를 약탈하고 노동력을 강제로
  착취하였다.

더 알아보기

근대 문물 도입

통신	• 전신: 부산~나가사키 해저 전신(1884, 일본), 인천~ 서울~의주 육로 전신(1885, 청) • 우편: 우정총국 설립(1884) → 갑신정변으로 중단 → 갑오개혁 때 재개(1895) • 전화: 경운궁에 처음 설치 → 시내로 확대
전기	경복궁에 최초로 전등 설치(1887), 한성 전기 회사 설립 (1898)
교통	• 전차: 서대문~청량리 노선(1899, 한성 전기 회사) • 철도: 경인선(1899), 경부선(1905, 군용 철도 명목으로 개통), 경의선(1906)
의료	• 광혜원(1885): 최초의 서양식 병원, 이후 제중원으로 개칭 • 광제원(1900): 국립 병원 • 지석영의 종두법 보급

17 난도 ★★★   정답 ①

고대 > 문화사

정답의 이유

① 자색, 비색, 청색, 황색의 관복을 입은 것은 백제가 아니라 신라
이다. 백제의 관리들은 자색, 비색, 청색의 복색을 하였다. 따라
서 (가)에는 '좌평'이 들어가야 한다.

오답의 이유

② 달솔은 백제 제2품의 관등으로 자색의 관복을 입었다.
③ 장덕은 백제 제7품의 관등으로 비색의 관복을 입었다.
④ 문독은 백제 제12품의 관등으로 청색의 관복을 입었다.

더 알아보기

백제의 16관등과 복색

복색	관등
자색(紫色, 자주색)	1. 좌평 2. 달솔 3. 은솔 4. 덕솔 5. 한솔 6. 나솔
비색(緋色, 붉은색)	7. 장덕 8. 시덕 9. 고덕 10. 계덕 11. 대덕
청색(靑色, 푸른색)	12. 문독 13. 무독 14. 좌군 15. 진무 16. 극우

신라의 관등과 골품제도

관등		골품				공복
등급	관등명	진골	6두품	5두품	4두품	
1	이벌찬					
2	이찬					
3	잡찬					자색
4	파진찬					
5	대아찬					

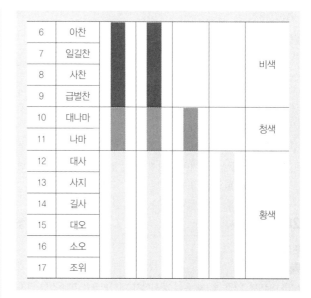

6	아찬					
7	일길찬					비색
8	사찬					
9	급벌찬					
10	대나마					청색
11	나마					
12	대사					
13	사지					
14	길사					
15	대오					황색
16	소오					
17	조위					

18 난도 ★☆☆   정답 ②

시대 통합 > 문화사

자료해설

제시문에서 원래 경천사에 세워진 10층 석탑이라는 점, 일본으로
불법 반출되었다가 반환되었다는 내용을 통해 충목왕 때 건립된 경
천사지 10층 석탑(1348)임을 알 수 있다. 경천사지 10층 석탑은 원
의 석탑 양식에 영향을 받아 만들어진 불탑이다.

정답의 이유

② 원각사지 10층 석탑은 조선 초기 세조 때 왕실의 지원을 받아 건
립된 것으로 고려의 개성 경천사지 10층 석탑을 본떠 만들어 대
리석을 재료로 하였으며 국보 제2호로 지정되어 있다.

오답의 이유

①·③·④는 충목왕 시기에 볼 수 있는 조형물이다.

① 경주시 불국사 다보탑은 다보여래의 사리를 모신 통일 신라의
화강석 석탑으로 국보 제20호로 지정되어 있다.

③ 원주 법천사지 지광국사탑은 고려 전기에 승려 지광국사 해린을
기리기 위해 건립되었으며 국보 제101호로 지정되어 있다.

④ 논산 관촉사 석조 미륵보살 입상은 대형 철불이 유행하였던 고
려 전기 최대 규모의 불상으로 국보 제323호로 지정되어 있다.

19 난도 ★★★   정답 ②

일제 강점기 > 정치사

자료해설

자료에서 전해에 동아일보와 조선일보가 폐간(1940)되었다는 내용
을 통해 『문장』이 폐간된 '그해'는 1941년임을 알 수 있다.

정답의 이유

② 대한민국 임시정부는 충칭 시기에 한국 국민당, 한국 독립당, 조
선 혁명당을 합당하여 한국 독립당을 조직하면서 건국 강령을
제정·공포하였다(1941). 이는 조소앙의 삼균주의에 입각한 것
으로 새로운 민주주의 확립과 사회 계급 타파, 경제적 균등주의
실현을 주장하였다.

고난도 기출 한국사

① 1920년대 사회주의가 확산되자 일제는 치안 유지법을 시행하여 식민지 지배에 저항하는 민족 해방 운동과 사회주의 운동 및 독립운동을 탄압하였다(1925).

③ 조선 의용대는 김원봉이 주도하여 중국 국민당의 지원을 받아 중국 관내에서 결성된 최초의 한인 무장 부대로, 조선 민족 전선 연맹 산하에 있었다(1938).

④ 총독부는 친일 단체(친일 전시 동원 선전 조직)인 국민 정신 총동원 조선 연맹을 설치하여 창씨 개명, 전쟁 지원병, 공출과 헌금 등을 독려하였다(1938).

20 난도 ★★★ 정답 ③

현대 > 정치사

자료해설

(가) 1948년 12월 제3차 유엔 총회에서 대한민국을 민주적인 절차에 의해 한반도에서 수립된 유일한 합법 정부로 승인하는 결의안이다.

(나) 1950년 6월 유엔 안전 보장 이사회가 소집되어 연합국의 6·25 전쟁 참전 결정을 결의한 내용이다.

정답의 이유

③ 제헌 국회는 귀속 재산 처리법(1949)을 제정하여 일본인 소유의 토지, 공장 등의 일제 귀속 재산을 민간인 연고자에게 매각하였다.

오답의 이유

① 제헌 국회 의원들에 의해 대통령 중심제의 단원제 국회, 임기 4년의 대통령 간선제 등을 내용으로 하는 제헌 헌법이 공포되었다(1948).

② 미군정이 정권을 인도하기 위해 과도적 성격을 띤 입법 기관으로 남조선 과도 입법 의원이 구성되었다(1946).

④ 해방 후 미군정은 일본인 소유 토지를 몰수하여 미군정의 소유로 귀속시켰고 동양 척식 주식회사를 신한 공사로 개편하여 관리하였다. 1948년 3월 미군정은 신한 공사를 해체하여 '중앙 토지 행정처'로 개칭하고 귀속 농지를 농민에게 매각하였으며, 1948년 8월 대한민국 정부가 수립되면서 중앙 토지 행정처는 농림부에 이관되고 해체되었다.

한눈에 훑어보기

✔ 영역 분석

선사 시대와 국가의 형성 01
1문항, 5%

고대 02 18
2문항, 10%

중세 05 11 16 19
4문항, 20%

근세 09
1문항, 5%

근대 태동기 14
1문항, 5%

근대 04 10 12
3문항, 15%

일제 강점기 07 15 17
3문항, 15%

현대 13 20
2문항, 10%

시대 통합 03 06 08
3문항, 15%

✔ 빠른 정답

01	02	03	04	05	06	07	08	09	10
③	③	①	②	④	④	③	④	④	①
11	12	13	14	15	16	17	18	19	20
②	④	③	③	④	②	②	①	①	②

✔ 점수 체크

구분	1회독	2회독	3회독
맞힌 문항 수	/ 20	/ 20	/ 20
나의 점수	점	점	점

---

01 난도 ★☆☆ 정답 ③

선사 시대와 국가의 형성 > 국가의 형성

[자료해설]

제시문에서 큰 산과 골짜기가 많은 지형, 좋은 농경지가 없고, 사람들이 노략질하기를 좋아한다는 자료를 통해 고구려에 대한 설명임을 알 수 있다. 고구려는 영토 대부분이 산악 지대이고 토양이 척박하여 약탈 경제에 의존했다.

[정답의 이유]

③ 고구려는 10월에 동맹이라는 제천 행사를 열었는데, 이때 왕과 신하들이 국동대혈에 모여 제사를 지냈다.

[오답의 이유]

① 옥저에는 여자가 어렸을 때 혼인할 남자의 집에서 생활하다가 성인이 된 후에 혼인하는 민며느리제가 있었다.

② 부여에는 왕 아래에 가축의 이름을 딴 마가, 우가, 저가, 구가가 있었으며, 이들 가(加)는 저마다 사출도라는 별도의 행정 구획을 다스렸다.

④ 동예에서는 씨족마다 강이나 산을 경계로 생활 구역을 정하여 함부로 침범하지 못하게 하였고 만약 다른 부족의 영역을 침범하면 책화라 하여 노비나 소, 말로 변상하게 하였다.

[더 알아보기]

고구려의 특징

정치	• 5부족 연맹체 • 대가(사자, 조의, 선인)
경제	약탈 경제(고구려의 창고–부경)
풍속	• 서옥제 • 형사취수제
제천 행사	10월 동맹

---

02 난도 ★★☆ 정답 ③

고대 > 정치사

[자료해설]

제시문은 무령왕릉 지석에 기록된 내용으로 사마왕은 무령왕의 다른 이름이다. 따라서 밑줄 친 '왕'은 백제의 무령왕(501~523)이다.

[정답의 이유]

③ 백제 무령왕은 지방의 22담로에 왕족 등을 파견하여 지방에 대한 통제를 강화하였다.

② 고이왕 때 6좌평제와 16관등제를 정비하여 중앙 집권 국가의 토대를 마련하였고, 관등에 따라 자색 · 비색 · 청색으로 관복의 색을 달리하였다.

② 백제 성왕 때 수도를 5부, 지방을 5방으로 나누어 지방 제도를 정비하고, 22부의 중앙 관부를 설치하였다.

④ 백제 근초고왕 때 남으로 마한 지역을 병합하여 전라도 지역을 차지하였으며, 북으로는 황해도 지역을 놓고 고구려와 대항하며 평양성을 공격하였다.

더 알아보기

무령왕의 업적

지방 22담로	왕족을 파견하여 지방 통제를 강화
5경 박사 파견	5경 박사인 고안무와 단양이 등을 일본에 파견하여 유학을 전파
외교 관계	고구려 · 말갈족의 침입 격퇴, 양나라와 수교(무령왕릉의 벽돌 무덤은 양나라의 무덤 양식)

더 알아보기

강화도 시대별 역사

선사 시대	고인돌 무덤
고려 시대	• 최우의 강화도 천도 • 몽골 침입 때 강화도에 대장도감 설치 • 삼별초의 항전: 강화도 → 진도 → 제주도
조선 시대	• 정묘호란 때 인조 강화도 피신 • 병자호란 때 왕족들 강화도 피신 • 정제두가 강화도에서 강화 학파 형성 • 정조 때 왕실 서적 보관 목적으로 강화도에 외규장각 건설
근대	• 병인박해 구실로 프랑스군 강화도 침공(병인양요) → 한성근 부대(문수산성), 양헌수 부대(정족산성)의 활약으로 프랑스군 격퇴 • 제너럴셔먼호 사건으로 미군 강화도 침략(신미양요) 어재연 부대의 항전(광성보) → 미군 철수 • 운요호 사건을 계기로 강화도 조약 체결 → 우리나라 최초의 근대적 조약, 불평등 조약

03 난도 ★☆☆　　　　　　　　　　　　정답 ①

시대 통합 > 정치사

자료해설

제시된 지도에서 동그라미로 표시된 지역은 강화도이다.

정답의 이유

① 지눌은 불교의 타락을 비판하며 수선사(순천 송광사)를 중심으로 승려 본연의 자세로 돌아가 독경과 선 수행, 노동에 고루 힘쓰자는 개혁 운동인 수선사 결사를 제창하였다(1204).

오답의 이유

② 병자호란이 발발하자 인조의 둘째 아들인 봉림 대군(효종) 등 일부 왕족은 강화도로 피난하였고, 인조 또한 강화도로 피신하려 하였으나 길목을 차단당해 남한산성으로 피신하였다. 청나라군의 공격으로 강화도가 함락되고 왕족과 신하들이 인질로 잡히자 인조는 남한산성에서 나와 삼전도에서 굴욕적인 항복을 하였다.

③ 철종은 국왕에 즉위하기 전에는 학문과 거리가 먼 농부로서, 가족과 함께 강화도에 유배되어 있었다. 강화 도령이라 불리던 철종은 헌종이 후사 없이 죽자 대왕 대비인 순원 왕후의 명으로 갑작스럽게 왕위에 즉위하게 되었다.

④ 1866년 병인양요 때 강화도에 침입한 프랑스군은 퇴각 과정에서 외규장각을 불태우고 의궤 등을 약탈하였다. 이후 파리 국립도서관에 보관 중이던 의궤가 박병선 박사에 의해 발견되었고, 2010년 한 · 프 정상 회담에서 5년마다 계약을 갱신하는 영구 임대 방식 조건에 합의하여 2011년에 드디어 우리나라로 반환되었다.

04 난도 ★★★　　　　　　　　　　　　정답 ②

근대 > 정치사

자료해설

제시문은 대한제국의 헌법인 대한국 국제의 내용으로, 밑줄 친 '대한국'은 1897년에 수립된 대한제국이다.

정답의 이유

② 조세의 징수와 경비 지출 등의 국가 재정을 탁지아문으로 일원화한 것은 제1차 갑오개혁 때의 일이다(1894).

오답의 이유

① 대한제국은 광무개혁 때 양지아문을 설치하여 양전 사업을 실시하였고, 지계아문을 통해 토지 소유 문서인 지계를 발급하여 근대적 토지 소유권을 확립하고자 하였다(1901).

③ 대한제국은 서북철도국을 세워 서울과 신의주를 연결하는 경의선의 독자적 부설을 시도하였다(1900).

④ 대한제국을 선포한 고종은 원수부를 설치하여 황제가 대원수로서 모든 군대를 통솔하고자 하였다(1899).

05 난도 ★★☆ 　　　　　정답 ④

중세 > 문화사

자료해설

제시문의 『직지심체요절』은 고려 우왕 때인 1377년 충북 청주시의 흥덕사에서 간행한 현존하는 세계 최고(最古)의 금속 활자본으로 유네스코 세계 기록 유산으로 등재되었으며, 현재 프랑스 국립 도서관에 소장되어 있다.

정답의 이유

④ 고려 우왕 때 명이 원의 쌍성총관부가 있던 철령 이북의 땅에 철령위를 설치하겠다며 통보하자 이에 반발한 고려는 최영을 중심으로 요동 정벌을 추진하였다(1388).

오답의 이유

① 고려 공민왕 때 원나라 황실이 북쪽으로 도망가고 명이 건국되었다(1368).

② 고려 공양왕 때 신진 사대부 조준 등의 건의로 토지 개혁법인 과전법을 실시하여 지급 대상 토지를 원칙적으로 경기 지역에 한정하였다(1391). 과전법 제도는 이후 이성계와 신진 사대부 세력이 중심이 되어 건국한 조선에서 관리들의 경제적 기반을 보장하고 국가 재정을 유지하는 토대가 되었다.

③ 고려 충선왕은 왕위에서 물러난 뒤 원의 연경에 만권당을 세우고 이제현 등 성리학자들을 고려에서 데려와 원의 학자들과 교류하게 하였다(1314).

06 난도 ★★★ 　　　　　정답 ④

시대 통합 > 정치사

자료해설

제시된 군사 제도의 시대 순서는 (나) 통일 신라 10정 - (라) 고려 시대 2군 6위 - (가) 조선 전기 5위 - (다) 조선 후기 5군영이다.

정답의 이유

(나) 통일 신라 신문왕은 중앙군을 9서당, 지방군을 10정으로 편성하여 군사 조직을 정비하였는데, 9주에 한 개의 정을 배치하고 북쪽 국경 지대인 한주(한산주)에만 2정을 배치하였다.

(라) 고려 시대에는 응양군과 용호군을 2군으로 구성하여 국왕 친위 부대로 배치하였으며, 수도 및 국경의 방비를 담당하는 전투 부대로 6위(좌우위, 신호위, 흥위위, 금오위, 천우위, 감문위)를 두었다.

(가) 조선 전기의 군사 제도는 몇 차례 조직 개편이 이루어지다가 세조 때 중앙군인 5위를 두어 수도를 방어하게 하였다.

(다) 조선 후기 숙종 때 금위영을 창설하여 5군영 체제(훈련도감, 어영청, 금위영, 총융청, 수어청)를 확립하고 국왕 수비와 수도 방어를 강화하였다.

07 난도 ★★☆ 　　　　　정답 ③

일제 강점기 > 정치사

자료해설

제시문에서 의병 계열과 애국 계몽 운동 계열의 비밀 결사가 모여 결성된 조직이라는 내용과 총사령 박상진을 중심으로 한다는 내용으로 (가)는 대한 광복회임을 알 수 있다.

정답의 이유

③ 중광단은 대종교 신자인 서일을 중심으로 만주로 망명한 의병들을 규합하여 북간도에 설립한 무장 독립 단체이다(1911).

오답의 이유

① 대한 광복회는 공화정체의 근대 국민 국가의 수립을 지향하였으며 박상진을 총사령, 김좌진을 부사령으로 만주에 독립군 기지를 만들고 사관 학교를 설립하여 독립군을 양성하고자 하였다(1915).

② 대한 광복회는 만주에 사관 학교를 설립하기 위해 군자금을 모집하였으며, 자금 모집을 원활하게 하고 친일 세력의 경각심을 일깨우기 위해 친일파를 처단하는 의협 투쟁도 전개하였다.

④ 대한 광복회는 경상북도 대구에서 대한 광복단(풍기 광복단)과 조선 국권 회복단의 일부 인사가 중심이 되어 창립되었다. 이후 대한 광복회는 국내외 지부를 설치하는 등 전국적인 조직으로 확대되었다.

08 난도 ★★☆ 　　　　　정답 ④

시대 통합 > 문화사

자료해설

제시된 자료에서 숙정문, 흥인지문, 숭례문, 돈의문을 확인할 수 있으므로 지도는 조선 시대의 수도인 한양의 도성 구조를 나타낸 것임을 알 수 있다. 성곽 축조 시에 거중기 등을 이용한 것은 수원 화성이다.

성조 때 정약용은 『기기도설』을 참고하여 거중기를 제작하였고, 이는 수원 화성을 축조할 때 사용되면서 공사 기간과 비용을 줄이는 데 큰 역할을 하였다.

[오답의 이유]

① 고려 문종은 풍수지리설의 영향을 받아 한양을 중요하게 여겨 남경으로 승격시켰다.

② 조선 후기에 농촌에서 이탈한 농민들이 한양으로 몰려들어 종루(종로), 이현(동대문), 칠패(남대문) 등에 근거지를 마련하며 사상에 의한 상업 활동이 활발해졌으며 종래의 시전과 대립하기도 하였다.

③ 정도전은 태조 이성계의 명을 받아 경복궁, 근정전 등의 여러 전각의 이름을 지었고 4대문과 4소문의 명칭까지도 지어 바쳤다.

09 난도 ★★★　　　　　　　　　정답 ④

근세 > 정치사

[자료해설]

제시된 임진왜란의 주요 사건 순서는 (다) 옥포 해전(1592.5.) – (가) 진주 대첩(1592.10.) – (마) 평양성 탈환(1593.1.) – (나) 명량 해전(1597.9.) – (라) 노량 해전(1598.11.)이다.

[정답의 이유]

(다) 이순신은 경상 우수사 원균과 함께 목포 앞바다에서 왜선 50여 척 중 26척을 격침시켰다. 이는 임진왜란의 첫 승리이며 이후 전황을 유리하게 전개시키는 계기가 되었다(1592.5.).

(가) 임진왜란 발발 이후 왜군은 전라도로 가는 길목인 진주를 공격하였으나 김시민이 이끈 조선군이 진주 대첩에서 왜군 2만 명을 무찔렀다(1592.10.).

(마) 임진왜란으로 수도 한양까지 함락되자 조선은 명에 군사를 요청하였고, 조 · 명 연합군을 결성하여 왜군에 크게 승리하면서 평양성을 탈환하였다(1593.1.).

(나) 이순신이 13척의 배로 울돌목(명량)의 좁은 수로를 활용하여 왜군의 133척의 배에 맞서 싸워 큰 승리를 거두었다(1597.9.).

(라) 이순신은 노량 앞바다에서 후퇴하는 일본군을 공격하여 대승을 거두었으나, 이 전투에서 전사하였다(1598.11.).

10 난도 ★★☆　　　　　　　　　정답 ①

근대 > 문화사

[자료해설]

제시문에서 박문국을 설치하여 외국의 기사를 폭넓게 번역하고 국내의 일까지 기재하여 알렸다는 내용을 통해 자료의 신문이 1883년에 창간된 한성순보임을 알 수 있다. 한성순보는 순 한문을 사용하고 월 3회 10일마다 발간되었으며, 국내외 정세를 소개하는 정부 관보적 성격을 가지고 있었다.

[정답의 이유]

① 『해국도지』는 청나라 학자 위원이 세계 각국의 역사 · 지리 · 과학 · 기술에 대해 서술한 책으로, 조선에는 1845년 사신으로 북경을 방문한 권대긍에 의해 처음 소개되었고, 1853년 역관으로 청나라에 파견되었던 오경석에 의해 국내에 유입되었다.

[오답의 이유]

② 『월남망국사』는 베트남의 식민지 과정을 조명한 역사서로, 베트남의 역사를 거울로 삼아 국가적 위기를 경계하고 국민의 독립 의지를 높이기 위해 1906년 계몽 운동가 현채가 번역하여 간행하였다.

③ 1906년 윤효정, 장지연을 중심으로 설립된 대한 자강회는 국내외의 학문과 소식을 전달하고 국민 계몽에 힘쓰기 위해 『대한자강회월보』를 발행하였다.

④ 독립신문은 서재필이 정부의 지원을 받아 1896년에 창간한 최초의 민간 신문으로, 한글판과 영문판 두 종류로 발행하여 개화 자강의 필요성을 대중에게 전달하고 국내 사정을 외국인에게 알리고자 하였다.

11 난도 ★★☆　　　　　　　　　정답 ②

중세 > 문화사

[자료해설]

제시문에서 신숭겸과 정몽주 등을 비롯한 여러 명의 공신을 배향하였다는 내용을 통해 밑줄 친 '이 시대'가 고려 시대임을 알 수 있다.

[정답의 이유]

② 『향약구급방』은 고려 고종 때 편찬된 현존 최고(最古)의 의서로, 각종 질병에 대한 처방과 국산 약재 180여 종을 소개하여 우리나라 의약의 독자적 연구의 계기가 되었다.

[오답의 이유]

① 『의방유취』는 조선 전기 세종 때 중국과 국내의 의서를 부문별로 집대성한 의학 백과사전으로, 우리나라 한방 의학의 기반을 확고하게 다져놓았다.

③ 『향약집성방』은 조선 전기 세종 때 편찬된 의학서로, 우리 풍토에 맞는 약재와 치료 방법을 개발하여 정리하였다.

④ 『동의수세보원』은 조선 후기 고종 때 편찬된 의서로, 이제마가 사람의 체질을 태양인 · 태음인 · 소양인 · 소음인으로 구분한 사상 의학을 바탕으로 하고 있다.

12 난도 ★☆☆　　　　　　　　　정답 ④

근대 > 정치사

[자료해설]

제시문에서 동아일보의 발간일이 1926년 6월 12일인 것을 통해 (가)의 황제는 1926년에 승하한 순종임을 알 수 있다. 순종의 재위 기간은 1907~1910년이며 순종의 인산일(장례일)을 기해 6 · 10 만세 운동이 일어났다.

[정답의 이유]

④ 고종 재위 기간에 을사늑약 체결로 대한제국의 외교권이 박탈되었고(1905.11.), 이듬해 서울에 통감부가 설치되었다(1906.2.).

① 1908년, 일제 통감부는 대한제국의 토지와 자원을 수탈하기 위해 동양 척식 주식회사를 설립하였다.

② 1909년, 일제는 만주 안봉선 철도 부설권과 푸순 탄광 채굴권을 얻기 위해 청과 간도 협약을 체결하여 간도를 청의 영토로 인정하였다.

③ 1907년 이인영을 총대장, 허위를 군사장으로 13도 창의군(의병 연합 부대)이 결성되었다.

13 난도 ★★☆   정답 ③

현대 > 정치사

자료해설

6·25 전쟁 발발은 1950년 6월, 정전 협정 체결은 1953년 7월에 발생한 일이다.

정답의 이유

③ 이승만은 자신의 대통령 3선을 위해 초대 대통령에 한해 중임 제한을 철폐한다는 사사오입 개헌(2차 개헌)을 통과시켰다(1954.11.).

오답의 이유

① 이승만 정부는 6·25 전쟁 당시 유엔군의 휴전 협상 진행에 반대하여 반공 포로를 석방하였다(1953.6.).

② 1951년 7월부터 1953년 6월까지 전개된 휴전 협상에서 유엔 측은 자유 의사에 의한 자유 송환을 주장한 반면, 공산군 측은 출신 국가로의 자동 송환 방식을 주장하였다.

④ 이승만과 자유당은 재선을 목적으로 대통령·부통령 직선제, 민의원과 참의원의 양원제 국회 등의 내용을 포함한 발췌 개헌(1차 개헌)을 단행하였다(1952.7.).

더 알아보기

6·25 전쟁의 배경과 전개 과정

배경	• 미국·소련의 군대 철수, 38도선 일대에서 잦은 무력 충돌, 북한의 군사력 강화 • 냉전 격화, 애치슨 선언 발표(1950.1.)
전개 과정	북한의 기습 남침(1950.6.25.) → 서울 함락, 낙동강 유역까지 후퇴 → 유엔군 참전 → 국군과 유엔군의 연합 작전으로 남하 저지 → 인천 상륙 작전(1950.9.15.) 성공 → 서울 수복(1950.9.28.) 및 압록강까지 진격 → 중국군 참전 → 흥남 철수 → 서울 재함락(1951, 후퇴) → 서울 재수복 → 38도선 부근에서 전선 교착 → 미·소 양국의 휴전 회담 합의, 협상 시작 → 정전 협정 체결(1953.7.27.) → 군사 분계선(휴전선) 설정

14 난도 ★★☆   정답 ③

근대 태동기 > 경제사

정답의 이유

③ 고구마는 18세기에 일본에서 조엄이 들여왔으며, 개성을 중심으로 삼남 지방 각지에서 재배되었다.

① 조선 후기에 모내기법(이앙법)이 확대되면서 벼와 보리의 이모작이 확산되어 농업 생산량이 증가하였다.

② 조선 후기에 상품 유통이 활발해지면서 인삼, 담배, 채소, 곡물, 목화 등을 재배해 소득을 높였다.

④ 조선 후기에는 밭고랑에다 곡식을 심는 견종법의 보급으로 노동력을 절감하는 효과를 가져왔다.

더 알아보기

조선 후기의 경제

농업	• 모내기법 전국으로 확대 → 이모작 일반화 • 구황 작물(감자, 고구마 등), 상품 작물(인삼, 면화, 담배 등) 재배 • 농서: 조선 전기 농서 『농사직설』, 『금양잡록』, 『사시찬요초』, 『구황촬요』 등을 요약·정리한 『농가집성』(신속)
상업	• 개시 무역(공무역)과 후시 무역(사무역) 발달 • 시전 상인: 금난전권(정조 때 신해통공으로 폐지) • 사상: 경강상인(서울, 경기), 송상(개성), 만상(의주), 내상(동래), 유상(평양), 도고(도매 상인) • 상품 화폐 경제 발달, 상평통보 발행·유통 → 전황 발생
광업	• 설점수세제: 민간 광산 개발 허용, 세금 징수 • 덕대: 전문 광산 경영자

15 난도 ★☆☆   정답 ④

일제 강점기 > 정치사

자료해설

제시문에서 서전서숙을 설립하였고, 만국평화회의가 열린 헤이그에 특사로 파견되었다는 점으로 보아 이상설에 대한 설명임을 알 수 있다. 이상설은 이동녕 등과 함께 간도에 서전서숙을 설립하였고(1906), 이준, 이위종과 함께 네덜란드 헤이그 만국평화회의에 특사로 파견되어 활동하였다(1907). 국권이 상실된 이후에는 연해주와 간도 등에서 한족을 규합하여 블라디보스토크에서 성명회를 조직하였다. 이후 자치 조직인 권업회를 설립하였다(1911).

정답의 이유

④ 이상설을 정통령, 이동휘를 부통령으로 하는 대한광복군정부를 수립하여(1914), 만주와 시베리아 지역의 독립운동을 주도하면서 독립 전쟁을 준비하였다.

오답의 이유

① 경학사는 신민회의 이회영, 이상룡 등이 만주 삼원보에서 조직한 독립운동 단체이다(1911).

② 독립의군부는 임병찬이 고종의 밀명을 받아 의병과 유생들을 규합하여 결성하였으며(1912), 이후 조선 총독부에 국권 반환 요구서를 보내고, 복벽주의를 내세워 의병 전쟁을 준비하였다.

③ 대한인 국민회는 안창호, 박용만, 이승만 등이 중심이 되어 미주 지역의 여러 독립운동 단체를 통합한 것이다(1910).

고난도 기출
한국사

헤이그 특사 파견(1907.6.)

배경	을사늑약의 불법성을 알리고, 침략을 부당성을 전 세계에 알리기 위함
특사	이준, 이상설, 이위종
전개	열강의 반대로 회의에 참석하지 못함, 이준 비분강개하여 순국
결과	고종의 강제 퇴위, 한·일 신협약(정미 7조약, 1907) 강요, 대한제국의 군대를 강제 해산

16 난도 ★★★　　　　　　정답 ②

중세 > 문화사

자료해설

(가) 지눌의 정혜결사문(고려 무신 집권기)

(나) 최승로의 시무 28조(고려 성종)

(다) 혜심의 유·불 일치설(고려 무신 집권기)

정답의 이유

㉠ (가) 고려 승려 지눌은 불교의 세속화를 비판하였고 순천 송광사를 중심으로 승려의 기본인 독경, 선수행, 노동에 힘쓸 것을 주장하는 정혜결사 운동(수선사 결사 운동)을 전개하였다.

㉢ (다) 고려의 승려 혜심은 유·불 일치설을 주장하고 심성의 도야를 강조하여 장차 성리학을 수용할 수 있는 사상적 토대를 마련하였다.

오답의 이유

㉡ (나) 고려의 유학자 최승로는 시무 28조에서 불교의 폐단을 지적하며 민생 안정을 위해 연등회·팔관회 등 민중들이 동원되는 불교 행사의 규모를 축소하고 유교 정치를 실현할 것을 강조하였다.

17 난도 ★★★　　　　　　정답 ②

일제 강점기 > 정치사

자료해설

(가) 중·일 전쟁은 1937년 발발하였고, (나) 한국광복군 창설은 1940년이다.

정답의 이유

㉠ 중·일 전쟁과 태평양 전쟁이 일어나자 일제는 우리 민족을 전쟁에 동원하기 위해 국가 총동원법을 제정하여 인력과 물자 등을 수탈하였다(1938).

㉢ 조선의용대는 김원봉이 주도하여 중국 국민당의 지원을 받아 중국 관내에서 결성된 최초의 한인 무장 부대로, 조선 민족 전선 연맹 산하에 있었다(1938).

오답의 이유

㉡ 일제는 태평양 전쟁 막바지에 병력이 부족해지자 징병 제도를 실시하여 한국인 노동력을 착취하고 전쟁에 강제 동원하였다(1943).

㉣ 여운형은 일제의 패망에 대비하여 국내 좌·우익 세력을 모아 광복 이후 민주주의 국가 건설을 목표로 조선건국동맹을 결성하였다(1944).

18 난도 ★★☆　　　　　　정답 ①

고대 > 정치사

자료해설

제시문에서 김춘추가 당 태종에게 군사를 요청하는 상황으로 보아 나·당 동맹(648)에 관한 내용임을 알 수 있다.

정답의 이유

① 백제 의자왕이 신라의 대야성(경남 합천)을 비롯한 서쪽 40여 개의 성을 함락하자(642), 신라는 김춘추를 고구려로 보내 동맹 체결을 시도하였다. 고구려가 신라의 요구를 받아들이지 않자 김춘추는 당나라로 건너가 당 태종으로부터 군사 원조를 약속받았다(648).

오답의 이유

② 신라는 당과 동맹을 맺고 나·당 연합군을 결성하여 백제를 공격하였다. 이후 황산벌(충남 논산)에서 김유신이 이끄는 나·당 연합군의 공격에 계백의 결사대가 패배하면서 백제가 멸망하게 되었다(660).

③ 발해 무왕은 장문휴의 수군을 보내 등주(덩저우) 지역을 선제 공격하였다(732).

④ 백제 멸망 이후 흑지상지는 복신, 도침 등과 함께 왕자 부여풍을 왕으로 추대하고 임존성, 주류성을 거점으로 백제 부흥 운동(660~663)을 전개하였다. 이들은 200여 성을 회복하고 당군을 공격하였으나 나·당 연합군에 의해 진압되었다.

더 알아보기

삼국의 대외 항쟁

고구려 vs 수	을지문덕의 살수 대첩(612)
백제 vs 신라	의자왕이 신라의 대야성 등 40여 개 성 정복(642)
고구려 vs 당	안시성 전투(645)
신라 & 당	나·당 동맹 체결(648) → 나·당 연합군 결성
백제 vs 나·당 연합군	황산벌 전투 → 백제 멸망(660)
고구려 vs 나·당 연합군	고구려 멸망(668)
신라 vs 당	매소성·기벌포 전투에서 신라 승리 → 삼국 통일(676)

19 난도 ★★★　　　　　　정답 ①

중세 > 정치사

자료해설

제시된 지도에서 요(거란) 옆에 위치하고 있으며, 은·모피·말을 수출하고 농기구·곡식·포목을 수입한다는 내용을 통해 (가)는 금(여진)임을 알 수 있다.

① 서긍은 금(여진)의 사신이 아니라 송나라의 사신이다. 송나라 서
긍은 고려를 방문한 뒤 저술한 『고려도경』에서 그림과 해설로 청
자를 칭찬하면서 이를 비색이라 표현하였다.

② 고려 숙종 때 부족을 통일한 여진족이 고려의 국경을 자주 침입
하자 윤관이 왕에게 건의하여 신기군(기병), 신보군(보병), 항마
군(승병)으로 구성된 별무반을 조직하였다(1104).
③ 고려 예종 때 윤관의 별무반이 여진족을 물리치고, 함주, 길주
등에 동북 9성을 설치하였다(1107). 이후 여진족이 고려에 조공
을 약속하며 동북 9성 반환을 요청하자 고려는 이를 수락하여
동북 9성을 되돌려 주었다(1109).
④ 여진족의 아구타는 만주 일대를 장악하고 금나라를 건국하였다
(1115). 요(거란)를 멸망시킨 뒤 송나라를 공격하기 위해 고려에
군신 관계(사대 외교)를 요구하자 당시 집권층이었던 이자겸이
자신의 정권을 유지하고 금과의 충돌을 피하기 위하여 반대를
묵살하고 인종 4년(1126)에 굴욕적인 사대 관계를 맺었다.

더 알아보기

고려와 여진과의 충돌

원인	12세기 초 세력을 키운 여진이 동북쪽 국경 침략
전개	윤관의 별무반 편성(신기군, 신보군, 항마군) → 동북 9성 축조 → 여진의 금 건국 → 고려에 사대(군신 관계) 요구
결과	인종 때 이자겸이 금의 사대 요구 수용

20 난도 ★★☆   정답 ②

현대 > 경제사

제시문은 김영삼 정부가 금융 실명제 실시에 대해 발표한 대통령
담화문이다. 김영삼 정부는 부정부패와 탈세를 뿌리 뽑기 위해 대통
령 긴급 명령으로 금융 실명제를 실시하여 경제 개혁을 추진하였다
(1993).
시기순으로 나열하면 7·4 남북 공동 성명(박정희 정부, 1972) –
(가) – 남북 기본 합의서 채택(노태우 정부, 1991) – (나) – 금강산
해로 관광 사업 시작(김대중 정부, 1998) – (다) – 6·15 남북 공
동 선언(김대중 정부, 2000) – (라) – 10·4 남북 공동 선언(노무
현 정부, 2007)이다.

② 김영삼 정부 때 부정부패와 탈세를 뿌리 뽑기 위해 대통령 긴급
명령으로 금융 실명제를 실시하여 경제 개혁을 추진하였다
(1993).

더 알아보기

김영삼 정부의 경제 정책
• 1993년: 금융 실명제 실시
• 1996년: 경제 협력 개발 기구(OECD) 가입
• 1997년: 외환 위기 – 국제 통화 기금(IMF)의 구제 금융 지원

좋은 책을 만드는 길, 독자님과 함께하겠습니다.

2025 시대에듀 기출이 답이다 9급 공무원 한국사 7개년 기출문제집

개정11판1쇄 발행	2024년 09월 20일 (인쇄 2024년 07월 26일)
초 판 발 행	2015년 06월 10일 (인쇄 2015년 05월 20일)
발 행 인	박영일
책 임 편 집	이해욱
편 저	시대공무원시험연구소
편 집 진 행	박종옥 · 이수지
표지디자인	박종우
편집디자인	박지은 · 곽은슬
발 행 처	(주)시대고시기획
출 판 등 록	제10-1521호
주 소	서울시 마포구 큰우물로 75 [도화동 538 성지 B/D] 9F
전 화	1600-3600
팩 스	02-701-8823
홈 페 이 지	www.sdedu.co.kr

I S B N	979-11-383-7441-5 (13350)
정 가	21,000원